Annual of Renmin University of China

中国人民大學 年鉴 2012

《中国人民大学年鉴》编辑委员会

中国人民大学出版社
·北京·

▲ 2011年11月7日，中共中央政治局常委、中央纪委书记贺国强同志来中国人民大学就加强高校反腐倡廉建设进行调研，并出席反腐倡廉建设座谈会。中共中央书记处书记、中央纪委副书记何勇出席，教育部部长、党组书记袁贵仁主持。中央纪委常委、监察部副部长王伟，中央纪委秘书长崔少鹏，教育部副部长、党组副书记杜玉波，教育部党组成员、驻部纪检组组长王立英，北京市委常委、纪委书记叶青纯等陪同。

▲ 贺国强同志观看“高扬马克思主义旗帜——中国人民大学与马克思主义在中国的传播和普及”展览。

▲ 贺国强同志参观图书馆新馆，并与在此学习的同学交谈。

▲ 在图书馆古籍特藏馆，贺国强同志仔细翻看了明万历刻本《养正图解》、两淮都转运监使司刻本《古今廉鉴》、明万历刻本《廉吏传》、清顺治内府刻本《御制资政要览》、清顺治詹履道聚星堂刻本《孝肃包公奏议十卷首一卷》、清道光尹济源碧鲜斋刻本《为政忠告》、清同治豫章吴兰刻本《居官圭臬》、毛泽东同志曾研读并签名的《资本论》、张闻天同志签名的《马恩与马克思主义》以及三个版本的《论共产党员的修养》等重要图书资料。

▲ 在新闻学院，贺国强同志考察了数字媒体实验室，了解了非线性编辑和线性编辑实验室的课程内容，听取了新闻学院执行院长倪宁教授和同学们关于非线性编辑的工作方式和特点的介绍。他鼓励新闻学院要大力推广这种教学与实践相结合的创新型教学方式。

▲ 在法学院，贺国强同志参观了院史陈列室，详细听取了法学院负责人关于法学院成立以来在人才培养、法学研究、立法咨询、法律援助、国际交流等方面的进展和成就。看到法学院编写出版的法学研究、法律研究、贪污贿赂罪研究等方面的书籍，他多次停下来详细询问，并夸赞中国人民大学与最高检察院联合培养职务犯罪侦查方向硕士研究生等工作开展得有实效、有内涵。

▲ 在世纪馆前，贺国强同志向学校师生挥手致意。

▲ 2011年11月23日，中国人民大学在逸夫会堂举行全校教师干部大会。会上，中共中央组织部副部长李智勇宣读了中共中央、国务院关于陈雨露同志、纪宝成同志职务任免的决定：批准陈雨露同志任中国人民大学校长（副部长级），免去纪宝成同志的中国人民大学校长职务。

▲ 2011年6月27日，中国人民大学召开庆祝建党90周年表彰大会。

▲ 28名新党员代表在党旗前庄严宣誓。

▲ 2011年11月1日，中国人民大学举行教育学院组建成立大会。教育学院将充分利用学校人文社会学科优势，打造“高起点、高水平、重交叉”的教育学学科。

▲ 2011年7月14日，教育部、中国人民大学教育发展与公共政策研究中心成立仪式在中国人民大学举行。鲁昕副部长与纪宝成校长分别代表教育部和中国人民大学签订共建协议并为研究中心的成立揭牌。

▲ 2011年5月26日，由中国人民大学、中国中共文献研究会刘少奇思想生平研究分会、湖南刘少奇同志纪念馆联合举办的“刘少奇与中国共产党”巡回展览首展式在中国人民大学新图书馆广场举行。中国人民解放军总后勤部政委刘源，中共中央文献研究室副主任、中国中共文献研究会副会长陈晋，教育部副部长李卫红，老一辈无产阶级革命家后代——刘少奇同志的女儿刘爱琴和刘亭亭、周恩来同志的侄女周秉德、陈云同志的女儿陈伟华等出席。

▲ 学校向刘源政委、刘爱琴校友赠送刘少奇同志在中国人民大学开学典礼上讲话的照片。

▲ 2011年7月10日，美军参联会主席迈克尔·马伦海军上将访问中国人民大学，与学校师生交流并发表题为《合作安全与亚洲地区稳定》的演讲。此行是美国军方高层领导人第一次到中国普通高校访问。

▲ 美军参联会主席迈克尔·马伦海军上将与纪宝成校长等座谈后合影，并参观学校诸子百家廊。

▲ 2011年8月11日，玻利维亚总统莫拉莱斯访问中国人民大学，接受学校授予名誉博士学位并发表演讲。

▲ 2011年10月23日，中国人民大学举行首届孔子学院文化节开幕式暨中国人民大学孔子学院工作办公室成立仪式。

▲ 2011年6月1日，第一届“中国金融学科终身成就奖”颁奖典礼暨中国金融学科发展论坛在中国人民大学举行，财政金融学院黄达教授荣获首届“中国金融学科终身成就奖”。

▲ 2011年5月28日，以“革命·建设·改革——中国共产党90年”为主题的中国人文社会科学论坛2011在中国人民大学逸夫会堂举行，理论界、学术界长期从事中共党史研究和当代中国问题研究的专家学者就中国共产党成立90年来历史发展的基本脉络、基本特征和基本经验，以及在未来发展中可能遇到的问题和挑战进行深入研讨。这是中国人民大学为纪念中国共产党成立90周年而举办的一项重要学术活动。

▲ 2011年3月9日，中国人民大学举行第二届董事会成立大会，106位新任董事成为第二届董事会成员。第八届、九届全国人大常委会副委员长布赫，第九届、十届全国人大常委会副委员长许嘉璐出席成立大会。

▲ 2011年11月1日，中国人民大学国学馆竣工启用。

▲ 2011年3月12日，由中华能源基金委员会与中国人民大学国学院联合创办的《国学新视野》（春季号）首刊新闻发布会在北京举行。

▲ 2011年12月9日，中国人民大学举行团队对口支援西藏民族学院协议签字仪式，中国人民大学为团队对口支援组长单位。

中华人民共和国国务院

致胡华同志诞辰90周年纪念座谈会的信

今年是胡华同志诞辰90周年。中共党史学会、中共党史人物研究会和中国人民大学联合举办“胡华同志诞辰90周年纪念座谈会”，深切缅怀胡华同志光辉战斗的一生，继承和弘扬胡华同志的崇高精神和革命风范，具有重要意义。

胡华同志是中国共产党优秀党员、忠诚的共产主义战士，是我国著名的马克思主义历史学家和教育家，中国革命史和中共党史学科的奠基人和开拓者之一。他在中国共产党亲手创办的陕北公学、华北联合大学、华北大学、中国人民大学任教近半个世纪，桃李满天下；他一生致力于马克思主义理论、中国革命史和中共党史学科的教学与研究，主编的《中国新民主主义革命史》、《中国革命史》、《中共党史人物传》等著述在国内外产生了巨大影响；他倡导并身体力行的“坚持真理、服务大局、严谨治学”的优良学风，始终是我们推崇的治学精神和品德修养。

党的历史是中国共产党和中华民族的宝贵精神财富，加强对中共党史的研究、学习和宣传，一直是我们党高度重视和始终关注的一项重要工作。胡锦涛总书记在庆祝建党90周年重要讲话中，明确了新形势下提高党的建设科学化水平和全面推进中国特色社会

中华人民共和国国务院

主义伟大事业的主要任务；党的十七届六中全会提出了建设社会主义文化强国的战略目标，这些都对加强中共党史研究、繁荣发展哲学社会科学事业提出了新的更高要求，也提供了大好的机遇。希望与会专家学者和广大哲学社会科学工作者向胡华同志学习，继承和发扬胡华同志对党和人民赤胆忠心、真诚热爱的党性原则；严谨求实、潜心钻研的治学精神；循循善诱、教书育人的高尚情怀；淡泊名利、无私奉献的优秀品德，以高度的政治责任感和历史使命感，全身心投入到学术研究、理论创新和教育教学工作中去，为建设社会主义核心价值体系、培养德智体美全面发展的社会主义建设者和接班人、促进社会主义文化大发展大繁荣做出新的更大贡献！

刘延东
二〇一一年十二月十六日

▲ 2011年12月16日，中国人民大学与中共党史学会、中国党史人物研究会联合举办胡华教授诞辰90周年纪念座谈会。中共中央政治局委员、国务委员刘延东同志致信胡华教授诞辰90周年纪念座谈会，高度评价胡华教授的学术成就、崇高精神和革命风范。

▲ 2011年9月17日，“锲而不舍金石可镂——方立天教授从教五十周年学术研讨会”在中国人民大学举行。

▲ 2011年9月24日，中国人口科学前沿问题研究暨庆祝邬沧萍教授90寿辰从教60周年学术研讨会在中国人民大学举行。中共中央政治局常委、国务院副总理李克强发来贺信。全国政协、中国民主同盟中央委员会、国家人口和计划生育委员会、全国老龄工作委员会办公室、中国人口学会、中国老年学学会等海内外100多家单位和个人致电祝贺。

▲ 2011年7月4日至29日，中国人民大学举办2011年暑期学校（国际小学期）。核心课程由128名教师承担。其中除我校部分优秀师资外，有85名教师来自美国哈佛大学、耶鲁大学、斯坦福大学、加州大学伯克利分校、康奈尔大学以及英国剑桥大学、伦敦大学等近70所海外一流大学和研究机构。共有3 304人选修了暑期学校（国际小学期）校级核心课程。其中，海外学生319名，来自全球40个国家和地区。图为暑期学校学生游览颐和园并合影留念。

▲ 在2011年暑期学校课堂上

▲ 暑期学校教师招待会

▲ 暑期学校部分学生参观校史馆

▲ 暑期学校部分学生参观孔子学院总部

▲ 暑期学校学生游览长城

▲ 2011年10月12日，中国人民大学画院揭牌暨中国画名家工作室成立仪式举行。画院聘请国学大师、中国红学会会长冯其庸和著名画家、美术教育家孙其峰为名誉院长，中国美协艺术委员会副主任、中国国家画院国画院副院长李宝林任院长。

▲ 2011年11月11日，中国人民大学哲学院（系）举行成立55周年庆祝大会。

▲ 2011年10月23日，中国人民大学公共管理学院举办组建十周年庆典暨“21世纪公共管理教育：挑战、机遇与未来——中外著名公共管理学院院长国际研讨会”。

▲ 第六届国家级高等学校教学名师奖、第七届北京市高等学校教学名师奖获得者，新闻学院新闻系主任张征教授和同学们在一起。

▲ 第七届北京市高等学校教学名师奖获得者岳树民教授(左)、曾寅初教授(右)与程天权书记合影。

▲ “通识教育大讲堂”系列公开讲座部分主讲教师

《中国人民大学年鉴（2012）》编辑委员会

《中国人民大学年鉴（2012）》编辑部

党委统战部：郝　丽
纪委办公室：何文静
研究生院：任　兵
发展规划处：王红丽
高教研究室：张　伟
教务处：黄一顺
科研处：谷曙光
人事处：邓　斌
实验室建设与设备管理处：杨　敏
学生处：布　超
招生就业处：李珊珊
国际交流处：黄　岩
财务处：赵健慧
资产与后勤管理处：陈姓洪
保卫处：于　媛
产业管理处：李春霞
校园建设管理处：曹辉林
审计处：袁　璨
离退休工作处：张铭勇
校工会：刘　超
校团委：邢龙翔
校友工作办公室：孟繁颖
教育基金会：刘丽娅
哲学院：余开亮
文学院：王仙亮
历史学院：杨　梅
国学院：刘永强
经济学院：王宝奎
财政金融学院：郭　栋
统计学院：张　云
农业与农村发展学院：肖逸秋
法学院：郑小敏
马克思主义学院：朱胜利
社会与人口学院：阎玉蕊
国际关系学院：李佳伟
新闻学院：甘光千
艺术学院：赵朝平
外国语学院：严晓霞

环境学院：王　钧
信息学院：林　颐
理学院：臧　虹　朱克然　上官敏慧　刘国伟
商学院：干静文
公共管理学院：谷昆鹏
劳动人事学院：周　石
信息资源管理学院：梁继红
继续教育学院：宋玉田　方　芳
培训学院：王晓萍
国际学院（苏州研究院）：张晓波
深圳研究院：赵　玲
体育部：陈虹百
图书馆：袁　园
档案馆：任凤仙
网络与教育技术中心：李　勤
校医院：耿晓琛
后勤集团：王志丹
出版社：张锁平
书报资料中心：李克勇
附属中学：邓丕来
附属小学：赵雪涛

（图片由新闻中心等提供）

《中国人民大学年鉴（2012)》编辑说明

近年来，我校师生在学校领导班子的带领下，以科学发展观统领学校工作，弘扬“立学为民、治学报国”的人大精神，高举“发展、创新、和谐”的旗帜，坚持“12331”的总体工作思路，念好十八字“发展经”，坚持“特色强校、内涵提高、质量第一”的科学发展道路，创建“人民满意、世界一流”大学，取得了令人瞩目的成就。

我校已成功编辑出版了《中国人民大学年鉴》2002版、2003版、2004版、2005版、2006版、2007版、2008版、2009版、2010版、2011版，总字数达710万字，记录了学校发展，积累了重要资料，为校史研究提供了重要参考，受到了各级领导、各有关单位和兄弟院校的一致好评。2012版《年鉴》在继承2011版《年鉴》整体框架、体例和风格的基础上，进一步深入细节，进行了调整和创新，力求全面、真实反映2011年学校各方面工作、各项事业发展的基本情况。

一、宗旨

忠实记录学校一年内各方面工作、各项事业发展的基本情况，为学校各项事业进一步发展提供基础资料，促进学校对外交流与宣传，推动学校管理水平不断提高，为全校师生员工服务。

二、定位

《年鉴》是一部逐年编辑、出版的兼具我校工作公报和编年史料性质的工具书。

三、选编的原则和内容

（一）原则

1. 客观、真实地反映学校发展全局。
2. 详略适度，前后统一。
3. 大事不漏，小事不收。

（二）内容

本版《年鉴》全面收录反映2011年度内（1月1日—12月31日）学校各方面工作状况的资料，包括学校改革、建设和发展过程中的重要事件、重大活动、重要人物、基本数据等。除特别标注外，全部统计数据截至2011年12月31日。

2012版《年鉴》对部分篇章的标题及相关内容进行了凝练、精简，根据学校发展，提升了部分条目的规格层次，并将大事记作为一个相对独立、完整的单元，力求反映2011年各项重要工作。

四、编写的组织

本版《年鉴》由年鉴编辑部（挂靠于学校办公室）组织编写。所刊登内容由各单位确定专人负责提供，并经本单位负责人审定。

对于编写过程中各有关部门和单位给予的大力支持，在此谨表衷心感谢。

《中国人民大学年鉴》编辑部

2012年7月

目　录

人大年鉴(2012)
RENDA NIANJIAN

专　文

Contents

List of Important People

中国人民大学简介

中国人民大学（Renmin University of China，亦称 People's University of China）是一所以人文社会科学为主的综合性、研究型全国重点大学，直属于教育部，由教育部与北京市共建。学校的前身是 1937 年诞生于抗日战争烽火中的陕北公学，以及后来的华北联合大学和华北大学。1949 年 12 月 16 日，中央人民政府政务院第十一次政务会议根据中共中央政治局的建议，通过了《关于成立中国人民大学的决定》。1950 年 10 月 3 日，以华北大学为基础合并组建的中国人民大学隆重举行开学典礼，成为新中国创办的第一所新型正规大学。著名教育家吴玉章、成仿吾、袁宝华、黄达、李文海先后担任校长。现任校长为陈雨露教授，党委书记为程天权教授。

在长期的办学实践中，中国人民大学广大师生发扬"立学为民、治学报国"的人大精神，始终奋进在时代前列，始终与党和国家同呼吸、共命运，勤俭办学，艰苦奋斗，积极探索，求真务实，使学校成为我国人文社会科学高等教育和研究的重要基地，为马克思主义在我国的传播和普及，为我国哲学社会科学的发展和繁荣，为我国社会主义革命、建设和改革事业作出了重要的贡献，被誉为"我国人文社会科学高等教育领域的一面旗帜"。从 1950 年至今，国家历次确立重点大学，中国人民大学均位居其中。目前，学校是国家"985 工程"和"211 工程"重点建设的大学之一。

中国人民大学已形成以本科教育为基础、研究生教育为重点、继续教育为辅助的全方位、多层次的办学格局，形成了"主干的文科、精干的理工科"的学科发展体系。学校是我国首批设立研究生院的高校之一，现有

23个学院、14个跨学院研究机构，另设有汉青经济与金融高级研究院、体育部、继续教育学院、培训学院、国际学院（苏州研究院）及深圳研究院等。学校设有学士学位专业67个，第二学士学位专业8个，硕士学位学科点174个（包括自主设置的33个硕士点），博士学位学科点109个（包括自主设置的24个博士点），博士学位一级学科授权点20个，博士后流动站15个。学校拥有8个国家重点一级学科，8个国家重点二级学科，在人文社会科学领域均居全国第一；有3个北京市一级重点学科，1个北京市重点交叉学科，6个北京市二级重点学科；拥有5个国家文科基础学科人才培养和科学研究基地和1个大学生文化素质教育基地；拥有13个教育部人文社会科学重点研究基地，名列全国高校第一。“数据工程与知识工程实验室”被评为“教育部重点实验室”，经济与管理实验教学中心、新闻传播实验中心被评为国家级实验教学示范中心建设单位。在连续十二届全国百篇优秀博士论文评选中，中国人民大学获选27篇，占人文社会科学优秀博士论文总数的12%，在所有高校和科研院所中位居第一。在教育部学位评估中心2009年初公布的新一轮全国学科评估结果中，中国人民大学的马克思主义理论、理论经济学、应用经济学、法学、社会学、政治学、新闻传播学等7个一级学科排名全国第一，在人文社会科学领域位居全国高校首位，总数位居全国高校第三位。在2009年12月中央教育科学研究所高等教育研究中心公布的“72所教育部直属高校绩效评价结果与排序”中，中国人民大学在参评高校中名列第四。

截至2011年12月，学校有专任教师1 850人，其中教授537人，副教授652人。学校拥有17名第六届国务院学位委员会委员和学科评议组成员，有15名教授入选教育部社会科学委员会（其中，黄达担任委员会顾问，罗国杰、曾宪义担任委员会副主任），人数居全国高校前列；有5人担任教育部高等学校教学指导委员会主任委员，13人担任副主任委员；12人荣获国家“有突出贡献的中青年专家”的称号；先后有426人享受国务院颁发的“政府特殊津贴”；有56位专家入选中央“马克思主义理论研究和建设工程”课题组首席专家或主要成员，是全国入选人数最多的高校。

中国人民大学名师辈出，俊彦云集。已故名家大师吴玉章、成仿吾、范文澜、艾思奇、何思敬、何干之、何洛、胡华、尚钺、吴景超、李景汉、庞景仁、石峻、缪朗山、李秀林、徐禾、塞风、许孟雄、孟氧、佟柔、戴世光、刘铮、查瑞传、苗力田、吴大琨、萧前、林文益、阎达五、阎金锷、方生、高鸿业、钟契夫、吴宝康、彭明、彦奇、萨师煊、曾宪义等为学校的学科发展、学术繁荣和人才培养作出了奠基性、开创性的贡献。老一辈著名学者宋涛、黄达、戴逸、罗国杰、黄顺基、王思治、卫兴华、胡钧、王传纶、周升业、陈共、周诚、严瑞珍、高铭暄、许崇德、孙国华、王作富、刘佩弦、许征帆、庄福龄、何沁、高放、方汉奇、蓝鸿文、甘惜分、李占祥、赵履宽、李文海、邬沧萍、陈先达、夏甄陶、方立天、张立文、钟宇人、郑杭生、吴易风、胡乃武、周新城、赵中孚等成就卓著，耕耘不辍，为学校的学科建设、人才培养和科学研究奠定了坚实基础。一大批中青年学者学术精湛、锐意创新，成为国内外具有重要影响的著名学者和学术带头人，其中5人入选“千人计划”项目，11人入选“长江学者”特聘教授，6人被评为国家级教学名师，19人入选“跨世纪百千万人才工程”和“新世纪百千万人才工程”国家级人选，18人入选教育部哲学社会科学“跨世纪优秀人才培养计划工程”，10人荣获教育部“高校青年教师奖”，159人入选教育部“新世纪优秀人才支持计划”。

截至2011年9月，中国人民大学共有全日制在校生24 385人，其中本科生11 261人，硕士研究生7 897人，博士研究生3 306人，外国留学生总人数1 921人。外国留学生中攻读学位的有1 527人，在全国高校中位居前茅。此外，学校还有在职“单证”硕士研究生3 506人，成人高等教育学生7 862人，网络教育注册生48 377人。学校以“国民表率、社会栋梁”为人才培养目标，充分发挥人文社会科学学科在全国高校数量多、门类全、综合水平高的优势，积极培养“人民共和国的建设者”，培养高素质、高层次的理论型、管理型优秀人才。从陕北公学至今，学校共培养了20多万名高水平的优秀建设者和各行各业、各个层面的领袖人才，其中既有许多成就卓著的专家学者，又有许多闻名遐迩的企业家，政绩斐然的党政军高级领导干部，以及卓有建树的新闻、法律、文学艺术和科学技术工作者。

中国人民大学始终注重发挥人文社会科学认识世界、传承文明、创新理论、咨政育人、服务社会的作用，在不断发展学术、繁荣学术的同时，积极发挥“思想库”、“智囊团”的作用，研究重大政治、经济、文化和社会问题，为国家经济建设和社会发展提供强大的理论保证和有力的智力支持。党的十六大以来，中国人民大学先后有10人次教师受邀为中共中央政治局集体学习作辅导报告或为中共中央政治局常委进行专题讲座，一大批教师为中央领导和中央国家机关提供决策咨询。学校先后承担或参与了“马克思主义理论研究与建设工程”、“国家清史纂修工程”、“北京2008年奥运会总体影响评估（OGGI）”等特大、重大项目。2001年以来学校共获得省部级以上科研成果奖240余项，国家社会科学基金项目、国家自然科学基金项目、教育部人文社科规划项目、北京市社科规划项目等各级各类项目9 000余项，其中国家社会科学基金项目、教育部人文社科重大课题攻关项目立项数居全国高校第一位，共获得经费12亿余元。学校教师发表的学术论文数量也逐年增加，中文社会科学引文索引（CSSCI）收录学校论文数量2000年居全国高校第三，2001、2002、2003年均居全国第二，2004年起连续七年保持全国第一。

中国人民大学是国内外学术文化交流的重要平台，先后同美国哈佛大学、耶鲁大学、哥伦比亚大学、密歇根大学，英国剑桥大学，日本早稻田大学，丹麦哥本哈根大学，瑞典斯德哥尔摩大学，奥地利维也纳大学，法国巴黎第一大学等49个国家和地区的216所大学建立了学术交流关系。截至2011年12月底，作为中方合作伙伴，学校共参与了海外13所孔子学院的建设。学校自2009年始，每年暑期举办暑期学校（国际小学期）。学校还引进、翻译出版了大量适应我国改革开放需要的教科书和学术著作，开展了一系列重要的交流合作项目，主办或承办了一系列高水平的国际学术会议。学校授予世界知识产权组织总干事佛朗西斯·加利，诺贝尔奖获得者、著名经济学家约翰·哈桑尼、罗伯特·蒙代尔，阿根廷前总统费尔南多·德·拉·鲁阿，日本前首相竹下登、玻利维亚总统莫拉莱斯等13位国际著名人士名誉博士称号，聘请日本独协大学教授星野昭吉、京都大学大学院经济学部部长田中秀夫，美国普林斯顿大学东亚研究系教授本杰明·艾尔曼、芝加哥大学东亚研究中心主任杨大利为客座教授，聘请诺贝尔奖获得者、著名经济学家詹姆斯·赫克曼、丹尼尔·麦克、约瑟夫·斯蒂格利茨、米切尔·斯宾思、约翰·纳什，联合国经济政策特别顾问、著名经济学家贾格迪什·巴格沃蒂，世界银行高级副行长尼克拉斯·斯特恩，著名思想家、教育家池田大作，国际奥委会终身名誉主席胡安·安东尼奥·萨马兰奇等68位知名学者、专家为名誉教授。

中国人民大学是我国重要的人文社会科学资料中心、信息中心和图书出版中心。学校图书馆共有藏书414万册（包括线装古籍40余万册），电子图书1 428 975种，并设有“教育部文科文献信息中心”。中国人民大学书报资料中心是我国收集、整理、存储、发布人文社会科学信息资源的权威机构，公开出版发行人文社会科学领域六大系列、148种学术出版物，编辑的年度报刊资料索引是中国四大文献检索索引之一。中国人民大学出版社是新中国成立以后建立的第一家大学出版社，是我国高等学校文科教材和人文社会科学学术、理论著作的重要出版基地。

近年来，中国人民大学先后获得“全国‘五·一’劳动奖状”、“北京市高校党建与思想政治工作先进单位”、“首都劳动奖状”、“北京市教育创新先进单位”、“首都文明单位标兵”、“2001—2005年北京市法制宣传教育先进集体”、“北京市依法治校示范校”、“首都绿化美化花园式单位”、“对口支援西部地区高等学校先进集体”、“北京奥运会、残奥会先进集体”、“北京奥运会、残奥会志愿者工作优秀组织单位”、“北京奥运培训优秀组织奖”和“首都教育系统奥运工作先进单位”等荣誉称号。

新世纪以来，中国人民大学“十年基础”、“固本强基、重塑形象”阶段取得巨大成绩，提前进入“十年腾飞”、建设“世界一流”大学阶段。目前，中国人民大学全体师生员工正高举中国特色社会主义伟大旗帜，以邓小平理论和“三个代表”重要思想为指导，深入贯彻落实科学发展观，解放思想，实事求是，与时俱进，开拓创新，坚持贯彻“人民、人本、人文”，“大师、大楼、大气”，“真情、真想、真干”的办学理念、办学思路和行动纲领，制定并实施学校“十年腾飞”战略规划，为把学校建成“人民满意、世界一流”大学而努力奋斗。

（除特别标注外，全部统计数据截至 2011 年 12 月 31 日）

特　载

贺国强同志在中国人民大学考察高校改革发展与反腐倡廉建设

中共中央政治局常委、中央纪委书记贺国强同志于11月7日莅临中国人民大学考察，就加强高校反腐倡廉建设进行调研，并亲切看望学校师生员工。中共中央书记处书记、中央纪委副书记何勇一同考察。

贺国强同志在中国人民大学实地考察了学校改革发展情况，并在反腐倡廉建设座谈会上作了重要讲话，对中国人民大学光荣的历史传统、鲜明的办学特色、改革发展成就以及反腐倡廉工作给予了高度肯定，对全面提高高等教育质量、加快适应《国家中长期教育改革和发展规划纲要(2010—2020年)》要求和推进高等学校建设步伐、推动高等教育事业改革发展、加强高校反腐倡廉建设提出了切实要求，对中国人民大学广大党员干部、全校师生员工寄予殷切希望。

贺国强同志指出，中国人民大学是我们党创办的第一所新型大学，也是一所以人文社会科学为主的综合性、研究型全国重点大学，具有重要的地位和作用。多年来，毛泽东、邓小平等老一辈革命家对人民大学非常关心，对学校的建设和发展多次作出重要指示，江泽民、胡锦涛同志先后到学校视察，充分肯定了人民大学的地位和贡献，明确要求把人民大学建设成为“人民满意、世界一流”大学。

贺国强同志说，建校七十多年来，中国人民大学始终秉持“立学为民、治学报国”的宗旨，始终与党和国家同呼吸、共命运，为国家培养了二十多万优秀人才，形成了鲜明的人文社会科学特色和优势，成为我国人文社会科学高等教育的重要基地。作为最早创立并不断壮大马克思主义理论学科、专业和课程的高校，人民大学为马克思主义理论的教学研究和全国普及作出了重要贡献；学校大力弘扬我国优秀传统文化，吸收各国优秀文明成果，为增强国家文化软实力和中华文化国际影响力发挥了重要作用；学校积极打造“智囊团”、“思想库”，为党和国家的决策作出了重要贡献；学校始终把坚持党的领导、加强党的建设作为推进学校改革发展的关键来抓，做到了“五个坚持”，形成了“12345”的党建工作思路和构架，促进了党建工作和学校发展的良性互动。

贺国强同志指出，中国人民大学坚持把“反腐倡廉建设与推动学校事业发展、建立健全惩治与预防腐败体系、加强干部队伍建设和保障师生权益”相结合，特别是结合实际、突出重点，扎实推进校园基建领域的反腐倡廉工作，取得了明显成效，维护了学校改革发展稳定的大局。同时，学校就反腐倡廉建设做了大量的理论研究工作，提供了很多理论成果。贺国强同志说，“希望你们认真贯彻落实中央、中央纪委、监察部和教育部党组、北京市委的要求，继续扎实推进学校的反腐倡廉建设。”

贺国强同志希望学校全体师生员工认真学习贯彻党的十七届六中全会和胡锦涛总书记在清华大学百年校庆、2010 年考察中国人民大学时的重要讲话精神，加快建设“人民满意、世界一流”大学的步伐，争取到 2021 年即建党 100 周年的时候，建成“人民满意、世界一流”大学。贺国强强调指出，在建设过程中，要坚持正确的方向，坚持党的领导和马克思主义的指导地位，全面贯彻党的教育方针；要突出办学特色，巩固强化人文学科、社会学科、管理学科优势，加强理工科建设；要深化改革，进一步营造民主宽松、兼容并蓄的学术氛围；要全面提高质量，进一步增强人才培养、科学研究、社会服务以及文化传承、知识创新的能力。

贺国强同志最后对人大全体师生员工和家属表示了亲切问候。

中国人民大学党委书记程天权在座谈会上作学校工作汇报，介绍了学校办学的历史和传统、新世纪以来学校事业发展的状况和成绩、新世纪以来学校党建工作的思路和特色、当前学校事业发展面临的问题和挑战等全面情况。

程天权书记在汇报中指出，作为新中国创办的第一所新型正规大学，中国人民大学七十多年艰苦卓绝的发展历程，是中国共产党和新中国成功举办新型高等教育的典范和缩影，被认为是“为新中国人民高等教育事业指出了一个新的方向”。在办学实践中，学校确立了“立学为民、治学报国”的宗旨，形成了“始终奋进在时代前列”的品格，弘扬了重视人文、以人为本的特色，坚持了“实事求是”、理论联系实际的学风，培养了“海纳百川、兼容并蓄”的气度。

进入新世纪，中国人民大学以科学发展观为统领，与时俱进，开拓创新，走出了一条“内涵提高、特色强校、质量第一”的科学发展道路。学校办学规模稳步增长，办学条件极大改善，校园建设面目一新，在建设“人民满意、世界一流”大学进程中取得了阶段性成果。学校高扬人文旗帜，勇于担当时代排头兵；促进学术繁荣，倾力打造“智囊团”、“思想库”；发挥传统优势，积极推进马克思主义中国化、时代化、大众化。

程天权书记特别谈到，中国人民大学在推进学校事业发展的进程中始终不渝地抓好党的建设工作，始终强调党建工作要做到“五个坚持”，即坚持推动建设“人民满意、世界一流”大学这项中心工作，坚持构建和谐校园，坚持服务师生员工，坚持加强组织建设，坚持反腐倡廉建设，并在实践中为坚持党对高等教育事业的领导进行了有益的探索，形成了具有自身经验和特色的“12345”的工作思路和基本架构，即党建工作始终围绕学校事业发展这“1 个”中心；始终抓好干部和教师“2 支”队伍建设；始终坚持正确的政治、理论和政策“3 个”导向；始终注意充分发挥学校党委的领导核心、分党委（党总支）的政治核心、党支部的战斗堡垒和党员的先锋模范“4 个”作用；始终谨记“5 个”“时刻不忘”，时刻不忘发展是第一要务，时刻不忘大学必须把国家社会需要放在第一位，时刻不忘高举中国特色社会主义旗帜、以繁荣人文社会科学为己任，时刻不忘用社会主义核心价值体系去教育引导学生、培养优秀的共和国建设者和接班人，时刻不忘建设和谐校园、牢记广大师生员工的根本利益。

中国人民大学党委常务副书记、纪委书记牛维麟重点汇报了学校在校园基本建设领域扎实推进反腐倡廉建设的做法和体会。他结合人大实际指出，领导重视、率先垂范是做好反腐倡廉建设的前提；加强教育、防微杜渐是做好反腐倡廉建设的基础；完善制度、规范程序是做好反腐倡廉建设的根本；科学论证、集体决策是做好反腐倡廉建设的重点；公开透明、强化监督是做好反腐倡廉建设的保障；知人善任、用好干部是做好反腐倡廉建设的关键；凝练特色、注重创新是做好反腐倡廉建设的动力。

教育部部长袁贵仁表示，贺国强同志在座谈会上的讲话、在视察中作出的重要指示，为中国人民大学的建设发展指明了方向，特别是对加强学校反腐倡廉建设具有重要的指导意义。他要求中国人民大学广大师生员工要认真学习领会讲话精神，统一思想认识，切实抓好贯彻落实，以更加坚定的决心、更加饱满的精神积极推动学校建设发展的步伐，特别是要始终坚持党的领导，坚持马克思主义的指导和党的教育方针，更多、更好地培养合格的社会主义建设者和接班人，积极推动社会主义文化大发展、大繁荣，努力加快世界一流大学建设步伐，深入推进反腐倡廉建设。

座谈会前，贺国强同志在世纪馆贵宾室会见了学校领导班子成员。中国人民大学校长纪宝成、党委书记程天权、常务副校长袁卫、党委常务副书记牛维麟、副校长林岗、副校长冯惠玲、党委副书记马俊杰、副校长陈一兵、党委副书记兼副校长王利明、副校长杨慧林和有关部处负责人参加会见。

贺国强同志在调研期间还观看了"高扬马克思主义旗帜——中国人民大学与马克思主义在中国的传播和普及"展览，参观了图书馆新馆，考察了新闻学院、法学院。学校领导纪宝成、程天权陪同考察。

"高扬马克思主义旗帜——中国人民大学与马克思主义在中国的传播和普及"展在图书馆新馆举办，从光荣历史、亲切关怀、办学特色、学科建设、名师俊彦、人才培养、科学研究、社会服务、发展规划等方面进行了展示。贺国强同志详细观看了展览各部分，并听取了纪宝成校长关于中国人民大学总体情况和展览具体内容的介绍。

历经七十多年的发展，中国人民大学已成为"共和国建设者"和各行各业领袖人才的摇篮、我国人文社会科学高等教育的重镇、马克思主义教学与研究的高地、中国优秀传统文化传承与创新的旗帜，为哲学社会科学的发展和繁荣，为社会主义革命、建设和改革事业作出了重要贡献。贺国强同志对中国人民大学高扬马克思主义旗帜，把握方向、科学发展、建设世界一流大学，在研究、传播和普及马克思主义以及繁荣发展人文社会科学、弘扬传统文化方面迈出的坚实步伐给予高度肯定，希望学校认真落实胡锦涛总书记在学校考察时的重要指示，早日建成"人民满意、世界一流"大学。在观看展览结束时，贺国强同志还亲切接见了马克思主义理论学科教师代表卫兴华、陈先达、吴易风、秦宣教授，对中国人民大学教师为马克思主义在中国的传播、普及和发展所作的贡献表示敬意和感谢。

在图书馆古籍特藏馆，贺国强同志听取了图书馆馆长刘大椿的介绍，仔细翻看了明万历刻本《养正图解》、两淮都转运监使司刻本《古今廉鉴》、明万历刻本《廉吏传》、清顺治内府刻本《御制资政要览》、清顺治詹履道聚星堂刻本《孝肃包公奏议十卷首一卷》、清道光尹济源碧鲜斋刻本《为政忠告》、清同治豫章吴兰刻本《居官圭臬》、毛泽东同志曾研读并签名的《资本论》、张闻天同志签名的《马恩与马克思主义》以及三个版本的《论共产党员的修养》等重要图书资料。

新闻学院思科网真演播室是中国高校新闻院系中首个由信息产业机构、专业新闻机构和新闻教育机构联合打造的集产、学、研功能为一体的现代技术平台。当看到演播室里，周勇副教授在为新闻学专业本科 2009 级学生讲授《新闻发布中信任机制的构建》课程时，正在新闻学院考察的贺国强同志轻轻走进演播室，示意课程继续并在前排的位置坐下，听取课程内容。课程告一段落时，贺国强同志起身与站在主持台前的黄雅兰同学亲切交流。得知同学们非常关注即将开始的基层人大代表选举，贺国强同志希望同学们珍惜投票权利，认真对待选票，投下神圣的选票。

在新闻学院，贺国强同志还考察了数字媒体实验室，了解了非线性编辑和线性编辑实验室的课程内容，听取了新闻学院执行院长倪宁教授和同学们关于非线性编辑的工作方式和特点的介绍。他鼓励新闻学院要大力推广这种教学与实践相结合的创新型教学方式。

走进法学院，贺国强同志参观了院史陈列室，详细听取了法学院院长韩大元教授关于法学院成立以来在人才培养、法学研究、立法咨询、法律援助、国际交流等方面的进展和成就。看到法学院编写出版的法学研究、法律研究、贪污贿赂罪研究等方面的书籍，他多次停下来详细询问，并夸赞中国人民大学与最高检察院联合培养职务犯罪侦查方向硕士研究生等工作开展得有实效、有内涵。

贺国强同志还特别翻阅了《贪污贿赂犯罪疑难解析》一书，他指出，随着形势的发展，新情况和新问题层出不穷，对此怎么看、怎么判非常重要，法学界还要不断加强研究。当得知《中国审判案例要览》这部著作是由全国各地几百万则案例中甄选五百余例汇聚成册并同时发行港、台及海外版时，他表示，这对于国外了解中国法律具有重要作用。

在法学院，贺国强同志亲切会见了高铭暄、许崇德、孙国华三位老教授。他表示，中国人民大学法学院是新中国诞生后创立的第一所正规的高等法学教育机构，是我国法学教育的奠基者，感谢各位老教授为新中国基本法律体系的建立作出的贡献。

考察期间，贺国强同志对中国人民大学马克思主义研究、新闻、法学等一批学科的代表性作用和地位，对学校在教学中既注重发扬严谨的教学传统，又能适应新形势、新任务改革创新教学方式方法给予了肯定。考察结束时，看到世纪馆前自发赶来送行的师生们，贺国强同志走上前与大家一一握手，并连声说："谢谢你们！"

座谈会在中国人民大学世纪馆北大厅举行，中共中央书记处书记、中央纪委副书记何勇出席，教育部部长、党组书记袁贵仁主持。中央纪委常委、监察部副部长王伟，中央纪委秘书长崔少鹏，教育部党组副书记、副部长杜玉波，教育部党组成员、驻部纪检组组长王立英，北京市委常委、纪委书记叶青纯，中央纪委、教育部、北京市有关部门负责人，中国人民大学领导班子成员纪宝成、程天权、袁卫、牛维麟、林岗、冯惠玲、马俊杰、陈一兵、王利明、杨慧林和学校主要职能部门、主要院系负责人参加。

（摘自人大新闻网 2011 年 11 月 10 日）

附 1：中国人民大学召开专题座谈会学习贯彻贺国强同志在校考察重要讲话精神

11 月 7 日，中共中央政治局常委、中央纪委书记贺国强到中国人民大学考察，就加快高校改革发展，加强高校反腐倡廉建设进行调研，并亲切看望学校师生员工。当天下午，学校召开专题座谈会，学习贯彻贺国强同志考察中国人民大学重要讲话精神。校领导纪宝成、程天权、袁卫、牛维麟、冯惠玲、马俊杰、王利明、杨慧林出席，各分党委书记及相关学院、部处负责人参加。

座谈会由校党委书记程天权主持。党委常务副书记、纪委书记牛维麟首先传达了贺国强同志在反腐倡廉建设调研座谈会上的讲话精神和袁贵仁部长关于学习贯彻贺国强同志讲话精神的意见。

纪宝成校长在发言中表示，贺国强同志代表党中央视察人民大学，看望学校师生，是党中央对中国人民大学的又一次关怀和鼓舞。贺国强同志在考察时充分肯定了中国人民大学在 2021 年建党 100 周年之际，建成"人民满意、世界一流"大学的战略目标，希望学校认真学习贯彻党的十七届六中全会精神和胡锦涛总书记在清华大学百年校庆、2010 年考察中国人民大学时的重要讲话精神，加快建设"人民满意、世界一流"大学的步伐。这给全校师生以极大的鼓舞和激励，进一步坚定了建设"人民满意、世界一流”大学的决心和信心。中国人民大学作为中国共产党创办的新中国第一所新型大学，一所以人文社会科学为主的大学，对于贯彻十七届六中全会精神肩负着特殊的责任和义不容辞的使命。学校要充分发挥人文社会科学的作用，进一步增强人才培养、科学研究、社会服务和文化传承创新的能力，为社会主义文化大发展大繁荣作出更大贡献。

与会人员结合工作实际谈了学习体会。新闻学院执行院长倪宁说，贺国强同志对新闻学院改革创新教学方式、方法给予了高度肯定，新闻学院依托于人民大学的沃土，肩负着重大的责任，一定不辜负党中央的期望，努力发展得更好。党委统战部部长周淑真说，贺国强同志不仅肯定了学校的反腐倡廉建设工作，也肯定了学校的反腐倡廉理论研究成果。廉政建设是世界性的课题，廉政建设理论研究具有交叉性、综合性的学科特点，是社会学科领域新的增长点，建议学校进一步加大支持力度推进相关工作开展。

程天权书记在会议总结中指出，贺国强同志到人民大学考察调研，对学校改革发展与廉政建设工作予以充分肯定并提出希望，学校师生员工深受鼓舞。学校各部门、各学院要认真学习传达贯彻贺国强同志的重要讲话精神，切实加强党的建设与思想政治教育工作，推动学校各项事业全面发展，特别是要认真贯彻落实十七届六中全会精神，为促进社会主义精神文明建设，树立社会主义核心价值理念，为提升文化自觉，增强国家文化软实力和中华文化国际影响力作出贡献，不辜负党中央的殷切期望。

（摘自人大新闻网 2011 年 11 月 11 日）

■ 中共中央、国务院任命陈雨露为中国人民大学校长

2011 年 11 月 23 日下午，中国人民大学在逸夫会堂举行全校教师干部大会。会上，中共中央组织部副部长李智勇宣读了中共中央、国务院关于陈雨露同志、纪宝成同志职务任免的决定：批准陈雨露同志任中国人民大学校长（副部长级），免去纪宝成同志的中国人民大学校长职务。教育部部长、党组书记袁贵仁，北京市委常委、教育工委书记赵凤桐等出席大会，大会由校党委书记程天权主持。

李智勇副部长指出，这次中国人民大学校长调整是党中央、国务院从中管高校领导班子建设全局出发，根据干部新老交替的有关规定，结合中国人民大学实际，通过通盘考虑，反复酝酿，考察了解和慎重研究作出的。他对中国人民大学的历史地位、精神传统、办学实力和为国家经济发展、社会进步、民族振兴作出的贡献给予高度评价，对学校新世纪以来弘扬人大精神、明确发展目标、加强人才培养、推进学科建设、改善办学环境、扩大社会影响、增强办学实力取得的突出成就给予充分肯定。

他强调，纪宝成同志长期从事高校教学和行政管理工作，担任人大校长已经 11 年时间，多年来他始终保持高度的事业心、责任感，兢兢业业，扎实工作，德才表现得到了各方面的肯定。他政治上坚定，大局意识强，坚持党的教育方针和社会主义办学方向，在重大原则问题上头脑清醒，旗帜鲜明。他热爱高等教育事业，熟悉高等教育规律和高校的情况，治校办学和组织领导经验丰富，视野开阔，思想解放，改革创新意识强，敢抓敢管，推进工作力度大。自担任校长以来他坚持以社会主义政治家和教育家的标准要求自己，在校党委的领导下带领一班人，紧紧围绕党和国家中心工作和高等教育改革发展大局，谋划学校工作思路，以建设“人民满意、世界一流”大学为目标，坚持“内涵提高、特色强校、质量第一”的办学方针，不断改进办学机制，努力优化学科布局，着力加强人才培养，大力夯实基础建设，积极拓展办学空间，主动争取办学资源，取得了突出的工作业绩，为学校发展奠定了坚实的基础。他注意加强对教育理论的研究思考，积极就教育改革和发展建言献策，作为《国家中长期教育改革和发展规划纲要（2010—2020 年）》课题组成员和咨询委员会专家，参加了

《纲要》制定和修改工作。纪宝成同志事业心、责任感强，工作投入，勤奋敬业，为人直爽，待人坦诚，社会知名度高。

李智勇副部长指出，陈雨露同志是从中国人民大学成长起来的中青年专家和领导干部，政治素质好，有较强的政治意识和大局意识，长期从事高校教学科研和行政领导工作，熟悉高等教育和人文社科领域的情况，治校办学理念明确，视野比较开阔，积极开拓创新，有较强的组织协调和管理能力，推动工作扎实有力，考虑处理问题周到细致。他在担任中国人民大学副校长期间工作认真，勤奋努力，较好地履行了职责。担任北京外国语大学校长以来，陈雨露同志围绕贯彻落实《教育规划纲要》，深入分析学校优势和特点，组织制定了学校“十二五”和中长期发展规划，强调“外、特、精”办学理念，坚持“教学立校、学术强校、人才兴校”指导思想，以特色、质量和创新求发展，不断推进教学改革，努力加强科研工作，积极拓宽办学领域，主动服务国家战略需求，促进和优化学校发展，得到各方充分肯定。他治学严谨，在金融学领域有较深入的研究，他坚持党委领导下的校长负责制，工作投入，为人谦和，待人诚恳，作风正派，团结同志，要求自己严格。中央认为陈雨露同志担任中国人民大学校长是合适的。

李智勇副部长希望大家把思想统一到中央决定精神上来，确保各项工作平稳有序健康发展。党政班子成员要带头贯彻执行中央决定，坚持党委领导下的校长负责制和民主集中制原则，齐心协力，相互支持，密切配合。广大教职员工要同心同德，在校党委和学校新的行政领导班子带领下，承前启后，继往开来，把学校各项事业继续推向前进。要以更加广阔的视野，更加开放的姿态，更加执着的精神，不断推进世界一流大学建设，为我国高等教育事业的振兴和经济社会的发展作出新的更大的贡献。

袁贵仁部长在讲话中代表教育部党组表示完全拥护党中央、国务院的决定，这次校长人选的调整体现了中央对中国人民大学的高度重视和亲切关怀。

袁贵仁部长指出，纪宝成同志是中国人民大学培养出来的党的高级干部，先后在这里学习、工作了二十多年。他下过基层，当过教师，在国家原商业部、国家教委担任过司局领导，阅历丰富。2000年9月担任中国人民大学校长以来，先后和马绍孟书记、程天权书记合作共事，与班子全体成员一起辛勤工作，积极推动学校的改革发展、和谐稳定。他热爱党的教育事业，政治坚定，政策理论水平高；熟悉高等教育规律，组织办学治校经验丰富；组织领导和宏观驾驭能力强，勇于担当，敢于负责；善于从全局和战略的高度研究和思考问题，工作有魄力、善谋划、重落实，特别是在制定学校办学目标，明确学科发展思路，深化人才培养模式改革，置换拓展办学空间等方面做了大量卓有成效的工作。纪宝成同志恪尽职守，工作投入，在师生员工中享有很高声誉，在全国高等教育界也很有影响。纪宝成同志从学校长远出发，提出退出学校领导岗位，并负责任地举荐校长人选，表现出对党的事业和对中国人民大学高度负责的精神。

袁贵仁部长指出，新任校长陈雨露同志是中国人民大学培养起来的优秀中青年干部。陈雨露同志政治坚定，熟悉高等教育规律，业务功底扎实，有创新意识和责任意识，作风民主，为人正派，要求自己严格。他在担任北京外国语大学校长期间，认真履职尽责，扎实推进工作，得到各方面的高度认可。我们相信，陈雨露同志一定会不负众望，与党委书记程天权密切配合，团结带领全体班子成员和全校师生员工，努力推进学校各项事业再上新的台阶。

袁贵仁部长希望全校教师干部把思想和认识统一到中央的决定上来，支持陈雨露同志工作，齐心协力把学校的事情办好，让中央放心，让师生满意。他提出三点希望：深刻认识肩负的使命，努力在建设世界一流大学的进程中走出一条具有中国人民大学特色的发展之路；坚持以提高质量为生命线，全面提升办学水平，不断提升学校人才培养、科学研究、社会服务、文化传承创新的水平；加强领导班子建设，不断增强政治敏锐性，着重提高执行力，不断增进班子团结，始终坚持勤政廉政，为建设世界一流大学提供组织保障。他希望中国人民大学新的领导班子紧紧依靠全校师生员工，高举中国特色社会主义伟大旗帜，深入落实科学发展观，继续解放思想，早日建成“人民满意、世界一流”大学。

赵凤桐书记在讲话中指出，多年来中国人民大学注重发挥人文社会科学服务社会的作用，为北京市的经济建设和社会发展提供了理论支撑和智力支持，为首都高等教育和改革发展起了示范作用。

他指出，纪宝成同志在担任学校校长期间，始终爱校如家，恪尽职守，殚精竭虑，表现出很强的组织领导能力和开拓创新精神，为学校发展和首都高等教育事业作出了突出的贡献，深受广大师生员工拥护和爱戴，希望纪宝成同志离开工作岗位后继续关心支持学校的工作和首都教育事业的发展。新任校长陈雨露同志政治素质好，事业心、责任感强，熟悉学校工作和高等教育规律，具有比较高的领导水平和学术水平。他希望中国人民大学领导班子进一步开创学校创新发展的新局面，努力把学校建设成为“人民满意、世界一流”大学。希望中国人民大学继续为首都教育和经济社会发展作出新的更大的贡献。市委、市政府将一如既往地关心支持中国人民大学的建设和发展，一如既往地支持学校领导班子的工作，为学校创建世界一流大学营造良好的外部环境。

纪宝成同志在发言中衷心拥护党中央、国务院关于中国人民大学校长任免的决定，热烈欢迎陈雨露同志重返母校工作，诚挚感谢与会领导对他本人和中国人民大学在新世纪发展成就的充分肯定和高度评价。他表示卸任之际心情平静，但感念多多。他深情回忆了担任中国人民大学校长 11 年的工作经历，指出能够在这样一所著名高等学府最高行政岗位上为她的改革、发展、建设尽心尽力，遍尝苦辣酸甜，“拼消多少艰难”，这是一生的幸运、一生的光荣、一生的自豪。

纪宝成同志坚信在党中央、国务院的亲切关怀下，在教育部、北京市的正确领导下，中国人民大学新的领导班子一定能够带领和依靠广大师生员工，秉持“立学为民、治学报国”的办学宗旨和人大精神，继续解放思想、实事求是，开拓进取、团结奋斗，克难攻坚、科学发展；一定能够把中国人民大学这所中国共产党创办的第一所新型正规大学，在建党 100 周年之际建成“人民满意、世界一流”大学；一定能够群策群力，为中华民族的伟大复兴和中国特色社会主义事业作出新的更大的贡献。

陈雨露同志在发言中首先回顾了他从 1983 年开始到中国人民大学学习、任教的历程。他说，作为一所学术地位崇高的著名学府，在过去的 74 年中，中国人民大学为国家和民族作出了不可磨灭的贡献。今天，作为一所特色鲜明的著名学府，人民大学肩负着新的神圣使命。受命担任这样一所大学的校长，他深感重任在肩。

陈雨露同志表示，他将时刻铭记胡锦涛总书记考察中国人民大学时的重要讲话精神，秉持“立学为民、治学报国”的宗旨，努力把人民大学建设成为“人民满意、世界一流”的高等学府；他将时刻铭记自己是高等教育战线一位年轻的管理工作者，认真学习，深入调研，虚心求教；他将时刻铭记一个共产党员应有的政治品质，在全体师生的心中找准自己的位置，在上级部门的领导下，在学校党委领导下，处理好改革、发展和稳定的关系，按照“十年基础、十年腾飞”的学校战略规划，科学地展开新时期中国人民大学的发展蓝图。

陈雨露同志最后表示，他将毫不犹豫、全心全意地投入新的岗位，依靠集体的力量团结奋斗，不辜负党中央、国务院和上级领导、全体师生员工的巨大信任和殷切希望。

程天权书记表示，党中央、国务院的决定充分体现了对中国人民大学领导班子建设和事业发展的高度重视，学校党委和全体师生员工坚决拥护中央的决定。

纪宝成同志任校长以来，为人民大学推动建设“人民满意、世界一流”大学的历史进程作出了巨大贡献。程天权书记代表学校党政领导班子和全体师生员工向纪宝成同志表示衷心感谢和崇高敬意。陈雨露同志在人民大学学习、工作和生活多年，十分熟悉人民大学校情，相信陈雨露同志必将以创新的工作理念、务实的工作作风、开拓的工作思路，为人民大学的事业发展注入强劲动力。我们坚信，在上级部门的正确领导和大力支持下，汇聚学校党政班子的集体智慧，依靠全校上下的共同努力，中国人民大学一定能够开创“人民满意、世界一流”大学新局面，为我国高等教育事业的发展繁荣，为中华民族的伟大复兴作出新的更大的贡献。

中共中央组织部干部三局局长喻云林、副局长赵凡，教育部人事司司长管培俊，北京市委组织部副部长闫成、市委教育工委常务副书记刘建，中国人民大学老校长黄达、李文海，全体在职校领导，校党委委员、纪委委员，各院系、机关部处、直（附）属单位负责人，教育部人文社会科学重点研究基地负责人，跨院系研究机构负责人，在岗一级、二级教授和民主党派负责人等近四百人参加会议。

（摘自人大新闻网 2011 年 11 月 24 日）

附 1：在中国人民大学教师干部大会上的讲话

中组部副部长　李智勇

（2011 年 11 月 23 日）

各位老师、同志们：

大家好！

今天我受中央领导同志委派，宣布党中央、国务院关于中国人民大学校长变动的决定。

中国共产党中央委员会通知，中委（2011）458 号，《关于陈雨露、纪宝成同志职务任免的通知》。中共国务院党组：中央批准陈雨露同志任中国人民大学校长（副部长级），免去纪宝成同志的中国人民大学校长职务。请按有关规定办理。中共中央，2011 年 11 月 9 日。

中华人民共和国国务院，国人字（2011）123 号，《关于陈雨露、纪宝成职务任免的通知》。教育部：国务院 2011 年 11 月 21 日决定，任命陈雨露为中国人民大学校长（副部长级），免去纪宝成的中国人民大学校长职务。中华人民共和国国务院，2011 年 11 月 21 日。宣读完毕。

这次中国人民大学校长调整是党中央、国务院从中管高校领导班子建设全局出发，根据干部新老交替的有关规定，结合中国人民大学实际，通过通盘考虑、反复酝酿、考察了解和慎重研究作出的。之前我们已与纪宝成、陈雨露同志谈了话，传达了中央决定精神。他们都表示坚决拥护中央决定，做好工作交接。

中国人民大学是在党中央直接关怀下创立和发展起来的一所社会主义新型大学，是我国著名的高等学府。它建校于中华民族救亡图存的危难之际，伴随新中国的建立和发展不断成长。经过几代人的共同奋斗，学校逐步形成了优良独特的精神传统和实力雄厚的办学基础，为国家培养和输送了大批优秀人才，为经济发展、社会进步和民族振兴作出了重要贡献。特别是近年来，学校党政班子带领广大教职员工大力弘扬“立学为民、治学报国”的人大精神，明确发展目标，加强人才培养，推进学科建设，改善办学环境。经过不懈努力，学校社会影响力不断提高，办学实力不断增强，在建设世界一流高水平大学的道路上迈出了坚实步伐。这些成绩的取得是党中央、国务院正确领导和亲切关怀的结果，是教育部和北京市委、市政府精心指导的结果，是中国人民大学历届领导班子以及全体教职员工共同努力的结果，其中也包含着纪宝成同志作出的重要贡献。

纪宝成同志长期从事高校教学和行政管理工作，担任人大校长也已经 11 年时间，多年来他始终保持高度的事业心、责任感，兢兢业业，扎实工作，德才表现得到了各方面的肯定。他政治上坚定，大局意识强，坚持党的教育方针和社会主义办学方向，在重大原则问题上头脑清醒，旗帜鲜明。他热爱高等教育事业，熟悉高等教育规律和高校的情况，治校办学和组织领导经验丰富，视野开阔，思想解放，改革创新意识强，敢抓敢管，推进工作力度大。担任校长以来坚持以社会主义政治家和教育家标准要求自己，在校党委的领导下带领一班人，紧紧围绕党和国家中心工作和高等教育改革发展大局，谋划学校工作思路，以建设“人民满意、世界一流”大学为目标，坚持“内涵提高、特色强校、质量第一”的办学方针，不断改进办学机制，努力优化学科布局，着力加强人才培养，大力夯实基础建设，积极拓展办学空间，主动争取办学资源，取得了突出的工作业绩，为学校发展奠定了坚实的基础。他注意加强对教育理论的研究思考，积极就教育改革和发展建言献策，作为《国家中长期教育改革和发展规划纲要（2010—2020年）》课题组成员和咨询委员会专家，参加了《纲要》制定和修改工作。他事业心、责任感强，工作投入，勤奋敬业，为人直爽，待人坦诚，社会知名度高。在这里，让我们对纪宝成同志多年来为党的高等教育事业以及中国人民大学所作出的贡献表示衷心的感谢！希望纪宝成同志作为学校的老领导，一如既往地关心、支持中国人民大学的发展。

对陈雨露同志，大家都比较熟悉。他是从中国人民大学成长起来的中青年专家和领导干部。陈雨露同志1966年11月出生，1984年11月入党，1989年1月参加工作。中国人民大学财政金融学院货币银行学专业，在职博士研究生毕业，曾任中国人民大学财政金融系副主任，财政金融学院常务副院长、院长。2005年5月任中国人民大学副校长，2010年3月任北京外国语大学校长。他政治素质好，有较强的政治意识和大局意识，长期从事高校教学科研和行政领导工作，熟悉高等教育和人文社科领域的情况，治校办学理念明确，视野比较开阔，积极开拓创新，有较强的组织协调和管理能力，推动工作扎实有力，考虑处理问题周到细致。担任中国人民大学副校长期间工作认真，勤奋努力，较好地履行了职责。担任北京外国语大学校长以来，围绕贯彻落实《教育规划纲要》，深入分析学校优势和特点，组织制定了学校"十二五"和中长期发展规划，强调"外、特、精"办学理念，坚持"教学立校、学术强校、人才兴校"指导思想，以特色、质量和创新求发展，不断推进教学改革，努力加强科研工作，积极拓宽办学领域，主动服务国家战略需求，促进和优化学校发展，得到各方充分肯定。他治学严谨，在金融学领域有较深入的研究，他坚持党委领导下的校长负责制，工作投入，为人谦和，待人诚恳，作风正派，团结同志，要求自己严格。中央认为陈雨露同志担任中国人民大学校长是合适的。

这次中国人民大学校长变动是学校领导班子建设中的一件大事，希望大家把思想统一到中央决定精神上来，确保各项工作平稳有序，健康发展。党政班子成员要带头贯彻执行中央决定，坚持党委领导下的校长负责制和民主集中制原则，齐心协力，相互支持，密切配合。广大教职员工要同心同德，在校党委和学校新的行政领导班子带领下，承前启后，继往开来，把学校各项事业继续推向前进。

同志们，党中央、国务院一直高度重视高等教育工作。今年以来，胡锦涛总书记在清华大学百年校庆、庆祝建党90周年和纪念辛亥革命100周年大会上发表重要讲话，站在全局和战略的高度，对坚持以科学发展观为统领，全面推进党的事业，实现中华民族伟大复兴作出了重要部署，也对高等教育事业发展提出了新的要求。党的十七届六中全会作出了深化文化体制改革，推动社会主义文化大发展大繁荣的决定，为高等学校更好地发挥文化传承创新功能指明了方向。国家建设、民族复兴的伟业，为高校发展提供了难得的历史机遇，也赋予高校广大教职员工更加神圣的历史使命。衷心祝愿中国人民大学继续高举中国特色社会主义伟大旗帜，深入贯彻落实科学发展观，在总结继承优良传统的基础上，以更加广阔的视野，更加开放的姿态，更加执着的精神，解放思想，实事求是，与时俱进，开拓创新，不断推进世界一流大学建设，为我国高等教育事业的振兴和经济社会的发展作出新的更大的贡献。

谢谢大家。

附2：在中国人民大学教师干部大会上的讲话

教育部部长、党组书记　袁贵仁
（2011年11月23日）

各位老师、同志们：

刚才，中央组织部李智勇副部长宣布了党中央、国务院关于陈雨露、纪宝成同志职务任免的决定，并对学校的工作提出了要求。教育部党组完全拥护中央的决定，赞同李智勇同志的讲话。

党中央、国务院对中国人民大学的改革发展和领导班子建设高度重视。这次校长人选调整是中央从全国高校工作的大局出发，根据工作需要，充分考虑中国人民大学重要地位和班子的实际，经过认真酝酿、慎重研究作出的决定，体现了中央对中国人民大学的高度重视和亲切关怀。

中国人民大学是我们党创办的第一所新型大学，有着光荣历史和优良传统，在我国高等教育体系中占有特殊重要的地位，发挥着特别重要的作用。改革开放以来，学校始终坚持以邓小平理论和“三个代表”重要思想为指导，深入贯彻落实科学发展观，发扬“立学为民、治学报国”的优良传统，坚持走“内涵提高、特色强校、质量第一”的发展道路，深入推进“211 工程”建设和“985 工程”建设，不断深化改革，勇于探索创新。学校的学科建设和教师队伍建设成绩显著，人才培养质量稳步提升，科研创新成果不断涌现，服务社会能力显著增强，学校的办学条件明显改善，党的建设和思想政治工作不断得到加强，这些成绩的取得是在党中央、国务院的正确领导下，在北京市的指导帮助下，学校历届领导班子团结带领全校师生员工艰苦奋斗的结果。这其中也凝聚着纪宝成同志的大量心血汗水和重要贡献。宝成同志是中国人民大学培养出来的党的高级干部，先后在这里学习、工作了二十多年。他下过基层，当过教师，在国家原商务部、国家教委担任过司局领导，阅历丰富。2000 年 9 月担任中国人民大学校长以来，先后和马绍孟书记、程天权书记合作共事，与班子全体成员一起辛勤工作，积极推动学校的改革发展、和谐稳定。他热爱党的教育事业，政治坚定，政策理论水平高；熟悉高等教育规律，组织办学治校经验丰富；组织领导和宏观驾驭能力强，勇于担当，敢于负责；善于从全局和战略的高度研究和思考问题，工作有魄力、善谋划、重落实，特别是在制定学校办学目标，明确学科发展思路，深化人才培养模式改革，置换拓展办学空间等方面做了大量卓有成效的工作。宝成同志恪尽职守，工作投入，在师生员工中享有很高声誉，在全国高等教育界也很有影响。近年来，纪宝成同志从学校长远出发，提出退出学校领导岗位，并负责任地举荐校长人选，表现出对党的事业和对中国人民大学高度负责的精神。在这里，我代表教育部党组向宝成同志表示衷心的感谢！

新任校长陈雨露同志大家都很熟悉，他是中国人民大学培养起来的优秀中青年干部，至今还是我们全国高校最年轻的副部长级干部。陈雨露同志政治坚定，熟悉高等教育规律，业务功底扎实，有创新意识和责任意识，作风民主，为人正派，要求自己严格。担任北京外国语大学校长期间，认真履职尽责，扎实推进工作，得到各方面的高度认可。我们相信，陈雨露同志一定会不负众望，与党委书记程天权密切配合，团结带领全体班子成员和全校师生员工，努力推进学校各项事业再上新的台阶。

中国人民大学校长人选的调整，是学校发展历程中的一件大事，全校上下、社会各界都很关注。希望同志们以高度的责任感和使命感，把思想和行动统一到中央的决定上来，支持雨露同志工作，齐心协力把学校的事情办好，让中央放心，让师生满意。

同志们，今年 4 月 24 日，胡锦涛总书记在清华大学百年校庆上发表的重要讲话，是推动我国高等教育事业科学发展的纲领性文献。胡锦涛总书记“七一”重要讲话深刻阐述了在新的历史起点上把中国特色社会主义伟大事业全面推向前进的大政方针，对办好我国高等教育具有重要指导意义。党的十七届六中全会提出的建设社会主义文化强国的奋斗目标，也为我国高等教育提出了新的历史使命。结合中国人民大学的实际，为深入学习贯彻好总书记重要讲话精神，把人民大学的事情办好，我提三点意见。

一、深刻认识肩负的崇高使命，加快建设世界一流大学步伐

中央一直高度重视学校世界一流大学建设。近年来胡锦涛、温家宝、习近平、贺国强、刘延东等中央领导同志多次视察中国人民大学，充分肯定了学校近年来取得的突出成绩，殷切希望中国人民大学努力建设成为“人民满意、世界一流”的大学。我们要深刻认识到，建设世界一流大学是党中央交给中国人民大学的光荣任务，也是学校义不容辞的时代责任。我们既要学习借鉴世界上一切国家的成

功做法和经验，更要立足中国国情，始终坚持党的领导和马克思主义指导地位，努力在建设世界一流大学进程中走出一条富有中国人民大学特色的发展之路。

二、坚持以提高质量为生命线，全面提升办学水平

提高质量，是当前高等教育改革发展最核心最紧迫的任务。要按照胡锦涛总书记在清华大学百年校庆上重要讲话的要求，把提高质量作为学校的生命线，不断提升学校人才培养、科学研究、社会服务、文化传承创新水平。

一要以提高人才培养质量为主攻方向。要继续发扬中国人民大学重视本科教育的优良传统，把主要精力和资源集中到提高教育教学质量上来，把学校长期形成的学科建设、师资队伍、科学研究等办学优势转化为提高人才培养质量的优势，努力为国家培养更多的德智体美全面发展的社会主义合格建设者和可靠接班人。

二要以推动社会主义文化大发展大繁荣为使命。要认真学习贯彻十七届六中全会精神，学习贯彻中央领导同志对全国高校哲学社会科学工作的重要批示和指示，坚持“二为”方向和“双百”方针，大力推进哲学社会科学创新体系建设，努力推出更多代表国家水准、具有世界影响、经时济世的优秀成果，为社会主义文化强国建设作出中国人民大学应有的重要贡献。

三要以服务经济社会发展为导向。要紧紧围绕科学发展这一主题、加快发展方式转变这条主线，集中力量为解决当前国际国内经济社会发展中的热点、难点问题出谋划策，产生一批有利于国计民生的重大成果，努力成为党和政府的思想库和智囊团。

四要以推进文化传承创新为己任。要以社会评价体系为指引，着力培育境界高尚、底蕴深厚的大学文化，凝练大学精神，营造宽松的学术环境和良好的育人氛围，进一步增强文化育人的作用和社会辐射作用，为增强国家文化软实力和中华文化国际影响力作出重大的贡献。

五要以高素质教师队伍建设为保障。要把教师队伍建设作为最重要的基础工作，把师德建设放在首位，规范教学科研行为，引领教师严谨治学、淡泊名利，形成良好的学术道德和学术风气。要关心教师的学习、工作、生活条件改善，努力造就一支师德高尚、业务精湛、结构合理、充满活力的高素质教师队伍。

三、加强领导班子建设，为建设世界一流大学提供坚强组织保障

中央要求，高校领导干部努力成为社会主义政治家、教育家。办好中国人民大学，关键是要有一个坚强有力的领导班子。

一要不断增强政治敏锐性。要始终坚持党的教育方针和社会主义办学方向，时刻保持高度的政治稳定性和科学严谨的态度，把领导班子的威信建立在思想、工作、言论的科学性上，建立在良好的思想作风和工作作风上，建立在敢于并善于开展批评和自我批评上。

二要着力提高执行力。领导干部要以身作则，深入开展调查研究，坚持从群众中来、到群众中去，广泛听取群众意见，扎实推进各项工作，以高度的执行力和工作成效，取信于师生员工，取信于社会。

三要不断增进班子团结。要坚持和完善党委领导下的校长负责制，不断强化政治意识、大局意识、责任意识和忧患意识，倍加珍惜和维护好班子团结。党委书记和校长要充分信任每一位副职，支持他们在分管的工作范围内履职尽责，副职要自觉服从书记和校长的领导，凝心聚力，保证全校工作一盘棋。

四要始终坚持勤政廉政。坚决惩治和有效预防腐败，关系人心向背和党的生死存亡，是全党都必须深入抓好的重大政治任务。当前，学校要认真学习最近贺国强同志视察人民大学时的讲话精神，在努力遵守《廉洁从政若干准则》等各项规定上做出表率，切实抓好学校党风廉政建设的各项工作。

同志们，长期以来，北京市委、市政府对中国人民大学十分关心，为化解学校的办学难题给予了大力支持。借此机会，我代表教育部向北京市委、市政府表示衷心的感谢！也希望中国人民大学继续发挥自身优势，为实现北京市"十二五"规划目标作出自己的贡献！我们相信，中国人民大学新的领导班子一定会紧紧依靠全校师生员工，高举中国特色社会主义伟大旗帜，深入贯彻落实科学发展观，继续解放思想，坚持改革创新，为早日建成"人民满意、世界一流"大学而努力奋斗。

谢谢大家！

附3：在中国人民大学教师干部大会上的讲话

北京市委常委、教育工委书记　赵凤桐

（2011年11月23日）

尊敬的李智勇副部长、袁贵仁部长，

各位老师、同志们：

刚才李智勇副部长宣布了党中央、国务院关于陈雨露、纪宝成同志职务任免的决定，并作了重要讲话。袁贵仁部长也作了重要讲话。我们将认真研究贯彻好两位领导的讲话。

中国人民大学是一所国内外很有影响力的知名大学，长期致力于金融、法律、新闻、管理等人文社会科学领域的高层次人才培养和科学研究，为我国哲学社会科学的发展和繁荣，为我国革命、建设和改革开放事业作出了重要的贡献，被誉为"我国人文社会科学高等教育领域的一面旗帜"。近年来学校领导班子以邓小平理论和"三个代表"重要思想为指导，深入贯彻科学发展观，坚持社会主义办学方向，团结带领广大师生员工，秉持"立学为民、治学报国"的办学宗旨，锐意进取，艰苦奋斗，抢抓机遇，开拓创新，学校各项事业呈现出蓬勃向上的发展局面，实现了又好又快发展。

这些成绩的取得是学校历届党政领导班子不懈努力和广大师生员工共同奋斗的结果，其中也凝聚着宝成同志的智慧、心血和汗水。在担任学校校长期间，纪宝成同志始终爱校如家，恪尽职守，殚精竭虑，表现出很强的组织领导能力和开拓创新精神，为学校发展和首都高等教育事业作出了突出的贡献，深受广大师生员工拥护和爱戴。因年龄原因纪宝成同志不再担任中国人民大学校长职务，在此我代表市委、市政府向纪宝成同志表示衷心的感谢和崇高的敬意。希望纪宝成同志离开领导岗位后继续关心支持学校的工作和首都教育事业的发展。

新任校长陈雨露同志政治素质好，事业心、责任感强，曾任中国人民大学副校长，熟悉学校工作和高等教育规律，具有比较高的领导水平和学术水平。我们相信在校党委的领导下，在有关方面的大力支持下，中国人民大学领导班子一定能够团结广大党员干部和师生员工，解放思想，实事求是，勤奋工作，拼搏进取，进一步开创中国人民大学创新发展的新局面，努力把学校建设成为"人民满意、世界一流"大学。

多年来中国人民大学注重发挥人文社会科学咨政育人、服务社会的作用，为北京市的经济建设和社会发展提供了理论支撑和智力支持。很多老师都知道，中国传统节日纳入国家法定假日，实际上主要是纪校长呼吁，中央才决定的；"人文奥运"的内涵、外延、理论支撑等的形成，人民大学作出了重要贡献，这也是纪校长倡导的。中国人民大学为首都高等教育和改革发展起了示范作用，希望学校今后继续为首都教育和经济社会发展作出新的更大的贡献。市委、市政府将一如既往地关心支持中国人民大学的建设和发展，一如既往地支持学校领导班子开展工作，为学校创建世界一流大学营造良好的外部环境！

谢谢各位老师和同志们！

附4：在中国人民大学教师干部大会上的讲话

中国人民大学原校长　纪宝成
(2011年11月23日)

各位领导、老师们、同学们、同志们：

我衷心拥护党中央、国务院关于学校校长任免的决定，热烈欢迎雨露同志重返母校工作，诚挚感谢李部长、袁部长在他们刚才的讲话中对我本人和我们学校在新世纪工作业绩的充分肯定和高度评价。

从2000年9月27日宣布就任到今天宣布卸任，我在中国人民大学校长这样一个神圣的岗位上工作了11年又2个月。当此卸任之际，我的心情是平静的，但是感念多多。

能够在中国人民大学这样一所著名高等学府的最高行政岗位上，为它的改革、发展、建设尽心尽力，遍尝苦辣酸甜、拼消多少艰难，这是我一生的幸运，一生的光荣，一生的自豪！

对于长期以来一直关心着我、支持着我、鼓励着我、爱护着我的全校广大师生员工，海内外广大校友，以及我们领导班子的各位成员，我要向他们致以崇高的敬意和深深的谢意！对于在工作当中存在过的以及依然存在着的不足、疏漏、缺点乃至错误，我要在这里向同志们表示深深的歉意！

我坚信，有党中央、国务院的亲切关怀，有教育部、北京市的正确领导，我们中国人民大学新的领导班子一定能够带领和依靠广大师生员工，秉持“立学为民、治学报国”的办学宗旨和人大精神，继续解放思想、实事求是，开拓进取、团结奋斗，克难攻坚、科学发展。一定能够把我们这样一所中国共产党亲手创办的第一所新型正规大学，在我们伟大的党建党100周年之际建成“人民满意、世界一流”大学！一定能够群策群力，为我们中华民族的伟大复兴和中国特色社会主义的伟大事业作出更多的新的贡献！

我衷心祝愿我们亲爱的学校永远与时俱进，如日中天，风光不与别人同！最后，我还要向我们亲爱的同学们说一句话：以“国民表率、社会栋梁”为人生目标的人大学子万岁！

谢谢大家。

附5：在中国人民大学教师干部大会上的讲话

中国人民大学校长　陈雨露
(2011年11月23日)

尊敬的李智勇副部长、尊敬的袁贵仁部长、尊敬的赵凤桐书记、各位领导，尊敬的纪宝成校长、程天权书记，在座的各位老领导、老前辈、各位同事、各位老师：

今天是我终生难忘的日子，我怀着激动而又忐忑的心情接受党中央、国务院对我的任命。作为中国人民大学的新一任校长，我将时刻铭记李智勇部长代表中央领导和中组部、袁贵仁部长代表教育部、赵凤桐书记代表北京市委语重心长的指示、如山的信任和重托。

中国人民大学是我的母校，我爱这里的一草一木。每个人的一生都会有三个舞台：追求信仰、投身事业、敬重感情。1983年，我在未满17岁的时候，来到人大货币银行学专业学习，懵懂无知；1984年底，作为改革开放后的第一批大学生党员，加入中国共产党，是母校引领我确立了正确的价值观和人生信仰；1989年我研究生毕业后留校任教共21年，作为破格晋升的副教授、破格晋升的教授、博士研究生导师和年纪最轻的二级教授，是母校赐予我最大的激励和最大的关爱。没有母校就没有我的成长，没有母校就没有一个平民子弟的内心超越。2010年初，当纪宝成校长送我到北外工作时，我满含眼泪和母校默默告别。我的母校中国人民大学是一所学术地位崇高的著名学府，担任人大的校长意味着一份沉重的历史责任。在马克思主义的指引下，在中国共产党的领导下，人民大学为中华民族救亡图存而生，经过74年的栉风沐雨、薪火相传，为民族救亡和国家富强作出了不可磨灭的贡献。在世界通史里有一个专有名词叫作“美国进步时代”，说的是1890—1920年代，美国人民上下一心，众志成城，完成工业革命，跨越“中等收入陷阱”，奠定自己的价值体系和国家发展的模式，并一举超越英国成为世界第一强国的故事。我们坚信1990—2020年代，必将成为世界史中的中国进步时代。当西方的政治制度和发展模式正面临空前困惑之际，中国人民正要完成自己的新型工业革命，奠定中国特色社会主义的核心价值体系和国家发展模式，并成为经济总量第一的国家。

作为一所特色鲜明的著名学府，人大肩负着为复兴的中国培养和造就高层次、创造性人才的责任，肩负着引领文化传承创新和哲学社会科学理论大发展的时代使命。受命担任这样一所具有光荣传统、负有重要历史新使命的大学校长，我深深地感到重任在肩。

我将时刻铭记胡锦涛总书记2010年9月9日在中国人民大学视察时的教导，弘扬光荣传统，不断改革创新，突出办学特色，提高办学质量，培养更多创新型人才，创造更多人文社会科学成果，秉持“立学为民、治学报国”宗旨，努力把人民大学建设成为“人民满意、世界一流”的高等学府。

我将时刻铭记我是高等教育战线一位年轻的管理工作者，是人大这一大家庭中的晚辈，我首要的任务是向大家学习。我要向纪宝成校长求教，他与时俱进的办学思想、办学理念和办学成就，铸就了人大历史上一个灿烂辉煌的发展时期，他的人格魅力和领导艺术都令我深深地敬仰和钦佩。我要感谢人大的各位老领导、老前辈，他们杰出的教育思想和学术成就为后来者奠定了深厚的基础。我要再次系统地学习人大建校74年来所造就的优良传统、人文理念和科学精神，深入调查研究，洞悉师生的最大发展愿望，成为各位老师、同学和校友们的朋友。我要积极努力向北京市委、市政府以及各职能部门领导请教，详细地了解北京市的发展需求，尽快融入建设人文北京和世界城市的事业之中。

我将时刻铭记一个共产党员应有的政治品质，坚守党的纪律，求真务实，无私奉献，在全体师生的心中找准自己的位置，在中组部、教育部和北京市委、市政府的领导下，在学校党委领导下，实事求是地处理好改革、发展和稳定的关系，站在巨人的肩膀上，以提升人才培养质量为核心，进一步探索中国特色社会主义大学制度，孕育良好的学术氛围，升华教师队伍，拓展办学空间，按照“十年基础、十年腾飞”的学校战略规划，科学地展开新时期人大的发展蓝图。

古人说“如将不尽，与古为新”。今天我服从组织安排，回到母校工作，我将毫不犹豫、全心全意投入新的岗位，依靠集体的力量，团结奋斗，竭尽全力，创新发展，把人大的工作做好，不辜负党中央、国务院、上级领导和全体师生员工对我的巨大信任和殷切希望。恳请全体师生和同志们监督我的所言所行。

谢谢大家！

■ 中国人民大学重大国际交流活动

2011年，学校紧扣新时期创建“人民满意、世界一流”大学的发展主题，实施“内涵提高谋发展，特色强校创一流”战略，正朝着“十年腾飞”重要战略规划及建设“世界一流”大学迈出坚实的步伐。回顾2011年，中国人民大学高层次国际交流不断，学校国际性显著提升。外国领导人频繁来访，在加强我国与其他国家交流的同时，提升了学校的影响力。学校与国际组织合作形式多样，推进了学校学科建设的发展。

2011年7月10日，美军参联会主席迈克尔·马伦（Mike Mullen）海军上将访问人民大学，这是美国军方高层领导人第一次到中国普通高校访问。迈克尔·马伦与人民大学师生代表、美国教师和美国留学生代表100余人进行交流，发表题为《合作安全与亚洲地区稳定》的演讲，并参观了学校诸子百家廊、图书馆、新闻学院和法学院，与近20名师生共进午餐。在餐叙中，他询问了学生们的学习情况以及未来发展规划，还和同学们分享了自己在哈佛商学院培训的经历。

2011年8月11日，玻利维亚总统莫拉莱斯访问人民大学，接受学校授予名誉博士学位并发表演讲。此次授予莫拉莱斯总统名誉博士学位将成为进一步充实中玻两国间教育交流与合作、加深彼此友谊的良好契机。莫拉莱斯总统是该国自西班牙占领之后的470年以来第一位本土领导人，也是该校历史上第13位名誉博士学位获得者。此前，该校曾授予诺贝尔经济学奖获得者约翰·哈桑尼、罗伯特·蒙代尔，阿根廷前总统德·拉·鲁阿，日本前首相竹下登，世界知识产权组织总干事弗朗西斯·加利等12位国际著名人士名誉博士学位。

（根据《每周信息》2010—2011学年暑期特刊、2011—2012第1期整理）

附1：美军参联会主席迈克尔·马伦上将访问中国人民大学并发表演讲

7月10日，美军参联会主席迈克尔·马伦（Mike Mullen）海军上将访问中国人民大学，与学校师生交流并发表题为《合作安全与亚洲地区稳定》的演讲。

迈克尔·马伦海军上将与人大师生交流会在世纪馆北大厅举行。中国人民大学校长纪宝成主持交流会，中国人民大学师生代表、美国教师和美国留学生代表100余人参加交流。

纪宝成校长在致辞中表示，美军参联会主席迈克尔·马伦上将在访华期间选择访问中国人民大学，与师生代表共进午餐并发表演讲，是学校广大师生的荣幸。他介绍说，中国人民大学作为中国最重要的大学之一，在经济学、法学、政治学、社会学、管理学、新闻传播学以及中国传统文化等学科领域长期保持着领先地位，被誉为中国人文社会科学领域的一面旗帜。中国人民大学与美国24所重要大学建立了合作伙伴关系，目前有近70名美国籍学生在人民大学就读，中国人民大学美国研究中心的学者始终参与了中美“第二轨道高层对话”、中美战略对话，已经成为中美关系方面的重要智库。中美两国具有广泛的共同利益，也对世界承担着共同的责任。共同利益要求中美两国不断加强合作，共同责任要求中美两国在合作中寻求国际秩序和区域安全。纪宝成校长指出，中美两国在文化传统、思维方式、政治制度等方面存在着差异，如何在承认差异的前提下相互尊重，和而不同，成为互利双赢的伙伴，既是对两国的考验，也使我们有机会能够为现代国际关系提供一种范式。“万物并育而不相害，道并行而不相悖”，纪宝成校长引用《礼记·中庸》中的这句话来表达对中美关系的期望。

迈克尔·马伦上将在演讲中表示，此次中国之行主要着眼于未来，当前美国的国家安全与繁荣和亚洲的和平与稳定比以往任何时候都更为紧密相连。伴随着中国经济的崛起、在亚洲地区作用的加强及中国军事现代化的加深，美国愈加重视与中国的对话沟通。中美关系必将是21世纪最重要的双边关系，建立合作、稳定、全面的中美关系有利于实现两国互利共赢。中美应扩大彼此的透明度，建立多层次信任，促进互动与沟通，保持有深度、有广度、持续的交流。“我们需要彼此的合作，这也是中美军方高层展开频繁互访的原因。”

迈克尔·马伦上将强调，亚洲需要强大繁荣的中国，中国应当在地区和国际事务中发挥更重要的作用，承担更多的责任。他希望中美两国持之以恒，以诚相待，促进双方更广泛的共同目标的实现。为此，他提出了三个基调：一是以相互尊重的姿态彼此相待。二是既要心系局部又要心系全球，保持地区和国际的多重视角。三是应着眼于未来，而不是着眼于过去。他表示，相信在坚持三个基调的前提下，中美两军乃至中美两国将打造出双方期待的更为长久的互信关系。

“您如何看待美国与中国邻国进行军事演练而危及亚洲的稳定与安全?”在迈克尔·马伦上将演讲后，财政金融学院2010级学生申旻彦首先提问。对此，迈克尔·马伦上将回答，从美国的角度而言，其在世界范围内而非仅在这几个地区一直都存在军事影响。南海地区的问题并非最近才产生的，稳定以及随之而来的经济增长对美国而言很重要，该地区的不稳定会影响美国乃至全世界的经济发展。南海地区的挑战包括了领土争端，美国认为这些争端应该通过双边或多边关系来解决，而不至于导致误判或局面的失控。就此而言，美国在解决争端时没有偏向，希望各国以和平方式解决。

中美关系专家、中国人民大学国际关系学院时殷弘教授随即向迈克尔·马伦上将提问："美国把中国视为经济大国和金融大国，从战略角度和外交方面，美国还没有把中国当作大国来加以对待，您觉得美国是否真把中国当作一个战略上有意义的大国来加以对待？如果这样，您如何看待中国作为一个战略大国的角色?"迈克尔·马伦上将回答说，中国已经是一个全球性战略大国。中国经济增长也是世界经济增长的动力，对世界来讲，中国的发展具有积极意义。他认为，全球大国和经济大国是无法分开的，无论是中国还是美国，都能从经济上推动世界的发展，除此之外，两国还应在政治、外交、军事领域都负起责任。中美两国应该扩大交流领域，并且应该正确对待、和平解决存在的分歧，使两国乃至世界各地都能从中受益。

随后，农业与农村发展学院院长温铁军教授就"如何处理巧实力和硬实力关系"，国际关系学院李庆四教授就"中美在太平洋地区的影响和作用"，新闻学院学生姜日鑫就"马伦上将年轻时在海上服役的经历和感受"，外国语学院学生井水玉就美国对台销售武器问题，国际关系学院学生苏莹、孙硕就美军如何保证互联网安全、美国从阿富汗撤军问题，美国留学生 Claireese Underwood 就"美国为何向世界推行美国民主"等先后与迈克尔·马伦上将进行了交流。在现场微博直播中，还抽取了网友的问题向迈克尔·马伦上将提问。

交流结束后，纪宝成校长代表学校向迈克尔·马伦上将赠送中国人民大学演讲会纪念锡盘，以及学校图书馆馆藏典籍《养正图解》（影印版）、经济学院编辑出版的《中国宏观经济发展报告》（英文版）、国学院编辑出版的《孙子兵法解读》和纪宝成校长的诗词集《岁月诗痕》。迈克尔·马伦上将把一支钢笔赠送给纪宝成校长时说，"希望您写一本中美关系的书。"

"东风西语相交汇，异调新声共探求"，纪宝成校长以诗句来总结迈克尔·马伦上将具有历史性意义的演讲，并祝愿中美关系拥有美好未来。

交流会前，纪宝成校长与迈克尔·马伦上将在世纪馆贵宾室进行会谈。会谈时马伦上将表示，"我非常荣幸能够来到这儿，也一直很期待来到人民大学，之前在与师生的交流中我感受到了热情，可以看出人民大学对于青年学生的培养投入很多，人民大学是一所很好的高等学府。"

中国国防部外办主任钱少华少将，美军参联会战略计划和政策部部长雅各布中将，中国人民大学副校长冯惠玲、杨慧林，校长助理刘向兵，国际交流处处长唐忠，法学院院长韩大元等陪同会见。

迈克尔·马伦上将一行于当日中午来到中国人民大学。在杨慧林副校长的陪同下，与近 20 名师生共进午餐。在餐叙中，他询问了学生们的学习情况以及未来发展规划，还和同学们分享了自己在哈佛商学院培训的经历。

在纪宝成校长陪同下，迈克尔·马伦上将还先后参观了学校诸子百家廊、图书馆、新闻学院和法学院。

在新图书馆，迈克尔·马伦上将了解了场馆建设、入馆人次等基本情况和无线上网设施与数字化建设，并对国际关系、外交学及印度方面的书籍表现出很大的兴趣，多次停下来询问，并夸赞很好。在古籍特藏馆，迈克尔·马伦上将浏览了图书馆馆藏中外军事古籍，看到清康熙刻本《武经七书汇解》、乾隆元年刊本《武闱三子详解》、清光绪石印本《西洋兵书十种》，以及晚清《兵书三种》、《先文正公言兵事手札》、《李文忠公海军函稿》、《训练操法详析图说》等，他盛赞人大图书馆在古籍收藏方面十分专业和突出，"人大图书馆把书籍保存得很好，展示了很多优秀古籍"。迈克尔·马伦上将在参观后欣然题词：谢谢你们的热情款待和周到的行程安排，确信你们会给国家带来很光明的未来。他表示，大学走向未来的关键之一是图书馆，人大的新图书馆设施先进，布局优美，建得非常好。

新闻学院思科网真演播室是中国高校新闻院系中首个由信息产业机构、专业新闻机构和新闻教育机构联合打造的集产、学、研功能为一体的现代技术平台。当看到演播室屏幕上出现现场视频和访问人大的电视短片时，马伦上将立刻风趣地向自己的影像问好。

新闻学院走廊墙上挂有学生的优秀摄影作品，在离开演播室前往法学院的途中，迈克尔·马伦上将边走边浏览，并不时点头微笑。

在法学院，迈克尔·马伦上将与法学院院长韩大元教授和学生亲切交流，并在告别时向纪宝成校长说：“您一定对学校和学生感到十分的自豪。我会将这次访问永远铭记在心。”

据悉，迈克尔·马伦上将此次是应中国人民解放军总参谋长陈炳德上将邀请来华访问的，此行是美国军方高层领导人第一次到中国普通高校访问。中国国防部外办主任钱少华少将、美军参联会战略计划和政策部部长雅各布中将等陪同出席在中国人民大学的相关活动。

（摘自人大新闻网 2011 年 7 月 11 日）

附 2：玻利维亚总统莫拉莱斯访问中国人民大学获授名誉博士学位

8 月 11 日，玻利维亚总统莫拉莱斯访问中国人民大学，接受学校授予名誉博士学位并发表演讲。

莫拉莱斯总统与百余名人大师生代表在世纪馆北大厅见面并进行交流，中国人民大学校长纪宝成出席授予仪式与演讲会。

伴着学生艺术团演奏的中国民乐《茉莉花》，在校学位评定委员会委员冯惠玲、吴晓求、陈岳和师生代表共同见证下，中国人民大学校长、校学位评定委员会主席纪宝成教授为莫拉莱斯总统颁发学位证书和绶带。

仪式由中国人民大学国际交流处处长唐忠主持，国际关系学院副院长金灿荣介绍了莫拉莱斯总统的简历和重要贡献，校学位评定委员会委员、副校长冯惠玲宣读了《关于授予埃沃·莫拉莱斯·艾玛名誉博士学位的决定》。

纪宝成校长在致辞中表示，莫拉莱斯总统在访华期间访问中国人民大学，获授中国人民大学名誉博士学位，发表演讲并与师生代表交流，是广大师生的荣幸，这对于中国人民大学来说是一个具有重要意义的日子。中国人民大学作为中国最重要的大学之一，是中国人文社会科学高等教育的重要基地和对外学术文化交流的重要平台，理应为两国文化和教育交流作出积极贡献。他谈道，2010 年 9 月，胡锦涛主席亲临学校视察，高度肯定了学校“立学为民、治学报国”的办学宗旨，作出把学校建设成为“人民满意、世界一流”大学的重要指示，这激励我们通过更多的国际交流与合作，进一步全面提升学校的国际性，包括注重发展与玻利维亚在内的南美国家的教育交流与学术合作关系。

纪宝成校长介绍说，授予莫拉莱斯总统名誉博士学位是为表彰他致力于推动国内经济建设和社会发展进程，赞赏他为加强中玻两国友谊作出的杰出贡献。中国人民大学学位评定委员会认为莫拉莱斯总统达到了被授予名誉博士学位的条件，并得到了国务院学位委员会的批准。

纪宝成校长认为，此次授予莫拉莱斯总统名誉博士学位将成为进一步充实中玻两国间教育交流与合作、加深彼此友谊的良好契机。中国和玻利维亚同属发展中国家，加强双方的团结与合作是两国人民的共同愿望。两国建交 26 年来，各领域的交流与合作取得了积极成果。莫拉莱斯总统上任后，在推动玻利维亚经济改革和社会发展各方面作出了巨大的努力，玻利维亚文化教育水平的提升也与总统先生的努力与勤奋分不开。莫拉莱斯总统曾于 2006 年 1 月对中国进行访问，此次访华为中玻两国加强合作提供了更为广阔的空间。

纪宝成校长高兴地说，作为中国人民大学历史上第 13 位名誉博士学位获得者，莫拉莱斯总统也将成为一名“人大人”。希望总统先生继续关心、关注和支持中国人民大学的发展，尤其是支持学校实施全面提升国际性的战略。

莫拉莱斯总统在答辞及演讲中表示，“能够获得中国人民大学这样一所重要的中国大学的名誉博士学位，我感到喜出望外。中国人民大学名誉博士学位圆了我的梦，这不仅是给予我个人的，同时也是对整个玻利维亚土著居民和所有拉美人民的一种赞扬。”因其出身于贫苦大众，莫拉莱斯总统把自己的当选归结为人民的觉醒。他介绍说，在现任政府领导下，玻利维亚人民在社会上、政治上、经济上获得了解放，玻利维亚已经成为了一个政治稳定、经济有序的国家，他希望继续深化玻利维亚同中国的关系，特别是加深两国在经贸领域的合作。

莫拉莱斯总统多年来始终坚持为玻利维亚广大古柯农争取权益，演讲中，他再次强调“古柯叶”不同于“可卡因”，玻利维亚广大古柯农生产的不是毒品，而是一种有益于人体健康的药品和食品原料。同时，他在演讲中呼吁关注环境问题，呼吁人与人之间的和谐共存、人与自然之间的和谐共存，人类必须保护地球母亲并捍卫她的基本权利，他认为这需要全人类的携手合作来加以解决。

“作为草根总统，您的家庭出身及家庭经历给您的人生带来什么，又如何影响您的执政理念?”在莫拉莱斯总统演讲后，外国语学院学生王晓彤首先提问。对此，莫拉莱斯总统回答，“我从小接受的教育是学会分享和团结友爱。”他以其经历的困苦生活的重要经验说明，“作为总统，我在执政中也努力追求平等与分享。”莫拉莱斯总统执政以来，1/10 的玻利维亚人已经摆脱贫困、进入中产阶层，他表示，自己还在不断思考如何为人民作更多的贡献。

法学院学生吴敌随即向莫拉莱斯总统问道：“作为社会主义运动领袖，您如何看待社会主义运动在拉美地区及全世界的发展?”莫拉莱斯总统充满信心地说，“目前，整个拉美地区受他国压迫的情况已经改善很多，我们作为某个西方大国‘后院’的状态将逐渐结束，成为历史。我们建立起南美国家联盟，共同反对强权统治、反对殖民主义，共同为了人民的平等和权利作斗争，努力把殖民主义的残渣从人民的思想中清除出去。”除了南美国家联盟，莫拉莱斯总统希望通过南方银行团结广大发展中国家，共同反对压迫、捍卫主权。

外国语学院学生陈智提出，“中玻两国建交以来关系发展顺利，但日前有西方政要提出要‘小心中国的新殖民主义’，请问您如何看待这一言论?”对人大学生关注这一问题莫拉莱斯总统表示了赞赏。他指出，玻利维亚的民族传统是对话，中玻两国建交以来，中国尊重玻利维亚并无条件地提供很多帮助，相互借鉴、相互分享，建立起平等和相互尊重的友好关系。任何人无权阻止玻利维亚同其他国家发展关系，任何威胁都是没有用的。

“三农”问题专家、中国人民大学农业与农村发展学院院长温铁军教授对莫拉莱斯总统关于拉丁美洲在政治和经济上的整合，以及倡导南方银行的观点表示关注，并关心是否有更为具体的时间表或路线图。莫拉莱斯总统指出，拉丁美洲要最终实现经济上的独立，必须实行出口市场多元化战略，同时建立包括南方银行在内的金融体系共同应对全球金融危机。在这一进程中，中国的科技援助对于玻利维亚的发展具有重要意义，希望能够进一步深化同中国的合作。

交流结束后，纪宝成校长代表学校向莫拉莱斯总统赠送中国人民大学演讲会纪念锡盘、全套《中国人民大学学报》（英文版），以及学校图书馆馆藏典籍《养正图解》（影印版）。

交流会前，纪宝成校长与莫拉莱斯总统在世纪馆贵宾室进行会谈。纪宝成校长介绍了中国人民大学的基本情况，特别是中国人民大学作为中国最重要的大学之一，在经济学、法学、政治学、社会学、管理学、新闻传播学以及中国传统文化等学科领域长期保持的领先地位。莫拉莱斯总统欣然题词，“很高兴来到中国人民大学，很荣幸能够成为中国人民大学的名誉博士，向中国人民大学表示敬意”。他高兴地说，“作为一位草根总统，我做梦也没想过能到中国来接受这份殊荣，我再次以个人名义及玻利维亚人民的名义向中国人民大学表示感谢。”纪宝成校长表示，授予总统名誉博士学位既是中国人民大学对玻利维亚民族解放运动表示敬意，也是对玻利维亚人民取得成就的尊敬，希望能为中玻两国人民友谊作出贡献，同时增进学校与玻利维亚的进一步交流。

中国外交部拉丁美洲和加勒比司副司长赵本堂，教育部国际司副司长沈阳，中国人民大学副校长冯惠玲，校长助理吴晓求、刘向兵，国际交流处处长唐忠，发展规划处处长胡娟，国际关系学院常务副院长陈岳等陪同会见。

莫拉莱斯总统是中国人民大学历史上第13位名誉博士学位获得者，此前，学校曾授予诺贝尔经济学奖获得者约翰·哈桑尼、罗伯特·蒙代尔，阿根廷前总统德·拉·鲁阿，日本前首相竹下登，世界知识产权组织总干事弗朗西斯·加利等12位国际著名人士名誉博士学位。据悉，莫拉莱斯总统于8月10日抵达北京开始为期5天的对华访问。他在来华前表示，希望借此机会进一步发展玻中两国的政治关系，丰富双边友好合作的内涵，增进两国在经济贸易、投资融资及技术转让等各个领域的友好合作。

（摘自人大新闻网2011年8月11日）

■ 建立中国特色现代大学制度，完善内部治理结构
——中国人民大学第二届董事会成立

3月9日，中国人民大学举行第二届董事会成立大会，106位新任董事成为第二届董事会成员。第八届、九届全国人大常委会副委员长布赫，第九届、十届全国人大常委会副委员长许嘉璐，财政部原部长、全国社会保障基金理事会理事长项怀诚，第十一届全国人大财政经济委员会副主任委员、全国人大常委会预算工委主任高强，教育部党组成员、国家教育行政学院院长顾海良，中央党校原副校长刘海藩，光大集团董事长唐双宁，中国艺术研究院原常务副院长、中国红楼梦学会副会长、《红楼梦学刊》主编李希凡，中国工程院院士、中国人民大学环境学院原院长李文华，中国人民大学校长纪宝成、常务副校长袁卫、党委常务副书记牛维麟、副校长林岗、副校长冯惠玲、党委副书记马俊杰，老校长李文海等出席。第二届校董会的62位成员和中国人民大学相关部门负责人参加大会。

中国人民大学校长、董事会董事长纪宝成，新任董事代表许嘉璐、项怀诚、顾海良和高强等在会上致辞。

纪宝成校长在讲话中向与会董事简要介绍了学校的基本情况和2010年学校各项事业的发展情况。他强调，作为高校董事会制度的先行者和探索者之一，中国人民大学把成立并不断加强董事会建设作为学校改革与发展的重要举措。首届董事会为学校优化治理结构、筹措办学经费，提供社会服务、加速科研转化以及为董事开拓发展思路、支持高等教育搭建了良好平台。学校各项成绩的取得，都离不开社会各界人士的长期支持和悉心关爱，他真诚地希望各位新老董事，能够一如既往地关注和支持学校的改革发展，继续为学校的发展进步建言献策。

许嘉璐同志指出，人民大学已取得的成就令人振奋。在新时期，人民大学面临的既有机遇，也有挑战，高校的改革和发展进入现阶段，需要创造性的新机制。人民大学正在不断拓宽办学渠道，推动社会各界积极参与支持学校办学，提高学校办学质量和水平。他对人民大学抱有坚定信心，相信乘着改革开放和“十二五”的东风，人民大学将培养出更多杰出人才。

项怀诚同志在讲话中对人民大学校第二届董事会的成立表示了祝贺。他说，实践证明，高校董事会这种机制能够有效发挥桥梁纽带作用、促进社会办学，有利于深化高校内部管理体制改革。希望人民大学与校董事会全体成员，能够不断探索，不断创新，为推动我国教育事业的繁荣作出更大的贡献。

高强同志对人民大学取得的成就表示祝贺，对人大师生的求实作风表示高度赞赏，对高校董事会机制给予认可。他说，人民大学已经取得了举世瞩目的成就，并将为我国经济建设和社会发展发挥越来越大的作用。

顾海良同志代表教育部对人民大学第二届董事会的成立表示热烈祝贺，并提出三点希望：希望有着光荣传统的人民大学继续科学健康发展，更好地满足市场的发展需求；希望人民大学继续积极探索现代大学的发展之路，推动教育创新；希望人民大学不断提高社会办学的规范化，实现多方合作共赢。

北京市教委副主任付志峰代表北京市委常委、市委教育工委书记赵凤桐致贺信，对人民大学第二届董事会的成立表示了热烈的祝贺，对人民大学始终走在我国高校改革发展的前列表示赞赏。他希望人民大学继续推动社会办学，支持“三个北京”的发展，圆满完成使命，迈向世界一流。

大会由校党委常务副书记、董事会副董事长牛维麟主持。中国人民大学常务副校长、董事会副董事长袁卫介绍了董事会换届情况。董事会秘书长、党委副书记马俊杰宣读了第二届董事会组成人员名单。

此前，16 位新任董事向学校捐赠并接受了纪宝成校长颁发的校董聘书。

据介绍，2007 年 10 月，为加强学校与社会各界的联系，进一步完善办学体制，整合办学资源，凝聚各方力量，拓宽经费渠道，促进学校事业发展再上新台阶，中国人民大学决定成立董事会。每届董事会任期三年，首届董事会到 2010 年任期届满。2010 年年底至今，在董事会换届之际有 16 位董事入会。至此，第一届董事成员达到 113 位，换届后的第二届董事共有成员 106 位，其中既有长期关心和支持学校发展的各界人士和校友，也有企业界、学界、艺术界等领域的杰出人士。

成立大会后，中国人民大学第二届董事会首次全体会议召开。会议听取了董事会秘书处所作《中国人民大学董事会章程》修订情况汇报，以及常务副校长、董事会副董事长袁卫关于学校“十年腾飞”规划及近五年工作设想的介绍，并就学校未来发展方向与建设规划进行讨论。

《人民日报》、新华社、《光明日报》、《经济日报》、中国新闻社、《中国教育报》、中国教育台、《北京日报》、北京电视台等媒体前来采访，学校有关部处、学院负责人及部分学生代表参加会议。

（摘自人大新闻网 2011 年 3 月 11 日）

附 1：在中国人民大学第二届董事会成立大会上的讲话

中国人民大学校长　纪宝成
（2011 年 3 月 9 日）

尊敬的布赫、许嘉璐前副委员长，
尊敬的项怀诚、高强等各位领导，
尊敬的各位新老董事，
老师们、同学们：

大家好！“物色连三月，风光绝四邻”，今天的人民大学校园，嘉宾如云，喜气盈门，可谓“故交新友共话满园春色，轻寒料峭难挡无限风光”。我首先代表学校，向共同见证中国人民大学第二届董事会成立的各位领导、各位董事表示热烈的欢迎！

2007 年 10 月，中国人民大学 70 周年校庆之际，为加强学校与社会各界的联系，进一步完善办学体制，整合办学资源，凝聚各方力量，拓宽经费渠道，促进学校事业发展再上新台阶，学校决定成立董事会，并得到了社会各方面的广泛关心和大力支持。按照《中国人民大学董事会章程》的有关规定，每届董事会任期三年，首届董事会到 2010 年任期届满。我们今天举行的第二届董事会成立大会，带有回顾成就、总结经验、继往开来的神圣使命。我想首先向各位董事简要介绍一下学校的基本情况和 2010 年学校各项事业的发展情况。

中国人民大学现有 22 个学院、14 个跨学院研究机构，另设有体育部、继续教育学院、培训学院、国际学院（苏州研究院）及深圳研究院等。学校设有 66 个学士学位专业，8 个第二学士学位专业，168个硕士学位学科点（包括自主设置的33个硕士点），104个博士学位学科点（包括自主设置的24个博士点），20个博士学位一级学科授权点，15个博士后流动站。学校拥有8个国家重点一级学科，8个国家重点二级学科，数量在人文社会科学领域均居全国第一；有3个北京市重点一级学科，1个北京市重点交叉学科，6个北京市重点二级学科；拥有5个国家文科基础学科人才培养和科学研究基地和1个大学生文化素质教育基地；拥有13个教育部人文社会科学重点研究基地，名列全国高校第一。截至2010年12月，学校有专任教师1 827人，其中教授510人，副教授625人。共有全日制在校生23 999人，其中本科生11 074人，硕士研究生7 527人，博士研究生3 317人，外国留学生1 648人；成人教育学生10 400余人，网络教育学生46 500余人。全年总收入超过21亿，比上一年增加4亿多。学校资产总值达到51亿，比上年增长了4亿多。财务状况良好，运行安全。

以上是学校的基本情况。2010年主要的工作情况有以下几个方面：

一是胡锦涛总书记考察中国人民大学。2010年9月9日，教师节前夕，胡锦涛总书记到学校和附中考察。总书记在考察中两次指出，中国人民大学是中国共产党创办的第一所新型正规大学，对学校“立学为民、治学报国”的办学宗旨深表赞赏，并明确提出要把中国人民大学建设成为“人民满意、世界一流”大学。总书记把我们建设世界一流大学的愿望和决心变成了党、国家和人民的意志，我们的自豪感、使命感、责任感更加强烈了，我们理应更加充满信心地面向未来。

二是学校命名组建60周年影响深远。2010年也是中国人民大学命名组建60周年，学校举办了系列纪念活动。活动以中国人民大学命名组建之初的“八大系”为主体，举办了一系列有重大影响的学术论坛和各项会议。8月7日，作为系列活动之一，人大附中隆重举行“向祖国汇报——人大附中全面推进素质教育成果展示”大型汇报演出活动。中央政治局委员、国务委员刘延东出席活动并作重要讲话。10月3日，第二届21世纪世界百所著名大学法学院院长论坛暨中国人民大学法学院成立60周年庆祝大会在人民大会堂隆重举行。中共中央政治局常委、中央政法委书记周永康出席大会并发表重要讲话，代表党中央、国务院，对中国人民大学法学院成立60周年表示热烈祝贺。10月15日，学校隆重举行了命名组建60周年纪念大会。

三是学科建设再创佳绩。我们以100%A的成绩顺利通过了国家“985工程”二期验收，正式启动“985工程”下一阶段的建设工作。我们还下大气力开展了学位申请和授予工作，外国语、数学、计算机经国务院学位办批准成为新的博士学位一级学科授权点，其他新建学科的建设也取得了明显进展。国学院的发展令人鼓舞，国学专业名列国家第五批特色专业建设点名单，成为学校优化专业结构、体现办学特色、提高人才培养质量的重要成就之一。2010年，国学院首届本硕连读学生毕业，就业率达到100%。物理系、化学系这两个新系成就卓著，心理学系的建设已初具规模。

四是队伍建设取得进展。2010年，法学院张新宝等4位教授入选“长江学者”特聘教授，环境学院吴俊杰教授入选“长江学者”讲座教授，哲学院斋藤明等3位教授入选国家外国专家局首批“引进海外高层次文教专家重点支持计划”，周晓方和鲍威教授还顺利入选“千人计划”。到目前为止，学校共有3位“千人计划”入选者，11位“长江学者”特聘教授，10位“长江学者”讲座教授，在人文社会科学领域的入选数量高居全国第一。

五是人才培养继续加强。为探索拔尖和创新人才培养，学校先后设置了经济学—数学实验班、国学实验班、金融学—数学实验班、工商管理—法学实验班、古典学实验班、工商管理全英文教学实验班等。2010年学校开始举办“通识教育大讲堂——学科通识系列公开讲座”，共开设11讲，2 800多人次学生参加。招生工作继续取得新的进展，2010年，我们招了2 861名本科生，生源质量继续提升，录取的本科生平均分为620多分，理科生平均分为650多分，平均分继续提高。生源大省、投放计划比较多的省文科生在前150名之列，生源少的小省文科考生在前50名之列，理科考生在前200名之列，依然是全国最好的高中毕业生进入人民大学。就业工作成绩令人鼓舞，本科生就业率为97.9%，研究生就业率为98.8%，平均达到98%。

六是科研水平不断提升。截至2010年12月31日，全校共获得各类科研项目1 408项，批准经费达1.9亿元以上，比上年增长2 000余万元。其中，国家社科基金面上项目50项、国家社科基金重大项目6项、教育部人文社科重大课题攻关项目1项、教育部人文社科重点研究基地重大项目立项26项。国家社科基金面上项目立项数位居全国高校首位。

七是全面提升国际性取得喜人进展。2010年，南非总统雅各布·祖马、爱尔兰总统玛丽·麦卡利斯、日本前首相福田康夫、世界知识产权组织总干事弗朗西斯·加利等世界重要政要的来访，扩大了学校在其所在国家的影响力。商学院用近三年时间获得欧洲国际认证，成为全球12 000多家商学院当中第129个获得此项认证的商学院。法学院举行了世界百所法学院论坛，来自60多个国家的400多个法学院参加了这次论坛。人民大学第二期暑期学校（国际小学期）成功举行，有2 800多名本校学生、280多名外国学生参加，开设90多门课程，全英文授课。孔子学院建设方面，2010年学校与芝加哥大学、哥伦比亚大学和日内瓦大学共建海外孔子学院，芝加哥大学还在学校成立了中国中心。现在全世界有322所孔子学院，学校参与共建的海外孔子学院达13家，在“985工程”高校当中是最多的，芝加哥大学也是参加水平最高的外国大学。与这样的大学建立深入的合作关系，是人民大学走向世界的一个标志性事件。

八是还有其他一些大事、喜事。2010年校园建设掀起第三轮建设高潮。图书馆新馆于2010年12月30日举行竣工典礼，成为国内最先进的图书馆之一，共4.4万平方米，投资2.5亿元。新的国学馆正在建设中，预计今年上半年竣工。新的校医院已经建起来了，正在装修过程中。2010年学校获得捐赠达到历史最高水平，实际到账资金1.8亿元。其中段永平、刘昕夫妇募集捐赠3 000万美金，产生巨大的国内外影响，这是迄今为止国内高校得到的最大一笔捐款。此外，人大文化科技园成为产业建设的亮点。2010年北京16家大学科技园中最高产值第一名是清华大学科技园（258亿），第二名就是中国人民大学文化科技园（188亿），第三名是北航（不足26个亿）。作为北京市占地面积最小、运营时间最短的国家大学科技园，中国人民大学文化科技园创造了每公顷28.8亿元的地区增加值，远高于其他园区，成为全国唯一获得“国家文化产业示范基地”光荣称号的高校。

各位董事，我们在世纪之交提出，要争取用20年或者更长一点时间将人民大学建设成为以人文社会科学为主的世界一流大学，提出了“十年基础、十年腾飞”的阶段性目标。去年教师节前夕，胡锦涛总书记到学校考察，为“十年基础”“固本强基、重塑形象”阶段画上了圆满的句号，我们成功进入“十年腾飞”阶段。目前全校教职员工怀着“二次创业”的雄心，迈出了持续增强学校综合实力和发展后劲的决定性步伐，充满希望地开启了“十年腾飞”的历史性跨越。

以上种种成绩的取得，离不开社会各界人士的长期支持和悉心关爱，特别是在座的各位新老董事。2010年年底至今，在董事会换届之际又有16位董事欣然入会。至此，第一届董事成员达到113位，换届后的第二届董事共有成员106位。在目前的董事会组成成员中，既有长期关心和支持学校发展的各界朋友，也有对母校深怀感情的校友；既有企业界叱咤风云的精英，也有学界、艺术界等的佼佼者。

回顾这三年来，作为高校董事会制度的先行者和探索者之一，中国人民大学董事会作出了一定努力，取得了一些成绩。我们认为，成立并不断加强董事会建设是中国人民大学坚持教育创新、推进一流建设的重要举措，是建立中国特色现代大学制度、完善内部治理结构的有益探索，是进一步加快学校事业发展的现实需要，是坚持为国家建设和社会发展服务的积极选择。

在不断的摸索和总结中，我们也有一些经验和体会与在座的领导、董事分享：

一、董事会为学校优化治理结构、筹措办学经费搭建了平台

董事会的成立和发展，在学校原有治理结构基础上搭建了一个广泛联系社会各界、提升学校治理水平的新平台。三年来，学校在制定中长期发展规划、拓展办学空间等重大决策方面，都积极听取校

董的意见建议；邀请董事出席学校毕业典礼、开学典礼、中欧论坛等重大庆典仪式和学术活动；及时发布消息帮助董事了解董事会工作情况，得到了董事们的积极反馈。这些举措不仅让学校发展决策更科学、更民主，更丰富了学校的办学理念，提升了学校的管理水平，推动了依法治校、民主办学的进程。

截至2010年年底，董事会协议捐款金额为人民币34 359万元和美元3 000万元，已到账总共为27 118万元，总协议捐赠笔数达到67笔。其中，2007年首批董事捐赠已到账15 394万元，到账率高达89%。学校利用部分捐赠资金重点支持了学校事业发展迫切需要解决的重要问题，引进高层次人才、加大贫困学生资助力度、改善办学条件、奖励优秀教师、修建学生宿舍、关爱生病体弱的老教师、支持国学等基础学科发展、继承和弘扬传统文化等，对学校发展起到了积极的推动作用。

二、董事会为学校提供社会服务、加速科研转化搭建了平台

三年来的实践证明，高校董事会这种机制能够有效发挥桥梁纽带作用，促进社会办学，促进大学服务社会，能够强化高校科研开发与创新人才的培养，能够推动高等学校走产、学、研相结合的道路。

我们为董事开设金融危机解读讲座、为董事企业提供咨询服务、合作开展科研项目、组织董事校友专场招聘会，得到了董事的高度评价。我们还通过董事会信息刊物，定期向担任董事会名誉职务的中央领导同志、有关部门负责人及时报告人大学术研究前沿动态信息，得到多位领导批示。

三、董事会为董事开拓发展思路、支持高等教育搭建了平台

通过董事会平台，董事之间建立了联系、密切了感情，加强了与社会各界人士的联系，为企业发展拓展了思路。董事会秘书处和基金会、校友会经常与董事联络感情、沟通信息，定期组织小范围不同行业的聚会。在联络感情的同时，也促进了董事之间以人大为平台开展交流合作。董事会丰富的活动、融洽的氛围，令多位董事入会后又积极邀请其他董事入会。

董事会也以各种形式在学科建设、人才培养以及各种力所能及的范围内给予学校巨大支持。徐建董事积极倡议并亲身参与建立了中国首个律师学院——中国人民大学律师学院并任院长。乔羽、印青、苏叔阳、范曾、程十庆、梁建增、阮次山等董事先后应邀出席学校毕业典礼、开学典礼等重大活动并发表讲话。据不完全统计，目前已有包括曾宪梓、张磊、刘昕、贾志学、戴志康、阮次山、刘道明等董事到学校为师生作报告或学术交流20余次，引发了师生的热烈反响。

总之，各位董事建言献策襄助事业发展，同心同德推动人大腾飞。董事的款款真言、种种善举，使我在感动之余真切地体会到大家对中国人民大学的深厚感情，对高等教育的热心关注，对国家民族的深切责任。在此我谨代表全体人大师生对在座的各位董事表示深深的敬意，对卸任不再连任的董事表示由衷的感谢！

回首过去，我们备受感动鼓舞；展望前程，我们深感任重道远。2011年是中国共产党成立90周年，是“十二五”时期开局之年，也是学校实施“十年腾飞”战略规划的关键一年，人才培养、科学研究、社会服务、国际交流等各方面工作亦将全面推进。我们力争在内涵式发展的同时，在外延扩张上也有新的进展，迈出新的具有长远战略意义的步伐。在董事会换届之际，中国人民大学真诚地希望各位新老董事，能够一如既往地关注和支持学校的改革发展，继续为学校的发展进步建言献策。让我们携起手来，共同为实现建设“人民满意、世界一流”大学的奋斗目标，为推动国家人才强国战略的实施，为我国高等教育事业的改革和发展作出新的更大的贡献！

谢谢大家！

附 2：中国人民大学第二届董事会捐赠暨董事聘任仪式举行　学校获捐 3 300 万元人民币

3 月 9 日，中国人民大学第二届董事会捐赠暨董事聘任仪式在逸夫会堂第一会议室召开，纪宝成校长为 16 位新任董事颁发了聘任证书，其中 5 位新董事现场为学校捐款共计 3 300 万元人民币。

出席会议的新任董事有财政部原部长、全国社会保障基金理事会理事长项怀诚，第十一届全国人大财政经济委员会副主任委员、全国人大常委会预算工委主任高强，教育部党组成员、国家教育行政学院院长顾海良，中央党校原副校长刘海藩，中国工程院院士、中国人民大学环境学院原院长李文华，中国艺术研究院原常务副院长、中国红楼梦学会副会长、《红楼梦学刊》主编李希凡等中国人民大学名誉董事，深圳市信立泰药业股份有限公司总裁、中国人民大学董事会副董事长叶澄海，中国诚信公司董事长、首席执行官、中国人民大学董事会常务董事毛振华，中国人民大学退休教师、吴玉章老校长后人吴本立，内蒙古易通实业集团有限公司董事长姬建国，北京人本幸福科技文化有限公司总经理张高兴，福建天安集团董事长缪希富（由江志东代表）等校董事会董事，中国人民大学校长纪宝成、党委常务副书记牛维麟出席聘任仪式。

中国人民大学常务副校长、校董事会副董事长袁卫主持聘任仪式。

叶澄海、姬建国、张高兴、缪希富（由江志东代表）、毛振华等 5 位新任董事分别向校董事会递交了捐赠支票，捐赠金额共计 3 300 万元。

纪宝成校长代表校董事会接受捐赠，并向各位新任董事颁发了聘书。校董会新任董事代表刘海藩、顾海良、李文华、李希凡、叶澄海、毛振华、吴本立、姬建国、张高兴、缪希富（由江志东代表）等分别发言，对学校建设发展及董事会工作提出了意见和建议，并表示将为学校的发展作出更加重要的贡献。

（摘自人大新闻网 2011 年 3 月 11 日）

重要讲话、文章

在国务院学位委员会第二十八次会议上的发言

中国人民大学校长　纪宝成
(2011年2月12日)

各位委员：

大家好！今天我发言的主题是呼吁为制度化开展国学教育与研究留出一席之地。看到刚刚推出的《学位授予与人才培养学科目录（送审稿）》上没有将“国学”列为一级学科，作为多年来国学教育的倡导者与实践者，我感到非常遗憾！我相信，消息公布后，海内外也将会有无数人士感到同样深切的失望！我甚至有这样一种感觉：在我国学科建设与发展一事上，这样的决策似乎正在错过一次历史性的可贵机遇。也许我这么说有些言重了，但是，在国学教育制度化问题上做到慎之又慎，积极推进，这初衷当无问题。鉴于这样的认识，我还是想再一次就将国学列入学科目录的必要性与合理性问题作扼要的阐述，敬请各位深长思之。

2005年，中国人民大学成立新中国第一家国学院，在国内高高举起国学的大旗。六年来人大国学院坚持大国学、新国学的理念，初步探索并形成了富有特色的国学教育创新机制，取得了累累硕果，受到社会各界的关注与肯定，得到习近平、刘延东等领导同志的鼓励，得到了教育部等有关部门的支持。去年10月，习近平同志在致中国人民大学国学院首任院长冯其庸教授的贺信中，提出了“国学新时期的发展”的概念，他对冯老“治学报国精神”的嘉许，就是基于冯老“以八十八岁高龄，仍带领中国人民大学国学院为国学新时期的发展、为促进中国传统文化的研究发挥着重要作用”。教育部也批准国学本科专业为特色专业，并把中国人民大学国学院列为“创新人才培养教学实验基地”。在中国人民大学国学院的带动下，弘扬国学已蔚然成风，国学的理念深入人心，学习国学、倡导国学成为社会各阶层的普遍愿望，国学已超出了学术的范围，成为一场民族文化复兴的运动，为“建设中华民族共有精神家园”发挥着积极的作用。

为了顺应中国全面和平崛起的历史潮流，整体提升中国文化的软实力，更好地规范和推进国学教育与研究，将国学设为一级学科，实属调整与完善国家学科建设方面具有战略意义的重大举措，具有强烈的紧迫性与充分的合理性。因此，在送审稿未列入“国学”的情况下，在其交付审议之际，仍然建议比照欧美诸国设置“古典学”的形式，暂以“国学（或中国古典学）”的名义，作为历史学门类下的一级学科列入学科目录中。

当然，任何新生事物都会引起意见的分歧，国学也不例外。尤其是“国学”增列为一级学科之议，学术界赞同者固然很多，但质疑者也不乏其人。质疑者的最大理由是国学的定义过于宽泛，认为随着现代学科体制的建立，传统学术的大部分内容已被分别归入文、史、哲等学科之中，这时若要再建立一门国学学科，势必是重复建设，不仅对现有学科体制形成冲击，而且缺乏学理上的合理性与合法性。

我们认为，这种质疑于情可以谅解，于理实难成立！我们主张将国学增列为一级学科，与现代学科体制的建设与发展并无任何矛盾与冲突。换言之，我们充分肯定文、史、哲等现代学科的合理性及其在传承传统学术中的积极作用，但是，我们同时又认为，经过近一个世纪的实践，仅仅以文、史、哲等学科来传承“我国固有之学术”存在着明显的局限与不足，完全有必要在文、史、哲等学科之外，再建立一门学科，作为对文、史、哲的会通、补充、完善。

首先，以文、史、哲为代表的现代学科体制主要是参照“西学”建立起来的，以此来传承传统学术必然是削足适履，摆脱不了肢解“国学”之弊。例如，经学与子学是传统学术的重要内容，前者是中国文化之根，规定了华夏文明的大本大源，塑造了华夏族群两千多年的政治制度与社会生活；后者是古代思想家对社会人生的见解与思考，是传统文化中最富有创造力，内涵最为丰富，也最具有个性魅力的部分。但在文、史、哲的学科体制下，经学、子学并没有其独立的位置，而被分割到文、史、哲等不同学科之中，结果只能是得其一偏，难窥整体。

其次，中国传统学术是整体之学、博雅之学、会通之学，强调知行合一，经世致用，注重义理、考据、辞章的统一，所以人们常说“文、史、哲不分家”。但在现代学科体制下，分科既已形成，想要综合已非易事。现代教育出现了一个新的趋势，即在分科的基础上又强调综合和交叉。设立国学学科，可以起到这样一个综合的作用，既可以弥补文、史、哲的不足，避免对传统学术的肢解、割裂之弊，又可以会通经史与文史，促进文、史、哲的沟通与融合，真正做到“不分家”。

最后，我国是多民族国家，国学应该是长期以来由多民族共同创造的涵盖广博、内容丰富的文化学术。汉民族虽然在其中起了主导的作用，其他少数民族的贡献也不容低估与抹杀。设立国学学科，把国学置于整个中华民族大融合的背景下，既要有儒学等中国传统文化，也要研究少数民族文化，突出“大国学”的理念——这里的“大”是有容乃大的“大”，而非“大而全”的“大”——可以促进中华民族的文化认同，有利于其和谐相处，真正做到“五十六个民族是一家”，巩固国家的统一。为了消除人们对国学学科过于宽泛的疑问，需要对“国学”概念进行正名，做广义和狭义的区分。广义的国学可以按约定俗成的说法指“我国固有之学术”，但它具有强烈的价值诉求，强调的是国学的价值和意义，认为“国学者，国家所以成立之源泉也”，与古代“欲亡其国，先亡其史”的说法在思想上是一脉相承的，反映的是一种“国魂之学”。“国魂之学”不必限定在一个学科之内，凡是从事传统文化研究，包括文、史、哲的学者，只要是对传统持同情的理解，抱有弘扬的态度，都可归于国学的名义之下。其目的是在广大人文学者中形成一股凝聚力，树立起一面旗帜，将大家统一到中华民族伟大复兴的事业中来。

狭义的国学则是一种学科之学，它是对我国固有学术中那些不能简单地分割到文、史、哲学科中的内容，如经学、子学等，以及需要会通、综合的部分的一种整全的研究。由于其地位类似西方的古典学，可以称为“中国古典学”（简称“国学”）。众所周知，西方除了文、史、哲的学科外，还设有古典学，对古希腊、古罗马文化作整体、综合性的研究。这说明，中西古代学术具有相似性，均体现为亦文亦史亦哲，都具有圆融、整全的特点，不可作简单的分科研究，有必要建立专门的学科，采取综合式的研究，才有可能深入其堂奥。所以，我们主张将国学增列为一级学科。为了尽可能减轻某些持不同意见者的疑虑，我们建议比照欧美诸国设置“古典学”的形式，以“中国古典学（国学）”的名义列入国家学科目录之中，作为历史学门类下的一级学科。这不仅是必要的，而且具有充分的理由与根据，既尊重了现有的学科体制，又对其作出有益的补充和完善。

在此，有必要回顾一下历史的经验。清朝末年引进西方学科制度时尚且为传统文化保留了一席之地，清朝学部在1903年颁布的《奏定大学堂章程》中，制定“八科立学”，即经、文、法、商、理、工、农、医八大学科，“经学科”在这里是作为从事中国传统文化的整体性教育与研究而独立存在的。到民国初年，在全盘否定中国传统文化思潮的大背景下，“经学科”乃被取消。现在看来，当时民国教育当局的做法妥当与否不是不可以重新讨论的。我们今天进行学科建设，不妨也有一点雅量，重新认识和借鉴晚清在对待以经学为中心的传统文化问题上的经验得失。再则，我们现行的学科制度是直接从西方学习和引入的，可是，西方欧美诸国都懂得珍视自己的传统文化，为此特地设置有古典学，为开展其传统文化的教育与研究留出一席之地，把自己的传统文化纳入国家文化“软实力”体系，而我们口口声声说自己拥有五千年悠久文明，但在实际工作中却漠视自己传统文化的整合性教育与研究，不让“国学”在我们现行的学科体系中合法落上“户口”，没有在制度层面上给它的传承与发展留出必要的空间，这难道不是咄咄怪事，也太有些匪夷所思了吧！

“学术乃天下之公器”，学术的生命在于鼓励并允许人们不断地尝试、创新，以适应时代、社会的需要，而不应抱残守缺、故步自封，更不宜党同妒真、师心自用。需要强调指出的是，中国古典学（国学）作为新生事物，它在制度层面上的存废去留，难免言人人殊、聚讼纷纭，有讨论、有分歧是很正常的。是否设立国学学科，是学科制度设计上面临的新情况、新问题，具有较强的学术性和创新性，应该允许探索，不能简单地用投票的方式决定取舍。即使通过专家投票的方式来作出决定，也应该充分介绍，详细讨论，反复协商，让投票的专家深入了解设立国学学科的背景、问题的实质和分歧的原因，在此基础上再进行投票。现在不同学科背景的专家进行通讯评议，未经充分介绍和反复讨论，在信息不对称和不完全的情况下就投票，其科学性和合理性难免令人质疑。

当然，鉴于设立新学科是一个错综复杂问题，需要经过一个摸索、试验的过程，同时为了避免一哄而上，可以考虑在增列中国古典学（国学）为一级学科的基本前提下，在具体操作过程中持慎重的态度，率先在少数有条件的学校进行试点，等时机成熟，再进一步推广。

综上所述，我们强烈呼吁为国学教育与研究的制度化留个机会。希望学位委员会慎重考虑增设国学学科问题，使它能够正式列入《学位授予与人才培养学科目录（送审稿）》之中。最低限度，也希望在“送审稿”上明确写上允许在少数条件成熟的重点高校中开展“中国古典学（国学）”一级学科设置与运作的试点工作诸内容，为国学教育与研究事业的正常进行提供制度化保障，共同迎接国学春天的到来！

以上发言若有不当之处，欢迎各位不吝批评指正。

深植文化的沃土，见证国学的春天
——在《国学新视野》杂志创刊新闻发布会上的讲话

中国人民大学校长　纪宝成
（2011年3月12日）

尊敬的各位来宾，

女士们、先生们：

大家下午好！在春回大地、万象更新的美好季节，我们在此聚会，出席《国学新视野》杂志创刊发布会，共同见证《国学新视野》这一新刊物的诞生。我谨代表中国人民大学，向各位嘉宾的到来表示热烈的欢迎！向各位对弘扬优秀中华文化所付出的努力表示衷心的感谢！

《国学新视野》是由中华能源基金委员会与中国人民大学国学院携手合作、共同创办的一份雅俗共赏的刊物，这是弘扬优秀中华文化的一个新平台，也是传播国学的一面新旗帜。我们非常珍惜同中华能源基金委员会合作的机会，双方一定会努力工作，精心编辑，办好刊物，让这份具有厚重学术分量，带有深刻文化思考，面向社会、面向青年一代、面向海内外的国学刊物能够结出硕果。

中华能源基金委员会是为中国能源发展事业提供服务的机构，基金委员会的领导人，特别是何志平先生，不仅拥有卓越的能源战略思维，更有远大的文化理想。何先生认为，中国未来的国际地位，长远地看一定也取决于中国文化的地位，这样的远见卓识令人钦佩。何先生首先提出了创办《国学新视野》的设想，希望通过这一平台，传播中华文化，让青年人早日接触国学、了解国学、认同国学。这与人民大学国学院的理想和追求不谋而合。

中国人民大学国学院作为大陆高校第一个国学院，从创建之日起，就高举研究与传承国学、弘扬中华文化的旗帜，倡导大国学、新国学的理念。五年多来，人民大学国学院冲破重重阻力，踏踏实实创新国学教育，探索出完善的国学教育课程体系和教材体系，创办国学研究的杂志，出版了一系列国学研究和普及的著作，在人才培养、科学研究、社会服务和国际文化交流等诸多方面取得了令人瞩目的成就，已然成为新时期国学教育和研究的一方重镇，以实际行动回答了对弘扬国学、开展国学教育的种种怀疑、不解乃至非议。去年10月份，国家副主席习近平在致冯其庸先生的信中，提出了“国学新时期的发展”的概念，这也是对我们国学院的巨大鼓舞和鞭策。

我们认为，文化是一个民族的脊梁和灵魂，中华文化不仅是华夏儿女的财富，也是全人类的共同财富。一个长期处于文化缺失、传统消解状态的国家和民族，是难以自立于世界的。特别是在经济全球化、政治多极化、文明多样化的时代背景下，弘扬中华文化、弘扬国学，对于增进文化认同，增强民族凝聚力，提高国人的文化修养和道德水准，提升中国的文化软实力，共建中华民族共有精神家园，实现中华民族伟大复兴等，都具有不可替代的重要意义。

近百年来，由于各种各样的原因，国学的地位被贬低，国学的价值遭否定，国学的意义遭质疑，是个不争的事实。世界上几千年没有中断的文化中，中华文化基本上是硕果仅存的，但是在轻视和否定自己文化传统方面，中国好像同样也是绝无仅有。时至今日，仍有少数人漠视甚至否定中华文化的作用和价值。从这个意义上说，我们在今天倡导国学，弘扬中华文化，是一项有价值、有意义的事业，“士不可以不弘毅，任重而道远”。文化是人类创造活动的成果，如果我们不努力进行文化的传承和创造，就不会有文化的发展和繁荣。

女士们、先生们，今天恰逢植树节。在这样一个特殊的日子里，我们创办《国学新视野》，就像在中华文化的丰厚土壤中种下了一棵小树苗。所谓十年树木，百年树人，相信在大家的共同呵护和灌溉下，这棵小树苗一定能长成根深叶茂的参天大树，为国学事业的春天，为青年一代的成长，为中华文化的繁荣贡献一份力量。

谢谢大家！

推进党外代表人士队伍建设
——在北京市高校统战工作座谈会上的发言

中国人民大学党委书记　程天权
（2011年3月18日）

高校作为高级知识分子集聚的地方，是培养新一代党外代表人士的“源头”。培养和造就一支高素质党外代表人士队伍，一直是学校统战工作的一项战略性、基础性工程。中国人民大学是以人文科学、社会科学、管理科学为主，兼有信息科学、环境科学等理工学科的综合性研究型大学，创造了许多人文社会科学成果，其间，党外代表人士有着不可替代的作用。

一、学校党外代表人士工作经验

学校党外代表人士队伍建设，坚持三步走，即“健全机制，重点培养，推荐安排”，全方位充实和强化党外代表人士队伍。

在校党委的统一领导下，建立了由统战部牵头，校内各部门和院系密切配合，共同做党外代表人士工作的机制，制定了完整长远的工作规划和目标要求。学校现有民主党派成员244人，党外高级知识分子643人（副高以上职称），占全校高级知识分子人数的37%，他们是教学科研中的重要力量。经过长期的多方考察，选拔确定重点培养对象，通过校内实职安排和向北京市及中央推荐挂职锻炼的方法，为他们展示才华搭建舞台。本着统筹兼顾的原则，合理安排。在院、系（所）的各级行政岗位上拿出一定比例的职位，对党外代表人士进行安排。目前，学校党外部处级干部31人，占全校中层干部总数的11%，并有逐年增长的趋势。目前，学校党外专家学者中有杰出青年、长江学者和名师5人，精品课程教师4人。

学校现有36位全国、北京市和海淀区人大代表、政协委员。其中，全国人大代表5人，全国政协委员5人；北京市人大代表5人，北京市政协委员8人；海淀区人大代表3人，海淀区政协委员10人。在36位代表委员席位中，民主党派成员15人，无党派人士9人。全国人大常委1人，北京市人大常委1人，北京市政协常委2人，有10余位党外专家学者被推荐为中央或北京市特约工作人员。有10位党外人士担任中央统战部信息联络员，有1位无党派人士被聘为国务院参事。

明年开始的换届工作我们已经有相应的准备，向各级人大、政协、民主党派各级领导班子举荐党外优秀人才。

二、学校党外代表人士的特点

学校党外代表人士具有社会科学研究优势，在某些领域有突出贡献，能为国家社会经济发展提出高质量的建设性意见。许多建议得到国务院及相关部门领导的批示，比如在社会保障领域作出突出贡献的郑功成教授。

一般来说，学校党外代表人士具备了政治把握能力，拥护中国共产党领导下的多党合作制，在大的方向上与共产党保持高度的一致，有很强的参政议政能力，积极向上，具有较强的社会责任感。他们大多是学校教学、科研的骨干或学术带头人，是领军人物，是国内外学术界的知名人士，在社会影响力方面有着独特的优势。以其自身坚实的专业研究为依托，提出了许多分析深刻、对策性强的意见建议，在社会政治经济发展中发挥重要作用，其中多项建议被国务院或有关部门采纳，为中央有关部门决策提供了重要参考。但是他们一般比较注重自我价值，在组织协调能力和合作共事能力方面还须培养和锻炼。如何使他们在各方面健康成长，这是党外代表人物培养中的一个重要问题。

三、对党外代表人士的培养和使用的建议

高校是人才库，更是党外代表人士的聚集地。实职安排是对党外代表人士进一步的和更高

层次的培养，也是检验党外代表人士培养工作成效的重要标准。我们注意到，高校党外代表人物有自身的成长特点，培养周期要比党内干部长得多，其专业性、学术性及代表性的展现要经过数十年的时间。现在，党外干部任用时要求相应的职务、职级历练，事实上很难有合适人选，希望中央和北京市委要根据党外代表人士成长的具体特点开展工作。同时，在学校党外代表人士的工作中，我们也注意为他们的成长提供台阶，比如现任北京市检察院副院长的甄贞，学校曾为她提供科研处副处长锻炼的机会。但因校内职数有限，建议相关部门要积极为党外代表人士的成长铺设台阶，为他们展示才华搭建舞台，在培养选拔任用党外干部的工作机制方面还需要进一步的改进和完善。

另外，对高校推荐的党外代表人士人选是否安排要注意及时沟通，使高校推荐的人选更能符合要求，避免再出现推荐后杳无音信的局面，这也不利于统战工作的开展。

重制度、担责任、做表率，努力营造风清气正的工作环境——在中国人民大学2011年党风廉政建设工作会上的讲话

中国人民大学党委书记　程天权
（2011年4月20日）

各位同志：

下午好，刚才商学院、财金学院、人事处、出版社的负责同志分别介绍了本单位加强党风廉政建设的工作经验，非常有借鉴意义，希望大家回去后认真学习并推广他们好的做法。牛维麟常务副书记对学校党风廉政建设工作进行了总体部署，希望各单位会后认真领会，贯彻落实。下面，我代表学校党委就做好学校党风廉政建设讲三点意见。

一、重视制度建设，把制度落到实处

党风廉政建设，制度是关键，因为“制度问题更带有根本性、全局性、稳定性和长期性”。制度好，可以使坏人无法任意横行；制度不好，则使好人无法做好事，甚至走向反面。我们首先要做好宣传教育工作，通过教育，进一步提高党员领导干部遵守廉洁自律各项规定的自觉性。同时，我们更要建立健全规章制度，使各项工作都有章可依，领导干部行使权力有程序进行约束，真正形成一种靠制度管人、管事的机制。

自2008年开始，学校党委和纪委一直狠抓规章制度建设。经过近三年的持续努力，现在各单位都建立了以“三重一大”制度为核心的规章制度体系。不过，这些制度执行力如何？是否严格遵照执行落到了实处？总体看来，学校大多数单位都像刚才介绍经验的四个单位一样，对制度执行得都很好。但是，也有一些单位执行制度打折扣，还有极少数单位对涉及“三重一大”的事项，个人决策，少数人决策，这很危险。制度的生命力在于执行，制度得到执行，落到实处，才是有效的制度，否则不过是一纸空文。当前落实制度最为重要的一点就是要严格按照“三重一大”制度的要求，推进民主决策、科学决策。校纪委专门印发了《“三重一大”事项会议决策记录本》，希望各单位充分利用这个记录本，如实记录民主决策的过程。通过推进民主管理、民主决策，增加决策过程的透明度，便于师生员工的监督和参与。我们高校是知识分子最为密集的地方，大家有能力参与决策，也有这个要求。试想，我们高校都不能做到，其他社会领域还能实现吗？学校党委和纪委每年将会结合党风廉政建设责任制的考核，检查各单位各部门“三重一大”事项会议决策情况。这个记录本的记录情况属于必查科目。

二、树立责任意识，把职责落到实处

近年来，党和国家对于党风廉政建设越来越重视。胡锦涛同志每年都亲临中央纪委全会，并发表重要讲话。教育部每年都要召开教育系统党风廉政建设工作会，对于高等教育系统的党风廉政建设工作作出部署。因此，加强党风廉政建设的重要性和必要性毋庸赘言，相信在座的各位对此都会有清醒认识。大学作为高教系统的一个基层单位，在抓党风廉政建设的过程中，学校内部单位的工作情况并不均衡，有的单位领导干部甚至存在一些错误看法，觉得党风廉政建设是虚的，党委的主要任务是抓就业、发展党员入党，行政领导班子是抓业务工作、争取支持、全力谋发展。党中央已多次指出，反腐倡廉建设是全党的一项重大政治任务。党风廉政建设对各单位的发展起着政治保障作用，一个单位党风廉政建设工作搞得好不好，直接决定着这个单位风气的好坏。倘若一个单位风气不好，队伍不团结，人心不能凝聚，是很难实现又好又快科学发展的，即使短时间实现了发展，也难以长久。

2010 年 11 月 10 日，中共中央、国务院颁布《关于实行党风廉政建设责任制的规定》，对各级领导班子和领导干部抓反腐倡廉建设的政治责任再次提出了明确的要求。当前和今后一个时期，我们要把学习贯彻《关于实行党风廉政建设责任制的规定》作为反腐倡廉建设的一项重大政治任务。按照党风廉政建设责任制的要求，进一步增强责任意识，全面履行职责。具体而言，要承担好两项责任。

一要担负好组织的责任。各单位、各部门领导班子是本单位、本部门反腐倡廉建设的责任主体，负有重要职责，要恪尽职守各负其责，充分发挥组织作用。要认真抓好本单位、本部门的反腐倡廉工作，不仅办好自己的事，管好自己的人，而且还要对本单位的党风廉政建设负责。要认真分析研究业务范围内的党风廉政状况，查找容易发生腐败现象的重点环节和部位，自觉把反腐倡廉融入业务工作中去。对承担的反腐倡廉任务，要在单位和部门内部进一步细化分解，落实到班子每个成员和相关责任人，切实做到领导到位、责任到位、工作措施到位，确保各项工作有人抓、有人负责，形成一级抓一级、层层抓落实的工作局面。

二要担负好领导的责任。各单位、各部门领导班子主要负责人是职责范围内的党风廉政建设第一责任人，要做到重要工作亲自部署、重大问题亲自过问、重点环节亲自协调。领导班子其他成员根据工作分工，要对职责范围内的党风廉政建设负主要领导责任，既要廉洁自律、做好表率，还要对分管范围内的党风廉政建设工作敢抓敢管、认真负责。

没有及时、有效、严肃的责任追究，责任制就会形同虚设。从去年开始，学校党委和纪委加大了对党风廉政建设责任制完成情况的考核。今后这样的考核将常态化，每年都会进行。当然，具体考核形式或许会有所不同。对于抓党风廉政建设责任制不力的领导干部，我们将进行责任追究。考核的结果将同干部使用结合起来。

三、发挥表率作用，正人先正己

实践证明，只有各级领导干部严于律己，廉洁从政，为人表率，发挥了良好的示范作用，党风廉政建设工作才能做得好。具体而言，以身作则，正人先正己，需要做到五个表率。

一是做理想信念坚定的表率。理想的滑坡是最致命的滑坡，信念的动摇是最危险的动摇。大量的案例证明，几乎所有的腐败都是由于思想上的滑坡造成的。现在社会风气很不好，许多不正常的社会现象，越来越容易被大家接受。社会上一些人的理想信念开始动摇，这产生了一系列负面影响。我们高校的领导干部，要始终保持清醒的头脑，正确认识当前的国际和国内形势，坚决服从党中央的安排，坚定信念。

二是做严于律己的表率。作为领导干部，凡是要求别人做到的，自己首先做到，凡是要求别人不做的，自己首先不做。

三是做艰苦奋斗的表率。艰苦奋斗是我们党的优良传统和政治本色，要自觉增强忧患意识、节俭意识，居安思危，永葆艰苦奋斗的政治本色。

四是做爱岗敬业的表率。群众的眼睛是雪亮的。谁以党和人民的事业为重，尽职尽责地在干事；谁以个人利益为重，为了个人的事情投机钻营，大家都会看得清清楚楚，心中有数。作为领导干部，一定要多考虑本单位、本部门职工群众的利益，少琢磨自己的得失；多考虑师生员工是否满意，少计较对自己是否有利。

五是做坚持原则的表率。在党风廉政建设的重大原则问题上，一定要敢抓敢管，要态度鲜明，立场坚定，敢于讲真话、讲原则。

同志们，当前，我国社会领域正在发生着新的深刻变革，教育改革发展正面临着难得的历史机遇。2011 年是学校“十二五”规划开局之年，站在新的起点，面对新的征程，我们要统一思想，振奋精神，同心协力，以科学发展观为统领，以奋发有为的精神状态，求真务实的工作作风，大力抓好党风廉政建设各项工作，为学校事业科学发展营造风清气正的工作环境，提供强有力的政治保障。

在中国人民大学“大学生创新实验计划”2009 项目结项表彰会暨 2011 项目立项申报信息发布会上的讲话

中国人民大学党委书记 程天权
(2011 年 5 月 11 日)

老师们、同学们：

大家下午好！今天我们隆重召开中国人民大学“大学生创新实验计划”2009 项目结项表彰会暨 2011 项目立项申报信息发布会。首先，我代表学校向受到表彰的老师和同学们致以衷心的祝贺！

开展“大学生创新实验计划”，是高等院校本科教学质量与教学改革工程的重要组成部分，对于解决当前大学教育中普遍存在的动手能力差、专业面窄的问题，对于增强学生的实践创新能力，进而培养创新人才，有着十分重要的意义。长期以来，中国人民大学一直践行“道术结合、文理交融、中西会通、知行统一”的人才培养理念，坚持“宽口径、厚基础、多选择、重创新”的人才培养模式，高度重视研究型、实践型教学的开展，大力推动创新人才的培养。“大学生创新实验计划”的理念是要培养学生的问题意识与研究方法，这与我们提出的“道术结合”的人才培养理念高度一致。

作为第一批列入计划的高校，人民大学高度重视并积极实施，不断探索总结，在将“大学生创新实验计划”纳入人才培养体系的同时，注重与改进课堂教学效果相结合、与完善培养环节相结合、与创新学习方式相结合、与培育创业能力相结合，逐步建立起人文社会科学特色的大学生创新能力训练体系，有力促进了学生自身知识结构的完善和实践动手能力的培养，推动实现了学生的健康成长和全面发展。

在“创新实验计划”的实施过程中，我们在着眼于“四个结合”的同时，还要对学生的自主创新与教师的培养指导的关系有更为深刻的认识。一方面，“创新实验计划”的根本在于突出学生的自主创新，通过学生的实践，逐步形成解决问题能力和创新能力，但如果没有教师的培养指导，学生的实践可能过于盲目，也很难起到应有的效果。另一方面，如果过分强调教师的指导培养，抑制学生的自主性和积极性，就会使“创新实验计划”流于形式，成为另外一种“填鸭式”教育。如何正确处理好这一对矛盾关系，是“创新实验计划”实施的关键所在。借此机会，我谨提出三点希望和建议，请大家批评指正。

第一，要以学生为中心，突出创新实践的自主性。在实施“创新实验计划”过程中，我们要突出以学生为中心的理念，让学生得到切实的实践锻炼。以项目为载体，使学生通过模拟研究活动，在真实的情境中，分析资料，发现问题，归纳整理，并运用所学知识，寻求解决问题的方案，充分发挥学生在整个活动过程中的自主性，真正成为“创新实验计划”的中心。

第二，要以教师为主导，强化创新实践的引导性。实施“创新实验计划”的过程中，教师的指导必不可少，而且，只有充分发挥教师的培养指导作用，才能使“创新实验计划”真正成为一个有目的的培养过程，而不是学生盲目的尝试。希望广大教师以高度的社会责任感和历史使命感积极参与计划之中，在促进学生自主学习新知识、掌握科研创新的方法、形成创新能力等方面发挥不可或缺的指导作用。

第三，要以制度为基础，促进自主实践与培养指导的有机统一。“创新实验计划”的实施要更加注重学生自主探索与教师培养指导的有机统一，有效激发广大师生参与科研创新的积极性，从根本上改变传统的教育教学模式。为确保形成长效机制，学校层面要加强制度和规范建设，进一步制定和完善组织保障、激励评价和交流监督等系统的规章制度，以制度的方式保证自主实践与培养指导的有机统一。

老师们、同学们，2011 年 4 月 24 日，胡锦涛总书记在清华大学百年校庆纪念大会上强调高等教育的根本任务是人才培养，同时希望同学们把创新思维和社会实践紧密结合起来，在打好知识根基的前提下，提高创新思维能力。提升人才培养水平也是我们创建世界一流大学的根本使命和价值所在，培养具有创新精神的“国民表率、社会栋梁”是我们一切工作的出发点和落脚点。我们要进一步探索研究“大学生创新实验计划”的项目实施特点，紧密结合学校的学科特点和人才培养战略，逐步建立起科学、规范、高效的以人文社会科学为主的综合性大学大学生创新能力训练体系，从而推动教学改革，提高教学质量，培育创新文化，培养创新人才，为加速“人民满意，世界一流”大学的建设进程而努力奋斗！

谢谢大家！

在“刘少奇与中国共产党”巡回展览首展式上的致辞

中国人民大学党委书记　程天权
(2011 年 5 月 26 日)

尊敬的各位领导、来宾，老师们、同学们：

5 月的人大校园，草木葱郁、花香四溢。在这个美丽的时节，我们迎来了“刘少奇与中国共产党”巡回展览首展式在中国人民大学的隆重开幕。“刘少奇与中国共产党”巡回展览首展式是学校纪念中国共产党成立 90 周年系列活动中的一项重要活动，在此，我谨代表中国人民大学向各位领导、各位嘉宾的到来表示诚挚的欢迎！对首展式的隆重开展表示热烈的祝贺！对中央文献研究室、刘少奇同志纪念馆将“刘少奇与中国共产党”巡回展览首展式放在中国人民大学表示衷心的感谢！

“落其实者思其树，饮其流者怀其源”。再过一个多月，我们将迎来中国共产党成立 90 周年。此时此刻，我们倍加怀念为党的建立、巩固和发展作出重大贡献的老一辈无产阶级革命家。刘少奇同志是老一辈无产阶级革命家的杰出代表，是伟大的马克思主义者，伟大的无产阶级革命家、政治家、理论家，中华人民共和国的开国元勋，是以毛泽东同志为核心的党的第一代中央领导集体的重要成员。刘少奇同志为党和人民事业奋斗了一生，他的高尚品德和情操，无论过去、现在和将来，都是我们学习的光辉榜样。“刘少奇与中国共产党”展览以刘少奇生平为主线，采用生平与专题相结合的形式，全面展示了少奇同志光辉而伟大的一生，再现了他为中国共产党的建设和发展以及中国人民的革命、解放和建设事业所作出的巨大贡献。

十分荣幸的是，作为我们党亲手创办的第一所新型正规大学，中国人民大学的创建和发展与刘少奇这个光辉的名字历史性地紧紧联系在了一起。新中国成立后，党中央高瞻远瞩地提出了组建新型正规大学的战略任务，少奇同志受中央委托，具体领导负责中国人民大学的筹建工作。1950 年 10 月 3 日，在中国人民大学的发展史上是一个永远铭记的光辉日子，中央人民政府副主席刘少奇以及朱德等党和国家领导人在铁狮子胡同一号出席了中国人民大学开学典礼，少奇同志代表党中央发表了重要讲话，他强调指出，中国人民大学是新中国第一个创办起来的新式大学，在中国历史上以前所没有过的大学。他希望：中国将来的许多大学都要学习人民大学的经验，按照人民大学的样子来办其他的大学。此后，少奇同志在百忙之中先后就校址选定、办学方向、学科建设、人才培养等事关人民大学发展的重大事宜作出了一系列重要指示，还多次接见师生员工，询问学校办学情况。从建校开始到"文革"初期的17年间，中国人民大学在少奇同志的亲切关怀和悉心教导下，快速发展起来，并形成了理论与实践相结合的办学方针和教学制度，形成了优良的传统和校风学风，培养了一大批共和国的优秀建设人才，确立了中国人民大学在新中国高等教育领域的奠基性、开创性地位，确立了我国新型正规大学建设的典范。少奇同志对人民大学的关心和期望，将永远激励着我们不断前进。

云山苍苍，江水泱泱，少奇之风，山高水长。今天，我们在此举办"刘少奇与中国共产党"展览，就是要深切缅怀刘少奇同志和一大批中国共产党人为民族独立、人民解放和国家富强、人民幸福建立的不朽功勋，为党和人民事业不懈奋斗的崇高风范，为中国教育事业作出的卓越贡献，让一代又一代的人大师生永远铭记少奇同志和中国共产党人为中国人民大学、中国革命和建设所作出的巨大贡献。中国人民大学将发挥党史党建学科优势，进一步加强与中央文献研究室、刘少奇思想生平研究会、刘少奇同志纪念馆等单位的交流合作，努力推出刘少奇同志思想研究的精品力作，为更好地开展刘少奇思想生平研究和宣传工作，开展党史研究宣传工作作出人民大学应有的贡献！

当前，中国人民大学师生员工正满怀信心，以胡锦涛总书记在清华大学建校100周年、在中国人民大学命名组建60周年之际发表的重要讲话精神为指导，弘扬"始终奋进在时代前列"的光荣传统，坚持"立学为民、治学报国"的崇高办学宗旨，加快建设"人民满意、世界一流"大学的步伐，努力为我国高等教育事业的改革和发展作出新的更大贡献！以优异的成绩告慰刘少奇同志！

预祝"刘少奇与中国共产党"巡回展览首展式圆满成功！

谢谢大家！

"实事求是"是党的生命线
——在中国人文社会科学论坛2011上的演讲

中国人民大学校长　纪宝成
（2011年5月28日）

各位领导、各位专家、老师们、同学们：

你们好！

我们学校的"中国人文社会科学论坛"与新世纪同步，现在已进入第11个年头。而今年是中国共产党建党90周年，我们今年论坛的主题就确定为"革命、建设、改革——中国共产党90周年"。我发言的主题是《"实事求是"是党的生命线》，实事求是既是党的思想路线，又是中国传统文化的精华。在马克思主义中国化中，我们党的"实事求是"思想路线，是马克思主义与中国传统文化相结合的一个卓越典范。

"实事求是"，语出东汉班固所著《汉书》。书中说汉景帝的儿子刘德"修学好古，实事求是"，本意是赞扬刘德的治学态度的。在中国历史上，"实事求是"是一笔重要的文化传统和文化遗产，但主要还是在治学和为人方面。毛泽东汲取中华民族文化传统的精华，结合中国革命的经验，在《改造我们的学习》中，对"实事求是"作出了马克思主义的解释，赋予它作为中国共产党人思想路线的新含义。从此，中国传统文化中"实事求是"这四个字，永远镌刻在党的历史上熠熠生辉。

中国共产党建党90周年，是全体共产党员的盛大节日，也是全中国人民的盛大节日。值得庆贺的不单纯是因为建党已经有90个年头，而是因为中国共产党的90年是极不平常、极为艰巨而又极为辉煌灿烂的90年。可以说，中国共产党90年的历史，是无数先烈和社会主义建设者，用生命和汗水书写的可歌可泣、波澜壮阔的英雄史，不屈不挠的斗争史，中华民族的觉醒史。

在世界社会主义运动史上，建党满90年的不算少，特别是工人运动兴起较早的欧美各国。但像中国共产党这样始终高举马克思列宁主义大旗，坚持马克思主义中国化，在90年艰苦卓绝的斗争中，把一个贫穷落后的旧中国建设成世界第二大经济实体，成为拥有8 000多万党员，具有重大国际影响的社会主义国家的共产党；执政60年中，始终坚持与时俱进，不断进行理论创新、实践革新、自我改革的执政党，在世界社会主义运动中是少有的。中国的和平崛起举世瞩目，中国共产党90年的历程灿烂辉煌。

中国共产党90年的历史，并不像以往有些理论家说的是党内路线斗争史，路线斗争史观是片面的。当然，党内有过路线斗争，如反对陈独秀、反对王明，但这只是历史的片段。中国共产党历史的本质和主流，不是党内斗争，而是寻求人民解放和民族独立，领导被压迫、被剥削的中国人民向帝国主义、向旧的统治者斗争；是为建设社会主义新社会，根本改变中国面貌，实现现代化，向贫穷、向落后斗争，为进行改革，向各种“左”的和右的思想，向保守僵化以及鼓吹全盘西化和私有化的新自由主义思潮斗争。90年的历史是中华民族在浴火中重生的历史。90年党史的主流，归纳起来是六个字：革命、建设、改革。

为计算方便，90年大体上可以分为前后相继的三个30年。第一个30年，是革命的30年，是中国共产党领导全国人民推翻三座大山，争取民族解放和民族独立，进行革命和武装斗争的30年；第二个30年，是进行社会主义改造和社会主义建设的30年；第三个30年，是改革开放的30年，至今这个过程仍在攻坚和向纵深推进。三个30年进行了三种探索：第一个30年是探索中国革命的道路，即探索如何在一个农民占绝大多数的中国，通过农村包围城市的道路夺取政权；第二个30年是探索“走自己的路”，如何在中国进行社会主义和平改造和社会主义建设；第三个30年，是探索社会主义如何自我完善，通过改革开放建设具有中国特色的社会主义，建设富强、民主、文明、和谐的现代化新中国。

三种探索产生三大实际成果。第一个30年的伟大成果，是中华人民共和国的成立。毛泽东在天安门城楼上用“中国人民从此站起来了!”这个响彻世界的口号，为第一个30年画了一个完美的句号。第二个30年的伟大成果，是社会主义基本经济制度和基本政治制度的确立，中国从此进入了社会主义初级阶段。第三个30年的伟大成果，是找到了一条社会主义自我完善之路、中华民族伟大复兴之路，中国开始了和平崛起。这三大实践成果的理论升华，就是毛泽东思想和中国特色社会主义理论。

历史从来是不可分割的。三个30年，前后相继，但又各具特色。没有第一个30年，就不可能有随后开始进行的社会主义改造和社会主义建设；没有第二个30年，就不可能有进行改革开放的社会主义基本经济制度和政治制度的前提和保证。但每一个30年，都是一次跨越。我们现在正进行的改革和开放，就是在总结第二个30年的成绩和失误基础上的具有革命意义的巨大跃进，是一次具有重大历史意义的转折。

三个30年不仅存在历史的继承，而且在思想路线上一脉相承。贯穿这三个30年正确探索的一条红线，就是在实践中逐步形成并成熟的实事求是的思想路线。马克思主义中国化的本质和核心，就是从中国实际出发，实事求是，坚持马克思主义普遍真理与中国实际相结合。不坚持实事求是，就不可能有马克思主义中国化和中国化的马克思主义。实事求是是马克思主义的本质，但又是中国传统文化的精华。

苏联共产党和中国共产党是世界上两个大党，中国与苏联是世界上两个最大的社会主义国家。历史并没有注定苏联必然解体，没有注定列宁缔造的苏联共产党执政70年后必然被解散的命运。由于各国具体情况不同，社会主义发展道路存在多种选择，关键是要坚持马克思主义与本国实际情况相结合的实事求是的路线。苏联社会主义和中国社会主义、苏联共产党和中国共产党两种完全不同的结局和现状，根源于中国共产党和苏联共产党采取的不同的路线、方针、政策。苏联共产党在斯大林时期推行具有“左”的倾向的教条主义，斯大林逝世后，斯大林的继承者通过全盘否定斯大林，在长达几十年中逐步走向反对马克思主义，推行新自由主义，最终葬送了苏联社会主义和苏联共产党，国民经济和人民生活也都付出了沉重代价。中国共产党不同。毛泽东逝世后，中国共产党坚持实事求是路线，总结了第二个30年的经验和教训，正确评价毛泽东和毛泽东思想。在中国特色社会主义理论旗帜和道路的引导下，创造性地继承马克思列宁主义、毛泽东思想，沿着不同于斯大林逝世后的苏联社会发展的方向前进，不仅在中国避免了苏联社会主义和苏联共产党的命运，而且在苏联解体后的世界格局中，重新树立了马克思主义的威信、社会主义的威信和共产党人的威信。尽管在苏联解体后，西方国家的政治家和理论家们一直期待中国成为第二个苏联，期待发生所谓“颜色革命”，但他们等到的是社会主义中国的和平崛起。这一切伟大成就取得最根本的一条原因，就是始终坚持实事求是路线。即使有过失误和挫折，也是按照实事求是原则予以总结、纠正，而不是由一个极端跳到另一个极端。

改革开放的30多年来，我们各项事业的伟大成就都证明，只有实事求是的路线，只有从中国实际出发，才能发展、巩固和完善社会主义。在当代中国，坚持中国特色社会主义理论体系，就是坚持马克思主义。坚持中国特色社会主义，就是坚持社会主义。正是中国共产党的实事求是路线，使中华民族复兴和崛起的百年梦想变为现实。

实事求是是辩证唯物主义和历史唯物主义哲学世界观的凝结。它是唯物主义的，因为实事求是强调从实际出发，反对主观主义；它又是辩证的，它强调要立足变化着的实际，反对形而上学和思想保守僵化。毛泽东曾把实事求是喻为“有的放矢”，这个比喻生动、形象、切当。一个射手的箭术是否高明，当然以中“的”为准。不以中“的”为胜，任何人都可自称为射箭神手。可“的”是变化的，有的放矢中的“的”不是固定不变的。实际工作中“的”是活靶子，而不是死靶子。如果党的方针政策不能随着情况变化而变化，实事求是思想路线就落不到实处。改革开放30多年来，中国特色社会主义理论不断丰富、发展，就是因为我们党把坚持从实际出发与坚持与时俱进结合在一起，根据实际情况变化不断调整政策的重点。从反对绝对平均主义、效率优先到强调初次分配也要公平，从一部分人先富起来到强调共富，从经济总量增长到强调关注民生，从强调发展到倡导科学发展，从重视发展速度到转变经济发展方式。可是任何一个重点的调整，都不是对前一段的绝对否定而是辩证扬弃。科学发展观就包括发展是硬道理，如果不再重视发展，发展的可持续性就没有必要；共富是以先富起来的人越来越多为前提，富人增多意味社会财富总量增加；我们反对巧取豪夺的非法致富，注意分配不公和贫富两极化，但不抽象反对富人增多。在都是穷人基础上的所谓“共富”只能是共穷，是贫困的普遍化和人均化。只有在经济总量增长到一定程度才有可能转变经济发展方式，没有一定发展速度下的经济方式的转变必然阻碍发展。总之，实事求是的路线，要求我们学会辩证思考，如果把由于社会发展而进行的政策调整视为后一阶段对前一阶段的绝对否定，就会犯片面性的错误。真理向前跨越一步就是谬误，这同样背离实事求是的路线。

党的90年历史证明，坚持实事求是的路线，我们就能无往而不胜，或转败为胜；相反，违背实事求是路线，就会遭受失败，断送大好局面。革命战争时期如此，社会主义建设时期同样如此。我们党处于执政地位，由于地位的变化，坚持实事求是的路线尤为重要。提高党的执政能力，不单是个人的工作才能问题，从根本上说就是贯彻党的实事求是路线的决心和能力问题。违背实事求是路线，工作能力越强，能量越大，破坏性越大。我们应该捍卫、坚持和珍惜党的实事求是的思想路线，重视我们传统文化的精华。实事求是凝结着我们先人的智慧，又包含着中国革命的成功与失败、建设中的成就和挫折正反两方面的经验和教训，甚至是曾经用血和泪浇灌而成的思想路线。

实事求是是中国共产党的思想路线，也是我们每个共产党员应该永远牢记、永远遵循的工作原则。尤其是担任负有领导责任的领导干部来说，能不能坚持实事求是，是我们能否做好工作的关键。长期以来，我们有些人有些误解，仅把坚持实事求是当成一个哲学命题，当成认识论问题，其实并非完全如此。对每个党员来说，敢不敢实事求是首先是政治品质问题，是党性纯不纯的问题；如何做到实事求是才是认识方法问题。

对每个共产党员尤其是领导干部来说，能坚持实事求是，在党内民主集中制正常情况下比较容易，相反的情况下则很难。中国共产党人没有死谏一说，我们是马克思主义者，但因为坚持实事求是而酿成悲剧的事是有的。《皇帝的新衣》中的小孩敢于说皇帝是光屁股，原因是他没有恐惧，没有私心，只有事实，或者说心中只有真理，大臣们则不然。安徒生这篇童话的永久价值正在于它揭示了一个真理：无私才能无畏、心实才能真诚。没有党性或党性不纯、私心太重只能望风办事，是决不能也不敢实事求是的。对这种人光讲认识论是不够的，必须进行党性教育、进行道德教育包括传统文化教育。

当然要做到实事求是，科学的认识方法是非常重要的。毛泽东当年提出实事求是问题时，既从党性角度讲到反对主观主义问题，批评主观主义是没有党性或党性不纯的问题，也从哲学角度讲到如何实事求是的问题。教导我们要从国内外、省内外、县内外、区内外的实际情况出发，从其中引出固有的而不是臆造的规律性，即找出周围事变的内部联系，作为我们行动的向导。而要这样做，就要不凭主观想象，不凭一时的热情，不凭死的书本，而凭客观存在的事实，在调查研究中详细地占有材料，在马克思列宁主义一般原理指导下，从这些材料中引出正确的结论，这里包括极为丰富的需要认真研究的认识论和方法论问题。历史事实证明，一个人不管自以为党性多强，如果在思维方法上不坚持从实际出发，工作作风上不深入实际调查研究，掌握充分可靠的材料，不善于运用马克思主义基本原理进行分析，往往容易误以僵化为立场坚定，误以保守为坚持原则。可见，务实的思维方法和工作作风对坚持实事求是路线是不可或缺的。

社会在发展，时代在前进，变化了的新情况、新问题总是层出不穷，坚持实事求是的思想路线总是具有鲜明的现实性和强大的生命力。当前，在关乎我国改革开放、现代化建设、人民生活福祉大局的政治、经济、文化、社会生活、生态环境等方面，既不断取得历史性的巨大成就和进步，也不断面临新的严峻挑战和问题。正确地认识和处理这些新情况、新矛盾、新问题，需要我们坚定不移地一切从实际出发，从广大人民群众的根本利益出发，而不是从概念出发、从一部分人的利益出发。这就需要我们继续大力弘扬实事求是的政治勇气和思想路线。坚持实事求是路线是下一个新的 30 年，沿着科学发展道路和包容性发展道路前进，沿着强国富民、和谐、幸福、民主、公正的伟大社会主义道路前进的根本路线保证。

在纪念中国共产党建党 90 周年的喜庆时刻，我们回顾中国共产党领导中国人民革命、建设和改革的光辉历程，更加认识到实事求是路线是党的生命线。实践一再向我们昭示：实事求是之树常青，而坚持实事求是则需要大智大勇。中国人民大学将立足并结合当代国内外尤其是中国特色社会主义建设的实践，加强对马克思主义经典文献的研究，并努力深入研究和发掘中国历代思想家著作中包含的实事求是的思想智慧，争取对党的思想路线的深化、对中国社会主义文化建设和马克思主义中国化作出新的贡献。谢谢！

在法国教育棕榈勋章军官勋位徽章授予仪式上的致辞

中国人民大学校长　纪宝成
(2011 年 5 月 31 日)

尊敬的白林大使，
女士们、先生们：

能够获得法国政府颁发的教育棕榈勋章军官勋位徽章，我深感荣幸！这不仅是对我个人的褒奖，也是对中国人民大学推进中法文化教育交流的鼓励，还是对中国高等教育走向世界的一种肯定。在此，我谨向法国政府、法国驻华使馆和出席仪式的各位来宾、校友和同事表示衷心的感谢！

法国是一个富有魅力的国家，本人于 1995 年 5 月第一次访问法国，留下了深刻的印象和美好的回忆。1998 年，我作为中国政府教育代表团成员参加联合国教科文组织举行的第一次世界高等教育大会，又一次到访法国。2000年担任中国人民大学校长之后，我又多次访问法国，推动了中国人民大学同法国多所著名大学在学生交流、联合培养、科学研究、教师交流等领域建立良好的合作，建立了深厚的友谊。

法国人民和中国人民一样，都在历史发展的进程中创造了灿烂的文化。两国人民都具有开放、包容、优雅的共同品格，文化之间的交往也源远流长。早在17、18世纪，中国的茶叶、瓷器、丝绸、园林就曾为法国乃至整个欧洲带来“中华文化热”；白晋（Joachim Bouvet）、马若瑟（Joseph de Prémare）、傅尔蒙（Etienne Fourmont）等法国汉学的肇始者，则将中国的古代典籍、文官制度、文学艺术介绍到西方，成为欧洲启蒙思想家的重要资源。同样，法国思想文化也对中国产生了深刻影响。自1906年中国翻译家严复将孟德斯鸠的《法意》（《论法的精神》）翻译出版以来，法国的历代学术经典被不断译介，对中国近现代思想文化的发展起到了积极作用。

作为东西方文化的重要代表，中法两国人民之间的文化教育交流，对于维护世界的文化多样性具有重要意义。文化多样性是人类社会的基本特征和共同遗产，是保持人类文化的活力、推动人类社会进步的重要动力。中国有句话“各美其美，美人之美，美美与共，天下大同”，代表了我们对待文化多样性的态度。这句话的意思是，既要认同本民族的文化，又要尊重其他民族的文化，不同文化之间要互相尊重、互相交流、互相学习、求同存异，共同促进世界文化的繁荣、和谐。在全球化进程不断加快的今天，伴随着网络技术和传播技术迅猛发展，文化多样性面临着严峻的挑战。如何应对全球化对保护和促进文化多样性带来的挑战，是摆在中法两国人民之间的共同课题。

大学作为培养人才、发展学术的重要机构，在推动国际文化交流、促进文化多样性方面担负着重要的使命。以人文社会科学为主的中国人民大学充分认识到这一使命，在推动文化传承创新和国际文化交流、促进文化多样性方面作出了积极贡献。在中法文化教育交流领域也是如此。我们的第一任校长吴玉章，就是上个世纪20年代留法勤工俭学的主要倡导者和支持者。学校的老校友、著名诗人艾青，曾经留学法国，并于1985年获得法国文学艺术最高勋章。学校欧洲问题研究中心是中欧高教合作项目管理办公室所在地，被评为“让·莫内最佳欧洲研究中心”。学校与巴黎一大之间的“欧洲法”项目，已成功运行15年，成为了中法乃至中欧间规模最大的法学学生交流项目。学校同梅耶基金会共同举办的中欧社会论坛已成功举办三届，成为中法以及中欧民众之间相互了解的重要平台。学校同法国多所高校合作开展中法学院项目，联合培养优秀学生。学校教师翻译出版了中国第一部法国诗人兰波（Rimbaud）的作品全集、第一部法国哲学家让-吕克·南希（Jean-Luc Nancy）的著作，学校出版社还出版了法国人类学家列维-斯特劳斯（Lévi-Strauss）的文集、思想家罗兰·巴尔特（Roland Barthes）的文集等。我们与法国合作伙伴的这些点点滴滴的工作，恰如涓涓细流，汇入了中法两国人民人文交流的“长江”、“塞纳河”。

女士们、先生们，不同文化的多种多样，才构成世界文化多姿多彩的“百花园”。不同文化之间的交流、对话、互动，才使得文化多样性得到滋养。我本人及中国人民大学愿意继续为中法文化的交流、对话作出更大的贡献。

中法友谊之树常青！谢谢大家！

在“马克思主义中国化90年”论坛上的讲话

中国人民大学党委书记　程天权
(2011年6月9日)

各位嘉宾、老师们、同学们：

大家上午好！

2011年已经过去了5个月，对于世界来说，今年上半年已经发生了许多重大事件。日本发生海啸及核泄漏，中东北非出现局势动荡，北美多次遭龙卷风袭击，这一系列事件造成了大量人员伤亡和财产损失。对于我们中国来说，今年将注定是不平凡的一年。我们迎来了西藏和平解放60周年，即将迎来中国共产党成立90周年，下半年我们还将纪念辛亥革命100周年。

在纪念中国共产党诞生90周年之际，我们在这里召开马克思主义中国化论坛，共同回顾中国共产党90年走过的曲折历程，重温往昔的峥嵘岁月；共同总结中国共产党90年创造的光辉业绩，分析我们积累的经验教训；共同探讨中国共产党在未来发展过程中面临的机遇和挑战，商讨应对之策，具有非常重要的意义。在此，请允许我代表中国人民大学和中国特色社会主义理论体系研究中心对与会的各位嘉宾表示最热烈的欢迎和最衷心的感谢。

老师们、同学们：

中国共产党领导中国人民奋斗90年的峥嵘岁月和光荣业绩，是一部透迤而又气势磅礴的历史史诗，是一幅雄浑而又绚丽多彩的壮丽画卷。

90年来，中国共产党领导中国人民实现了中华民族的三次历史性飞跃。

——第一次历史性飞跃的标志是我们建立了中华人民共和国。这次飞跃发生在中国共产党成立之后，到新中国成立之前，经过了28年的时间。在这28年的奋斗过程中，我们党领导中国人民，经过土地革命战争、抗日战争和解放战争，打败日本军国主义的侵略，推翻国民党反动统治，胜利完成了新民主主义革命任务，建立了中华人民共和国，实现了近代以来中华民族梦寐以求的民族独立和人民解放。中华民族的发展从此开启了新的历史纪元，中国的现代化从此掀开了新的一页。

——第二次飞跃的标志是我们建成了崭新的社会主义制度，这大约经过了30年的时间。新中国成立之后，我们党领导人民创造性地完成了社会主义改造，实现了由新民主主义到社会主义的转变，全面确立了社会主义的基本制度，使占世界人口1/4的东方大国进入了社会主义社会。社会主义制度建立之后，以毛泽东为核心的党的第一代领导集体对适合中国国情的社会主义建设道路作了认真探索，取得了丰硕的成果，极大促进了社会主义事业的发展。在中国这样经济文化落后的国家建成社会主义，这是中国历史上最广泛、最深刻的社会变革，是中国社会变革和历史进步的巨大飞跃，也极大地支持和推进了世界社会主义事业。

——第三次飞跃的标志是我们开创了建设中国特色社会主义伟大事业，为实现中华民族的伟大复兴开创了正确道路，这一飞跃也大致经过了30年。以1978年召开的党的十一届三中全会为标志，中国进入了改革开放和社会主义现代化建设的新时期。在长期社会主义建设的基础上，我们总结国内国际的历史经验，经过艰辛探索，实行了改革开放的新政策，确立了党在社会主义初级阶段的基本理论、基本路线、基本纲领，形成了中国特色社会主义理论体系。在世界社会主义发生严重曲折、国内外风云急剧变幻的局面中，我们党砥柱中流、岿然不动，社会主义在中国展现出蓬勃的生机和活力。

三个30年，三次历史性的飞跃，使中国社会发生了翻天覆地的变化。我们成功实现了从半殖民地半封建社会到社会主义，从计划经济体制到社会主义市场经济体制、从封闭半封闭到全方位开放的历史转折。经过百年探索，中国靠勤劳智慧、靠自强不息、靠虚心向世界学习，终于走出了一条中国特色的发展道路，这条道路符合中国国情和世界潮流，得到了中国人民的衷心拥护。

老师们、同学们：

90年来，我们党领导中国人民经过艰苦奋斗，取得十分辉煌的成就：

——我们建立了人民民主专政的国家政权，实现了从几千年的封建专制政治向人民民主政治的伟大跨越。

——我们建立了独立的和比较完整的国民经济体系，经济实力和综合国力显著增强。我们仅仅用了半个多世纪时间，不仅改变了旧中国一穷二白的落后面貌，而且建立起门类齐全的现代工业体系。

——我们不断发展社会主义文化，全国人民的思想道德素质和教育科学文化素质不断提高，向世界展现了中华民族新的精神风貌。

——我们彻底结束了旧中国一盘散沙的局面，实现了国家的高度统一和各民族的空前团结。香港、澳门胜利回归祖国，实现了全民族的夙愿。海峡两岸同胞的交流不断加强，最终解决台湾问题、完成祖国统一必将实现。

——我们坚持独立自主的和平外交政策，坚决反对以强凌弱的霸权主义和强权政治，努力维护广大发展中国家的正当权益，推动建立公正合理的国际政治经济新秩序，为世界和平与发展的崇高事业作出了重要贡献，社会主义中国的国际地位和国际影响与日俱增。

——我们不断加强党的自身建设，党的队伍不断壮大，执政能力不断增强。在这 90 年间，中国共产党从 1921 年成立之初的 50 余人，发展到今天，已成为一个在全国执政 62 年，拥有 8 000 多万党员的大党，中国人民已拥有一个欣欣向荣的社会主义祖国。

事实充分证明，中国共产党不愧为伟大、光荣、正确的马克思主义政党，不愧为领导中国人民不断开创新事业的核心力量。

老师们、同学们：

中国共产党的 90 年，是把马克思列宁主义同中国实践相结合而不断追求真理、开拓创新的 90 年，是为民族解放、国家富强和人民幸福而不断艰苦奋斗、发愤图强的 90 年，是为完成肩负的历史使命而不断经受考验、发展壮大的 90 年。90 年来，中国共产党领导中国人民经过革命、建设和改革，积累了丰富的经验。

——90 年积累的经验告诉我们，坚持马克思主义与中国具体实际相结合，不断推进马克思主义中国化，是中国革命、建设、改革不断取得胜利的重要法宝。

——90 年积累的经验告诉我们，始终坚持解放思想、实事求是，一切从实际出发，敢于和善于走自己的路，是我们必须坚持的一条重要原则。

——90 年积累的经验告诉我们，始终代表着最广大人民的根本利益，实现好、维护好、发展好最广大人民的利益，始终依靠最广大人民群众，是我们克敌制胜的力量源泉。

——90 年积累的经验告诉我们，不断解放和发展生产力，不断增强国家的综合国力，不断推进经济、政治、文化、社会的全面发展，始终是中国共产党肩负的一项重要使命。

——90 年积累的经验告诉我们，始终坚持独立自主的外交政策，始终坚持走和平发展道路，积极倡导建设更加和谐的世界，是提高中国国际地位，扩大中国国际影响的重要战略。

——90 年积累的经验告诉我们，不断加强和改善党的自身建设，始终保持党的先进性，不断提高党的执政能力，是我们党不断壮大成长的伟大工程。

老师们、同学们：

当今世界正经历着前所未有的大发展、大变革、大调整，世界多极化、经济全球化深入发展，科技进步日新月异。同时国际形势中不稳定、不确定、不安全因素明显增多，霸权主义和强权政治有新的表现，国际竞争更趋激烈，地区冲突和热点问题此起彼伏，金融危机、恐怖主义、环境恶化、流行疾病等非传统安全威胁日益突出，各种不确定因素和潜在风险大大增加。继续推进中国特色社会主义事业，不断巩固党的执政地位，面临着严峻的挑战。

我国目前仍处于可以大有作为的重要战略机遇期，同时发展进入新阶段，改革进入“攻坚”期，一些深层次的矛盾和问题逐渐显露。抓住和用好重要战略机遇期，深化改革，加快转变经济发展方式，推动科学发展的任务更加突出。特别需要关注的是，受国际国内新形势的影响，特别是随着互联网等新兴媒体的快速发展，当前我国思想文化领域思想多元、思潮迭起，在主流价值观念进一步巩固的同时，各种非马克思主义的思想观念有所滋长，影响社会和谐稳定的思潮时有出现。继续坚持马克思主义在意识形态领域的指导地位，继续推进社会主义核心价值体系建设，把握意识形态领域主导权，任务十分艰巨。

总之，在当前世情、国情、党情都发生巨大变化的情况下，中国共产党又将如何进一步解放思想、实事求是、与时俱进、深化改革？在勇于变革、勇于创新的精神指引下，中国共产党又将如何不为任何风险所惧、不被任何干扰所惑，永葆党的生机和活力，巩固和提高党的执政能力？这些问题都是关乎中国共产党未来走向和中国未来前途与命运的大问题，也是我们需要在理论上进行深入探索并找到答案的大问题。

纪念中国共产党成立 90 周年，回顾历史，总结经验，是为了更好地展望未来。我们召开此次论坛，也是为了对这些问题作更深入的探索。我希望此次论坛，能在此方面取得一些成果。

最后，预祝此次论坛圆满成功。

在中国人民大学 2011 届毕业典礼上的讲话

中国人民大学校长　纪宝成
(2011 年 6 月 27 日)

亲爱的同学们、老师们、家长们、嘉宾朋友们：

大家好！今天，我们隆重举行 2011 届毕业典礼。首先，我谨代表学校，向圆满完成学业，即将奔赴工作岗位或继续深造的 2 883 名本科毕业生、3 146 名硕士毕业生和 827 名博士毕业生同学表示热烈的祝贺！向其中来自 27 个国家和地区的 286 名毕业留学生表示格外的祝福！

今年，学校本科和硕士毕业生中，有 31.1%的同学选择了升学和出国继续深造。已落实就业去向的同学中，15.6%的同学选择了党政机关，22.3%的同学选择了科研机构、高校和其他事业单位，43.3%的同学选择了国有企业，17.6%的同学选择了三资、民营企业，1.2%的同学选择自由职业或自主创业。在这些同学中，238 名同学主动选择到西部艰苦地区工作，78 名到基层单位工作，97 名同学到部队工作，还有 116 名同学到农村担任“村官”，7 名同学预征兵入伍。特别值得一提的是，学校苏州校区、汉青经济与金融高级研究院有了自己的首届毕业生。

同学们在校的这几年，人民大学发生了巨大的变化，同学们身处其中，一定感同身受。

在人大的这几年，你们一定会感受到学习生活越来越丰富了：有板有眼的学生创新项目、博采众家的通识课程、天南海北的社会实践、五彩纷呈的学生社团、思想激荡的学术讲座等。你们一定会感受到学校的办学条件越来越好了：世纪馆精巧实用，明德楼大气恢宏，新的图书馆庄重典雅，新的学生宿舍楼宽敞干净，校园宽带越来越快了，校园的风景越来越美了。你们一定感受到了学校国际性的不断提升：国际小学期越办越大，海外交流机会、外国留学生和外籍教师、外语课程越来越多了。

这一切，离不开学校坚持以人才培养为中心，秉承“一切为了学生”的理念奋发图强，离不开学校全体教职工的开拓进取、团结奋斗，也离不开同学们的勤奋刻苦、艰辛和汗水。伴随着同学们的成长进步，我们学校的学科建设、人才培养、科学研究、校园建设、队伍建设、提升国际性等各项事业成就辉煌。以突出的学科建设为例，在教育部新一轮国家重点学科评审中，无论是国家一级重点学科数量，还是国家二级重点学科数量，学校在人文社会科学领域都排名全国第一位。在教育部学位评估中心 2009 年公布的新一轮全国一级学科评估结果中，学校有七个一级学科排名全国第一，总数位居全国第三位，在人文社会科学领域居全国高校首位。

同学们，学校在新世纪初确定的“十年基础，十年腾飞”的发展战略，其第一阶段即“十年基础”的“固本强基、重塑形象”的目标已于 2009 年提前实现。目前我们已经进入新世纪发展的第二阶段，迈出了“十年腾飞”，建设“人民满意、世界一流”大学的坚实步伐。

当然，我们学校发展还有不少困难，存在不少不尽如人意、让同学们不能满意的地方，比如体育设施相对不足，海外学习交流机会相对不足，学生生活条件还需进一步改善，一些课程教学还不能令人满意等。这些不足和差距，正是我们谋求发展、不断进步的一个方面的重要动力。

同学们就要离开母校啦，你们这一届毕业生拥有那么多令人羡慕、令人难以忘怀的激动、激情和经历。你们肯定不会忘记胡锦涛总书记、温家宝总理亲临学校的激动时刻，不会忘记北京奥运会志愿服务的披星戴月，不会忘记建国60周年庆典游行的挥洒汗水，不会忘记汶川地震后的虔诚祈祷和倾力救援……这些经历都将成为你们宝贵的人生财富。

去年9月9日，胡锦涛总书记在考察学校的重要讲话中，两次重申中国人民大学是中国共产党亲手创办的第一所新型大学，高度评价中国人民大学“立学为民、治学报国”的办学宗旨，明确希望要把中国人民大学建设成为“人民满意、世界一流”大学。什么样的人大人才无愧于胡总书记的嘱托？无愧于母校的教诲？无愧于这个伟大的时代？在这依依惜别的时刻，我想对同学们提出三点希望：

一、博学而笃志，把知识能力的提高和思想品德的修养紧密结合起来

“博学而笃志”探讨的是学问和道德、志向之间的人生价值取向。“成才立业德为基”，决定一个人走得多远、飞得多高的，不仅仅在于知识、能力，更在于崇高的理想、坚定的信念、坚韧的毅力和高尚的情操。爱因斯坦曾经说过，用专业知识教育人是不够的。通过专业教育，他可以成为一种有用的机器，但是不能成为一个和谐发展的人。要使学生对价值有所理解并且产生热诚的感情，那是最基本的。所谓价值，就是要形成正确的世界观、人生观和价值观。今年是建党90周年，同学们作为中国共产党创办的第一所新型大学——中国人民大学的毕业生，就多了一份特殊的历史责任感、使命感和自豪感。人民大学的毕业生，就应该牢记“为人民服务”的宗旨，树立为中华民族伟大复兴而读书、为建设中国特色社会主义事业而奋斗的崇高理想，弘扬与党和国家同呼吸、共命运，始终奋进在时代前列的光荣传统，像张志新校友一样用生命来捍卫真理，像胡福明校友一样用反思来冲破禁区，像宋鱼水校友一样用实干来维护正义，努力成为中国特色社会主义建设事业的合格建设者和接班人。我希望大家做到“行为精英，心为平民”，行为精英，就是要有远大理想，心怀敬畏之心，自强不息、探索新知、追求真理；心为平民就是要树立人民观念和平民意识，心系大众、扎根实际、深入基层，从点滴做起、从小事做起，踏踏实实服务于人民群众，逐步实现心中的理想和自身的价值。

二、切问而近思，把创新实践和忧患意识紧密结合起来

“切问而近思”反映的是为求索真理与知识创新，进而观照现实、知行合一的状态。创新是一个民族和国家发展的不竭动力，是新时期合格人才的必备素质，无论什么样的工作岗位，都需要创新，也都能够创新。创新动力来源于哪里？来自于对科学、真理的不懈追求，来自于对国家、民族乃至人类未来的深切关爱，来自于对传统的继承、扬弃和社会生活的广阔实践。钱三强先生曾说：“虽然科学没有国界，科学家却是有祖国的”，个人的命运与国家的命运是紧密相连的。我看到今年学校有关部门挂出的毕业标语“祖国最终选择那些选择了祖国的人”说得就很好。人民大学“立学为民、治学报国”的精神和宗旨，就是希望同学们能把个人的前途和命运同国家的前途和命运紧紧联系起来，服务人民，报效国家。当今世界并不平静，我们国家的和平与发展面临着来自国内外各种各样的困难和挑战。古人讲“位卑未敢忘忧国”，同学们一定要有“先天下之忧而忧，后天下之乐而乐”的忧患意识，居安思危，“居危思危”，将具体工作中的创新实践与为民报国的忧患意识结合起来，为人民的幸福和国家的富强贡献自己的力量。也只有这样，才是个人工作中持续创新、不断进步的动力和源泉。

三、宁静而致远，把全面发展和个性发展紧密结合起来

“宁静而致远”反映了一种由个人的专心致志、全面修为，从而成就专攻、厚积薄发的人生境界。我们这个伟大的时代，既尊重个性、承认个人规划和设计，更倡导以国家的需要和人民的满意为人生最大需求。我们学校要建设“人民满意、世界一流”大学，最重要的内涵之一，就是我们培养的人才，不仅学生本人满意、家长满意、用人单位满意，更要让社会满意、党和国家满意、人民满意。

做宁静致远、淡泊明志的人大人，就要在发展个人兴趣专长的过程中，在正确处理个人、集体、国家关系的基础上保持个性、彰显本色，并在心怀天下、心系人民中不断净化、升华。要做到内心世界光明而崇高，行为举止自然而得体，生活情趣清新而多彩，人文情怀深沉而厚重，艺术修养高雅而丰富。要始终坚持“德智体雅”的发展目标，践行“真善美爱”的行为模范。要用终身学习、“吾日三省吾身”的努力，塑造质朴、善良、诚信、勇敢、高尚的人格素质，既有仰望星空的豪情，也有脚踏实地的淡定，既有虚怀若谷的大气，也有敢为人先的豪气，在既能经得起成功，也能受得住挫折，“想干事、能干事、干成事”的人生旅途上，实现自己的优雅人生、光彩人生、有成就的人生，以赤子情怀成为让人民满意的“国民表率、社会栋梁”。

同学们，四年前的开学典礼，也就是今年毕业的本科同学 2007 年入学时的开学典礼，我填写过一首小令《诉衷情》：“青春扑面喜盈堂，望眼尽轩昂。后生可畏如是，何乐直相当！言热烈，掌声长，最风光。校歌嘹亮，激荡心潮，大爱无疆。”今天的毕业典礼，依然是青春扑面、满眼轩昂，依然是掌声热烈、校歌嘹亮，所不同的是，当年你们进校来，我们是沉浸在集天下英才而育之的欢乐之中，现在你们离校去，我们则是沉浸在桃李满天下的喜悦之中。我坚信，作为人大学子的你们，才华横溢、大爱无疆、后生可畏的你们，一定会犹如“长江后浪推前浪”，与你们的同龄人一起，为中华民族的伟大崛起，为中国特色社会主义的伟大事业，创造出比你们的前辈更为出色的成就！

同学们，从今天开始，你们中的绝大多数人将从“人大学生”转变为“人大校友”。希望你们用心体会这种改变的分量和这种改变的意义，逐步完成从一名优秀学子向一名优秀校友的转变。同学们，中国人民大学永远是你们的精神家园！不管你们走到哪里，是天南海北，还是五洲四海，都是“青山一道同云雨，明月何曾是两乡”，我们的心永远联结在一起！祝同学们鹏程万里，前程似锦！

在庆祝建党 90 周年表彰大会上的讲话

中国人民大学党委书记　程天权
（2011 年 6 月 27 日）

同志们：

在中国共产党即将迎来 90 周年华诞之际，我们在这里隆重集会，表达我们对党的深切感情，表彰和学习先进典型，激扬发展斗志。在此，我代表学校党委向辛勤工作在学校教学、科研、管理、服务各个岗位上的共产党员同志们致以崇高的敬意和节日的问候！借此机会，向多年来为学校事业发展付出辛勤劳动、作出积极贡献的全校师生员工包括离退休老同志们表达诚挚的问候和衷心的感谢！

近年来，在学校党委的领导下，各级党组织和广大党员认真贯彻落实党的教育方针，加强基层党组织建设，紧密围绕学校人才培养、科学研究、社会服务、文化传承创新等任务开展工作，有力地推动了学校事业的持续快速科学发展，涌现出了一批先进党组织和优秀党员，今天受表彰的就是其中的代表。在此，我代表学校党委向你们表示敬意和祝贺！

在这个光荣的节日里，党委表达三点决心，也号召全校党员共同为之奋斗。下面，我讲三点意见：

一、始终弘扬人民大学的优良传统，不断增强建设“人民满意、世界一流”大学的责任感和使命感

90 年来，中国共产党领导全国人民走过了革命、建设和改革发展的光辉历程，在各个阶段都留下了难以磨灭的壮丽史诗。中国人民大学作为中国共产党创办的第一所新型正规大学，自 1937 年创办以来，一直与党和国家同呼吸、共命运，伴随着党的奋斗历程而发展壮大，体现了我们党创办新型高等教育的探索和努力。

2010年9月9日，中国人民大学命名组建60周年前夕，胡锦涛总书记亲临学校考察，再一次强调指出："中国人民大学是我们党创办的第一所新型大学。60年来，中国人民大学始终秉持立学为民、治学报国的宗旨，培养了一大批优秀人才，取得了一系列重大科研成果，为党和国家事业发展作出了重要贡献。"如果从陕北公学算起，那么人民大学在70多年的办学实践中形成了相当丰富而有特色的办学传统和经验：

第一，我们形成了"始终奋进在时代前列"的品格。中国人民大学诞生于抗日战争的烽火之中，命名组建于新中国成立之时，恢复发展于改革开放新时期，阔步奋进在新世纪新时代。学校牢记几代党和国家领导人对中国人民大学"先锋队"、"进步的缩影"、"为改造旧的和建设新的高等教育树立一个新型正规大学的典型"等嘱托，与党和国家同呼吸、共命运，与时代脉搏共跳动，与时代潮流共搏击，坚持科学理论的指导，坚持把中国特色社会主义理论同我们正在做的工作相结合，创造性地开展教育教学和理论研究，为新中国社会主义高等教育事业发展而探索努力。

第二，我们确立了"立学为民、治学报国"的宗旨。中国人民大学始终以民族的解放和国家的富强为己任，勇于担纲，追求进步。为追求真理、捍卫真理付出宝贵生命的张志新，《实践是检验真理的唯一标准》的作者胡福明，《东方风来满眼春》的作者陈锡添等一大批"人民共和国的建设者"，都是人民大学培养出来的学生。学校倡导"立学为民、治学报国"的办学宗旨，要求学生努力成为"国民表率、社会栋梁"，既坚持"明德、博学、求是、笃行"的学术品格，又具有"忠诚、勤勉、朴实、友爱"的道德人格，实现德智体美劳全面发展、和谐发展和个性发展，成为具有远大理想、对祖国和人民有深厚感情、有强烈社会责任感和历史使命感、积极进取、勇于担纲的优秀人才。

第三，我们弘扬了以人为本、重视人文的特色。中国人民大学以人文社会科学领域的优势和特色著称，在新中国人文社会科学高等教育领域多个学科的专业设置与建设、课程建设、教材建设、师资培养等方面作出了奠基性、开创性的贡献，发挥着先导和示范作用，成为新中国人文社会科学高等教育的"工作母机"和"排头兵"，成为我国人文社会科学人才培养和科学研究的重要基地，成为发展繁荣我国人文社会科学的一面旗帜。为适应社会发展和人才培养的需要，近年来，我们坚持以人为本，突出人才培养中心任务，按照"主干的文科、精干的理工科"思路推进学科建设，在巩固和强化人文科学、社会科学、管理科学领域优势的同时，加强理工科建设，努力创造文理渗透的学术氛围、育人环境和思维方式，以使人文素养和科学精神相互渗透、相互影响，为学生的全面成长提供更好的条件。

第四，我们坚定了"实事求是"、理论联系实际的学风。学校在东大门一进校园处设立"实事求是"校训石，要求师生在思想上求真，在行动上务实，努力做到实事求是、知行合一。毛泽东为陕北公学题词，希望陕北公学培养的"这些人不是狂妄分子，也不是风头主义者，而是脚踏实地富于实际精神的人们"。作为我党亲手创办的一所具有光荣历史传统的大学，无论是革命、建设还是改革开放时期，中国人民大学的历任领导和广大教师都始终坚持脚踏实地、理论联系实际、知行并举的治学、治校精神，坚持"脚踏实地、富于实际精神"，不跟风、不赶潮。

第五，我们培养了海纳百川、兼容并蓄的气度。学术的自由和开放是大学的重要特征，一流的大学要有博大、宽容的学术胸怀，宽松、开放的学术环境和自由、民主的学术气氛。人民大学来自延安的黄土高坡，长期接受革命传统的熏陶，有浓郁的乡土味，但同时具有海纳百川、兼容并蓄的气度。中国第一部西方哲学家全集中译本《亚里士多德全集》、第一套全国通用《西方经济学》教材、中美第一个西方经济学交流培训项目、中欧人文社会科学高等教育领域第一个重大合作项目，当今西方最新经济学和管理学教材《经济科学译丛》、《工商管理经典译丛》、《哈佛商业评论精粹》、《公共行政与公共管理经典译丛》的翻译等都是由人民大学率先承担和完成的。人民大学与世界上49个国家和地区的196所高校建立了学术交流关系，充分体现了人民大学面向世界开放的胸襟和兼容并蓄，有容乃大的学术气度。

回顾学校光荣的发展历程，弘扬学校宝贵的办学经验，我们有责任进一步办好中国人民大学，为发展党的高等教育事业，为繁荣中国人文社会科学事业，为推进中国特色社会主义事业作出新的贡献。

二、认真总结学校党的工作经验，不断提升学校党的建设科学化水平

重视党的工作，注重发挥党组织的作用，是中国人民大学党建工作的传统，也是我们党建工作的优势。中国人民大学始终坚持围绕中心抓党建，抓好党建促发展的思路，充分发挥党组织为学校事业科学发展提供的思想、政治和组织保障作用，也为坚持党对高等教育事业的领导进行了成功的探索和实践，积累了宝贵经验。这些经验可以概括为“1234”的总体思路：

“1”就是围绕一个中心，即党的工作要始终围绕学校事业发展这一中心，以学校事业发展为主题，高举发展的旗帜，总揽全局抓党建，服务中心促发展。党建工作要推动和保障学校事业发展，学校事业发展体现党建工作成效，两者相互促进、相互推动，不能两张皮、两头空。

“2”就是建设两支队伍，即党的工作要坚持“党管干部”、“党管人才”原则，着重抓好干部队伍建设和教师队伍建设，高起点、高标准建设这两支队伍。办好学校，干部是关键，人才是根本。这里的干部和教师，包括学校教学、科研、管理、服务各个岗位上的教职工。高校党的工作就是要创造有利于各类人才成长的良好环境，为干部和教师的成长遮风挡雨、保驾护航。

“3”就是坚持三个导向，即党的工作要确保学校正确的政治导向、理论导向和政策导向。坚持党的领导和社会主义办学方向是中国高校的特色和优势。在政治上，必须坚持和完善党委领导下的校长负责制不动摇，全面贯彻党的教育方针，体现党对学校事业发展的领导。在理论上，必须坚持马克思主义的指导地位，坚持用社会主义核心价值体系的引领作用，确保教学科研的正确导向。在政策上，要把“人民”、“人本”、“人文”的办学理念落到实处，着力解决师生员工最关心、最直接、最现实的利益问题。

“4”就是发挥四项作用，即党的工作要注重基层，夯实基础，深入开展党的思想、组织、作风、制度、廉政建设，构建党的先进性建设长效机制，努力推进创先争优，充分发挥学校党委的领导核心作用、分党委（党总支）的政治核心作用、党支部的战斗堡垒作用、党员的先锋模范作用。

三、继续深入开展创先争优活动，不断推动学校事业又好又快发展

今年是建党 90 周年，也是“十二五”规划的开局之年。未来十年，对于党和国家的发展、对于高等教育和人民大学的发展，都将是关键时期。中央颁布的《国家中长期教育改革和发展规划纲要（2010—2020 年）》和《国家中长期人才发展规划纲要（2010—2020 年）》，描绘了未来十年教育事业科学发展的宏伟蓝图，提出了未来十年我国人才发展的战略举措，这些对高等教育改革发展提出了新的任务和要求。对于人民大学来说，2011 年是“十年腾飞”的起步之年，经过了前一个十年的“固本强基，内涵提升”，学校已经具备了冲击世界一流大学的基础和能力，如何在建设“人民满意、世界一流”大学的过程中充分发挥各级党组织和广大党员的作用，趁势而为，迎难而上，是摆在学校各级党组织和广大党员面前的一项光荣责任和使命。

当前，创先争优活动第三阶段工作即将启动，中央新修订出台的《中国共产党普通高等学校基层组织工作条例》，党内民主、党务公开等一系列理论成果和制度成果，都为我们做好下一步工作提供了重要指导和依据。各级党组织要充分认识开展创先争优活动的重要意义，把创先争优活动和推动学校事业科学发展结合起来，充分调动和激发广大党员的积极性和创造性，为加快学校“十年腾飞”进程提供更强大的思想、政治和组织保障。

第一，要继续围绕推动中心工作抓党建。人民大学正在步入新的发展阶段，要继续坚持“特色强校、内涵提高、质量第一”的科学发展道路，把全校力量凝聚到“十年腾飞”的行动中来。要抓住开展创先争优活动的契机，结合学校学科、事业发展规划，进一步理清学校党的建设工作改革与发展的目标、任务，充分调动和激发广大党员的积极性和创造性，更好地践行科学发展观，推动学校事业科学发展。全校各级组织和广大党员都要围绕提升人才培养质量、提高科学研究水平、增强社会服务能力等大学基本任务，积极服务国家经济建设和社会发展进步，为国家昌盛、社会进步和学校发展作出新的更大的贡献。

第二，要继续围绕构建和谐校园抓党建。发展是硬道理，稳定是硬任务，和谐是发展的重要基础，是稳定的长久之计。构建和谐校园、维护校园稳定是高校党组织和广大党员的当然责任，必须高度重视、常抓不懈。一是要落实维护和谐稳定的工作责任制，进一步完善党委统一领导、党政齐抓共管、各二级单位分工负责的安全稳定工作体系。二是要建立依靠基层党组织、党员群众共同化解各类矛盾的机制，当前要特别重视学习掌握新形势下学校党组织开展群众工作的本领和素质，做好细致入微的思想政治工作。三是要进一步加强校园应急管理工作，完善应急预案体系，提高学校处理突发公共危机事件的能力。

第三，要继续围绕服务师生员工抓党建。创先争优第三阶段活动，有一项重要内容就是开展群众评议活动。在前期党组织和党员公开承诺、领导点评的基础上，让群众来评议我们创先争优是不是扎实、群众有没有得到实惠。这体现了我们共产党人服务群众的根本宗旨，也对下一步工作提出了更多要求。一是进一步强化党组织服务功能，找准着力点和切入点，根据广大师生员工的需求开展服务，营造以人为本、科学和谐的发展环境。二是建立健全党内激励关怀帮扶机制，进一步增强组织的凝聚力。三是建立健全党员联系服务群众制度，鼓励党员利用自身特长带头参加志愿服务、主题实践、社会公益等活动，让党员在联系和服务群众中受教育、在发挥模范作用中长才干。

第四，要继续围绕加强组织建设抓党建。各级组织要围绕着“五个好”的目标，积极开展“创建党建先进”活动。一是要认真学习近年学校、北京市和全国涌现出来的先进典型，通过学习典型，查找不足，努力提高。二是要加强学习型党组织建设，引领广大师生安心学习、踏实工作，引导校园内形成良好的学习作风、生活作风和工作作风。三是要推进基层党组织工作创新，找准围绕中心工作、立足本职工作、融入日常工作开展创先争优活动的结合点和着力点。四是加强基层党组织带头人队伍建设，建立健全选拔、培养、考核、激励和发展机制，建设一支守信念、讲奉献、有本领、重品行的高素质基层党组织带头人队伍。

同志们，在建党 90 周年之际，我们在这里总结经验、表彰先进、思考前路、部署工作，对于学校党的建设和未来工作具有重要意义。90 年奋斗铸就辉煌伟业，74 载办学传承人大精神。人民大学“十年腾飞”的号角已经吹响，学校各级党组织和全体党员都要以高度的政治责任感和历史使命感，以饱满的热情和旺盛的斗志，埋头苦干，开拓创新，真正做到“一名党员就是一面旗帜，一个支部就是一座堡垒”，为学校事业又好又快发展、为把人民大学早日建成“人民满意、世界一流”大学作出新的更大的贡献！

谢谢大家！

创先争优在党的先进性建设中的理论与实践意义
——在中央创先争优专题研讨会上的发言

中国人民大学党委书记　程天权
（2011 年 9 月 25 日）

先进性是马克思主义政党的生命所系、力量所在。党中央关于开展创先争优活动的重大部署，是新世纪新阶段加强党的自身建设的重大举措，对于在新的历史条件下加强党的执政地位、推进中国特色社会主义事业长远发展具有重要理论意义和实践价值。

一、创先争优在党的先进性建设全局中的地位

先进性是中国共产党的性质和宗旨的根本要求，是中国共产党旺盛生机和蓬勃活力的源泉。中国共产党成立90年来，始终代表着先进生产力的发展要求，代表着先进文化的前进方向，代表着最广大人民群众的根本利益，因而能够始终保持先进性，成为中国工人阶级的先锋队，成为中国人民和中华民族的先锋队，成为中国各项事业的领导核心，从而领导中国人民取得了革命、建设和改革发展事业的一个又一个伟大胜利。

中国共产党的先进性是一个由多方面要素共同构成的有机整体，既包括从中央到基层各级党组织的先进性，也包括党员干部个人的先进性；既包括党的指导思想、路线纲领、奋斗目标、方针政策的先进性，也包括党的组织原则、领导体制、工作机制、运行程序的先进性。因此，要保持和不断发展党的先进性，就必须充分发挥从中央到基层各级党组织、每个党员、干部和党的整个有机体中所有因素、环节的先进功能，才能始终保持和不断发展党的先进性，才能使党的先进性达到最大化、最优化。

保持党的高层的先进性是关键，是核心，党中央的团结、坚强领导、执政能力的稳步提升，正确的理论、路线、纲领、方针、政策的提出，这些都是至关重要的。邓小平理论、“三个代表”和科学发展观作为党的理论创新成果，是我们党的指导思想的具体化，是我党最宝贵的精神财富，这对于保持党的先进性具有根本保证和最重要意义。进入新世纪新阶段以来，以胡锦涛为总书记的党中央继往开来，率先垂范，确立了正确的理论路线纲领和方针政策，围绕全面建设小康社会的奋斗目标，提出了科学发展观这一马克思主义中国化的最新理论成果，实现了党的指导思想的与时俱进，领导全国人民奋力推进经济社会全面协调可持续发展，在实践创新和理论创新两方面都取得了巨大成就，在保持和发展党的先进性方面走在了前头。

同时，必须清醒地认识到，党的先进性不仅要体现在中央层面，体现在党的理论路线纲领方针政策方面，而且要体现在各级党组织和全体党员身上。党的基层组织是党全部工作和战斗力的基础，党员是党的细胞和党的先进性的承载主体。因此，要使中国共产党始终成为一个先进的党，就必须采取有效措施，通过完善制度和机制，使党的各种先进性要素充分发挥作用。具体来说，要使党的各级组织，包括高层组织、中层组织和基层组织；使每个党员干部，无论是领导干部还是普通党员；使党的理论要求和实践成效，都能够按照党中央的要求，按照先进性的要求去学习、去实践，从而在全国范围内形成党的先进性建设的整体合力，推动党的先进性建设的不断发展。

二、创先争优在党的先进性建设中的创新性意义

胡锦涛总书记指出：“党的先进性是历史的具体的，既是一以贯之的，又是与时俱进的。这就决定了保持和发展党的先进性是马克思主义政党自身建设的根本任务和永恒课题。”创先争优活动作为新形势下加强党的先进性建设的重要举措、有效载体和有力抓手，赋予党的先进性建设以鲜明的时代特色，为党的先进性建设注入了新鲜活力。

当今世界正处在大发展、大变革、大调整时期，当代中国正在新的历史起点上前进。我们党要团结带领全国人民全面建成惠及十几亿人口的更高水平的小康社会、进而实现现代化、实现民富国强的千年梦想，需要付出艰苦卓绝的努力。站在新的历史起点上，中国共产党面临的执政考验、改革开放考验、市场经济考验、外部环境考验是长期的、复杂的、严峻的，党的领导水平和执政水平、党的建设状况、党员队伍素质同党肩负的历史使命在总体上适应的同时，还存在着一些或轻或重的不适应的方面。在这样的国内外条件下，我们党要团结带领全国各族人民战胜在政治、经济、文化、社会和自然领域出现的一切困难和风险，要全面做好改革、发展、稳定的各项工作，就必须切实搞好自身的先进性建设。党中央明确指出，开展创先争优活动的整体要求就是要充分发挥基层党组织的战斗堡垒作用和共产党员的先锋模范作用，促使他们在推动科学发展、促进社会和谐、服务人民群众、加强基层

组织的实践中建功立业。这一要求，把党的建设伟大工程与促进党的事业发展相结合，把党的先进性建设与服务人民群众相结合，把加强党的先进性建设的重点放在基层组织和党员身上，把党的政治优势和组织优势转化为推动经济社会又好又快发展的强大力量，这是新时期加强党的先进性建设的重要创新。

创先争优明确了新时期评价基层党组织和党员先进性的基本标准，基层党组织要努力做到领导班子好、党员队伍好、工作机制好、工作业绩好、群众反映好这“五个好”，党员要努力做到带头学习提高、带头争创佳绩、带头服务群众、带头遵纪守法、带头弘扬正气这“五带头”。创先争优，不是要基层党组织和党员干部为了为数不多的先进、优秀锦标去奋斗、去角逐，而是要通过活动，使各基层党组织和党员更先进、更优秀，以更好地服务人民群众。这就要求开展活动既注重过程，在“创”与“争”上下功夫，又注重结果，通过对“优”与“先”的评比表彰，肯定成果，明确方向，建设长效机制。在实践中把是否在推动经济社会科学发展、服务基层群众、维护社会和谐稳定、加强基层组织建设等方面干实事、干好事、干成事作为检验活动成果的标准，从而把党组织和党员的先进性充分激发出来、发挥出来，并实实在在地落实到实践中去。

创先争优为新时期党的先进性建设提供了范例，提出了明晰科学的总体要求、主要内容、方式方法和实施步骤，是新时期加强和改进党的先进性建设的重要创新。开展创先争优活动，通过多途径、多形式宣传开展创先争优活动的重要意义，大力宣传创先争优活动的好做法、好经验，大力宣传各行各业先进基层党组织和优秀共产党员的先进事迹，有助于在全社会积极营造学习先进、崇尚先进、争当先进的良好风气。开展创先争优活动，要把典型引路与全面提高有机结合起来。通过发现、挖掘基层党组织、党员干部的典型人物，及时总结他们的好经验、好做法，并通过多种渠道对其先进事迹进行广泛宣传，积极在全社会营造创先争优的良好社会氛围，从而推进创先争优活动向广度和深度不断拓展。

三、创先争优在党的先进性建设中的长效性作用

如何从体制机制上始终保障党的先进性，这是党成立以后特别是新中国成立以来党的历代中央领导集体始终关注并不懈探索的重大课题。历史和现实都表明，一个政党过去先进不等于现在先进，现在先进不等于永远先进；马克思主义政党赢得先进性固然不容易，在复杂的国内外环境中和长期执政的条件下保持和发展先进性更不容易。邓小平曾明确指出制度问题更带有根本性、全局性、稳定性和长期性，打开了我们党加强自身建设的新思路。十三届四中全会以来，我们在加强党的制度建设、推进党的先进性建设的长效机制方面取得了重要进展。在新世纪新阶段，我们党更加清醒地认识到，保持党的先进性、巩固党的执政地位，关键就是要抓制度和机制的建设问题。党的十七大确定的在党的基层组织和党员中深入开展创先争优活动，是党的建设一项重要的经常性工作，一个很重要的目的就是要探索建立一种在基层党组织和共产党员中保持和发展党的先进性的长效机制。

从早期的延安整风到近期的“三讲”教育，再到十六大以后开展的保持共产党员先进性教育和十七大以后开展的深入学习实践科学发展观活动，都以党的先进性建设为主线，并在理论和实践的结合上进行了积极探索，取得了宝贵的经验，形成了一些规律性的做法。尽管不同时期开展的集中教育活动的时代背景、基本内容、主要任务、实施步骤不尽相同，但每一次都紧紧围绕党的中心任务来谋划、来推进、来检验，把集中学习教育活动作为解放思想、统一认识、振奋精神、推进工作的重要举措和有力抓手，使全党的团结空前增强。创先争优活动与我们党开展的历次先进性学习教育活动一脉相承，通过开展创先争优活动，把基层党组织的先进性建设统一于新世纪新阶段党的中心任务上，把智慧集中到推动科学发展、促进社会和谐的实践中，把党的政治优势和组织优势转化为推动经济社会又好又快发展的强大力量，把推进党的建设与促进党的中心任务高度统一起来。

通过深入开展创先争优活动，能够使基层党组织通过各种行之有效的创新实践把党的基层组织建设成坚强的战斗堡垒；能够使广大党员在本职岗位上发挥出最大的聪明才智，充分发挥先锋模范作用，从而涌现出千千万万个先进基层党组织和优秀共产党员，使党的先进性建设蔚然成风。基层党组织与群众和社会的联系最为紧密、相互影响最为直接，面临的各种考验更为复杂多样，尤其需要探索和建立切实可行、科学管用的保持先进性的长效机制，为新时期加强党的先进性建设提供重要保障。

在中国人民大学创先争优活动第三阶段工作部署会上的讲话

中国人民大学党委书记　程天权
(2011年9月26日)

按照党中央的统一部署，在教育部和北京市委的具体指导下，学校创先争优活动前一阶段的工作圆满完成，成功开展了一系列纪念建党90周年的庆祝活动，表彰了一大批多年来在学校各项事业中作出突出贡献的组织和个人，全面加强了学校基层党的建设，为学校事业发展提供了重要保障。

在创先争优活动的第三阶段，按照中央的安排，将在从现在到明年7月的时间里，集中开展“为民服务、创先争优”活动。8月18日，中央召开了全国窗口单位和服务行业“为民服务、创先争优”视频会，对活动进行了部署。8月26日和9月15日，北京市委和市委教育工委，也分别召开了“为民服务、创先争优”工作部署会，对全市和高校系统开展“为民服务、创先争优”活动作出了具体部署。教育行业是为民服务的重要窗口，高校在其中居于重要地位。根据北京市的部署和学校的发展实际，学校下一阶段创先争优活动继续以“创先争优促发展，十年腾飞跻一流”为载体，落实北京市“提高办学质量促发展、服务人民群众树形象”的活动要求，丰富活动内容，创新活动方式，采取有效措施，努力推进学校科学发展，树立党组织和党员的良好形象。

创先争优活动的第三阶段，既是对前期工作的梳理和深化，更是今后一个阶段党的建设的重要抓手，要求我们以持续饱满的工作热情，不断加强自身工作，为学校“十年腾飞”战略规划的顺利实施和“十二五”期间的聚力发展提供坚强的组织保障。

下面，我对新一阶段学校创先争优活动的开展提三点意见：

第一，要切实提高对“为民服务、创先争优”活动的理解认识，联系学校的工作实际，把创先争优活动贯穿到学校改革、发展的全过程。

为人民服务是党的根本宗旨。胡锦涛同志在“七一”讲话中强调，以人为本、执政为民是我们党的性质和全心全意为人民服务根本宗旨的集中体现。是否始终牢记这个宗旨、认真践行这个宗旨，是衡量一个政党、一级组织乃至一名党员是否先进的重要标尺。高校承担着人才培养、科学研究、服务社会和文化传承创新四大功能，核心是服务国家经济社会发展；高校的教学、科研和管理工作本身也是为学生成长成才、为学校发展服务的。因此，服务是高校的根本属性之一，是高等教育事业发展的一个重大命题。

“提高办学质量、服务师生群众”这一工作能否抓实抓好，直接关系到创先争优活动能不能取得实效。在新学期工作部署会上，学校专门就进一步提高办学质量作出了部署和安排。人民大学要创建“人民满意、世界一流”大学，最核心的还要看我们能否培养出对国家发展、社会进步有杰出贡献的一流人才。这就要求我们狠抓办学质量，努力发挥各级党组织和广大党员在教书育人、管理育人和服务育人环节的表率作用，努力增强服务意识、转变服务作风、提升服务能力和服务效能，得到师生认可，做到群众满意。“为民服务、创先争优”活动，是推动学校“十年腾飞”战略规划和“十二五”

事业发展强有力的抓手。特别是，中央和北京市还将对各地“为民服务、创先争优”活动统一组织群众测评，学校各级党组织要高度重视、结合实际、突出重点，通过有效开展活动，充分调动党员和干部的积极性，使创先争优活动成为推动中心工作、服务科学发展的动力和保证。

第二，要把握“为民服务、创先争优”活动的工作方法，扎实推进活动的深入开展，通过党的建设为学校发展注入不竭动力。

创先争优活动是否取得实效，关键看是否推动学校科学发展、是否赢得人民群众满意。这就要求学校各级组织要结合实际，紧扣主题，丰富和创新活动载体，合理安排活动步骤。学校已经对创先争优活动第三阶段作出整体部署，各分党委、党总支要根据学校的工作方案，结合本单位、本部门的实际情况，对所属组织和党员的为民服务、创先争优活动进行动员部署。要精心设计活动的实施方案，深入调查研究，广泛征求意见，采取多种方式，确保各级组织和广大党员在思想上统一到中央和上级的精神上，在行动上参与到学校的活动中。要高度重视活动的载体和阵地建设，着力加强品牌建设，根据本单位的工作职责，科学设计服务品牌，力争打造一批叫得响、立得住、传得开，具有人大特色的创先争优品牌活动。

在活动的具体实施过程中，各分党委、党总支要重点围绕本单位在学校“十年腾飞”战略和“十二五”事业发展规划中的定位、目标、特色和优势，针对本单位办学存在的突出问题，找准党组织和党员发挥作用的着力点，精心设计活动主题，提出推进活动的具体措施，努力形成特色、创出品牌。要紧扣贯彻落实《中国共产党普通高等学校基层组织工作条例》和北京市即将印发的贯彻落实《条例》的实施意见，通过领导班子学习、党支部活动、专题培训等形式，通过学习贯彻《条例》与创先争优活动相结合，形成有力抓手，不断加强学校党的建设。要结合教师党员、管理服务部门党员、学生党员和离退休党员等不同党员的岗位实际和工作特点，通过“一个党员践行一个服务师生群众的承诺”、设置意见箱、推进党内民主和党务公开等方式，接受师生监督，开展群众评议，确保活动取得实实在在的效果。

第三，要加强对“为民服务、创先争优”活动的组织领导，按照学校部署和部门分工，真抓实干不懈怠，真正使创先争优活动成为人民满意工程。

各分党委、党总支要切实担负起领导责任，工作重心下移、工作力量下沉；领导干部要深入基层，倾听群众意见，精心安排工作，努力开创学校事业发展的新局面。一是认真组织实施。各分党委、党总支要结合本单位实际情况，按照学校统一要求，明确职责任务，推动工作落实，认真研究制订实施方案，积极开展相关活动，确保活动取得实效。二是加强示范引导。要进一步推广在工作中的好经验、好做法，积极采取广大党员群众喜闻乐见的方式，宣传推广先进事迹、典型经验和实际成效，让师生员工切实感到新变化，得到真实惠。三是深化党群共建。要积极推进党建带工建、党建带团建，发挥工会、共青团、学生会等组织的自身优势，带动广大教职工、青年学生积极创先进、争优秀，使“为民服务、创先争优”成为广大师生员工的价值取向和共同追求。四是重视总结提高。对于“为民服务、创先争优”活动开展的情况、取得的成效、暴露出的不足以及改进的方向，各分党委、党总支都要及时归纳总结，认真把握新的形势下党的建设规律，不断提高我们的工作水平和服务能力。

同志们，创先争优是一项经常性工作，特别是随着活动进入第三阶段，更要结合实际，常抓不懈，坚决防止松懈情绪。这首先就需要各院系领导班子对创先争优活动有正确认识，坚强领导，切实负起责任。从现在到明年“七一”，还有不到一年的时间，这一年也是学校事业发展的关键期，全校各级组织和广大党员要围绕“提高办学质量、服务人民群众”的主题，扎实开展好创先争优活动，为学校科学发展注入强大的精神动力和组织支撑，为学校创建“人民满意、世界一流”的历史进程作出更大贡献，以优异的成绩迎接党的十八大召开。

“高起点、高水平、重交叉”大力发展学校教育学科
——在中国人民大学教育学院组建成立大会上的讲话

中国人民大学校长　纪宝成
（2011年11月1日）

尊敬的鲁昕副部长，
尊敬的周远清会长、顾明远会长，
各位老师、各位同学、各位嘉宾：

大家好！今天是中国人民大学的74周年校庆纪念日，我们在庆祝学校生日的这一天举行教育学院组建成立大会，充分表达了学校对教育学院的重视和期望。在此，我谨代表中国人民大学全体师生对教育学院的成立表示热烈的祝贺，向各位领导和嘉宾的到来表示衷心的感谢。

教育是人类历史上最古老而又最富有生命力的事业之一，是使人成为区别于动物界的社会意义上的人的基本条件，它新知、育人、育德，具有永恒的价值，是人类社会之至善。今天，中国人民大学能够在已有基础之上，重组学科力量，传承教育薪火，为教育事业的科学发展贡献一己的绵薄之力，可谓一大幸事、喜事、乐事！

中国人民大学的教育研究有着悠久的历史，早在20世纪40年代，中国人民大学的前身华北联合大学与华北大学就专设有教育系；20世纪50年代，中国人民大学为马克思主义教育理论在中国的发展与传播作出了巨大贡献，为新中国的教育事业培养了一大批杰出人才。1952年，根据国家院系调整的统一安排，中国人民大学的教育研究机构转移至兄弟院校，但学校对教育研究的执着追求从未中断。1999年，学校复建教育学科，设立了教育科学研究所；2005年，设立了高等教育研究室，同年成立了中国人民大学高等教育学会。不久前，学校还成立了教育部中国人民大学教育发展与公共政策研究中心，设立了教育部文科教育改革发展研究基地。在过去的岁月，我们教育研究领域的师生发扬中国人民大学理论联系实际的优良传统，立足国内外的教育实践，通过分析教育的现实问题，研究教育发展的基本规律和走向，服务于国家教育事业的发展，形成了注重实践性、前沿性和跨学科性的独具一格的研究特色，为教育学院的成立奠定了扎实的基础。

时代掀开了新的一页，我们进入了教育发展的一个新的机遇期。党的十七大首次肯定了教育是民生之首，是社会建设之基。而《国家中长期教育改革和发展规划纲要（2010—2020年）》的颁布和全国教育工作会议的召开，更是为我国教育事业的改革和科学发展提供了难得的机遇。但同时，时代的快速发展和变革又向我们的教育事业提出了诸多问题和挑战：如何满足经济快速发展条件下人民群众对优质教育的需求？如何进一步提高教育质量、提升我国当前青少年的创新性？如何在新时期促进实现教育公平？教育如何更好地服务于我国当前的经济转型和创新型国家的建设？

紧扣这些时代提出的重大问题和国家当前的重大需求进行研究和育人，显然是新时期教育研究应当拥有的品质。但是，要能很好地回应时代的呼声并不容易，这对我们的教育学院提出了更高要求。

2011年4月6日，学校正式发文，宣布组建教育学院，并提出了“高起点、高水平、重交叉”的建院原则。

所谓“高起点”，指的是中国人民大学教育学院要继续发扬中国人民大学教育研究之传统，并立足于已有的学术基础：（1）在学科建设方面，学校已拥有“教育法学”硕士点，“教育经济与管理”博士学位授予权和教育学一级学科硕士学位授予权；2007年，学校“教育经济与管理”博士学位授权点还被评为北京市重点学科。（2）在师资队伍方面，学校一贯重视为教育学科引进人才，培养新生力量，目前已形成年龄结构合理、学科背景多元互补的教师队伍，其中既包括多位知名教授作为学科带头人，也拥有一批有巨大潜力的中青年骨干。（3）在学术平台的搭建方面，学校复印报刊资料《高等教育》和新创刊的《中国人民大学教育学刊》已经成为服务于教育学科交流和发展的重要学术平台。教育学院要在已有的良好基础上，站得更高，看得更远，才能超越过往、追求卓越！

所谓“高水平”，是对学校教育学院未来的学科建设水平和人才培养水平提出了进一步的高要求。中国人民大学的发展目标是在本世纪20年代初、中期建成“人民满意、世界一流”大学，一个高水平的教育学院是题中应有之义。教育学院应当成为学校新时期教育改革与发展的试验田和示范区，做到“学术立院、人才强院、特色兴院、制度建院”。(1)“学术立院”，即以学术为本，逐步形成学院的学术视野、学术氛围、学术气度、学术品格、学术胸怀，建立良好的院风、教风和学风，追求真理，做时代和社会的先锋，不逢迎，不媚俗，不随波逐流。(2)“人才强院”，即关注每一位教师，调动每一位教师的积极性，为每一位教师的学术发展提供有力支持，同时进一步合理扩充教师队伍，面向海内外引进人才，并加大对引进人才的支持力度。(3)“特色兴院”，即能打造鲜明的学科特色，积极发展优势学科和交叉学科。既重视对教育学基础理论的研究，这是教育研究的基础、前提和后盾；又能把握教育发展的趋势，围绕现实中的重大问题进行前瞻性和战略性的研究；同时还能树立服务于教育改革和科学发展的学科意识，积极促进教育研究的成果转换。(4)“制度建院”，即能够大胆创新、锐意进取，充分利用建院的良好契机，创新体制机制，建章立制，围绕学术为本和追求卓越，实现学院管理的科学化、规范化和制度化。

所谓“重交叉”，则是指教育学院应当充分发挥教育学科开放性的特点，形成以跨学科、交叉融合为特色的教育学研究。要解答刚才我们谈到的教育改革与发展中面临的诸多重大问题，无不需要综合眼光和多学科的视野和方法。中国人民大学教育学院在这个方面恰巧拥有着独特的优势，因为它依托的是一所以人文社会科学见长的综合性大学，在人文社会科学的诸多领域有着强大的学术实力。因此，教育学院应该充分利用这一优势，实现教育学与经济学、管理学、法学、心理学、哲学、历史学、政治学、社会学等学科的充分交叉，从其他学科的观点方法中汲取丰富的营养，同时亦能为学科间的交叉、整合、应用提供新的思路和广阔舞台。

在座的各位嘉宾中，有许多都是教育学界的知名理论工作者或实践者。中国人民大学教育学院的健康发展离不开你们的悉心关怀与鼎力支持。在此，我要衷心感谢与会的各位专家长期以来对中国人民大学教育学科发展的大力支持，同时也恳请各位能在将来的发展过程中一如既往扶助我们的教育学院。

我相信，在学校、教育部和热心教育的各界人士的帮扶和支持之下，中国人民大学教育学院一定能够办出特色、办出水平！衷心祝愿教育学院拥有灿烂的明天！谢谢！

在中国人民大学国学馆竣工启用典礼上的讲话

中国人民大学校长　纪宝成
(2011年11月1日)

各位领导、各位来宾，老师们、同学们：

大家上午好！

今天我们欢聚一堂，隆重举行中国人民大学国学馆竣工启用典礼。首先，我代表学校，向各位领导、各位来宾的光临表示热烈的欢迎！向教育部、发改委等各级领导部门，向国学馆的捐建方合生创展集团有限公司董事局主席朱孟依先生，向为国学馆建设付出艰辛劳动的设计、施工、监理单位，向学校有关部门表示衷心的感谢！借此机会，也请允许我对六年来一直关心和支持人大国学院发展的各界朋友表示崇高敬意和衷心感谢！

在中国人民大学新世纪新一轮的校园基础建设进程中，国学馆和新图书馆是我们加强学科建设与校园建设的重要着力点。自2007年校庆日工程奠基以来，从构思、规划、论证、批复到建设竣工，有关各方通力合作，精雕细琢，每一个环节都体现了人大人不断创新、开拓奋进的精神。作为新图书馆投入使用的华彩续篇，国学馆的竣工启用，同样是中国人民大学2011年的一件大事、喜事，也是学校开展国学教育、弘扬优秀传统文化，建设“人民满意、世界一流”大学历史进程中的一件大事、喜事。作为国内高校首座国学馆，中国人民大学国学馆占地面积 11 500 平方米，总建筑面积 28 516 平方米，是集国学等相关学科教学科研、学术交流、会议展览、图书藏阅、行政办公为一体的多功能建筑，国学院、教育学院、汉语国际推广研究所、青年汉学家研修基地和冯其庸学术馆等将入驻。国学馆的建设是学校全面贯彻落实科学发展观，建设“美化、绿化、数字化、人文化”校园的又一次生动实践。它将一举解决国学教学研究以及发展的根本需求，也进一步改善了学校的教学、科研条件，为学校事业改革发展提供了重要平台，为实现“十年腾飞”打下了良好的硬件基础。

国学馆的建成为学校再添一处精品建筑和地标建筑，成为校园东北区改造与建设工程的标志性成果之一。它与新图书馆毗邻相依、浑然天成，中西合璧的建筑特色相得益彰。从今天开始，希望同学们每天都来轻叩我们身后的这扇国学之门，经由此处登堂入室，徜徉其间，深刻感受国学在新时期焕发的勃勃生机，在国学的儒雅书香中孜孜以求、成长成才。我相信，这里必将走出“脊续文脉、重振国学”的砥柱脊梁。每每念及于此，作为一名为国学振兴而持续努力的教育工作者，我倍感欣喜和欣慰。

2005 年，新中国第一家国学院——中国人民大学国学院成立，以继绝振衰、舍我其谁的豪情揭开了国学经历百年风雨之后再度崛起的序幕，被视为我国高等教育发展史上具有继往开来战略意义的标志性事件。六年来，人大国学院坚持大国学、新国学的理念，筚路蓝缕、脚踏实地、勇于创新、锐意进取，开展全方位的工作，在探索国学教育创新机制、国学研究、开展国际学术交流与合作等方面取得了丰硕成果。国学院六年来的蓬勃发展和辉煌成绩让世人为之侧目，我们终于迎来了国学发展的春天！

德不孤，必有邻。人大国学院的创立和发展一直备受社会各界贤达的关注和支持。著名企业家、合生创展集团有限公司董事局主席、学校董事会副董事长朱孟依先生长期以来热心社会公益，积极支持教育事业发展。在学校筹建国学馆之初，孟依先生慷慨解囊，倾情襄助，向学校捐赠 6 000 万元支持国学馆建设。这一义捐盛举足以展现孟依先生情系教育的耿耿之心、提振国学的拳拳之意，令所有人大人始终感佩于怀，自勉于行！在此，我们向朱孟依先生致以崇高敬意，再次表示衷心感谢！

国学馆的落成为我们营建了弘扬传统文化，开展正规国学教育的新阵地和主战场。我们要继续不懈奋斗，不负众望，努力把中国人民大学国学馆打造成为弘扬中国优秀传统文化、推动文明对话、促进国际文化学术交流的重要中心，成为中国文化的优秀研究基地与世界知名的汉学研究中心，积极引领文化传承与创新，涵养国学之根，培育民族之魂；在开展国学教育，建设国学学科，弘扬传统文化，重塑民族精神方面作出非凡建树。

“登高望，红墙绿树，壮心不已”。在创建“人民满意、世界一流”大学的新征程中，希望全校师生员工充分利用好国学馆，群策群力，携手并肩，为国学在新时期的发展，为中华文化的传承与创新发挥更大作用，为构建中华民族共有精神家园作出不可替代的贡献。

谢谢大家！

在法国蒙彼利埃三大授予名誉博士学位仪式上的答辞

中国人民大学校长　纪宝成
（2011 年 11 月 14 日）

尊敬的弗莱斯（Anne Fraisse）校长，
女士们、先生们：

大家好！今天，能够获得蒙彼利埃三大的名誉博士学位，我感到非常荣幸！今年 5 月 31 日，我有幸获得法国政府颁发的教育棕榈勋章军官勋位徽章。用中国的俗话来说，这表明我本人及中国人民大学与法国、与蒙彼利埃三大“有缘分”。

我的工作经历可以用“四个十年”概括：十年基层、十年大学教师、十年政府官员、十余年大学校长。但是自从 1981 年开始在中国人民大学任教 30 年来，我一直没有中断经济学领域的研究，不同的工作经历使我对中国的经济问题有了多方面的认识和深入的思考。

蒙彼利埃三大授予我名誉博士学位，不仅是对我本人学术经历和学术成果的褒奖，也是对中国人民大学推动中法文化教育交流与合作的一种肯定。中国人民大学同包括蒙彼利埃三大在内的法国多所大学建立了良好的交流合作关系，在欧洲问题研究、欧盟法项目、中欧社会论坛、学生交流与联合培养、教师互访、合作研究、学术经典译介等方面都取得了积极的成就。

中国人民大学与蒙彼利埃三大的“缘分”至少有三个方面：第一，我们两校同法国其他伙伴学校一起，在中国人民大学创办中法学院项目，共同培养两国的优秀学生；第二，作为中国人民大学的校长，本人今天已成为蒙彼利埃三大的校友，两校之间的友谊进入了一个新的阶段；第三，中国人民大学是中国人文社会科学领域最重要的大学，而蒙彼利埃三大也是以人文社会科学而闻名的大学，我们在促进世界人文社会科学的繁荣、发展和中法文化教育交流方面肩负着共同的使命。

中法之间的文化交流和相互倾慕由来已久。法国思想家伏尔泰说过：“中国拥有世界上任何其他国家无法相匹的悠久历史，而且形成了光辉的理性主义文化。”法国著名诗人保罗·瓦莱里在一本中国诗集的法译本序言中写道，“中国民族是，或者曾经是最有文学天赋的民族，她是从前敢将政务交托给文人照管的唯一的民族”。而雨果、卢梭、孟德斯鸠、圣西门、傅立叶等人的作品和思想，以及“自由、平等、博爱”的理念，对中国近现代社会历史和思想文化的发展也产生了深刻影响。

当今世界，中法两国文化都面临着全球化带来的挑战。资本和市场的力量所推动的全球化进程的加快，对世界文化的多样性产生了严重的影响。文化同质化、单一化的种种问题，已经是人类文化面临的共同危机。

文化多样性是人类社会的基本特征、共同遗产和宝贵财富。三千年来的中国古代典籍中“万物并育而不相害，道并行而不相悖”、“和而不同”、“和实生物，同则不继”、“海纳百川，有容乃大”等思想，都是主张多样文化的和谐并存。中国在多样文化的和睦相处、融合共生方面积累了丰富的历史经验，文化多样性是中国经典的核心理念之一。这一理念，将中国与同样主张文化多样性的法国更紧密地联系在一起。倡导“多样性美学”的法国作家谢阁兰（Victor Segalen），就曾经在中国生活多年，与中国文化结下了不解之缘。

女士们、先生们，从一定意义上说，大学之谓正在于海纳百川。作为人才的摇篮、学术的殿堂和社会的良心，大学不仅要服务于本民族、本国的发展和进步，同时也应该关注人类文化的前途、命运和福祉。在保护和促进世界文化多样性方面，大学应该担负使命，有所作为。在这方面，我有两点看法与大家分享。

第一，大学应该努力培养具有全球视野、承担全球责任、尊重不同文化和价值、促进跨文化交流的世界公民。青年人是我们的未来和希望。通过大学教育，应该使青年学生具备对不同文化的认知力和理解力；使他们认识到，文化差异并不必然带来对立和冲突，而应该是互补、共享、融合与创新；使他们能够尊重不同的文化价值，跨越不同文化交流的偏见和障碍，养成开放、包容而不是封闭、狭隘的品格。为此，我们应该在大学教育中为不同语言、文化开设更多的课程，提供更多的选择，应该推动学生和教师跨文化交流，应该将不同文化的经典纳入大学教育中，使我们的青年学生不仅了解自身的文化传统，而且认识到，伟大的思想和著作是全人类共有的精神财富。

第二，大学应该更加重视人文社会科学的发展繁荣，促进人文社会科学领域的国际交流与合作。人文社会科学既是知识体系，很大程度上也是价值体系，它是民族文化中最精致、最核心的部分，对于真正理解文化多样性的内涵意义重大。人文社会科学领域的交流，特别是人文交流，是不同文化之间深层次理解的桥梁和纽带，有助于不同民族、不同国家之间心灵的沟通、精神的和谐、思维方式的相互理解和价值观念的相互尊重。正是在这个意义上，中国人民大学和蒙彼利埃三大等法国高校在人文社会科学领域合作开展的中法学院项目，才独树一帜，具有更加深远、重大的价值。中法学院将在人文社会科学领域，为中法两国培养熟悉两国语言、思想、文化的人才，成为中法文化教育交流与合作新的桥梁和平台。

保罗·瓦莱里在一首题为《石榴》的诗中写道，“微裂的硬壳石榴/因子粒的饱满而张开了口/宛若那睿智的头脑/被自己的新思胀破了头”。文化的多样性，以及不同文化间的相互交流和借鉴，正是“新思”不断涌现的条件。本人及中国人民大学愿意同蒙彼利埃三大一起，继续为中法文化教育交流，为促进世界文化多样性作出更大的贡献！

最后，我用中国唐代一位诗人的名句来表达我此时的心境和愿景：“潮平两岸阔，风正一帆悬。”祝蒙彼利埃三大校运昌隆！祝中国人民大学与蒙彼利埃三大友谊长存！

以理论创新推进马克思主义理论建设
——在教育部繁荣发展高校哲学社会科学工作会议上的发言

中国人民大学党委书记　程天权
(2011年11月17日)

党的十七届六中全会明确指出：“深入推进马克思主义理论研究和建设工程，实施中国特色社会主义理论体系普及计划，加强重点学科体系和教材体系建设，推动中国特色社会主义理论体系进教材、进课堂、进头脑，加强和改进学校思想政治教育。”六中全会为马克思主义理论研究与建设指明了方向，具有非常重要的指导意义。马克思主义理论研究和建设工程实施以来，马克思主义理论创新和哲学社会科学学科建设、教材建设、队伍建设等方面，取得了阶段性的重大成就。在很大程度上改变了马克思主义教学研究一度被弱化的状况，进一步巩固了马克思主义在意识形态的指导地位。实践证明，马克思主义理论研究和建设工程是新时期加强马克思主义理论建设的重大战略举措，是巩固马克思主义在意识形态指导地位的生命工程、基础工程。

高校是马克思主义理论教学与研究的主渠道和主阵地，系统地加强马克思主义理论的基础研究，系统总结和全面反映当代中国发展着的马克思主义，提高马克思主义理论教学和研究水平，是高校责无旁贷的光荣使命。结合人大的实践，我们认为，在新形势下，高校要进一步参与马克思主义理论研究和建设工程，大力推动马克思主义理论创新，不断促进高校哲学社会科学的繁荣发展。

第一，坚持实事求是，正确把握理论创新与实践的关系。

实事求是既是马克思主义的基本内涵，是马克思主义的精髓，也是我们党的思想路线和生命线。坚持实事求是，就要坚持一切从实际出发，正确把握理论与实践的辩证关系。实践是理论创新的源泉，以科学理论指导实践是理论创新的根本目的。马克思主义之所以能够始终保持着勃勃的生机和活力，最根本的就在于它一直深深扎根于社会实践，重视变化了的实践，重视发展着的实践，从实践中概括、抽象、升华理论；同时用实践来衡量、检验观点，不断实现自身的丰富和发展。胡锦涛总书记“七一”讲话指出：“马克思主义，理论源泉是实践，发展依据是实践，检验标准也是实践。……在新的历史条件下坚持马克思主义，关键是要及时回答实践提出的新课题，为实践提供科学指导。”我们要重视实践，把握时代的脉搏，体验时代的呼唤，从实践中发现问题、研究问题和解决问题；特别要重视改革开放和建设中国特色社会主义的伟大实践，重视中国共产党对社会改造的伟大实践，与时俱进地推动马克思主义在实践基础上的理论创新。

第二，高度重视马克思主义经典著作的教学与研究。

马克思主义经典著作蕴含和集中体现着马克思主义基本原理，是马克思主义理论的本源和基础。邓小平等老一辈革命家强调“老祖宗不能丢”、“读马列要精”，就是不能丢马克思主义基本原理，不能丢马克思主义经典。因此，高校哲学社会科学教学科研人员，要对马克思主义经典著作进行认真、系统的研读，做到真学、真懂、真信、真用。

马克思主义理论研究和建设工程启动以来，马克思主义经典著作逐步成为高校马克思主义理论课的重要教学内容，引发了研读马克思主义经典著作的热潮。国际金融危机的爆发也引发了世界范围内“重读马克思”的热潮。马克思主义经典著作是一座思想宝库，蕴含着很多富有生命力的思想和智慧，需要我们进一步深入研究。为系统推进这项工作，我们建议在马克思主义理论研究和建设工程下设马克思主义经典著作教学与研究子工程。在教学和研究过程中，要注意把马克思主义的基本原理与经典作家针对当时的需要提出的具体论断区分开来，把研究马克思主义基本理论与掌握马克思经典作家的科学精神和科学态度结合起来，把经典著作研究和当代现实问题研究进一步融会贯通起来。

第三，树立问题意识，高度关注当前重大理论和实践问题。

马克思说过，问题是“时代声音”，是“时代的呼声”。以问题为中心，重视问题的研究，特别是重视重大现实问题和理论问题的研究，是马克思主义理论创新的重要前提。以问题为中心，是马克思主义倡导的科学的认识态度和方法。我们不仅要重视马克思主义基础理论的研究，更要关注现实，特别是要关注和研究时代及社会发展过程中出现的、与时代紧密联系的、亟待解决的重大理论与实践问题。要以“立学为民、治学报国”的学术勇气直面现实提出的问题，要以历史的眼光、国际的视野和综合的方法来分析问题。研究与解决这些问题，对社会生产力的发展，对改善和提高广大人民的生活水平，对促进经济、社会、文化进步，都有着极大的推动作用。马克思主义研究只有直面这些重大问题，结合社会实践解决这些问题，才能永葆青春和活力。

第四，注重“纵向继承，横向借鉴”。

胡锦涛总书记指出：“理论创新每前进一步，理论武装就跟进一步，这是我们党加强自身建设的一条重要经验。我们必须按照建设马克思主义学习型政党的要求，抓紧学习人类社会创造的一切科学的新思想新知识。”研究和发展马克思主义，也要吸收我国和世界上的一切优秀文化遗产，关注世界的发展变化，就是做到“纵向继承，横向借鉴”。

所谓“纵向继承”，就是马克思主义研究要扎根于中华民族的优良传统，扎根于我们党的光荣革命传统，吸收优秀传统文化。马克思主义中国化不仅指马克思主义与中国社会实践相结合，也包含着与中国传统文化相结合，从中国传统文化中汲取营养，做到“古为今用”。所谓“横向借鉴”，就是马克思主义研究要具有国际眼光，既要密切关注当今世界发展变化的最新态势，做到与时俱进，又要密切关注国外各种社会思潮的发展脉络和最新进展，保持比较清醒的头脑，具有比较敏锐的眼光，作出及时的反应，借鉴其中的科学成分，真正做到“洋为中用”。

第五，注重跨学科的交叉研究。

十七届六中全会强调，“要巩固发展马克思主义理论学科”。马克思主义理论已经成为一级学科，但是马克思主义理论创新并不是一个学科内部的事情。学科只是认识论上的划分，人类的实践活动则从来都不是单一的某个学科起作用；哲学社会科学的各个学科都需要马克思主义的指导，马克思主义理论的创新也需要哲学社会科学多学科、跨学科的支撑。所以，要重视跨学科的交叉研究，既要加强马克思主义基础学科和各个应用学科建设，又要有学术研究的综合眼光，实现学科交叉和知识融合，为马克思主义理论创新架构起海纳百川、综合创新的精神文化空间，产生体现马克思主义时代精神的新视野、新思想和新方法。

第六，推进我国马克思主义研究走向世界。

马克思主义是科学，科学没有国界。马克思主义从产生之日起就具有世界意义，具有极强的国际性。马克思主义传入中国，显示出巨大的生命力，就是它的国际性的生动体现。与中国革命、建设、改革相结合的中国化马克思主义，同样具有当代的国际意义。高校马克思主义理论研究和教学工作者，应当与国外各种流派的马克思主义研究者建立多种形式的联系，加强交流与合作，努力建立中国马克思主义研究的国际话语权。这不仅会促进当代世界马克思主义研究水平和质量的提升，更为重要的是还有助于世界对当代中国的科学认识和正确理解，促进和谐世界的构建。

总之，为贯彻党的十七届六中全会精神，我们要全方位参与到马克思主义理论研究和建设工程中。推动马克思主义理论创新，我们必须充分发掘哲学社会科学的思想资源，促进马克思主义理论教学，增强思想政治教育的实效性、感染力，使大学生确立坚定的理想信念，提高科学素养，成为中国特色社会主义事业的合格建设者和可靠接班人；我们必须建设一支以中青年学者为骨干的研究队伍，努力入主流、在主流、写主流，不断提高马克思主义理论研究水平和创新能力，推动中国特色社会主义理论体系“三进”工作，以更多高水平的成果服务于党的建设。

在中国人民大学学习贯彻《教育部关于深入推进高等学校哲学社会科学繁荣发展的意见》座谈会上的讲话

中国人民大学校长　陈雨露
(2011年12月15日)

教育部社科司张东刚副司长、老师们：

大家下午好！

今天我们在这里举行中国人民大学学习贯彻《教育部关于深入推进高等学校哲学社会科学繁荣发展的意见》座谈会。刚才张东刚副司长对《高等学校哲学社会科学繁荣计划（2011—2020年）》进行了深入解读，冯惠玲副校长对学校十年来哲学社会科学研究的发展和未来的新思路、新举措作了详细介绍，陈先达老师及几位专家也结合各自的工作领域，对哲学社会科学繁荣计划、学科建设、重点研究基地的建设成绩和发展方向进行了交流。这些使我们进一步提高了对《高等学校哲学社会科学繁荣计划（2011—2020年）》的认识，坚定了推进学校哲学社会科学繁荣发展的信心和决心，令我们在为哲学社会科学繁荣发展的大好形势和学校的有利条件感到由衷喜悦的同时，进一步增强了献身哲学社会科学事业、推进人民大学“人民满意、世界一流”大学建设的使命感和责任心。

党的十七届六中全会明确了“文化强国”战略，把繁荣发展哲学社会科学作为推动社会主义文化大发展大繁荣、建设社会主义文化强国的一项重要内容。最近中共中央办公厅、国务院办公厅转发《教育部关于深入推进高等学校哲学社会科学繁荣发展的意见》，教育部、财政部联合下发《高等学校哲学社会科学繁荣计划（2011—2020年）》，同时教育部下发《关于进一步改进高等学校哲学社会科学研究评价的意见》等配套文件，充分表明了党中央、国务院对高校哲学社会科学工作的高度重视和殷切期望，充分体现了教育部对高校哲学社会科学工作的深刻把握和科学判断，充分揭示了高校哲学社会科学在推动社会主义文化大发展大繁荣、建设社会主义文化强国中的重要作用和光荣使命。

高校作为哲学社会科学的主阵地、示范区和辐射源，是繁荣发展哲学社会科学事业的主力军，应当在推进哲学社会科学发展中积极作为、主动作为。中国人民大学作为一所以人文社会科学为主的研究型综合性全国重点大学，被誉为“我国人文社会科学高等教育领域的一面旗帜”。在74年的发展历程中，学校始终高举繁荣发展人文社会科学的旗帜，把人文社会科学作为立校之本、强校之基，探索出了一条具有中国特色的哲学社会科学发展之路：基本形成了适应经济社会发展和人才培养需要、学科门类比较齐全的哲学社会科学学科体系；有效凝聚了一支具有相当规模、较高水平、思想坚定的哲学社会科学教学科研队伍；持续涌现了一批哲学社会科学研究的优秀成果；积极发挥了哲学社会科学在对外交流中的桥梁和纽带作用，并努力推动中国哲学社会科学“走出去”；长期坚持为繁荣发展哲学社会科学鼓与呼，促进和营造重视哲学社会科学的社会氛围。2002年4月28日，江泽民同志在考察中国人民大学时高度肯定学校“为马克思主义理论在中国的传播和普及，为我国哲学社会科学的发展和繁荣，为我国社会主义革命、建设和改革事业的发展作出了重要贡献”。2010年9月9日，胡锦涛总书记在考察中国人民大学时，殷切期望学校“不断改革创新，突出办学特色，提高办学质量，培养更多创新型人才，提供更多人文社会科学成果，努力把中国人民大学建设成‘人民满意、世界一流’的高等学府，更好地为国家现代化建设服务”。

我们深切体会到，哲学社会科学的繁荣和发展具有十分重要的现实意义和极为深远的历史意义。中国人民大学是中国共产党、新中国创办的第一所新型正规大学，在我国的哲学社会科学体系中具有不可替代的作用。我们一定要按照教育部的统一部署，一如既往地作出贡献，一如既往地勇于担当，在哲学社会科学繁荣发展过程中有所作为。经学校认真研究，在已有《中国人民大学“十年腾飞”学科建设规划纲要》、“十二五”规划的基础上，顶层设计，深度整合，准备大力推进八项措施。

一是明确目标，优化整合，努力构建全面高水平覆盖的学科体系。努力保持并不断提升在国内哲学社会科学领域的领先地位，实现哲学社会科学全面高水平覆盖。力争到2020年，80%以上的哲学社会科学学科综合实力位居国内前三，8个左右学科达到世界一流水平，其中经济学科群在多数可比指标中位居世界前列，在几个重点学科方向达到世界一流；法政学科群在国际学界具有较强影响力，部分学科方向做到“中国特色、世界水平”；人文学科群的主要领域达到“国内领先、世界知名”；根据学科特点和发展态势，致力于在经济学科群和法政学科群中打造相关学术领域的“人大学派”；以“战略设计、评估准入、目标考核、制度创新”为原则，有计划、有重点地在国际科学研究前沿领域、基础理论研究领域和新兴交叉学科领域创设3～5个学科特区。

二是不拘一格，加强引进，进一步提升人才队伍的整体实力。全面实施人才“3231”计划，在用人机制、考核机制、评价机制上大力创新，进一步提升学校哲学社会科学研究队伍的整体实力和水平。在培养和使用好现有教师队伍的同时，吸收300名左右拥有海外一流大学博士学位的青年学者（含外籍教师120人左右）进入教师队伍；实施新一轮的“双百工程”，在校内培养100名具有国际学术视野、具备相当学术实力的中青年学术骨干，引进100名具有一流学术水准的知名学者（含外籍教师30人左右）；引进（培养）30名左右的“国家杰出青年科学基金”获得者、长江学者、“千人计划”入选人；引进（培养）10名左右具有重要国际影响的战略科学家和世界级人文社科学术大师。

三是重点扶持，完善机制，不断提高科学研究的质量和水平。大力支持基础研究和跨学科研究，在科研成果奖励、科研项目设置及科研考核评价等方面向基础学科和学科基础倾斜，引导、鼓励和支持基础研究；探索高水平科研平台的管理体制改革和运行机制创新，鼓励个人自由探索，加强高质量科研团队建设；加强国际科研合作，通过合作提升科研水平和国际影响力，积极支持有条件的学术期刊“走出去”，争取学校主办的1～2种期刊进入国际科学引文体系；不断强化哲学社会科学研究和评价的质量意识，将质量导向贯穿于哲学社会科学研究和评价的各个环节各个层面，完善科研评价体系。

四是强化教学，重视实践，大力培养繁荣发展哲学社会科学的杰出人才。重视将科研优势转化为教学优势，加快科研成果向教材的转化，特别是要及时将“马克思主义理论研究和建设工程”组织编写的各学科主干课程教材运用到教学实践中去；大力建设名师名课，在“十二五”期间，重点建设100门达到国家精品课程水准的本科课程，建设40门高质量的视频公开课程，重视利用现代技术建设信息化教学资源，方便学生学习，展示名师风采，服务公众需求，普及社科成果，扩大学校影响，承担社会责任；重点建设50～60个学生调查研究基地，大力推动学生参与科学研究，促进学生深入了解中国社会、研究中国社会、服务中国社会，培养符合经济社会发展要求的杰出人才，培养能够为繁荣发展哲学社会科学作出新贡献的接班人，将高等学校哲学社会科学的繁荣发展落实于人才培养的核心工作。

五是协同创新，咨政育人，充分发挥哲学社会科学服务国家和社会的作用。强化使命意识，积极传承创新，努力为社会主义核心价值体系建设、社会主义先进文化建设作出积极贡献；积极发挥党和政府决策重要“思想库”、“智囊团”的作用，努力为党和各级政府提交各类咨询报告，为我国政治、经济、文化和社会建设提供智力支持；推动文化科技园建设，巩固国家大学科技园和国家版权贸易基地品牌，建成文化产业国家级公共服务平台，形成有行业影响力的高端咨询产业基地、文化创意产业研究基地、创意技术转移中心；加强校地合作，努力实现校地合作的地域全覆盖、学科全覆盖，努力在区域全面可持续发展、区域创新体系建设中发挥更重要的作用；推动“人大培训”建设，提升学校人才培养的社会服务水平和能力，立足“中央组织部全国高校基地”项目，到“十二五”期末，干部培训的学员人数达到 10 000 人左右。

六是创新手段，深化交流，切实提升中国哲学社会科学的国际影响力。大力培养和引进哲学社会科学的国际优秀拔尖人才，培育能在国际学术界自由交流、引领国内学术研究潮流的创新人才和创新团队；继续办好“国际小学期”和“全英文硕士学位”项目，选派优秀学生到国外一流大学的一流学科，师从一流导师或进行联合培养，拓展国际视野，提高学生培养质量，提升人才培养的国际性；以成立“中法学院”为契机，按照“高水平、有特色、国际性”的办学理念，探索我国人文社会科学领域国际交流和教育合作的新形式、新方法；以“当代中国人文社会科学学术精品外文翻译与海外推介项目”为依托，在学术交流和思想碰撞中发出中国的声音；与国外高水平科研机构开展深度合作，扩大学校的海外存在，充分利用学科优势传播中华文化，推介当代中国；用好学术精品、国际性论坛、著名学者这三张名片，不断提升中国哲学社会科学的国际影响力。

七是加大投入，统筹资源，为繁荣发展哲学社会科学创造物质条件。积极探索建立哲学社会科学的投入稳步增长的保障机制，形成稳定的经费支持体系；“十二五”期间，在保证学校学科建设、人才培养等正常经费的基础上，投入不少于 8 亿元专门用于繁荣发展哲学社会科学计划中的高水平人才引进、高水平科研平台建设、学校科研项目体系、科研成果奖励津贴、国际会议资助、文科图书资料及数据库购置；以信息化为手段，加强基础设施建设，建设一批社会调查数据库、统计分析数据库、基础文献数据库、案例集成库等专题数据库，使之成为完整的“中国人文社会科学数据平台”，形成功能完善、方便快捷、资源共享、保障有力的条件支撑体系。

八是规范管理，以点带面，为繁荣发展哲学社会科学营造良好环境。以开展“完善中国特色现代大学制度，完善治理结构改革试点”等三个国家教育体制改革试点项目为契机，加强教学、学术活动、科研机构、学术出版物等运行机制的规范化管理和人性化服务；坚持“以人为本，质量为先”的导向，恪守“尊重劳动，尊重知识，尊重人才，尊重创造”的原则，更好地发挥科研评价对繁荣发展哲学社会科学的导向、激励及诊断作用；鼓励坐学术“冷板凳”，允许学术研究的失败和错误，尊重差异，包容多样，努力营造宽松和谐的学术环境，促进哲学社会科学精品力作的不断涌现；鼓励开展健康的学术批评，加强学术规范和品德建设，促进学校哲学社会科学研究队伍的健康和可持续发展。

老师们！哲学社会科学关系到一个民族的精神格局和未来前途。改革开放以来，伴随着思想解放和经济社会发展，高校哲学社会科学事业得到了长足的进步。进入新世纪，以江泽民同志为核心的第三代中央领导集体提出哲学社会科学与自然科学“四个同等重要”，对哲学社会科学提出了明确期望和要求；党的十六大以来，以胡锦涛同志为总书记的党中央高度重视哲学社会科学，作出了一系列重大战略部署和重大决策。2004 年中共中央颁布了《中共中央关于进一步繁荣发展哲学社会科学的意见》，十七届六中全会是中央首次在全会上专题研究部署文化工作，教育部就同一个问题一次连发四个文件应该也属首次。这些都昭示着高校哲学社会科学迎来了全面繁荣发展的春天。春天来了，收获的金秋还会远吗？让我们抓住机遇，携手共进，解放思想，乘势而上，为社会主义文化大发展大繁荣，为国家昌盛和民族复兴作出新的更大贡献！

在宋涛教授学术思想评述暨政治经济学学科建设与创新发展研讨会上的讲话

中国人民大学党委书记　程天权
（2011年12月21日）

各位领导、老师们、同学们：

死为星辰终不灭，光闪霁月亮人寰。一代经济学界的泰斗宋涛教授仙逝已近一年，为我们留下了多少高山仰止、景行行止的沉痛思念。先生的人品风格、道德文章，永远长留在我辈心中。今天，适逢宋涛先生诞辰97周年之际，我们在这里隆重举行会议，重温宋老留给我们的宝贵精神财富，探讨新形势下政治经济学的建设与发展。我谨代表中国人民大学，向各位领导和嘉宾的莅临表示衷心的感谢和诚挚的欢迎。

宋涛教授是新中国马克思主义政治经济学的奠基人之一，我国卓越的经济学家、杰出的教育家，中国人民大学政治经济学专业的创始人。他始终坚持和高度重视马克思主义经济学的指导地位，致力于推动政治经济学的学科建设，在把人民大学建设成为全国重要的马克思主义经济学教学和研究基地的进程中发挥了关键作用。他长期从事马克思主义政治经济学的教学和研究工作，为新中国培养了一代又一代建设者和经济学人才。他的学术成果，是中国学者科学地运用马克思主义原理研究当代中国与世界实际的典范，对马克思主义政治经济学在中国的传播、普及和发展作出了开拓性贡献。

正是在宋涛教授等为代表的几代人大经济学人的不懈努力下，人民大学的经济学科一直走在国内高校前列。在2004年、2009年连续两届由国家教育部组织的一级学科排名中，人民大学的理论经济学、应用经济学等国家重点学科都排名全国第一。长期以来，人民大学一直致力于推动政治经济学的学科建设：政治经济学学科点是全国首批硕士和博士学位授予单位，在多次国家重点学科评估中位列榜首，成为中国马克思主义经济学教学与研究的一面旗帜；先后有30余位学者入选中央马克思主义理论研究和建设工程专家；为进一步加强教学和研究，我们率先在全校经济学类研究生中恢复《资本论》研读课程，加强对马克思主义经典著作的教学与研究；开设了《高级政治经济学》、《当代中国经济》等反映马克思主义经济学发展最新动态的课程；创办了政治经济学实验班；出版了一批高水平政治经济学教材、专著和译作，林岗教授、杨瑞龙教授等主持的《马克思主义经济学中国化及教学体系改革》获第六届高等教育国家级教学成果一等奖和北京市高等教育教学成果一等奖，林岗教授参与主编的《政治经济学》教材获国家级教学成果奖；人民大学经济学院主编的国内唯一的以政治经济学命名的专门学术期刊《政治经济学评论》，在学界产生了广泛的影响力，每年发布《政治经济学学科发展报告》，举办了一系列研究马克思主义政治经济学的高水平学术会议，等等。这些举措与探索，都为中国政治经济学的持续繁荣与发展作出了人民大学应有的努力。

改革开放30多年来，中国社会主义市场经济建设取得了举世瞩目的伟大成就，也走出一条独特的发展之路。与时代和实践的发展相适应，我国的政治经济学理论研究也取得了巨大进步，在极大地丰富和发展马克思主义经济学理论的同时，也为马克思主义经济学的中国化和中国特色社会主义理论体系的形成作出了重要贡献。

近期公布的《教育部关于深入推进高等学校哲学社会科学繁荣发展的意见》明确指出，要“以建设具有中国特色、中国风格、中国气派的哲学社会科学为根本任务，大力推进社会主义核心价值体系建设”。我们认为，在新时期持续推动政治经济学的发展与繁荣，就是要在马克思主义经济学的基本原理指导下，创建具有中国风格与气派的经济学，打造人大“经济学派”，从中国的特殊国情出发，吸收包括西方经济学在内的反映市场经济运行规律的一般理论及分析方法，回答我国改革与发展中面临的各种理论与实际问题，并把这些理论解释一般化，构建一个逻辑一致性的理论分析体系。

第一，要始终坚持马克思主义的指导。马克思主义是我们党和国家的指导思想，也是发展中国经济学的理论基础。《资本论》作为马克思主义经济学的集中体现，运用唯物史观创立了劳动价值论和剩余价值理论，揭示了人类社会历史发展的规律和方向，至今仍然是我们认识世界、改造世界的强大理论武器。只有以马克思主义为指导，紧密结合我国的现实，才能创立具有中国特色的社会主义经济理论。

第二，要紧密联系中国的实践。实事求是、从实际出发是马克思主义的灵魂，发展马克思主义经济学的关键就是要把马克思主义基本理论与具体实践相结合，坚持解放思想、实事求是、与时俱进，积极进行理论创新。身处在中国改革开放如此生动丰富的实践中，如果不能产生能影响经济生活并具有国际影响的中国经济学，是一件非常令人遗憾的事情。为此，我们的经济学者就必须深入实际，投身到改革开放与经济发展的实践中，去验证理论、创新理论与发展理论。

第三，要正确借鉴国外的理论。马克思主义是一个开放体系，是在与世界文明发展的各种优秀成果的交流中形成和发展起来的，发展中国的经济学也要广泛借鉴国外经济学的有用成果。但是，借鉴国外的理论必须立足本土，以我为主，借鉴其中的合理成分，抛弃其中的不合理因素，不能全盘照抄西方经济学的教条。

第四，要营造兼容并包的学术氛围。无论是推进马克思主义经济学的现代化，还是在国际化与本土化的交融中进行经济学理论的创新，都需要贯彻“百花齐放、百家争鸣”的方针，要尊重差异、包容多样，努力营造宽松和谐的学术环境，这样才能在马克思主义经济学的基本原理指导下，吸收来源广泛的各种经济思想成果，创立无愧于我们这个伟大时代的中国经济学。

第五，要建设一流的经济学教学体系，培养一流的经济学人才。中国风格与气派经济学的创建是一个长期的过程，这就需要培养大量的一流经济学人才。高校不仅聚集了大量的经济学研究人才，而且承担了为完成这一历史使命输送接班人的任务。经济理论创新以及一流经济学人才的培养都首先依赖于一支一流的师资队伍，我们要按照政治强、业务精、作风正派的要求，造就一批用马克思主义武装起来、立足中国、面向世界、学贯中西的思想家和理论家，造就一批年富力强、政治和业务素质良好、锐意进取的青年理论骨干。

往者已逝，似不可追；来者浩荡，任重道远。创建中国风格与气派的经济学，推动政治经济学的繁荣与发展，彰显社会主义核心价值，是时代赋予我们经济学工作者的历史使命。面向崭新的未来，我们要认真学习宋涛精神，高举旗帜，矢志不移，将宋老的学术思想发扬光大，积极推进政治经济学的建设。尽管这是一项十分艰巨的任务，但只要我们沿着正确的方向，以锲而不舍、脚踏实地、勇于创新的精神去探索，为社会主义文化大发展大繁荣，为国家昌盛和民族复兴而不断奋斗，那么我们一定能达到我们的目标。谢谢大家！

在中国人民大学2010—2011学年学生奖励暨“三班建设”表彰大会上的讲话

中国人民大学校长　陈雨露
（2011年12月21日）

各位尊敬的老师、各位亲爱的同学：

今天，中国人民大学在此隆重举行“2011年度学生奖励暨‘三班建设’表彰大会”。首先，我代表学校、代表程天权书记、代表主席台就座的各位领导，同时我也想代表我们的纪宝成老校长向全体获奖教师和同学们表示最热烈的祝贺！

我们中国人民大学作为中国共产党亲手创办的第一所新型、正规大学，以培养人民共和国的建设者为己任。近年来，更提出“立学为民、治学报国”的办学宗旨和“国民表率、社会栋梁”的人才培养目标。中国人民大学在身体力行繁荣中国人文社会科学研究，进行理论创新的同时，从不会忘记自己的教育责任，没有忘记塑造德智体美全面、和谐、健康发展的人才这一终极的追求。在人才培养过程中始终坚持育德为重，德育为先，始终坚持人才培养的整体性原则，强调学校德育功能的整合、德育理论的渗透、德育方式的多样、德育队伍的发展、德育效果的实在；始终坚持教书育人、管理育人、服务育人，努力营造全员育人的良好校园氛围，通过表彰先进、树立典型、奖优促学激励学生志存高远、立志成才，服务祖国与人民。

基于上述认识，学校建立、健全了有助于培养和激励人才全面、健康成长的各种机制，本着“以学生为本，以学生为先，以学生为重”的基本理念开展各项学生活动。在学生奖励项目设计和评审环节中坚持既注重全面发展，又强调个性化成长，突出以“班主任”、“班干部”、“班集体”培养和建设为主要内容的“三班建设”，不断丰富学生的校园生活经历，注重社会实践和国际交流，从而实现奖励育人。

尤其值得提到的是，人民大学在加强和改进大学生思想政治教育方面的积极探索。学校自 2007 年以来开展“三班建设”活动，主张在学校层面加强政策引导，在院系层面实现资源整合，在班级层面重视自主创新。通过工作重心下移，扩大学院工作空间，强化班主任队伍建设，提升班干部领导力，全面加强班级建设等手段，有效调动了院系、班级、学生组织的工作积极性，很好地激发了学生个体主动参与学生工作的积极性和自觉性，在追求个人成长与发展的同时，使广大学生感受到了集体的力量，锻炼了协作的能力。面对新一代大学生，学校学生工作队伍勇于跳出传统模式的束缚，与学生的学业成绩紧密结合，与学生的健康成长紧密结合，与学生的发展诉求紧密结合，积极探索符合当代大学生思想行为特征的思想政治教育方式和途径，从精致化服务入手，通过精心设计的教育项目和更为人性化的管理着力为学生的成长发展提供支持、提供保障。

在刚刚结束的第二届首都大学生思想政治教育工作实效奖评选中，学校申报的成果《思想引领、情感交融——打造“毕业季”，构建四模块毕业教育新范式》在全市高校近百项成果中脱颖而出，荣获了特等奖。可以说，这是对学校学生思想政治教育工作的全面的评价和充分的肯定。在此，我向奋斗在学校德育工作一线，动脑在想、用心在做的各位老师和同志们表达特别的敬意，表达最热烈的祝贺。

我也同样坚信，有广大教职员工的默默耕耘、辛勤奉献和充满智慧的创造性工作，有同学们的奋发进取和勇于担当，中国人民大学的未来一定会更加美好！谢谢大家！

明确目标，创新模式，培养具有全球领导力的杰出人才
——在 2011 年本科教学工作总结分析会上的讲话

中国人民大学校长　陈雨露
（2011 年 12 月 22 日）

大家好！今天这个会议非常重要。对大学来讲，人才培养始终是一个至高无上的主题。刚才听了洪大用处长、杨瑞龙院长、伊志宏院长和刘后滨副院长的发言，很受启发。在程书记作最后指示之前，我想结合学校的历史使命谈几点体会。

一、温故知新，领悟人民大学的新使命

中国人民大学有着辉煌、光荣的历史，我们在新时期要高度重视重温我们自己的历史，因为这种历史是独特的，是我们的天然禀赋，并对人民大学的未来发展有着重要启示。无论是从 1937 年建校到 1949 年新中国成立，还是从 1950 年正式命名组建中国人民大学以来，党和政府对人民大学的目标定位和所赋予的历史使命应当说都是非常明确的，那就是培养中国革命、建设和改革各个时期的杰出的建设性的领导者。

我们经常说人民大学是中国共产党创办的第一所新型、正规大学，我们对此感到非常骄傲。党和政府创办这样一所大学，花费了很多心思，进行了深入研究，是一项审慎而具有深远历史意义的重要决策。当年，作为人民大学的前身，华北大学要进北京的时候，周恩来同志曾就“从解放区来的大学

究竟应该怎么办?”这一问题征求了方方面面的意见，特别是征求了一些民主党派、教育家们的意见。当时形成的多数意见认为，共产党没有办正规高等教育的经验，最好的办法就是把这些大学的老师和学生分一分，分到清华大学、北京大学等。但是，这个多数人的意见上报到毛泽东同志那里，毛主席明确给予否定，并站在新政权接管旧政权的政治高度，力主创办共产党自己的正规高等教育，并且强调一定要办好，指示刘少奇同志在与苏联政府的谈判中，将中国人民大学的建设纳入苏联政府支援建设项目之中。为了满足新中国建设的需要，党和政府给予人民大学非常大力度的支持，配备了最优秀的师资，从全国选拔了最优秀的生源，由此培养了一大批新中国思想政治理论、行政管理和财经管理的杰出干部，为巩固红色政权，推进社会主义建设作出了重大贡献。

1970年代末，中央决定恢复建设中国人民大学。作为中央第二代领导集体的核心人物，邓小平同志也是高瞻远瞩，对此给予了重要支持和明确定位，继续强调培养适应社会主义改革开放新要求的杰出人才。进入新世纪，以2002年4月28日江泽民同志考察人民大学为标志，学校发展进入了一个崭新阶段。江泽民同志强调自然科学和人文社会科学是“车之两轮，鸟之两翼”，要求把中国人民大学建设成为以人文社会科学为主的世界知名的一流大学。2010年9月9日，胡锦涛总书记到中国人民大学考察并看望师生，高度评价了人民大学作为中国共产党亲手创办的第一所新型、正规大学的历史地位和独特贡献，进一步提出了要把中国人民大学建设成为“人民满意、世界一流”大学的奋斗目标。这样，在国家建设若干所世界一流大学的总体战略和布局中，人民大学由于其鲜明的特色和对独特历史使命的承载，受到了党和国家的格外重视和大力支持。

按照中央的期望和要求，我们要努力在建党100周年之际初步实现“人民满意、世界一流”的办学目标。学校党委为此进行了认真研究和仔细部署，在未来一段时期，学校一切工作都要紧紧围绕实现这个目标。我们究竟怎样才能让人民满意、做到世界一流？对于一个大学来讲，要让“人民满意”必须得让学生满意、让家长满意、让用人单位满意、让党和政府满意。特别是，我们不能忘记党和政府赋予人民大学的历史使命，而完成这个使命的关键任务就是人才培养，这就要求我们培养出来的人要在方方面面让大家觉得满意，得到社会各界的认可。我们要达到“世界一流”，首先得做到国内一流，要积极主动地向清华大学、北京大学等兄弟院校学习，借鉴他们的办学经验，结合学校的实际情况，创造我们鲜明的特色。同时，我们也要瞄准哈佛大学、耶鲁大学、斯坦福大学等世界一流大学的代表，认真研究和借鉴他们的办学经验，以我们鲜明的特色和杰出的影响去超越他们。这当中，我们的人才培养质量同样是一个关键因素。如果我们培养的人才是杰出的，是符合党和国家事业发展需要的，在国内外都有着良好的声誉和广泛而不可或缺的影响，我们的大学自然也就是具有世界影响的一流大学。

二、服务国家，培养具有全球领导力的杰出人才

说到人才培养，就人民大学的历史、地位和所承载的使命看，我们必须立足于精英教育，培养党和国家事业发展需要的杰出人才。在长期实践的基础上，我们已经凝练出了“国民表率、社会栋梁”这样的人才培养目标。在新的历史时期，随着中国经济社会的不断发展，中国综合国力的显著增强，以及全球化进程的快速发展，中国的国际地位越来越重要，在全球治理中必将被期待发挥越来越大的作用。而这种作用的有效发挥，迫切需要具有全球领导力的杰出人才。毫无疑问，人民大学应该急国家之所急，想国家之所想，充分发挥自身的学科优势，继承和发扬人民大学的光荣传统，培养具有良好的跨文化沟通能力的、能够承担全球治理和引领世界发展使命的杰出的建设性人才。

当前，全球治理中的多边和双边机构都在期待中国发挥越来越大的作用，国家面临着人才紧缺的突出问题。我们人民大学应该为此作好充分准备，我们培养的毕业生应该瞄准这类机构，并成为进入这些机构的优势竞争者，首先进去发挥作用。这类的机构包括联合国及其各分支机构、国际货币基金组织、世界银行，以及非盟、亚行等其他组织，我们对此要高度关注。如果我们争取到了先机，在其他学校还没有充分认识到或者还没有探索出新型杰出人才培养的有效机制之前，我们就基于自身的比较优势和历史使命，培养出了大批可以参与全球治理的人才，进一步说，如果各个国际机构尤其是重要机构中的关键岗位上和全球一些重要行业的领袖人物，大多数都是人民大学的毕业生，谁还能说人民大学不是世界一流大学？与此相对，如果我们只是简单地去比较国际发表、教师中的“海归”数量等，按照这些指标跟着现在所谓“一流大学”后面亦步亦趋，恐怕就是忽视了我们的比较优势，最终也不可能成为世界一流大学。

如何培养能够承担全球治理和引领世界发展使命的杰出的建设性人才？我认为最核心的就是让学生具有良好的跨文化沟通能力。在管理学中，沟通能力属于领导力的范畴。沟通能力是软技能，包括了解自己和他人的能力、激励他人的能力，以及说服能力、号召力、团队精神等。在西方，跨文化沟通已经成为一门跨领域的新学科，也是当今世界一流商学院的必修课。在日益开放、日益多元的社会环境中，跨文化沟通能力理应成为大学生必须具备的基础素质。我们只有培养出大学生良好的跨文化沟通能力，才能锻造未来中国乃至世界的领袖人才，才能在世界范围内、在跨文化的沟通交流过程中实现学习和超越。很明显，跨文化沟通能力的养成，与高等教育的基础阶段也就是本科阶段是密切相关的。

跨文化沟通能力的培养首先要基于对当今世界主要文化的理解，特别是要重视教会学生掌握中国文化、基督教文化和伊斯兰文化这三大文化体系的精髓。跨文化沟通能力的培养从根本上说应该是文化素质的培养，而不仅仅是交际技能的训练。能够参与全球治理的拔尖创新人才，必须通晓世界三大文化体系的精髓。其中，了解本民族的文化精髓是跨文化沟通的基础和前提。我们首先应该从认知和把握中国传统文化的精髓开始，形成以中国文化为底蕴，具备时代色彩的价值观、人生观、世界观，这也是长期存在的不足之处。对于伊斯兰文化，我们需要予以高度重视。美国作为当今世界的霸主国家，应该说没有很好地处理和沟通与伊斯兰文化、阿拉伯世界的关系，这就注定了美国对全球的治理只能是霸道，而非王道。当然，我们依然要重视对基督教文化的研究和理解。在全球化时代，作为成功的全球领导者，必须加强交流、对话，相互尊重，多一份宽容，多一份友善；必须互相承认不同文化间的差异，相互补充、协调，以“百花齐放、百家争鸣”包容精神实现多元文化的共生发展；必须尊重、学习和吸收世界不同文化，构建世界文化与本土文化的沟通对话关系；必须博采众长地借鉴各方文明成果并把本土的文化创造向世界推介。惟其如此，才有可能使有差异的世界和谐相处。

跨文化沟通能力的培养要高度重视掌握跨文化沟通的方法论。跨文化沟通的方法论是什么？一是心理学，二是传播学，三是历史学，这些学科的方法论在跨文化沟通方面发挥着最重要的作用。所以，我们要在人才培养方面加强这些学科的训练。首先，跨文化沟通和人的感知、思维方法、世界观、人生观、价值观、定型观念等密切相连，休戚相关，心理学的基本方法论自然就在跨文化沟通中发挥着不可或缺的作用。其次，跨文化沟通本身即属于传播学的范畴。跨文化沟通过程中的信息、渠道、反馈、语言符号系统、非语言符号系统、交流者之间的关系等传播学所及的方面都对跨文化沟通产生直接影响。再次，历史的方法很重要。我们要加强国学，但是国学不能培养书呆子，应当致力于培养出将入相的人。学好国学，学好历史，就是要善于从历史中总结出国家治理的方法，奠定担当各行各业领导者的基础素质，因此我们要建设强大的史学教学团队为本科生提供高品质的教学。所以，我们要大力改造课程体系，加强跨文化沟通的方法论教育，重视心理学、传播学和历史学等学科的教学，鼓励开设跨文化沟通、沟通原理、管理沟通、跨文化管理等相关课程作为公共选修课，使更多专业的学生可以系统地参与学习，帮助学生掌握跨文化沟通的基本方法。

跨文化沟通能力的培养还要高度重视提高学生的外语能力。在全球化时代，语言是跨文化沟通的基础技术。我们要进一步探索外语教学改革，找到切实提升学生外语水平的科学途径。我们需要打个翻身仗，经过若干年的努力在就业市场上形成一个口碑——人民大学学生的英语能力可以不用测试，基本都没问题。我们的研究生要努力做到将来在全球重要的学术论坛上都能非常流畅地用英语表达思想，用英语来跟对方讨论。另外，外语课堂教学中要把文化教育贯穿于语言教学中，注重语言应用能力和文化素养的双提高。只有全面探索和切实改进外语教学工作，我们才有可能真正培养一批不仅懂得外语，而且还懂得当地文化的杰出人才。我们还要不断探索和加强制度设计，营造良好的跨文化教学环境。我们自 2009 年开始举办国际小学期，来自不同国家和地区的学生共同学习、交流对话，有效地增进了学生对多元文化的包容和理解，这件事情很好，今后还要继续做得更好。

当然，注重提升学生跨文化沟通能力，就必须重视加强教师队伍建设，不断提高教师的跨文化沟通能力。教师的言传身教以及示范效应对学生跨文化沟通能力的提高有着不可忽视的重要作用，应注重教师相关能力与素质的提高与培训，鼓励教师开展国际学术交流，鼓励教师开设我们需要的课程，要求名师进本科生课堂，同时在全校大力推动开放办学，广泛开展国际合作与交流，为跨文化沟通创造更多的机会及更有利的环境。

三、全校协力，开创人才培养工作新局面

我们一直强调人才培养是学校的中心工作，今后还要继续强调。对于我们领导班子来讲，应该紧紧围绕加强和改进人才培养，特别是培养具有全球领导力的杰出人才这样的目标，把我们学校所有的人、财、物资源，包括历史禀赋的优势、学术资源、校园资源等，进行合理配置，用于实现这样一个目标。这是我们应当做的本职工作，也正是《国家中长期教育改革和发展规划纲要（2010—2020年)》以及中央领导反复强调的重要内容。只有这样，我们才能不断开创人才培养工作的新局面，最高效率地实现发展和超越，建成“人民满意、世界一流”的大学。

在整个人才培养体系中，我们要全盘思考和统筹规划本科、硕士、博士人才培养的目标定位、制度设计和工作安排。我们要高度重视提高研究生培养质量，把研究生做出“山峰效果”，但是更应重视本科人才培养的基础地位，切实把本科生的“高原效果”做好。“基础不牢，地动山摇”，做好本科教学对于大学发展而言是极其重要的，我们要坚持把本科人才培养作为重要组成部分纳入学校事业发展规划。今后有关本科教学工作、本科教学方案的修订，我和书记都会积极参与，有关本科教学的全校性的重要会议，我和书记都出席，这应该是一种制度性安排。在学院层面，我也建议本科教学由院长亲自参与指导，形成一项制度安排。院长最应该做的事情，一是队伍建设，二是本科教学。如果大家有了这种共识，我们就有了明确的工作思路和制度性环境，本科教学质量的不断提高，新时期人才培养目标的尽快实现，就有了充分的保障。

长期以来，人民大学逐步形成了一套比较成熟的本科人才培养体系。我们贯彻落实以人为本的高等教育理念，遵循教育教学规律和人才成长规律，围绕“国民表率、社会栋梁”的人才培养目标，践行“道术结合、文理交融、中西会通、知行合一”的培养理念，不断丰富和发展“宽口径、厚基础、多选择、重创新、国际性”的培养模式，强调专业教育和通识教育相结合、课堂学习和课外学习相结合、知识学习和能力培养相结合以及国内学习和国外学习相结合的“四项基本原则”，坚持不懈地加强课程建设、教材建设、教学管理制度建设等“三项基础建设”，同时不断努力解决教师精力、领导精力、教学经费“三项投入不足”，以确保学校本科教学水平和人才培养质量稳步提升。我认为这个体系考虑到了本科教学的方方面面，非常完整，有系统性和战略高度，是一个比较先进的体系。

目前的任务主要是两个方面：一是加强制度建设，确保我们已有的本科人才培养体系能够有效地、高质量地运行。实践表明，如果没有切实的制度性安排做保障的话，本科教学工作很难做，不可能有效落实好。我们全校各部门、各学院都要认真调查研究，切实改进和加强相关的制度建设。二是深化人才培养模式改革。我们要做好顶层设计工作，围绕新时期人民大学人才培养目标的新内涵、新要求，思考具有全球领导力的杰出人才在本科阶段应该如何培养、如何落实“宽口径、厚基础”的培养理念、如何激发教师教学积极性并不断提升教学能力等关键问题，从培养理念到招生、教学、实践、交流、就业、成长以及管理等各个环节，全面检视现有人才培养体系的缺失与不适应之处，找出一些关键环节，设计一些重要制度，探索人才培养的最佳模式，不断深化本科人才培养模式改革。

在全校层面来讲，围绕加强和改进人才培养工作，我们还要重视构建一个高效化、精细化、人性化的管理服务体系。人民大学的整个管理服务体系是不是一个真正能为教学、科研、学科建设一线服务的高效化、精细化、人性化体系，这一点是至关重要的。我们作出了努力，有一些效果，相比一些兄弟院校来说，我们应当是做得比较好的。但是，在“文革”以来的大环境影响下，受制于各种各样的政治、经济、文化因素，中国大学的整体管理服务水平是不高的。我们能否想尽一切办法，通过深化体制改革率先突破，形成人大特色的管理服务模式并发挥引领作用？希望同志们认真思考这个问题。这个问题如果解决不好，其他一切实际上都免谈。当然，这不单纯是我们一个学校的问题，而是一个涉及大环境和大体制的问题，难度很大，但是不改是不行的。

一个大学的校园设施和文化环境对于人才培养也有着重要意义，我们还要继续重视打造有品质、有文化的一流校园环境。应当说，新世纪以来，学校的校园环境已经发生了翻天覆地的变化，这是一个巨大的历史性成就，凡是熟悉人民大学的人都深有同感。但是，与北京大学、清华大学等兄弟院校相比，大家也都能感觉到还是有差距的，甚至是很大的差距。我们不是说一定要建设一个堂皇、奢华的校园，而是一定要重视校园的品质和文化。在这样的校园里面，学生能够静心学习、自由畅想，能够得到最好的文化滋养和思想熏陶，从而健康成长。就此而言，我们的校园建设依然是任重而道远，需要大家付出艰巨的努力。但是，我们要坚信，这个问题是我们在建设世界一流大学的过程中必须予以很好地解决的大问题。

同志们，我们要做的工作是一项时代赋予我们人民大学必须要做的工作，是承续人民大学历史使命所必须完成的工作，是实现中华民族伟大复兴之整体工作的重要组成部分。我们人民大学有着光荣的历史传统，具有不可替代的战略地位，并一直得到党和国家的大力支持；我们经过几十年的奋斗，特别是在新世纪前十一年，已经打下了很好的基础；我们一代又一代人大人积累了丰富的办学经验和育人智慧。因此，站在巨人的肩上，我们有信心去实现新时期的新突破，创造人民大学的新辉煌。虽然完成历史赋予的重任带有理想主义色彩，但是如果像人民大学这样的学校，都没有理想主义精神，并为坚持理想而努力奋斗，还能指望谁呢？我们愿意坚持理想，并把对理想的积极追求与扎扎实实地开展工作结合起来。我愿意与大家一起为此而努力！

谢谢大家！

■ 重要文件

关于印发《中国人民大学双聘教师管理暂行办法》的通知

（2010—2011 学年校政字 8 号）

各学院（系），机关各部、处及直（附）属单位：

《中国人民大学双聘教师管理暂行办法》已于 2010 年 12 月 29 日经 2010—2011 学年第 7 次校长办公会研究通过，现予以印发，请遵照执行。

附件：《中国人民大学双聘教师管理暂行办法》

二〇一一年一月五日

附件

中国人民大学双聘教师管理暂行办法

第一条 为整合学术资源，促进学科交叉、渗透，加强跨学院（系）的学术活动，带动学科建设和队伍建设，学校决定创新教师管理模式，实行校内教师双聘制度。

第二条 教师双聘制度是教学科研人员经学校批准同时承担校内跨学院（系）两个一级学科的教学、科研及学科建设任务的教师岗位聘用制度。教师原受聘的岗位为主聘学科岗位，新受聘的岗位为兼聘学科岗位。

第三条 双聘教师岗位设置应符合提升学科核心竞争力的要求，原则上应在教师高级岗位有空缺的博士点学科、重点发展的学科以及部分新建学科中设置。

第四条 双聘教师须具备以下条件：

（一）一般应受聘教授岗位，在主聘学科上教学科研业绩优秀；

（二）在兼聘学科上取得同行公认的学术成就，近五年来正式发表过该领域高水平的研究论著；

（三）能系统讲授兼聘学科的核心课程（专业主干课）；

（四）身体健康，能同时胜任两个学科的岗位职责。

第五条 双聘教师除履行主聘学科岗位职责外，还应在兼聘学科岗位完成以下任务：

（一）参与学科建设，协同做好学科规划及引进人才工作；

（二）招收并指导研究生；

（三）开设相关课程，平均每学年在兼聘学科系统讲授一门课程，年均周学时不少于一；

（四）参加科学研究，每个聘期在兼聘学科研究领域的核心期刊发表不少于一篇有较高水平的学术论文。

第六条 双聘教师实行岗位聘用制，每个聘期一般为三年。

第七条 双聘教师的聘用程序：

（一）招聘学院（系）向学校人事处提出需兼聘的学科岗位，学校审批后在校内公布；

（二）教师填写《中国人民大学双聘教师审批表》，经所在学院（系）同意后，向招聘学院（系）提交；

（三）招聘学院（系）学术委员会考查评议后，将拟聘人选的有关材料报学校人事处；

（四）学校人事处组织校内外专家对拟聘人选的学术水平及学术影响等进行评议并提出初步意见，报学校教师岗位聘用委员会主任委员审批；

（五）签订聘用协议，颁发聘书。

第八条 双聘教师的人事关系和工资关系仍保留在主聘学科岗位所在学院（系），不占兼聘学科的教师岗位。主聘学科和兼聘学科所在学院（系）应加强联系，创造条件，协调安排教学科研工作，充分发挥双聘教师的作用。

第九条 双聘教师的兼聘学科岗位考核由兼聘学科所在学院（系）根据其岗位职责进行。聘期考核合格的，经双方学院（系）协商一致，报学校批准后可继续担任双聘教师。在主聘学科和兼聘学科中任一学科聘期考核不合格的，不得继续担任双聘教师。

第十条 兼聘岗位酬金标准为：教授每个聘期 30 000 元，副教授每个聘期 20 000 元，聘期内按学年发放，原则上由兼聘学科所在学院（系）和学校各承担 80%和 20%。聘期内工作业绩特别突出的，学校可给予适当奖励。

第十一条 学校鼓励跨学院研究机构以重大科研项目为依托，按照本办法的聘用程序，以双聘形式组织校内教师开展合作研究，费用从科研项目中支出。

第十二条 本办法自2010—2011学年第7次校长办公会通过之日起施行，适用于学校在编在岗的教学科研人员，由学校教师岗位聘用委员会负责解释。

关于成立中国人民大学老校区综合管理办公室的决定

（2010—2011学年校政字10号）

为加强老校区（张自忠路3号院，包括东四十条109号院、育群胡同17号院）管理工作，明确管理职责，切实做好文物保护工作，经2010—2011学年第5次校长办公会研究，决定成立中国人民大学老校区综合管理办公室（以下简称“综合办”）。

综合办主要职责为：受学校委托，对老校区实行统一管理，负责老校区环境综合治理、消防、治安、交通等安全保卫工作；负责老校区与相关政府部门联络协调工作；负责老校区后勤保障、设备维护、房屋小型修缮等物业管理工作；受学校委托，根据国有资产经营管理规定，对相关房产进行经营管理。

综合办挂靠后勤集团，设主任（副处级）一名，副主任（正科级）一名。综合办设综合协调部、物业管理部、安全保卫部，综合办接受资产与后勤管理处和后勤集团的领导。

二〇一一年一月五日

关于成立中国人民大学画院的决定

（2010—2011学年校政字12号）

各学院（系），机关各部、处及直（附）属单位：

为进一步丰富学校文化内涵，加强校内外的文化交流，提升学校艺术培训的品牌和影响力，并为国家的艺术繁荣多作贡献，经学校研究，决定成立中国人民大学画院。画院由培训学院主办，艺术学院协办，挂靠培训学院。画院自筹经费，按国家和高校有关规定自主运行。

画院主要开展绘画创作、培训、展览和交流活动，同时画院要为艺术学院学生提供实习和实践机会，并成为校内践行通识教育的重要基地。

二〇一一年一月十九日

关于成立中国人民大学国家教育体制改革试点工作领导小组的决定

（2010—2011学年校政字13号）

各学院（系），机关各部、处及直（附）属单位：

根据国务院办公厅《关于开展国家教育体制改革试点的通知》（国办发〔2010〕48号）精神，学校承担“改革经济管理类创新人才培养模式”、“人文基础学科拔尖人才培养试验计划”和“完善中国特色现代大学制度，完善治理结构改革试点”三项试点项目。同时，学校还决定自主开展“完善学术评价机制试点”项目，作为对上述三个国家试点项目的有益补充。

为进一步加强对学校教育体制改革试点工作的总体领导，统筹协调改革发展中的重大问题，根据学校工作实际，经2010—2011学年第7次校长办公会研究，决定成立中国人民大学国家教育体制改革试点工作领导小组，负责组织协调全校教育体制改革试点工作。领导小组下设四个项目组，责任单位分别是学校办公室、教务处、科研处。

希望各学院（系）、各部门高度重视，认真履行职责，积极参与，密切配合，共同做好此项工作。

附件：中国人民大学国家教育体制改革试点工作领导小组及各项目组组成名单

二〇一一年二月十五日

附件

中国人民大学国家教育体制改革试点工作领导小组组成名单

组　　长：纪宝成
程天权
副 组 长：袁　卫
牛维麟
林　岗
冯惠玲
杨慧林
成员单位：学校办公室
党委组织部
党委宣传部
研究生院
发展规划处（高等教育研究室）
教务处
科研处
人事处
学生处
招生就业处
财务处
哲学院
文学院
历史学院
国学院
经济学院
财政金融学院
商学院
公共管理学院
书报资料中心

“完善中国特色现代大学制度，完善治理结构改革试点”项目组

负 责 人：袁　卫
成员单位：学校办公室
党委组织部
党委宣传部
研究生院
发展规划处（高等教育研究室）

教务处
科研处
人事处
学生处
招生就业处
财务处
责任单位：学校办公室

“改革经济管理类创新人才培养模式”项目组

负 责 人：林　岗
成员单位：研究生院
教务处
经济学院
财政金融学院
商学院
公共管理学院
责任单位：教务处

“人文基础学科拔尖人才培养试验计划”项目组

负 责 人：杨慧林
成员单位：研究生院
教务处
哲学院
文学院
历史学院
国学院
责任单位：教务处

“完善学术评价机制试点”项目组

负 责 人：冯惠玲
成员单位：发展规划处（高等教育研究室）
科研处
人事处
公共管理学院
书报资料中心
责任单位：科研处

关于印发《中国人民大学“十年腾飞”学科建设规划纲要》的通知

（2010—2011 学年校政字 14 号）

各学院（系），机关各部、处及直（附）属单位：

《中国人民大学“十年腾飞”学科建设规划纲要》已经学校研究通过，现予以印发，请认真研究，遵照执行。

附件：《中国人民大学“十年腾飞”学科建设规划纲要》

二〇一一年三月三日

附件

中国人民大学“十年腾飞”学科建设规划纲要

本世纪初，学校确立了用二十年时间建设成为世界一流大学的宏伟目标，实现这一目标分为“十年基础，十年腾飞”两个阶段。现在，“十年基础”的工作圆满完成，“十年腾飞”的号角已经吹响。为确保到2020年学校学科整体水平进入世界一流行列，以学科腾飞带动学校事业的全面腾飞，建成“人民满意、世界一流”大学，制定本规划。①

一、总体目标、发展指标和战略步骤

（一）总体目标

到2020年，中国人民大学学科整体水平进入世界一流行列，为国家发展、社会进步和学术繁荣作出重要贡献：以“主干的文科、精干的理工科”为特色的学科体系成熟完善；建设一批在国际上拥有较强影响力的一流学科，多数学科成为中国最具活力的知识创新单元；打造一支国际水准的教师队伍，聚集一批中国学术精英，汇集若干世界一流学者；产出一批能够对我国政治经济和社会生活产生重要影响的学术成果，明显助力国家崛起及人类发展，科学研究实力为国际学界高度认可；培养一大批具有深厚知识积累和良好实践能力，拥有国际视野、充满创新精神、具备优秀品格的杰出栋梁之才。

（二）发展指标

到2020年，学校学科覆盖哲学、经济学、法学、文学、历史学、教育学、理学、工学、医学、管理学等10个学科门类；重组建设教育学、数学2个一级学科，在条件允许的情况下新建生物学、材料科学与工程等理工学科，一级学科总数达到34～40个，博士学位一级学科授权点达到27个左右（见附表2），博士学位二级学科授权点达到130个左右；国家重点一级学科数量达到20个左右（见附表3）；进入ESI数据库前1%的学科数达到2～4个，7～9个学科成为具有重大国际影响的一流学科。②

到2020年，本科生和研究生（含留学生）总规模为25 000人左右，其中，研究生与本科生之比稳定在1∶1的水平，留学生人数占在校学生总数的比例达到10%。学校教师队伍规模达到2 200人左右，生师比控制在18∶1以下；专任教师队伍中获得博士学位者比例达到90%以上，获得海外一流大学博士学位的教师比例超过20%；中青年教师有半年以上国际研修经历的比例达到85%，全职或至少讲授一门课程的外籍教师的比例达到15%。

（三）战略步骤

规划分两步走，五年为一个阶段。

第一阶段（2010年—2015年）：加速推进、重点突破、构筑高地。

经济学科群继续保持国内领军地位，在部分可比指标中位居世界前列；法政社会学科群继续发挥国内引领作用，成为促进世界了解中国和中国文化教育走向世界的排头兵。

---

① 本规划是基于学校未来发展需要，结合学校基本现状（校园占地面积1 000亩左右，全日制在校生规模25 000人以内）作出的。规划将根据国家高等教育形势和政策以及实际执行情况，每两年对相关内容进行一次动态调整和完善。

② 如果国家学科专业目录及学位授予机制的相关政策发生变化，数据将作相应调整。

管理学科群建立起完备清晰的学科体系，达至国内顶尖水平；人文学科群加快发展步伐，哲学、国学等学科巩固领先优势，文学、历史学、外语、艺术等学科整体实力得到较大幅度提升；理工学科群进一步发展，冲击国内一流。

第二阶段（2016年—2020年）：以点带面、全面提升、进入一流。

经济学科群在多数可比指标中位居世界前列，在几个重点学科方向达到世界一流；法政社会学科群在国际学界具有较强影响力，部分学科方向做到"中国特色、世界水平"；根据学科特点和发展态势，致力在经济学科群和法政社会学科群中打造相关学术领域的"人大学派"。

管理学科群引领国内管理学发展，冲击世界一流水平；人文学科群整体进入国内先进行列，哲学、国学等学科达到"国内领先、世界知名"，历史学进入国内前三，文学整体实力进入国内前五，外语、艺术等学科进入国内一流；精干的理工学科体系形成，若干学科进入国内一流，若干学科方向达到国际顶尖水平。

二、现有基础与主要挑战

（一）现有基础

新世纪以来，学校进一步巩固和发展了作为人文社会科学高等教育重镇的地位，进一步凸显了马克思主义教学与研究高地的优势，进一步彰显人民共和国建设者摇篮的人才培养特色，在诸多方面取得了突出成绩。

成为发展和繁荣人文社会科学的一面旗帜。学校不断为发展和繁荣人文社会科学鼓与呼，促使全社会不断提高对人文社会科学的重视程度，并逐渐形成"文理并重"的风气，为中国人文社会科学繁荣与学校未来发展营造了良好的外部环境。重估国学价值，创办新中国第一所国学院，大力弘扬中国优秀传统文化，产生了广泛而深远的社会影响和重大的国际影响。

"主干的文科、精干的理工科"学科体系基本形成。秉承"国际通行、中国特色、人大特有"的学科发展原则，通过院系结构调整改革和新建理学院、国学院、国际学院等一系列重大举措，完善了学科布局，形成了特色鲜明、文理兼容的综合性学科组织结构体系。到2010年（部分数据统计时点为2011年3月），学校共设有22个教学科研型学院①，覆盖了哲学、经济学、法学、文学、历史学、教育学、理学、工学、医学、管理学等10个学科门类；拥有29个具有博士或者硕士学位授予权的一级学科，其中，人文社会科学类一级学科18个，占62.1%，理工医类一级学科11个，占37.9%；拥有博士学位一级学科授权点17个，博士学位二级学科授权点104个，其中，人文社会科学学科博士点102个，占98%，理工学科博士点2个，占2%；硕士学位一级学科授权点14个，硕士学位二级学科授权点168个。

学科建设成绩斐然，学科腾飞蓄势待发。学校已经成为中国人文社会科学领域的"旗舰"，在现有衡量人文社科类学科整体水平指标上全面领跑：拥有8个国家重点一级学科和8个国家重点二级学科；在2009年教育部公布的一级学科评估中，理论经济学、应用经济学、法学、政治学、新闻传播学、社会学、马克思主义理论等7个一级学科排名全国第一。理工学科彰显"生力军"态势：多项科研成果见诸世界顶级学术期刊，在教育部重点实验室、教育部长江学者创新团队项目和国家杰出青年科学基金项目等方面取得重大突破；物理学、化学学科经过短短5年时间的建设，已跻身相关领域的国内前列。

专任教师队伍建设取得明显成效。到2010年，学校专任教师共有1 611人，具有高级专业技术职称的教师约占63%，专任教师中具有博士学位的教师约占76%，具有海外博士学位的教师占比接近11%；有17名第六届国务院学位委员会委员和学科评议组成员，有25位专家入选中央第一批"马克思主义理论研究和建设工程"课题组首席专家或主要成员，15人荣获国家"有突出贡献的中青

---

① 不含体育部、继续教育学院、培训学院、国际学院（苏州研究院）、深圳研究院。

年专家”称号；3 人入选“千人计划”，5 人获得国家自然科学杰出青年基金，19 人入选百千万人才工程，21 人被聘为长江学者特聘教授、讲座教授，另拥有 1 个教育部“长江学者和创新团队发展计划”创新团队。

科学研究迈上新的台阶。到 2009 年，各类科研项目共 1 310 项，年度科研经费总额突破 1.7 亿元，先后承担了“国家清史纂修工程”、“人文奥运”研究等特大、重大项目，打造中国人文社会科学论坛等重要论坛以及中国人民大学三大报告、三大发布等一系列高端学术品牌；2009 年度 CSSCI 发文达到 2 582 篇，SSCI、A&HCI、SCI、EI 收录的论文总数达到 292 篇。

“宽口径、厚基础、重创新、多选择”的人才培养模式基本形成。到 2010 年，学校共有全日制在校生 23 558 人，其中本科生 11 074 人，硕士研究生 7 527 人，博士研究生 3 317 人，外国留学生总人数 1 640 人，本科生与研究生之比为 1∶1；学校共有 5 个国家人才培养和科学研究基地，5 名国家级教学名师，24 名北京市教学名师；全国优秀博士学位论文累计达到 25 篇，在人文社科领域高居榜首。

（二）主要挑战

学科布局还不能完全适应建设世界一流大学的需要，理工学科、部分人文学科建设步伐还需进一步加快，学科领域需要进一步拓宽和充实，学术力量需进一步增强。

学科整体上国际影响力和国际竞争力不足，缺乏若干个在共性指标上达到世界一流的学科。少数传统优势学科发展趋缓，个别学科甚至有下滑的危险。

教师队伍整体水平离世界一流的要求还有较大差距，缺少具有重要国际影响力的学术大师。

科学研究创新能力和国际竞争力不足，具有重大国际影响的科研成果和经典传世之作较少。

人才培养创新能力和国际竞争能力不足，拔尖创新人才培养体系亟待完善。

三、发展任务

以“整体提高、重点突破、强化优势”为基本要求，以“完善布局、优先重点、夯实基点、凸显亮点、抓好增长点”为发展思路，建设世界一流学科。

（一）完善布局，大力打造特色鲜明、文理协调、结构合理的学科体系

围绕“主干的文科、精干的理工科”学科体系定位，根据国家经济和社会发展需要，进一步完善人文社会科学学科布局，实现人文社会科学全面高水平覆盖；适当扩大理工科在学科布局中的比重，力争到 2020 年，理工类一级学科博士授权数达到 10 个左右，理工类学科与人文社科类学科的教师规模比例和学生规模比例均达到 2∶8。

（二）优先重点，大力促进优势学科建设成为世界一流学科

已经处于我国领先地位的优势学科是未来十年学校学科建设的优先主题。要集中资源、加大支持力度，推动这些学科快速发展，力争到 2020 年有 8 个左右学科达到世界一流水平，形成相关学科领域的“人大学派”。

理论经济学和应用经济学是学校在世界一流共性标准上实现赶超的重要突破口，要积极参与世界一流大学相关学科之间的竞争，尽快在可比指标上达到国际一流标准并逐步参与相关国际学术标准的制定，率先在几个重点学科方向达到世界一流。

法学、政治学、社会学、新闻传播学继续大幅提升国际影响力，确立全球范围内的学术话语权，成为亚洲相关学术领域的教学科研重镇、世界了解中国的重要窗口和中国哲学社会科学走向世界的杰出代表。

工商管理、公共管理、农林经济管理和图书馆、情报与档案管理等管理学科具有强劲实力，成为中国管理学科的引领者，在若干领域跻身世界一流。

（三）夯实基点，大力加强人文基础学科的建设和社会科学基本理论的研究

高水平基础学科是建设世界一流大学的重要前提。要采取有力措施，加大资源投入和政策扶持力度，进一步提升基础学科水平，充分发挥其在学科整体发展中的支撑和带动作用。

哲学学科继续保持国内领先优势，赢得世界一流的学术声望；历史学学科提升位次，冲击国内顶尖水平；中文学科获得突破性进展，进入国内前列；外语、艺术学科适当拓宽学科领域，大幅提升学科实力，学科整体水平达到国内一流。

重视社会科学学科的基础理论和史学研究，为学科的长期发展积蓄能量。

（四）凸显亮点，大力提升特色学科和交叉学科的水平

特色学科和交叉学科是学校未来学科发展的亮点，要突出特色、大力创新、加快发展，努力引领学科发展潮流。

大力加强马克思主义理论学科建设，加强以国学为龙头的传统文化研究，加大教育学学科建设力度，巩固并提升相关学科的国际学术地位，发挥学科引领作用。

加强跨学科研究和复合型人才的培养，在国家安全与国际关系、中国经济政策、社会发展与民生、环境保护与可持续发展、新能源与新材料、科学决策支持系统、教育改革与发展研究等方面，鼓励不同学院、学科共同开展多种形式的教学科研合作，切入学科国际前沿，产出高水平成果，培养出高素质人才。

（五）抓好增长点，大力支持理工学科实现跨越式发展

根据社会发展需求和学校现实条件，在加大学校投入的同时争取更多更好的社会资源，积极承担国家重大项目，做好实验室建设工作，打造高水平的理工学科。

继续加强物理学、化学、心理学的学科建设，继续充实和拓宽其学科领域。重组新建高水平数学系，争取建设高起点的生物学系，继续加强系统科学学科建设。到2020年，学校理学学科基本达到国内一流水平。

坚持少而精的工科学科布局，计算机科学与技术和环境科学与工程两个学科抓住机遇，提升水平，到2020年力争进入国内一流。

四、重大举措

为实现规划目标，在学科队伍、科学研究和学科平台建设方面分别实施“3231计划”、“珠峰计划”和“高原计划”。

（一）人才“3231计划”

在用人机制、考核机制、评价机制上大力创新，强调“质量第一”，进一步提升教师队伍的整体水平。面向全球招聘教师，以具有国际竞争力的条件吸引海内外高层次人才；注重有潜力青年教师的培养和学术大师的涵育；加大支持力度，营造有利于激发教师工作热情和学术内驱力的环境；创造有利于拔尖人才、创新团队脱颖而出的机制。

主要目标：

——“3”，培养和使用好现有教师队伍的同时，吸收300名拥有海外一流大学①博士学位的青年学者（含外籍教师120人左右）② 进入教师队伍；

——“2”，实施新一轮的“双百工程”，在校内培养100名具有国际学术视野、具备相当学术实力的中青年学术骨干，引进100名具有一流学术水准的知名学者（含外籍教师30人左右）③；

——“3”，引进（培养）30名左右的“国家杰出青年科学基金”获得者、长江学者、“千人计划”入选人；

——“1”，引进（培养）10名左右具有重要国际影响的战略科学家和世界级人文社科学术大师。

（二）科研“珠峰计划”

重点支持鼓励对相关学科理论发展有重大意义、对经济社会发展有重大影响的科学研究。鼓励产

① 指在主要的世界大学排行榜中均进入前100名的海外大学。
② 讲师。
③ 副教授以上。

出精品、上品、传世之作；鼓励高质量、高水平论文在高影响力的国际学术期刊发表；进一步促进科研服务于教学；营造浓厚的学术研究氛围，充分开发研究生的科研潜力；鼓励个人自由探索的同时，加强高质量科研团队建设。

主要目标：

——成为中国首屈一指的思想理论“蓄水池”、决策咨询“智力库”，理工学科在承担国家重大项目的同时能够批量转化优秀成果和建立研发产业基地。

——在国家人文社会科学最高评奖中确保前三，力争第一；在国家自然科学三大奖评选上有重要突破。

——在多个学科领域的世界顶尖学术期刊上发表若干文章。

——举办、承办多个有重大影响的高水平国际、国内学术会议，在若干个国际性学术会议发挥主导或重要作用。

——SSCI、A&HCI索引发文量居国内前三，篇均引用率居国内前列；SCI索引发文量进入国内前列，篇均引用率进入国内前十。

（三）学科“高原计划”

根据学科发展需要，给予特殊政策，探索设立若干学科特区；进一步完善跨学科研究平台建设机制，探索投入专项资金鼓励学科交叉；以基地和重点实验室为依托，科学配置人员和资金，建设若干国际一流学科发展平台；加大支持力度，争取各方资源，打造若干顶级学术期刊，支持学术出版物走向世界。

主要目标：

——建设3～5个学科特区、5～10个高水平跨学科研究平台；

——打造1～2个国家级的人文社会科学基础平台，努力增加若干教育部人文社科重点研究基地，建设若干个高水平的社会科学实验室；

——重点建设一批理工科实验室，在此基础上新增2～4个教育部重点实验室，争取建成1～2个国家级重点实验室；

——有3～5种学校主办的学术刊物成为相关学科领域的顶级刊物，3～5种学校主办的学术刊物被纳入国际科学引文体系。

五、支持保障

（一）制度创新

进一步深化改革，加强体制机制创新，完善学校的相关规章制度，使之与规划要求相适应。率先在学科建设上实行规划—实施—考核的动态绩效评价机制，真正做到根据规划目标完成情况决定下一步专项资金投入力度。

进一步完善人文社会科学学科建设体制机制，建立健全符合理工学科发展规律的体制机制。

深化人事制度改革，完善考核评价制度；加强人才培养模式的改革与创新，促进教学与科研的交融；制定重大科研规划办法，建立根据学科特点制定的科研评价标准和指标体系。

（二）管理提升

提高管理工作的信息化水平，建设国际水准的服务型管理体系，创新管理服务的形式，做好日常基础管理工作，将人性化服务体现在每个细节，使管理工作能够为学科的腾飞添加动力。

加强学校领导班子和管理队伍建设，充分发挥师生员工参与学校事业发展和学科建设的积极性与创造性，坚持“民主办学，教授治教”，创造凝聚人心的民主管理制度。

（三）学风建设

坚持“百花齐放、百家争鸣”，鼓励大胆探索，促进学术创新。秉持“明德、博学、求实、笃行”的学术品格，反对浮躁和急功近利的不良风气，加强学术道德和学风建设，完善学术规范办法，营造

“教师乐教、学生向学、宁静圣洁、自由和谐”的校园氛围。

（四）条件保障

进一步拓展办学空间，进一步加强校园建设，进一步改善教学科研条件，进一步做好图书资料、电子期刊数据库建设工作，做到硬件条件建设能够适应本规划要求，保障本规划的顺利实施和规划目标的顺利实现。

统筹规划“985 工程”、“211 工程”等专项资金的使用，进一步拓宽经费来源渠道，积极吸引社会资金支持学科建设，确保学科建设经费持续增长，同时充分发挥资金使用效益。

积极开展与政府部门、企事业单位、国际组织机构、境内外著名高校的沟通与合作，为学科发展打造广阔的交流平台，不断增强学科服务社会、引领社会的能力。

附表 1　　“十年腾飞”学科规划主要发展指标

一级指标	二级核心指标	目前状况	2015 年目标	2020 年目标
学科发展	一级学科数量	29 个	32 个左右	34～40 个
	博士学位一级学科授权点	17 个	23 个	27 个左右
	其中：理工农医类博士学位一级学科授权点	0	4 个	10 个
	博士学位二级学科授权点	104 个	120 个左右	130 个左右
	国家重点一级学科数量	8 个	14 个左右	20 个左右
	进入 ESI 前 1%的理工学科数	0	1～2 个	2～4 个
人才培养	全日制在校生数（含留学生）	23 558 人	25 000 人	25 000 人
	其中：理工农医类在校生占比	6%	12%	20%
	全日制在校生本研比	1∶1	1∶1	1∶1
	生师比	21∶1	≤18∶1	≤18∶1
	留学生数量	1 640 人	2 500 人	3 000 人
	留学生本研比	4.8∶1	4∶1	2∶1
	年度出国（境）学习交流的学生数	422 人	2 500 人	≥2 500 人
师资队伍	专任教师数量	1 611 人	2 000 人	2 200 人
	博士学位教师占比	76%	85%	90%
	海外博士教师比例	11%	15%	25%
	中青年教师有半年以上国际研修经历的比例	33%	65%	85%
	全职或至少讲授一门课程的外籍教师比例	3%	10%	15%
科学研究	CSSCI 收录量	2 510 篇	保持国内第一	保持国内第一
	SSCI/A&HCI 收录量与引用率	年度收录论文 71 篇	年度收录量≥300 篇	年度收录量≥500 篇
	SCI 收录量与引用率	年度收录论文 143 篇	年度收录量≥500 篇，篇均引用率进入国内前 20	年度收录量≥800 篇，篇均引用率进入国内前 10
	国家重点实验室数量	0	筹备建设	1～2 个

注 1：目前状况统计时点为 2010 年 9 月（部分数据统计时点为 2011 年 3 月），涉及目前状况的年度数据均为 2009 年度数据。

2：如果国家学科专业目录及学位授予机制的相关政策发生变化，数据将作相应调整。

3：博士学位一级学科授权点目前状况数量已计入外国语言文学、数学、计算机科学与技术等 3 个新增博士学位一级学科授权点。

附表 2

“十年腾飞”争取一级学科博士学位授予权一览表

现有 （17 个）	近期争取新增 （3 个）	中长期争取新增 （10 个）
哲学	教育学	艺术学
理论经济学	物理学	系统科学
应用经济学	化学	管理科学与工程
法学		环境科学与工程
社会学		心理学
马克思主义理论		食品科学与工程
新闻传播学		地理学
工商管理		公共卫生与预防医学
政治学		化学工程与技术
中国语言文学		生物学
历史学		
农林经济管理		
公共管理		
图书馆、情报与档案管理		
外国语言文学		
数学		
计算机科学与技术		

附表 3

“十年腾飞”争取国家重点一级学科一览表

现有 （8 个）	近期争取新增 （6 个）	中长期争取新增 （6 个）
哲学	政治学	外国语言文学
理论经济学	公共管理	计算机科学与技术
应用经济学	农林经济管理	教育学
法学	图书馆、情报与档案管理	物理学
社会学	历史学	化学
马克思主义理论	中国语言文学	艺术学
新闻传播学		
工商管理		

附表 4

“十年腾飞”一级学科（硕士点）覆盖情况一览表

现有 （29 个）	近期争取新增 （2～3 个）	中长期争取新增 （3～4 个）
人文： 哲学、中国语言文学、外国语言文学、艺术学、历史学 社科： 理论经济学，应用经济学，法学，政治学，社会学，马克思主义理论，新闻传播学，工商管理，农林经济管理，公共管理，图书馆、情报与档案管理，管理科学与工程，教育学 理学： 数学、物理、化学、生物学、地理学、系统科学 工学： 计算机科学与技术、化学工程与技术、食品科学与工程、环境科学与工程 医学： 公共卫生与预防医学	心理学 材料科学与工程 ……	建筑学 基础医学 临床医学 ……

关于成立中国人民大学政府统计研究院的决定

(2010—2011 学年校政字 15 号)

为培养政府统计创新专门人才，提高统计能力、提高统计数据质量、提高政府统计公信力，促进统计理论与统计实践的有机融合，推动学校统计学科发展，经学校研究，决定成立中国人民大学政府统计研究院。

中国人民大学政府统计研究院系中国人民大学与国家统计局共同创办。研究院整合校内外相关机构力量与资源，开展学术交流、理论研究、人才培养以及统计知识普及等工作。

中国人民大学政府统计研究院应充分发挥资源与学科优势，大力推动统计理论与实践研究创新，为促进学校建设“人民满意、世界一流”大学作出积极贡献。

二〇一一年三月十六日

关于印发《中国人民大学 2010—2011 学年第二学期工作计划要点》的通知

(2010—2011 学年校政字 17 号)

各学院（系），机关各部、处及直（附）属单位：

现将《中国人民大学 2010—2011 学年第二学期工作计划要点》印发给你们，请结合本单位工作实际遵照执行。

附件：《中国人民大学 2010—2011 学年第二学期工作计划要点》

二〇一一年三月十六日

附件

中国人民大学 2010—2011 学年第二学期工作计划要点

一、指导思想

2011 年是中国共产党成立 90 周年，是实施“十二五”规划的开局之年，是学校真正迈入“十年腾飞”阶段的关键之年。要继续以科学发展观统揽全局，继续高举“发展、创新、和谐”的旗帜，继续弘扬“立学为民、治学报国”的办学宗旨，以建设“人民满意、世界一流”大学为目标，以提高人才培养质量为核心，全面贯彻落实第四次全国教育工作会议和《国家中长期教育改革和发展规划纲要(2010—2020 年)》精神，认真贯彻落实胡锦涛总书记考察中国人民大学“九·九”重要讲话精神，继续坚守大学使命，坚定学术本位，坚持以人为本，在深化改革、稳步发展的同时，与时俱进地适当调整学校改革发展的思路，突出重点领域建设，突出新兴领域发展，突出难点问题解决，努力开创建设“人民满意、世界一流”大学的新局面。

二、工作思路

坚持“12331”的总体工作思路，即继续坚持“一个高举”——高举“发展是硬道理”的旗帜；继续抓好“两项规划与建设”——学科规划与建设、校园规划与建设；切实注重“三个提升”——提升人才培养质量、提升科学研究水平、提升国际性；继续坚持“三个抓实”——抓实改革、抓实调整、抓实管理；始终牢记“一个目标”——将学校建设成为“人民满意、世界一流”大学。

坚持“八个继续、八个更加”，即在继续坚持内涵提高的同时，要更加重视抓住机遇实现必要的外延式拓展；在继续重视科学研究的同时，要更加重视人才培养；在继续重视应用研究的同时，要更加重视基础研究；在继续重视人文社会学科建设的同时，要更加重视理工学科建设；在继续重视为教师服务的同时，要更加重视为学生服务；在继续重视发挥校部机关职能作用的同时，要更加重视发挥学院在组织教学科研方面的基础作用；在继续坚持行政部门高效规范运转的同时，要更加重视发挥学术组织和教代会等在民主办学、依法治学中的重要作用；在继续重视校园基本建设的同时，要更加重视校园文化和校园文明建设。

三、战略性和长期性工作

（一）抓好校园拓展工作

下决心解决制约学校长远发展的空间问题，使用好现有的土地，开拓新的办学空间；继续推进校园内部拓展置换的可行性研究；推进并尽快完成国际学院（苏州研究院）校园的回购工作；推动解决青年教职工住房以及学生的学习、生活空间紧张等重要问题。

（二）抓好学科规划与发展

1. 加强新增一级学科的资源整合和整体提升。紧密结合新一期“985 工程”，从人力资源配备、经费投入、政策倾斜等方面予以支持。

2. 加大对理工学科建设的支持力度。研究成立理工学科建设处，加强理学院建设，进行新的制度设计和组织调整，深入挖掘理工学科的发展潜力。

3. 进一步加大对重点学科的投入力度，积极申请国家专项资金，大力推进理工学科公共平台建设，加大对人文社会科学的现代化实验室建设的投入，继续加强对新建学科的支持。

（三）做好教育体制改革试点项目

以做好国家教育体制改革试点项目为契机，推动学校事业全面发展，做到“面上有效果，点上出典型”。依托“建设中国特色社会主义现代大学制度”、“改革经济管理类创新人才培养模式”和“人文基础学科拔尖人才培养试验计划”等试点项目，进一步完善学校治理结构，创新本科生人才培养模式，推进研究生培养机制改革，取得重要的实质性成果。

（四）加强学院工作

1. 进一步明确学院的权利和责任。扩大学院在人事、财务、教学、科研等工作中的自主权利，并明确责任。

2. 推进和健全学院领导班子任期目标责任制，争取本学期正式颁布实施。

3. 重新核定各个学院行政岗位的设置，研究调整学院的行政编制。

4. 对有关学院进行必要的学术资源调整和整合。

（五）搭建高水平科学研究平台

1. 积极搭建能够承担战略性课题、能够出精品，尤其在基础研究方面出精品的科研平台。加强顶层设计，规划成立若干直属学校的跨院系、跨学科的科研平台，加强对重大领域和关键领域战略性、基础性、前瞻性重大问题的研究。

2. 积极创新和探索高水平科研平台的管理体制和运行机制。实行更加多元化的运行机制，采取现有的研究机构改建扩充或重新设计组建等多种形式，充分发挥著名学者在科研团队中的重要作用。

（六）加强高水平教师队伍建设

1. 采取引进与培养相结合的办法。从引进、培养、使用、提高等各个环节入手，引进高水平的学术领军人物，培养有潜力、能创新的青年学术骨干。

2. 认真研究和调整人才引进工作理念。既要继续坚持“按需引进”的原则，按照岗位和学科发展需要来引进，也可大胆尝试“先进后建”，即对于部分杰出人才和学科采取“先引进，再建设”的做法。

（七）进一步提升国际性

1. 加强与重点合作伙伴的关系。确定35个左右有实质性和经常性合作关系的海外高等学校作为长期的战略合作伙伴，充分发挥学院积极性，通过多层次、多形式的交流活动，巩固并加强合作关系。

2. 加强校内各部门之间的协调和政策配套。召开全校留学生工作会议，进一步衔接各有关部门的职能和责任，调整学校与学院之间的责任和权利，建立起完整、系统的配套政策和管理制度。

3. 加强学校海外孔子学院的建设。从战略的高度研究和推进孔子学院的建设工作，在人员派驻、毕业生选留等方面加强研究，充分发挥海外名牌大学孔子学院在学校国际合作与交流中的平台作用，将孔子学院建设成为人民大学各个学科与海外高校建立合作关系的桥梁和纽带。

4. 积极做好英文期刊的报批工作，加强国际发表，办好国际期刊。

5. 办好暑期学校（国际小学期），进一步扩大外国学生的规模，适当增加课程，进一步提升对本校学生的吸引力。

（八）加强学生工作

1. 充分重视本科生和研究生的日常教学工作。本科生方面，要进一步加强专业建设、课程建设和课堂教学，把通识教育和专业教育更好地结合起来；研究生方面，继续深化研究生培养机制改革，办好专业学位，继续实行专业学位和学术型学位分类培养，教学方案、培养方式和考核要求要有所区别；切实提升博士研究生培养质量。

2. 进一步做好招生就业工作。系统研究招生工作，学校领导分级分批到中学参加招生咨询工作，与全国重点中学建立关系，稳定并逐步提高生源质量；加强学生就业的指导和组织工作，保持毕业生的高就业率和高质量就业。

3. 深入细致地做好学生思想政治工作。工作中坚持高标准、严要求，既尊重每个学生的个性发展，给其自我发展留出足够空间，又加强正面引导，坚持原则和底线。

4. 继续营建丰富多彩的校园生活。发扬传统优势，加强学生文体活动建设；建立健全学生自主管理机制，加强公寓文化建设，进一步做好学生宿舍管理和安全保卫工作。

四、重点和日常工作

（一）建党90周年纪念活动

策划组织纪念大会、座谈会、成果展、研讨会、高层次论坛等主题活动，唱响共产党好、社会主义好、改革开放好的主旋律，通过各种纪念活动使广大师生受到一次生动而又深刻的党史、党建和党的路线方针政策教育。结合学科优势，注重开展主题学术研究，力争集中涌现一批高水平、高学术含量、高政治理论水平的学术文章或著作，校内各期刊均应开辟专栏，发表具有较高学术水平的理论文章，作出人民大学独特的理论贡献。

（二）规划工作

在“十年腾飞”规划的基础上，按照教育部的要求，尽快制定和颁布实施“十二五”事业发展规划；进一步做好“十年腾飞”子规划编订工作，启动人才培养、科学研究、队伍建设、校园建设等方面“十年腾飞”规划的制定和实施工作，推动学校各项事业取得新的进展。

（三）校园建设和相关搬迁工作

1. 完成图书馆、国学馆和校医院工程建设和相关的搬迁工作。继续按照“数字人图、特色人图、专家人图”的要求，使学校图书馆成为我国最重要的大学图书馆之一；准确定位，积极筹划，把校医院打造成为与人民大学地位相匹配的，符合世界一流大学标准的校医院；图书馆搬迁后，原馆交由博物馆和艺术学院使用，校医院原址原则上交由理学院使用，相关部门要做好搬迁工作的科学规划和投入使用的相关办法，合理分配使用面积和区位。

2. 实现锅炉房下沉改造工程的开工建设，在今年冬季供暖之前全部竣工并投入使用；同时推进东南区的规划建设的立项工作，做好报批工作；进一步研究清华东路甲7号院的规划使用方案。

3. 协调推进大华衬衫厂搬迁问题的最终解决，力争今年落实搬迁方案；争取尽快完成“三师”的实物移交，确定两校园之间的连通方案并完成报批和招标工作，争取在下学期开工建设。

4. 做好相关维修工作。利用本学期暑假时间对教学楼进行全面维修和装潢，完善教学设施；尽快启动老校区（张自忠路3号院）的维修工作。

（四）提升国际性的具体工作

1. 继续推动全英文项目，增加在校学生海外交流、交换项目，为学生提供多选择、多层次的海外交流活动，提升学生国际竞争力，提升人才培养的国际性。

2. 加大资金投入，切实做好外籍教师的聘任工作，不断拓展国际学术资源，扩大国际影响。

3. 争取本学期内完成英文期刊的申报工作。

（五）人事工作

1. 修改和完善教师考核评价办法，进一步健全教师职务评聘的管理制度。

2. 密切关注国家有关规定及兄弟院校薪酬方面的调整，密切跟踪有关绩效工资改革的动向，结合实际，不断提升教职员工的薪酬福利水平。

3. 进一步加强博士后和非教师队伍的管理工作，继续完善教职工培训工作，加强人事工作信息化建设等。

（六）宣传、出版、网络、文博工作

1. 以迎接建党90周年为契机，进一步做好理论宣传和新闻宣传、对内宣传和对外宣传工作；积极引导全校师生深化对“十年腾飞”战略规划的认识；在现有成绩的基础上，进一步做好校史工作，加强深度挖掘和高水平的提炼概括。

2. 在保持中国人民大学出版社法人地位的基础上，做好转制工作；书报资料中心积极实施转型，争取国家资金和政策支持，尽快启动“学者在线”项目，大力推动数字出版工作。

3. 加强校园信息化建设。完成IPv6项目的技术升级、校园入网认证系统的测试、IT服务管理平台的建设和全校无线网络覆盖工程的建设，加强信息安全建设。

4. 积极发挥中国人民大学画院在学校文化建设、文明建设中的作用。大力加强博物馆建设，本学期内要完成馆址搬迁和设计布展工作，同时，不断丰富博物馆馆藏，根据展览要求有针对性开展文物征集工作。启动老校区博物馆的设计、规划、建设工作。

（七）后勤保障和服务工作

1. 改善学生生活条件，提高学生生活质量。不断增强后勤保障服务能力，着重提升后勤保障能力和服务质量，重点抓好后勤队伍建设等项工作，办好学生食堂，做好学生宿舍管理和服务工作。

2. 加强文明校园、平安校园、和谐校园建设。在完善校园安全稳定长效工作机制的基础上，通过扎实的工作，使校园安全稳定管理水平再进一步，确保校园内工作、学习、生活平安、有序，为学校发展创造平安、稳定、和谐的环境。

（八）筹集办学经费和产业管理工作

1. 多渠道筹集办学经费，既要积极争取政府拨款，也要利用学校教育资源和品牌优势，努力提高创收收入、捐赠收入等。

2. 提升产业管理水平，推进文化科技园的改革发展，实现国有经营性资产的保值增值和全资及控股公司的安全运行，实现社会效益和经济效益的双丰收。

3. 加强财务管理和审计监督，确保资金的使用效率，同时要进一步做好审计工作，加强检查和监督。

（九）继续教育和教育培训工作

继续做好继续教育学院的转型工作，办好“网上人大”；继续做好培训工作，高质量完成中组部安排的培训任务。

（十）日常管理和基础性工作

完成第二届董事会换届工作，继续完善学校董事会制度；加强保密工作；扎实推进档案工作和统计工作等基础性工作；通过制度性保障，推动无纸化办公在一定领域取得进展；加强海外校友联络和海外校友会建设。

（十一）党建和思想政治工作

1. 扎实推进创先争优活动和学习型党组织建设。贯彻党中央、教育部、北京市委、北京市委教育工委的相关文件要求，细化实施方案，完善工作制度，形成良好活动机制，调动全体党员的自觉性和主动性，开展好创先争优第二阶段工作，为确保学校安全稳定，为推动学校事业又好又快发展，提供有力的思想保证和可靠的组织保证。

2. 加强党建工作。认真组织好评选表彰先进分党委和先进党支部活动，大力宣传在推进学校改革、促进事业发展、构建和谐校园等方面作出突出贡献的先进典型；制定和完善学生党总支的设置办法，以改革创新的精神，积极推进基层党建工作创新。

3. 加强班子建设和干部工作。深入落实“讲党性、重品行、做表率”活动，围绕学校中心工作，进一步加强中层领导干部队伍建设、后备干部队伍建设以及领导班子建设。

4. 推进“民主办学、依法治校”，加快惩防体系建设。继续深入做好党风廉政建设宣传教育工作，全面推进廉政风险防范管理工作。继续做好统战工作，加强党外代表人士队伍建设，充分发挥民主党派、留学归来教师在学校民主政治建设中的作用。

5. 加强校风、学风建设。一是加强领导干部的思想作风建设，以廉政勤政、钻研业务、忠于职守、恪尽职守为标准；二是加强师德师风建设，倡导“志存高远，淡泊名利”，“崇尚学术，追求真理”，“学为人师，行为世范”；三是加强学术规范，惩治学术不端，净化学术空气。

关于组建中国人民大学教育学院的决定

（2010—2011 学年校政字 18 号）

为进一步提高学校教育学学科的建设水平，经中共中国人民大学第十三届委员会第 46 次常委会研究，决定在公共管理学院教育研究所和高等教育研究室的基础上组建中国人民大学教育学院，同时撤销教育研究所建制。

教育学院负责全校教育学学科的规划与建设，开展相关学术领域的人才培养和科学研究活动。

教育学院应充分利用学校人文社会科学学科齐全的优势，以“高起点、高水平、重交叉”为原则，进一步提高学校教育学学科建设的整体水平，提升学科核心竞争力，为建设“人民满意、世界一流”大学作出更大贡献。

二〇一一年四月六日

关于成立理工学科建设处的决定

（2010—2011 学年校政字 19 号）

为贯彻学校“主干的文科，精干的理工科”的学科布局战略，适应理工学科发展需要，经中共中国人民大学第十三届委员会第 46 次常委会研究，决定成立理工学科建设处。

一、理工学科建设处的职能

（一）收集国内外理工学科发展的相关动态和信息，研究并提出学校理工学科建设和发展的规划和建议；

（二）规划和组织理工学科的科研工作，协同有关部门对科研资源和科研项目进行整合和管理；

（三）牵头组织理工学科公共平台实验室及专业平台实验室的规划、论证和建设等方面的相关工作；

（四）加强与上级主管部门、兄弟院校和科研机构的沟通联系，为理工学科发展创造良好的外部环境；

（五）与理工学科建设指导委员会办公室“一套班子，两块牌子”，协调有关部门共同指导理工学科的学科建设、师资队伍建设、教学管理、科学研究、人才培养等相关工作，为理工学科各院系做好支撑与服务工作。

二、理工学科建设处的人员编制和科室设置

理工学科建设处暂定编制5人，其中处长1名，副处长1名；工作人员由有关部门抽调和校内公开招聘产生，近期不超过3人；科室设置待核定后另行发文。理工学科建设处成立后，各职能部门中原承担相应工作的编制应予调整或撤销。

二〇一一年四月六日

关于成立中国人民大学公共政策实验室的决定

（2010—2011学年校政字20号）

为进一步推动学校公共政策教学与研究，提高教学与科学研究质量，经2010—2011学年第4次校长办公会研究，决定成立中国人民大学公共政策实验室。

中国人民大学公共政策实验室为校级教学科研平台，实行创新的管理模式、用人机制和人才培养模式。实验室主要依托公共管理学院进行建设，同时整合校内外相关机构乃至国际组织的学术资源，开展公共政策研究和人才培养工作。

实验室应努力建设成为在国内外有一定影响力的、公共决策社会服务的项目基地，为有力推进学校建设“人民满意、世界一流”大学的进程作出积极贡献。

二〇一一年四月十八日

关于成立中国人民大学创意产业技术研究院的决定

（2010—2011学年校政字21号）

为推动学校科研成果转化，进一步加强产、学、研合作，服务北京市经济、社会、文化发展，经2010—2011学年第4次校长办公会研究，决定成立中国人民大学创意产业技术研究院。

中国人民大学创意产业技术研究院工作机构与文化科技园实施“一套人马，两块牌子”。

研究院实行创新的管理模式，应努力建设成为在国内外有一定影响力的科研成果转化基地，为有力推进学校建设“人民满意、世界一流”大学进程作出积极贡献。

二〇一一年四月十八日

关于印发《中国人民大学工勤技能岗位设置与聘用管理办法》的通知

（2010—2011学年校政字24号）

各学院（系），机关各部、处及直（附）属单位：

《中国人民大学工勤技能岗位设置与聘用管理办法》已于2011年5月13日经2010—2011学年第

13次校长办公会通过，现予以印发，请遵照执行。

附件：《中国人民大学工勤技能岗位设置与聘用管理办法》

二〇一一年五月十三日

附件

中国人民大学工勤技能岗位设置与聘用管理办法

根据原人事部《事业单位岗位设置管理试行办法》(国人部发〔2006〕70号)、《关于印发〈事业单位岗位设置管理试行办法〉实施意见的通知》(国人部发〔2006〕87号)、《关于印发高等学校、义务教育学校、中等职业学校等教育事业单位岗位设置管理的三个指导意见的通知》(国人部发〔2007〕59号)及教育部人事司《教育部直属高等学校岗位设置管理暂行办法》(教人〔2007〕4号)，结合学校实际，制定本办法。

本办法适用于中国人民大学所属党政机关、群众组织、教学科研单位、教学辅助单位及其他内设机构的事业编制工勤人员。

第一章　岗位设置

第一条　工勤技能岗位是指承担技能操作和维护、后勤保障、服务等职责的工作岗位。

第二条　工勤技能岗位的设置要适应服务学校教学科研、人才培养和日常运行的需要，统筹规划，合理确定岗位总量、结构和比例，以满足提高操作维护技能、提升服务水平的要求。已经实现社会化服务的一般性劳务工作，不再设置相应的工勤技能岗位。

第三条　工勤技能岗位包括技术工岗位和普通工岗位。其中，技术工岗位分为五个等级，技术工一至五级岗位依次分别对应高级技师、技师、高级工、中级工和初级工；普通工岗位不分等级。

工勤技能一级、二级岗位应主要在专业技术辅助岗位承担技能操作和维护职责等对技能水平要求较高的领域设置。其中，工勤技能一级岗位应在学校特别需要且人才紧缺的高技术含量的工种内设置。学校严格控制工勤技能一级、二级岗位的总量。

第四条　工勤技能一级、二级、三级技术工岗位的总量占工勤技能岗位总量的比例一般为35%左右，一级、二级技术工岗位总量占工勤技能岗位总量的比例控制在5%左右。

第五条　根据国家文件规定并结合实际需要，学校定期对工勤技能岗位总量进行核定，实行动态管理。

第二章　任职条件与岗位职责

第六条　工勤技能岗位基本任职条件：

(一) 遵守宪法、法律及学校的各项规章制度；

(二) 具有良好的品行和职业道德；

(三) 具备岗位所需的专业技能；

(四) 具有适应岗位要求的身体条件。

第七条　受聘技术工四级及以上工勤技能岗位的，须在本工种下一级岗位工作满五年，并通过相应的技术等级考评，聘期考核合格。

第八条　受聘各级工勤技能岗位的其他条件：

(一) 受聘技术工一级岗位的，最近一个聘期内应有两个年度考核结果为优秀，其他年度考核结果须达到良好，聘期考核结果为优秀；首次受聘技术工一级岗位的，距离法定退休年龄不得少于三年。

（二）受聘技术工二级岗位的，最近一个聘期内应有一个年度考核结果为优秀，其他年度考核结果须达到良好；首次受聘技术工二级岗位的，距离法定退休年龄不得少于三年。

（三）通过初级工技术等级考核后，可受聘技术工五级岗位。

（四）未取得工人职业技术资格证书的，受聘普通工岗位。

第九条 由于岗位职数限制，技术工一级、二级岗位的聘用，应在符合各级岗位相应条件的前提下，向学校稀缺工种倾斜，优先聘用参加工作时间较长并长期从事本工种、工作业绩和表现突出的人员。

第十条 受聘各级岗位的工勤人员，须在本工种承担与受聘岗位相应的技能操作和服务保障工作。

第十一条 各单位根据学校规定，结合本单位工作职责、任务、目标和工勤队伍建设的实际需要，有所侧重，逐一制定工勤技能岗位职责。

第三章 岗位聘用与管理

第一节 岗位聘用

第十二条 学校成立工勤技能岗位聘用委员会，委员会主任由学校主管领导担任，成员由相关单位负责人及专家组成。委员会下设工作组，由相关职能部门负责人组成，办公室设在人事处。

各单位设立工勤技能岗位聘用小组，负责落实本单位工勤技能岗位聘用工作。

第十三条 聘用程序：

（一）学校公布拟聘岗位；

（二）个人申报及单位推荐；

（三）学校工勤技能岗位聘用委员会复核、审议；

（四）公示结果；

（五）聘用上岗。

第十四条 岗位聘用时，受聘人员应具备相应聘用资格，存在下列情形之一的，学校予以缓聘：

（一）现人事关系在学校人员流动中心，无工作岗位；

（二）正在接受纪律审查或司法调查尚未作出结论；

（三）因病或非因公负伤请病假满六个月后不能恢复工作；

（四）经有关部门鉴定为限制行为能力；

（五）国家法律、法规及学校有关文件规定的其他需缓聘情形。

缓聘情形消除后，学校根据实际情况决定是否聘用。

第二节 岗位管理与考核

第十五条 工勤技能岗位实行聘期管理，各级岗位每个聘期为三年，聘期内如按规定退休，则聘期相应终止。

第十六条 工勤技能岗位考核分为年度考核和聘期考核，遵循公正、公开、公平的原则，以岗位职责为基础，从德、能、勤、绩四个方面，重点考核受聘人员的履职情况，为岗位聘用提供依据。

各单位根据学校规定，结合实际情况制定管理及考核实施细则，报学校工勤技能岗位聘用委员会审批后实施。

第十七条 年度考核结果分为优秀、良好、合格和不合格四个等级。

聘期考核结果分为优秀、合格和不合格。

两个年度考核结果为优秀，其他年度考核结果为合格及以上，在岗位上取得突出工作成绩，表现特别优秀的，聘期考核结果为优秀。

两个年度考核不合格，或因个人原因两次未参加年度考核，或受党纪、政纪警告以上处分，或违反学校有关规定的，聘期考核结果为不合格。

第十八条 受聘人员考核结果记入个人档案，作为晋升工资、实施奖惩、岗位调整和续聘、解聘的依据。

年度考核不合格者，下一年度薪级工资不予晋升；连续两个年度考核不合格者，应予降低一级工勤技能岗位，视具体情况调整其工作岗位或解聘。

聘期考核优秀者，在同等条件下优先聘用；聘期考核合格是续聘原岗位或受聘高一级岗位的基本条件；聘期考核不合格者，不再续聘原岗位，并按国家和学校有关规定，予以试聘、低聘、调整至其他工作岗位或者解聘。

第四章 申诉与回避

第十九条 学校成立岗位聘用申诉处理工作委员会，受理岗位聘用过程中提出的申诉，负责调查、答复和处理。

工勤人员本人如对岗位聘用结果有异议，有权在接到正式通知之日起 10 日内，向岗位聘用申诉处理工作委员会书面具名提出申诉。

学校岗位聘用申诉处理工作委员会应在接到申诉之日起一个月内作出书面答复。

第二十条 申诉人对处理结果有不同意见的，可在接到书面答复之日起 15 日内，向中国人民大学人事争议调解委员会申请调解，人事争议调解委员会应在接到调解申请之日起 15 日内，组织工勤技能岗位聘用委员会的相关部门与当事人进行调解。

第二十一条 学校工勤技能岗位聘用委员会及各单位在实际操作过程中应严格规范，公开透明，执行回避制度，避免因个人原因影响聘用工作的公正性。

第五章 其 他

第二十二条 本办法自 2010—2011 学年第 13 次校长办公会通过之日起施行，由中国人民大学工勤技能岗位聘用委员会负责解释。

关于印发《中国人民大学关于加强招生工作廉政建设的若干规定》的通知

（2010—2011 学年校政字 29 号）

各学院（系），机关各部、处及直（附）属单位：

现将《中国人民大学关于加强招生工作廉政建设的若干规定》印发给你们，请遵照执行。

附件：《中国人民大学关于加强招生工作廉政建设的若干规定》

二〇一一年五月二十八日

附件

中国人民大学关于加强招生工作廉政建设的若干规定

第一章 总 则

第一条 为进一步加强对招生工作的管理与监督，确保招生工作公平、公正、有序进行，根据《教育部关于做好 2011 年普通高等学校招生工作的通知》、《教育部办公厅关于做好 2011 年普通高等学校招生执法监察工作的通知》和《教育部关于普通高等学校招生监察工作的暂行规定》要求，制定本规定。

第二条 本规定适用于学校普通高考、特殊类型招生工作，研究生、网络教育和留学生等类型招生工作参照此规定执行。

第三条 坚持“公平竞争、公正选拔”的原则，维护广大考生的合法权益，维护社会的稳定和教育事业的良好形象。

第四条 认真贯彻实施国家招生政策和法规的有关要求，坚持科学民主决策和重大问题集体议事制度，进一步建立和完善重要事项报告制度、招生回避制度、保密制度和招生督察等制度，强化招生考试的管理和监督。

第五条 按照“谁主管、谁负责”的原则，对招生、考试中的违规、违纪行为，将追究有关责任者的相应责任。

第二章 招生部门

第六条 认真落实上级关于招生工作的相关政策及有关规定，依法从严规范招生管理工作，切实做到政策执行不走样。

第七条 深入实施“阳光工程”，全面落实“六公开”，严格执行“六严禁”。

“六公开”：

（一）招生政策公开；

（二）高校招生资格及有关考生资格公开；

（三）招生计划公开；

（四）录取信息公开；

（五）考生咨询及申诉渠道公开；

（六）重大违规事件及处理结果公开。

“六严禁”：

（一）严禁指名录取考生；

（二）严禁体制外违规录取考生；

（三）严禁超范围擅自发放录取通知书；

（四）严禁通过虚假宣传吸引考生入学；

（五）严禁向考生家长收取任何费用；

（六）严禁招收所谓“军校委培或自费生”。

第八条 进一步完善招生章程、有关特殊类型招生简章和各项具体招生办法，要明确具体要求，细化和规范流程，责任落实到人。

第九条 对招生人员进行招生政策、法规的培训和廉政教育。

第十条 严格执行国家、学校的有关规定，杜绝与招生考试有关的各种乱收费行为。

第十一条 建立并完善考生申诉制度和信息快速反馈、问题迅速处理的有效工作机制。

第十二条 坚决贯彻“教考分离”原则，严禁学校任何单位、个人、受聘命题人员和评委举办任何形式的与普通高考、特殊类型招生、研究生入学考试等类型考试有关的辅导。

第十三条 加强特殊类型考试的组织工作，进一步强化命题、阅卷、面试等环节管理，严禁各种失密、泄密事件和徇私舞弊现象的发生。

第三章 招生监察部门

第十四条 坚持“全程参与、重点监督”制度。在招生录取期间，实行全程监督、现场办公，尤其要强化对招生重点环节、重点岗位、重点时段的监督。

第十五条 建立健全强化预防、及时发现、严肃纠正的监督工作机制。积极配合招生管理部门开展工作，针对招生工作中发现的问题，提出改进建议或行政监察建议，一旦发现违规、违纪问题，将严肃查处。

第十六条 设立招生监督工作举报电话和举报信箱，畅通群众监督渠道。

第十七条 对有关涉及违规、违纪的投诉和举报，督促或会同有关部门进行调查，并按照有关规定进行处理。

第四章　全体招生人员

第十八条 所有参与宣传、考务、录取及其他招生环节的工作人员和招生监察工作人员（以下统称“招生人员”）应掌握政策、熟悉业务、作风正派、坚持原则、廉洁自律、秉公办事，自觉抵制不正之风。

第十九条 招生人员中有直系亲属参加当年高考者，必须回避。

第二十条 严格遵守“六不准”纪律要求：

（一）不准违反国家有关招生规定；

（二）不准徇私舞弊、弄虚作假；

（三）不准采取任何方式影响、干扰招生工作正常秩序；

（四）不准协助、参与任何中介机构或个人组织的非法招生活动；

（五）不准索取或接受考生及家长的现金、有价证券；

（六）不准以任何理由向考生及家长收取与招生录取挂钩的任何费用。

第二十一条 招生人员严禁将涉密信息透露给非招生工作人员。

第二十二条 重要问题要通过招生领导小组集体讨论决定，个人不得擅自作主。

第五章　附　则

第二十三条 本规定由纪委办公室、监察处负责解释并监督执行。

第二十四条 本规定自发布之日起施行。

关于印发《中国人民大学统计工作管理办法（试行）》的通知

（2010—2011 学年校政字 30 号）

各学院（系），机关各部、处及直（附）属单位：

《中国人民大学统计工作管理办法（试行）》已经学校研究批准，现予以印发，请遵照执行。

附件：《中国人民大学统计工作管理办法（试行）》

二〇一一年五月三十日

附件

中国人民大学统计工作管理办法（试行）

第一章　总　则

第一条 为了科学、有效地组织学校统计工作，保障统计资料的真实性、准确性、完整性和及时性，发挥统计在学校管理和决策中的作用，根据《中华人民共和国统计法》及其实施细则、国务院《关于加强统计工作的决定》和教育部有关规定，结合学校实际情况，制定本办法。

第二条 学校统计工作的基本任务是：

（一）贯彻执行《中华人民共和国统计法》和上级颁布的各项统计工作制度。

（二）准确、及时填报上级下发的各种统计报表，完成上级下达的统计任务。

（三）及时搜集、整理反映学校各项事业发展状况的统计资料，为学校科学规划、优化管理提供可靠依据。

（四）积极开展统计分析研究，为学校教学、科研和行政管理服务。

第三条 学校统计工作实行统一领导、分级管理的体制。各单位对其上报统计资料的真实性、准确性负责。

第四条 学校各级领导对统计工作应予高度重视，加强领导，定期检查，确保统计工作的顺利进行。

第二章 统计组织和统计职责

第五条 发展规划处为学校统计工作主管部门，负责协调、管理全校统计工作，设置专职统计人员。

发展规划处统计工作的主要职责是：

（一）建立健全学校统计工作制度，设计并逐步完善符合本校发展要求的统计标准和指标体系。

（二）组织、协调有关单位及时、准确地填报上级部门的各种综合性统计报表及调查表。

（三）定期搜集、汇总学校基本统计资料，编制统计简报、年报，发布统计信息。

（四）建立学校统计数据库，推进学校统计工作数字化。

（五）积极开展统计调查和统计分析工作，为学校制定事业发展规划提供科学依据。

（六）组织开展学校统计工作人员的业务学习和培训。

第六条 各学院（系），机关各部、处及直属单位负责本单位的统计工作，并配合学校与上级对口部门做好数据报送工作，各单位根据需要设置专（兼）职统计人员，指定一位领导负责本单位的统计工作，做到责任到人，分工明确。

各学院（系），机关各部、处及直属单位统计工作的主要职责是：

（一）贯彻上级和本校统计工作制度，建立和落实本单位统计工作制度。

（二）负责组织填报学校和上级对口部门的各类统计报表。

（三）如实提供统计资料，准确、及时地完成下达的各类统计调查表。

（四）建立原始统计记录和统计台账，保证统计数据来源准确，有据可查。

（五）积极开展本单位统计资料的分析研究。

第三章 统计调查制度

第七条 各单位向校内报送的统计资料，必须由专（兼）职统计人员签字，经本单位主管领导审核、签字并加盖公章后方可报出。

第八条 各单位向校外报送的统计资料，须经本单位主管领导审核、签字，并加盖单位公章，呈学校相关领导审定后方可外报。

第九条 为保证报出数字口径一致，各单位负责组织填报的专业性业务统计报表，应经发展规划处核定并在发展规划处备案。

第十条 为确保统计数字的真实准确，统计人员应及时、如实填报各种报表，不得虚报、瞒报、拒报各种统计资料及数据，不得伪造、篡改统计资料及数据。

第十一条 学校统计工作应根据学校发展的新形势、新需要，及时调整统计内容及统计单位的范围。

第四章 统计资料的公布与管理

第十二条 为确保统计数据的权威性，学校对外公开的综合统计数据由发展规划处统一发布。

第十三条 学校综合统计资料由发展规划处统一管理，各业务范围的专业性统计资料由相关业务部门管理。

第十四条 校内单位或个人如需使用已搜集、整理的统计资料，应采用书面形式正式向数据存放单位提出要求，以保证统计资料使用的规范化。

第十五条 各单位参照学校档案管理制度对各项统计资料及时进行收集、整理、归档。

第十六条 各单位和个人应严格遵守保密制度，切实做好保密工作。

第五章 附 则

第十七条 本办法由发展规划处负责解释。

第十八条 本办法自2011年6月1日起试行。

关于印发《中国人民大学周转房管理办法》的通知

（2010—2011学年校政字33号）

各学院（系），机关各部、处及直（附）属单位：

《中国人民大学周转房管理办法》已于2011年6月7日经2010—2011学年第14次校长办公会通过，现予以印发，请遵照执行。

附件：《中国人民大学周转房管理办法》

二〇一一年六月三十日

附件

中国人民大学周转房管理办法

第一章 总 则

第一条 为规范和完善周转房管理体系、有效利用学校周转房资源，更好地为学校发展总体目标和师资队伍建设服务，根据国家、北京市及学校住房制度改革有关文件精神，结合学校实际情况，特制定本办法。

第二条 本办法所称周转房，系指房屋产权归属中国人民大学（以下统称“学校”），位于海淀区中关村大街59号院内可用于周转居住的成套住房。学校统一对周转房进行基础维修，使其具备较为完善的入住条件。

学校产权所有的其他区域的周转房管理办法，参照本办法制定。

第三条 为使周转房能够有效周转，周转房管理依照契约管理、有偿使用、限定租期、参照市场租金、学校适当优惠的原则进行。

第四条 人事处会同周转房申请人所在单位负责申请人资格认定工作，资产与后勤管理处负责周转房管理工作。承租人所在单位作为担保方，为承租人履约行为提供担保。

第二章 租赁对象及用房标准

第五条 首次申请租赁周转房的职工原则上应为2003年12月31日后到校工作且夫妻双方在京无住房的正式职工，同时还需满足以下条件：

(一) 高层次引进人才，可申请两居室或三居室；

(二) 新到校工作受聘教授岗位的职工，可申请一居室或两居室；

(三) 新到校工作受聘副教授岗位的海外归国博士，可申请一居室或两居室；

(四) 新到校工作的世界一流大学博士学位获得者，可申请一居室。

以上人员资格审核认定工作由人事处负责。

未纳入上述规定的其他急缺人才，也可按本文件规定程序申请周转房。

第三章 租 期

第六条 新到校职工首次申请周转房的，原则上租期为首个聘期（聘期以合同为准，一般不超过三年）。有特殊情况的，经人事处审批同意后可适当延长租期，但原则上租期累计不应超过两个聘期。

第七条 周转房承租人如在租期内购买经济适用房、两限房、商品房或学校政策福利住房，应在所购住房交房手续办理完毕六个月内腾退周转房。

第八条 承租人因聘用合同到期、解聘、辞职、自动离职、出国逾期未归等情况离岗离校的，《租赁协议》自动终止，承租人应于办理离校手续时交回周转房。

承租人在聘用合同期内去世的，《租赁协议》自动解除，其家属应于承租人去世三个月内将周转房腾退交回学校。

第四章 租金标准确定原则及缴纳方式

第九条 租金执行标准以租金基准价为基础，结合房屋租期，实行阶梯式收费。租金基准价由学校有关部门参照同类区域房屋租赁市场指导价格制定，并于每年初公告当年租金基准价标准。实际租金收取标准如下：

首个协议租期内第一年按基准价50%收取房租，第二年按基准价80%收取房租，第三年按基准价100%收取房租；第二个协议租期按基准价的120%收取房租；第二个协议租期届满如需继续使用周转房的，按基准价的200%收取房租。2011年度租金基准价为每月60元/平方米（建筑面积）。

第十条 已在校建立工资账户的承租人每月应缴租金由学校从其当月工资中直接扣缴；未在校建立工资账户的承租人应于每月10日前以现金方式缴纳房租，逾期未缴纳的视为自动放弃承租资格。租赁押金、水、电、燃气等费用由承租人以现金方式到相应部门缴纳。

因出国、挂职锻炼等原因暂时离校且需继续承租周转房的，承租人应于办理离校手续前以现金方式一次性预交离校期间的房屋租金。

第十一条 承租人须于签订《租赁协议》时缴纳租赁押金，标准如下：一居室4 000元，两居室5 000元，三居室6 000元。如退房时屋内设施、设备被损坏未恢复，承租人须照价赔偿，赔偿费用从其缴纳的租赁押金中支出。若租赁押金不足以支付损失的，由学校从承租人工资中扣除。

第五章 其他事项

第十二条 《租赁协议》到期仍需使用周转房的，承租人需于协议租期届满前一个月内向学校提出申请续签协议，否则视为主动放弃租赁资格；续签申请若未获学校批准，承租人应于租期届满十个工作日内交回周转房。

第十三条 协议租期届满承租人未交回周转房的，学校自协议租期届满次月起按基准价的200%从承租人当月工资中扣缴租金。

第十四条 未经学校同意，承租人不得对周转房进行装修、改造。

第十五条 周转房仅供承租人及家庭成员居住使用，承租人不得改变房屋用途或将房屋转租、出借。如有违反，学校将立即无条件收回住房。情节严重者，学校将依照行政纪律处分有关规定予以处理。

第十六条 承租人不得利用周转房从事非法生产、加工、储存、经营爆炸性、毒害性、放射性、腐蚀性物质或者传染病病原体等危险物质和其他违法活动，不得损害公共利益或者妨碍他人正常生活。如有违反，学校将立即收回住房。造成危害后果的，由承租人承担全部责任。

第十七条 承租人有违反上述第十五、十六条规定行为的，学校自发现其违规行为之日起按基准价200%的标准从承租人当月工资中扣缴租金，直至承租人将住房交回学校。

第十八条 承租人所在单位作为担保方，应协助学校做好周转房管理相关工作，如发生承租人违反《租赁协议》的情况，所在单位应配合学校做好相关处理工作。在问题未得到解决前，暂停受理该单位周转房使用申请。

第六章　附　则

第十九条 本办法自2011年6月1日起施行，学校原有的相关政策和规定与本办法不一致的，以本办法为准。

第二十条 本办法由资产与后勤管理处、人事处负责解释。

关于成立中国人民大学留学生招生委员会的通知

（2010—2011学年校政字34号）

为进一步加强对留学生招生工作的组织领导，科学制定留学生招生规划、有力推动规划的落实，经学校研究，决定成立中国人民大学留学生招生委员会（以下简称“委员会”），统一负责本科留学生、研究生留学生、国际小学期外国学生和其他外国进修生招生工作。

一、成员名单

主　任：杨慧林

副主任：吴晓求　唐　忠　洪大用　王　健

委　员：查显友（财务处）　胡　娟（发展规划处）
蔡荣生（招生就业处）　孙　郁（文学院）
杨瑞龙（经济学院）　韩大元（法学院）
陈　岳（国际关系学院）　倪　宁（新闻学院）
伊志宏（商学院）　宋东霞（研究生院）
李铁群（国际交流处）　张国增（后勤集团）

二、工作职责

（一）提出留学生招生年度计划及中长期发展规划的建议，并督导其贯彻落实；

（二）明确留学生招生工作流程，保证招生过程的公平、公正、公开；

（三）统筹协调、及时解决留学生招生过程中存在的突出问题。

委员会的办事机构为国际交流处，负责有关具体工作的开展、落实。

二〇一一年六月二十九日

关于印发《中国人民大学 2011—2012 学年第一学期工作计划要点》的通知

(2011—2012 学年校政字 1 号)

各学院(系),机关各部、处及直(附)属单位:

现将《中国人民大学 2011—2012 学年第一学期工作计划要点》印发给你们,请结合本单位工作实际遵照执行。

附件:《中国人民大学 2011—2012 学年第一学期工作计划要点》

二〇一一年九月二十七日

附件

中国人民大学 2011—2012 学年第一学期工作计划要点

一、指导思想

深入贯彻落实胡锦涛总书记在庆祝中国共产党成立 90 周年大会上的重要讲话、在考察中国人民大学和在清华大学百年校庆大会上的重要讲话等三次讲话精神,全面贯彻落实第四次全国教育工作会议和《国家中长期教育改革和发展规划纲要(2010—2020 年)》精神,弘扬"立学为民、治学报国"的办学宗旨,高举"发展、创新、和谐"的旗帜,以在建党 100 周年之际建成"人民满意、世界一流"大学为目标,以提高质量为核心,坚持目标不动摇、筹划不折腾、干活不懈怠、工作不耽误,始终保持奋发昂扬的精神状态,切实推进和落实"十年腾飞"的各项战略举措。

二、工作思路

继续坚持"12331"的总体工作思路,即坚持"一个高举"——高举"发展是硬道理"的旗帜;抓好"两项规划与建设"——学科规划与建设、校园规划与建设;注重"三个提升"——提升人才培养质量、提升科学研究水平、提升国际性;坚持"三个抓实"——抓实改革、抓实调整、抓实管理;牢记"一个目标"——将学校建设成为"人民满意、世界一流"大学。在继续坚持"特色强校、内涵提高、质量第一"的内涵式科学发展道路的同时,进一步开展适度的外延性扩张;在深化改革、稳步发展的同时,继续与时俱进地适当调整学校改革发展的思路,突出重点领域建设,突出新兴领域发展,突出难点问题解决,努力开创建设"人民满意,世界一流"大学的新局面。

三、重点和核心工作

(一)提高人才培养质量

1. 加强基础理论教育,不断加强本科生和研究生的基础理论素养的提高和基本理论思维的培养。进一步优化学生课程体系,切实做好教材的编写、使用跟踪和质量监控。

2. 进一步有效动员和组织优秀教师到教学第一线,尤其是本科教学第一线。结合日常考核和评审工作,加强教学一线师资队伍建设。

3. 办好明德书院,探索以"培养复合型人才"、"提升人才培养国际性"为主要内容的拔尖创新型人才培养模式。明德书院定位为创新人才培养的实验班,归口管理学校所有的实验班。做好明德书院的组织和制度设计,逐步按实体管理。

4. 组织开展新一轮自我教学评估。2011 年 10 月制订方案,11 月开始实施,2012 年 4 月前完成。通过认真、全面、系统的评估,查找存在的问题和薄弱环节。

5. 尽快组建校、院两级教学委员会,指导教学工作,在教学方案、教材建设、教师配备、教学法和教学管理制度等方面发挥作用。

6. 着力提高研究生科研能力。进一步完善研究生科学研究激励机制，鼓励研究生国际发表。采取切实措施，大力提高学位论文水平。

7. 进一步完善本科生转专业制度、辅修制度和跨院系、跨学科培养制度。在尊重学生个人选择的基础上，通过制度性规范，最大限度地开发学生的兴趣专长和优势潜能。

8. 进一步做好招生就业工作。系统研究本科招生工作，深化研究生招生制度改革，做好招生宣传工作，稳定并继续提高生源质量；加强对学生就业的研究、指导和组织工作，保持毕业生的高就业率和高质量就业。

9. 努力提高外国留学生的培养质量。进一步做好招生工作，确保留学生生源质量。大力加强培养方案的设计和实施，切实解决留学生培养质量水平不一的问题。

10. 继续提升人才培养的国际性。加大人才培养国际性的经费投入，重点支持短期学生对外交流，包括短期教育、暑期学校、国际学术会议等。

11. 继续丰富和加强第二课堂、非专业教育、实践教学等活动，帮助同学开阔眼界、丰富思维、活跃思想、锤炼意志。

12. 继续加强对实验室建设、网上课程建设、体育设施建设的投入力度，为培养杰出人才提供优越的硬件支持。

（二）开拓科学研究新局面

1. 在教师中大力加强学术理想、学术抱负的宣传和教育，促使崇尚学术、追求真理成为人民大学固有的精神财富和全体教师共同的价值追求。

2. 推进协同创新。瞄准国家重大需求和区域经济社会发展需求，依托优势学科群，与兄弟高校、科研院所、政府企业等开展务实合作，建立“开放、集成、高效”的协同创新机制。

3. 完善评价体系。坚持以质量为导向的科研评估标准，改革完善现有的科研考核体系，加强过程管理和阶段性评估。

4. 推进科研组织创新。探索和组织实施大项目管理的体制和办法，继续推动科研组织创新，培育跨学科、跨院系的开放性科研新模式。

5. 加强科研项目管理。加强立项工作，尤其是科研项目的绩效工作。加强对重大项目的过程监督，敦促科研项目及时结项。

6. 做好国际学术交流，尤其要下大力气加强国际发表。做好对重点发展学科国际发表的策划和指导工作，推动学术期刊国际化取得实质性进展。

7. 提高咨政服务能力，更加重视科学研究服务产业发展、社会进步、改善民生和文化传承创新的作用。以服务国家战略需求为指导思想，形成学校新一轮的人文社会科学的专业规划和理工学科的创新。

（三）抓好学科建设龙头

1. 进一步完善学科布局。继续坚持“一个体系、四个意识”，即“主干的文科、精干的理工科”的学科体系和“精品意识、基地意识、特色意识、思危意识”。坚持巩固提升优势学科，着力加强基础学科，加强薄弱学科，努力形成新的交叉学科。整体提升，重点突破，强化优势，并逐步研究建立淘汰机制。

2. 科学论证和规划新建、扩建学科。结合拟议中的新校区建设，抓好增长点，探索创新点，认真论证，科学规划，研究学科建设新的增长点。

3. 大力加强教师队伍建设。进一步完善评聘制度；启动新一轮一级岗教授评聘工作；重视人才梯队建设；建立教师发展中心；加强外籍教师的引进力度，增加外籍教师比重；加强教研室建设；加强教师的团队精神建设；加强师德建设。

4. 保障学科建设经费投入。一方面要合理使用现有经费，特别是“985 工程”、“211 工程”经费；另一方面要继续大力筹集经费。两方面工作相互结合，力争为学科建设提供越来越厚实的经费保障。

5. 试点兴建学科建设特区。认真筹划、广泛调研学科建设特区的人事制度、财务制度、招生制度、日常管理等运行体制问题，深入研究组织设计，使之切实承担起提升国际性、开展跨学科研究、培养拔尖、创新人才的使命。

6. 大力提升学科建设的国际性。检查《中国人民大学全面提升国际性行动计划纲要》实施情况，总结经验，查找不足，更加卓有成效地开展工作。同时，加强海外孔子学院工作。

7. 充分发挥学术组织在学科建设中的重要作用。发挥学术委员会、学位评定委员会以及即将建设的教学委员会在学校制度建设中的重要作用，让教授治学得到更好的体现。

（四）大规模拓展办学空间

1. 在解决制约学校长远发展的办学空间问题上迈出坚实步伐。继续不懈努力，用更大精力，加强与上级部门的密切联系，争取实现国家立项，使建设第二主校区工作取得实际进展。

2. 做好校园拓展其他工作：继续与有关部门协商，做好老校区利用工作；做好拈花寺腾退工作；继续推进首都师范大学海淀校区土地、校舍移交工作；继续推进大华衬衫厂搬迁工作；进一步推动解决青年教职工住房以及学生的学习、生活空间紧张等重要问题。

四、基础和日常工作

（一）规划工作

在“十年腾飞”规划的基础上，按照教育部的要求，贯彻实施“十二五”事业发展规划；进一步做好“十年腾飞”子规划编订工作，包括人才培养、科学研究、队伍建设、校园建设等方面“十年腾飞”规划的制定和实施工作。

（二）校园硬件建设工作

1. 加强对国学馆、校医院工程的科学管理，统筹安排，确保工程按计划竣工验收并交付使用；实现锅炉房下沉改造工程开工建设；推进东南区综合楼、东南区学生公寓、留学生宿舍、北校区工程报批进度；圆满完成苏州校园回购工作。

2. 加强校园公共服务条件建设。继续完成“特色人图、数字人图、专家人图”的建设工作，实现图书馆新馆和老馆运行的正常化、规范化，进一步增加藏书量，进一步提高服务水平；加强校园信息化建设和信息安全建设，进一步将数字校园建设向纵深推进，尤其是在整合资源、推动信息充分共享以及为广大师生提供更好的数字化服务方面进一步加大力度。

（三）校园文化环境建设工作

1. 围绕迎接 2012 年学校 75 周年校庆，结合新建筑的投入使用，做好校园文化景观的设计与建设工作，做好相关文化出版物的编辑出版工作，启动历任老校长图书室的设计和布置工作。

2. 加强博物馆建设，本学期内完成老校区博物馆（包括校史分馆）设计布展工作，不断丰富馆藏，有针对性地开展文物征集工作。

3. 进一步开展好新一轮的校史工作，做好深度挖掘和高水平的提炼概括。扎实推进统计工作和档案工作等基础性工作。

（四）后勤保障和服务工作

1. 着力解决关系师生切身利益的后勤各领域内的“民生”问题。关心在职和离退休教职工生活，全面加强后勤集团队伍建设，着重提升后勤保障能力和服务质量，办好学生食堂，做好学生宿舍管理和服务工作。

2. 深入开展平安校园、文明校园、绿色校园、和谐校园创建活动。继续加强学校安全管理，完善校园治安防控体系，及时掌握影响校园安定的不稳定因素，提高应急处置能力。广泛开展安全教育和法制教育，加强学校安全防范，坚决避免重特大安全事故发生。深入推进校园环境综合治理，优化校园交通，净化育人环境。

（五）筹集办学经费和产业管理工作

1. 千方百计地多渠道筹集办学经费，争取更大的财政支持，进一步做好基金会、校友会工作，进一步加强培训工作，多渠道筹措办学经费。

2. 加强财务管理，理顺财务管理体制，完善财务管理系统建设，进一步提高财务管理水平，提高资金使用效率，同时进一步做好审计工作，加强检查和监督。

3. 提升产业管理水平，继续推进产业规范化管理工作，实现国有经营性资产的保值增值和全资及控股公司的安全运行，实现社会效益和经济效益的双丰收。

4. 出版工作方面，积极做好“十二五”规划教材的建设工作，巩固优势，办出特色，力争全年出书码洋、发货码洋和销售码洋有新的突破；书报资料中心积极实施由纸质化出版向数字化出版的转型，争取国家资金和政策支持，正式启动和加快实施“学者在线”项目。

（六）党建和思想政治工作

1. 不断强化党建工作。以开展好创先争优活动第三阶段工作为契机推进学校党建重点工作，加强党委各部门的分工协作，做好各分党委的党建基础工作，推动学校党建工作取得更大成绩。

2. 稳步推进干部工作。以提升“满意度”为中心，做好正面宣传，继续提升工作的透明度；进一步加强干部工作规范化、制度化建设，进一步扩大民主参与度，加大竞争上岗工作力度；进一步健全干部教育培训体系，加强干部轮岗交流、挂职锻炼及后备干部培养；在制定实施学院（系）领导班子任期目标责任制等重点工作上取得新进展；努力为世界一流大学的建设培养一支高素质、高水平的行政干部队伍。

3. 做好宣传和思想政治工作。进一步加强和改进理论宣传与新闻宣传、对内宣传与对外宣传工作，为学校发展营造良好的舆论环境，树立良好的社会形象。

4. 进一步改进和加强学生思想政治教育工作。研究学生思想政治工作面临的新情况、新问题，全面实施思想政治理论课程方案，及时修订教材和教学大纲，改进教学方法，增进教学实效。创新网络思想政治教育，切实推动中国特色社会主义理论体系和文化价值观进课堂、入头脑，真正发挥思想政治工作立德树人的实效。

5. 继续推进“民主办学、依法治校”。以推进国家教育体制改革试点项目“建设中国特色社会主义现代大学制度”的研究为契机，进一步完善内部治理结构，加快制定《中国人民大学章程》。做好统战工作，做好校务委员会、教代会、工会和离退休工作，充分调动各方积极性，发挥广大教职工、各民主党派、党外人士以及离退休教职工在学校改革、发展、稳定中的重要作用。同时，完成好海淀区人大代表选举工作。

6. 继续深入做好党风廉政宣传教育工作，全面推进廉政风险防范工作，加快惩防体系建设。进一步做好信访、保密和政保工作，为学校发展构建良好秩序。

7. 加强校风学风建设。加强领导干部的思想作风建设，以勤政廉政、钻研业务、忠于职守、恪尽职守为标准；加强师德师风建设，倡导“崇尚学术、追求真理”，加强学术规范，惩治学术不端，净化学术空气；开展更加丰富多彩的学生活动，营造充满活力、积极向上的校园氛围。

关于设立中国人民大学孔子学院工作办公室的决定

（2011—2012 学年校政字 5 号）

为进一步加强学校承建的海外孔子学院师资队伍建设，推动孔子学院工作发展，经学校研究，决定成立中国人民大学孔子学院工作办公室，挂靠国际交流处。孔子学院工作办公室主任由国际交流处分管此项工作的副处长兼任。

孔子学院工作办公室主要职能：

一、研究、规划学校参与承建孔子学院的相关事项，具体落实有关决定；

二、协调、组织孔子学院外派中方院长、教师和志愿者的遴选工作；

三、负责与学校海外孔子学院的日常联系、工作协调和数据统计工作；

四、负责孔子学院相关人员的培训和管理工作；

五、组织学校师生赴海外孔子学院进行学术文化交流；

六、负责与相关主管部门的沟通和联系，完成上级有关部门交办的各项任务。

二〇一一年十月二十日

关于印发《中国人民大学教育事业发展“十二五”规划》的通知

（2011—2012 学年校政字 7 号）

各学院（系），机关各部、处及直（附）属单位：

根据学校总体工作部署，经过多次调研、讨论和修改，《中国人民大学教育事业发展“十二五”规划》已经 2011—2012 学年第 2 次校长办公会、中共中国人民大学第十三届委员会第 52 次常委（扩大）会议审议通过。现予以印发，请认真贯彻实施。

附件：《中国人民大学教育事业发展“十二五”规划》

二〇一一年十月二十六日

附件

中国人民大学教育事业发展“十二五”规划

序言

中国人民大学教育事业发展“十二五”规划，是未来五年学校发展的宏伟蓝图，是全校师生共同的行动纲领，也是促进学校进一步提升学科实力、人才培养质量、科研能力、师资队伍水平和国际影响力的重要依据。

“十二五”时期是中国人民大学承前启后、继往开来的关键期。本世纪初，学校确立了用二十年时间建设成为世界一流大学的宏伟目标，实现这一目标分为“十年基础，十年腾飞”两个阶段，每五年上一个台阶。经过十年建设，学校整体办学水平大幅提升，在现有各项衡量人文社会科学整体水平的指标上均位居全国第一，进一步巩固了学校作为“我国人文社会科学高等教育领域的一面旗帜”的地位。2010 年，学校吹响了“十年腾飞”的号角，制定了《中国人民大学“十年腾飞”学科建设规划纲要》，提出到 2020 年，也就是通过“十二五”和“十三五”的建设，学校的学科整体水平进入世界一流行列，为国家发展、社会进步和学术繁荣作出重要贡献。2010 年 9 月 9 日，胡锦涛总书记在考察学校时，代表党中央、国务院再次明确提出要把学校建成“人民满意、世界一流”大学。

“十二五”时期是中国人民大学加快发展、把握未来的机遇期。为发挥人才资源优势，推进创新型国家的发展，我国正在积极实施“教育优先发展”战略和“加快建设世界一流大学”战略，并相继出台了国家中长期科技、人才、教育规划，这为学校的发展提供了良好的宏观环境和有效的指导。特别是在党和国家领导人的亲切关怀下，在教育部和北京市的大力支持下，学校正在积极努力争取建设中国人民大学第二主校区通州校区，新校区建设将一举解决长期困扰学校的办学空间不足的问题。通过拓展办学空间，学校将进一步完善学科布局，强化扩充优势学科，发展和新建重点理工学科，丰富教育教学资源，跨越性提升办学条件。

“十二五”时期是中国人民大学锐意进取、争创一流的攻坚期。在面临重大机遇的同时，学校也清醒地认识到目前无论在办学空间、学科布局、教师队伍、人才培养还是科学研究上，还存在诸多不足，要建成“人民满意、世界一流”大学，就必须脚踏实地、直面挑战，通过解放思想、创新机制，力争“十二五”期间在提升国际性、培养和引进高端人才、推动重大课题研究与基础研究，以及面向国家科技发展的重大需求等关键问题上实现重大进展。经过五年左右的建设，学校学科布局进一步优化，形成文理交融、相互支撑的学科格局，部分学科接近世界一流水平；以“厚重”为核心的人才培养体系建设取得重要进展；形成一批具有国际影响力的开放式学术平台，汇聚一批具有国际影响力的高水平学者，产出一批在国内外具有重大影响的学术成果和对国家经济社会发展和科学技术发展具有重大贡献的科研成果，世界一流大学建设初见成效。

一、现有基础与主要挑战

（一）现有基础

“十一五”期间，学校坚持“1231”的基本工作思路，贯彻“优化、完善、增强、提升”的方针，在全校师生共同努力下，学校事业的各个方面均取得了巨大进展，进一步巩固了学校作为“我国人文社会科学高等教育领域的一面旗帜”的地位，为把学校建设成为“人民满意、世界一流”大学打下了坚实基础。

1. 办学规模保持适度，招生就业持续看好

“十一五”期间在校生规模增长平缓，2010 年全日制在校生 23 999 人，比 2005 年增长 19.5%。其中，本科生 11 074 人，比 2005 年增长 15.7%，硕士研究生 7 527 人，比 2005 年增长 36.6%，博士研究生 3 317 人，比 2005 年增长 20.6%。本研比由 2005 年的 1.18∶1 降低为 1.02∶1。

本科新生质量持续稳步提高，录取分数继续名列全国高校前茅。硕士研究生招收推免生比例大幅提高，来自全国重点院校的生源比例稳步提高。

在就业压力逐年增大的情况下，“十一五”期间学校毕业生总体就业率均保持在 96%以上，毕业生的就业率与就业质量位居全国高校前列。

2. 学科布局进一步优化，学科建设成绩斐然

“十一五”期间学校学科布局进一步优化，“主干的文科、精干的理工科”学科体系基本形成。2010 年学校拥有本科专业 67 个，比 2005 年增加 7 个；硕士点 168 个，比 2005 年增加 37 个；博士点 104 个，比 2005 年增加 14 个。理工学科成为重要增长点：新增理工学科本科专业 2 个；新增理工学科硕士点 10 个，占新增学术型硕士点的 40%。到 2010 年，学校学科共覆盖 29 个一级学科，其中，人文社会科学类一级学科 18 个，占 62.1%，理工医类一级学科 11 个，占 37.9%。29 个一级学科中 14 个拥有博士学位一级学科授权，11 个拥有硕士学位一级学科授权。

专栏 1：“十一五”期间学校专业、学科增长情况

	2005 年	2010 年	增长率
本科专业数	60	67	11.7%
硕士点数	131	168	28.2%
其中：专业硕士点数	5	18	260%
博士点数	90	104	15.6%

“十一五”期间学校学科建设成绩斐然，在现有衡量人文社科类学科整体水平指标上全面领跑。目前学校拥有 8 个一级学科国家重点学科，8 个二级学科国家重点学科，国家重点一级学科数量和国家重点二级学科数量在人文社会科学领域位居全国高校第一位。在教育部学位评估中心 2009 年公布

的新一轮全国一级学科评估结果中，学校马克思主义理论、理论经济学、应用经济学、法学、政治学、新闻传播学、社会学7个一级学科排名全国第一，在人文社会科学领域位居全国高校第一位，排名第一的学科总数位居全国高校第三位。

学校“985工程”二期建设以“能力建设”和“核心竞争力的提升”为核心，“211工程”三期建设以重点学科建设为主体，在学校的学科建设中发挥了重大作用。“985工程”二期建设在2010年通过国家验收时受到验收专家的高度评价，认为学校“探索并实践着一条建设中国特色人文社会科学一流大学的新路子”。

3. 人才培养模式不断创新，人才培养质量进一步提高

“十一五”期间学校在人才培养模式上进行了多项重要的创新。在本科生培养方面，初步建立了以全校共同课和部类共同课为主要形式，以原典课和素质课为重点内容，以课程课堂教学和学科通识系列公开讲座相结合的通识教育课程体系；在博士研究生培养方面，从2007年开始，在全国率先建立了博士点学科专业主文献制度；在创新人才培养方面，探索建立了金融学—数学实验班、国学教育实验班、工商管理—法学实验班、工商管理全英文实验班、古典学实验班、新闻学—法学实验班、新闻学—国际政治实验班等多个跨学科创新人才培养实验班。

“十一五”期间，学校共有教育部质量工程国家级入选项目251个，其中包括2个国家级人才培养模式创新实验区、18个国家级特色专业建设点、29门国家级精品课程、7门国家级双语教学示范课程、2个国家级实验教学示范中心、8个国家级教学团队、5名国家级教学名师、180个国家级大学生创新性试验计划项目。学校共有310种教材入选教育部“十一五”国家级教材规划选题（包括73种补充选题），其中已出版的教材中有37种被教育部确认为高等教育精品教材，人文社科领域教材入选数和精品教材数均名列全国高校第一。学校有8项教学成果入选第六届高等教育国家级教学成果奖一等奖、二等奖，获奖数量在人文社会科学领域位居全国高校第一。2010年，教育部在学校建立了文科教育改革发展研究基地。

4. 科研项目和经费大幅增长，科研水平和国际性不断提升

“十一五”期间学校共获得各类科研项目5 823项，科研经费达74 816.77万元，是“十五”时期的3.12倍。2010年年度人文社会科学科研经费首度突破1.5亿元，在人文社会科学领域名列前茅。

2010年度学校CSSCI发文达到2 510篇，连续7年保持全国高校第一；SSCI、A&HCI年度收录论文从2005年的4篇增长到2009年的61篇，SCI年度收录论文从2005年的14篇增长到2009年的91篇。2006—2010年，学校教师共出版专著1 370部、编著或教材1 178部。“十一五”期间学校共获得教育部、北京市人文社会科学优秀科研成果奖134项，有8部著作入选国家社科基金文库。

理工学科科研呈现加速上升态势，国家科技计划项目及国家自然科学基金项目经费从2005年的540万元增长到2010年的3 530万元，在重点实验室、省部级一等奖、创新团队计划等方面均实现了零的突破。

“十一五”期间，学校主持的《清史》编纂国家重大文化工程取得重要进展，2010年完成规模最大文献整理项目《清代诗文集汇编》，堪称迄今规模最为浩大、搜罗最为广博的清代作家作品汇辑。学校组织力量开展西域研究，填补了我国在西域研究诸多领域的空白。学校先后推出“三大报告”和“三大指数”发布，即中国经济发展报告、中国社会发展报告、中国人文社会科学发展报告以及中国发展指数、中国宏观经济分析与预测、中国创新指数，以这三大报告、三大发布领衔的更多系列报告和系列发布已经成为具有重要影响的学术品牌。

5. 教师队伍建设取得重要进展，队伍结构显著优化

2010年全校教师总数为1 814人，比2005年增加20%。其中，拥有博士学位的教师比例从2005年的51.71%增加到2010年的77%，拥有博士学位的教师比例位居全国高校第二，获得海外博士学位教师比例从2005年的5.72%增加到2010年的11.05%。教师职称构成趋于合理，全校共有教授

512 人，副教授 630 人，副高及以上职称教师占比达到 62.5%。教师在各年龄段的分布更加合理，教师平均年龄 43.1 岁，其中教授平均 50.5 岁，副教授平均 42.7 岁，35～50 岁中青年教师占比达到 81.4%。

高端人才引进成效明显。“十一五”期间，学校面向海内外共引进教授 52 名，副教授 42 名。当前，学校已经汇聚了一批大师级学者和优秀学术带头人，学校现有一级教授 14 人，二级教授 67 人，国务院学科评议组成员 17 人，“千人计划”入选者 3 人，“长江学者”21 人，“国家杰出青年科学基金”获得者 6 人。教师中有 25 位专家入选中央第一批“马克思主义理论研究和建设工程”课题组首席专家或主要成员，是全国入选人数最多的高校。

6. 社会服务能力不断提升，国家重要智库地位日益凸显

“十一五”期间，学校在国家大政方针的制定中积极建言献策，国家重要智库地位日益显著。党的十六大以来，中共中央政治局集体学习共有 10 次邀请中国人民大学学者作辅导报告，作辅导报告的学者数量遥居全国各高校首位；2006 年创办的中国宏观经济论坛致力打造最具权威性的中国宏观经济分析报告，其政策建议得到中央有关领导及决策部门和社会各界的持续关注，产生了极大的社会影响；学校王利明、杨立新、王轶等教授作为主要起草人全程参与了《中华人民共和国物权法》的制定过程，在中国民法典制定迈出的“第一大步”中扮演了重要角色；学校郑功成教授主持的中国社会保障发展战略研究得到国务院领导同志的高度评价，并已作为国家社会保障改革与制度建设的重要依据；学校人文奥运中心对多个奥运专题进行了深入的跨学科研究，中心提交的报告获得习近平、刘淇等领导同志的重要批示，在北京奥运会的筹办和举办过程中发挥了重要作用。

“十一五”期间，学校社会服务的广度和深度均大为拓展，社会服务能力不断提升。“十一五”期间，学校共组织“教授考察团”15 路，深入基层，在发达和欠发达典型地区开展调查研究，开创了整合全校相关学科力量集中服务一个地区的社会服务新模式。2010 年中国人民大学文化科技园被文化部命名授牌为“国家文化产业示范基地”，成为目前唯一一个依托大学建设的示范基地。2009 年中国人民大学文化科技园内企业年收入总额 188.5 亿元，位居海淀区大学科技园第二位，仅次于清华大学科技园。

7. 国际交流稳步拓展，海外影响不断扩大

“十一五”期间，学校先后与剑桥大学、耶鲁大学、芝加哥大学、康奈尔大学等世界名校签订了合作协议，截至 2010 年 12 月，学校国际及港澳台协议院校共计 195 所，比“十五”期间增加了 68 所。

“十一五”期间，学校学生赴海外短期交流、长期学习人数达到 1 509 人，其中通过“国家建设高水平大学公派研究生项目”共派出学生 284 人。与此同时，学校派出教师长期出国达 382 人次，聘请短期外籍教师 809 人次，长期外籍教师 191 人次。

“十一五”期间，共计有英国首相布朗等 64 名世界各国政要、99 名海外大学校长访问人民大学。学校于 2007 年和 2009 年举办（承办）了第一次、第二次“世界汉学大会”，“第二届中欧论坛”、“亚洲太平洋国际教育协会 2009 年年会”等多次具有世界影响力的国际会议。

学校大力拓展海外影响，已经在四大洲（美、欧、亚、非）建立孔子学院 13 所，成为促进学校与海外高校开展深入合作的平台。

8. 办学经费持续增长，办学空间和办学条件进一步改善

“十一五”期间学校累计总收入达 81 亿元，是“十五”期间 46.3 亿元的 1.69 倍，其中特别可喜的是，“十一五”期间学校接收捐赠收入累计达到 4.3 亿元，是“十五”期间捐赠收入的近 3 倍。

“十一五”期间，经过积极沟通和艰苦工作，完成了通慧寺 1 号（原北京第三师范学校）土地及校舍向学校的法律移交，学校占地面积由 68.95 万平方米增至 75.77 万平方米。学校建筑面积由 93.88 万平方米增至 95.61 万平方米，其中培训中心工程、国际文化交流中心、学生公寓等新竣工建筑 6.48 万平方米，拆除老旧建筑 4.75 万平方米，另有图书馆新馆、国学馆、新校医院等在建工程

8.33万平方米。

学校已全面实现教授1人1间工作室，副教授2人1间工作室，讲师8平方米相对独立办公区的目标；全校可供多媒体教学的教室达到300余间；全校已建成和在建实验室总计50个，基本涵盖学校主要一级学科。

学校固定资产总额由2005年的18.89亿元增长到2010年的28.87亿元，其中教学、科研仪器设备总值已达3.6亿元，图书藏量由313万册增长至403万册。

专栏2："十一五"期间学校已竣工及在建建筑工程项目

序号	项目	建筑面积（平方米）	（拟）竣工时间
1	培训中心工程	24 213	已竣工
2	国际文化交流中心工程	17 847	已竣工
3	学生公寓工程	22 770	已竣工
4	图书馆新馆工程	44 620	2011年
5	国学馆工程	28 517	2011年
6	校医院工程	10 170	2011年

专栏3："十一五"期间办学条件主要成就

	2005年	2010年	2010年比2005年提高
固定资产（万元）	188 898	288 707	52.8%
教学、科研仪器设备（万元）	15 544	36 273	133.4%
校舍面积（平方米）	941 542	956 103	1.5%
图书藏量（万册）	313	403	28.8%

在巨大进展中，"十一五"期间学校大事、喜事接连不断：

从2009年开始，学校已经成功举办两期暑期学校（国际小学期），每期四周。2010年暑期学校有超过100位来自国内外一流大学的教师进行授课，参加学生包括近3 000名学校学生和来自近40个国家的280名外国学生。暑期学校的举办标志着学校提升国际性迈出重要步伐。

2009年，学校与苏州市合作共建的国际学院（苏州研究院）第一批新生正式入学，国际学院的建成使学校的人才培养和科学研究与中国经济社会发展的重要前沿阵地更加紧密地连接在一起，标志着学校延伸办学取得重要进展。

2010年，学校在大规模调研的基础上，制定了《中国人民大学"十年腾飞"学科建设规划纲要》、《中国人民大学全面提升国际性规划纲要及实施细则》，这两个规划的相继出台标志着学校管理工作更加科学化、系统化，学校发展目标更加明确。

2010年9月9日，胡锦涛同志到学校视察并发表重要讲话，肯定学校作为新中国创办的第一所新型正规大学的重要地位，鼓励学校更好地发扬"立学为民、治学报国"的宗旨，早日将学校建设成为"人民满意、世界一流"大学。"十一五"期间，温家宝、习近平、刘延东等党和国家领导人也多次莅临学校指导工作，勉励学校积极进取、更上层楼。

（二）主要挑战

经过"十一五"的建设，学校教育事业发展的各个方面均取得了巨大的成就，但实现建设"人民满意、世界一流"大学的目标还面临诸多挑战，"十二五"期间需要采取战略性措施，实现重点突破，取得更大进展。

办学空间非常紧张，已经成为制约学校未来发展的最大瓶颈。

办学投入严重不足，资金规模难以满足高水平办学需要。

学科布局还不能完全适应建设世界一流大学的需要，办学迫切需要的理工学科、部分人文学科建设步伐需要进一步加快。

教师队伍中活跃在国际学术最前沿和国家重大战略需求领域的一流科学家、学科领军人才和创新团队需要大力引进或进一步加强。

人才培养创新能力和国际竞争能力依然不足，拔尖创新人才培养体系尚不完善。

科学研究自主创新能力和国际竞争力有待提高，具有重大国际影响的科研成果和经典传世之作不多。

（三）发展机遇

2010 年 9 月 9 日，胡锦涛总书记在考察学校时，明确提出要把中国人民大学建设成为“人民满意、世界一流”大学。2011 年 4 月 24 日，胡锦涛总书记在庆祝清华大学建校 100 周年大会上发表重要讲话，强调“建设若干所世界一流大学和一批高水平大学，是我们建设人才强国和创新型国家的重大战略举措”。深入学习两次讲话精神，我们充分认识到，将中国人民大学建成“人民满意、世界一流”大学，是党中央的明确要求和重要部署，是时代和人民交给学校的光荣而又艰巨的任务，是党的意志、国家的意志、人民的意志。

《国家中长期教育改革和发展规划纲要（2010—2020 年）》强调要“加快创建世界一流大学和高水平大学的步伐”，“加大教育投入”，“提高国家财政性教育经费支出占国内生产总值比例，2012 年达到 4%”。加快建设世界一流大学成为国家重大决策，加大教育投入成为各级政府和全社会的共识，国家有决心也有财力建设若干所世界一流大学。

在党和国家领导人的亲切关怀下，在教育部和北京市的大力支持下，学校正在积极努力争取建设中国人民大学通州校区，新校区建设将一举解决长期困扰学校的办学空间问题。

“十二五”时期是学校“十年腾飞”建设世界一流大学的关键五年，学校要牢牢抓住重要发展机遇，贯彻国家教育发展战略，始终牢记我们肩负的崇高使命，脚踏实地，直面挑战，努力开创“十年腾飞”的良好局面。

二、指导思想与基本思路

（一）指导思想

坚持以邓小平理论和“三个代表”重要思想为指导，深入贯彻落实科学发展观，深入贯彻落实胡锦涛总书记在考察中国人民大学和清华大学百年校庆大会上的两次重要讲话精神，全面贯彻落实第四次全国教育工作会议和《国家中长期教育改革和发展规划纲要（2010—2020 年）》精神，继续高举“发展、创新、和谐”的旗帜，继续弘扬“立学为民、治学报国”的办学宗旨，以通州校区建设为契机，以完善学科结构为抓手，以提高人才培养质量为核心，全面实施“十年腾飞”规划，进一步办出特色，办出水平，加快建设“人民满意、世界一流”大学进程，努力为我国建设高等教育强国作出贡献。

（二）基本思路

坚持“12331”基本工作思路，即继续坚持“一个高举”——高举“发展是硬道理”的旗帜；继续抓好“两项规划与建设”——学科规划与建设、校园规划与建设；切实注重“三个提升”——提升人才培养质量、提升科学研究水平、提升国际性；继续坚持“三个抓实”——抓实改革、抓实调整、抓实管理；始终牢记“一个目标”——将学校建设成为“人民满意、世界一流”大学。

三、主要目标与预期指标

（一）主要目标

——学科整体实力进一步提升。学科布局进一步优化，形成文理交融、相互支撑的学科格局。优势学科实力进一步加强，部分学科接近世界一流水平，人文基础学科国内位次进一步上升，理工学科实现跨越式发展，新建学科水平快速提升。

——人才培养质量进一步提升。适度扩大学生规模，着力提高人才培养质量；在拔尖创新人才培养上不断开创新思路、探索新做法、取得新成就；优秀教学团队、精品课程、重点教材等教学基础建设继续扎实推进；转专业、副修等教学管理制度不断完善；学生科研创新能力、学位论文水平进一步提高。

——科研能力进一步提升。产出一批在国内外具有重大影响的学术成果和对国家经济社会发展与科学技术发展具有重大贡献的科研成果，高水平科研平台建设和省部级及以上重点实验室建设取得重要突破，基础研究、跨学科研究得到显著加强，国际发文的数量和质量均大幅提升。

——队伍整体水平进一步提升。确立一套人才发展战略与计划，本校中青年骨干教师培养和引进高端人才、引进海外优秀人才均取得重大进展；教师队伍整体水平进一步提升；人才工作机制、人事管理和分配制度更加完善，更加有利于教师队伍的优化和可持续发展。

——国际影响力和国际认知度进一步提升。形成一批具有国际影响力的开放式学术平台，汇聚一批具有国际影响力的高水平学者，产出一批具有国际影响力的重要科研成果，人才培养、科学研究、教师队伍的国际性均大幅提升。

——办学基本条件跨越性提升。通州校区完成一期工程建设，办学空间大大拓展，办学经费大幅增加，各项基础设施基本满足办学需求，现代化水平进一步明显提升。

（二）预期指标

1. 学生规模

到 2015 年，全日制在校生（含留学生）总规模为 27 500 人左右，其中本科生 12 600 人左右，硕士研究生 8 600 人，博士研究生 3 500 人。留学生人数占在校学生总数的比例约为 10%。

专栏 4：2015 年普通本科生和研究生学生规模（单位：人）

	2010 年学生规模	2015 年学生规模
普通本科生	11 074	12 600
硕士研究生	7 527	8 600
博士研究生	3 317	3 500
留学生	1 640	2 800
合计	23 999①	27 500

2. 学科建设

一级学科总数达到 40 个以上，博士学位一级学科授权点达到 23 个左右，国家重点一级学科数量达到 12～14 个。其中，80%的学科综合实力位居国内前三，有 1～2 个学科整体实力达到国际先进水平，若干学科进入 ESI 前 1%。

3. 人才培养

建成多个具有示范意义的拔尖创新人才培养基地；国家级精品课程达到 50 门，北京市精品课程达到 70 门，双语教学和全英文课程数量达到总课程数量的 10%；国家级教学团队达到 10～23 支，北京市级教学团队达到 22～32 支；在校学习期间具有海外课程学习经历的学生人数达到在校学生总数的 10%；“十二五”期间全国优秀博士学位论文达到 8 篇左右；硕士研究生推荐免试比例提升到 40%～50%，博士研究生硕博连读比例提升到 40%，内地硕士研究生、内地博士研究生招生中来自重点院校毕业生比例提升到 75%；毕业生总体就业率达到 96%以上。

4. 科学研究

建成若干战略性高水平科研平台，筹划建设国家级重点研究机构 1～2 个，新建 1～2 个教育部或北京市重点研究机构；出版学术专著的数量和质量比“十一五”明显提升；进一步巩固 CSSCI 发文

① 其中包括成人脱产班学生 281 人，一年以上进修生 160 人。

量领先地位；SSCI、SCI年度发文量均达到300篇以上；学校主办的1～2种期刊进入国际科学引文体系。

5. 队伍建设

各类教师规模达到3 000人左右，其中专任教师规模达到2 200人左右，生师比不超过18∶1；专任教师队伍中具有博士学位的教师比例力争达到90%，具有海外大学博士学位的教师比例达到15%，中青年教师中有半年以上国际研修经历的比例达到65%以上，全职或至少讲授一门课程的外籍教师人数占全校专任教师总数的比例达到10%；两院院士、“千人计划”入选者、“国家杰出青年科学基金”获得者、“长江学者”、“青年千人计划”、“优秀青年科学基金项目”获得者等各类国家级人才称号和重要省部级人才称号获得者数量达到60人左右。

6. 办学条件

中关村校区校舍总面积增加22万平方米，完成投资约10.9亿元人民币；图书馆纸质文献和数字资源馆藏量进一步显著增加，建成设施一流、服务一流的现代化图书馆；教学、科研仪器设备总值达到9亿元；校园网实现主干和部分楼宇的万兆升级，出口带宽显著提升，建成学校自主的全校范围全覆盖无线网络；体育场馆总面积争取增加到6.8万平方米。

通州校区完成一期工程建设，建筑面积不少于30万平方米，完成基建投资约20亿元，初步建成涵盖教学实验行政一体区、学生生活区、文体活动区、后勤基础保障区、科技园区的现代化一流新校园。

苏州校区完成校园二期建设，总建筑面积达到9万平方米。

四、重点工作

（一）学科建设

——完善布局，打造特色鲜明、结构合理的学科体系。以通州校区建设为契机，沿着两条主线推动学科发展，一是做强、做大优势学科，二是新建、扩建关键学科。根据国家经济和社会发展需要，进一步完善人文社会科学学科布局，实现人文社会科学全面高水平覆盖；面向若干科技发展领域的重大战略需求和重要基础研究，按照国际一流水平，新建、扩建理学、工学、医学类学科，逐步扩大理工医学科在学科布局中的比重，形成文理交融、相互支撑的学科格局。

——优先重点，促进优势学科建设成为世界一流学科。要集中资源、加大对“985工程”等的支持力度，推动学校优势学科快速发展，到2015年，学校拥有的国家重点一级学科达到12～14个，其中80%的学科综合实力位居国内前三。力争到2015年，学校经济学、法学、哲学、社会学、新闻传播学、政治学等优势学科中的1～2个学科整体实力达到国际先进水平；马克思主义理论研究、国学研究、“三农”问题研究、中共党史研究等特色领域具有“鲜明特色和重要国际影响”，5～10个学科方向接近或达到国际先进水平；工商管理、公共管理、农林经济管理和图书馆、情报与档案管理等管理学科成为中国管理学科的引领者，在若干领域冲击世界一流水平。

——夯实基点，加强人文基础学科的建设和社会科学基本理论的研究。哲学要继续发挥国内领先优势，提升国际学术声望；历史学要抓住学科拓展的机遇，中国史和世界史进一步提升国内位次，迅速加强考古学学科建设，争取建成2个国家重点一级学科；中文要实现突破性进展，进入国内前列，争取建成国家重点一级学科；外语要进一步强化科研能力，英语语言文学建成北京市重点学科；艺术学要抓住成为学科门类的机遇，拓宽学科领域，大幅提升水平，争取1～2个一级学科进入国内前列；大力加强社会科学各学科的基础理论和史学研究。

——强化支撑点，支持理工医学科实现跨越式发展。面向国家重大战略需求，有选择地高起点发展理工医学科，进一步优化理工医学科发展环境。理学类继续大力加强物理学、化学的学科建设，充实和拓宽其学科领域；重组新建高水平数学系，探索新建高起点生物学系、生态学系；工学类继续强化计算机科学与技术和环境科学与工程两个学科建设，到2015年力争达到国内一流水平，新建材料科学与工程等学科；医学类探索新建基础医学、临床医学等学科。到2015年，争取5个左右理工医学科达到国内一流水平，若干学科进入ESI前1%。

——抓好增长点，促进新建学科快速发展。大力加强教育学、心理学的学科建设，继续充实和拓宽其学科领域，快速提升水平，到2015年，争取教育学、心理学部分领域达到国内一流水平；探索建设公共卫生与管理、食品科学与工程、戏剧与影视学、建筑学等学科。

——探索创新点，积极推进学科特区和跨学科教学科研等学科体制机制改革。根据创建世界一流学科、汇聚杰出学者、培养创新人才、产出学术精品和推进中外学术交流的需要，探索设立若干学科特区，加大投入力度，在人事管理、科学研究和人才培养模式等方面实行特殊政策。大力加强跨学科研究和复合型人才培养，积极在学校层面进行体制机制创新，鼓励不同学院、学科共同开展多种形式的教学科研合作，切入学科国际前沿，产出高水平成果。

（二）人才培养

——继续围绕“国民表率、社会栋梁”人才培养目标，牢固确立人才培养在学校工作中的中心地位。在现有成果的基础上，继续更新人才培养观念，创新人才培养模式，着力培养高素质复合型人才和拔尖创新人才。

——深化本科人才培养模式改革，大力探索拔尖创新人才培养模式。结合国家教育体制改革试点项目：“改革经济管理类创新人才培养模式”和“人文基础学科拔尖人才培养试验计划”，计划正式成立中国人民大学明德书院，统筹学校拔尖创新人才培养试点；遵循“向下延伸、向上拓展”的原则，不断完善人才成长链；进一步拓展学生的国际视野，提升人才培养国际性；加大对“985工程”等的投入力度，支持拔尖创新人才培养试点以及学生实习实践和创新能力培养；坚持“点上有经验，面上有效果”的指导思想，继续深化改革，为学校人才培养质量的整体提高提供更好的制度保障。

——不断优化本科专业结构。继续坚持“稳定规模、优化结构、完善设置”的基本原则，在数量上适度增加，达到70个本科专业的规模；围绕人才培养目标，加强复合型、交叉型专业建设；继续加强特色专业的建设，发挥特色专业的示范和辐射作用，全面带动专业建设水平的整体提升。加强新建专业和薄弱专业的建设，密切关注这些专业的教师队伍建设、教学方案与课程设置、教材建设以及实习实践等环节。

——积极推进课程建设，扎实推进教材建设。按照建设世界一流大学的要求不断提升课程标准，严格课程教学要求。加大精品课程、双语教学课程及全英文课程建设力度，力争国家级精品课程达到50门以上，北京市精品课程达到70门以上，双语教学和全英文课程占全校总课程10%；加强通识教育大讲堂和原典选读课程建设，使该类课程总数达到45门左右。加强教材建设，适时引进国外优秀教材；落实学校“十二五”教材建设规划选题，争取在教育部“十二五”教材规划中入选选题数量超过“十一五”。

——重视加强本科生的实验实践教学。以国家级、省部级实验教学示范中心建设为引领，全面提升本科教学实验室建设水平，实验教学和实践教学达到教学总量的15%以上。

——大力推动教学创优，大力鼓励学生创新。启动校级优秀教学团队建设计划，每年建设10支优秀教学团队，争取国家级教学团队达到10～23支，北京市级教学团队达到22～32支；力争学校每年参与大学生创新实验计划的本科生人数提高到近800人，覆盖率提高至30%左右。

——积极探索新形势下的研究生培养制度和培养模式，扎实提升研究生培养质量。进一步完善和发展博士点学科专业主文献制度；大力推进硕博连读研究生培养制度；充分借鉴国际先进经验，进一步改革和优化研究生课程体系，到2015年，研究生课程总数达3 300门；大力提升研究生培养的国际性，力争使每年公派出国攻读博士学位的学生人数达到50人，国内外联合培养研究生人数达到100名左右；积极鼓励全英文教学；积极做好全英文硕士项目；加大对研究生参加高水平国际学术活动的资助力度，力争达到每年150人次。

——努力提高研究生科研能力，提升学位论文水平。进一步完善博士研究生学术新人奖项目，进一步完善研究生科学研究激励机制，鼓励研究生的国际发表。大力提高学位论文水平，力争在“十二五”期间，全国优秀博士学位论文达到8篇左右，在工商管理、农林经济管理、公共管理、理工学科等学科领域全国优博论文有新的突破。

——加快研究生教育结构优化调整步伐，努力提高专业学位研究生教育水平。根据国家经济和社会发展需求，建立不同层次的专业学位发展梯队，重点发展MBA、MPA、法律硕士、会计硕士、金融硕士等专业学位。

——加强学生工作。持续强化全面发展和全员育人思想，完善面向“90后”学生群体的德育工作体系；加强心理健康教育队伍建设，提升学生心理健康水平，完善心理危机应对与干预机制；拓展学生奖励资助模式，以经济资助和实践项目资助相结合，扶助贫困学生成长发展；以“三班”建设为重点，构建专业、科学、合理、高效的精致化学生管理工作体系。

——进一步加强招生就业工作。大力加强招生工作主动性，学校各级领导都要积极参加招生宣传拓展工作，想方设法争取优秀生源。积极探索行之有效的人才选拔机制，通过自主选拔和校内外推荐免试等方式，多途径吸引优质生源。本科生进一步巩固和提高录取分数位次、优质生源比例，硕士研究生推荐免试比例提升到40%～50%，博士研究生硕博连读比例提升到40%，内地硕士研究生、内地博士研究生生源中毕业于重点院校的比例提升到75%。建立健全就业指导与服务工作体系，使“十二五”期间学校毕业生总体就业率保持在96%以上，在保持高就业率的同时，努力保持高质量就业，继续保持学校毕业生就业工作在全国的领先地位。

（三）科学研究

——积极搭建高水平科研平台。加强顶层设计，规划成立若干直属学校的跨院系、跨学科科研平台，加强对重大领域和关键领域战略性、基础性、前瞻性重大问题的研究。积极探索高水平科研平台的管理体制改革和运行机制创新，充分发挥著名学者在科研平台中的重要作用。

——加快建设高水平实验室。借鉴国外先进经验，加快建设人文社会科学实验室；加大力度建设理工学科实验室，积极申报建设国家重点实验室，新建1～2个教育部或北京市重点实验室；积极探索并完善实验室的建设和运行机制，保障重点实验室的建设。

——大力提升科研国际性。加强国际科研合作，通过合作提升科研水平和国际影响力。专设人文社科国际发文培育项目，全力提升科研国际性，争取到2015年，SSCI、SCI年度发文量均达到300篇以上。积极支持有条件的学术期刊“走出去”，争取学校主办的1～2种期刊进入国际科学引文体系。

——大力支持基础研究和跨学科研究。在科研成果奖励、科研项目设置及科研考核评价等方面向基础学科和学科基础倾斜，引导、鼓励和支持基础研究。大力支持和鼓励学术专著出版，力争出版学术专著的数量和质量比“十一五”显著提升。进一步创新机制，完善评价体系，积极支持与促进跨学科研究。

——优化科研项目体系。新设明德青年学者培育项目、研究品牌项目等，通过中长期项目资助，鼓励学者开展持续性的长线研究，重点扶持一批青年学者的基础研究项目。

——完善科研评价体系。调整修订科研考核办法和核心期刊目录；科研考核继续突出质量第一，平衡好量与质的关系，继续强调学术论文的重要性；尊重学科特点，鼓励潜心研究，增加考核周期的弹性；在一定范围试行代表作制度；简化核心期刊分类，为教师营造相对宽松的研究环境。

（四）队伍建设

——到2015年，学校以各种形式聘用的各类岗位教职工总规模达到6 000人，其中各类教师及研究人员总数约3 000人，教师以外专业技术人员约1 100人，管理职员约1 000人。

——大力加强高端人才培养和引进。实施人才“3231计划”，以具有国际竞争力的条件吸引海内外高层次人才，同时注重有潜力青年教师的培养和学术大师的涵育。在国际通用学科，有计划培养和引进若干世界级学术大家；加快培养和引进达到两院院士、人文社科类一级教授、“千人计划”、“长江学者”、“国家杰出青年科学基金”获得者标准的学术领军人才；实施新一轮“双百”工程，培养和引进一批具有国际学术视野、具备相当学术实力的中青年学术骨干；实施“海外人才引进计划”，大力引进海外优秀人才。

——大力提升教师队伍整体水平，不断优化教师队伍结构。到2015年，专任教师队伍中具有博士学位的教师比例力争达到90%以上，具有海外大学博士学位的教师比例达到15%以上，中青年教师中有半年以上国际研修经历的比例达到65%以上。形成可持续发展的优秀人才梯队，教授中，35～45岁的占20%左右，46～55岁的占60%左右；副教授中，30～40岁的占40%，41～50岁的占50%。

——创新人才工作体制机制，深化人事制度改革。强化“学校主导、院（系）主体”的工作原则，努力探索赋予院（系）权责匹配的人事职权；制定符合学科特区发展需要的人才政策；认真研究和调整人才引进工作理念，采取“两条腿走路”，即根据学科引进和先引进后建设相结合的做法，不断完善人才引进机制。进一步深化人事制度改革，完善人才发现机制，实行弹性用人模式，改进考核评价机制，创新激励约束机制，完善培训开发机制。

——加强教师以外专业技术队伍和管理职员队伍建设。以规模适度、结构完善、素质提高、能力增强为目标，大力提升队伍国际性，着力培养一批高级管理、技术人才；继续优先保障一线教学科研单位的专业技术人员和管理职员配置。到2015年，教师以外专业技术队伍和管理职员队伍中具有研究生以上学历的比例均达到65%以上。

——加大人才工作投入力度。通过多种方式不断扩大人才专项基金规模；集中投入，加大对优势学科和高层次人才的资助力度，推动学校部分学科尽快达到国际一流水平；鼓励有条件的院（系）设立与学校基金配套的专项基金；注意处理好培养投入与引进投入之间的关系。

（五）国际性提升

——实施教师国际化培训计划，积极实施海外英才引进计划。力争到2015年，使65%的中青年教师有半年以上国际研修经历。力争到2015年，从海外一流大学引进20名左右优秀学者；在海外大学取得博士学位的教师占教师总数的15%；全职与至少教授一门课程的外籍教师人数占全校专任教师总数的比例达到10%，且专业分布合理。

——探索培养模式创新，提升人才培养的国际性。积极探索与国外高水平大学本科层次的联合培养模式；大力发展国际化课程和项目，到2015年，双语教学课程和全外文教学课程达到500门，占全校教学课程的10%，全英文硕士研究生项目达到7个；积极推动学生境外学习交流，到2015年，学校签署执行的学生交流项目达到300个，每年出国（境）进行课程学习的学生达到800人，进行交流的学生达到1 700人；每年举办暑期学校，重点建设30门左右中国研究系列课程，争取到2015年，每届招收国际学生达到600人。

——多种形式、多种渠道增加来校留学生，努力改善留学生结构。到2015年，攻读学位的留学生占学校在校生总数的比例约为10%，达到约2 800人，其中留学研究生人数达到650人。探索多种培养方式联合培养高水平国际学生，开拓多种渠道吸引优秀留学生来校学习交流。改善留学生国别结构，在稳定东亚国家留学生人数的同时，努力增加欧、美、东南亚、非洲国家的学历生和交换生人数，力争到2015年每年来校交换生达到300人。

——积极拓展国际交流，深化关键性合作关系。重点加强并巩固与40所左右世界一流大学的实质性合作伙伴关系；加强海外孔子学院建设，充分发挥海外名牌大学孔子学院在学校国际合作与交流中的平台作用。

——积极创造条件，实施管理干部海外培训计划。力争到2015年，对15%以上的管理干部进行海外培训。

——根据国际交流增长的需要，适度增加一线服务人员，同时建设高效率的电子服务平台。

（六）社会服务

——推动关键问题、热点问题研究，巩固学校作为国家发展重要智库的地位。针对国家经济和社会发展中的重大理论和现实课题，结合科研平台和科研团队建设，进行集中攻关。以重大课题攻关促进科研能力提升，以高水平科研服务国家建设。

——发挥学校特色优势，努力在国家文化传承创新中发挥重要作用。以学校在马克思主义基本理论、中国特色社会主义理论与实践、国学等领域的优势为依托，强化使命意识，积极传承创新，努力为社会主义核心价值体系建设、社会主义先进文化建设作出积极贡献。

——加强校地合作，努力实现校地合作的地域全覆盖、学科全覆盖。发挥学校经济、社会、文化各领域学科覆盖广泛的优势，积极推动多学科协同服务区域发展，与全国各地方政府建立更紧密的合作关系，努力在区域全面可持续发展、区域创新体系建设中发挥更重要的作用。

——以通州校区建设为新的契机，拓宽服务领域，进一步增强服务北京市经济和社会发展的能力。结合北京市发展战略，有效推进北京市教育资源布局的优化调整，努力推动通州新城快速发展，带动产业集群和特色区域经济体系的形成，为建设一个充满文化魅力的现代化国际新城作出更大贡献。

——推动国际学院建设，加强为长三角区域经济、社会发展提供服务的能力。切实根据区域发展需求，发展合理的学科架构；加强师资队伍建设，全面提高教学质量；大力开展特色研究，针对区域热点问题，力争完成若干有重大影响力的研究成果；推动产、学、研协调发展，在区域经济、文化发展中努力充当智囊团、思想库。整合力量，搭建平台，着力建设好全球化研究中心、金融与商务管理系、中法学院等机构平台和项目。

——推动“人大培训”建设，提升学校人才培养的社会服务水平和能力。努力提升“人大培训”品牌的国际性，不断丰富国际合作的国家、大学和项目的种类；立足“中央组织部全国高校基地”，把发展干部培训作为培训项目的“重中之重”；继续重点发展艺术培训，力争成为国内同行业的排头兵。到“十二五”期末，干部培训的学员人数达到10 000人左右，国际合作项目的在校生人数达到2 000人左右，研究生课程研修班在校生人数达到1 000人以上。

——推动文化科技园建设，提升汇聚高校科研成果服务国家经济、社会、文化发展的能力。巩固国家大学科技园和国家版权贸易基地品牌，建成文化产业国家级公共服务平台，形成有行业影响力的高端咨询产业基地、文化创意产业研究基地、创意技术转移中心。加强科研成果转化工作力度，加强专业孵化器建设，使文化科技园成为学校科研成果转化的主要出口，到2015年，学校市场化的科研成果80%以上通过文化科技园平台实现。

（七）通州校区建设

——通州校区建设是学校“十二五”时期乃至更长时期的一项重点工作，通州校区将与中关村校区一起构成学校在北京的双主校区，共同承担学校的人才培养、科学研究、社会服务、文化传承职能。通州校区将以扩建优势学科和发展新建学科为重点，强调高起点、国际化，努力建设成为世界一流大学的高水平示范校园。

——通州校区完成总体规划和一期工程建设，并基本完成主要道路系统、湖面、水系建设。一期工程建筑面积不少于30万平方米，完成基建投资约20亿元，初步形成规模超前、设施一流、环境优美的现代化新校园。教学、实验、行政一体区完成公共教学楼、行政办公楼、实验室、图书馆等约14万平方米建筑；学生生活区完成学生宿舍楼、学生食堂、学生服务中心等约11万平方米建筑；文体活动区完成会堂、体育馆、学生活动中心等约1.5万平方米建筑；后勤基础保障区完成教师宿舍、校医院等约 2.5 万平方米建筑；科技园区完成科技楼、专家公寓等约 1 万平方米建筑。室外运动场地完成 1 个 400 米标准田径场、1 个足球场，多个篮球场、排球场、网球场等。

专栏 5："十二五"期间通州校区规划建设工程项目与面积

类别	项目	建筑面积（平方米）
教学、实验、行政一体区	教学楼、图书馆、实验室、行政办公楼等	140 000
学生生活区	宿舍、食堂、学生服务中心等	110 000
文体活动区	会堂、体育馆、学生活动中心等	15 000
后勤基础保障区	生活福利用房	25 000
科技园区	科技楼、专家公寓等	10 000
合计		300 000

（八）其他基础建设

——继续进行中关村校区校园基本建设。在"十二五"期间中关村校区规划新建学生公寓 1 栋、留学生公寓 1 栋、科研综合大厦 1 栋、理工楼 1 栋，实施北校区改造，实施锅炉房下沉改造，总建筑面积约为 22 万平方米，总投资估算约为 10.9 亿元。积极与北京市沟通，加快完成通慧寺 1 号土地及校舍实物移交和大华衬衫厂搬迁工作；对学校周边尚存争议并曾属于学校的土地如二炮苏州街干休所、空军苏州街干休所等土地，积极探索各种有效方式，争取将土地收归学校。继续探索中关村校区内职工住宅置换方式，进一步拓展办学空间。

专栏 6："十二五"期间中关村校区规划建设工程项目与面积

类别	项目	建筑面积（平方米）
教学科研行政综合	北校区改造	60 000
教学科研行政综合	理工楼	28 000
教学科研行政综合	东南区综合楼	70 000
宿舍	东南区学生公寓	35 000
宿舍	留学生宿舍	24 000
公用建筑	锅炉房工程	3 030
合计		220 030

——苏州校区完成校园二期建设，校园总建筑面积达到 9 万平方米。完成苏州校区所有土地及固定资产的回购。

——完成老校区文物建筑灰一楼的修缮、改造、利用，进一步探索老校区其他文物建筑内居民搬迁及修缮改造利用方式。

——完成黄山学术中心建设，打造成一个教学科研与学生学习实践的重要基地。

——努力打造一流图书馆。以图书馆新馆搬迁为契机，修缮老馆，不断完善新馆，营造优美的阅览环境，提升服务水平，使图书馆新馆真正成为学校的知识中心、学习中心和文化休闲中心。建设数字人图，加大外文全文数据库等学科数字资源的购置力度，提升数字化服务水平；建设特色人图，加大人大文库建设力度，设立"人大精品特藏展厅"；发展专家人图，实施学科馆员制度，开展学科化服务。

——不断提升校园网性能和用户满意度。实现主干和部分楼宇的万兆升级，实现光纤入地，进一步升级出口带宽，建设校内全覆盖的无线网络；积极跟踪网络发展趋势和教学实际需求，持续提升网络对于各种教学新形态的支撑能力；继续对"数字人大"电子校务应用系统进行升级维护；提高安全管理水平，保障学校信息系统持续运转与核心数据安全；积极关注全校师生的实际使用需求，努力提升师生满意度。

——不断升级改造各类教学、科研设施及相关配套设施。升级公共教学多媒体系统，逐批更新公共教学多媒体设备，建设精品课录制教室，提升明德楼地下多媒体教学机房网络性能；重视各项设施的维修维护工作，保证设施始终处于良好使用状态。

——努力改善中关村校区体育场馆设施不足的局面。争取增加1个田径场，1个综合体育场，以及若干室外足球场、室内篮球场和综合性训练设施，使中关村校区体育场馆总面积达到6.8万平方米。

——积极建设绿色大学。秉持可持续发展理念，开展绿色教育，推广绿色科技，建设绿色校园。

五、支持保障

（一）加强党的建设，保障学校教育事业更好更快发展

——加强党建工作。紧密围绕学校中心工作，以“创先争优”活动为抓手，使全校党的各级组织真正成为贯彻落实科学发展观的组织者、实践者和推动者，为学校的改革和发展提供组织保障。

加强领导班子和领导干部队伍建设，优化领导班子结构，创新和完善干部选拔任用机制，加强干部轮岗交流、挂职锻炼及后备干部培养工作，健全干部教育培训体系，建立健全有利于学校事业科学发展的综合评价体系，努力为世界一流大学的建设培养一支高素质、高水平的行政干部队伍。

——加强党风廉政建设。建立健全惩治和预防腐败体系，推进反腐倡廉制度创新，全面贯彻落实党风廉政建设责任制，不断强化监督，加大专项治理和行政监察的工作力度。

——充分发挥各民主党派、党外人士在学校改革、发展、稳定中的重要作用，推出学校更多优秀党外专家学者担任各级人大代表和政协委员。

（二）深化管理体制改革，完善中国特色现代大学制度

——深化学校管理体制改革，结合国家教育体制改革试点项目：“完善中国特色现代大学制度，完善治理结构改革试点”，进一步探索深化学校管理体制改革，科学、合理、成熟地行使好办学自主权，完善适应中国国情和学校特点的现代大学制度。

——进一步完善各项规章制度，把《中国人民大学章程》的起草、修改工作作为学校依法办学的一项基础性工作加以推进，并在具备条件时予以发布。

——完善党委领导下的校长负责制，坚持“党委领导、校长负责、教授治学、民主监督”的科学高效的决策和管理制度。

——建立和健全“民主办学、依法治校”的制度体系，进一步健全校务委员会、教代会、工会、学代会制度建设，加强校务公开，推进民主办学、依法治校。

——进一步完善治理结构，完善“三级架构、二级管理”的管理体制。扩大学院在人事、财务、教学、科研等工作中的自主权利，并明确责任；推进和健全学院领导班子任期目标责任制并正式颁布实施。

——探索建立充分发挥学术委员会、学位评定委员会等在学科建设、学术评价、学术发展中有重要作用的体制机制。进一步探索教授治学的有效途径，充分发挥教授在教学、学术研究和学校管理中的作用。

——完善学校董事会制度，健全社会支持和监督学校发展的长效机制，进一步推动社会各界参与学校办学。

（三）加强校园文化建设，营造崇尚学术、宁静和谐的校园氛围

——坚持学术本位，营造崇尚学术的校园文化，积极鼓励和支持教师、学生在学术领域大胆追求真理、百花齐放、百家争鸣。

——提倡积极进取、团结奋进的精神风貌，大力营造有利于想干事、能干事、干成事的工作环境。

——加强学术道德建设，注重学术规范。提倡静心教学，潜心治学，严谨扎实，科学态度；严肃对待学风问题，严厉惩处各类有悖学术道德的行径，反对学术浮躁，反对急功近利的学术倾向。

——积极支持学生开展丰富多彩的校内外活动，营造充满活力、积极向上的校园氛围。大力支持挑战杯、创新杯等学生课外学术实践活动，积极鼓励学生从事志愿服务，进一步推进学生社会实践，努力繁荣校园社团文化，进一步丰富校园文化艺术活动，建设高水平学生艺术团。努力创造条件，进一步丰富学生体育活动，继续积极开展以院系为单位的全校性竞赛，继续巩固和提升学校体育代表队的水平。

——努力建设文明、和谐、宁静校园。以教学科研为中心着力维护校园秩序，以人为本营造宁静和谐的校园氛围。

（四）强化服务意识，打造以服务师生为核心的一流服务体系

——大力提升食堂、宿舍、物业管理等后勤服务质量。继续重点抓好以学生食堂基本大伙为主的校园餐饮服务，适时调整餐饮布局与服务资源，千方百计提升学生、教师餐饮服务满意度；逐步改善学生住宿条件，推动条件成熟的宿舍区尽快通过标准化学生公寓建设验收；进一步提升校园物业管理服务水平。

——根据教学科研发展需要，重新优化整合办公用房资源。对全校教学、科研、行政办公用房资源进行优化整合，提高利用效率。

——着力解决青年无房职工住房困难。积极与国家部委及北京市等有关部门沟通协调，多途径解决学校青年无房教职工住房问题，争取“十二五”期间有突破性进展；进一步盘活现有资源，提高周转房利用效率。

——完善离退休工作。更多关心离退休教职工的实际需求，完善特殊困难帮扶机制，全面落实离退休干部的政治待遇、生活待遇。

——以新校医院建设为契机，切实提高医疗服务水平。以重大疾病防治和基本医疗为核心，切实提高维护师生健康的能力；强化基本医疗人才的引进与培养，加强医德医风教育；规范医疗服务行为，提高临床检验水平，改善患者就诊环境；力争五年内将校医院建成国内一流的校医院、全国高校社区卫生服务示范中心。

——着力维护校园安全。实现校园和学生宿舍安全技术防控覆盖率达到100%，推进消防安全建设，以育人为本改善校园交通秩序。

（五）积极筹措资金，加快校属产业发展，强化学校发展的财力保障

——积极争取多渠道筹集办学经费。预计“十二五”期间，学校办学经费达到160亿元，其中财政拨款80亿元、教育事业收入60亿元、科研事业收入10亿元、其他收入10亿元，确保为“十二五”建设提供充足的财力保障。

——大力加强财务管理工作。进一步完善学校财务管理体系，保证学校各项经济政策和财务制度既符合国家规定又统一协调；试行设立总会计师职务，提升经费使用和资产管理专业化水平；健全科学化、精细化的预算管理机制，强化财务预算对全校财务工作的硬性约束；集中财力、重点投入，推动学科建设，同时严控一般性支出，积极争取提高教职员工生活待遇；加强支出监督、优化支出结构，审慎理财，有效规避和降低财务风险；完善财务信息公开工作，细化信息公开内容，不断提高信息公开的质量。

——健全和完善审计工作。进一步健全和完善主要行政负责人直接领导下的内审工作领导体制，积极探索预算执行和决算审计工作；进一步完善和规范领导干部（包括重点研究机构负

责人）经济责任审计，推动学校建立审计报告交接制度，将经济责任审计报告列为领导干部交接的内容；强化重大项目和经费使用全过程的审计；推动并不断完善学校物资采购管理内部控制审计工作。

——加强学校教育基金会建设，大力推动捐赠募集工作，“十二五”期间力争募集资金总额达到8亿元人民币。积极拓展捐赠渠道，保证捐赠资金的落实；利用个人捐赠、班级捐赠、现场捐赠、在线捐赠等多种形式，积极开展大众化的小额捐赠工作。完善捐赠项目管理制度，建立专项基金管理机制，推动捐赠资金的信息公开、透明化，加强捐赠信息报道和对外宣传。

——完善产业管理，着力提高盈利能力。进一步形成和完善以资本为纽带的产业管理体制，建立完善的薪酬管理制度和考核制度，加强科研成果转化机制研究，推动实施人大上市公司行动计划。进一步提高校属企业盈利能力，2015年收入总额达到6.5亿元，净利润达到1亿元左右。

——出版社以转企改制为契机，加快从传统出版业态和机制向新型出版业态和机制转型，力争把中国人民大学出版社建设成为国际化的现代出版集团；加快数字化发展，努力成为人文社会科学领域数字内容出版的领先者和重要的数字信息服务提供商；努力实现重大项目中标的历史性突破，力争“十二五”期间重大工程中标总额不低于0.5亿元；2015年销售码洋达到或超过11.7亿元。

——书报资料中心打造国家学术出版平台“学者在线”，依托该平台在5年时间内创办近千本覆盖人文社科各领域的原发学术电子期刊；进一步进行刊号资源和刊群整合，实现期刊总数突破180个，形成有较强影响力的学术期刊传媒集团；加强人文社科学术成果评价研究，充分发挥“复印报刊资料”学术资料与学术评价的双重功能；2015年经营收入达到1亿元左右。

（六）努力扩大社会影响，营造有利于学校发展的外部环境

——统筹对内宣传和对外宣传，构筑大宣传工作格局。调动校内各单位宣传工作的积极性，全方位、多角度提升学校的社会影响力和知名度；建立与校内专家、学者的良性互动机制，为党和政府提供理论支撑和政策咨询，强化人民大学“理论重镇”的良好形象；进一步加强校报等平面媒体建设，对人大主页、人大新闻网等进行改版设计，下大力气办好网络电视台和英文版新闻网。

（七）传承人大精神，做好校史、档案、博物馆、校友工作

——重视校史档案工作，保存人大记忆，传承人大精神。校史编写和研究以口述史为推动，进一步广泛搜集、抢救有关史料，继续推动校志编修完善和分批出版，积极推动院史、学科发展史研究，进一步促进校史研究常态化、规范化、专业化。

——以档案馆新馆建设为契机，加大档案收集力度，提升档案服务能力，加快档案信息化进度，建成高校示范性档案馆。博物馆要落实一馆两址方案，建成现代化博物馆新馆，校本部馆以服务教学科研、展现人大辉煌历史为主题，张自忠路3号馆主要面向社会展示人大风貌。

——不断创新校友工作思路，强化母校对校友的持久凝聚力。加强学校、学院两级校友工作组织和队伍建设，完善校友工作基本条件，实现校友工作的规范化、制度化；加强校友服务和联系，有针对性地组织开展各类校友活动，不断提升校友联系可达性；拓展校友组织，海外校友组织数量2015年达到30个以上，其他校友组织达到80个以上，覆盖校友面达到80%以上。

（八）注重实效，切实做好“十二五”规划各项措施的落实工作

——学校党委常委会、校长办公会经常研究和解决“十二五”规划各项措施的进展及问题，督促重点工作的推进落实。

——学校各有关部门、各学院各司其职、齐心协力，通过子规划、学院规划等方式加以分解落实。

——学校发展规划部门及时掌握规划建设进展，适时组织中期检查和重点工作检查以确保建设进程和建设质量。

附表 **“十二五”规划主要发展指标**

主要指标		2010年(十一五)	2015年(十二五)
学生规模	全日制在校生数(含留学生)(人)	23 999	27 500
	本科生(人)	11 074	12 600
	硕士研究生(人)	7 527	8 600
	博士研究生(人)	3 317	3 500
	留学生(人)	1 640	约2 800
	生师比	18∶1	≤18∶1
学科建设	一级学科数量(个)	29	≥40
	博士学位一级学科授权点(个)	14	23左右
	国家重点一级学科数量(个)	8	12～14
	进入ESI前1%的学科数(个)	—	若干
人才培养	国家级精品课程(门)	29	50
	双语教学课程和全外文教学课程占总课程比例(%)	3	10
	国家级教学团队(个)	8	10～23
	全国优秀博士论文数量(篇)	7	8左右
	具有海外课程学习经历学生占在校学生总数比例(%)	3.5	10
师资队伍	专任教师数量(人)	1 814	2 200
	博士学位教师比例(%)	77	90
	海外博士学位教师比例(%)	11	15
	中青年教师有半年以上国际研修经历的比例(%)	33	65
	全职或至少讲授一门课程的外籍教师比例(%)	3	10
科学研究	CSSCI(篇/年)	2 510	保持国内第一
	SSCI、A&HCI(篇/年)	61	300～500
	SCI(篇/年)	91	300～500
	专著(部)	1 370	1 600～2 000
	国家级重点研究机构(个)	—	1～2
	教育部普通高等学校人文社会科学重点研究基地(个)	13	15左右

注1：2010年数据统计时点为2010年9月，SSCI、A&HCI，SCI年度收录论文篇数为2009年数据。
2：全国优秀博士论文数量、专著数量为五年累计数量。
3：如果国家学科专业目录、学位授予机制、重点学科评审机制的相关政策发生变化，数据将作相应调整。

关于成立中国人民大学冯其庸学术艺术馆的决定

(2011—2012学年校政字9号)

为进一步加强学校文化建设，提升学校人文学科的学术研究水平，丰富研究内容，扩大校内外文化交流，经学校研究，决定成立中国人民大学冯其庸学术艺术馆。

冯其庸学术艺术馆设在国学院，是国学院的一个组成部分，同时接受博物馆的领导和指导。馆舍设在国学馆，主要服务于国学、文、史、哲及艺术等学科的教学、科研、交流活动。

二○一一年十一月七日

关于印发《中国人民大学教师科研工作考核办法》的通知

（2011—2012 学年校政字 712 号）

各学院（系），机关各部、处及直（附）属单位：

《中国人民大学教师科研工作考核办法》已经学校研究批准，现予以印发，请认真研究，遵照执行。

附件：《中国人民大学教师科研工作考核办法》

二〇一一年十一月二十三日

附件

中国人民大学教师科研工作考核办法

第一章　总　则

第一条　为发展繁荣科学研究事业，推进学校建设"人民满意、世界一流"大学进程，根据《中国人民大学教师岗位设置与聘用管理办法》（2007—2008 学年校政字 13 号），制定本办法。

第二条　学校教师的科研工作应坚持正确的政治方向，提倡学术自由；科研成果应具有一定的学术价值和实践意义，符合有关的学术规范及国家有关知识产权的法律法规。

第二章　考核对象与内容

第三条　本办法所指科研工作考核对象为学校正式在编、在职的教学科研型、教学为主型和科研为主型教师。

第四条　科研工作考核的主要内容

（一）在学校确定的核心期刊上发表的学术论文（以下简称核心期刊论文）；

（二）正式出版的学术专著、学术译著、教材、学术工具书等；

（三）获得实用新型专利；

（四）获得外观设计发明专利；

（五）获得省部级以上部门采纳或领导批示的研究报告；

（六）制订、修订国家、行业标准并颁布实施；

（七）其他非核心期刊学术论文（以下简称非核心期刊论文）。

注：在教师岗位基本任务认定中获得实用新型专利、外观设计发明专利 1 项以及主持制订、修订国家、行业标准并颁布实施，等同于发表核心期刊论文 1 篇。

第三章　考核的岗位基本任务

第五条　教学科研型教师岗位基本任务

（一）教授岗位教师在聘期内应完成如下基本任务：以独立作者、第一作者或通讯作者身份平均每年发表核心期刊论文 1 篇；

（二）副教授一级岗位教师在 4 年聘期内应完成如下基本任务：以独立作者、第一作者或通讯作者身份发表核心期刊论文 3 篇；

（三）副教授二、三级岗位教师在 3 年聘期内应完成如下基本任务：以独立作者、第一作者或通讯作者身份发表核心期刊论文 2 篇。

第六条 教学为主型教师岗位基本任务

(一) 教授三、四级岗位教师在 4 年聘期内完成下列任务之一的为科研工作考核合格:

1. 主持学校或省部级以上教改项目 1 项;
2. 主持或参与学校或省部级以上精品课程 1 门;
3. 主编学校或省部级以上规划教材 1 部;
4. 作为主要成员获得学校或省部级以上教学成果奖、教学优秀奖 1 项;
5. 以独立作者、第一作者或通讯作者身份发表核心期刊论文 1 篇;
6. 以独立作者、第一作者或通讯作者身份发表学术论文及教学研究、教学改革等论文各 1 篇。

(二) 副教授一级岗位教师在 4 年聘期内,副教授二、三级岗位教师在 3 年聘期内完成下列任务之一的为科研工作考核合格:

1. 参与学校或省部级以上教改项目 1 项;
2. 参编学校或省部级以上规划教材 1 章;
3. 作为成员获得学校或省部级以上教学成果奖、教学优秀奖 1 项;
4. 以独立作者、第一作者或通讯作者身份发表学术论文或教学研究或者教学改革论文 1 篇。

注:多位作者合著的成果,非独立作者、第一作者或非通讯作者按 2/5 工作量分配计算。

第七条 科研为主型教师岗位基本任务

科研为主型教师的岗位基本任务应为教学科研型教师相应岗位基本任务的 1.6 倍及以上,且其核心期刊论文至少应有 1/2 以上在非学校主办的学术期刊上发表。

第四章 代表作制、延期考核及免考核

第八条 代表作制

未完成上述相应科研任务,但在聘期内有重要学术论文、学术专著、教材及研究报告或其他形式科研成果的教师,可提交 3 篇(部)以内学术论文或学术专著等成果作为代表作,经其所在学院教师岗位聘用委员会评审,学校教师岗位聘用委员会根据评审意见决定考核结果。学校教师岗位聘用委员会对学院教师岗位聘用委员会评审意见有异议的,可委托科研处组织校内外同行专家对代表作的学术水平重新进行评审,学校教师岗位聘用委员会根据重新评审意见决定考核结果。

第九条 延期考核

研究周期较长的理论或基础学科,部分研究能力较强且有明确长期研究计划的教师可申请延期考核。延期考核申请须经教师所在学院教师岗位聘用委员会同意,并经学校教师岗位聘用委员会审议批准。延长期为现岗位 1 个聘期。延长期结束后,学校按前项"代表作制"办法进行评审考核。

第十条 免考核

凡学校教师在上一个聘期内有下列情况之一的,可免其一个聘期科研工作考核,但仍须在科研管理系统中备案科研成果。

(一) 受聘为二级以上教授岗位的;

(二) 主持的国家级或省部级重大科研项目按时完成并结项合格的;

(三) 独立或作为第一作者完成的成果获得国家级或教育部、北京市优秀教学成果、科研成果奖励的;

(四) 获得国家发明专利的。

第五章 考核组织与结果

第十一条 考核工作按照学校统一领导,学校、学院分段负责的方式进行。具有教授、副教授职称的教师由学校组织考核,具有讲师职称的教师由学院组织考核。

第十二条 达到科研工作基本任务要求或通过代表作评审考核的教师，为科研工作考核合格；未达到科研工作基本任务要求并未通过代表作评审考核的，为科研工作考核不合格。

第十三条 延长一个聘期考核的教师，其考核结果按两个聘期的结果计算。

第十四条 聘期内符合免考核所列情况之一的教师，该聘期考核合格。

第十五条 免考核的教师，如在聘期内备案的科研成果与岗位科研任务差距较大的，学校教师岗位聘用委员会可适当调整其受聘岗位。

第六章 附 则

第十六条 各学院可在本办法基础上，结合学科特点制订本学院教师科研工作考核办法，经学校学术委员会审定备案后依照执行。学院的教师科研工作考核办法应不低于本办法的要求。

第十七条 本办法自印发之日起施行，由科研处负责解释。

关于成立人大数媒科技（北京）有限公司的决定

（2011—2012 学年校政字 713 号）

为进一步抓住“十二五”时期国家文化产业大发展和新闻报刊出版行业数字化转型的重大机遇，积极参与并加快推进“国家学术数字出版平台”建设，充分运用、整合学校人文社会科学学科的优势和资源，全面提升学校服务社会的能力和影响力，助推学校“十年腾飞”及迈向世界一流大学的进程，根据学校第十三届党委会第 51 次常委会和相关专题办公会精神及要求，学校决定依托“国家学术数字出版平台”和“学者在线项目”，由中国人民大学书报资料中心、人大世纪科技发展有限公司（即人大资产经营管理公司）和北京人大文化科技园建设发展有限公司以自有资金联合出资，设立人文社会科学学术数字出版机构——人大数媒科技（北京）有限公司。

人大数媒科技（北京）有限公司注册资本 2 000 万元，由中国人民大学书报资料中心出资 1 000 万元，占公司 50%的股权，人大世纪科技发展有限公司出资 800 万元，占公司 40%的股权，北京人大文化科技园建设发展有限公司出资 200 万元，占公司 10%的股权。

人大数媒科技（北京）有限公司要按照高校产业规范化建设的要求，遵循学校全资企业出资并相对控股的原则，承担国有经营性资产保值增值的责任；以新视野、新事业、新团队、新体制为建设思路，引进市场机制与运作方式，充分调动管理运营团队及各方的积极性，严密设计，大胆探索，谨慎实施。

学校有关单位和部门要充分研究和运用相关政策，在政策性资金争取、人才引进、业绩考核、自主创新与股权分红激励等方面积极配合支持。

二〇一一年十一月二十九日

2011年统计资料

表一　　教职员工人员构成一览表　　单位：人

项目＼类别	合计	专任教师	行政人员	教辅人员	工勤人员	科研机构人员	校办企业职工	其他附设机构人员
总计	3 665	1 850	670	415	191	300	8	231
其中：女性	1 617	656	356	299	52	110	5	139
正高级	617	537	8	16	—	45	—	11
副高级	904	652	43	110	—	50	1	48
中级	1 137	621	—	229	—	205	1	81
初级	92	40	—	43	—	—	—	9
无职称	915	—	619	17	191	—	6	82

表二　　专任教师学历构成一览表　　单位：人

项目	合计	研究生毕业		本科毕业	专科毕业及以下
		博士	硕士		
总计	1 850	1 458	283	105	4
其中：女性	656	499	124	33	0
正高级	537	443	68	25	1
副高级	652	508	95	47	2
中级	621	500	101	19	1
初级	40	7	19	14	0
无职称	0	0	0	0	0

表三

本科生分学科学生数一览表

单位：人

学科	毕业生数	招生数	在校生数
总计	2 656	2 911	11 261
哲学	57	62	260
经济学	656	731	2 767
法学	392	459	1 728
文学	492	517	2 033
历史学	70	75	297
理学	181	402	1 335
工学	56	0	45
管理学	752	665	2 796

表四

研究生学生数一览表

单位：人

	毕业生数	授予学位生数	招生数	在校研究生数			
				合计	一年级	二年级	三年级及以上
总计	3 915	3 903	4 329	11 203	4 329	4 825	2 049
其中：女生	2 159	2 151	2 515	6 149	2 515	2 699	935
博士研究生	811	808	848	3 306	848	868	1 590
硕士研究生	3 104	3 095	3 481	7 897	3 481	3 957	459
国家任务小计	3 159	3 152	3 504	9 091	3 504	3 646	1 941
博士研究生	797	794	794	3 107	794	828	1 485
硕士研究生	2 362	2 358	2 710	5 984	2 710	2 818	456
委托培养小计	285	285	383	763	383	356	24
博士研究生	9	9	24	67	24	20	23
硕士研究生	276	276	359	696	359	336	1
自筹经费小计	471	466	442	1 349	442	823	84
博士研究生	5	5	30	132	30	20	82
硕士研究生	466	461	412	1 217	412	803	2

注：另有研究生单证教育的在校学生 3 506 人。

表五

留学生情况一览表

单位：人

	当年毕业生	授予学位数	当年招生数	在校学生数
总计	805	278	1 103	1 921
博士研究生	18	16	29	99
硕士研究生	44	42	115	231
本科生	244	220	320	1 197
培训生	499	—	639	394

表六

成人教育、网络教育学生数一览表

单位：人

	当年毕业生数			招生数			在校学生数		
	合计	本科	专科	合计	本科	专科	合计	本科	专科
总计	13 886	8 910	4 976	18 579	11 019	7 560	56 239	37 107	19 132
成人教育	3 116	2 540	576	761	761	0	7 862	7 196	666
其中：函授	150	150	0	0	0	0	610	473	137
业余	2 699	2 123	576	761	761	0	7 227	6 698	529
脱产	267	267	0	0	—	0	25	25	0
网络教育	10 770	6 370	4 400	17 818	10 258	7 560	48 377	29 911	18 466

表七 **校园与校舍面积、固定资产一览表**

全校占地面积（平方米）	757 729
校舍面积（平方米）	958 290
一、教学、科研及辅助用房	291 885
教室	52 469
图书馆	42 106
实验室、实习场所	60 087
专用科研用房	102 510
体育馆	21 024
会堂	13 689
二、行政办公用房	81 561
三、生活用房	301 195
学生宿舍（公寓）	201 532
学生食堂	23 854
教工宿舍（公寓）	20 000
教工食堂	—
生活福利及附属用房	55 809
四、教工住宅	124 656
五、其他用房	158 993
固定资产总值（万元）	294 781.00
其中：教学、科研仪器设备	38 397.80
图书（万册）	415.20

表八 **学校基建投资状况表** 单位：万元

	合计	其中		已完成投资中资金构成				竣工面积（平方米）	
		国家投资	自筹投资	建安工程		设备购置	其他	小计	其中：住宅
				小计	其中：住宅				
投资计划	5 159	1 000	4 159	—	—	—	—	83 437	—
完成投资	10 456	1 000	9 456	—	—	—	—	83 437	—

表九 **经费收入状况表** 单位：万元

总计	财政拨款	事业收入	其他收入
278 098.96	128 695.71	96 804.68	52 598.57

表十 **经费支出状况表** 单位：万元

总计	事业支出	基建支出
221 100.62	200 375.49	20 725.13

表十一 **科学研究基本状况一览表——文科**

科技活动人员情况（人）			研究与发展课题数（项）				科研与发展成果情况			应用成果（项）		科研成果获奖情况（项）		研究与发展课题经费拨入（万元）
社科活动人员	研究与发展人员	研究与发展全时人员（年）	合计	基础研究	实验与发展	应用研究	合计	出版著作（部）	发表论文（篇）	提交有关部门	鉴定成果	国家级	省部级	
1 815	1 726	639	3 175	1 466	106	1 603	4 079	421	3 658	70	—	0	5	15 067.44

表十二　　科学研究基本状况一览表——理科

科技活动人员情况（人）		研究与发展课题数（项）						科研与发展成果情况			科研成果获奖情况（项）		专利（项）	研究与发展课题经费拨入（万元）
理科活动人员	研究与发展人全时人员（折合人年）	合计	基础研究	应用研究	试验与发展	R&D成果应用	其他科技服务	合计	出版著作（部）	发表论文（篇）	国家级	省部级		
143	71	162	106	44	6	3	3	234	4	230	0	0	5	1 840.4

注：1. 表一至表七根据《中国人民大学高等教育基层统计报表（2011/2012 学年初）》填写，统计时点为 2011 年 9 月 1 日，统计时期为 2010 年 9 月 1 日至 2011 年 8 月 31 日。

2. 表八至表十二，统计时期为 2011 年 1 月 1 日至 2011 年 12 月 31 日，统计时点为 2012 年 1 月 1 日。

3. 表三、表四统计范围不含留学生；表九、表十统计范围含附中、附小，不含幼儿园；其余表格无特殊说明统计范围均不含附中、附小、幼儿园。

中共中国人民大学第十三届委员会常委、委员和纪律检查委员会委员名单

党委常委（以姓氏笔画为序）

马俊杰　王利明　牛维麟　冯惠玲
纪宝成　杨慧林　陈一兵　林　岗
袁　卫　程天权

党委委员（以姓氏笔画为序）

马俊杰　王利明　牛维麟　冯惠玲
伊志宏　刘向兵　刘彭芝　纪宝成
杨瑞龙　杨慧林　陈　岳　陈一兵
林　岗　周淑真　郑水泉　查显友
贺耀敏　秦　宣　袁　卫　徐志宏
郭洪林　程天权　温铁军

纪委委员（以姓氏笔画为序）

马周年　王宏伟　牛维麟　龙翼飞
关　伟　吴美华　张晓辉　荆　新
涂光晋　董克用

中国人民大学校级领导干部名单

校　　　　长： 纪宝成（2011年11月免）
陈雨露（2011年11月任）
党 委 书 记： 程天权
常务副校长： 袁　卫
党委常务副书记： 牛维麟
副　校　长： 林　岗　冯惠玲　陈一兵　王利明（兼）　杨慧林
党委副书记： 马俊杰　王利明
纪 委 书 记： 牛维麟（兼）

注：2011年11月9日，中共中央发文（中委〔2011〕458号），中央批准陈雨露同志任中国人民大学校长（副部长级），免去纪宝成同志的中国人民大学校长职务。

2011年11月21日，国务院发文（国人字〔2011〕123号），任命陈雨露为中国人民大学校长（副部长级），免去纪宝成的中国人民大学校长职务。

2011年11月23日，中共中央组织部副部长李智勇来校宣读了中共中央、国务院关于陈雨露同志、纪宝成同志职务任免的决定。

中国人民大学校长助理名单

贺耀敏　黎玖高　吴晓求　刘向兵　查显友　郝立新　郭洪林　王孝群

中国人民大学第十届学术委员会委员名单

主　任： 纪宝成
副 主 任：（以姓氏笔画为序）
冯　俊　冯惠玲（常务）　刘大椿　林　岗　贺耀敏　袁　卫　曾宪义　温铁军
秘 书 长： 杜　鹏
副秘书长：（以姓氏笔画为序）
王　珊　李景治　杨瑞龙　陈　桦　徐二明　董克用　韩大元
委　员：（以姓氏笔画为序）
方立天　毛基业　王　珊　王化成　王利明　王孝群　冯　俊　冯其庸　冯惠玲　伊志宏
刘大椿　孙家洲　成同社　纪宝成　邬沧萍　吴易风　吴晓求　吴喜之　宋志明　宋新宁
张风雷　张成福　张雷声　李　泉　李文华　李景治　李路路　杜　鹏　杜小勇　杨瑞龙
杨慧林　邹　骥　陈　桦　陈　岳　陈兴滨　陈雨露　林　岗　郑功成　郑保卫　金元浦
贺耀敏　赵国俊　倪　宁　唐　忠　徐二明　徐庆平　秦　宣　秦惠民　袁　卫　郭　湛

郭庆光　郭庆旺　郭志新　高　钢　高德步　黄卫平　黄朴民　曾宪义　曾湘泉　温铁军
焦国成　董克用　韩大元　翟振武

注：中国人民大学第十届学术委员会委员名单于 2005 年 12 月 19 日经 2005—2006 学年第 7 次校长办公会讨论通过。

■ 中国人民大学第三届校务委员会委员名单

名誉主任：黄　达　　李文海
主　　任：程天权
副 主 任：袁　卫　　牛维麟　　刘大椿　　郑功成
委　　员：（以姓氏笔画为序）

马俊杰　牛维麟　王　珊　刘大椿　刘向兵　刘向东　何光沪　宋　涛
李文海　李　湘　李景治　陈先达　周淑真　易丹辉　郑保卫　郑功成
费　佳　胡乃武　倪　宁　徐二明　徐庆平　袁　卫　顾海兵　黄　达
黄卫平　曾宪义　曾湘泉　程天权　彭和平　董克用　蓝志勇　戴　逸

其他有关单位负责人：理学院　校研究生会　校学生会

■ 中国人民大学第七届学位评定委员会委员名单

主　席：纪宝成
副主席：袁　卫　曾宪义　刘大椿
委　员：（以姓氏笔画为序）

方立天　王　珊　王利明　冯惠玲　纪宝成　刘大椿　吴晓求　李景治
杨瑞龙　陈　岳　陈　桦　陈先达　林　岗　杨慧林　洪大用　郑杭生
胡乃武　袁　卫　曾宪义　温铁军　董克用

秘书长：吴晓求（兼）

■ 中国人民大学第七届学位评定分委员会主席、副主席、委员名单

（委员名单以姓氏笔画为序）

（一）哲学分会（9 人）

主　席：刘大椿
副主席：张志伟　　郝立新
委　员：安启念　　何光沪　　宋志明　　郭　湛　　梁树发　　焦国成

（二）理论经济学分会（8 人）

主　席：林　岗

副主席：杨瑞龙

委　员：马　中　方福前　刘凤良　张雷声　高德步　黄卫平

（三）应用经济学分会（10 人）

主　席：胡乃武

副主席：曾湘泉　陈雨露

委　员：刘起运　吴晓求　谷克鉴　陈甬军　陈秀山　金勇进　郭庆旺

（四）法学分会（12 人）

主　席：刘春田

副主席：史际春　韩大元

委　员：张志铭　马小红　刘明祥　谢望原　龙翼飞　汤维建　李艳芳
刘俊海　朱文奇

（五）政治学社会学分会（8 人）

主　席：李景治

副主席：翟振武

委　员：时殷弘　李路路　杨凤城　俞国良　秦　宣　黄嘉树

（六）文学分会（7 人）

主　席：杨慧林

副主席：陈力丹　徐庆平

委　员：方汉奇　张卫国　李炳海　陈世丹

（七）历史学分会（7 人）

主　席：陈　桦

副主席：黄朴民　孙家洲

委　员：成崇德　徐兆仁　黄爱萍　魏　坚

（八）理工分会（8 人）

主　席：王　珊

副主席：张建平　王孝群

委　员：朱来义　吴喜之　杜小勇　邹　骥　陈　禹

（九）工商管理与农林经济管理分会（10 人）

主　席：温铁军

副主席：伊志宏

委　员：吕一林　孙健敏　宋远方　荆　新　唐　忠　徐二明　黄卫伟
程淑兰

（十）公共管理与图、情、档分会（7人）

主　席：董克用

副主席：赵国俊

委　员：卢小宾　叶剑平　张成福　郑功成　秦惠民

中国人民大学第六届教职工代表大会主席、副主席、秘书长、副秘书长及成员名单

主　席：马俊杰（兼）

副主席：胡乃武　林　嘉　洪　玫

秘书长：孙华玲

副秘书长：余　浩　刘海滨

成　员：（以姓氏笔画为序）

马周年　马俊杰　仇雨临　牛维麟　田育英　龙永红　刘后滨　刘向兵
刘青建　刘彭芝　安小米　许　鹏　余　浩　吴晓求　宋远方　张伦传
张晓京　周淑真　林　嘉　郑水泉　费　佳　查显友　洪　玫　洪大用
胡乃武　徐金梅　郭星华　郭洪林　曾贤刚　黎玖高

中国人民大学工会第十五届委员会主席、副主席、委员名单

主　　席：马俊杰（兼）

常务副主席：孙华玲

专职副主席：余　浩　刘海滨

兼职副主席：（以姓氏笔画为序）

宋大我　李军林　李丽娜　李树旺　武　雷　辛　逸

委　　员：（以姓氏笔画为序）

马秀芹　马俊杰　孔祥智　王　飞　艾希成　刘　震　刘海滨　华彦春
孙　喆　孙华玲　余　浩　宋大我　李军林　李明霞　李树旺　汪永红
辛　逸　周　勇　孟　超　武　雷　郑瑞芳　赵永奎　赵朝平　郝中建
徐　飞　葛秀珍

中国人民大学工会经费审查委员会主任、副主任、委员名单

主　任：孙茂竹

副主任：张　雁

委　员：王　健　史彤彪　刘桂香

校部机关、各学院（系、所）、直（附）属单位负责人名单
（截至2011年12月31日）

学校办公室（校长办公室、党委办公室）		
	主　　任	刘向兵（兼）
党委组织部	部　　长	高德步
党委宣传部	部　　长	郑水泉
	副 部 长	徐青森（兼新闻中心主任）
党委统战部	部　　长	周淑真
纪　　委	书　　记	牛维麟（兼）
	副 书 记	马周年（2011.3免）
		王　健（2011.5任）
纪委办公室	主　　任	马周年（兼）（2011.3免）
		王　健（兼）（2011.5任）
监察处	处　　长	马周年（兼）（2011.3免）
		王　健（兼）（2011.5任）
研究生院	院　　长	袁　卫（兼）
	常务副院长	吴晓求（兼）
	副 院 长	刘凤良
	副 院 长	宋远方
发展规划处	处　　长	胡　娟（2011.11免）
		杨伟国（2011.11任）
高教研究室	主　　任	胡　娟
教务处	处　　长	洪大用
科研处	处　　长	杜　鹏
人事处	处　　长	郭洪林（兼）
实验室建设与设备管理处	处　　长	武宝瑞
学生工作部（处、武装部）	部（处）长	张晓京
招生就业处	处　　长	蔡荣生
国际交流处	处　　长	唐　忠
财务处	处　　长	查显友（兼）
资产与后勤管理处	处　　长	林建荣
保卫处（部）	处（部）长	武龙生
产业管理处	处　　长	关　伟
校园建设管理处	处　　长	孙华玲（2011.6免）
		张　卯（2011.6任）
	总工程师兼副处长	肖淑梅
理工学科建设处	处　　长	王孝群（兼）（2011.5任）

审计处	处　　长	赵永奎
离退休工作处	处　　长	刘爱平（兼党委书记）（2011.6免）
校工会	主　　席	马俊杰（兼）
	常务副主席	余　浩（2011.6免）
		孙华玲（2011.6任）
校团委	书　　记	费　佳
机关党委	书　　记	牛维麟（兼）
	常务副书记	刘向兵（兼）
校友工作办公室	主　　任	郭海鹰
教育基金会	秘 书 长	彭和平（2011.6免）
		查显友（兼）（2011.6任）
学术期刊社	社　　长	林　岗（兼）
	副 社 长	段忠桥（兼）
	《经济理论与经济管理》主编	方福前
	《中国人民大学学报》主编	段忠桥
	《中国人民大学学报》（英文版）副主编	赵锡军
	《教学与研究》主编	梁树发（2011.6免）
		齐鹏飞（2011.6任）
哲学院	院　　长	郝立新（兼）
	党委书记	葛晨虹
文学院	院　　长	孙　毅
	党委书记	王贵元
历史学院	院　　长	孙家洲
	党委书记	陈　桦
国学院	院　　长	冯其庸（名誉）（聘）
	院　　长	纪宝成（兼）
	常务副院长	黄朴民（2011.6任执行院长）
	党委书记	徐　飞
经济学院	院　　长	杨瑞龙
	党委书记	张　宇
财政金融学院	院　　长	郭庆旺
	党委书记	王宏伟
	全国金融硕士专业学位教育指导委员会秘书长	庄毓敏
统计学院	院　　长	赵彦云
	党委书记	王晓军
农业与农村发展学院	院　　长	温铁军
	党委书记	孔祥智
法学院	院　　长	韩大元
	党委书记	林　嘉
马克思主义学院	院　　长	秦　宣
	党委书记	张雷声
社会与人口学院	院　　长	翟振武

	党委书记	郭星华
国际关系学院	院　　长	陈　健（聘）
	党委书记兼常务副院长	陈　岳（2011.6任执行院长）
新闻学院	院　　长	赵启正（聘）
	常务副院长	倪　宁（2011.6任执行院长）
	党委书记	高　钢
艺术学院	院　　长	吴长江（名誉）（聘）
	常务副院长	徐唯辛（2011.6任执行院长）
	党总支书记	郑晓华
外国语学院	院　　长	何其莘（聘）
	常务副院长	张勇先
	党委书记	张卫平
环境学院	院　　长	李文华（名誉）（聘）
	院　　长	马　中
	党委书记	刘　鹏
信息学院	院　　长	杜小勇
	党委书记	林　颐（2011.1任）
理学院	副 院 长	王孝群
	物理学系主任	朱传界（聘）
	副 院 长	郭志新
	化学系主任	曹廷炳
	副院长兼心理学系主任	孙健敏
	党总支书记	李欣欣（2011.6免）
		杨燕萍（2011.6任）
商学院	院　　长	伊志宏
	党委书记	荆　新
	全国会计硕士（MPAcc）秘书处秘书长	王化成
公共管理学院	院　　长	董克用
	党委书记	秦惠民
	全国公共管理硕士（MPA）秘书处秘书长	朱立言（2011.1免）
		董克用（2011.1任）
劳动人事学院	院　　长	曾湘泉
	党委书记	周　石
信息资源管理学院	院　　长	赵国俊
	党委书记	纪红波
教育学院	执行院长	胡　娟（兼）（2011.10任）
	党总支书记	秦惠民（兼）（2011.10任）
继续教育学院	院　　长	陈兴滨
	党委书记	刘夏阳
培训学院	院　　长	李　湘（2011.11免）
	党总支书记兼副院长	刘京建
国际学院（苏州研究院）	院　　长	王利明（兼）

	常务副院长兼党委书记	陈甬军
	副院长兼党委副书记	杨　志（2011.11 免）
		刘晓梅（2011.11 任）
	副 院 长	王小虎
深圳研究院	院　　长	袁　卫（兼）
	常务副院长	陈　建
体育部	主　　任	雷　达（2011.10 免）
		杨占武（2011.10 任）
	党总支书记	杨占武
图书馆	馆　　长	刘大椿
	党总支书记	汪永红
档案馆	馆　　长	冯惠玲（兼）
	常务副馆长	吕小明（2011.6 免）
		李　惠（2011.6 任）
网络与教育技术中心	主　　任	顾　涛
博物馆	名誉馆长	纪宝成（兼）
	馆　　长	方　鸣（聘）（兼）
	副 馆 长	李　惠（2011.6 任）
校医院	院　　长	王桂云
	党总支书记	马秀芹
后勤集团	总 经 理	黎玖高（兼）
	党委书记兼副总经理	裴　晟
	常务副总经理	陈建立
文化科技园管委会	办公室主任	彭　翊（兼）
出版社	社　　长	贺耀敏（兼）
	总　　编	周蔚华（2011.11 调离学校）
	党委书记	李永强
书报资料中心	主　　任	盛希贵
	总　　编	孟　捷（2011.3 免）
		高自龙（2011.3 任）
	党委书记	李遵清
人大世纪科技发展有限公司	总 经 理	黎玖高（兼）
	执行总经理	彭　翊（兼）
印刷厂	厂　　长	董四湖
附属中学	校　　长	刘彭芝
	党委书记	刘小惠（2011.1 任）
	常务副校长	翟小宁
附属小学	校　　长	郑瑞芳

学院(部)简介

■ 哲学院

哲学院成立于 2005 年 5 月，前身为中国人民大学哲学系，建系于 1956 年。现任院长为郝立新教授。

学院下设哲学系和宗教学系，有哲学、宗教学和伦理学 3 个本科专业，其中哲学和宗教学专业入选教育部和北京市“第一类特色专业建设点”。学院有马克思主义哲学、中国哲学、外国哲学、伦理学、美学、逻辑学、科学技术哲学、宗教学和管理哲学等 9 个硕士点和博士点，招收高级访问学者、外国留学生和港澳台学生。

学院现有教师 77 人，其中教授 40 人、副教授 29 人、讲师 8 人，博士研究生导师 48 人（包括兼职教授）。在校生 675 人，其中本科生 272 人，硕士研究生 202 人，博士研究生 192 人，留学生 9 人。

学院是国家文科基础学科（哲学）人才培养和科学研究基地、教育部“十五”“211 工程”重点基地、“985 工程”哲学社会科学创新平台，是国内最早可以授予硕士学位和博士学位、最早设立博士后流动站的学术机构之一，是国内第一批一级学科博士学位授权单位，拥有马克思主义哲学、伦理学和宗教学三个国家级重点学科，拥有伦理学与道德建设研究中心、佛教与宗教学理论研究所两个“教育部人文社会科学重点研究基地”。

2011年，学院举办了“哲学院55周年院庆活动”、“海峡两岸‘中西哲学与文化多样性’学术会议”、“第三届全国管理哲学创新论坛”、“第一届中欧哲学国际会议”、“中西马对话会议”、“方立天教授从教50周年学术研讨会”等一系列学术会议，影响广泛。

2011年，学院获得国家社科基金重大项目3项，年度项目6项，为历年之最。李秋零教授荣获北京市创先争优阶段“教书育人标兵”称号。

■ 文学院

2008年1月，原文学院与原对外语言文化学院组建成立新的文学院，2008年12月，跨学院研究机构“国剧研究中心”调整至文学院建设。现任院长为孙郁教授。

学院现有11个教学单位（文艺理论教研室、中国古代文学教研室、中国现当代文学教研室、比较文学与世界文学教研室、影视与多媒体教研室、古代汉语及古典文献教研室、现代汉语教研室、语言学及应用语言学教研室、汉语国际教育教研室、对外汉语教学中心、国剧研究中心）。此外，还设有2个校属研究所（汉语国际推广研究所、国剧研究中心），6个院属研究所（语言文字研究所、文艺思潮研究所、华人文化研究所、比较文学研究所、基督教文化研究所、文化产业研究所）。

学院现有教师97人，其中教授28人，副教授31人，专任外籍教授1人，另有博士后7人。在校生1 659人，其中本科生355人，硕士研究生646人，博士研究生98人，留学生560人。

学院是国家文科基础学科人才培养和科学研究基地，设有“中国语言文学”一级学科博士学位授权点、博士后流动站，拥有国家级重点学科（文艺学）、北京市重点学科（比较文学与世界文学）等；全面培养文艺学、汉语言文字学、语言学及应用语言学、中国古代文学、中国现当代文学、比较文学与世界文学、中国古典文献学等专业的本科生、硕士研究生、博士研究生、博士后研究人员和留学生，并招收“电影学”、“戏剧戏曲学”硕士研究生和“汉语国际教育”专业学位硕士研究生。

学院继续主编“人大复印报刊资料·中国语言文学系列”的6种学术月刊，主办《文学论集》、《语言论集》、《马列文论研究》、《中国苏轼研究》、《文化研究》、《问题》、《基督教文化学刊》等7种学术辑刊，与外单位合办《鲁迅研究月刊》、《新文学史料》2种核心期刊。学院同国外80多所大学和研究机构建立了多种形式的学术联系。

■ 历史学院

历史学院的前身是1948年成立的华北大学中国历史教研室，1956年正式建系，1978年复校后重建历史系和清史研究所。2005年组建成立历史学院，学院下设历史系和清史研究所，是国内外知名的历史研究的学术重镇和历史学人才培养基地。现任院长为孙家洲教授。

学院历史学专业为一级学科点，拥有下属的全部8个二级学科，系教育部国家文科基础学科人才培养与科学研究基地（由历史系与清史研究所共建）。学院现有8个硕士点（中国古代史、中国近现代史、世界史、专门史、史学理论及史学史、历史文献学、历史地理学、考古学），8个博士点（中国古代史、中国近现代史、世界史、历史文献学、专门史、史学理论及史学史、历史地理学、考古学与博物馆学），拥有历史学一级学科学位授予权。中国古代史及中国近现代史为国家级重点学科，历史学为北京市一级重点学科。学院还设有教育部文科人才培养与科学研究基地、教育部人文社会科学重点研究基地。

专任教师69人，教授27人，副教授22人，讲师20人，90%以上的教师具有博士学位，50%的教师具有海外学术背景。学院现有学生371人，其中本科生150人，硕士研究生135人，博士研究生86人。

清史研究一直是学院的重要学科品牌。清史研究所作为世界知名的清史研究与教学中心之一，队伍建设完整，科研优势突出，在海内外历史学界具有重大的学术影响。从2002年开始，清史研究所承担了国家"新修清史工程"的主体工作，戴逸教授担任清史编纂委员会主任，直接领导了"新修清史工程"，学院部分教师参加了此项"盛世修史"的工程。另外，清史研究所主创的《清通鉴》，获2001年国家图书出版奖；《18世纪的中国与世界》获2002年吴玉章奖一等奖；《清史编年》获2002年北京市哲学社会科学优秀著作一等奖。清史所主持并出版的《新史学》集刊、新史学多元对话丛书系列、《中国荒政书集成》、《民国社会调查丛编》、《民国社会调查丛编二编》（12卷，共27册）等，都获得了学界好评。

学院在教学和科研中取得了重大成绩。在教学中，2008年历史专业获得北京市特色专业项目；2008年，华林甫教授获选教育部新世纪人才工程；2009年，刘后滨教授获得北京市教学名师称号，2010年，刘后滨教授获选北京市社科理论工程百人工程计划；2010年，黄兴涛教授获选教育部百千万人才工程国家级人选。在科研中，学院同样硕果累累。据统计，仅2008年至2011年，学院教师共获得国家社科基金项目7项，教育部规划项目2项，人民大学重大科研项目4项，与省部级横向联合项目3项。仅上述四年，累计发表学术论文290篇，其中，发表在CSSCI上的论文数总计256篇，出版各种学术著作总计50部，在国外期刊上发表外文原创论文2篇。

学院学术交流活动频繁，多名教师先后赴日本、美国、法国、德国、澳大利亚、意大利、俄罗斯、蒙古、韩国、荷兰等国家访问、讲学、进修、研究及参加学术会议；多次邀请外国专家、港台专家前来讲学，与英国伯明翰大学历史系、台湾政治大学历史系等十多个国家和地区的高等院校、学术团体建立了良好的学术交流与合作，聘请了一批专业造诣深厚的校外专家作为客座教授、兼职教授、研究员。学院还积极参加和承办各种国内外学术会议，成功举办了诸多国际和国内学术会议。

学院在人才培养方面成绩显著，一大批优秀毕业生活跃在全国教学科研、行政管理、文化事业各条战线上，成为相关领域的中坚力量。

■ 国学院

国学院成立于2005年5月28日，现任院长由纪宝成老校长担任，冯其庸先生任名誉院长，黄朴民教授任执行院长。

截至2011年底，学院共有专任教师29人（其中教授10人、副教授5人、讲师14人），特聘教授4人，讲座教授5人，学术顾问6人，专家委员会委员66人，兼职教授40人；共有在校学生277人，其中本科生168人、硕士74人、博士研究生35人；有在站博士后1人。

2011年，学院深化国学的主题研究，召开了第二届经学会议，举办了"经典诠释与中国哲学史研究"学术研讨会、"机遇与挑战：思想史视野下的出土文献研究国际学术研讨会"、"汉学的典范转移与比较文学"、"中华文化，今天再出发——五四研讨会"、"方太——青竹简国学论坛"、"中国人民大学国学论坛"高端学术讲座4期等。

2011年，学院编写出版了《老子解读》，填补了经典解读系列教材中道家经典的空白；继续编写《国学研究文库丛书》5种，展示国学研究的新成果；完成了《近代国学资料整理与研究丛书》全部编辑出版工作；组织编写《西域历史语言研究丛书》5种和《汉藏佛学研究丛书》2种；继续组织编写《国学与管理研究丛书》；编辑出版《国学学刊》4期、《西域历史语言研究集刊》1辑、《蒙古学问题与争论》1期；编辑出版《出土文献与思想史研究丛书》2种；继续和中国社科院历史所合作，联合主持列入国家"十一五"文化发展规划的重大出版工程"域外汉籍珍本文库"的编撰工作，并取得新的进展。学院还和中华能源基金会联合创办《国学新视野》杂志（季刊）。

2011年，学院教师核心期刊发表论文近百篇，出版学术专著8部，项目申报也实现了预期目标，学院今年获得国家社科基金重大项目1项、北京市哲学社会科学规划项目1项、全国高等院校古籍整理研究工作委员会古籍整理项目2项、学校科研项目6项（其中1项属于学校重大基础研究计划）。此外，梁涛教授入选2011年教育部"新世纪优秀人才支持计划"。

2011年，学院继续努力强化和提升国际性，大力开展与海外高校和学术机构的学术交流与合作：学院与悉尼大学、麦考瑞大学、墨尔本大学等澳大利亚著名高校建立了学术联系，与美国宾夕法尼亚大学、哈佛大学、明尼苏达大学等著名高校达成了合作共识。

此外，今年，学院2009级博士毕业生卢燕新的博士学位论文被评为全国百篇优秀博士论文，实现了人民大学建校以来文学类全国百篇优秀博士论文零的突破。

■ 经济学院

经济学院成立于1998年，其前身可以溯源至1946年华北联合大学设立的财经系，是新中国经济学科的重要奠基者和开拓者之一。现任院长为杨瑞龙教授。

经济学院下设经济学系、国际经济系、国民经济管理系、能源经济系、经济研究所、区域与城市经济学研究所，拥有理论经济学、应用经济学2个国家重点一级学科，政治经济学、西方经济学、国民经济学和区域经济学4个国家重点二级学科，世界经济学为北京市重点的二级学科。学院有国家百家重点人文社会科学研究基地（中国经济改革与发展研究院）和国家经济学基础人才培养基地，设有政治经济学、西方经济学、国民经济学、经济史、经济思想史、世界经济、国际贸易、企业经济学、网络经济学、数量经济学、区域经济学、城市经济学等12个博士点，政治经济学、西方经济学、国民经济学、经济史、经济思想史、世界经济、国际贸易、国际商务、企业经济学、网络经济学、数量经济学、国防经济学、区域经济学、城市经济学等14个硕士点，理论经济学、应用经济学2个博士后流动站，经济学、国际经济与贸易、国民经济管理、能源经济等4个本科专业，拥有"经济学—数学"双学位实验班、"中国经济"全英文硕士班、理论经济学硕博连读实验班、政治经济学硕博连读实验班、中国人民大学—九州大学联合培养硕士研究生项目、中国人民大学—蒙特雷国际研究院国际商务专业硕士联合培养项目等6个人才培养平台。

学院现有在岗专任教师120人，其中教授49人，副教授52人，博士研究生导师60人。现有学生2 036人，其中本科生967人，硕士研究生511人，博士研究生417人，留学生141人。

2011年，学院教师共在《中国社会科学》、《经济研究》等核心期刊上发表论文140余篇，在ESI、SSCI和SCI上发表高水平论文29篇；共获得国家社科基金重点项目2项、青年项目2项；获得国家自然科学基金青年科学基金项目2项、面上项目1项；教育部人文社科重大课题攻关项目1项、青年项目2项、留学归国人员科研启动基金项目1项；2部专著入选《国家哲学社会科学成果文库》。杨瑞龙教授领衔的"中国宏观经济分析与预测"研究团队入选"长江学者和创新团队发展计划”，新入选教育部“新世纪人才支持计划”3人，新入选中央“马工程”第三批首席专家和主要成员11人。获教育部2011年普通高等教育精品教材1项，获第十四届孙冶方经济科学奖1项，获北京高等教育精品教材1项，北京市优秀博士学位论文奖1项。

2011年，学院与美国哥伦比亚大学、耶鲁大学、范德比尔特大学、南加州大学、佛罗里达国际大学、佐治亚州立大学、波士顿学院，英国牛津大学、伦敦大学帝国理工学院，德国柏林自由大学、吉森大学、乔治-奥古斯特-哥廷根大学，加拿大约克大学，法国巴黎政治学院，日本大学、一桥大学、岛根大学、京都大学、同志社大学、大阪市立大学、东北大学、九州大学、关西学院大学，韩国汉阳大学、庆北大学，俄罗斯科学院，香港科技大学等世界著名高校和研究机构开展了广泛的交流与合作；与美国佛罗里达国际大学签署合作协议，与美国范德比尔特大学合作成立中国人民大学微观数据与实证方法研究中心，承办2期国家商务部援外人力资源开发合作项目。

2011年，学院与美国哥伦比亚大学在纽约联合举办“中美宏观经济圆桌论坛”，并举办了第二届亚洲政策论坛、第三届海峡两岸财经前沿问题学术研讨会、第四届中国人民大学—汉阳大学联合学术研讨会、第六届中日经济发展与企业管理国际研讨会、中国人民大学—日本一桥大学共同论坛、微观计量经济学国际学术研讨会等高水平学术会议，以及世纪经英论坛、杰出院友论坛、人大经济讲堂、组织经济学研讨会、能源经济学研讨会、国际商务论坛、宏观经济学研讨会、研究生学术论坛等高质量学术活动。成功举办中国宏观经济论坛4期，其中第三季度论坛受香港交易及结算所有限公司的邀请和资助在香港证交所成功举办，发布的中国宏观经济分析与预测报告受到有关部门高度重视，3份成果作为国家社会科学基金项目《成果要报》报送中央领导参考，2部英文版宏观经济报告在海外出版发行。

财政金融学院

财政金融学院成立于1997年，其前身是财政信用系，是中国人民大学创建伊始设立的八大系所之一，是新中国最早的财政金融教学科研基地。现任院长为郭庆旺教授。

学院下设财政系、货币金融系、应用金融系、保险系、财政与税收研究所、金融与证券研究所、风险投资研究所、国际并购与投资研究所、信托与基金研究所、投资研究所、保险研究所、金融与财税电子化研究所、国际货币研究所以及教育部人文社会科学重点研究基地——中国财政金融政策研究中心。学院现有财政学、金融学、保险学、金融工程、税务、信用管理等6个学士学位二级学科授权点；财政学、金融学、金融工程、税务、保险学、风险投资等6个学术型硕士学位二级学科授权点；财政学、金融学、金融工程、保险学、风险投资等5个学术型博士学位二级学科授权点；金融、税务、保险3个专业硕士学位授权点和1个应用经济学博士后流动站。

学院现有专任教师69人，其中教授24人，副教授33人，讲师12人，90%的教师拥有博士学位，并聘请国际一流学者、实业界知名人士作为学院兼职教授、名誉教授或客座教授。现有学生2 337人，包括本科生1 378人，硕士研究生644人，博士研究生276人，第二学位学生39人，其中包含留学生143人。

2011年，学院共举办了各类会议30场，成功举办了中韩财政金融问题、房地产金融、亚洲金融管理、日本大地震的全球经济影响、经济全球化背景下的人民币国际化等国际学术研讨会，顺利召开了“2011江山论坛暨金融EMBA大讲堂”、“货币金融圆桌会议·2011春”、“货币金融圆桌会议·2011秋”等研讨会。

2011年，学院深化对外办学与交流，国际货币研究所与美国约翰霍普金斯大学应用经济研究所达成广泛合作协议；与杜伦大学、俄亥俄州立大学、雷丁大学、加拿大皇后大学、马里兰大学等多所高校达成合作协议。

2011 年，学院黄达教授荣获首届“中国金融学科终身成就奖”；周升业教授获 2011 年“中国金融学科终身成就奖”；郭庆旺教授研究成果入选 2011 年《国家哲学社会科学成果文库》；岳希明教授获第 14 届孙冶方经济科学奖；岳树民教授荣获第七届北京市高等学校教学名师奖；张成思教授荣获“中国青年经济学者论坛”十年优秀论文奖；吕冰洋副教授、何青副教授入选“新世纪优秀人才支持计划”；张成思、汤珂、谭松涛、薛涧坡等 4 名教师获国家自然科学基金；学院陈共教授的《财政学》、毕宝德教授的《土地经济学》被教育部确认为 2011 年普通高等教育精品教材；黄文彬副教授课题组提交的《科技工作者科研道德与诚信状况调查报告》，荣获 2011 年度中国科协优秀调研报告特等奖。

2011 年，学院党委召开了中国共产党中国人民大学财政金融学院第一次代表大会，选举产生了王宏伟、刘芳、何平、张俊岩、庞红、类承曜、郭栋、郭庆旺、黄文彬等 9 人组成的新一届委员会。在海淀区第十五届人民代表大会换届选举中，何平教授成功当选海淀区人大代表，汪昌云教授当选海淀区第九届政协委员。

■ 汉青经济与金融高级研究院

汉青经济与金融高级研究院（以下简称汉青研究院）是企业家赵汉青先生在中国人民大学捐资建立，于 2007 年 3 月正式揭牌成立，中国人民大学原校长纪宝成教授和诺贝尔经济学奖获得者斯蒂格利茨教授任名誉院长，加州理工学院马修·逊姆（Matthew Shum）教授任海外院长。梁晶教授任执行院长，主持工作。研究院同时成立了由中国人民大学原校长黄达教授、普林斯顿大学邹至庄教授、全国人大财经委副主任吴晓灵教授、斯坦福大学洪瀚教授任主任的学术委员会。

研究院现有专任教师 8 人，其中教授 1 人，副教授 2 人，讲师 5 人，聘请国际一流学者、实业界知名人士作为学院兼职教授、名誉教授或客座教授。汉青研究院自 2008 年起开始招收和培养金融学、数量经济学专业的硕士研究生，现有在校硕士研究生 137 人。

2011 年，研究院共举办各类学术会议 25 次。成功举办了第四届“Five Star·金融论坛”；成功举办首届汉青年会，探讨增长放缓背景下的金融人才发展。

2011 年，研究院深化国际交流工作，赴美招聘反响强烈，美国经济学界以多种方式对研究院近几年的快速发展表示肯定。国外知名学者受邀访问增多，包括斯坦福大学经济系主任劳伦斯·古贝登（Lawrance Goulder）教授、美国前国务卿理查德·库珀（Richard Cooper）教授在内的 20 余位学者访问了研究院。

2011 年，研究院成功举办暑期国际学期，包括 7 个专题课程、7 个前沿讲座、2 个英语集训营，共计 16 学分，256 课时。该项目师资由来自哈佛大学、斯坦福大学、哥伦比亚大学、普林斯顿大学、剑桥大学、加州理工大学、约翰霍普金斯大学、康奈尔大学、波士顿大学等国际一流高等学府的十几位享有国际声誉的知名专家学者组成。

2011 年，应世界经合组织（OECD）与联合国粮食及农业组织（FAO）邀请，研究院汤珂副教授作为唯一的中国学者参加 OECD/FAO 期货市场与农产品讨论会。

2011 年，研究院首届学生顺利完成学业，成功走向国内外一流高校、顶级金融机构、政府和大型国有企业等。汉青创新型研究生培养新模式得到认可。

2011 年，研究院举办招生夏令营，通过严格选拔，60 名学生入选。

■ 统计学院

统计学系成立于1952年，是新中国统计学学科的奠基者和开拓者之一。统计学院成立于2003年，在原统计学系的基础上组建而成，是全国统计学教学和研究的重要基地。现任院长为赵彦云教授。

学院现有统计学1个本科专业，统计学、风险管理与精算2个本科专业方向；统计学、概率论与数理统计、风险管理与精算、流行病与卫生统计学4个硕士学位点；统计学、风险管理与精算2个博士学位点。

学院共有专任教师33人，其中教授13人，副教授14人。聘请兼职教授和客座教授共9名，其中，中国人民大学兼职教授6人，中国人民大学客座教授1人，中国人民大学讲座教授2人。在校生595人，其中本科生345人，硕士研究生176人，博士研究生71人，留学生3人。

学院与美国哥伦比亚大学、台湾辅仁大学合办学术期刊《数据科学期刊》(*Journal of Data Science*)，承担了国家自然科学基金、国家社会科学基金、北京市社会科学基金和国家各部委、企事业单位的大量科研课题。

2011年，学院教师申请获批的新立项目63个，已确定的新立项目经费达1 232.1万元。2011年，学院教师在各类专业期刊上发表论文76篇，出版著作16部。

2011年，学院主办和协办国际国内学术会议8次，分别是第四届中国R语言会议、第四届临床评价方法与应用国际研讨会、现代统计方法前沿研讨会、政府统计工作研讨会、第三期中国妇女社会地位调查数据处理与分析研讨会、应用统计硕士学位学科建设研讨会、第五届临床医学研究中的统计方法学术研讨会、第六届首都高校研究生统计论坛。多年来学院积极开展对外学术交流活动，与多所世界知名高校建立了密切的学术交流和联系。

■ 农业与农村发展学院

农业与农村发展学院于2004年在原农业经济系的基础上组建成立。现任院长为温铁军教授。

学院现有农林经济管理及农村区域发展2个本科专业，农业经济管理、林业经济管理、技术经济及管理、农村发展、可持续发展管理及食品科学6个硕士学位点，1个农业推广硕士专业学位点，农业经济管理、林业经济管理、技术经济及管理、农村发展和可持续发展管理5个博士学位点，以及农林经济管理、公共管理博士后流动站。

学院现有专任教师43人，其中“千人计划”特聘教授1人、教授12人、副教授16人、讲师14人，中国人民大学讲座教授1人，中国人民大学荣誉教授2人；共有学生556人，其中本科生200人，硕士研究生278人，博士研究生76人，留学生2人。

学院现承担各类科研项目100多项，其中国家社会科学基金、国家自然科学基金等研究项目30余项。2011年获批国家社科基金重大项目1项，自然科学基金面上项目1项、青年项目2项、主任基金项目2项，教育部人文社科青年项目1项。农业部党组书记、部长韩长赋视察学院并作学术报告；朱信凯教授研究成果同时获温家宝总理、李克强副总理和回良玉副总理重要批示；曾寅初教授获第七届北京市级教学名师奖；汪三贵教授荣获首届国务院扶贫办“友成扶贫科研成果奖”；学院成立中国畜牧饲料产业研究中心；学院成立林业与资源政策研究中心；成功举办北京市领导干部统筹城乡发展专题研讨班；组织本科生赴山东寿光集体专业实习；举办第二届全国优秀大学生夏令营；学院组织出版“神农书系”第三批著作。

2011 年，学院主办中国农业技术经济研究会 2011 年在京理事会、2011CSBF 两岸金融研讨会暨高峰论坛、“干旱半干旱草原牧区制度演变与公共资源利用”专题研讨会、价值链转型与中国粮食安全研讨会、2011 中国奶业发展高峰论坛、“不同视角的集体林权改革”研讨会、第三届全国社区支持农业（CSA）经验交流会、第八届中国合作经济发展论坛、“亚太森林恢复与可持续经营转型理论与实践”国际研讨会。

2011 年，加拿大英属哥伦比亚大学（UBC）林学院、美国印第安纳大学、美国加州州立大学弗雷斯诺（Fresno）分校农业科学与技术学院、美国密苏里大学哥伦比亚分校、美国林务局研究与发展部、巴黎高等农业学院、日本鹿儿岛大学农学院等代表团先后访问学院。学院出访丹麦奥尔胡斯大学、丹麦哥本哈根大学食品和资源研究所、韩国首尔大学、瑞士日内瓦大学、日本京都大学、日本九州大学农学部、日本宫崎县县立农业大学。

■ 法学院

法学院成立于 1988 年，其前身是 1950 年成立的法律系，是中国人民大学成立之初建立的八大系所之一，也是新中国诞生后党和政府创立的第一所正规的、新型的高等法学教育机构。现任院长为韩大元教授。

学院是全国首批获准在法学一级学科拥有博士学位授予权的单位，博士点和硕士点覆盖了全部二级学科。学院拥有国家一级重点学科 1 个、国家二级重点学科 4 个，拥有“985 工程”国家重点创新基地、国家“211 工程”项目法制信息港、教育部人文社会科学研究基地 2 个（中国人民大学刑事法律科学研究中心、中国人民大学民商事法律科学研究中心）。设有全国第一个法学博士后流动站，成立了作为二级学院的知识产权学院、律师学院和亚太法学研究院，拥有各类专业研究机构、教学实践基地、《法学家》杂志社等机构 40 余个。

学院现有教师 121 人，其中教授 53 人、副教授 45 人、讲师 23 人；博士研究生导师 76 人（含返聘教授、校外兼职博导）；另有博士后 27 人。共有学生 2 771 人，其中本科生 887 人，双学士生 91 人，法学硕士研究生 380 人，法律硕士研究生 836 人，博士研究生 460 人，留学生 117 人。

2011 年宪法学与行政法学专业博士王书成的论文获评为全国百篇优秀博士论文，是法学专业唯一的一篇入选论文，民商法学专业王竹获得提名奖。学院获批建设“法学教育实践基地”项目，教育部投入项目建设经费 200 万元，以支持学院法学研究与人才培养全面发展。学院获批法律硕士教育改革试点单位，法硕分为 8 大方向：职务犯罪侦查方向、国际型比较法律人才（国际商事方向）、多元纠纷解决方向、知识产权方向、律师方向、商事法务方向、政务法务方向、司法法务方向。学院与新闻学院正式启动“新闻—法学”本科实验班，培养法律和新闻知识兼备的复合型人才。

2011 年，学院教师在国内顶级法学期刊发文以及国际发文数量都有了大幅度提升。在《中国法学》、《中国社会科学》、《法学研究》上发表 20 余篇论文。王利明教授撰写的《侵权责任法研究》、韩大元教授撰写的《中国宪法学说史研究》入选 2011 年《国家哲学社会科学成果文库》；2 位教师获得教育部人文社科重点项目；6 位教师获得 2011 年教育部人文社会科学研究一般项目立项；5 位教师分别获得 2011 年度中国法学会部级法学研究一般课题立项；1 位教师获得 2011 年度中国法学会部级法学研究自选课题立项；2 位老师获得 2011 年度国家社科基金重点项目；7 名教师获批 2011 年度国家社科基金项目立项。

2011 年，学院曾宪义教授的《中国法制史》（第三版），王利明教授的《民法》（第五版），许崇德教授的《宪法》（第四版），余劲松教授的《国际经济法》（第三版），何家弘教授的《证据法学》（第二版）等 5 种教材被教育部确认为 2011 年普通高等教育精品教材。学院王轶教授被评选为“十大杰出中青年法学家”；学院教师在中国法学会第二届优秀成果奖评选中获得一等奖 1 名、二等奖 1 名、三等奖 2 名；学院教师获得第十一届北京市哲学社科优秀成果奖 3 项。

2011 年，学院重点开展了“选派优秀学生到国际机构实习计划”、“暑期海外游学计划”、“未来学术大师培养计划”、“人大法学院与世界著名法学院学生圆桌会议”等学生国际化工作。与联合国环境资源署开展合作，与德国慕尼黑大学法学院签署了博士培养协议，先后与加州大学伯克利分校、芝加哥大学等签署合作备忘录和合作协议等。11 月，学院申报的项目获“亚洲校园计划”中日韩三国评委会联审通过，成为该计划首批资助项目。中国法全英文硕士项目（Master of Chinese Law）正式步入实施阶段，录取学生 10 名。5 月举办“凯尔森与东亚法文明”国际研讨会，12 月举办第三届“亚洲著名法学院院长论坛”等使学院的国际影响力进一步扩大。本年度出国、出境进行学术访问、参加学术会议的教师达 50 多人次，来访的国外、境外法学家达 90 多人次。

2011 年，学院在学科建设方面不断探索机制创新。4 月，最高人民法院在中国人民大学设立最高人民法院知识产权司法保护研究基地。6 月，学院成立中国人民大学法制信息研究中心。7 月，成立中国人民大学法学院革命根据地法制研究所。12 月，学院成立亚太法学研究院。

■ 马克思主义学院

马克思主义学院成立于 2003 年 7 月，在成立于 1996 年 12 月的原马克思主义学院和成立于 20 世纪 50 年代的中共党史系的基础上组建而成。现任院长为秦宣教授。

学院下设马克思主义理论教育研究所、马克思主义发展史研究所和中共党史系；中国人民大学“三个代表”重要思想研究中心、当代中国研究中心和思想理论课教学办公室均挂靠在马克思主义学院。

学院现有中国革命史与中国共产党党史 1 个本科专业，马克思主义哲学、思想政治教育、科学社会主义与国际共产主义运动、马克思主义基本理论、政治经济学、中共党史、当代中国史、中国特色社会主义理论、马克思主义发展史、马克思主义中国化研究、国外马克思主义等 11 个博士学位点和硕士学位点。

学院现有教师 53 人，其中教授 20 人，副教授 17 人，讲师 16 人。学院共有学生 368 人，其中本科生 92 人，硕士研究生 135 人，博士研究生 139 人，留学生 2 人。

学院的马克思主义理论学科是全国唯一的国家级重点一级学科，政治学一级学科之下的“中共党史”学科自 1988 年以来一直是国家级重点二级学科。2011 年 6 月 8 日“马克思主义中国化论坛 2011”在学校举行，此次论坛由中共北京市委宣传部、北京市中国特色社会主义理论体系研究中心、北京市社会科学界联合会等单位共同主办，由中国人民大学中国特色社会主义理论体系研究中心承办，大约 150 名专家、教授、学生参加此会。

2011 年，学院举办了若干场马克思主义理论研究学术前沿系列专题讲座。

■ 社会与人口学院

社会与人口学院成立于2003年4月，下设社会学系、人口学系、社会工作系、人类学研究所、老年学研究所，并设有法社会学研究所、女性研究所、性社会学研究所、社会心理学研究所、社会调查中心、英国研究中心等院属研究机构，同时拥有社会学理论和方法研究中心、人口与发展研究中心2个教育部重点研究基地。现任院长为翟振武教授。

学院设社会学、社会工作、公共事业管理3个本科专业；设社会学，人口学，人类学，民俗学，老年学，人口、资源与环境经济学，社会工作，社会医学与卫生事业管理8个硕士学位点；设社会学，人口学，人类学，老年学，人口、资源与环境经济学5个博士学位点；社会工作硕士专业学位（MSW）点；拥有社会学，人口学，人口、资源与环境经济学3个国家级重点学科，社会学一级学科授予权，社会学一级学科博士后流动站。

学院现有58名专任教师，其中教授21人，副教授24人，讲师13人；2011年引进海外知名大学归国博士2人。共有学生850人，其中本科生354人，硕士研究生156人，博士研究生153人，留学生24人，社会工作专业硕士163人。

2011年，2009级博士杨凡获吴玉章奖学金，社会与人口学院博士研究生黄家亮的博士学位论文《新乡土社会的纠纷解决与秩序重建——以华北米村为例》入选2011年全国优秀博士学位论文提名论文。

2011年学院获国家社科基金立项8项，包括重点项目1项、一般项目3项、青年项目4项，教育部人文社科基地重大项目3项，北京哲社规划项目3项。

2011年，学院举办第七届中国老年学学科建设研讨会、2011中国社会发展高层论坛：社会管理与社会学的使命、中国人口科学前沿问题研究暨庆祝邬沧萍教授90寿辰从教60周年学术研讨会等。

2011年，学院学生活动成果丰富。在2010年度首都大学生暑期社会实践评优中，社会与人口学院团委书记唐颖老师获得“2010年度首都大学生暑期社会实践先进工作者”称号，冯启娜等3名同学被评为“2010年度首都大学生暑期社会实践先进个人”，“中国人民大学农民工团建与城市社区团建考察团队”等6支团队被授予“2010年度首都大学生暑期社会实践优秀团队”称号，《河北邯郸地区农民工矿工生存状况调查与研究》等3项成果获“2010年度首都大学生暑期社会实践优秀成果”表彰。

2011年，学院社会学系与台湾辅仁大学社会学系、心理学系师生交流项目全面启动，并举办宾夕法尼亚大学社会政策与实践及教育学项目交流会。

■ 国际关系学院

国际关系学院成立于2000年，是在1950年成立的外交系和马克思主义基础教研室、1964年组建的国际政治系和东欧中亚研究所，以及1994年成立的欧洲问题研究中心的基础上组建而成。现任院长为陈健教授，党委书记兼执行院长为陈岳教授。

学院现有国际政治、外交学、政治学与行政学3个本科专业以及国际政治（国际政治经济学）、政治学与行政学（政党政治）两个本科专业方向，世界经济、国际政治、国际关系、国际政治经济学、外交学、政治学理论、中外政治制度、中国政治、科学社会主义与国际共产主义运动 9 个硕士研究生专业和 8 个博士研究生专业。学院下设国际政治系、外交学系、政治学系、社会主义研究所、俄罗斯东欧中亚研究所、欧洲问题研究中心、欧盟研究中心等 7 个教学科研单位。此外，还有联合国研究中心、国际能源战略研究中心、美国研究中心等以项目和课题方式组织的研究机构。

学院现有专任教师 67 人，其中教授 25 人，副教授 28 人，讲师 14 人。全部教师中具有博士学位者 58 人，获得海外高校博士学位者 9 人。学院共有学生 1 174 人，其中本科生 554 人，硕士研究生 209 人，博士研究生 119 人，留学生 292 人。

2012 年学院正在进行的教育部和国家社科基金重大项目、重点项目有 7 项，一般项目 20 多项，省部级项目 14 项，以及国际合作项目 11 项，在研项目的科研经费总数超过 1 000 万元人民币。同时，学院还承办了复印报刊资料《国际政治》、《中国外交》、《政治学》和《中国政治》等刊物的编辑工作。

2011 年，学院联合全国 17 家国际问题研究机构共同发起召开“中国国际问题论坛 2011：新兴国家崛起与中国对外战略”国际学术研讨会等重大学术活动以及模拟联合国、模拟亚太经合组织峰会等学生实践活动。2012 年初，学院又成功举办了“中国国际问题高级讲坛 2012：国际环境的新特点与中国外交的新挑战”等学术会议。

学院与亚洲、美洲、欧洲多所国际知名学院均签署了学生交流协议，双方互换学生已达百余人次，建立了学生交流的长期机制。学院师生参加了 2011 年哈佛大学模拟联合国大会、第八届上海世博国际论坛等国内外学术交流活动。

此外，学院与美国、欧洲和亚太地区的 30 多所著名大学和科研机构建立了经常性的学术交流与合作。学院聘请了 40 多名国内外著名专家和资深学者为名誉教授、兼职教授和客座教授，他们定期来学院讲学或进行合作研究。

■ 新闻学院

新闻学院成立于 1988 年，在原新闻系的基础上组建而成，前身是成立于 1955 年的新闻系。1958 年，北京大学新闻专业并入中国人民大学新闻系，此前，创办于 1924 年的燕京大学新闻系于 1952 年并入北大新闻专业，因此从 20 世纪 50 年代末开始，新闻系集中国人民大学、燕京大学和北京大学三所大学的新闻教育力量于一体。新闻学院是教育部人文社会科学重点研究基地“新闻与社会发展研究中心”所在单位。现任院长为赵启正教授，执行院长为倪宁教授。

学院现有新闻学、广播电视新闻学、广告学、传播学 4 个本科专业，新闻学、传播学、传媒经济学和广播电视传播学 4 个硕士学位点，新闻学、传播学和传媒经济学 3 个博士学位点，新闻传播学博士后流动站。学院现设四系一室（部），即新闻系、传播系、广告与传媒经济系、广播电视系、新闻传播史论教学与研究室（部）。

学院现有专任教师 53 人，其中教授 18 人，副教授 18 人；共有在校生 1 162 人，其中本科生 661 人，硕士研究生 261 人，博士研究生 107 人，留学生 133 人。

学院设有新闻传播实验中心和资料室，资料室保存有新中国成立前的报刊样本 3 765 种、报纸影印本 422 本，新中国成立后的报纸合订本 1 300 余本、期刊 3 300 本、中外图书资料 22 000 余册。截至 2011 年底，新闻学院编辑出版了全国中文核心期刊《国际新闻界》218 期。

在海外交流与合作方面，学院与美国、加拿大、英国、德国、日本、韩国、新加坡和我国香港、台湾地区多所高校的相关院系建立了良好的长期合作关系。

2011 年是学院“学科发展年”，学院举办了一系列活动。中共中央政治局常委、中央纪委书记贺国强同志视察中国人民大学并重点考察新闻学院；新闻学院深化人才培养模式改革，落实跨院系联合培养双学位本科层次人才项目，正式启动“新闻—法学”和“新闻—国际政治”双学位实验班；新闻学院举办“全球传播新图景”、“中国人民大学新闻传播学前沿问题研究暑期学校”、“儿童、青少年与媒介国际工作坊”、“传播与认知科学国际工作坊”、“学科国际前沿教师培训”5 场高层次国际学术研讨会和暑期学校，邀请国外专家学者开办讲座 10 余场，接待来访外宾 60 余人次；深入拓展社会合作，提升社会服务水平，全年针对各级政府部门、各大媒体共举办培训、研修班 15 期，增加了学院收入，显著扩大了人大新闻传播学科的社会影响力。

■ 艺术学院

艺术学院成立于 1999 年，是集美术、音乐和艺术设计为一体的综合性艺术学院。现任名誉院长为吴长江教授，执行院长为徐唯辛教授。

学院下设绘画系、艺术设计系、音乐表演系、基础部、艺术学教研室、徐悲鸿艺术研究院、东方艺术研究所、文化艺术策划与推广研究所和绘画材料研究与修复工作室。现有绘画、艺术设计、音乐表演、美术学等 4 个本科专业，艺术学、音乐学、美术学、设计艺术学、艺术（音乐）、艺术（美术）、艺术（艺术设计）等 7 个硕士专业，在哲学院美学专业下招收东西方绘画的理论与实践、中国美术史研究、中国书画的理论与实践、文艺复兴绘画研究、中西艺术比较研究等方向博士研究生。

学院现有专任教师 64 人，其中教授 12 人，副教授 18 人。学院还聘请了近 20 位在各艺术领域有突出成就的知名专家和学者担任兼职教授。现有学生 550 人，其中本科生 442 人，硕士研究生 87 人，博士研究生 13 人，留学生 8 人。

2011 年，执行院长徐唯辛教授荣获第三届全国中青年德艺双馨文艺工作者称号；党总支书记郑晓华教授入选“2010 中国书法十大年度人物”；陈传席教授负责的“汉传佛教雕塑遗产调查与数字化保存整理研究”获得国家社科基金重点项目立项；安姚舜讲师荣获中国质检总局颁发的“2011 中国科技兴检”一等奖、中国包装协会颁发的中国设计事业先锋人物奖；音乐系 2010 级本科生杨帆在深圳大运会开幕式上的精彩演出荣获学校嘉奖；音乐系 2002 级毕业生林静在美国国际声乐比赛中获第二名；音乐系 2008 级本科生严沁阳在国际艺术家音乐比赛中国赛区选拔赛中获第三名；绘画系 2011 级研究生张沐晨作品获“2011 当代大学生提名展”铜奖；设计系 2008 级本科生彭程、欧阳文昱等的作品在台湾国际大学生平面设计比赛“2011 金犊奖”中获优秀奖；音乐系 2011 级研究生常欣和 2009 级本科生纪蕊在美国首届国际钢琴大师班钢琴比赛中获青年组二等奖。

2011 年，名誉院长吴长江教授为全院师生作“学习十七届六中全会精神报告会”报告；闫平、徐唯辛、郑晓华三位教授参加中国文学艺术界联合会第九次全国代表大会；徐唯辛教授“中国形象——流通中的肖像”展览研讨会在哈佛大学费正清研究中心举办；郑晓华教授随学校代表团赴非洲三地孔子学院访问；赵方、王英健副院长访问美国多所大学；室内乐演出小组赴美国、我国台湾等地交流演出获圆满成功；美国南犹他大学来访并签署交流合作协议；美国科罗拉多大学、佐治亚大学音乐演出小组来院交流演出；日本东京国立艺术大学来院合作会谈；以色列著名艺术家勒路石先生来院交流访问；徐悲鸿艺术研究院院长徐庆平教授出席美国“徐悲鸿——现代中国绘画的开拓者”展览；“第六届中韩书法名家邀请展”在北京韩国驻华文化院开幕；音乐系教师张放在美国成功举办独奏音乐会。

■ 外国语学院

外国语学院成立于 2001 年 11 月，是在原外语系的基础上命名组建的，前身为早期的俄文教研室、外语教研室和俄文编译室。现任院长为何其莘教授，常务副院长为张勇先教授。

学院下设俄语、英语、日语、德语、法语 5 个本科专业，现有俄语语言文学、英语语言文学、日语语言文学、德语语言文学、外国语言学及应用语言学 5 个硕士点，并有外国语言文学一级学科硕士和博士学位授予权。

学院现有教师 124 人，教授 19 人，副教授 51 人。共有学生 861 人，其中本科生 617 人，研究生 233 人，二学位学生 6 人，留学生 5 人。

2011 年，学院完成了英语语言文学和日语语言文学二级学科博士点的申报工作，并着手开始英语语言文学和日语语言文学二级学科博士点的建设工作；开展了拟新增翻译硕士专业学位试点单位及西班牙语专业的调研工作；取得了 2 项国家社科基金青年项目和 1 项国家社科基金后期资助项目；启动了 2011 年“985 工程”建设项目；学院重大科学研究项目——国剧海外传播工程第二批英文写本已陆续交稿（5 部）；实施了本科生“7＋1”培养模式；设立大学英语拔尖人才培养实验班；启动了研究生科学研究基金项目；完成大学英语国家精品课程建设工作；为暑期学校学生开设了英语专业课程、中国文化课程和高级英语口语等三门课程。

学院成功举行了“中国人民大学外国语学院命名组建十周年庆典”活动、“国际协作与日本学研究——中国人民大学东亚日本语言、文学、文化国际研讨会”、第三届“外语文化节”、第十二届“澳大利亚文化周”等一系列活动。

学院积极开展国际交流活动，与国外诸多大学保持着良好的合作关系，每年有数十名教师和学生参加国际交流、交换项目。2011 年学院与美国麻省州立大学、俄罗斯莫斯科国立大学等建立了院际合作关系，互派师生交流交换。

■ 环境学院

环境学院成立于 2001 年 11 月，是集经济学、管理学、理学、工学为一体，综合研究环境问题的教学科研机构。名誉院长为李文华院士，现任院长为马中教授。

学院在环境经济学理论与方法、环境政策、全球气候变化、环境政策评估和风险管理、低碳经济、国家能源战略、城市基础设施建设、可持续发展理论与实践、低碳水环境技术、生物能源技术等领域占据国内领先的地位。部分研究成果已为政府提供了重要的决策支持，其中马中教授主持的“中国环境保护管理体制”研究成果为我国成立环境保护部提供了重要的决策依据，邹骥教授主持的“联合国气候变化框架公约谈判对案研究”成为我国参加国际气候谈判的重要依据。

目前，学院在现有基础上正在进行环境科学与工程大型研究平台的建设，力争在基于高效曝气的低碳水污染治理理论与技术、基于环境基因组学的微生物分子生物学技术、基于污泥处理处置的生物柴油制取技术等热点前沿领域实现突破。

学院为了更好地发展学科建设，建有占地 1 020 平方米的实验分析中心，中心下设低碳水环境技术、环境能源、环境微生物学、环境生态学、环境信息与管理、资源环境与地理信息系统、环境监测等 7 个实验室。目前中心拥有固定资产 1 259 余万元、设备 746 余台，专职工作人员 4 人（高级工程师 2 名，工程师 2 名）。

学院拥有公共事业管理（环境经济与管理方向）、环境科学 2 个本科专业；人口、资源与环境经济学，生态学，环境科学，自然资源管理，地图学与地理信息系统，环境工程 6 个硕士点；人口、资源与环境经济学 1 个博士点。人口、资源与环境经济学 2007 年被教育部确定为本学科唯一国家重点学科。

2011 年有在职教师 38 人，其中教授 10 人（博士研究生导师 6 人），副教授 16 人。学院共有学生 447 人，其中在校本科生 253 人，硕士研究生 169 人，博士研究生 25 人。聘请美国俄勒冈州立大学、日本京都大学、荷兰瓦赫宁根（Wagenigen）大学和加拿大滑铁卢（Waterloo）大学的教授担任讲座教授。

学院在安徽黄山耿城镇、黑龙江宝清县七星河湿地和西藏林芝县等代表不同社会经济和生态特征的地区建立了 3 个教学科研基地，基地为本学科的科学研究和人才培养提供了重要的支持和保障。

2011 年，学院共举办各类学术会议 9 次、院庆系列讲座 8 次，成功举办了“水环境保护的价格与税费政策”国际研讨会、“水环境保护价格与税费政策示范研究”合肥试点研讨会、环境学院与日本京都大学全球环境研究院联合主办的“东亚环境财政研讨会”、环境学院“学科发展与建设”研讨会、院庆系列之一“高端对话：中国低碳发展的体制与政策选择”、中国水质标准体系与发达国家之比较学术沙龙等重大活动。学院科研项目总数为 63 项，出版专著 3 部，发表学术论文 33 篇。

加拿大滑铁卢大学杰弗莱·沃尔（Ceoffrey Wall）教授受聘为学院讲座教授，荷兰瓦赫宁根大学阿瑟·摩尔（Arthur Mol）教授、美国纽约州立大学布法罗分校杨自力教授来学院讲授国际课程，美国密歇根州立大学赵金华教授访问学院。学院的国际化日益提升，国际师资队伍进一步加强。

■ 信息学院

信息学院成立于 1994 年，由 1978 年成立的经济信息管理系和 1986 年成立的校信息中心合并组建而成，现设经济信息管理系、计算机科学与技术系、数学系 3 个系。2005 年经批准与本校信息资源管理学院合办教育部“数据工程与知识工程重点实验室”。现任院长为杜小勇教授。

学院现有信息管理与信息系统、计算机科学与技术、数学与应用数学、信息安全 4 个本科专业；数学、计算机科学与技术 2 个一级学科博士学位授权点；系统科学、管理科学与工程 2 个一级学科硕士学位授权点；计算机应用技术、计算机软件与理论、信息安全、基础数学、应用数学、概率论与数理统计 6 个博士点；计算机应用技术、计算机软件与理论、计算机系统结构、信息安全、管理科学与工程、系统理论、运筹学与控制论、基础数学、应用数学、概率论与数理统计、计算数学 11 个硕士学位点；软件工程硕士专业学位点；计算机科学与技术博士后流动站。计算机应用技术为北京市重点学科。

信息学院现有教师（含教育部“数据工程与知识工程重点实验室”）103 人，其中教授 16 人，已取得博士学位的教师 87 人。全院共有学生 1 014 人，本科生 602 人，硕士研究生 309 人，博士研究生 103 人，其中留学生 3 人。

2011 年，教育部“数据工程与知识工程重点实验室”顺利通过 2011 年度信息学科领域教育部重点实验室评估；计算机学科规划获学校批准；中澳数据与知识工程联合实验室揭牌，入选“千人计划”的澳大利亚昆士兰大学周晓方教授任主任。1987级校友捐赠“萨师煊精英基金”87 000元。信息学院科研项目53项，经费总额2 193.55万元，位居全校第一，比上年提高160.4%，其中国家自然科学基金项目9项，北京市自然科学基金项目2项。杜小勇、孟小峰教授当选中国计算机学会新一届理事会常务理事。

■ 理学院

理学院于2005年10月正式成立。化学系于2004年7月成立，现任系主任为曹廷炳教授。物理学系于2005年9月成立，现任系主任为朱传界教授。2009年6月，在原社会与人口学院心理研究所基础上组建心理学系，现任系主任为孙健敏教授。

物理学系现有物理学和材料物理2个本科专业，1个一级学科硕士点，1个二级学科博士点。在编教学研究人员28人，其中特聘教授6名，教授10名，副教授6名，讲师6名，另有博士后3人。在现有队伍中，国家“千人计划”入选者1名、人事部等七部委“百千万人才”入选者2名、“国家杰出青年科学基金”获得者3名、中组部“青年千人计划”入选者1名、长江学者特聘教授获得者1名、教育部新世纪人才8名、北京市优秀人才1名和全国百篇优秀博士论文获得者1名。此外，拥有外聘长江学者讲座教授5名，1个教育部长江学者创新团队。共有学生262人，在校本科生187名，硕士研究生58名，博士研究生17人。在平台建设方面，已经建成和正在建设2个教学实验室：物理学教学实验室、材料物理教学实验室，5个研究型实验室：凝聚态物性研究实验室、高性能并行计算物理实验室、量子关联材料实验室、光电功能先进材料实验室以及微纳信息新功能材料和器件实验室。2011年，物理系共发表SCI论文76篇，其中在物理学顶级期刊《物理评论快报》上发表论文8篇，在《自然物理》上发表2篇，在《自然通讯》上发表1篇，在《纳米快报》上发表1篇，在《欧洲物理快报》上发表6篇，并申请获得科技部、基金委和教育部等各种基金项目近1 798万元人民币。

化学系现设1个化学本科专业，化学一级学科硕士点及应用化学硕士培养点。全系目前共有教师29人，全部具有博士学位，其中教授9人（8人为博士研究生导师），副教授16人，讲师4人。教师队伍中，3人为中科院“百人计划”的入选者，2人获教育部新世纪优秀人才计划项目资助，3人入选中组部“青年千人计划”。共有学生237人，其中本科生142人，硕士研究生76人，博士研究生19人。2011年化学系教师在《德国应用化学》（*Angew. Chem.*）、《先进材料》（*Adv. Mater.*）、《欧洲化学》（*Chem. Eur. J.*）、《美国分析化学》（*Anal. Chem.*）、《有机快报》（*Org. Lett.*）、《美国物理化学》《*J. Phys. Chem.*）、《美国无机化学》（*Inorg. Chem.*）等国际著名化学期刊共发表SCI论文40余篇，新申请国家自然科学基金面上项目和其他科研基金14项，新增科研经费573.3万元。

心理学系现有应用心理学1个本科专业，心理学硕士一级学科授予权，下设基础心理学和应用心理学两个专业，社会心理学（应用心理学）1个博士专业。现有教师14名，其中4名教授、3名副教授、7名讲师，全部拥有博士学位。2011年心理学系教师发表中文学术论文37篇，SSCI和SCI英文论文13篇，另外有2篇英文论文全文被SIOP和IAAP接受，出版著作6部。举办“民工荒成因与对策的多学科解读”学术研讨会，参加心理学领域全国学术大会19人次，参加国际学术会议5人次。心理学系共申请科研项目39项，其中纵向课题7项，校级科研项目20项，横向课题12项，科研经费总额为366.69万元。心理学系已建成1个心理学软件实验室和1个心理学行为观察室，正在建设脑电实验室、眼动实验室、虚拟现实实验室和生物反馈实验室。心理学系在校本科生53人，硕士研究生20人，博士研究生8人。

■ 商学院

商学院前身为1950年中国人民大学成立时建立的工厂管理系、贸易系和簿记核算教研室等机构。1988年学校成立工商管理学院，2001年，在工商管理学院和会计系的基础上组建了“中国人民大学商学院”。商学院是中国最早开展工商管理硕士（MBA）、高层管理人员工商管理硕士（EMBA）和会计硕士（MPAcc）教育的商学院（管理学院）之一。现任院长为伊志宏教授。

学院现设企业管理系、组织与人力资源系、管理科学与工程系、贸易经济系、市场营销系、会计系和财务与金融系7个系，并拥有中国贝迩研究中心、管理案例与教学创新研究中心、工业经济与管理科学研究院、供应链战略管理中心、企业创新与竞争力研究中心等5个研究中心/院。商学院实验中心是国家重点实验教学示范中心。

学院拥有工商管理国家重点一级学科，拥有企业管理、产业经济学和会计学3个国家重点二级学科，在工商管理、市场营销、会计学、财务管理、贸易经济等专业的教学和研究领域一直保持全国领先地位。商学院囊括了工商管理学科从本科到博士后的所有学位和培养项目，现有6个本科专业（工商管理、市场营销、会计学、财务管理、贸易经济、管理科学）、14个硕士点（企业管理、管理科学与工程、会计学、技术经济及管理、国际贸易学、产业经济学、流通经济学、市场营销管理、财务管理、工商管理硕士（MBA）、高级管理人员工商管理硕士（EMBA）、会计硕士专业学位（MPAcc）、资产评估专业硕士、国际商务专业硕士）和7个博士点（企业管理、产业经济学、会计学、技术经济及管理、财务管理、市场营销管理、流通经济学）。

学院现有专任教师146人，其中教授52人，副教授53人。全院共有学生4 300人，其中本科生1 394人，普通硕士研究生339人，博士研究生277人，MPAcc学生319人，MBA学生1 095人，EMBA学生608人，留学生268人。

2011年，学院有1篇论文获得全国优秀博士学位论文提名奖，3位博士获教育部学术新人奖。继2010年硕博连读培养机制的改革和完善，商学院2011年首次赴厦门大学、西安交大等著名院校，开展硕博连读项目的招生推介与交流；继“SAIL”计划启动之后，MBA项目继续深入了解MBA教育的国际发展趋势，分别推出管理咨询实践项目“TAP”计划和“管理整合”课程；MPAcc项目推出了“SPARK——点亮梦想”计划，探索专业学位人才培养模式。

2011年，学院举办了“中国企业管理案例与理论构建研究论坛暨第五届中国人民大学管理论坛”、“海外博士研究生论坛”、“海外学者管理讲坛”等讲座40余场，“2011年消费者研究学会亚太会议”、“亚太管理杂志特刊会议”等。全年学院学术讲座80余场，数量和质量都有显著提高。

2011年，商学院新增英国伦敦国王学院、荷兰阿姆斯特丹大学等6所合作院校，使具有国际认证资质的合作院校达到近40所，较2010年增长近20%，合作院校层次进一步提升，合作交流方式更加多样化。同时，商学院对美国耶鲁大学、康奈尔大学、哥伦比亚大学，英国兰卡斯特大学，新加坡国立大学等世界知名院校进行师生访问和项目游学，并接待了来自美国耶鲁大学管理学院、罗格斯—新泽西州立大学等多个访问团，进一步拓宽了院际交流合作的空间。

2011年，MBA项目正式实施招生改革；EMBA项目加大特色班开班力度，第二期“中国实践管理领袖教育”（CMPM）项目顺利开班，“人大腾讯传媒EMBA预科班”成为国内首个针对传媒产业精英量身打造的EMBA课程；在由21世纪传媒发布的国内首份“中国商学院竞争力”调研报告中，商学院MBA、EMBA项目分别被评为最具品牌竞争力的MBA及EMBA项目，并分别荣登全国十大MBA、EMBA品牌榜。

2011 年，商学院国际顾问委员会召开第二次年度会议，与会委员就学院发展战略、目标定位、办学特色、学院治理等问题进行了热烈讨论，并提出了宝贵的建议。委员们一致认为，建设世界一流的商学院，要制定差异化战略，突出特色，在师资队伍建设、人才培养、科学研究等方面大力推进。

2011 年，商学院新院址规划项目正式启动，赴美国参观了哈佛大学商学院、芝加哥大学商学院等知名学院的硬件建设，并初步完善了对未来商学院的建筑理念和构想，已完成规划申报等工作。

2010 年，在取得欧洲质量发展体系（EQUIS）认证的基础上，正式启动了国际精英商学院协会（The Association to Advance Collegiate Schools of Business，简称 AACSB）认证工作。2011 年围绕认证的标准全面开展各项工作：完成了学院使命的公开征集和修订，启动了认证重点内容“教学质量保障体系（AOL）”和教师任职资格标准制定，完成了预认证阶段的工作报告及相关工作流程，接受了 AACSB 专家的现场质询和指导。此外，MPAcc 项目申请香港会计师公会专业资格课程（QP）认证，于 11 月正式通过。

■ 公共管理学院

公共管理学院组建于 2001 年 6 月，目前下设行政管理学系、土地管理系、城市规划与管理系、卫生政策与管理系（筹）、公共财政与公共政策研究所、社会保障研究所、组织与人力资源研究所等教学科研机构。全国公共管理专业学位研究生（MPA）教育指导委员会秘书处挂靠在学院。现任院长为董克用教授，党委书记为秦惠民教授。

2011 年，恰逢公共管理学院组建十周年。2011 年 10 月 22 日至 24 日，学院举办了组建十周年庆典仪式暨“21 世纪公共管理教育：挑战、机遇与未来——中外著名公共管理学院院长国际研讨会”、学院校友会成立大会、全国公共管理博士研究生学术论坛、“十载风华”院庆文艺晚会等院庆系列活动，尽展公共管理学院十年辉煌与未来愿景。

学院现有行政管理、土地资源管理、房地产经济学、公共财政与公共政策、社会保障、公共组织与人力资源 6 个博士学位点；行政管理、土地资源管理、房地产经济学、城市规划管理、公共财政与公共政策、社会保障、公共组织与人力资源、劳动经济学、社会医学与卫生事业管理、公共财政管理 10 个学术型硕士学位点，1 个公共管理专业学位硕士点（包括全日制 MPA 和在职 MPA）；行政管理、土地资源管理、城市管理 3 个本科专业。行政管理为国家重点学科，土地资源管理、社会保障为北京市重点学科。同时，学院设有公共管理博士后流动站。

学院现有教师 67 人，其中教授 26 人，副教授 28 人，97%的教师已获得博士学位，其中 18%为海外归国博士。学院聘有 20 多位中央政府有关部门领导、专家和国内外知名学者担任兼职教授，另有博士后 6 人。截至 2011 年底，学院有学生 1 785 人（含留学生 42 人），其中本科生 377 人、学术学位硕士研究生 372 人、专业学位硕士研究生 861 人、博士研究生 175 人。

学院作为全国首批提供公共管理硕士（MPA）专业学位教育的院校，为在职 MPA 设立了 14 个专业方向，招生规模位居全国前列，是我国 MPA 培养的重要基地。

学院与美国密歇根大学、美国罗格斯大学、英国约克大学、日本一桥大学等国外多所著名大学保持着广泛的学术交流关系。2011 年，学院教师先后到美国、日本、瑞士等国的著名大学授课 4 人次，赴境外交流考察 13 人次，参加学术会议 30 人次，出国研修一年者 5 人次，与境外合作研究 2 人次；先后邀请美国、加拿大、英国、荷兰、挪威、澳大利亚、日本等国和我国香港、澳门、台湾地区的学者来访、讲学、参加会议近百人次。2011 年，学院先后有 28 名硕士研究生、博士研究生赴英国、美国、挪威等国和台湾地区交流一年，13 名硕士研究生、博士研究生赴加拿大、瑞士、韩国等地参加国际学术会议。

2011 年，学院的科研经费仍位居全校各学院前列。学院教师获得国家社会科学基金重大项目 1 项，重点项目 1 项，一般项目 2 项；国家自然基金面上项目 3 项，青年基金项目 2 项；教育部重大攻关项目 1 项，规划项目 1 项，青年专项 1 项；北京市哲学社科一般项目 2 项；北京市教育科学规划重点项目 1 项。在校内科研基金项目中，学院教师获得明德青年学者计划项目 2 项，研究品牌计划项目 1 项，国际发表资助项目 1 项。

■ 劳动人事学院

劳动人事学院成立于 1983 年，由中国人民大学与原国家劳动人事部联合创办，2000 年隶属关系归为中国人民大学。现任院长为曾湘泉教授。

学院现有劳动经济学、劳动关系、人力资源管理、社会保障和职业开发与管理 5 个系（教研室）；设有中国就业研究所、劳动关系研究所、组织行为研究所、中国人民大学领导科学研究中心、中国社会保障研究中心、人力资源开发和评价中心等研究机构；建有劳动科学学术资料中心和劳动科学实验室；拥有劳动与社会保障、人力资源管理和劳动关系 3 个本科专业；劳动经济学、劳动关系、人力资源管理和社会保障 4 个硕士点；劳动经济学、社会保障人力资源管理、劳动关系交叉学科 4 个博士点；与其他院系共享一个应用经济学博士后流动站。其中劳动经济学为国家级重点学科，社会保障学科为北京市重点学科。

学院现有教授 17 人，副教授 16 人，院聘兼职教授 17 人，返聘教授 8 人。其中博士研究生导师 16 人，硕士研究生导师 42 人。另有来自美、德、日等国和港台地区的近 20 位著名学者担任学院兼职教授。学院全日制学生 955 人（包括留学生 57 人），其中本科生 615 人，硕士研究生 253 人，博士研究生 87 人。

2011 年学院全面推进一个中心、两项举措和三个平台的建设（致力于建设一个中心——全球中国劳动科学的人才培养、学术研究和决策支持中心；实施两项举措——教师与博士研究生国际发表提升计划，国际劳动科学研究十年合作计划；打造三大平台——数据平台、交流平台和模拟训练平台；努力成为在国内外有重大影响、特色鲜明、世界一流的劳动科学学院），在各方面取得了丰硕的成果。

举办的会议有：变革及挑战：中国就业季度分析会及 2011 年劳动力市场分析与展望研讨会；世界银行：中国农村劳动力转移就业发展战略研究成果研讨会；芝加哥大学—中国人民大学家庭和劳动经济学国际研讨会；中国劳动力市场：挑战与对策暨第三届 CIER/IZA 劳动经济学学术研讨会；中国劳动学会劳动科学教育分会 2011 年年会；劳动力市场工资价位调查研讨会等；2012 年中国人力资源新年报告会；劳资冲突与合作：集体劳动争议处理与规制国际研讨会等几十场国内外著名专家参加、在业界有重大影响的学术会议。

对外交流不断扩大：本年度学院教师出国出境访学交流增多，目的地包括美国、德国、墨西哥、日本、韩国、新加坡、朝鲜、蒙古、泰国、台湾和香港等国家和地区，同时接待了众多来自全世界的劳动科学领域和社会保障领域的近 20 名知名学者来访。学院师生先后访问加拿大蒙特利尔大学产业关系学院、美国芝加哥大学公共政策学院及商学院、伊利诺伊大学香槟分校（UIUC）、朝鲜金日成综合大学、朝鲜人民经济大学、蒙古国立大学和澳门大学社会科学及人文学院，就学院与几所大学相关院系合作进行深入洽谈。

2011 年学院共获得纵向科研项目 19 项，其中国家社科基金重大决策咨询项目 1 项，国家社科基金项目 2 项，国家自然科学基金项目 4 项，教育部人文社科研究项目 2 项，中国人民大学研究项目 8 项，北京市教委项目 2 项。横向科研项目共计 36 项。科研经费 829 万元。

学院 2011 年发表核心期刊论文数量共计 57 篇。SSCI 等外文核心期刊 9 篇，其中 A 类 1 篇，B 类 1 篇，C 类 7 篇。国内期刊 48 篇，其中 A 类 1 篇，B 类 17 篇，C 类 30 篇。另有非学院奖励的国际期刊及国际学术会议工作论文 26 篇。出版书籍 36 部，其中著作 10 部，教材 14 部，文集 2 部，译作 5 部，其他 5 部。2 种教材被教育部确认为 2011 年普通高等教育精品教材：曾湘泉主编，中国人民大学出版社出版的《薪酬管理》（第二版）；郑功成、许飞琼主编，中国金融出版社出版的《财产保险》（第四版）。曾湘泉主编的《劳动经济学》被确认为 2011 年北京市精品教材。

成功申报劳动关系交叉学科硕士点和博士点，以及人力资源管理硕士点和博士点。举办首届“中国劳动科学博士研究生论坛”，启动“中国雇主——雇员匹配数据追踪调查”试调查工作，正式向社会公布中国就业竞争指数即 CIER 指数。程延园教授获“中国人民大学十大教学标兵”。启动青年教师国外发表论文的孵化器计划。

学院与蒙特利尔大学正式签署本科生交换协议并实施，蒙特利尔大学 12 位学生，学院 8 位学生分别赴对方院校开展暑期课程学习和交流。

博士研究生王震获吴玉章奖学金，樊妮同学荣膺 2011 全国大学生英语竞赛（NECCS）总决赛的一、二等奖，越南籍硕士研究生阮氏玲获得北京市第三届“汉语之星”，张然获全国大学生武术（套路）锦标赛女子甲组一类拳第一名，本科生扎西顿珠同学入伍参军。

■ 信息资源管理学院

信息资源管理学院成立于 2003 年 12 月，其前身是成立于 1952 年的中国人民大学专修科档案班。现任院长为赵国俊教授。

信息资源管理学院设档案学、政务信息管理 2 个系。现有档案学、信息管理与信息系统 2 个本科专业，档案学、情报学、图书馆学、信息资源管理、中外政治制度 5 个硕士学位点，档案学、情报学、图书馆学、信息资源管理 4 个博士学位点和 1 个一级学科博士后流动站。学院拥有图书馆、情报与档案管理博士学位一级学科授予权。

学院下设中国人民大学电子政务研究中心和《档案学通讯》杂志社，还与兄弟单位合作建设数据工程与知识工程教育部重点实验室。2011 年学院成立中国人民大学电子文件测试中心。

学院现有专任教师 36 人，其中教授 12 人、副教授 19 人、讲师 5 人。学院聘请了十几位国内外知名学者和高级官员为兼职教授。学院共有学生 462 人，包括本科生 294 人、硕士研究生 126 人、博士研究生 42 人，其中留学生 13 人。

学院教师出版学术专著、教材 7 部，发表学术论文 37 篇，承担国家社科基金、国家自然科学基金等纵向项目 6 项、横向项目 15 项。教师获得国家档案局科技进步一等奖 1 项，国家档案局优秀科技成果奖三等奖 1 项。学院主办国家社会科学基金重大项目“中国档案事业史”开题论证会、档案文献辨伪方法学术研讨会、“信息分析与竞争情报理论方法创新”学术交流会、“中国档案事业史知识库”项目著录工作会议、第二届中国电子文件管理论坛、2011 中国信息资源管理论坛、2011 中国知识管理论坛等国内学术会议 7 次，主办中美数字时代档案管理研讨会、2011 中日韩图书情报论坛等国际学术会议 2 次。学院举办全球高等教育新趋势、宏观鉴定的理论与实践、21世纪的档案——创造数字记忆等3次国际学术交流讲座。学院教师赴美国、日本、意大利、澳大利亚、泰国、菲律宾、澳门等国家和地区参加国际学术会议、访问考察，计23人次。

中国人民大学与澳门特别行政区文化局签署《战略合作备忘录》，信息资源管理学院与澳门历史档案馆承担档案管理领域的合作事宜。学院与北京电视台“档案”栏目组开展合作与交流。

■ 教育学院

教育学院成立于2011年11月1日，在成立于1999年的教育科学研究所和成立于2005年的高等教育研究室的基础上组建而成。首任执行院长为胡娟教授。

学院现拥有教育经济与管理、行政管理（教育行政管理）、高等教育学、教育法学4个硕士学位授予权，教育经济与管理、教育学2个博士学位授予权，教育学一级学科硕士学位授予权。2007年教育经济与管理博士学位授权点被评为北京市重点学科。学院形成四个特色研究方向：教育发展战略、高等教育管理、教育法律与政策、教育经济与社会。学院现拥有教育部中国人民大学教育发展与公共政策研究中心、教育部文科教育改革发展研究基地、教育部教育体制研究中心、同志社大学中国人民大学教育研究中心等。

学院现有专任教师23人，包括教授10人、副教授6人、讲师7人（其中20人具有博士学位，4人具有海外博士学位），另有多名双聘及兼职教授。学院3名教师入选教育部新世纪优秀人才。学院现有学生84人，其中硕士研究生60人，博士研究生24人。

2011年，学院主办的《中国人民大学教育学刊》（季刊）正式创刊并发行。此外，学院还是人大复印报刊资料《高等教育》的学术支持单位。

2011年11月1日，中国人民大学教育学院组建成立大会举行，教育部部长袁贵仁致电祝贺，教育部副部长杜玉波致信祝贺。教育部副部长鲁昕，教育部原副部长、中国高等教育学会会长周远清，中国教育学会会长顾明远，中国人民大学校长纪宝成、党委书记程天权等出席大会。成立大会当天还举办了“新时期中国教育学科发展”专题研讨会，来自北京大学、清华大学、北京师范大学等著名高校的教育学院院长和专家参加了研讨会并对学院的发展提出了建议和意见。会后《光明日报》专版报道了学院组建成立大会的相关内容。

■ 继续教育学院

继续教育学院成立于2004年10月，是在原成人高等教育学院和网络教育学院合并的基础上成立的，是具体实施成人高等教育和网络教育的教学单位。学院主要面向在职人员，以非全日制教育为主，适当开发各种层次和类型的继续教育。现任院长为陈兴滨教授。

继续教育学院下设学院办公室、成人教育部、网络教育部和教学研究部。成人教育部下设教学管理办公室、夜大学办公室、招生培训办公室、学生管理办公室、财务室和物业管理办公室。网络教育部下设行政管理中心、教学管理中心、学生服务中心、技术开发中心、网络教育与资源研发中心和教育推广中心。

■ 培训学院

培训学院成立于2003年9月25日，是在原教育培训中心基础上组建而成，是学校非学历教育培训的主办单位。现任院长空缺，李海彬副研究员为主持工作副院长。

学院下设学院办公室、国际合作部、高端培训一部、高端培训二部、艺术培训中心、课程研发部、英国高等教育文凭项目（HND）中心、培训与发展研究中心等。学院现有员工80人。

■ 国际学院（苏州研究院）

苏州研究院成立于2004年3月，2007年9月更名为国际学院（苏州研究院）。2009年9月6日举行首届全日制学生开学典礼，2011年7月首届学生毕业。国际学院（苏州研究院）是中国人民大学在新的历史条件下与苏州市人民政府合作共建的高层次、国际性教学研究机构，致力于建设成为中国人民大学在华东地区的教学科研基地、国际合作平台、高端培训中心、创新研发园区。现任院长为王利明教授，分党委书记兼常务副院长为陈甬军教授。

学院采取“延伸办学”和“自主办学”相结合的模式运行，现有学校文学院、财政金融学院、法学院、社会与人口学院、商学院、公共管理学院等6个学院在国际学院进行延伸办学，招收法律硕士、公共管理硕士、会计硕士、汉语国际教育硕士、社会工作硕士、金融硕士、税务硕士等专业学位硕士研究生以及知识产权法学术型硕士研究生。同时，学院与法国马赛商学院合作举办了中法财务金融硕士、国际高端品牌管理硕士等合作项目，学院与美国乔治·华盛顿大学合作举办了金融硕士项目，并在中法合作项目的基础上申办中法学院。

2011年，学院正式挂牌成立了全球化研究中心，该科研平台囊括了气候变化与低碳经济研究所、新兴产业发展研究院、东亚音乐考古研究所、经济法比较研究所、跨文化与语言研究所等院所。中国人民大学国家大学科技园（苏州分园）设在国际学院，现有中国人民大学出版社华东分社、中国人民大学书报资料中心华东分社等企事业单位入驻。

学院按照校本部派驻教师、学院专任教师和聘任教师相结合的原则组建教师队伍，现有校本部派驻教师24人，其中教授9人、副教授11人、讲师4人；专任教师11人，其中副教授1人、讲师10人；聘任教师3人。学院现有统招学生1 084人，其中本科生94人、硕士研究生942人、博士研究生48人；此外，各类中法项目、中美项目共有学生131人。

学院与法国、美国、加拿大、奥地利、德国、意大利、荷兰、英国、日本、新加坡、印度等国家以及香港、澳门、台湾等地区的院校建立了密切的人员互访和学术交流关系。2011年，中国人民大学中法学院正式申办，并迎接了教育部专家组的实地考察，中法学院是开展国际合作的重要平台。

2011年，学院先后举办苏州市科技金融论坛、中国印度经济合作回顾与展望会议、全球化背景下的机遇与挑战研讨会、2011世界青年低碳论坛、第二届独墅湖人大金融论坛、经济发展与金融监管国际研讨会等大型学术会议；举办国际学院学习大讲堂、独墅湖畔法学论坛、语言文化论坛、经济学论坛、管理学论坛、会计硕士论坛、金融论坛、社会实践大讲堂、法律实务大讲堂、职业生涯规划与就业辅导系列讲座等百余场；举行“五四”青春歌会、校园十佳歌手大赛、学院篮球赛、新生拔河比赛、新年晚会、新年舞会、2011届毕业生欢送晚会等文体活动。

■ 深圳研究院

深圳研究院成立于2002年5月，全权负责中国人民大学在深圳及我国华南地区的一切教学、科研、咨询活动，是中国人民大学在深圳的唯一代表机构。现任院长由袁卫常务副校长兼任，常务副院长为陈建教授。

全院共有教职员工10人，注册学生320人，其中博士研究生39人，硕士研究生29人，非学历教育学员为252人。

学院依托学校的学科优势和师资队伍，配合深圳经济建设及社会发展需要，以各类学历教育和非学历教育为重点开展工作。学院成立以来，已开展MBA、世界经济、民商法、经济法、公共组织与人力资源等5个专业的硕士研究生和经济、金融、法学、管理等16个研究方向的博士研究生学历教育；举办了民商法学、经济法学、人力资源管理、新闻学、国际贸易（现代国际物流管理方向）、金融学等专业的硕士学位课程进修班。学院同时还与英国、马来西亚等国家的大学开展合作办学，并先后与民航新疆管理局、广东省邮电培训中心、深圳市中小企业服务中心、深圳特区报业集团、深圳市龙岗区委等合作举办内部培训。学院推出中日共同论坛、金融高峰论坛、“我国文化创意产业与深圳品牌城市经营”、“《新专利法》对产业界的影响”等系列论坛。同时，以深圳知识产权研究中心为平台，努力探索开展一系列高质量、高水平的知识产权中介、重大课题研究、信息服务和人才培训活动的新途径。

■ 体育部

体育部是负责学校体育教学、学生课外群体活动和高水平运动队训练的教学部门，下设基础教学教研室、课外群体教研室和竞技训练教研室。现任主任为杨占武副研究员。

体育部共有教师38人，其中副教授职称25人，国际级裁判1人，国家级裁判5人。

学校领导高度重视体育工作在人才培养、创建一流大学中的作用。校长纪宝成教授出席中国人民大学2011年新生田径运动会开幕式，并对学校体育工作作出重要指示。2011年3月29日，学校召开高水平运动队建设研讨会，教育部体卫艺司司长杨贵仁到会指导工作。6月23日，校体育运动委员会召开第三次全体会议，为学校体育工作未来的发展指明了方向。

教育教学和学科建设

本科生教育

一、概况

2011 年，按照“学习教育规划纲要，落实全教会精神，深化本科教学改革，提升人才培养质量”的总体思路和学校整体工作部署，学校积极推动本科教学的精细化、信息化和国际化建设。

在做好各项常规工作保障教学顺利运行的基础上，本科教学重点组织开展了以下几个方面的工作，取得了一些新进展。包括：组织编写教学质量报告，筹备本科教学评估；加强课程建设，促进教学资源信息化；完善国际小学期，组织实施首批校长奖学金资助出国项目；继续推进实验班建设，探索复合型人才培养模式；推进教材建设工作，关注学生满意度；加强实践教学，扩大创新实验计划项目覆盖面；严格毕业审核，精心组织学位授予相关工作；组织结项公开答辩，验收“十一五”教改项目；落实学校教学组织建设决定，重视提升教师教学能力；认真推进国家教育体制改革人才培养试点项目，取得阶段性成果。

2011 年，教育部、北京市教委在“本科教学工程”中进行了精品视频公开课、教学名师奖、大学生创新性实验计划、法学教育实践基地等项目的立项和评审工作。学校有 99 个项目入选，其中入选教育部的项目 46 个，入选北京市的项目 53 个。

此外，2011 年，学校有 4 名教师荣获宝钢教育基金优秀教师奖，10 名教师被评为“中国人民大学十大教学标兵”。学生参加校外科技竞赛取得优异成绩：在全国大学生数学建模与计算机应用竞赛中获得全国一等奖 2 项，全国二等奖 8 项，北京市一等奖 7 项；在北京市大学生广告艺术大赛获得一等奖 2 项，北京市大学生模拟法庭竞赛和英语演讲比赛中分别获得一等奖各 1 项。

2011 年，中国人民大学共有 56 位学者入选马克思主义理论研究和建设工程教育部第三批重点教材编写课题组首席专家和主要成员名单。

在精品教材评选方面，共有 15 种教材被教育部确认为 2011 年普通高等教育精品教材，22 种教材被评为 2011 年北京高等教育精品教材。

二、本科生招生工作

2011 年，学校共录取本科新生 2 911 人，其中男生 1 232 人，女生 1 679 人，男女生比为 42∶58，男生比例比 2010 年下降 1 个百分点。在录取的 2 911 名新生中，普通本科生 2 355 人（其中金融学(中法交流实验班) 38 人），内地普通保送生 114 人，艺术特长生 54 人，体育特长生 39 人，艺术类学生 132 人，港澳台侨生 59 人（含澳门保送生 7 人、台湾保送生 2 人），国防生 118 人，第二学士学位生 38 人，国家优秀运动员 2 人。

2011 年北京市的生源质量依然保持良好势头，其中文科录取分数线为 623 分，高出重点线 99 分(2010 年最低分比重点线高出 83 分)，理科录取分数线为 630 分，高出重点线 146 分（2010 年最低分比重点线高出 145 分）。文科录取平均分为 634 分，高出重点线 110 分，比 2010 年提高 13 分；理科录取平均分为 645 分，高出重点线 161 分，比 2010 年降低 1 分（理科重点线比 2010 年低 10 分）。北京市文理科最低分的排位均保持高位，其中文科首次突破 500 名，约为北京市 450 名左右（2010 年约为 560 名），理科最低分约为北京市 1 400 多名，与 2010 年基本持平。

全国其他 30 个省（区、市）的文理科统招生源也均取得了优异成绩，生源质量稳中有升。生源大省（招生计划 40 以上）的文科最低分基本保持在全省前 150 名左右，理科最低分基本保持在全省前 500 名左右；生源小省（招生计划 40 以下）的文科最低分基本保持在全省前 50 名左右，理科最低分基本保持在全省前 300 名左右。吉林、内蒙古、湖北、江西、安徽、陕西、山东、上海等省份录取最低分的省内排位均超过往年水平，其他省份录取最低分的省内排位与往年基本持平。总体来看，2011 年学校录取的文科新生平均分为 628，比 2010 年高 6 分；理科新生平均分为 655，比 2010 年高 4 分。

另外，2011 年学校小语种专业录取成果喜人。从 2011 年起，学校小语种专业全部安排在提前批次进行招生，并且生源质量进一步提高。从录取分数线来看，部分省份小语种专业的录取分数平均仅低于一批录取线 10 分以内，而北京、天津、广东、福建、上海、重庆等省份小语种专业的录取分数则高于一批录取分数线，有些省份甚至远远高于一批录取分数线。

三、教材建设

2011 年 11 月 24 日，教育部网站公布了 2011 年普通高等教育精品教材评选确认结果，共有 276 种教材被确认为 2011 年普通高等教育精品教材，其中有人民大学教师主编的 15 种教材，居全国高校榜首。11 月中旬，北京市教委组织了 2011 年度北京高等教育精品教材推荐评审工作，学校有 22 种教材入选。12 月，各学院开展申报教育部“十二五”国家级本科规划教材的第一阶段工作，统计学校教师从 2006—2011 年编写出版的教材共 1 638 种，为规划教材的后期申报奠定良好的基础。

2011年，学校先后有56位学者作为首席专家和主要成员参加教育部负责的马克思主义理论研究和建设工程第三批重点教材编写课题组。12月5日，受教育部委托，本科教务管理部门组织召开了马克思主义理论研究和建设工程重点编写教材《新闻学概论》推广使用情况座谈会。教育部高等教育司刘贵芹副司长一行7人就马克思主义理论研究和建设工程重点编写教材《新闻学概论》及其他重点编写教材使用的基本情况、在推广使用中存在的问题、对进一步做好重点编写教材推广使用工作的建议以及对相关课程任课教师培训工作的建议等内容进行了调研。会议由杨慧林副校长主持。中国人民大学、北京大学、清华大学、北京师范大学以及中国传媒大学等高校的相关代表共23人参加了座谈。

2011年春季学期课堂教学质量网络评估结果显示，学生对学校本科课程教材使用情况的满意度较高，在81 539份问卷中，表示“非常满意”的问卷有51 502份，占总数的63.16%；“比较满意”的问卷有20 652份，占总数的25.33%。

四、教学改革与教学管理

（一）教学方案编制和课程建设

1. 编制2011级本科教学方案

2011年，为全面贯彻落实《国家中长期教育改革和发展规划纲要（2010—2020年）》和全国教育工作会议精神，改进学校人才培养工作，提升学校人才培养质量，本科教务管理部门组织各学院进行了2011级本科教学方案的编制工作。2011级本科教学方案整体编制情况为在2010级基础上进行的微调，其中理学院物理学、材料物理、应用心理学专业，环境学院环境科学专业，公共管理学院行政管理、土地资源管理、城市管理专业，劳动人事学院劳动与社会保障专业（劳动关系方向）等有较大幅度调整；同时新增新闻学—法学、新闻学—国际政治等联合培养实验班，新增经济学院能源经济专业、艺术学院艺术设计（新媒体）专业教学方案；此外，劳动人事学院、哲学院新制定了留学生培养方案。

2. 组织召开本科课程建设工作专题会议

2011年4月8—9日，本科教务管理部门组织召开了本科课程建设工作专题会议。杨慧林副校长出席会议并发表讲话，学校有关部处和学院本科教学负责人、教学秘书等共44人参加。会议就面向全校学生适当开放专业课程、增设全校选修课程、加强精品优质课程建设等问题进行讨论并达成共识。会议还提出要进一步完善组织机制和相关政策，强化教师教学技能培训，帮助学生学习，落实好本科生导师（组）制。会后，本科教务管理部门汇集整理会议建议，进一步修订完善了《中国人民大学关于进一步加强本科课程建设工作的若干意见》，上报学校领导审批后印发给各学院，作为学院课程建设的纲领性文件并要求参照执行。

3. 学科通识系列公开讲座继续开讲

2011年，本科教务管理部门继续依托五个学部组织相关学院开设“通识教育大讲堂——学科通识系列公开讲座”，共25讲，主讲人分别是：宋志明、郑杭生、赵彦云、孟宪实、陈禹、陈立丹、王向明、包伟民、何友晖、朱信凯、吴汉洪、刘小枫、张成福、张征、曾湘泉、温铁军、黄克剑、黄大慧、岳树民、张康之、李义平、张勇先、冯玉军、金勇进、刘震云等教授，分别来自学校人文、经济、社会、法政、理工五个学部，他们围绕学科通识教育与同学们进行了直接交流，内容涉及社会、文化、经济、科学、历史等专题。

该系列讲座在拓展学科前沿、促进通识教育、培养学生学术兴趣等方面发挥了重要作用，受到广大同学的欢迎。教务处针对讲座发放了调查问卷，从有效回收的140份来看，同学们普遍抱着“拓宽学科视野，扩大知识广度”的出发点，慕名而来；并有83.57%的听讲同学认为通过参加系列公开讲座，收获很大，对自身学习很有帮助，并希望继续开设此类讲座。

此外，本系列讲座分别委托网络与教育技术中心和网络教育学院进行了全程专业录像，为学校积累了重要的信息化教学资源。

4. 扩展课程资源建设，继续修订《中国人民大学全校选修课程资源（2011—2012）》

2011年，本科教务管理部门对2011—2012版“全校选修课程资源”进行修订编辑，共收录、编辑全校选修课498门，其中通识教育大讲堂课程12门、原典选读类课程21门，另有人文艺术类248门、法政类54门、经济类66门、管理类81门、理工类16门（原则上按授课教师所在学院所属学科部类分类）。通识教育大讲堂课程和原典选读类课程是学校重点建设课程，今后学校将根据师资情况继续增加或调整这两类课程，最大限度地扩大学生的选修空间。

（二）组织编写2010年本科教学质量报告，推进院系本科教学自主评估

根据2011年7月教育部高教司关于将在教育部网站和有关高等学校网站同步公布“985”各校《2010年度本科教学质量报告》文件的要求，2011年9月26日《中国人民大学2010年度本科教学质量报告》首次在校园网上公开发布，受到校内外的广泛关注。

根据教育部相关要求，本科教务管理部门牵头从举办国际小学期、创新通识教育形式、继续探索拔尖创新人才培养、加强课程建设与教材规划、开展全校范围“听课月”活动、实施大学生科研创新计划、加强师资队伍建设、加强教学条件建设、研究体制机制变革等方面对本科教学工作进行了全面的梳理和总结，并发布了学校本科教学基本状态数据。

公布本科教学质量报告，既是信息公开的要求，也是建立自身评价体系的需要。结合教育部关于普通高等学校本科教学评估工作的意见，本科教务管理部门配合教育部评估中心认真组织了评估工作专家领导与学校相关部门及部分学院的调研座谈活动，对高等学校教学基本状态数据库及其核心指标与基本指标进行了意见反馈，为下一阶段开展学院自我评估工作奠定了基础。

（三）组织召开本科教学工作总结分析会

2011年12月22日，中国人民大学2011年本科教学工作总结分析会召开。会议就进一步发挥本科教学在人才培养中的重要基础作用，改革创新人才培养模式，提升人才培养质量作了交流讨论。校党委书记程天权、校长陈雨露出席会议并讲话。会议由杨慧林副校长主持，校长助理刘向兵、郝立新、郭洪林、王孝群等出席会议，国家教育体制改革人才培养试点项目领导小组和工作小组成员，暑期学校领导小组成员单位负责人，各实验班项目负责人，各院系主管教学负责人、本科教务秘书，有关职能部门负责人参加会议。

程天权书记在讲话中强调，人才培养是高等教育事业崇高的主题，是大学办学的核心主体和核心竞争力所在。要坚持育人为本的理念，坚持把培养可靠的接班人和优秀的建设者作为中心方向，全面推进学校各项事业的发展。程天权书记要求，要深入研究教学规律，研究学生成长需求，研究时代发展要求，在实践中发现问题、总结经验、改进工作，从教育教学理念、教育教学方式、教育教学内容、教学管理体制等各方面提升办学水平。程天权书记对加强本科教学工作提出了三点希望：学校、学院各级领导要进一步凝聚共识，提升对本科教学工作的认识；要全面审视课程建设和教材建设，推进教学改革，提升教学质量；落实关爱学生、育人为本的理念，首先要关爱教师，加强教师队伍建设，引导教师为教书育人事业倾注心力。

陈雨露校长强调始终将本科教学作为重要组成部分纳入学校事业发展规划，他指出，“培养什么样的人才，如何培养优秀人才”对于大学而言是至高无上的主题。中国人民大学建设“人民满意、世界一流”大学的办学目标凝聚了全校师生的智慧和共识，得到了党和政府的肯定以及社会的认同。要实现这一目标，就要不忘党和政府交付的使命，做到学生满意、家长满意、社会满意，就要把努力方向集中到人才培养上。陈雨露校长提出，要实现建设一流大学的目标，首先要在三个方面实现超越：是否能够通过体制变革率先突破，建立起真正满足教学科研一线需要，提供高效、精细化、全心全意的服务保障的管理系统；是否能够营造有品质的校园，为学生提供最好的文化滋养；是否能够培养出

符合学校发展的历史逻辑、国家发展的战略需要、时代发展的机遇条件的标志性人才。陈雨露校长表示，面对21世纪全球化时代的广阔发展空间，中国人民大学的人才培养应进入全球视野，主动等待全球化的选择，着力培养具有全球领导力和行业领袖力的优秀人才。要进一步把学校的历史优势和办学资源凝聚于人才培养的核心目标，大力加强制度建设和推进机制改革，切实保障教学体系的落实；要进一步找准方向，完善教学布局，提高本科教育阶段的能力教育水平，特别是面向全球化时代的跨文化沟通能力。

教务处处长洪大用汇报了2011年本科教学工作主要进展和2012年暑期学校筹备情况，并就精品课程建设和期末考试工作作了部署。经济学院院长杨瑞龙就实施教育部人才培养体制改革试点项目、商学院院长伊志宏就商学院本科人才培养改革试点、历史学院副院长刘后滨就加强课程建设和教学实践环节分别作了交流发言。

（四）继续实施“本科教学工程”

2011年，中国人民大学本科教务管理部门积极组织各单位申报教育部和北京市“本科教学工程”项目。经评审，学校99个项目入选，其中46个项目入选教育部“本科教学工程”，包括国家级高等学校教学名师1名、精品视频公开课4门、大学生创新性实验计划项目40个、法学教育实践基地1个；53个项目入选北京市“本科教学工程”，包括北京市高等学校教学名师3名、大学生创新性实验计划项目50个。

2011年11月9日，由教育部组织，我国高水平大学建设的首批20门“中国大学视频公开课”，通过爱课程网和其合作网站中国网络电视台、网易同步向社会公众免费开放。首批上线课程由科学、文化素质教育网络视频课程与学术讲座组成，以讲授中国传统文化的课程为主，也有传播人类文明优秀成果及解读科技热点问题的课程。中国人民大学哲学院宋志明教授主讲的“薪火传承·中国传统哲学通论”成为入选课程之一。此项工作由教育部于2011年4月正式启动，首批共遴选出35个高校的103个选题，其中有学校5门课程（实际上线4门）。

2011年，根据《北京市教育委员会关于做好第七届北京市级教学名师奖暨遴选推荐第六届国家级教学名师奖候选人评选工作的通知》（京教函〔2011〕167号）、《教育部办公厅关于组织开展第六届高等学校教学名师奖评选表彰工作的通知》（教高厅函〔2011〕23号）等文件精神及要求，学校认真组织了教学名师申报工作。经过评审和公示，学校新闻学院张征教授、财政金融学院岳树民教授、农业与农村发展学院曾寅初教授获第七届北京市级教学名师奖；张征教授并获第六届国家级高等学校教学名师奖。

（五）完善国际小学期，组织实施首批校长奖学金资助出国项目

2011年7月4日，中国人民大学2011年暑期学校（国际小学期）正式开学。暑期学校为期4周，校级核心课程于7月29日全部结束，在全校各部门、各学院的共同努力下，暑期学校圆满落下帷幕。

2011年暑期学校（国际小学期）期间，人民大学共有24个学院（系、部）开设118门校级核心课程，延续去年的中国研究、学科通识及学科前沿和语言培训三大系列课程，由128名教师承担（包括18名对外汉语培训和本校学生英语强化培训课程授课教师）。其中除人民大学部分优秀师资外，有85名教师分别来自美国哈佛大学、耶鲁大学、斯坦福大学、加州大学伯克利分校、康奈尔大学以及英国剑桥大学、伦敦大学等近70所海外一流大学和研究机构。有3 304人选修了暑期学校（国际小学期）校级核心课程，其中，本校学生2 985人（研究生236人，本科生2 749人），来自全球40个国家和地区的外校学生319人。今年暑期学校注重制度创新和完善，实施了课程助教等新制度。《北京日报》、《新京报》、《21世纪报》、新华网等多家媒体都作了相关报道。

2011年，学校决定由教务处负责本科学生出国交换项目选拔管理工作。2011—2012学年第二学期，教务处共接受学生报名280人次，选拔学生121人。为鼓励优秀学生出国交换学习，本学期学校

特别启动校长奖学金项目，全校共有70名学生报名，教务处、国际交流处等单位组织对40名学生进行专家组面试，最终确定20名学生于2012年赴美国加州大学戴维斯分校进行一年的学习。

（六）继续推进实验班建设，探索复合型人才培养模式

2011年9月，“新闻学—法学”、“新闻学—国际关系”本科联合培养实验班正式开班。截止到目前，学校在本科阶段共有经济学—数学、金融学—数学、工商管理—法学、新闻学—法学、新闻学—国际关系等联合培养实验班和国学、工商管理英文教学、古典学、财税等各类实验班9个（不包括理科实验班和经济学基地班），在校实验班学生人数达639人，实验班毕业学生人数为276人。

2011年10月12日，本科教务管理部门组织召开了人民大学实验班人才培养工作座谈会，杨慧林副校长出席会议并发表讲话，各实验班所在学院院长、主管副院长和实验班负责人共20余人参加了会议。会上，相关负责人分别介绍了各自实验班工作的进展情况，一致认为要坚持把实验班办好，并就实验班的定位、课程设置、师资的数量与质量、教学方法、国际交流、实习实践、学生选拔与退出、学生的毕业去向及就业等问题进行了讨论和交流。会后本科教务管理部门编发了会议简讯。

（七）认真推进国家教育体制改革人才培养试点项目，取得阶段性成果

2011年4月8日、7月12日、11月23日，本科教务管理部门先后三次组织召开了人民大学承担的国家教育体制改革人才培养试点项目工作会议。林岗副校长和杨慧林副校长分别作为“改革经济管理类创新人才培养模式”和“人文基础学科拔尖人才实验计划”的项目负责人出席会议并发表讲话。经济学院、财政金融学院、商学院、公共管理学院、国学院、文学院、历史学院、哲学院等项目承担单位以及教务处、研究生院等项目协调单位的相关负责人参加了会议。

作为项目协调单位，教务处推动成立了学院层面的人才培养试点项目领导小组和工作小组，两个项目组分别制定了工作计划和项目实施内容。领导小组和工作小组的成立有效地促进了试点项目的深入开展，如经济学院召开了“‘经济学—数学（联合学位）实验班’学生代表座谈会”并开展了问卷调查，商学院召开了工商管理全英文教学实验班师生座谈会，历史学院组织召开了“教学经验交流会”并启动了“课程资源共享平台”建设，哲学院建立了“人文学科社会调查实验室”，文学院举办了“谢无量杯论文和文学创作大赛”，国学院全面启动导师制等。本科教务管理部门先后向国家教育体制改革办公室和教育部报送了关于《学校承担的国家教育体制改革人才培养试点项目启动实施情况的报告》、《学校人才培养试点项目半年以来进展情况总结报告》和《“人文基础学科拔尖人才培养实验计划”项目推进情况》等阶段性成果和重要信息。

（八）加强专业建设，组织申报新专业

1. 设立信息员，协助进行本科专业整理工作

根据教育部《普通高等学校本科专业目录》修订工作的总体安排，2011年，根据《普通高等学校本科专业目录（修订二稿）》开展了现设本科专业修订的准备工作，为新的《普通高等学校本科专业目录》的制定与计划发布实施提供意见和建议。设立信息员，具体负责学校现设本科专业的管理和协调工作。

2. 新专业申报工作

2011年，本科教学管理部门协助环境学院申报了“环境工程”本科新专业。根据《教育部关于公布2011年度高等学校本科专业设置备案或审批结果的通知》，中国人民大学环境学院申报的环境工程本科专业获批。环境工程专业属目录内专业，学制四年，授予工学学士学位，专业代码为081001，学校计划自2012年开始招生。截至2012年3月底，中国人民大学共有68个本科专业（含国学专业）。

（九）加强实践教学，扩大创新实验计划项目覆盖面

为进一步推动研究型、实践型和创新型人才的培养工作，2011年，学校进一步加大投入，设立

100 万元的实践教学专项经费，用于支持各类集中实习项目和学科竞赛活动。其中，集中实习项目方面，2011 年重点支持的项目有历史学院田野考古实习项目、农业与农村发展学院山东寿光蔬菜基地专项实习项目、环境学院河北官厅水库实习项目、心理学系课程实践项目、化学系中原油田实习项目、信息资源管理学院数据库实习实验平台建设、外国语学院外语文化节系列活动等。学科竞赛方面，2011 年，学校共有 1 000 余名本科生参与了各级校际学科竞赛及校内选拔赛，在数学建模、广告艺术、动漫设计、人文知识、模拟法庭、创业设计、英语演讲等各项比赛中取得优异成绩。尤其是在 11 月落幕的 2011 年全国大学生数学建模竞赛中，学校有 2 个队获全国一等奖，8 个队获全国二等奖，7 个队获北京赛区一等奖，20 个队获北京赛区二等奖，参赛规模创历史新高，并取得了近年来最好成绩。集中实习项目和学科竞赛的实施与开展，激发了广大学生的参与热情，强化了教学效果，培养了学生的团队精神，提高了学生的实践能力和创新能力。

2011 年，在教育部、北京市教委的大力支持下，学校总计投入 180 万用于中国人民大学“大学生创新实验计划”项目体系建设，共设立学生创新实验项目 196 项，其中，国家级项目 40 个、北京市级项目 50 个、校级项目 106 个。共有 912 名本科学生参与，平均每届学生受益率提升至 33.8%，较往年有较大增长。

（十）组织结项公开答辩，验收“十一五”教改项目

为加强教学改革项目执行，改进项目结题方式，保障项目质量，切实发挥项目研究成果在推动本科教改、提高人才培养质量方面的重要作用，本科教务管理部门于 2011 年 11 月 30 日组织召开了本科教学改革项目结题答辩会。会议按照北京市教委有关规定，邀请了校外专家和学校专家共同组成了专家组，各相关项目负责人、参与人以及教务处相关工作人员参加了会议。

本次答辩验收项目 7 项，集体审议验收项目 12 项，由市教委组织答辩 1 项，另有 2 项已获得北京市级以上教学成果奖而免于验收。本科教学改革项目对学校课程建设、教材建设、专业建设、学生能力培养和师资队伍建设等方面的加强以及学校整体教学质量的提高产生了明显效果。

（十一）严格毕业审核，精心组织学位授予相关工作

2011 年 6 月，本科教务管理部门从全校 2 500 余篇 2011 届学士学位论文中按专业随机抽取 281 篇，利用中国知网提供的学术不端文献检测系统对其进行文字比对审查。对文字重复率较高的论文发回各院（系），要求各院（系）在指导学生修改完善达到合格要求后重新提交教务处，通过审核合格方能准予毕业。

6 月 23 日上午，中国人民大学 2011 年学士学位授予仪式在世纪馆举行。校学位评定委员会主席、校长纪宝成教授，校学位评定委员会副主席、常务副校长兼研究生院院长袁卫教授，校学位评定委员会委员林岗教授、冯惠玲教授、吴晓求教授、李景治教授、陈桦教授、杨瑞龙教授等出席。教务处处长洪大用教授主持了学位授予仪式。在学位授予仪式上，校学位评定委员会副主席、常务副校长兼研究生院院长袁卫教授宣读了《中国人民大学学位评定委员会关于授予学士学位的决定》，授予 2011 届本科毕业生 2 883 人学士学位。马克思主义学院王易教授代表全体教师发言，全体学位评定委员会委员为学生授予学位。教务处配合相关单位为学位授予仪式进行了精心准备。

（十二）落实学校教学组织建设决定，重视提升教师教学能力

2011 年 6 月 7 日学校 2010—2011 学年第 14 次校长办公会讨论决定成立教学委员会、教师发展中心、明德书院办公室等教学组织机构。为贯彻落实校长办公会的决定，教务处牵头起草了《中国人民大学教学委员会章程（草案）》，拟将教学委员会作为学校三大委员会之一，其主要职责包括：审议和评奖、指导和咨询、监督和评估以及其他需要校教学委员会决策的重大事项。委员由教学经验丰富、教学成果显著、学术严谨、威望较高，尤其是热心教学研究和教学改革的老、中、青教师组成，由校长兼任教学委员会主任委员。教学委员会设秘书处，挂靠教务处。同时，教务处还就教师教学发展中心、明德书院办公室等机构的建设进行了广泛调研。

在教师教学能力建设方面，本年度，教务处组织选派了2名教师参加马克思主义理论研究和建设工程重点编写教材相关课程的培训工作；组织16个学院自主举办教学观摩课18次，“听课月”期间全校各学院听课309次，3个学院开展了教学工作研讨和经验交流活动4次；组织督导员督导课堂495个，并积极支持校工会举办青年教师教学基本功比赛；表彰1名国家级教学名师、3名北京市教学名师、4名宝钢教育基金优秀教师及10名教学标兵等奖项获得者。

（十三）积极开展教学研究

2011年，根据日常工作中的调查研究、各学院提交的研究报告、第六届国家级教学成果奖的总结以及校领导对大学文科教育的宏观论述，本科教务管理部门编辑了《变革时代的文科高等教育——中国人民大学本科人才培养的探索与实践》，该文集由中国人民大学出版社正式出版。

另外，本科教务管理部门深入调研学校本科教学状况，围绕暑期学校、课程建设、实践教学、教材建设、教学质量等方面，形成了本科教学研究系列报告，包括《2011年本科教学工作主要进展》、《“常态化　制度化　品牌化”——中国人民大学举行2011年暑期学校开学典礼》、《中国人民大学关于进一步加强本科课程建设工作的若干意见》、《教务处认真组织“听课月”活动》、《全校选修课开设情况分析报告》、《学生选课情况分析报告》、《学校承担的国家教育体制改革人才培养试点项目启动实施情况的报告》、《学校人才培养试点项目半年以来进展情况总结报告》、《“人文基础学科拔尖人才培养实验计划”项目推进情况》、《学习教育规划纲要，落实全教会精神，深化本科教学改革，提升人才培养质量——2010—2011学年中国人民大学本科人才培养工作主要进展》总结报告及典型案例介绍、《本科课堂教学质量网络评估结果》等，为学校政策制定和发展提供了科学依据。

（十四）教学管理信息化建设

2011年，随着学校信息化建设工作的不断深入，本科教学管理信息化建设取得了较大的发展。2011年度“数字人大”本科教学管理信息系统顺利完成了学生选课、期末成绩录入、成绩单打印以及推荐免试研究生的网上报名及推荐等常规教学管理工作。在此基础上，副修报名及录取、教室借用管理、教师课堂教学工作量考核等一批新增功能模块在2010年完成试运行后也正式投入使用，为日常教学管理的顺利进行提供了更为有力的系统支持。为进一步为学生提供便利的服务，2011年度对大学英语四、六级考试报名系统进行了升级，同时引入了学生自助缴费系统，学生报名成功后可随时在缴费终端完成缴费。与此同时，在广泛调研国内外高校学生成绩单打印方式的基础上，2011年度制定了学生成绩单自助打印系统的实施方案，该系统建成后将为学生升学、就业和出国提供便捷的成绩单打印服务，同时也将大幅度提高教学管理工作效率。

五、教学质量监控

（一）继续开展“听课月”活动

为进一步加强课堂教学工作，提高教学质量，以带动人才培养的各个环节、整体质量的提升，经学校研究，决定于2011年10月17日起至11月中旬开展“听课月”活动。此次“听课月”活动是继2009年以来第三次开展全校性的集中听课活动，为积极推动“听课月”活动的开展，保证活动取得实效，本科教务管理部门对本科教学“听课月”活动进行了具体的部署。

“听课月”期间，校领导分别走进课堂和学生一起听课，本科教务管理部门的领导及相关科室的同志也分别到本科课堂听课，了解教学情况。各学院积极组织本学院的听课和教学观摩、教学经验交流活动，使“听课月”活动深入有序地开展。全校24个院系的领导和教研室主任及学生处、图书馆、清史所的领导共212人，听取了本科课程309门次。听课人数比2010年“听课月”增加了88人，增幅为70.97%，听课门次比2010年增加了51门次，增幅为19.77%。

按课程类别统计，专业课为126门次，学科基础课为106门次，全校共同课为39门次，全校选修课为 38 门次。听课数量最多的是商学院，为 35 门次，第二是社会与人口学院，为 32 门次，第三是信息学院，为 26 门次。

在此次“听课月”活动中有 16 个单位共组织了 18 次教学观摩活动，其中 8 个单位在观摩课后还进行了课后的交流活动。3 个学院开展了教学工作研讨和经验交流活动 4 次。

通过“听课月”活动的开展，各单位对本科课堂的教学质量日益重视，对本科课堂教学的调研工作也更加深入，对发现的问题及时进行反馈、改进。教师互相学习，共同研究、探讨教学工作中的问题，相互促进，不断提高教学水平。

（二）教学检查与课堂教学评估

2011 年，学校继续坚持执行期初、期末本科教学工作例会制度、教学检查制度。学校领导、本科教务管理部门领导每学期坚持期初、期末进行教学检查，教学巡视人员坚持每天到各教学楼巡视，及时反馈教学秩序、教学工作运转情况。学校继续开展教学督导工作，督导员深入课堂听课共 1 114 课时。

2011 年，为进一步规范学生成绩的评定工作，本科教学管理部门在全校各专业各类课程中抽取了 168 个课堂的 8 758 份试卷及成绩单，进行了逐一的检查，对发现的问题进行汇总、统计、分析，并及时将问题进行了反馈，要求学院进一步开展自查工作，并探讨了未来成绩评定工作的监督机制，使成绩评定工作更加严谨、规范。

为不断改进教学工作，学校教务管理部门长期坚持春、秋季学期开展课堂教学评估，2011 年两个学期通过网络评估系统学生提交的问卷数为 174 736 份，参评教师为 2 192 人次，学生的参与度逐渐上升到 87.68%。同时学校教务管理部门也非常重视暑期学校的教学评估工作，暑期学校自 2009 年创办以来，虽然每期只有 4 周的教学时间，但均开展了教学满意度的问卷调查工作。2011 年暑期学校首次开展了网上教学质量问卷调查工作，更高效、广泛地了解来自校内、校外、国外的学生对暑期学校教学质量的评价、意见和建议，以期不断提升暑期学校的教学质量和改进教学管理与服务工作。

六、体育教学

2011 年，体育教学在“以人为本、以学生为本、以健康为本”的体育教学理念的指导下，开展了以下几项基本工作：

（1）继续促进课程结构的调整和优化，尝试开设下午 4:00～5:30，第 7～8 节课的体育课，以期更加有效地扩展体育教学的资源。（2）在学校教务处的指导下，建立了学生评价系统，对教师的教学效果进行评价。（3）加强北京校际间的体育教学的交流。积极参加北京市大学生体育协会教学群体科研部组织的各项教学研讨活动，通过交流，拓展了视野，提高了对体育教学各个领域的理解和认识。（4）实施教学制度改革，规范了体育课堂教学秩序，建立了较为完善的教学评估体系，为体育教学工作的开展提供了有力保障。

七、艺术教育

2011 年，艺术学院为全校本科生共开设 27 门次音乐、美术等艺术素质课，课程内容广泛、形式新颖，受到广大师生好评。开设课程有“中外名歌赏析与比较”、“舞蹈艺术修养”、“中国民间舞蹈”、“舞蹈作品赏析”、“音乐基础理论及视唱练耳”、“中国音乐赏析”、“外国美术鉴赏”等。

附录

中国人民大学本科专业目录

一级学科	专业代码	专业名称
哲学	010101	哲学
	010103*	宗教学
	010104W	伦理学
经济学	020101	经济学
	020102	国际经济与贸易
	020103	财政学
	020104	金融学
	020105W	国民经济管理
	020106W	贸易经济
	020107W	保险
	020109W	金融工程
	020110W	税务
	020111W	信用管理
	071601	统计学
	020121S	能源经济
法学	030101	法学
	030201*	科学社会主义与国际共产主义运动
	030202*	中国革命史与中国共产党党史
	030301*	社会学
	030302	社会工作
	030401	政治学与行政学
	030402	国际政治
	030403*	外交学
	030404	思想政治教育
文学	050101	汉语言文学
	050102	汉语言
	050201	英语
	050202	俄语
	050203*	德语
	050204*	法语
	050207	日语
	050301*	新闻学
	050302	广播电视新闻学
	050303	广告学
	050304	编辑出版学
	050403	音乐表演
	050404	绘画
	050406	美术学
	050408	艺术设计
	050418	动画

一级学科	专业代码	专业名称
历史学	060101	历史学
理学	070101	数学与应用数学
	070201	物理学
	070301	化学
	071401	环境科学
	071502	应用心理学
	071301	材料物理
工学	080605	计算机科学与技术
	071205W	信息安全
	081001	环境工程
管理学	110101*	管理科学
	110102	信息管理与信息系统
	110104	工程管理
	110201	工商管理
	110202	市场营销
	110203	会计学
	110204	财务管理
	110205	人力资源管理
	110207W	商品学
	110301	行政管理
	110302	公共事业管理
	110303*	劳动与社会保障
	110304*	土地资源管理
	110308W	城市管理
	110401	农林经济管理
	110402	农村区域发展
	110502	档案学

注：1. 专业代码后带“*”的表示目录内需一般控制设置的专业。
2. 专业代码后带“W”的表示目录外专业。
3. 专业代码后带“S”的表示在少数高校试点的目录外专业。

中国人民大学入选2011年国家大学生创新性实验计划立项项目一览表

序号	项目名称	项目负责人	指导教师
1	经济学创新型教育模式的现状与前景展望——基于高校经济类实验班的实证调查与分析	赵　之	岳树民
2	聚焦当代大学生购买学生平安保险状况——以北京地区高校为例	康锡恩	许飞琼
3	关于高考填报志愿影响因素的研究——基于北京、天津、广东三个不同填报方式地区的调查及研究	罗浩歌	胡　波
4	预防二次返贫政策的绩效分析——基于北京、哈尔滨、成都三地的调查研究	崔明舒	吕冰洋

序号	项目名称	项目负责人	指导教师
5	民间金融的网络革命：P2P 网络借贷的法律分析	郑　靓	杨　东
6	拯救沉默的羔羊——以“民事保护令”为重点的受暴妇女法律救济途径效果评估	王晓岑	肖建国
7	离家思亲苦，归乡续保难：农民工异地养老保险关系转移接续法律问题研究——以广东到四川的返乡农民工为例	解　玥	林　嘉
8	城镇化进程中失地农民受偿意愿和征地补偿机制研究——基于大庆、南阳、无锡的调查分析	仝晓乐	严金明
9	当代大学生对外国民心态研究——基于对北京十所高校大学生对日认知和态度的综合调研	罗　颖	王星宇
10	基于户籍制度改革上的城乡一体化现状研究与途径探索——以成都市武侯区为例	张迪杰	闫　瑾
11	当代青年知识群体对繁体字的理解和接受——以北京、大连两地大学生群体为例	姚思宇	孟宪实
12	乙酸乙烯酯与芳基卤代化合物的 Heck 反应制备芳基乙烯类化合物	蔡中正	徐立进
13	促进北京市再生水有效利用的定价模式研究	王春艳	昌敦虎
14	环保可以“赚钱”吗？——以内蒙古鄂尔多斯地区电厂为例	齐沐雪	范志勇
15	给无价的孩子定价——转型期中国城市儿童家庭支出调查研究	张　璇	宋　枫
16	农村合作社企业组织形式的比较分析——基于新制度经济学与马克思主义劳动过程理论的探讨	宋　丹	赵　峰
17	基于供需对接环节的重庆市公租房政策效应研究——公租房“重庆模式”将何去何从？	周靖杰	王晋斌
18	体面劳动对新生代农民工幸福感影响状况研究	李翘楚	徐世勇
19	大学生实习权益保障及规则构建——基于北京市大学生实习状况的实证研究	顾璐婷	吴清军　鲁　全
20	传统丧葬民俗的时代变迁与现实启示——基于山东省临朐县的调查研究	张雨阳	皮庆生　刁小龙
21	农产品供应链管理时代农业合作社的纵向协调机制对农户收入的影响分析——以长沙市万家春合作社为例	杨　曦	朱信凯
22	网络团购的营销价值研究及其模式优化探索——以餐饮业为例	蒙　双	陈　冠
23	加工贸易企业自主创新与产业升级——基于广东省的调研	王　旗	邓子梁
24	中国民间慈善基金会“去行政化”可行性研究——基于壹基金等案例的调研	陈成漳	刘向东
25	海洋渔业经济技术政策与渔民增收关系研究——以山东半岛蓝色经济区人工鱼礁建设为例	于勇波	马龙龙
26	“文印湘军”的分化原因与机制探索——基于对北京地区文印行业“新化现象”的质性研究	陶　椰	谢桂华
27	公共租赁房的居住满意度调查研究——以北京、重庆、杭州为例	魏　宁	齐亚强
28	政策性农业保险发展道路探究——基于安徽省蒙城县调研现状的精算学分析	单　戈	肖争艳

序号	项目名称	项目负责人	指导教师
29	本科学校国际交换项目实施情况调查与评估——基于北京市部分重点高校的研究	方潇怡	王晓露
30	当代青春文学的传播与接收——基于北京地区青少年《最小说》《鲤》阅读情况的调查分析	王　阳	程光炜　杨庆祥
31	从祠堂祭祀看潮汕地区新农村建设下宗族观念的传承现状——以枫美村为例	郑绚彩	王　昕　陈壁生
32	低维碳纳米结构电致伸缩现象的物理机制研究	王雪龙	季　威
33	不同群体社会地位认同偏差及其与主观幸福感的关系——基于社会中上层群体“弱势”心理现象的调查研究	李舒雅	胡　平
34	在中国推广网络公开课的可行性与现状研究	于华杰	彭　兰
35	对希望小学教师媒介素养的调查与研究——以四川、甘肃、陕西等地为例	刘骏瑶	陈力丹
36	以微博问政为代表的网络政务模式的发展趋势研究	徐弋加	赵国俊
37	基于Web2.0的网络协作学习平台建设及相关实施策略研究	薛盛博	杜小勇
38	临终关怀志愿服务平台开发	叶奇意	陈　红
39	中国艺术品二级市场发展问题探究——以对京沪杭等地的拍卖行研究为例	王　帆	郑晓华　王文娟
40	当代中国乡土社会变迁中祖先祭祀文化研究——以对洛阳市栾川县农村祭祖仪式及观念调查为例	贺晴川	干春松　张风雷

中国人民大学入选2011年北京市大学生科学研究与创业行动计划立项项目一览表

序号	项目名称	项目负责人	指导教师
1	高铁时代下的人力资本流动——以京津、沪杭高铁对大学生就业地域选择的影响为例	马　丽	贾俊雪　薛涧坡
2	农村家庭手工业“农户＋经纪人＋企业”模式中经纪人的信息服务及责任能力调查——基于山东省青岛市胶南农村地区的研究	潘雅慧子	郑志刚
3	免除农村义务教育学杂费后续政策评估——基于财政视角的调研	单　灵	张中秀
4	政策扶持对内生型集成合作模式下的农村资金互助社的影响调查——基于三省三县四村试点现状的实地调研分析	邓宛竹	刘晓路
5	客户满意度视角下网上银行推广情况的调查和分析——基于北京和郑州两地的实证分析	刘元慧	宋　玮
6	我国农业保险供需分析与思考——基于湖北省襄阳市和上海市的对比研究分析	童文庆	戴稳胜
7	农村金融排斥现状及影响因素研究——基于河北省沧州市的实证分析	谢　怡	赵锡军

序号	项目名称	项目负责人	指导教师
8	论刑释未成年犯就业安置制度的完善——以娄底、绍兴的调研为中心	张慧然	林　嘉
9	《城市生活无着的流浪乞讨人员救助管理办法》实施状况调查报告——基于北京、广州、郑州三地的实地调研	付祎昀	张　翔
10	挑战与变革：服刑人员未成年子女救助机制实证研究	杨凌云	田宏杰　胡锦光
11	点宅为金之杠杆：宅基地使用权抵押的多元风险评估与控制——基于吉、渝两地的实地调研	田沈媛	龙翼飞
12	政府主导下农民工培训对农民工个人就业能力的影响——以浙江省温州市农民职业培训为例	唐　彪	钟　卫
13	农村小型农田水利灌溉模式及其影响因素探究——以广西河池市东兰县为例	杨　雪	张秀智
14	灾后重建中的中日政府角色对比——对北川和仙台震后重建案例的分析和反思	赖　凡	黄大慧
15	宗族势力影响与农村文化室建设——以河南南阳市西峡县和湖北襄阳市耿寨村为例	李嘉伟	闫　瑾
16	中国传统乡村的宗族载体——祠堂在今日的功能、社会意义及生存现状（以安徽徽州地区祠堂为例）	吴天宇	梁　涛　陈壁生
17	铁催化的烯烃氧化羰基化反应及其应用研究	王荟杰	李志平
18	金属—金属成键导向自组装合成超分子材料	孟　瑶	于澍燕
19	技术进步对于能源消费的反弹效应研究——基于全国及各省的实证分析	郑伟男	王　克
20	“工资上涨”能否引起资本替代劳动，从而促进产业结构调整——以东莞“劳动力密集型企业”为例	张兆宇	雷　达
21	社会转型期的农村信仰与福利——基于苏北五市基督教发展动力机制和社会经济绩效的考察	孙云琨	冯俊新
22	劳动力市场分割下的农村中等教育决策——以辽宁省海城市周边农村为例	王乙杰	刘小鲁
23	通货膨胀对不同收入人群的影响——以浙江省嘉兴市为例	季甦心	杨瑞龙
24	“新医改”下村级医疗卫生服务现状调查——基于河南省许昌市三县的调查	李逸诗	韩克庆
25	“中国式菲佣”从业现状调查——以北京地区家政服务行业大学毕业生雇员群体为例	陈奕之	易定红　徐世勇
26	北京地区元代佛教寺庙调研	王杨梅	魏　坚　刘新光
27	大学生“街官”政策绩效评估——以北京市丰台区东铁匠营街道、海淀区田村路街道下社区为例	罗辰茜	宋少鹏
28	农民工输入地“带眷化”情况及影响因素分析——基于杭州及广州的实证分析	刘春林	曾寅初　孙柏瑛
29	公共租赁住房（公租房）现状调查及大学毕业生对其需求状况的研究与分析——以北京、重庆、青岛三地为例	李冬杰	俞明轩
30	人力资本对新形势下国企改制中“新失业人员”再就业的影响——以北京和内蒙古两家国企为例的比较分析	杨西瑶	于显洋
31	迁居农民视角下的中心村社区模式运行效果和推广可行性分析——基于内蒙古、河北的调查研究	白凤至	刘江涛

序号	项目名称	项目负责人	指导教师
32	货畅其流通四海——关于构建我国第四方物流网络平台的研究	张剑旭	王化成
33	产业工人民工化背景下的劳动管理研究——基于北京、上海、杭州制造业企业实地调研	富　露	李　平
34	从管理理论适用性角度探究小企业的共同特征——以市场营销理论和人力资源管理理论为例	陈　曦	牛海鹏
35	志愿服务模式的“主位”需求探讨——以弱势群体子女为例	张　钊	段成荣　富晓星
36	以需求为导向的多层次养老模式探究——基于北京市的研究分析	霍华德	冯仕政
37	物流企业绿色化评价体系的创建及实证研究——以快递行业为例	李绪泉	李东贤
38	新生代农民工子女学前教育家庭决策和市场供给分析——以北京市海淀区为例	李晓矛	蒋　妍　孔祥智
39	中国双轨制职业教育必要性与可行性研究——基于中德职业教育比较	胡　杨	任国强
40	二语习得中思维逆影响对学习者母语逻辑作用的实证研究——以英语学习对汉语的思维影响为例	杨竞一	徐　艳
41	中国私立博物馆生存现状及发展空间调研——以北京地区为例	李玥涵	孙　郁　魏　坚 杜焕芳
42	新疆柯尔克孜族英雄史诗《玛纳斯》的生存保护现状及民族民俗文化价值研究	贾元昊	王贵元　许　鹏 阿地里·居玛吐尔地
43	新型拓扑绝缘体材料的制备与掺杂改性研究	龚　演	陈根富
44	少数民族地方媒体在民族文化传承中的角色——以湘西地区为例	胡　玮	钟　新
45	突发事件中新闻发布会的说服效果在媒介中的呈现研究——以浙江省乐清市钱云会案为例	李慧敏	刘海龙
46	我国信息资源产业业态调查与分析	席　芮	侯卫真
47	盲分离技术及其在音乐应用上的研究	徐晨灿	许洁萍
48	经典随机序在不完全信息博弈中的应用	祁俞靓	龙永红
49	“艺考热”背后的中国艺术高考制度探究与分析	关家敏	刘明才
50	当前中国城市流浪乞讨人员社会救助问题及伦理审视——以北京、长沙实证考察为例	刘甘霖	葛晨虹

2011年中国人民大学教育教学成果和获奖情况

第六届（2011年）国家级高等学校教学名师奖

学院	姓名
新闻学院	张　征

第七届（2011年）北京市高等学校教学名师奖

学院	姓名
财政金融学院	岳树民
农业与农村发展学院	曾寅初
新闻学院	张　征

2011年中国人民大学“十大教学标兵”

学院	姓名	学院	姓名
国际关系学院	保建云	体育部	蒋红生
马克思主义学院	陈　崎	环境学院	靳　敏
劳动人事学院	程延园	哲学院	臧峰宇
公共管理学院	丰　雷	艺术学院	赵　前
商学院	冯云霞	文学院	朱子辉

2011年中国人民大学教学优秀奖

学院	姓名	学院	姓名
理学院化学系	杜为红	财政金融学院	宋　玮
哲学院	龚　群	法学院	田宏杰
社会与人口学院	和　红	外国语学院	王珠英
财政金融学院	贾俊雪	法学院	肖建国
国际关系学院	李宝俊	文学院	徐　楠
商学院	刘　军	信息资源管理学院	杨孟辉
农业与农村发展学院	马九杰	国学院	张明东
信息学院	孟　岩	外国语学院	张勇先
新闻学院	任　悦	公共管理学院	张　璋

2011年宝钢教育基金优秀教师奖

学院	姓名
法学院	胡锦光
财政金融学院	张成思
公共管理学院	严金明
经济学院	周业安

2011年中国人民大学入选国家级精品视频公开课课程

序号	课程名称	课程负责人	所在学院
1	《贞观政要》与传统王道政治	孟宪实	国学院
2	马克思主义中国化的百年流变	王向明	马克思主义学院
3	当代哲学热点问题	臧峰宇	哲学院
4	薪火传承·中国传统哲学通论	宋志明	哲学院

2011年中国人民大学入选国家级普通高等教育精品教材

序号	教材名称	主编或作者	所在单位	出版社
1	财政学（第六版）	陈　共	财政金融学院	中国人民大学出版社
2	土地经济学（第六版）	毕宝德	财政金融学院	中国人民大学出版社
3	宪法（第四版）	许崇德	法学院	中国人民大学出版社
4	国际经济法（第三版）	余劲松　吴志攀	法学院	北京大学出版社、高等教育出版社
5	简明证据法学（第二版）	何家弘　张卫平	法学院	中国人民大学出版社
6	民法（第五版）	王利明	法学院	中国人民大学出版社
7	中国法制史（第三版）	曾宪义	法学院	中国人民大学出版社
8	房地产经营与管理（第二版）	叶剑平	公共管理学院	中国农业出版社
9	经济学说史（第二版）	姚开建	经济学院	中国人民大学出版社
10	财产保险（第四版）	郑功成　许飞琼	劳动人事学院	中国金融出版社
11	薪酬管理（第二版）	曾湘泉	劳动人事学院	中国人民大学出版社
12	财务管理学（第五版）	荆　新　王化成 刘俊彦	商学院	中国人民大学出版社
13	非参数统计（第三版）	吴喜之　赵博娟	统计学院	中国统计出版社
14	中国新闻传播史（第二版）	方汉奇	新闻学院	中国人民大学出版社
15	马克思主义新闻观教程	陈力丹	新闻学院	中国人民大学出版社

2011年中国人民大学入选北京高等教育精品教材

序号	教材名称	主编姓名	所在单位	出版社
1	劳动法和社会保障法	林　嘉	法学院	中国人民大学出版社
2	破产法学	王欣新	法学院	中国人民大学出版社
3	刑法分论	谢望原　赫兴旺	法学院	中国人民大学出版社
4	国际司法原理与案例教程（第二版）	赵秀文	法学院	中国人民大学出版社
5	地籍管理（第四版）	谭　峻	公共管理学院	中国人民大学出版社
6	政府公共关系	唐　钧	公共管理学院	北京大学出版社
7	公共行政学（第二版）	张康之	公共管理学院	经济科学出版社
8	计量经济学（第三版）	赵国庆	经济学院	中国人民大学出版社
9	劳动经济学（第二版）	曾湘泉	劳动人事学院	复旦大学出版社
10	中华人民共和国史	齐鹏飞	马克思主义学院	中国人民大学出版社
11	马克思主义政治经济学原理（第二版）	张雷声	马克思主义学院	中国人民大学出版社
12	财务管理学	孙茂竹	商学院	中国人民大学出版社
13	国际市场营销（第二版）	王晓东	商学院	中国人民大学出版社

序号	教材名称	主编姓名	所在单位	出版社
14	统计学教程	金勇进	统计学院	中国人民大学出版社
15	抽样技术（第二版）	金勇进	统计学院	中国人民大学出版社
16	新编外国文学史——外国文学名著批评经典	梁　坤	文学院	中国人民大学出版社
17	新闻评论案例教程	马少华　刘洪珍	新闻学院	中国人民大学出版社
18	网络传播学	彭　兰	新闻学院	中国人民大学出版社
19	计算机应用基础中级教程（第二版）	杨小平	信息学院	清华大学出版社
20	动画片场景设计与镜头运用（第二版）	赵　前	艺术学院	中国人民大学出版社
21	西方管理哲学	刘敬鲁	哲学院	人民出版社
22	中国传统哲学通论（第二版）	宋志明	哲学院	中国人民大学出版社

2011 年中国人民大学接收进修教师及访问学者情况统计表

学院	国内访问学者人数	单科进修人数	“西部之光”访问学者人数	少数民族科技骨干访问学者人数	“质量工程”访问学者人数	北京市属高校教师研修基地学员
哲学院	8	0	0	0	0	1
文学院	5	1	0	1	2	0
经济学院	14	3	1	0	1	2
财政金融学院	2	7	0	0	0	2
统计学院	5	5	0	0	1	0
法学院	43	6	0	0	0	1
马克思主义学院	22	4	0	0	1	1
社会与人口学院	6	1	0	1	0	0
国际关系学院	4	1	0	0	0	1
新闻学院	9	8	0	1	2	2
信息学院	1	1	0	0	0	2
商学院	24	6	0	0	1	5
公共管理学院	17	6	0	0	0	1
劳动人事学院	17	5	0	0	0	0
农业与农村发展学院	1	1	0	0	0	0
外国语学院	0	1	0	0	0	1
艺术学院	0	0	0	0	1	1
历史学院	1	0	0	0	0	0
合计	179	56	1	3	9	20

2011 年度高水平运动队参赛成绩统计

序号	时间	比赛名称	获奖情况
1	4 月	2011 年北京高校大学生排球超级联赛	男子甲组冠军

序号	时间	比赛名称	获奖情况
2	5月	北京高校第49届学生田径运动会	女子800米、3 000米障碍冠军、打破1项高校纪录，男子110米栏、铅球、1 500米第4名，女子5 000米第6名
			男子800米、女子跳高、男子100米第8名，男4×100米、4×400米接力第8名
3	5月	2011年全国大学生田径精英赛（八校联盟）	男子800米第6名，男子4×100米接力第5名，女子4×100米接力第6名
			女子800米、1 100米栏银牌，女子跳高铜牌，男子100米第4名，男子三级跳远第5名
4	5月	2011年北京高校大学生网球联赛（团体赛）	男子甲组团体冠军，男子乙组团体第5名，女子乙组团体第6名
5	5月	2011年北京高校大学生网球联赛（精英赛）	男子甲组单打冠军，男子甲组单打季军
6	5月、7月	第26届世界大学生运动会高尔夫选拔赛	女子第5名
7	6月	2011年北京高校大学生篮球联赛	男子甲组冠军
8	6月	2011年北京高校大学生篮球联赛	女子甲组亚军
9	6月	2010—2011赛季全国大学生排球超级联赛	男子甲组第3名
10	7月	全国大学生网球锦标赛暨校长杯网球赛	男子单打季军，男子双打第5名
11	8月	第26届世界大学生运动会田径选拔赛	女子800米冠军、1 500米第3名
12	8月	第26届世界大学生运动会	刘念参加田径比赛
13	8月	第26届世界大学生运动会	杜泽宇参加高尔夫比赛、团体第3名
14	8月	第26届世界大学生运动会	秦凯、陈若琳、王鑫、林跃、火亮、何姿参加跳水比赛，共获7块金牌、1块铜牌
15	9月	第十二届全国大学生田径锦标赛	女子跳高第5名
16	10月	2011年首都大学生女子足球联赛	女子甲组亚军
17	10月	2011年北京高校大学生网球联赛（单项赛）	男子甲组单打亚军、第5名，男子乙组单打第5名，女子乙组单打第5名，女子丙组单打季军
18	11月	中国大学生篮球联赛北京赛区选拔赛	女子甲组第6名
19	11月	2010—2011赛季全国大学生篮球超级联赛	男子北区亚军、全国8强
20	11月	2011年北京市高校排球联赛	男子甲组第2名
21	11月	2011年全国大学生武术（套路）锦标赛	女子甲组一类拳金牌，男子甲组四类拳金牌，女子甲组双器械铜牌，个人“体育道德风尚奖”

中国人民大学学校田径纪录

校最高纪录（男子）

项目名称	成绩	运动员	时间	地点	备注
100米	10″60	芦　安	2012/04/21	中国人民大学	手计时
	10″72	芦　安	2010/05	北京大学	电计时
200米	21″8	亓宪鹏	2005/04/21	中国人民大学	手计时
	22″02	贾浩森	2002/05	北京航空航天大学	电计时

项目名称	成绩	运动员	时间	地点	备注
400 米	50″4	杨　光	2003/10	中国人民大学	手计时
	49″36	亓宪鹏	2003/10	北京交通大学	电计时
800 米	1′57″5	张　松	2012/04/21	中国人民大学	手计时
	1′54″5	王念裕	2003/10	北京交通大学	电计时
1 500 米	4′05″70	徐庆凯	2012/04/21	中国人民大学	手计时
	4′04″99	孙天齐	2002/08/01	东北财经大学	电计时
5 000 米	15′40″03	徐庆凯	2012/04/21	中国人民大学	手计时
	16′04″17	孙天齐	2002/08/01	东北财经大学	电计时
10 000 米	34′54″9	刘　雨	1998/05/01	北京体育学院	手计时
110 米中栏	14″1	李　鹏	2003/10	中国人民大学	手计时
110 米栏	14″32	王　申	2008/05	国家体育场	电计时
400 米栏	54″8	李　鹏	1998/05/01	北京体育学院	手计时
4×100 米接力	44″3		2003/10	中国人民大学	手计时
	42″64		2003/10	北京交通大学	电计时
4×400 米接力	3′42″1		1997/04	中国人民大学	手计时
	3′24″54		1997/08/01	清华大学	电计时
3 000 米障碍	9′56″9	韩景峰	1998/05/01	北京体育学院	手计时
跳高	2.03m	云　高	1996/05/01	中国人民大学	
跳远	7.58m	张海滨	2005/05/21	北京师范大学	
三级跳远	16.13m	刘伟利	2005/05/22	北京师范大学	
铅球	15.20m	郭　岱	1994/08/01	山东师范大学	
铁饼	48.39m	王　辉	2006/04/21	中国人民大学	
链球	44.90m	马格努斯	1999/08/01	东北师范大学	

校最高纪录（女子）

项目名称	成绩	运动员	时间	地点	备注
100 米	12″4	孙　卓	2001/05/01	清华大学	手计时
	12″64	翁嘉嶷	2010/05	北京大学	电计时
200 米	25″8	孙　卓	2002/05	北京航空航天大学	手计时
	25″26	杨　晴	2004/04/22	北京交通大学	电计时
400 米	58″6	刘　念	2011/04/22	中国人民大学	手计时
	57″10	周　巧	2007/05	北京邮电大学	电计时
800 米	2′07″6	刘　念	2011/04/22	中国人民大学	手计时
	2′05″78	刘　念	2011/04/29	北京体育大学	电计时
1 500 米	4′11″22	何　盼	2007/11	湖北武汉	电计时
3 000 米	9′55″0	刘　念	2011/04/22	中国人民大学	手计时
5 000 米	15′08″03	何　盼	2007/11	湖北武汉	电计时
10 000 米	31′39″84	宋晓雪	2007/11	湖北武汉	电计时
3 000 米障碍	9′26″25	刘　念	2007/11	湖北武汉	电计时

项目名称	成绩	运动员	时间	地点	备注
100 米栏	14″7	白　静	2000/05/01	北京工业大学	手计时
400 米栏	1′02″00	杨　晴	2005/05	北京师范大学	电计时
4×100 米接力	50″2		2003/10	中国人民大学	手计时
	49″94		2003/10	北京交通大学	电计时
4×400 米接力	4′19″8		2007/05/13	中国人民大学	手计时
	4′05″42		1997/07/01	东北师范大学	电计时
跳高	1.74m	殷　舜	1999/07/01	东北师范大学	
跳远	5.86m	殷　舜	2001/05/01	清华大学	
三级跳远	12.55m	孔　然	1992/05/01	北京奥体中心	
铅球	13.71m	张　瑞	2005/04/22	中国人民大学	
铁饼	43.07m	张　瑞	2004/04/22	中国人民大学	
标枪	38.18m	张　扬	2000/05/01	北京工业大学	

校运会纪录（男子）

项目名称	成绩	运动员	队籍	时间
100 米	10″8	吴　冰	财政金融学院	2009/04
200 米	21″8	亓宪鹏	环境学院	2005/04/21
400 米	50″4	杨　光	经济学院	2003/10/01
800 米	1′58″60	杜墨晗	信息资源管理学院	2012/04/21
1 500 米	4′09″16	孙天齐	法学院	2004/04/22
5 000 米	16′10″9	孙天齐	法学院	2003/10/01
110 米栏	14″1	李　鹏	财政金融学院	2003/10/01
4×100 米接力	44″3		商学院	2003/10/01
4×400 米接力	3′42″1		法学院	1997/04/01
跳高	2.03m	云　高	经济学院	1996/04/01
跳远	7.46m	张海滨	经济学院	2005/04/21
三级跳远	15.81m	刘伟力	财政金融学院	2007/05/13
铅球	15.12m	张骁惟	商学院	2012/04/21
铁饼	43.65m	王　辉	法学院	2005/04/22
五项全能	495 分	刘大会	信息资源管理学院	1997/04/01

校运会纪录（女子）

项目名称	成绩	运动员	队籍	时间
100 米	12″4	杨　晴	商学院	2003/10/01
200 米	25″5	杨　晴	商学院	2004/04/22
400 米	58″6	刘　念	信息资源管理学院	2011/04/22
800 米	2′07″6	刘　念	信息资源管理学院	2011/04/22
1 500 米	4′34″8	宋晓雪	信息资源管理学院	2007/05/13
3 000 米	9′55″0	何　盼	信息资源管理学院	2011/04/22
100 米栏	15″0	白　静	财政金融学院	2003/10/01
4×100 米接力	50″2		商学院	2003/10/01
4×400 米接力	4′19″8		信息资源管理学院	2007/05/13

项目名称	成绩	运动员	队籍	时间
跳高	1.68m	殷　舜	财政金融学院	1999/04/01
跳远	5.59m	刘晓丹	公共管理学院	2003/10/01
三级跳远	12.31m	张　娇	国际关系学院	2003/10/01
铅球	13.71m	张　瑞	公共管理学院	2005/04/22
铁饼	43.07m	张　瑞	公共管理学院	2004/04/22
五项全能	495 分	孔小燕	信息资源管理学院	2000/04/01

■ 研究生教育

一、概况

2011 年，学校紧密围绕“稳定规模、改善结构、加强管理、提高质量、增强国际性”的研究生教育指导原则开展各项工作，取得可喜成果。

2011 年 5 月，按照国务院学位办和教育部文件精神，学校组织开展研究生学科专业目录内学位授权点对应调整的申报和审批工作，考古学等 5 个一级学科获博士、硕士学位一级授权，生态学等 6 个一级学科获硕士学位一级授权。4—6 月，学校开展研究生学科目录外二级学科、交叉学科自主设置工作，经过教育部公示与备案，学校自主设置目录外二级学科 30 个，交叉学科 9 个。

2011 年，学校全力推进专业学位研究生教育与管理工作。5 月 17 日，研究生院召开专业学位研究生教育综合改革试点工作经验交流会。商学院、法学院、公共管理学院等综合改革试点单位就本单位在试点工作中采取的措施、取得的经验及需要突破的难点进行了汇报。研究生院要求相关学院积极推进专业学位教育综合改革，找准问题，创新模式，提高质量，在特色、品牌上谋发展。9 月，学校对工商管理硕士、法律硕士、公共管理硕士等三个专业学位研究生教育综合改革试点工作单位试点工作进行中期检查。12 月 23 日，“中国人民大学专业学位研究生教育发展战略研究工作会议”隆重举行。党委书记程天权、常务副校长袁卫出席大会并作重要讲话。国务院学位委员会办公室专业学位处处长黄宝印、北京市学位委员会办公室主任赵清出席会议并讲话，校长助理、研究生院常务副院长吴晓求作了大会报告。

经教育部授权，学校在 2011 年 1 月全国硕士研究生入学统一考试中，在金融硕士、税务硕士、保险硕士、应用统计硕士、国际商务硕士、资产评估硕士等 6 个新增的经济类专业学位开展经济类综合能力联合考试科目试点工作。

2011 年，学校新增金融硕士、应用统计硕士、税务硕士、国际商务硕士、保险硕士、资产评估硕士、艺术硕士、新闻与传播硕士、文物与博物馆硕士、图书情报硕士等 10 种专业学位招生。在硕士研究生招生中共录取专业学位硕士研究生 1 408 人，占录取硕士研究生总数的 40.2%，较 2010 年的 34.9%提高 5.3 个百分点。

2011 年，学校通过多种组织形式搭建夏令营学术交流平台，创新推荐免试硕士研究生招生模式。

2011 年，学校外国来华留学硕士研究生全英文项目的招生专业除往年的金融学、民商法学、公共政策、中国政治、国民经济学、工商管理等硕士专业外，还增设了中国哲学专业，招生人数大幅提升。2011 年录取全英文项目硕士研究生 88 人，较 2010 年提升 120%。

2011 年 5 月，学校组织召开“马克思主义基础学科建设座谈会”，主要研究如何继承、建设和发展学校马克思主义基础学科的有关问题，进一步明确学校马克思主义基础学科建设的重点、难点和主要方向，提出学校加强马克思主义基础学科建设整体竞争力的措施。6月，经学校领导研究决定，在经济学学科门类2011级研究生培养方案中增设“《资本论》选读”课程。

2011年，学校开展全员硕博连读试行方案的讨论设计工作，拟于2012年在哲学院、商学院和汉青研究院试点。

二、研究生招生工作

2011年，学校全方位梳理招生制度，广泛拓展招生渠道，积极推进各项招生改革，在稳步发展中取得新的成绩。

（一）研究生报名、录取情况

1. 内地硕士研究生招生

2011年，内地共有19 132人报考中国人民大学硕士研究生，其中推荐免试1 238人，学术型统考14 014人，专业学位联考3 603人，单独考试111人，援藏计划124人，少数民族骨干计划42人。

最终，学校共录取硕士研究生3 501人（不含往年录取、本年资格返回77人），其中学术型硕士研究生2 093人，专业学位硕士研究生1 408人。接收优秀本科毕业生推荐免试攻读硕士学位1 231人，其中接收本校推免生618人，接收外校推免生613人。接收全国统考硕士研究生973人（含“少数民族高层次骨干人才计划”42人），单独考试硕士研究生104人（含西藏自治区单考生36人），管理类专业学位联考硕士研究生1 193人。2011年学校新增金融硕士、应用统计硕士、税务硕士、国际商务硕士、保险硕士、资产评估硕士、艺术硕士、新闻与传播硕士、文物与博物馆硕士、图书情报硕士等10种专业学位招生。共录取专业学位硕士研究生1 408人，占录取硕士研究生总数的比例为40.2%，较2010年的34.9%提高5.3个百分点。

2011年，学校继续招收国际新闻传播方向硕士研究生，共录取43人。学校可持续发展研究院招收硕士研究生15人，中国经济改革与发展研究院招收硕士研究生10人。

2011年学校国际学院（苏州研究院）共招收硕士研究生471人，其中金融专业65人、税务专业20人、汉语国际教育专业90人、社会工作专业76人、法律专业70人、会计专业50人、公共管理专业83人、知识产权法专业（理工农医背景）17人。

2. 内地博士研究生招生

2011年，内地共有4 081人报考中国人民大学博士研究生，其中，男生2 322人、女生1 759人，党员2 997人、团员432人，汉族考生3 809人、少数民族考生272人。报名人数在100人以上的专业共8个，依次是金融学、民商法学、行政管理、马克思主义哲学、企业管理、刑法学、社会学、新闻学。经过初试、复试、政审等环节，共录取827人，其中，男生453人、女生374人，党员629人、团员93人，汉族考生770人、少数民族考生57人，硕博连读74人、本科直博3人。

2011年学校专项计划中，“高校思想政治理论课教师在职攻读马克思主义理论博士学位”研究生专项计划，生源面向各高校从事思想政治理论课教学的业务骨干教师，学校单独组织该专项计划的招生工作，共有21人报考，录取6人；“少数民族高层次骨干人才”专项计划，共95人报考，录取15人，其中少数民族考生13人；录取对口支援院校新疆财经大学的高校教师4人，延安大学的高校教师2人，云南民族学院的高校教师2人。中国改革与发展研究院招收博士研究生8人，可持续发展研究院招收博士研究生5人，深圳研究院招收博士研究生12人，国际学院（苏州研究院）招收博士研究生14人。

3. 港澳台地区招生

面向港澳台地区招收研究生是学校研究生招生工作的重要部分，是提升学校海外影响力的重要招生方式。2011 年，港澳台地区考生共 75 人报考中国人民大学研究生。其中，报考攻读博士学位研究生 33 人，报考攻读硕士学位研究生 42 人；香港特区考生 25 人，澳门特区考生 14 人，台湾地区考生 36 人。共录取港澳台地区研究生 36 人，其中，录取博士研究生 20 人，录取硕士研究生 16 人。录取的 36 人中有香港考生 12 人，澳门考生 8 人，台湾考生 16 人。另外，接收境内外部分高校港澳台生源推免生 8 人，与香港树仁学院合作招收新闻学专业硕士研究生 2 人。

为进一步加大接收港澳台高校优秀应届本科毕业生攻读硕士学位研究生的力度，2010 年 11 月 28 日至 12 月 4 日，研究生院组织 9 个学院的 24 名教师赴香港大学、香港中文大学、香港理工大学、香港城市大学、香港科技大学和澳门大学 6 所高校现场复试招收推荐免试硕士研究生，经过综合审核，共录取 8 人。

4. 留学研究生招生

2011 年，学校的外国来华留学研究生招生模式改革全面推行，学校招收外国来华留学研究生主要有以下五种方式：（1）政府交换来华公费留学生；（2）面试招考；（3）全英文硕士研究生项目；（4）笔试加面试招考；（5）推荐免试招生。为进一步提升学校的国际性，扩大招收留学研究生，学校 2011 年继续招收国内外知名大学非中国籍优秀应届本科毕业生推荐免试攻读硕士学位研究生。

2011 年，共 247 名外国来华留学生报考中国人民大学研究生。其中，报考硕士研究生 212 人，报考博士研究生 35 人。报考全英文项目硕士研究生 102 人，面试招考硕士研究生 42 人、博士研究生 28 人，普通招考硕士研究生 22 人、博士研究生 4 人，推荐免试硕士研究生 6 人，政府交换来华公费留学硕士研究生 44 人、博士研究生 3 人。

共录取留学研究生 199 人。其中录取硕士研究生 169 人、博士研究生 30 人。录取全英文项目硕士研究生 88 人，面试招考硕士研究生 28 人、博士研究生 24 人，普通招考硕士研究生 6 人、博士研究生 3 人，推荐免试硕士研究生 5 人，政府交换来华公费留学硕士研究生 42 人、博士研究生 3 人。

5. 在职专业学位硕士招生

2011 年，学校继续招收在职攻读法律硕士、会计硕士、公共管理硕士、农业推广硕士、工程硕士等硕士学位研究生。

报考中国人民大学在职研究生共 1 798 人，其中法律硕士 310 人、会计硕士 74 人、公共管理硕士 844 人、农业推广硕士 394 人、工程硕士 176 人。

共录取在职专业学位硕士研究生 488 人，其中法律硕士 80 人、会计硕士 22 人、公共管理硕士 150 人、农业推广硕士 168 人、工程硕士 68 人。

2011 年，学校录取高级工商管理硕士（EMBA）研究生 280 人。

（二）研究生招生改革进展情况

1. 完善接收推荐免试生制度

在接收推免生工作中，学校进一步探索多种招收模式，建立了暑期学术夏令营、赴外校招收和网络报名复试选拔等多种招生方式，广泛拓展推免生招生渠道，为优化学生结构、全面提高生源质量奠定基础。

（1）精心搭建暑期夏令营学术交流平台，有效促进有学术潜质的优秀生源脱颖而出。

通过多种组织形式搭建夏令营学术交流平台，创新推荐免试硕士研究生招生模式，以考试、才艺展示、专家讲座、学术沙龙、学术讨论会、论文演讲等多种形式进行选拔，导师对学生的专业能力和学术潜质进行全面考察，促进有学术追求的优秀生源脱颖而出。

（2）扩大赴外校招收推免生招生规模，着力吸引国内重点院校的拔尖人才前来攻读学位。

面对激烈的生源竞争，学校实行“招生教师走出去，优秀生源引进来”的赴外校招收推免生招生模式改革，组织教授团深入“985 院校”现场复试招收优秀生源免试攻读学校硕士研究生，通过快速、准确的生源竞争策略，“高质量、高效率”地招收优秀生源。赴外校招收推免生一方面有效吸引了内地顶尖院校的优秀生源，保障了学校在生源竞争中的优势地位；另一方面促进了学院与兄弟院校之间的学术交流，拓展了学校与兄弟院校的长期合作渠道，为未来学校招收优质生源打下了基础。经过网上报名、初审和复试等环节，全校共接收外校推免生 613 人，其中 123 人为学校 2011 年赴南京大学、武汉大学（华中科技大学、华中师范大学）、吉林大学等 10 所高校招收的推荐免试生。

（3）推进教授团赴香港、澳门地区 6 校的招生工作，有效吸引港澳地区优质生源。

在港澳台硕士研究生招生环节，继续推进教授团赴香港、澳门地区 6 校的招生宣讲、实地考察和招生工作，是提高学校研究生生源质量的新尝试，也是提升学校境外学术影响力的一项重要举措，现已招收 9 名推免生。这一改革措施，不仅强化了学校与港、澳地区的教育交流与合作，而且对拓展学校在港、澳地区研究生招生和培养新渠道具有深远影响。

（4）拓展海外优质生源接收渠道，增强学校对海外生源的吸引力。

提升研究生教育的国际性，需要通过拓展招生渠道，增强对海外优质生源的吸引力。针对海外地区生源，学校积极推进接收国外知名大学中国籍优秀应届本科毕业生推荐免试攻读学校硕士研究生的招生方式，积极拓展海外优质生源接收渠道，扩大学校海外生源竞争力。

2. 完善国际中国学研究项目

国际中国学研究是中国人民大学与日本爱知大学自 2004 年开始开展的一项博士研究生培养合作项目，涉及中国的政治、经济、文化、环境保护、国际关系和中国学研究方法等诸多研究领域，课程设置涵盖了中国人文社会科学的方方面面。2011 年本项目中国人民大学共有 9 名学生报考爱知大学，其中 6 名考生顺利被录取，爱知大学共有 2 名学生报考中国人民大学并被录取。

3. 扩大全英文硕士项目

2011 年，学校外国来华留学硕士研究生全英文项目的招生专业除往年的金融学、民商法学、公共政策、中国政治、国民经济学、工商管理硕士专业外增设了中国哲学专业，招生人数有了大幅提升，2011 年录取全英文项目硕士研究生 88 人，较 2010 年提升 120%。

4. 探索经济类专业学位综合能力考试科目改革

经教育部授权，学校于 2011 年 1 月全国硕士研究生入学统一考试中，在金融硕士、税务硕士、保险硕士、应用统计硕士、国际商务硕士、资产评估硕士这 6 个新增的经济类专业学位，开展经济类综合能力联合考试科目试点工作。经过精心组织、细致安排，2011 年的试点工作圆满完成。

5. 全面规范管理制度

构建科学、合理、符合中国特色的高层次人才选拔机制，是学校以质量为核心的高层次创新人才培养的基础和保障。在教育部研究生招生管理框架内，学校经过几年的改革和完善，针对各类研究生招生的推荐免试、报名、命题、初试、保密、理卷、评卷、复试、录取等各个阶段工作，修订和完善了《中国人民大学硕士研究生入学考试命题工作管理办法》等 17 项系列文件，已逐步探索出一条符合学校学科发展特点的，促进研究生培养机制改革的人才选拔机制。

6. 广泛开展招生宣传

2011 年，学校以研究生招生网为主要宣传平台，以教育部研招信息网、学校研究生招生在线咨询、宣传板等作为辅助宣传平台，全面开展了研究生招生宣传。编写了硕士研究生、博士研究生、在职专业学位硕士研究生、港澳台研究生、外国来华留学研究生招生简章近 30 种（含 19 种全日制专业学位简章），编制了硕士研究生、博士研究生、港澳台研究生、外国来华留学研究生招生专业目录，编制了学校各专业的专业介绍、导师介绍、录取简报等。

除此之外，学校在研究生招生网上实时公布各级、各类研究生招生的相关信息，包括现场报名须知、初试成绩查询、复试名单、录取名单及各种实时信息公告等，真正做到了政策透明、信息公开。

同时，针对招生宣传效果，学校进行了相应的改革探索。在 2011 年 7 月，学校开始对 2012 年的博士招生专业目录试行改革，改革后的博士研究生招生专业目录更加突出科研导向，有助于提高博士研究生培养质量：（1）在博士研究生招生专业目录中增加导师在研项目或研究课题的简要介绍（项目名称、项目来源）；（2）在博士研究生招生专业目录介绍中增加导师对本年度招收博士研究生的研究方向要求。对各博士研究生学科专业介绍与博导介绍模版作了适当分离，并通过简单链接实现完整介绍，以确保更加清晰地将各博士研究生学科专业、博导介绍呈现在考生面前。

7. 全方位严格考务、考试安全

考务工作是规范人才选拔的重要保证，严把考务关就等于严把质量关。近年来，随着报名人数的逐渐增加、社会关注度的不断提高，考务管理工作面临着越来越多新的挑战。为此，必须在考务工作的制度化管理基础上，建立全方位的考务管理机制，通过严谨、细致、完善的考务管理机制严格考务管理，确保考务安全、考务公平，从而确保人才选拔质量。

经过不断探索，学校已经形成了一系列考务管理机制，包括主考负责制、相关部门协作制、全过程全方位的监督机制、责任追究制、层层负责制、考务人员培训机制、安全保密自查机制、内部防控机制、规范的工作交接机制、考务安全报告机制、政策公开透明机制、报考资格审核机制、全方位的考试宣传和诚信教育机制、考场监控机制、高科技严防作弊机制、突发事件处理机制、后勤服务保障机制等，全面保障了学校研究生招生的考务、考试安全。

8. 顺利完成各级、各类研究生报名、组考工作

2011 年，学校顺利完成了硕士研究生、博士研究生、港澳台研究生、外国来华留学研究生（含面试招考、普通招考、全英文硕士项目）的近 2.3 万考生的报名、资格审查、组考工作，同时继续承担北京地区高校 2011 年在职攻读硕士专业学位约 3 100 名考生的报名、组考工作，组织了近 4 000 名外校推免生的报名、复试工作。

9. 顺利完成各级、各类研究生复试、录取工作

2011 年，学校顺利完成了硕士研究生、博士研究生、港澳台研究生、外国来华留学研究生（含面试招考、普通招考、全英文硕士项目）初试评卷、复试、体检、录取工作。组织各学院和校内相关部门共同完成了学校录取硕士研究生、博士研究生的收费、签协议、政治审查、调档等工作，设计了新版录取通知书、入学须知，组织了各级、各类研究生的录取通知书、新生入学须知的发放工作。

10. 顺利完成向外校调剂工作

学校开发网上调剂系统、召开调剂录取咨询会、向兄弟院校推荐调剂考生，积极向达到教育部复试基本要求而未被学校录取的考生提供优质服务，得到考生一致好评。2011 年共向外校调剂中国人民大学合格硕士研究生生源 1 098 人。

三、培养工作

（一）学术型硕士研究生

1. 硕博连读研究生培养机制

为进一步完善新形势下创新型人才培养模式，切实提升博士研究生培养质量，学校于 2011 年开展全员硕博连读试行方案的讨论设计工作，拟于 2012 年在哲学院、商学院和汉青研究院试点。

继续完善硕士研究生第二学年初选拔硕博连读生的工作办法，2011 年共批准 79 人。

2. 博士点学科专业主文献制度建设

2011 年 11 月，启动涉及 22 个学院 123 个博士点的主文献修订、增订工作，组织学院落实新目录下博士点主文献的修订、增订工作。同时，对 2011 年博士研究生学科综合考试试题进行了备案。

3. 研究生教育创新计划

2011年圆满完成由研究生院、新闻学院、公共管理学院共同承办的教育部研究生教育创新计划项目，成功举办了“全国新闻传播学博士研究生论坛”和“公共管理博士论坛”，共有来自国内外89所大学的223名优秀研究生和青年骨干教师作为学员，参加了全国博士研究生论坛。

4. 教育部“博士研究生学术新人奖”

博士研究生学术新人奖是教育部和学校拔尖创新人才培养的一项重要举措，目的是培养有学术理想、学术追求、学术兴趣和学术潜力的拔尖创新人才，鼓励他们选择基础理论和代表学术发展主流方向的课题进行研究。2011年6月，学校组织完成了2010年20名获奖者的结项审核。获奖者中，5位经导师同意自愿延长学位论文写作时间半年或一年，以求打造出一篇优秀的博士学位论文；已完成博士学位论文答辩的13位获奖者中，6位继续进行博士后研究；7位去往高校或科研院所工作；2位为博士二年级学生。学校组织召开了相关部门协调会，落实5位延期学生的住宿、奖学金等待遇问题，鼓励他们潜心学术研究，认真打造一篇高水平的博士学位论文。

2011年7月，按照教育部文件要求完成2011年度新人奖的选拔与上报工作，全校共25人入选。

5. 提升国际性

研究生院经过积极与国家留学基金委、北京市教委沟通，充分调动学院、导师和研究生的积极性，切实推进研究生教育国际性的提升。2011年，学校“国家建设高水平大学公派研究生项目”共派出研究生63人，其中，攻读博士学位34人，联合培养博士研究生29人；“北京市国内外联合培养研究生项目”共派出研究生29人；资助研究生参加国际学术活动47人次；选拔派出研究生交换生30人。

2011年，学校6个全英文硕士项目正式开课，88名全英文硕士项目外国留学生报到入学。

6. 在经济学学科门类2011级研究生培养方案中增设“《资本论》选读”课程

为了进一步扎实研究生的理论基础，加强研究生思维训练，提高研究生培养质量，经学校领导研究决定，自2011级研究生开始，在经济学学科门类各专业开设“《资本论》选读”课程，要求经济学学科门类所有硕士研究生必修，本科或硕士研究生阶段未修过《资本论》相关课程的博士研究生，须补修“《资本论》选读”(列入先修课，不计学分)。

7. 召开全校博士研究生新生大会

2011年9月14日下午，中国人民大学2011级博士研究生新生大会在明德堂举行。纪宝成校长出席会议并发表重要讲话，常务副校长、研究生院院长袁卫教授主持会议，校长助理、研究生院常务副院长吴晓求教授作了学校研究生教育改革和发展情况的报告。博士研究生新生大会的召开，为建立严谨认真的学术风气打下了良好的基础。

8. 研究生奖助工作

2010—2011学年第一学期共设立“三助”岗位1 044人次（助教476人次，助管345人次，助研223人次)，第二学期共设立“三助”岗位1 279人次（助教415人次，助管509人次，助研355人次）。

组织2011年研究生科学研究基金项目151个项目结项工作和2012年立项工作（批准立项219项)。逐一审核每个项目的结项材料，整理汇总，组织召开结项评审会，总结经验和问题，对下一步工作提出改革意见和建议。151个项目中，136个项目成果顺利发表，结项率90%，其中17个项目的成果在B类期刊上发表。

9. 研究生培养方案修订和毕业审核工作

2011年组织制订了186个学术型硕士研究生培养方案，其中全英文硕士研究生培养方案6个；组织制订了104个博士研究生培养方案，4个直博生培养方案。

2011年共为3 926名毕业研究生办理了培养计划审核和学历证书电子注册，为3 915名研究生发放了毕业证书，为11名研究生发放了结业证书。另外，还为4名研究生发放了肄业证书。

为进一步规范管理和有效组织博士研究生毕业审核工作，确保毕业审核数据的准确性，自2011—2012学年第一学期起，切实实行学院和学校两级审核制度，由学院初审、研究生院复审。研究生院开发了新的管理信息系统模块功能，实现系统线上审核和纸质材料线下审核的有效结合。既充分尊重和发挥了学院学术委员会的学术评价权力，又达到了有效制止期刊录用函和各种证明真伪难辨的乱象。

10. 研究生教务工作

2011年，全校共开设研究生课程2 205门，处理调停课224门次，对全部课程进行了课程评估，审核了全校教师研究生课程工作量考核，组织和安排了46门全校研究生期末考试和考场巡视工作。

2011年，为42名研究生认证了89门赴境外大学学习的课程学分。

2011年，在学校“听课月”活动期间，学校领导、研究生院以及学院负责人深入研究生课堂，旁听研究生课程，与任课教师进行交流，对听课研究生进行访谈。其间，各级领导和工作人员共听研究生课程148门次，其中，校领导听课4门次。

11. 研究生学籍管理

2011年，研究生院共办理研究生学籍异动手续669人次，其中保留入学资格、保留学籍178人次，放弃入学资格133人次，复学15人次，更改个人信息51人次，恢复学籍169人次，硕博连读学籍处理30人次，放弃硕博连读资格2人次，退学26人次，休学14人次，转专业43人次，其他学籍处理8人次。

2011年，研究生院向即将达到最长学习年限的369名研究生（其中博士研究生229名）发放《研究生学业情况告知单》，并督促其在规定的时间内完成学业。

12. 研究生大学英语四、六级考试管理

2011年，共组织1 666名研究生参加全国英语四、六级考试和大学日语、俄语、德语、法语四级考试。

13. 北京市高教学会研究生教育分会秘书处工作

学校是北京市高等教育学会二级分会——研究生教育研究会的理事长单位、秘书长单位，常务副校长兼研究生院院长袁卫教授为研究会理事长，秘书处设在学校研究生院。研究生院承担了学会全部日常工作，于2011年5月召开了会员大会暨学术年会。北京市教委副主任付志峰教授，北京市高等教育学会常务副会长兼秘书长陈锡章教授，中国人民大学常务副校长、研究会理事长袁卫教授出席会议。共42家会员单位（包括北京地区的高校、科研机构、军队院校、军队科研机构等）的80余位代表参加了本次会议，对促进北京地区高校的交流起到了积极的促进作用。

2011年11月，分会获评北京市高教学会第五届（2009—2011）先进研究会。

（二）专业学位硕士研究生培养

1. 专业学位研究生教育综合改革试点工作

2011年5月17日，研究生院召开专业学位研究生教育综合改革试点工作经验交流会。会议由研究生院副院长宋远方教授主持。校长助理、研究生院常务副院长吴晓求教授，商学院、法学院、公共管理学院主管专业学位研究生综合改革试点工作有关教授、校部机关部处负责人及相关试点单位项目负责人、教务秘书共15人参加了会议。商学院、法学院、公共管理学院等综合改革试点单位就本单位在试点工作中采取的措施、取得的经验及需要突破的难点进行了汇报，研究生院要求相关学院积极推进专业学位教育综合改革，找准问题，创新模式，提高质量，在特色、品牌上谋发展。

2011年9月，学校对工商管理硕士、法律硕士、公共管理硕士等三个专业学位研究生教育综合改革试点工作单位试点工作进行中期检查。

2. 专业学位研究生培养管理

2011年6月至8月，研究生院对学校在职人员攻读硕士专业学位研究生工作进行检查，厘清在职人员攻读硕士专业学位情况，力求进一步完善相关制度，提高培养质量。

2011年12月23日，“中国人民大学专业学位研究生教育发展战略研究工作会议”隆重举行。党委书记程天权、常务副校长袁卫出席大会并作重要讲话，国务院学位委员会办公室专业学位处处长黄宝印、北京市学位委员会办公室主任赵清出席会议并讲话，校长助理、研究生院常务副院长吴晓求作大会报告。学校有关学院、机关部处负责人、全国公共管理专业学位研究生教育指导委员会秘书处、全国法律专业学位研究生教育指导委员会秘书处、全国会计专业学位研究生教育指导委员会秘书处、全国金融专业学位研究生教育指导委员会秘书处、全国应用统计专业学位研究生教育指导委员会秘书处负责人等50余人参加了会议。会议一致认为，随着中国经济社会的快速发展，国际影响力的快速提升，社会对人才的需求总量不断提高，结构不断变化。专业学位研究生教育要适应社会需要，培养知行合一、中西融合，具有扎实理论基础、良好职业道德，富有创新精神、熟知中国国情，具有较强的从事实际工作能力的高层次应用型专门人才。学校对发展状况不同的专业学位类别要实行分类管理，加强对优势品牌专业学位研究生教育支持的力度。

3. 专业学位学科建设

2011年5月，根据国务院学位委员会第二十八次会议精神，积极推进研究生教育结构调整，着力培养高层次应用型专门人才，加快发展研究生专业学位教育，对新增审计硕士专业学位授权点进行审核、申报。

4. 专业学位研究生培养管理工作

2011年，组织制订了19种专业学位类型的33个培养方案，共审核专业学位研究生培养材料1 491人；共开设专业学位研究生课程522门，处理调停课20门次；共办理学生学籍异动手续26人，其中，汉语国际教育国外孔子学院留任汉语教师志愿者4人，交换生7人，生病、产假等5人，恢复学籍10人；专业学位研究生共811人毕业（双证），1 491人获得硕士专业学位证书。

四、学位学科工作

（一）研究生学科专业目录内学位授权点对应调整的申报和审批工作

2011年5月，按照国务院学位办和教育部文件精神，学校组织开展按《研究生学位授予和人才培养学科目录（2011年）》进行学位授权点对应调整工作，学校考古学、中国史、世界史、统计学、软件工程等获博士、硕士学位一级授权，生态学、艺术学理论、音乐与舞蹈学、戏剧与影视学、美术学、设计学等获硕士学位一级授权。

（二）研究生学科目录外二级学科、交叉学科自主设置工作

2011年4月，按照国务院学位委员会、教育部下发的《学位授予和人才培养学科目录设置与管理办法》、《授予博士、硕士学位和培养研究生的二级学科自主设置实施细则》等文件的精神，学校组织召开研究生学科目录外二级学科、交叉学科自主设置会议，布置开展学校研究生学科目录外二级学科、交叉学科自主设置工作。要求所涉及的一级学科学校必须已获得博士或硕士学位授权，交叉学科设置应按照学校学科发展需要严格论证。最后，经过教育部公示与备案，学校自主设置目录外二级学科30个，交叉学科9个。

（三）组织召开“马克思主义基础学科建设座谈会”

2011年5月，组织召开“马克思主义基础学科建设座谈会”。校长纪宝成教授，常务副校长袁卫教授，副校长林岗教授、冯惠玲教授和哲学院、经济学院、马克思主义学院、国际关系学院、新闻学院、法学院等从事马克思主义基础学科教学与研究的老、中、青三代专家学者，以及校部相关部处负

责人和学校三大杂志主编共 30 余人出席了座谈会。本次座谈会是经纪宝成校长特别提议召开的，主要研究如何继承、建设和发展学校马克思主义基础学科的有关问题，通过深入讨论学校马克思主义基础学科在建设、发展过程中所遇到的困难、面临的问题与挑战，进一步明确学校马克思主义基础学科建设的重点、难点和主要方向，并根据学校马克思主义基础学科办学的传统优势和特点，提出学校加强马克思主义基础学科建设整体竞争力的措施。学位办对纪校长和各位专家的发言进行了整理编辑。

（四）全国第三轮一级学科评估工作

2011 年 11—12 月，组织有关学院院长及专家对教育部学位与研究生教育发展中心提出的全国一级学科评估指标体系框架进行了论证。

2011 年 12 月底，按照教育部学位中心的工作部署，学校组织开展全国第三轮一级学科评估工作。

（五）优秀博士、硕士学位论文评选

1. 全国和校级优秀博士学位论文评选

2011 年，全校有 2 篇博士学位论文获全国优秀博士学位论文奖，3 篇博士学位论文获全国优秀博士学位论文提名奖。5—10 月，学校开展了校级优秀博士学位论文评选活动，各分会共推荐 40 篇，其中 19 篇获得 2011 年中国人民大学优秀博士学位论文奖。

2. 北京市优秀博士学位论文评选

2011 年，在北京市优秀博士学位论文评选工作中，学校 2 篇论文获得北京市优秀博士学位论文奖。

3. 校级优秀硕士学位论文评选

经各学院推荐、学位分委员会审议、校学位委员会核准，2011 年学校共评选出校级优秀硕士学位论文 72 篇。

（六）博士学位论文匿名评审工作

2011 年分上、下学期学校继续开展博士学位论文的匿名评审工作，共随机抽取了 274 篇博士学位论文参加匿名评审，先后聘请 700 多位专家评审论文。

（七）学位授予工作

2011 年全校共授予博士学位 829 人，授予硕士学位 5 260 人（其中同等学力硕士 1 429 人，专业学位硕士 1 491 人）。

2011 年硕士、博士研究生科技档案的收集汇总、装订立卷的归档共计 5 158 卷，并分别送交国家图书馆、中国社会科学院情报中心各类学位论文 10 552 套。

11 月，根据国务院学位委员会办公室的文件精神，学校开展了 2010—2011 学年度学位授予信息年报工作，共上报 12 427 人的学位授予信息。

（八）博士研究生导师增补工作

10 月至 12 月，学校主要面向学校 2011 年新评聘的教授、副教授人员组织开展 2011 年博士研究生导师增补工作。通过各学院推荐、分会审核、校学位评定委员会核准，学校批准审定 61 人（其中副教授 15 人）为新增博士研究生导师。

（九）硕士研究生导师增补工作

经各学院推荐、分会审核，研究生院分别于 1、2、6、9、11 月底批准同意备案共 84 人为学校 2011 年新增硕士研究生导师。

（十）学位论文学术不端行为检测

为了进一步保证学位论文的质量，2011 年各学院利用学术不端检测软件对即将毕业的 900 余名博士研究生的学位论文进行抽检。同时，在博士研究生完成答辩后，研究生院随机抽取 150 篇论文检测，以进一步确保博士学位论文质量。此外，研究生院还利用该软件对分会上报的72篇优秀硕士学位论文进行了检测。

（十一）名誉博士学位的申报、审批和学位授予工作

组织开展玻利维亚总统埃沃·莫拉莱斯·艾玛先生名誉博士学位的申报、审批和学位授予工作。

组织授予国际残奥会主席克雷文爵士名誉博士学位的申报工作。

（十二）召开校学位评定委员会会议

2011年1月11日，校学位评定委员会召开第七届第十三次全体会议，纪宝成校长就学校进一步重视基础理论研究、培养学术领军人物、在引领社会的问题上发挥积极作用等，发表了重要讲话。会议审议并通过了2010—2011学年第一学期授予学位名单，审核并通过2010年增补博士研究生导师34人名单。

6月13日，校学位评定委员会召开第七届第十四次全体会议，纪宝成校长首先通报了2011年全国优秀博士学位论文评选结果，学校2篇博士学位论文获得全国优秀博士学位论文奖，3篇获得全国优秀博士学位论文提名奖。随后他就学校全国优秀博士学位论文评选有关问题发表了意见。会议审议并通过了2010—2011学年第二学期授予学位名单；审议并通过目录内英语语言文学、日语语言文学、基础数学、概率论与数理统计、应用数学等博士二级学科学位授权，目录内基础心理学、应用心理学、原子与分子物理、分析化学、高分子化学与物理、人文地理学等硕士二级学科学位授权；审议并通过目录外二级学科和交叉学科自主设置与调整方案；通报新旧学科专业目录学位授权点对应调整情况。

9月30日，校学位评定委员会召开第七届第十五次全体会议，纪宝成校长就全国优秀博士学位论文评选和加强学校博士研究生培养管理等问题发表了意见。会议审议并讨论通过了19篇2011年校级优秀博士学位论文，审议并推选了15篇参评2012年全国优秀博士学位论文。

五、其他形式的研究生教育

（一）举办研究生课程进修班、研修班

组织落实全校举办研究生课程进修班、研修班计划，共开班上课83个（进修班66个，研修班17个）；审核各学院申请结算办班学费报告；审核并组织颁发研究生课程进修班、研修班结业证书，共计7 698人（本）（进修班6 399，研修班1 299）。从1995年至2011年，全校累计颁发研究生进修、研修结业证书79 976人（本）。

（二）同等学力人员申请硕士学位课程考试的组织和管理工作

2011年，全校接受同等学力人员申请硕士学位资格有效期内的人数为18 630人，其中本年度认定资格并办理手续的6 120人；全部通过申请硕士学位规定的课程考试（包括全国水平考试），进入学位论文写作和答辩阶段的计1 660人；按同等学力类别通过学位论文答辩，并获得硕士学位的1 429人。

2011年，全校共组织23 210人（门）次160门课程的学位课程考试，4 202人通过2011年同等学力人员全国学科综合和外国语水平考试。

从1995年始，学校已接受同等学力人员申请硕士学位累计达到38 731人。11 889人完成全部规定的课程考试（含全国水平考试），占30.7%；其中9 332人通过学位论文答辩，获得硕士学位，占完成全部规定的课程考试人员的78.5%。

附录

中国人民大学国家重点一级学科一览表

所属学科门类	国家重点一级学科（8个）
哲学	哲学
经济学	理论经济学
	应用经济学
法学	法学
	社会学
	马克思主义理论
文学	新闻传播学
管理学	工商管理

中国人民大学非国家重点一级学科内国家重点二级学科一览表

一级学科	国家重点二级学科（8个）
政治学	中共党史
	国际政治
中国语言文学	文艺学
历史学	中国古代史
	中国近现代史
农林经济管理	农业经济管理
公共管理	行政管理
图书馆、情报与档案管理	档案学

中国人民大学北京市重点一级学科一览表

所属学科门类	北京市重点一级学科（3个）
法学	政治学
历史学	历史学
管理学	农林经济管理

中国人民大学北京市重点二级学科一览表

所属一级学科	北京市重点二级学科（6个）
中国语言文学	比较文学与世界文学
计算机科学与技术	计算机应用技术
公共管理	教育经济与管理
	社会保障
	土地资源管理
图书馆、情报与档案管理	情报学

中国人民大学交叉学科北京市重点学科一览表

交叉学科北京市重点学科（1个）
农业发展管理

2011年中国人民大学获全国优秀博士学位论文奖名单

序号	专业名称	作者	导师	论文题目
1	宪法学与行政法学	王书成	胡锦光	合宪性推定论：一种宪法方法
2	中国古代文学	卢燕新	傅璇琮	唐人编选诗文总集研究

2011年中国人民大学获全国优秀博士学位论文简介

1.《合宪性推定论：一种宪法方法》

作者：王书成　作品类别：博士学位论文（专著）出版单位：清华大学出版社，2011年

合宪性推定是当代宪法学中至关重要的议题，贯穿于宪法学的理论与实践。合宪性推定不仅表现为一种宪法方法，而且更映衬了宪法学的理论脉象。合宪性推定展现了当代制度发展中立法权与司法审查权之间的关系脉络，表征了立法机关与司法审查机关之间的制度均衡。从比较法的角度来说，合宪性推定对于在人民代表大会制度之下如何规制立法、发挥审查监督等职能，对于法院如何在司法实践中基于中国的制度现实来处理与立法机关及其他国家机关之间的关系，对于各国家权力机关之间如何在制度中和谐并进都具有重要的理论指导意义。同时，合宪性推定对于当下中国宪法学的知识走向也提供了重要的风向标。合宪性推定在很大程度上展现了宪法方法的本体性。通过合宪性推定所展现

的宪法方法，作为国际前沿法学论题，在很大程度上启示了当下中国宪法学的知识任务重点在于从“原理”与“方法”层面构建符合中国制度现实的宪法方法体系，由此不仅为中国的宪法制度，也为全球化背景下的宪法学发展从比较法的角度作出独特的知识贡献。

本文的部分内容已在《法学研究》、《政法论坛》、《法学》、《华东政法大学学报》、《浙江学刊》、《浙江社会科学》、《求是学刊》等刊物发表，且荣获北京市优秀博士学位论文奖、中国人民大学优秀博士学位论文奖、中国人民大学法学院优秀博士学位论文奖，其中部分成果荣获第六届全国中青年宪法学者优秀科研成果二等奖等。

2.《唐人编选诗文总集研究》

作者：卢燕新　作品类别：博士学位论文

本文补考唐人选编诗歌总集 15 种，辑考唐人选编文总集 75 种，对学界较少关注的诗文总集如《续诗苑英华》等予以考辨论析，既探考其编纂者、编选内容、选学观与编纂体例，又考论其文学观及其时代意义。对学界较多关注的《翰林学士集》、《景龙文馆记》、《河岳英灵集》等予以研究探微。在宏观理论研究层面，本文将唐人编选诗文总集作为一种文化现象整体考察，上溯其产生的历史文化渊源；中察其社会文化背景、编纂者心态、编撰人员类型特点、选本批评及其特征；下述其流，探讨其传播规律及其影响。在研究领域界定层面，本文将唐人编选文总集与唐人编选诗总集并行研究，且将唐人编选的未选唐人诗文的总集纳入研究视野。研究方法层面，除考据法外，本文还采用了图表数据统计法、比较分析法、归纳与演绎推理法。全文统计列表 20 幅，分析绘制传播类型图 8 幅。

博士论文中有 14 篇文章（计约 12 万字），在《文学评论》、《文学遗产》（2 篇）、《文史》等刊物发表，其中人大复印报刊资料全文转载 2 篇。另，博士论文部分成果荣获中国人民大学国学活动月博士研究生论文一等奖、咸阳市第四届科技论文一等奖、天津市第十二届社会科学优秀成果三等奖、南开大学社会科学研究优秀成果奖等。

2011 年中国人民大学获全国优秀博士学位论文提名奖名单

序号	专业名称	作者	导师	论文题目
1	民商法学	王　竹	杨立新	侵权责任分担论——侵权损害赔偿责任数人分担的一般理论
2	社会学	黄家亮	郑杭生	新乡土社会的纠纷解决与秩序重建——以华北米村为例
3	财务管理	孙　建	王化成	控制权转移中的市场反应——基于投资者情绪的分析视角

2011 年中国人民大学获北京市优秀博士学位论文名单

序号	专业名称	作者	导师	论文题目
1	企业经济学	杨继东	杨瑞龙	高管薪酬影响因素研究：理论与证据
2	传媒经济学	李　彪	喻国明	网络事件的传播场域研究

2011年中国人民大学优秀博士学位论文名单

序号	专业名称	作者	导师	论文题目
1	中国哲学	王晓洁	干春松	章太炎《齐物论释》思想研究
2	宗教学	梁中和	李秋零	裴奇诺“柏拉图神学”研究
3	西方经济学	赵文哲	卢　获	财政分权和辖区竞争视角下的价格水平和通货膨胀问题研究
4	世界经济	赵　勇	雷　达	金融发展视角下的中美经济分工——成因、利益实现与风险积聚
5	企业经济学	杨继东	杨瑞龙	高管薪酬影响因素研究：理论与证据
6	流通经济学	石明明	纪宝成	中国经济转型中的交易机制与市场治理研究
7	金融工程	孙艳梅	汪昌云	公司治理价值创造研究——基于中国上市公司投资和分配决策的视角
8	法学理论	孟　涛	朱景文	非常状态下的法律——中国非常法律制度研究
9	诉讼法学	佀化强	王新清	基督教对西方刑事诉讼、证据法的影响：以基督教神学“良心”为中心
10	法律史	郭成龙	曾宪义	天理与法理之间——中国法理念的传统与现代
11	外交学	李志永	李宝俊	国家自主性视角下的外交政策分析——结构、模式与行为
12	人类学	富晓星	庄孔韶	空间、文化、表演：沈阳男同性恋群体的人类学观察
13	传媒经济学	李　彪	喻国明	网络事件的传播场域研究
14	中国近现代史	湛晓白	黄兴涛	近代中国“时间”的变迁——一项社会文化史研究
15	计算机应用技术	潘　晓	孟小峰	位置隐私保护技术研究
16	财务管理	邓　路	王化成	上市公司定向增发融资行为研究——全流通时代中国资本市场的经验证据
17	农业经济管理	阮荣平	郑风田	中国农村“宗教热”缘何兴起：基于社会保障和公共文化视角的分析
18	社会保障	陈培勇	董克用	养老保险法律国际比较
19	情报学	朝乐门	安小米	基于语义Web的知识处理框架研究

中国人民大学授予博士、硕士学位和培养研究生的学科、专业目录

制表时间：2011年12月31日

学科门类	一级学科	专业代码、名称	博士点批准时间	硕士点批准时间
01哲学	0101哲学 ☆☆（1998/06/19） ★★（2007/08/20）	010101马克思主义哲学	1981/11/03	1981/11/03
		010102中国哲学	1981/11/03	1981/11/03
		010103外国哲学	1984/01/13	1981/11/03
		010104逻辑学	1998/06/19	1984/01/13
		010105伦理学	1984/01/13	1981/11/03
		010106美学	1998/06/19	1986/07/28
		010107宗教学	1998/06/19	1993/12/17
		010108科学技术哲学	1986/07/28	1981/11/03
		0101Z1管理哲学	**2004自**	**2004自**
		0101Z2政治哲学	**2011自**	**2011自**

学科门类	一级学科	专业代码、名称	博士点批准时间	硕士点批准时间
02 经济学	0201 理论经济学 ☆☆(1998/06/19) ★★(2007/08/20)	020101 政治经济学	1981/11/03	1981/11/03
02 经济学	0201 理论经济学 ☆☆(1998/06/19) ★★(2007/08/20)	020102 经济思想史	1984/01/13	1981/11/03
02 经济学	0201 理论经济学 ☆☆(1998/06/19) ★★(2007/08/20)	020103 经济史	1998/06/19	1981/11/03
02 经济学	0201 理论经济学 ☆☆(1998/06/19) ★★(2007/08/20)	020104 西方经济学	1996/04/29	1993/12/17
02 经济学	0201 理论经济学 ☆☆(1998/06/19) ★★(2007/08/20)	020105 世界经济	1981/11/03	1981/11/03
02 经济学	0201 理论经济学 ☆☆(1998/06/19) ★★(2007/08/20)	020106 人口、资源与环境经济学	1998/06/19	1998/06/19
02 经济学	0201 理论经济学 ☆☆(1998/06/19) ★★(2007/08/20)	0201Z1 网络经济学	**2002 自**	**2002 自**
02 经济学	0201 理论经济学 ☆☆(1998/06/19) ★★(2007/08/20)	0201Z2 企业经济学	**2004 自**	**2004 自**
02 经济学	0202 应用经济学 ☆☆(1999/06/10) ★★(2007/08/20)	020201 国民经济学	1984/01/13	1981/11/03
02 经济学	0202 应用经济学 ☆☆(1999/06/10) ★★(2007/08/20)	020202 区域经济学	1986/07/28	1984/01/13
02 经济学	0202 应用经济学 ☆☆(1999/06/10) ★★(2007/08/20)	020203 财政学	1984/01/13	1981/11/03
02 经济学	0202 应用经济学 ☆☆(1999/06/10) ★★(2007/08/20)	020204 金融学	1981/11/03	1981/11/03
02 经济学	0202 应用经济学 ☆☆(1999/06/10) ★★(2007/08/20)	020205 产业经济学	1984/01/13	1981/11/03
02 经济学	0202 应用经济学 ☆☆(1999/06/10) ★★(2007/08/20)	020206 国际贸易学	1999/06/10	1993/12/17
02 经济学	0202 应用经济学 ☆☆(1999/06/10) ★★(2007/08/20)	020207 劳动经济学	1993/12/17	1986/07/28
02 经济学	0202 应用经济学 ☆☆(1999/06/10) ★★(2007/08/20)	020209 数量经济学	1999/06/10	1984/01/13
02 经济学	0202 应用经济学 ☆☆(1999/06/10) ★★(2007/08/20)	020210 国防经济		1999/06/10
02 经济学	0202 应用经济学 ☆☆(1999/06/10) ★★(2007/08/20)	0202Z1 保险学	**2004 自**	**2002 自**
02 经济学	0202 应用经济学 ☆☆(1999/06/10) ★★(2007/08/20)	0202Z2 商业经济学	**2011 自**	**2011 自**
02 经济学	0202 应用经济学 ☆☆(1999/06/10) ★★(2007/08/20)	0202Z3 房地产经济与管理	**2011 自**	**2011 自**
02 经济学	0202 应用经济学 ☆☆(1999/06/10) ★★(2007/08/20)	0202Z4 城市经济学	**2004 自**	**2004 自**
03 法学	0301 法学 ☆☆(2003/07/01) ★★(2007/08/20)	030101 法学理论	1986/07/28	1981/11/03
03 法学	0301 法学 ☆☆(2003/07/01) ★★(2007/08/20)	030102 法律史	1990/11/20	1981/11/03
03 法学	0301 法学 ☆☆(2003/07/01) ★★(2007/08/20)	030103 宪法学与行政法学	1986/07/28	1981/11/03
03 法学	0301 法学 ☆☆(2003/07/01) ★★(2007/08/20)	030104 刑法学	1984/01/13	1981/11/03
03 法学	0301 法学 ☆☆(2003/07/01) ★★(2007/08/20)	030105 民商法学	1986/07/28	1981/11/03
03 法学	0301 法学 ☆☆(2003/07/01) ★★(2007/08/20)	030106 诉讼法学	1993/12/17	1981/11/03
03 法学	0301 法学 ☆☆(2003/07/01) ★★(2007/08/20)	030107 经济法学	1993/12/17	1990/11/20
03 法学	0301 法学 ☆☆(2003/07/01) ★★(2007/08/20)	030108 环境与资源保护法学	2004/06/24	2000/12/07
03 法学	0301 法学 ☆☆(2003/07/01) ★★(2007/08/20)	030109 国际法学	2003/09/01	1981/11/03
03 法学	0301 法学 ☆☆(2003/07/01) ★★(2007/08/20)	0301Z1 知识产权法	**2005 自**	**2005 自**
03 法学	0301 法学 ☆☆(2003/07/01) ★★(2007/08/20)	0301Z2 比较法	**2011 自**	**2011 自**
03 法学	0302 政治学 ☆☆(2000/12/29) ▲▲(2008/04/23)	030201 政治学理论	1986/07/28	1981/11/03
03 法学	0302 政治学 ☆☆(2000/12/29) ▲▲(2008/04/23)	030202 中外政治制度	2002/06/27	1986/07/28
03 法学	0302 政治学 ☆☆(2000/12/29) ▲▲(2008/04/23)	030203 科学社会主义与国际共产主义运动	1981/11/03	1981/11/03
03 法学	0302 政治学 ☆☆(2000/12/29) ▲▲(2008/04/23)	030204 中共党史★	1981/11/03	1981/11/03
03 法学	0302 政治学 ☆☆(2000/12/29) ▲▲(2008/04/23)	030206 国际政治★	2001/01/09	1981/11/03
03 法学	0302 政治学 ☆☆(2000/12/29) ▲▲(2008/04/23)	030207 国际关系	2000/12/29	1996/04/29
03 法学	0302 政治学 ☆☆(2000/12/29) ▲▲(2008/04/23)	030208 外交学	2002/06/27	1998/06/30
03 法学	0302 政治学 ☆☆(2000/12/29) ▲▲(2008/04/23)	0302Z1 中国政治	**2002 自**	**2002 自**
03 法学	0302 政治学 ☆☆(2000/12/29) ▲▲(2008/04/23)	0302Z2 国际政治经济学	**2011 自**	**2005 自**
03 法学	0303 社会学 ☆☆(2000/12/29) ★★(2007/08/20)	030301 社会学	1993/12/17	1986/07/28
03 法学	0303 社会学 ☆☆(2000/12/29) ★★(2007/08/20)	030302 人口学	1984/01/13	1981/11/03
03 法学	0303 社会学 ☆☆(2000/12/29) ★★(2007/08/20)	030303 人类学	2000/12/29	1998/06/30
03 法学	0303 社会学 ☆☆(2000/12/29) ★★(2007/08/20)	030304 民俗学		2000/12/07
03 法学	0303 社会学 ☆☆(2000/12/29) ★★(2007/08/20)	0303Z1 老年学	**2002 自**	**2002 自**
03 法学	0303 社会学 ☆☆(2000/12/29) ★★(2007/08/20)	0303Z2 社会心理学	**2004 自**	**2004 自**

学科门类	一级学科	专业代码、名称	博士点批准时间	硕士点批准时间
03 法学	0305 马克思主义理论 ☆☆（2006/01/25） ★★（2007/08/20）	030501 马克思主义基本原理	1990/11/20	1990/11/20
		030502 马克思主义发展史	2006/06/20	2006/06/20
		030503 马克思主义中国化研究	2006/06/20	2006/06/20
		030504 国外马克思主义研究	2006/06/20	2006/06/20
		030505 思想政治教育	1990/11/20	1990/11/20
		030506 中国近现代史基本问题研究	2008/06/20	2008/06/20
04 教育学	0401 教育学 ☆（2006/01/25）	0401Z1 教育法学		2000/08/29
		040106 高等教育学		2006/06/20
	0402 心理学（可授教育学、理学学位） ☆（2011/03/03）	040201 基础心理学		2011/06/13
		040203 应用心理学		2011/06/13
05 文学	0501 中国语言文学 ☆☆（2006/01/25）	050101 文艺学★	1993/12/17	1984/01/13
		050102 语言学及应用语言学	2006/06/20	1981/11/03
		050103 汉语言文字学	2003/09/01	1986/07/28
		050104 中国古典文献学	2006/06/20	1998/06/30
		050105 中国古代文学	2003/09/01	1986/07/28
		050106 中国现当代文学	2006/06/20	1981/11/03
		050108 比较文学与世界文学▲	2006/01/25	1981/11/03
	0502 外国语言文学 ☆☆（2011/03/03）	050201 英语语言文学	2011/06/13	1986/07/28
		050202 俄语语言文学		1998/06/30
		050204 德语语言文学		2003/09/01
		050205 日语语言文学	2011/06/13	1996/04/29
		050211 外国语言学及应用语言学		2006/01/25
	0503 新闻传播学 ☆☆（2000/12/29） ★★（2007/08/20）	050301 新闻学	1984/01/13	1981/11/03
		050302 传播学	1998/06/19	1998/06/19
		0503Z1 传媒经济学	**2002 自**	**2002 自**
		0503Z2 广播电视学	**2011 自**	**2011 自**
06 历史学 （原 0601 历史学 ▲▲2008 0423）	0601 考古学 ☆☆（2011/08/05）	目录内二级学科待定		
	0602 中国史 ☆☆（2011/08/05）	目录内二级学科待定		
		0602Z1 当代中国史	**2002 自**	**2002 自**
	0603 世界史 ☆☆（2011/08/05）	目录内二级学科待定		
07 理学	0701 数学 ☆☆（2011/03/03）	070101 基础数学	2011/06/13	2000/12/07
		070102 计算数学		2008/06/20
		070104 应用数学	2011/06/13	2003/09/01
		070105 运筹学与控制论		1998/07/03
	0701 数学（物理学）	0701Z1 物理学	**2011 自**	**2011 自**
	0701 数学（化学）	0701Z2 化学	**2011 自**	**2011 自**
	0702 物理学 ☆（2011/03/03）	070201 理论物理		2006/01/25
		070203 原子与分子物理		2011/06/13
		070205 凝聚态物理		2006/01/25
	0703 化学 ☆（2011/03/03）	070301 无机化学		2006/01/25
		070302 分析化学		2011/06/13
		070303 有机化学		2006/01/25
		070304 物理化学（含：化学物理）		2006/01/25
		070305 高分子化学与物理		2011/06/13

学科门类	一级学科	专业代码、名称	博士点 批准时间	硕士点 批准时间
07 理学	0705 地理学 ☆（2011/03/03）	070502 人文地理学		2011/06/13
		070503 地图学与地理信息系统		2006/01/25
	0711 系统科学 ☆（2006/01/25）	071101 系统理论		2000/12/07
	0713 生态学 ☆（2011/08/05）	目录内二级学科待定		
	0714 统计学（可授理学、经济学学位） ☆☆（2011/08/05）	目录内二级学科待定		
08 工学	0812 计算机科学与技术（可授工学、理学学位） ☆☆（2011/03/03）	081201 计算机系统结构		2008/06/20
		081203 计算机应用技术▲	2000/12/29	1981/11/03
		0812Z1 信息安全	**2011 自**	**2011 自**
	0817 化学工程与技术	081704 应用化学		2000/12/07
	0830 环境科学与工程（可授工学、理学、农学学位） ☆（2011/03/03）	083001 环境科学		2003/09/01
		083002 环境工程		2006/01/25
	0832 食品科学与工程（可授工学、农学学位） ☆（2011/03/03）	083201 食品科学		1998/07/03
	0835 软件工程 ☆（2011/08/05）	目录内二级学科待定		
10 医学	1004 公共卫生与预防医学（可授医学、理学学位） ☆（2011/03/03）	100401 流行病与卫生统计学		2006/01/25
12 管理学	1201 管理科学与工程（可授管理学、工学学位） ☆（2011/03/03）	120100 管理科学与工程		2000/12/26
	1202 工商管理 ☆☆（2000/12/29） ★★（2007/08/20）	120201 会计学	1986/07/28	1981/11/03
		120202 企业管理	1986/07/28	1981/11/03
		120203 旅游管理	2003/01/14	1998/06/30
		120204 技术经济及管理	2000/12/29	1986/07/28
		1202Z1 人力资源管理	**2002 自**	**2002 自**
		1202Z2 市场营销管理	**2002 自**	**2002 自**
		1202Z3 财务学	**2011 自**	**2011 自**
	1203 农林经济管理 ☆☆（2000/12/29） ▲▲（2010/05/26）	120301 农业经济管理★	1986/07/28	1981/11/03
		120302 林业经济管理	2009/01/07	2001/01/09
		1203Z1 自然资源管理	**2011 自**	**2002 自**
		1203Z2 农村发展 （农村发展管理 2008/04/23 交叉学科北京市重点学科）	**2004 自**	**2004 自**

学科门类	一级学科	专业代码、名称	博士点批准时间	硕士点批准时间
12 管理学	1204 公共管理 ☆☆（2003/07/01）	120401 行政管理★	1998/06/19	1990/11/20
		120402 社会医学与卫生事业管理		2005/06/22
		120403 教育经济与管理▲	2003/09/01	2000/12/07
		120404 社会保障▲（2010/05/26）	2003/09/01	1998/06/19
		120405 土地资源管理▲	2000/12/29	1998/06/19
		1204Z1 公共财政与公共政策	**2011 自**	**2011 自**
		1204Z2 公共组织与人力资源	**2004 自**	**2004 自**
	1204 公共管理（教育学）	1204Z3 教育学	**2011 自**	**2011 自**
	1205 图书情报与档案管理 ☆☆（2006/01/25）	120501 图书馆学	2006/06/20	1998/06/30
		120502 情报学▲	2006/01/25	2000/12/07
		120503 档案学★	1993/12/17	1984/01/13
		1205Z1 信息资源管理	**2008 自**	**2008 自**
		1205Z2 信息分析	**2011 自**	**2011 自**
13 艺术学	1301 艺术学理论	目录内二级学科待定		
	1302 音乐与舞蹈学 ☆（2011/08/05）	目录内二级学科待定		
	1303 戏剧与影视学 ☆（2011/08/05）	目录内二级学科待定		
	1304 美术学 ☆（2011/08/05）	目录内二级学科待定		
	1305 设计学（可授艺术学、工学学位）	目录内二级学科待定		

注：1. 加“☆☆”的一级学科表示该一级学科具有博士学位授予权；加“☆”的一级学科表示该一级学科具有硕士学位授予权；加“★★”的一级学科为国家重点一级学科；加“★”的专业为国家重点二级学科；加“▲▲”的一级学科为北京市重点一级学科；加“▲”的专业为北京市重点二级学科。

2. 学科点“批准时间”栏目内标注“年度＋自”并用黑字体显示的学科点是学校在一级学科授权范围内自主设置并上报教育部备案的学科点。

中国人民大学研究生交叉学科设置一览表（2011 年）

交叉学科代码、名称	相关一级学科	博士点批准时间	硕士点批准时间
99J1 金融工程	0202 应用经济学 0701 数学	2011 自	2011 自
99J2 风险管理与精算学	0202 应用经济学 0701 数学	2011 自	2011 自
99J3 劳动关系学	0202 应用经济学 0301 法学	2011 自	2011 自
99J4 中国特色社会主义理论	0302 政治学 0305 马克思主义理论 0201 理论经济学 0101 哲学	2011 自	2011 自

交叉学科代码、名称	相关一级学科	博士点 批准时间	硕士点 批准时间
99J5 国学	0602 中国史 0501 中国语言文学 0101 哲学	2011 自	2011 自
99J6 城乡发展与规划	1204 公共管理 0303 社会学 0602 中国史	2011 自	2011 自
99J7 可持续发展管理	1204 公共管理 1203 农林经济管理 0202 应用经济学	2011 自	2011 自
99J8 环境政策与管理	1204 公共管理 0830 环境科学与工程		2011 自
99J9 食品安全管理	1204 公共管理 0832 食品科学与工程 1203 农林经济管理 0301 法学		2011 自

中国人民大学研究生专业学位学科专业目录

专业代码、名称	硕士点 批准时间
0251 金融硕士	2010/09/02
0252 应用统计硕士	2010/09/02
0253 税务硕士	2010/09/02
0254 国际商务硕士	2010/09/02
0255 保险硕士	2010/09/02
0256 资产评估硕士	2010/09/02
0257 审计硕士	2011/08/19
0351 法律硕士	1996
0352 社会工作硕士	2009/07/21
0453 汉语国际教育硕士	2007/06/06
0552 新闻与传播硕士	2010/09/02
0651 文物与博物馆硕士	2010/09/02
0852 工程硕士	2008/05
095110 农业推广硕士	2007/06/06
125101 工商管理硕士	1990
125102 高级管理人员工商管理硕士（EMBA）	2002/07
1252 公共管理硕士	2000/04/25
1253 会计专业硕士	2004/03
1255 图书情报硕士	2010/09/02
1351 艺术硕士	2010/09/02

中国人民大学博士研究生指导教师名单

（以姓氏拼音为序）

专业	姓名	学院
马克思主义哲学	安启念 陈先达 陈志良 段忠桥 郭 湛 郝立新 李 燕 马俊峰 王南湜 夏甄陶 张文喜	哲学院
中国哲学	干春松 姜日天 罗安宪 彭永捷 宋志明 向世陵 杨庆中 张立文	
外国哲学	冯 俊 韩东晖 欧阳谦 余纪元 张志伟	
逻辑学	陈慕泽 刘晓力 杨武金	
伦理学	葛晨虹 龚 群 焦国成 罗国杰 吴潜涛 夏伟东 肖群忠 姚新中	
美学	陈传席 牛宏宝 沈尧伊 王旭晓 徐庆平 张 法 郑晓华	
宗教学	方立天 何光沪 何建明 李秋零 温金玉 叶小文 张风雷	
科学技术哲学	刘大椿 王鸿生	
管理哲学	葛荣晋 李 萍 刘敬鲁 周文彰	
汉语言文字学	赵平安	国学院
中国古代文学	袁济喜 詹杭伦 诸葛忆兵	
专门史	黄克剑 黄朴民 梁 涛 沈卫荣 王炳华 乌云毕力格	
中国古代史	孟宪实 王子今	
政治经济学	陈享光 胡 钧 黄泰岩 李义平 林 岗 刘树杰 马庆泉 孟 捷 邱海平 宋 立 王青云 卫兴华 杨瑞龙 杨 志 张 宇	经济学院
经济思想史	贾根良 吴易风 姚开建	
经济史	陈勇勤 高德步 贺耀敏	
西方经济学	陈彦斌 方福前 郭 杰 刘凤良 卢 荻 陶 然 王 健 吴汉洪 周业安	
世界经济	毕吉耀 陈 建 杜厚文 关雪凌 雷 达 刘元春 毛振华 彭 刚 王晋斌 张燕生	
网络经济学	韩小明 于同申	
企业经济学	辜胜阻 李军林 韦 伟 徐茂魁 杨其静	
国民经济学	陈 璋 方 芳 方竹兰 顾海兵 胡乃武 黄 隽 刘成瑞 刘 鹤 刘起运 刘 瑞 武少俊 杨天宇 叶卫平 郑超愚 朱之鑫	
区域经济学	孙久文 张可云	
国际贸易学	曹远征 高成兴 关 权 韩玉军 黄卫平	
数量经济学	魏权龄 赵国庆	
城市经济学	侯景新	
财政学	安体富 陈 共 郭庆旺 郝硕博 刘振亚 鲁 昕 米建国 谭荣华 王传纶 王小龙 岳树民 岳希明 朱 青	财政金融学院
金融学	贝多广 陈雨露 陈忠阳 戴相龙 关 伟 何 平 黄 达 李剑阁 瞿 强 任淮秀 沈伟基 涂永红 吴晶妹 吴晓灵 吴晓求 项俊波 张成思 张 杰 张顺明 赵锡军 郑志刚 周升业 朱毅峰 庄毓敏	
金融工程	林清泉 汪昌云	
保险学	魏 丽 张洪涛	
风险投资	成思危 刘曼红	

专业	姓名	学院
劳动经济学	常　凯　杨伟国　姚裕群　易定红　曾湘泉　赵履宽　赵　忠	劳动人事学院
人力资源管理	程延园　林新奇　彭剑锋　石　伟　孙健敏　张丽华　周文霞	
社会保障	仇雨临　潘锦棠　孙树菡　王延中　郑秉文　郑功成	
统计学	杜子芳　高敏雪　何晓群　胡　毅　金勇进　林共进　马建堂　田茂再　王琪延　吴喜之　许宪春　易丹辉　袁　卫　张　波　赵彦云　周晓华　朱力行	统计学院
风险管理与精算学	孟生旺　彭　非　王晓军	
法学理论	范　愉　冯玉军　黄宗智　吕世伦　史彤彪　孙国华　张志铭　朱景文　朱力宇	法学院
法律史	程天权　刘海年　马小红　王云霞　肖　扬　叶秋华　赵晓耕	
宪法学与行政法学	韩大元　胡锦光　莫于川　许崇德　杨建顺	
刑法学	戴玉忠　冯　军　高铭暄　韩玉胜　胡云腾　黄京平　姜　伟　刘明祥　田宏杰　王作富　肖中华　谢望原　熊选国　张　军　张小虎	
民商法学	董安生　郭明瑞　黎建飞　林　嘉　龙翼飞　王利明　王　轶　吴汉东　杨大文　杨立新　姚　辉　叶　林　张新宝　赵中孚	
诉讼法学	陈卫东　程荣斌　何家弘　江　伟　汤维建　王新清　甄　贞	
经济法学	刘俊海　刘文华　史际春　王欣新　吴宏伟　徐孟洲　朱大旗	
环境与资源保护法学	李艳芳　周　珂	
国际法学	韩立余　邵沙平　万鄂湘　尹　立　余劲松　赵秀文　朱文奇	
知识产权法	郭　禾　郭寿康　刘春田	
世界经济	保建云	国际关系学院
政治学理论	景跃进　任剑涛　王乐理　王英津　闫润鱼	
中外政治制度	王续添　张小劲　周淑真	
科学社会主义与国际共产主义运动	高　放　李景治　蒲国良　王学东　张惟英	
国际政治	时殷弘　宋新宁	
国际关系	陈新明　陈　岳　刘青建　庞中英　裘援平	
外交学	黄大慧　金灿荣　金正昆　李宝俊　李庆四	
中国政治	黄嘉树　杨光斌　俞可平　张　鸣	
政治经济学	陈秀山	公共管理学院
区域经济学	宁吉喆	
城市经济学	王海平　叶裕民	
行政管理	康晓光　蓝志勇　刘太刚　毛寿龙　齐明山　孙柏瑛　魏礼群　魏　娜　张成福　张康之	
社会保障	程永宏　董克用　李　珍　宋晓梧　杨宜勇	
土地资源管理	甘藏春　林增杰　吕　萍　谢经荣　严金明　叶剑平	
公共组织与人力资源	方振邦　刘　昕　吴春波　朱立言	
公共财政管理	高培勇　黄燕芬　孙玉栋　许光建	
信息资源管理	杨　健	
文艺学	金元浦　刘小枫　卢铁澎　章安祺　张永清	文学院
语言学及应用语言学	陈满华　贺　阳　劲　松　李　泉　张卫国	
汉语言文字学	王贵元　殷国光	
中国古代文学	冷成金　李炳海　徐正英　叶君远　张国风　朱万曙　左东岭	
中国现当代文学	程光炜　黄乔生　李　今　马俊杰　孙　毅（孙郁）　王家新	
比较文学与世界文学	高旭东　耿幼壮　梁　坤　孙　宏　杨恒达　杨慧林　曾艳兵	

专业	姓名	学院
英语语言文学	陈世丹　刁克利　郭军　王建平　吴红云　张勇先	外国语学院
日语语言文学	李铭敬	
新闻学	蔡雯　成美　方汉奇　高钢　涂光晋　杨保军　张征　郑保卫　钟新　周小普	新闻学院
传播学	陈立丹　陈绚　郭庆光　匡文波　倪宁　彭兰　盛希贵　赵启正　郑兴东	
传媒经济学	喻国明　周蔚华	
史学理论及史学史	李小树　牛润珍　徐兆仁	历史学院
考古学及博物馆学	宋大川　魏坚	
历史地理学	华林甫	
历史文献学	黄爱平	
专门史	成崇德　杨念群　张世明　张永江	
中国古代史	包伟民　戴逸　刘凤云　刘后滨　祁美琴　秦宝琦　孙家洲　张研	
中国近现代史	陈桦　戴逸　郭双林　何瑜　黄兴涛　李文海　马克锋　夏明方	
世界史	李世安　孟广林　王皖强　许海云　徐浩	
美学	吴长江	艺术学院
基础数学	张庆彩　朱来义	信息学院
概率论与数理统计	龙永红　张伦传	
应用数学	林勇　许作良	
计算机软件与理论	李德英　孟小峰　王珊	
计算机应用技术	陈红　杜小勇　方美琪　李翠平　梁循　石文昌　王海勋　文继荣　杨小平　周晓方	
人口、资源与环境经济学	李文华　鲁明中　马中　马忠玉　宋国君　张象枢　邹骥	环境学院
社会心理学（应用心理学）	雷霈	理学院
计算机应用技术	艾希成　鲍威　曹廷炳　曹永革　陈根富　郭志新　李涛　李志平　林隽　刘玉良　卢仲毅　胡辉　王雷　王善才　王孝群　魏建华　徐立进　于澍燕　于伟强　张芃　张建平　张清明　朱传界	
产业经济学	蔡荣生　陈甬军　谷克鉴　李悦　卢东斌　王亚星　晏维龙　杨昌举	商学院
流通经济学	程红　黄国雄　纪宝成　李金轩　刘向东　马龙龙　王晓东　徐从才	
会计学	戴德明　冯淑萍　耿建新　荆新　林钢　秦荣生　徐泓　徐经长　于富生　赵西卜　朱小平	
企业管理	包政　陈禹　成栋　邓荣霖　凌文　刘刚　吕景胜　秦志华　宋华　宋远方　王凤彬　王利平　徐二明　杨杜　章凯　郑明身	
技术经济及管理	黄卫伟　李平　刘国山　毛基业　王保林　王刊良　赵苹　左美云	
市场营销管理	郭国庆　江林　刘凤军　刘晓梅　吕一林　周庭锐	
财务管理	姜付秀　李焰　宋常　孙茂竹　王化成　伊志宏　张瑞君	
技术经济及管理	孙中才　张利库	农业与农村发展学院
农业经济管理	陈锡文　韩长赋　孔祥智　罗斯高　马晓河　唐忠　王志刚　曾寅初　郑风田　朱信凯	
林业经济管理	刘金龙	
农村发展	程漱兰　马九杰　汪三贵　温铁军　严瑞珍　周立	
可持续发展管理	高粱	

专业	姓名	学院
图书馆学	倪晓健	信息资源管理学院
档案学	冯惠玲　郭莉珠　胡鸿杰　刘耿生　王英玮　张　斌	
情报学	卢小宾　周晓英	
信息资源管理	安小米　侯卫真　赵国俊	
马克思主义哲学	梁树发　马绍孟　曾枝盛　庄福龄	马克思主义学院
政治经济学	顾海良　张　旭　周新城	
科学社会主义与国际共产主义运动	沈云锁　陶文昭　许征帆　赵　汇	
中共党史	李　捷　罗正楷　王　东　吴美华　杨德山　杨凤城　张启华	
中国特色社会主义理论	秦　宣	
马克思主义基本原理	张雷声　张云飞	
马克思主义发展史	张　新	
马克思主义中国化研究	王顺生　徐志宏	
国外马克思主义研究	黄继锋	
思想政治教育	冯　刚　刘建军　王　易	
中国近现代史基本问题研究	齐鹏飞	
当代中国史	陈明显　何虎生　萧延中　张同新　朱佳木	
人口、资源与环境经济学	翟振武	社会与人口学院
社会学	郭星华　郝大海　洪大用　李路路　李迎生　刘精明　刘少杰　鲁　刚　潘绥铭　沙莲香　夏建中　谢　宇　于显洋　张金鹏　张桥贵　郑杭生	
人口学	陈　卫　段成荣　顾宝昌　刘　爽　杨菊华	
人类学	胡鸿保　汪毅夫　庄孔韶	
老年学	杜　鹏　姜向群　邬沧萍　姚　远	
社会心理学（应用心理学）	俞国良	
教育经济与管理	纪宝成　秦惠民　申素平　孙霄兵	教育学院

2011年中国人民大学博士学位获得者名单

（以姓氏拼音为序）

专业名称	姓名
马克思主义哲学	包美霞　曹延莉　杜　刚　范文涛　顾伟伟　李新灵　李　旸　刘要停　马骁毅　宁全荣　沈朝华　严国红　张莉华　张品彬　赵　培　周秀菊　朱华彬
中国哲学	邓庆平　韩进军　李万刚　牛海芳　朴志勋　徐建勇　张瑞涛　张万红　张耀天　张运生
外国哲学	李　曦　苏　娅　殷旭辉　郑　鸣
逻辑学	王　辉
伦理学	陈　默　郝玉明　金香花　李雪辰　王智海　肖红春　邢雁欣　周　斌
美学	陈晓环　丁　平　胡基魁　贾　澎　刘志中　史忠平　王洪伟　武　艳　肖建军　应　杰　詹萍萍　周军伟

专业名称	姓名
宗教学	白 冰 陈 璐 韩 敏 解兴华 蓝希峰 雷丽萍 任 琦 任小鹏 王声忆 许惠珍 尹 哲 张 琰 周兰兰
科学技术哲学	倪伟波 欧阳聪权 史现明 孙 波 王 曼
管理哲学	坚喜斌 李 安 李宏伟 裴广一 沈伟鹏 颜 冰 张博栋
政治经济学	蔡万焕 胡若痴 华德亚 开昌平 李江华 李明秀 刘鸿明 骆 桢 毛 韵 潘 刚 齐义军 陶 玉 王 娟 王 兰 王莉娟 王 瑱 武靖州 薛昊旸 袁 辉 张 晨 郑智馨 周亚霆
经济思想史	曹 斌 邓久根 秦 升 束克东
经济史	韩嫒嫒 扈春香 刘维奇 刘振华 聂 俊
西方经济学	董丽霞 蒲 艳 邱春雷 沈德才 宋 翔 孙 莹 王晗霞 杨 鑫 尹晶洁 曾 昆 张革平
世界经济	蔡彤娟 陈 放 陈英楠 李屹东 李正阳 刘云霞 苗永旺 沙建宇 孙 瑾 王亮亮
人口、资源与环境经济学	陈 妍 程磊磊 崔红威 姜 岩 李开孟 刘 伟 宋 宇 陶 涛 杨宝路 殷 平 周元春
网络经济学	陈 军 郭水文 王梦友 武 岩 张 成 张洪国 张欣潮
企业经济学	费太安 侯向群 胡忠良 李 欣 母 健 张家伟
国民经济学	崔俊富 范鹏辉 郝 丹 黄 敏 李 彬 李贤珠 李岩玉 刘永华 曲晓燕 盛美娟 孙玉妮 王小宁 魏曙光 文飞红 伍艳艳 徐 佳 颜 韬 袁迎珍 张实桐 赵成相 赵洪涛 赵维全 周人杰 朱 君
区域经济学	傅帅雄 李占国 梅文智 彭芳梅 彭薇 臧元峰
财政学	郝江波 黄德森 黄靖翔 李 波 李 静 李 硕 刘 丽 刘若鸿 罗 涛 庞瑞江 徐 泓 杨金亮 张海英 朱庆锋
金融学	白雪原 陈 静 高 茵 勾东宁 顾苏秦 郝洪权 胡召平 黄晓萍 康 芸 孔庆龙 李 玮 刘 洋 马承宇 马贱阳 毛前友 谭太平 万 伟 徐小俊 颜 芳 杨德平 赵 巍 郑旭华 周文和 周 岩
产业经济学	龚映清 何兴容 李 强 尚震宇 宋 斌 孙 薇 田 蕾 许 良 杨云飞 余 岭 袁平红 张树林 张星联
国际贸易学	陈 杉 符文佳 胡 玫 季剑军 盛玉明 石卫星 孙 庆 杨春艳 于中鑫 周亚敏
劳动经济学	郝玉明 胡绍英 李晓刚 陆学彬 欧阳杰 卿石松 邱 婕 盛龙飞 巫 强
统计学	付韶军 高亚春 耿贵珍 郭念国 韩静轩 侯晓霞 李 华 李 扬 刘 丹 刘 苗 刘 圣 刘志波 马丽娜 欧诗德 商 豪 汤 琰 陶 然 王 俊 吴翌琳 徐晓菊 张 芳 张丽梅 张 璇
数量经济学	林梦瑶 刘卫霞 倪云松 谢家泉 许余洁 张中元
金融工程	高士成 粟坤全 徐跃红
保险学	樊瑞鹏 霍翠凤 杨明治
流通经济学	曹 琦 段学亮 葛红玲 刘 刚 盛朝迅 宋泽宁 王思舒 谢莉娟 杨大勇 尹 隆 赵冬昶 周荣森
风险管理与精算学	封 婷 韩 猛 黄顺林 赵立戎
城市经济学	徐春华 赵 娇
风险投资	何云月 杨 错 张成勇 张佳玮 张一章
法学理论	曹 磊 代秋影 龚 波 胡 荣 李雅琴 刘婵秀 彭 君 王 涛 杨知文 于之伦 周 元
法律史	傅健慈 郭 萍 胡 娟 栗明辉 练建熙 秦 文 王华胜 谢红星 杨和义 袁 辉 赵启飞 周子良

专业名称	姓名
宪法学与行政法学	曹鸾骁 高卫明 高文英 何 倩 霍敬裕 康良辉 李蕊佚 李秀鹏 王 晨 王国文 王 涛 温泽彬 朱世海 朱松岭
刑法学	陈 磊 范雪旺 郭 莉 郭纹静 郭文龙 郝艳兵 黄福涛 刘崇亮 刘宇宙 闵 凯 齐晓伶 谭 淦 翁凯一 吴华清 徐 宏 叶旺春 游 涛 张 莉 张 苏 章 政
民商法学	白晓明 陈明涛 陈 璞 段 睿 黄爱学 黄 晶 黄小雨 姜沼年 焦淑敏 李敏华 李明奎 李 倩 林群英 刘召成 鲁晓明 宋卓基 孙若军 王 雷 王丽莎 王天凡 辛焕平 熊丙万 徐新忠 晏 景 姚宝华 于雪锋 张保红 张朝阳 张 敏 周 培 周晓晨
诉讼法学	崔蕴涛 胡晓霞 黄旭东 姜晓妍 金 华 赖玉中 梁 坤 卢少锋 石德才 王海军 张佳华 张自合
经济法学	陈晓芳 郭丁铭 蒋冬梅 李昌庚 李 妍 林树杰 刘 媛 卢恩泳 唐松涛 王玉秀 魏现州 伍 涛 郗伟明 肖 华 闫翠翠 杨江涛 尹相允 赵向华 周宇知
环境与资源保护法学	陈廷辉 刘向宁 宋德新 尹 兵 岳小花 赵 荔
国际法学	高 扬 黄 颖 李 锐 马 强 汤 磊 徐 琳 徐 阳 颜 苏 杨逢柱 杨慧芳 岳向阳 钟 澄
知识产权法	刘 洁 孙 山 万 琦 王 坤 向 波 熊文聪 郑媛媛
政治学理论	邓月芳 梁美赟 马 飞 苏 哲 张岩阳 钟智锋
中外政治制度	房亚明
科学社会主义与国际共产主义运动	陈娥英 梁玉春 刘 勇 陆轶之 苏淑民 王四炯 王同昌 张万杰 赵 强
中共党史	陈文胜 黄金魁 刘海飞 刘 洋 石宏亮 魏建克 闫茂旭 张春燕 赵淑梅 朱文伟
国际政治	贾丽红 宿 亮 王宏禹 张星萍
国际关系	黄 真 康 晓 黎氏秋红 陶杨华 熊 昊 姚玉斐 朱世龙
外交学	方柏华 王生才 袁 帅 张 莉
中国政治	戴辉礼 邓北平 朴钟佑 史晓东 叶麒麟 郑伟铭
中国特色社会主义理论	张明霞
社会学	阿立法 戴艺伟 丁建略 丁晶晶 杜 鹃 胡宝荣 李树燕 梁 昕 马国栋 苗大雷 乜 琪 彭喜波 彭远春 饶旭鹏 谭日辉 童 潇 王 昕 魏亚萍 邢朝国 闫 臻 杨江华 姚星亮 曾 黎 张 丽 张瑞凯
人口学	迟松剑 李 敏 李小星 马 妍 孙 磊 王 莉 许 静 张 斐 邹明洳
人类学	王 媛 张晓莹
老年学	梁淑敏 任兰兰 王 萍 谢 楠 尹尚菁 尹 银 张航空
马克思主义基本原理	陈旭玲 李 金 宁 阳 任 铃 周 鑫
马克思主义发展史	李 锐 吴建伟
马克思主义中国化研究	黄家茂 刘长军 吴 信
国外马克思主义研究	唐旭昌
思想政治教育	谢 庆
文艺学	毕日生 张 静
语言学及应用语言学	杜建鑫 关 蕾 郭 杰 鲁 莹 马 楠 王彩云 周敏莉
汉语言文字学	苗 茜 南 北
中国古典文献学	孙文丽
中国古代文学	程 磊 郝美娟 姜克滨 鞠 岩 李 俊 廉水杰 苏爱琴 张金明 赵德波 周兴禄
中国现当代文学	张小刚
比较文学与世界文学	丁怡萌 葛体标 龚迎春 简燕宽 李金云 汪翠萍 汪 海 王 晨 王 霞 张计连
新闻学	蔡赴朝 丰纯高 宫 贺 刘洪珍 罗建晖 麦尚文 孟 鹏 王 秦 席伟航 薛巧珍

专业名称	姓名
传播学	党生翠 付晓燕 刘晓鹏 马忠君 强　明 孙　庚 谭宇菲 滕　乐
传媒经济学	江　萍 路建楠 任殿顺 王晓乐 叶　雨 赵　晋
史学理论及史学史	白雪松 范国强 路则权
考古学及博物馆学	杨　玥 张文静
历史地理学	胡　恒
历史文献学	孔正毅 刘凤强 谢冬荣
专门史	冯永明 金大伟 刘焕性 刘　伟 孙　喆 魏忠强 萧映朝 杨　勇 赵雪波
中国古代史	方　兴 高宏达 金文淑 刘少华 刘文远 王志强 姚春敏 张燕蕊 张　雨 赵宠亮 赵圣涛
中国近现代史	韩　芳 韩秋红 李　珊 田　耕 王大任 王东仓 王　康 吴　密
世界史	陈　灿 孟晓雪 王超华 赵万里
当代中国史	高　强 江　静 李桂华 马　冀 苗伟东 王钦双 杨献民
计算机软件与理论	汤　显 周春姐
计算机应用技术	金　畅 李求实 林　秋 卢　卫 朴春慧 杨　婧 于利胜 周国亮
会计学	陈　琼 邸丛枝 李红霞 刘　冰 刘丽华 刘西友 龙月娥 吕跃金 盛庆辉 石　涛 田培源 王美英 王小鹏 王玉梅 曾雪云
企业管理	蔡树堂 陈传兴 陈卫国 傅　升 高　杰 黄苏萍 姜　昭 刘连超 柳　峰 孟　林 孟　领 蒲春梅 宋宏磊 吴　特 叶秀惠 张　斌 张正在 赵卫东 甄　珍
技术经济及管理	白海青 陈　锴 韩　燕 刘　悦 刘忠涛 卢艳超 孙洪伟 袁　峰 赵金航
人力资源管理	白　洁 程卫凯 高日光 曾圣钧
市场营销管理	陈立彬 贺庆文 雷　祺 李　慧 李　实 李屹松 彭雷清 王　剑 张　岫
财务管理	丁　斐 胡尔纲 黄伟亚 黄欣然 黄羽佳 姜　军 李艳丽 刘司慧 罗明琦 宁永忠 彭正昌 申景奇 徐　杨 张　洁 张伟华 张肖飞 赵懿清
农业经济管理	池成泰 杜文献 高庆鹏 郎晓娟 梁丽娟 刘　杰 刘媛媛 陆建云 沈　杰 谭智心 伍振军 臧　萌 张喜才 钟　真
农村发展	李晨婕 李伟伟 刘诗林 孟凡新 石　嫣 杨殿闯
行政管理	陈小华 何植民 李燕凌 罗景文 马晓东 王海龙 谢　明 杨志云 张丽珍
教育经济与管理	李为民 杨　娟 袁战国 朱同琴
社会保障	安家琦 陈建强 段迎君 高圆圆 刘　潇 龙玉其 唐　俊 万谊娜 王海东 王　琬 翁仁木 闫　蕊 张怡恬 赵晓芳 朱丽敏 庄　琦
土地资源管理	刁琳琳 龚黎君 韩　娟 韩耶莉 姜志法 刘瑞亮 刘双良 马长发 莫晓辉 孙　鼎 肖明滋 杨　亮
公共组织与人力资源	贺　晨 金洙成 卢　丹 罗海元 潘　娜 田益峰 薛　博
公共财政管理	李　璐 刘洪亮 赵丽萍
情报学	车　尧 蒋　玲 汪沛沛 叶六奇 曾　乐 张丹丹
档案学	蔡　娜 冯文杰 高大伟 李永贞 马林青 王广宇

2011年中国人民大学分专业硕士学位获得情况

专业名称	双证	单证	合计
马克思主义哲学	15	0	15
中国哲学	9	0	9
外国哲学	7	0	7

专业名称	双证	单证	合计
逻辑学	5	0	5
伦理学	7	0	7
美学	4	4	8
宗教学	11	0	11
科学技术哲学	5	0	5
管理哲学	5	0	5
政治经济学	23	24	47
经济思想史	4	0	4
经济史	4	0	4
西方经济学	40	35	75
世界经济	41	60	101
人口、资源与环境经济学	32	0	32
网络经济学	6	0	6
企业经济学	11	0	11
国民经济学	39	35	74
区域经济学	18	19	37
财政学	40	7	47
金融学	201	234	435
产业经济学	11	0	11
国际贸易学	42	23	65
劳动经济学	27	41	68
统计学	35	7	42
数量经济学	9	0	9
国防经济	6	0	6
金融工程	23	21	44
税务	15	6	21
保险学	12	2	14
房地产经济学	25	17	42
流通经济学	7	0	7
风险管理与精算学	15	3	18
城市经济学	6	1	7
风险投资	2	2	4
劳动关系学	5	0	5
法学理论	23	0	23
法律史	14	3	17
宪法学与行政法学	8	3	11
刑法学	17	2	19
民商法学	49	90	139
诉讼法学	18	0	18
经济法学	27	45	72
环境与资源保护法学	5	5	10
国际法学	16	12	28
知识产权法	31	2	33
政治学理论	12	0	12

专业名称	双证	单证	合计
中外政治制度	13	0	13
科学社会主义与国际共产主义运动	13	0	13
中共党史	21	0	21
国际政治	27	3	30
国际关系	18	7	25
外交学	21	19	40
中国政治	15	0	15
国际政治经济学	9	0	9
社会学	27	14	41
人口学	9	0	9
人类学	4	0	4
民俗学	1	0	1
老年学	6	0	6
社会工作	9	0	9
社会心理学（应用心理学）	5	0	5
马克思主义基本原理	5	1	6
马克思主义发展史	2	0	2
马克思主义中国化研究	5	5	10
国外马克思主义研究	6	1	7
思想政治教育	8	10	18
教育法学	3	0	3
高等教育学	5	0	5
文艺学	6	0	6
语言学及应用语言学	17	0	17
汉语言文字学	5	0	5
中国古典文献学	1	0	1
中国古代文学	22	0	22
中国现当代文学	15	3	18
比较文学与世界文学	10	0	10
英语语言文学	54	11	65
俄语语言文学	5	0	5
德语语言文学	5	0	5
日语语言文学	10	0	10
新闻学	86	18	104
传播学	36	42	78
传媒经济学	27	1	28
艺术学	1	10	11
美术学	5	1	6
设计艺术学	15	7	22
电影学	6	0	6
史学理论及史学史	2	0	2
考古学及博物馆学	5	0	5
历史地理学	3	0	3
历史文献学	2	0	2

专业名称	双证	单证	合计
专门史	11	0	11
中国古代史	15	1	16
中国近现代史	12	0	12
世界史	9	0	9
当代中国史	3	0	3
基础数学	4	0	4
概率论与数理统计	29	0	29
应用数学	9	0	9
运筹学与控制论	5	0	5
理论物理	6	0	6
凝聚态物理	5	0	5
无机化学	5	0	5
有机化学	7	0	7
物理化学（含：化学物理）	6	0	6
地图学与地理信息系统	9	0	9
生态学	4	0	4
系统理论	5	0	5
计算机软件与理论	14	2	16
计算机应用技术	22	3	25
应用化学	1	0	1
环境科学	15	0	15
食品科学	5	0	5
流行病与卫生统计学	3	0	3
管理科学与工程	31	8	39
会计学	43	36	79
企业管理	45	204	249
技术经济及管理	18	17	35
人力资源管理	66	247	313
市场营销管理	27	0	27
财务管理	30	0	30
农业经济管理	26	0	26
林业经济管理	2	0	2
自然资源管理	4	0	4
农村发展	10	0	10
行政管理	71	18	89
社会医学与卫生事业管理	7	0	7
教育经济与管理	4	0	4
社会保障	47	2	49
土地资源管理	13	8	21
公共政策	12	3	15
公共组织与人力资源	30	0	30
公共财政管理	9	0	9
城市规划管理	9	0	9
可持续发展管理	14	0	14

专业名称	双证	单证	合计
情报学	21	20	41
档案学	40	4	44
合计	2 340	1 429	3 769

2011 年中国人民大学硕士专业学位获得情况

专业学位专业名称	人数
法律硕士	290
工商管理硕士（MBA）	434
高级管理人员工商管理硕士（EMBA）	146
公共管理硕士（MPA）	267
会计硕士	159
农业推广硕士	113
汉语国际教育硕士	82
合计	1 491

■ 对外教育教学

一、概况

2011 年在校留学生人数继续稳步增长，截至 2011 年 12 月，学校注册各类长期留学生共 1 921 人，其中包括：本科生 1 197 人，研究生 330 人，普通进修生 90 人，高级进修生 31 人，语言生 258 人，预科生 15 人，接受学历教育的留学生人数占长期在校留学生的比例接近 80%。各类短期留学生共 287 人。学校在注重外国留学生招收规模的同时，更注重留学生的质量和结构，严格把好入学关，进一步完善培养环节。

2011 年毕业学历留学生共 283 名，其中本科生 225 人，研究生 58 人，来自阿塞拜疆、保加利亚、赤道几内亚、德国、俄罗斯、菲律宾、格林纳达、哈萨克斯坦、韩国、荷兰、津巴布韦、老挝、利比里亚、马达加斯加、马来西亚、美国、蒙古、孟加拉国、尼泊尔、日本、泰国、土耳其、西班牙、新西兰、意大利、印度尼西亚、越南等国家。

2011 年共有 176 名外国留学生获得奖学金，其中 48 人获得中国人民大学外国留学生学习成绩奖，40 人获得北京市在校外国留学生奖学金，71 人获得北京市外国留学生新生奖学金，另有 9 人获得中国人民大学留学生社会活动奖，4 人获得中国人民大学优秀留学生干部奖，4 人获得中国人民大学留学生学习进步奖。2011 年，通过“中国政府专项奖学金——高校研究生项目”获得招生名额 25 人，最终录取 25 人。

二、招生宣传工作

2011年，报考学校的自费本科生留学生报名人数为729人，最终有320名本科新生报到，主要来自韩国、日本、印度尼西亚、蒙古、柬埔寨、泰国、越南、新加坡、朝鲜、哈萨克斯坦、缅甸、菲律宾、老挝、马来西亚、俄罗斯、法国、瑞典、德国、比利时、塞尔维亚、土耳其、秘鲁、加拿大、巴西、美国、阿根廷、巴拿马、墨西哥。2011年9月，共有320名本科生、116名硕士研究生和29名博士研究生到校报到。2011年共有校级、院级的交换生116人次，分别来自韩国、日本、越南、新加坡、乌克兰、挪威、罗马尼亚、荷兰、芬兰、英国、瑞典、匈牙利、德国、菲律宾、丹麦、法国、哥伦比亚、加拿大、美国等国的协议学校。2011年共录取152名中国政府奖学金生来校学习，使学校的中国政府奖学金公费生总数达到326名。

全英文硕士招生取得实质进展，留学生规模进一步扩大。2011年，共有6个全英文硕士留学生项目正式启动。2011年中国人民大学全英文硕士项目共录取的外籍学生共88人，实际报到48人，分别进入国际关系学院、商学院、财政金融学院、经济学院、法学院和公共管理学院攻读2年制全英文授课的硕士项目，学生来自25个国家，其中美国17人、加拿大1人、牙买加1人、巴西1人、阿根廷2人、澳大利亚1人、意大利4人、法国2人、俄罗斯1人、爱尔兰1人、马其顿1人、葡萄牙1人、瑞士1人、西班牙1人、韩国3人、阿曼1人、阿塞拜疆1人、菲律宾1人、马来西亚1人、泰国1人、新加坡1人、伊拉克1人、南非1人、索马里1人、坦桑尼亚1人。

在招生宣传方面，2011年学校参加了蒙古和越南举行的教育展，发出了2 000余份招生简章，接待了大量的考生咨询。

三、留学生生活

为丰富外国留学生的业余文化生活，积极组织全校留学生参加各级各类文体活动，如：中国人民大学第二届留学生汉语才艺大赛、第十一届中国人民大学国际文化节、北京市第三届汉语之星大赛等。其中2011年国际文化节以“BE WITH YOU”为主题，活动内容包括开幕式、艺术展、嘉年华会和闭幕晚会。来自阿塞拜疆、越南、印度尼西亚、日本、韩国、罗马尼亚、乌兹别克斯坦、吉尔吉斯斯坦、马里、土耳其等10个国家驻华使馆的代表和国家教育部、留学基金委、孔子学院总部及北京市教委的领导出席了国际文化节的重要活动。

附录

中国人民大学2011年秋季外国留学生类别统计

（统计数据截至2011年12月31日）

学院名称	学生类别							总计
	本科生	硕士生	博士生	普进生	高进生	语言生	预科生	
财政金融学院	53	22	9		1			85
法学院	79	21	21	3				124

学院名称	学生类别							总计
	本科生	硕士生	博士生	普进生	高进生	语言生	预科生	
公共管理学院	22	12	5	1				40
国际关系学院	208	70	21	4	20			323
国学院					1			1
环境学院								
经济学院	105	25	7	2				139
劳动人事学院	50	5	2		1			58
理学院		1						1
历史学院（含清史所）	18	2	3	1	2			26
马克思主义学院			1					1
农村与农业发展学院	1							1
商学院	153	32	8	67	4			264
社会与人口学院	16	3	3	3	1			26
统计学院	3							3
外语学院	6							6
文学院	330	28	14	6		258	15	651
新闻学院	130	3	2	1				136
信息学院	3							3
信息资源管理学院	8							8
艺术学院	8	2						10
哲学院	4	5	3	2	1			15
总计	1 197	231	99	90	31	258	15	1 921

中国人民大学2011年秋季外国留学生国别统计

（统计数据截至2011年12月31日）

国籍	学生类别							总计
	本科生	硕士生	博士生	普进生	高进生	语言生	预科生	
阿富汗	1							1
阿根廷		2	1					3
阿曼	2	2						4
阿塞拜疆	2	1						3
埃及			1			2		3
埃塞俄比亚	1					1		2
爱尔兰		3		6		7		16
安哥拉	1							1
奥地利			2					2
澳大利亚	1	5				1		7
巴布亚新几内亚		1						1
巴基斯坦	1							1
巴拿马	2		1					3
巴西	3	6				1		10

国籍	学生类别							总计
	本科生	硕士生	博士生	普进生	高进生	语言生	预科生	
白俄罗斯		1						1
保加利亚				1				1
比利时	2	1		1		2		6
波兰	1	1	1	1		3		7
玻利维亚	1							1
博茨瓦纳			1	1				2
布隆迪	2		1					3
朝鲜	5							5
赤道几内亚	3							3
丹麦				2	1			3
德国		2	1	4	3	12		22
俄罗斯	14	6	1	2		7		30
厄瓜多尔		1						1
法国		5		10		60		75
菲律宾		3						3
芬兰				2		5		7
佛得角		1						1
刚果	2	1	1			1		5
哥斯达黎加	1	1	1					3
哈萨克斯坦	17	3				7	4	31
韩国	962	36	47	11	6	36	7	1 105
荷兰		1	1	4				6
吉布提	1							1
吉尔吉斯斯坦	6		1					7
几内亚比绍	2							2
加拿大	6	6	2	5	2	3	1	25
加纳		1						1
柬埔寨	3	1	1					5
津巴布韦		6						6
喀麦隆	1					2		3
卡塔尔		1						1
莱索托		1						1
老挝	4	1				1		6
利比里亚						1		1
卢森堡				1				1
罗马尼亚	2			2		1		5
马拉维	1							1
马来西亚	20	3						23
马里	2	1						3
马其顿		1						1
毛里求斯	1							1
美国	7	31	4	6	10	38		96
蒙古	21	7				3		31
孟加拉国		1						1

国籍	学生类别							总计
	本科生	硕士生	博士生	普进生	高进生	语言生	预科生	
秘鲁	1					1		2
缅甸	2	1						3
摩尔多瓦		1						1
摩洛哥						6		6
莫桑比克	1							1
墨西哥	1							1
南非	1	1			1			3
挪威	1			5	1			7
帕劳	1							1
葡萄牙	1	1		2				4
日本	17	7	6	6	3	19	1	59
瑞典		1		4	1			6
瑞士		2	1					3
萨摩亚	1							1
索马里		1						1
塔吉克斯坦	4							4
泰国	9	10	2					21
坦桑尼亚		1						1
土耳其	5	6					1	12
土库曼斯坦	1					1	1	3
委内瑞拉	1					2		3
乌克兰		1				1		2
乌拉圭	1							1
乌兹别克斯坦			1					1
西班牙	1	1		4		7		13
希腊			1					1
新加坡		1	1			1		3
新西兰	4	1	1	1		3		10
匈牙利	1					1		2
牙买加		1						1
也门	1							1
伊拉克		3						3
以色列		1				1		2
意大利	3	5		3	2	2		15
印度尼西亚	17	10				3		30
英国		1		1		10		12
越南	16	30	17	1		3		67
赞比亚	1							1
乍得	4							4
中国籍交换生			1	4	1	3		9
总计	1 197	231	99	90	31	258	15	1 921

中国人民大学2011年留学生获奖名单

奖励名称	获奖等级	获奖名单
北京市外国留学生奖学金（在校生）	全奖	金砚卧等19人
北京市外国留学生奖学金（在校生）	半奖	阮垂芝等21人
北京市外国留学生奖学金（本科新生）	全奖	崔多来等13人
北京市外国留学生奖学金（本科新生）	半奖	宋营周等48人
北京市外国留学生奖学金（研究生新生）	博士全奖	尼克1人
北京市外国留学生奖学金（研究生新生）	博士半奖	阿扎马特等4人
北京市外国留学生奖学金（研究生新生）	硕士全奖	李以撒1人
北京市外国留学生奖学金（研究生新生）	硕士半奖	永野凉音等4人
本科留学生学习成绩奖	一等奖	丁氏花玄等15人
本科留学生学习成绩奖	二等奖	李有林等15人
本科留学生学习成绩奖	三等奖	诗韵等4人
外国留学研究生学习成绩奖	博士一等奖	杨哲等2人
外国留学研究生学习成绩奖	博士二等奖	水木晴美等4人
外国留学研究生学习成绩奖	博士三等奖	欧贝克1人
外国留学研究生学习成绩奖	硕士一等奖	金佑娟等3人
外国留学研究生学习成绩奖	硕士二等奖	伍田丰等4人
留学生社会活动奖		卡斯等9人
优秀留学生干部奖		施永美等4人
留学生学习进步奖		韩知惠等4人

■ 继续教育

☞ 成人高等教育

一、概况

2011年，继续教育学院成人教育部在外省市设有2个分院和6个教学站点，分布在新疆、黑龙江、山西、云南、广西、天津、广东等地，北京市设有4个教学站；共开设5个专业。现有专职教师38人，其中教授6人，副教授25人，讲师7人。2011年，夜大学有12个专业，共有学生7 227名；函授有7个专业，共有学生610人；各种培训（包括各类考前辅导班）共培训学员620人次。从学历层次看，夜大专升本3 668人，高中起点本科3 030人，专科529人。

在校生共有7 837人，其中夜大生7 227人（专升本3 668人，高起本3 030人，专科529人），函授生610（专升本211人，高中起点本科262人，专科137人）。2011年共毕业学生3 116人。

二、招生工作

2011年，在2010年3月学校作出适应形势变化、调整办学结构、压缩成人学历教育招生规模并逐步停止成人教育部招生的决定前提下，根据社会需求和成人教育部的情况又作了相应调整，在北京市计划招生 2 000 名。

2011 年报考成教部的学生在北京地区有 4 050 人，比 2010 年增加了 1 350 人，上升了 50%，根据北京市录取分数线 4 个专升本层次共上线 1 992 人，2011 年成人教育部共招生专升本层次学生 1 850 人。

三、教学管理

（一）专业设置

2011 年，成人教育部共开设 14 个专业：其中专科升本科有会计学、国际经济与贸易、金融学、市场营销、工商管理、法学、新闻学、人力资源学 8 个专业；高中起点本科有会计学、国际经济与贸易、金融学、工商管理、市场营销学 5 个专业；高中起点专科有会计学 1 个专业。

（二）课程及教材建设

2011 年，经过招生布局调整和专业调整，编写和更新的教材有：《国际会计》、《政治》（第八版）、《财务管理》（第二版）等。专著有：《房地产市场分析方法——数据分析与案例》、《网络信息管理系统》，编著有：《西方经济学》、《公司理财》。

☞ 网络教育

一、概况

2011 年，继续教育学院网络教育部共有教职工 155 人，其中专职教师 19 人，教学策划人员 20 人，研发人员和技术人员 42 人，教学管理人员 59 人，行政人员 15 人。

截至 2011 年底，网络教育部共有在读学生 56 547 名，其中学历教育在读学生 55 443 名，非学历教育在读学生 1 104 名。

2011 年共有毕业生 14 324 名（其中本科毕业生 7 903 名，专科毕业生 6 421 名），优秀毕业生 356 人，本科毕业生中符合学士学位授予条件的有 1 486 名。

圆满完成 2011 年春、秋两季招生工作，报名人数达 21 062 人，注册人数为 16 718 人，新生的综合素质有所提高。

二、考试情况

2011 年共组织了 4 次课程考试，累计设立考点 437 个，安排考场 12 724 个，预约人次 310 776 人次，预约人数 90 068 人，人均预约门次为 3.44 门次/人。实考人次 271 773 人次，实考人数 80 072 人，缺考率为 12.6%，共处理各种违纪 143 人次，共派出巡考员 453 人次。

2011 年共组织了三次部分公共基础课全国统一考试，报考人数共 17 972 人，24 561 门次，平均及格率为 75.83%，高于全国平均及格率近 10 个百分点。

2011 年组织了 2 次学位英语考试，预约人数为 8 363 人，实考人数为 5 678 人，平均及格率为 23.87%，高于全国平均及格率 6 个百分点。

三、资源建设和学习支持服务

2011 年，学院在资源建设方面取得了长足的进步。首先，新建了财务管理和传播学两个专业，分别于 2011 年 9 月和 2012 年 3 月启动招生。特别是传播学专业的建立，采用与新闻学院院际合作的方式，充分发挥人大重点学科的优势，提升了该专业的权威性。

其次，在学历课程开发方面，完成了 A 版课程平台的一期开发工作；当年完成 19 门 A 版学历课程建设，2 门旧版学历课程改造；出版新教材 3 本、修订版教材 9 本。《财务管理学》、《统计学教程》和《破产法学》三本教材获得北京市高等教育精品教材。

再次，为企业培训项目开发和制作 195 门网络课程。

最后，为教育部开放资源网站制作网络课程 10 门，视频课程 5 门；受人大教务处委托，为教育部制作精品开放课程 5 门，每门 6 小时；拍摄通识大讲堂课程 7 门，每门 3 小时。

2011 年，在学习支持服务方面继续探索有效的、个性化的、让学习行为真正发生的服务策略。在课程辅导方面，一是调整了课程辅导周期，按照学习和考试周期建立课程辅导周期，由一年两期辅导增加到一年四期辅导；二是探索有效的促学策略，经过三个学期的不懈努力，学生参与网上学习活动的人数有了明显的提升，初步实现了提高学生学习积极性的服务目标。在考试形式上，根据学科特点和课程主持教师的建议，变 16 门课程闭卷考试为开卷考试，并建立了相应题库。

四、毕业生服务工程和开放课程项目情况

为了实现终身教育、终身学习的目标，2011 年学院启动了毕业生服务工程，为网上人大的毕业生提供形式多样的增值服务，得到了毕业生的广泛好评。毕业生服务工程在 2011 年主要完成了宣传、面向毕业生开放学习资源、组织毕业生回访和毕业生专题活动等工作。

为增进网上人大与高职院校的联系与合作，增强网上人大的社会影响力，学院于 2011 年 1 月组建了由多个部门参加的，以各地服务中心为开展主体，以北京中心作为试点的开放课程项目组，开放课程的形式为网上人大对有合作协议的高职院校学员免费开放 103 门优质课程。截至 2011 年底，北京西城经济科技大学、常州信息职业技术学院等 5 家高职院校 2 400 多名学生选修了这些课程。

附录

2011 年继续教育学院网络教育部招生人数统计表

层次	专业名称	报名人数	录取人数	注册人数
高中起点专科	财政学	18	15	14
	法学	687	601	545
	工商管理	1 976	1 725	1 568
	公共事业管理	650	568	516
	国际经济与贸易	191	167	152
	汉语言文学	214	187	170

层次	专业名称	报名人数	录取人数	注册人数
	会计学	1 620	1 415	1 286
	金融学	769	671	610
	人力资源管理	1 449	1 265	1 150
	市场营销	749	653	594
	合计	8 323	7 267	6 605
高中起点本科	财政学	0	0	0
	法学	45	40	36
	工商管理	83	73	66
	公共事业管理	20	18	16
	国际经济与贸易	13	11	10
	汉语言文学	12	10	9
	会计学	59	52	47
	金融学	67	58	53
	人力资源管理	65	57	52
	市场营销	24	21	19
	合计	388	340	308
专科起点本科	财政学	37	32	29
	法学	879	760	688
	工商管理	1 845	1 612	1 464
	公共事业管理	555	485	440
	国际经济与贸易	367	321	292
	汉语言文学	536	464	421
	会计学	2 467	2 142	1 941
	金融学	2 983	2 597	2 358
	人力资源管理	1 738	1 513	1 374
	市场营销	497	434	394
	合计	11 904	10 360	9 401
本科第二学历	财政学	5	4	4
	法学	71	69	66
	工商管理	27	25	24
	公共事业管理	20	18	17
	国际经济与贸易	15	12	11
	汉语言文学	58	55	51
	会计学	139	133	127
	金融学	66	65	62
	人力资源管理	38	37	35
	市场营销	8	7	7
	合计	447	425	404
学历教育招生合计		21 062	18 392	16 718
非学历	专业进修	0	0	0
	单科选修	1 175	1 139	1 104
	合计	1 175	1 139	1 104
共计		22 237	19 531	17 822

2011年继续教育学院网络教育部在读学生（学历教育）人数统计表

层次	专业	年度（每年含两个批次）							合计
		2005	2006	2007	2008	2009	2010	2011	
高中起点专科	财政学	0	0	3	2	23	18	14	60
	法学	0	0	107	151	677	642	549	2 126
	工商管理	0	0	156	318	871	1 464	1 499	4 308
	公共事业管理	0	0	0	48	551	591	516	1 706
	国际经济与贸易	0	0	44	46	147	147	147	531
	汉语言文学	0	0	44	63	218	265	166	756
	会计学	0	0	113	181	822	1 302	1 277	3 695
	金融学	0	0	39	213	1 248	1 219	607	3 326
	人力资源管理	0	0	102	181	676	966	1 134	3 059
	市场营销	0	0	123	168	398	578	590	1 857
	合计	0	0	731	1 371	5 631	7 192	6 499	21 424
高中起点本科	财政学	0	0	6	2	3	2	0	13
	法学	28	28	92	93	68	86	35	430
	工商管理	55	59	208	181	72	124	65	764
	公共事业管理	0	0	1	29	16	38	16	100
	国际经济与贸易	12	17	45	51	17	19	10	171
	汉语言文学	8	19	41	42	31	31	8	180
	会计学	13	34	112	136	59	96	46	496
	金融学	10	19	46	60	34	88	52	309
	人力资源管理	0	31	79	96	35	103	53	397
	市场营销	15	27	52	56	33	81	18	282
	合计	141	234	682	746	368	668	303	3 142
专科起点本科	财政学	0	0	8	13	29	39	30	119
	法学	0	0	198	298	572	636	673	2 377
	工商企业管理	0	0	349	624	1 121	1 219	1 464	4 777
	公共事业管理	0	0	88	173	385	461	437	1 544
	国际经济与贸易	0	0	112	154	282	245	281	1 074
	汉语言文学	0	0	98	175	347	402	416	1 438
	会计学	0	0	432	694	1 585	1 773	1 938	6 422
	金融学	0	0	201	387	1 039	2 487	2 341	6 455
	人力资源管理	0	0	241	444	891	1 077	1 365	4 018
	市场营销	0	0	134	197	306	354	384	1 375
	合计	0	0	1 861	3 159	6 557	8 693	9 329	29 599

层次	专业	年度（每年含两个批次）							合计
		2005	2006	2007	2008	2009	2010	2011	
本科第二学历	财政学	0	0	1	1	5	13	4	24
	法学	0	0	7	33	25	64	74	203
	工商企业管理	0	0	8	18	17	29	25	97
	公共事业管理	0	0	4	1	6	13	17	41
	国际经济与贸易	0	0	7	7	8	11	15	48
	汉语言文学	0	0	7	11	21	44	50	133
	会计学	0	0	15	30	48	102	123	318
	金融学	0	0	25	26	38	84	64	237
	人力资源管理	0	0	15	21	28	59	32	155
	市场营销	0	0	2	2	7	4	7	22
	合计	0	0	91	150	203	423	411	1 278
学历教育的学生人数合计		55 443							

2011年继续教育学院网络教育部毕业生人数统计表

学科门类	专业	毕业生人数		申请学位人数
		本科毕业生人数	专科毕业生人数	
管理学	会计	1 970	1 248	324
	工商企业管理	1 399	1 342	285
	市场营销	373	499	79
	公共事业管理	446	236	71
	人力资源管理	998	758	206
经济学	金融	983	1 380	169
	国际贸易	375	187	119
	财政学	42	9	11
法学	法学	869	562	144
文学	汉语言文学	448	200	78
总计		7 903	6 421	1 486

注：以上统计数字截至2011年12月31日。

☞ 教育培训

一、概况

培训学院是学校非学历教育培训的主办单位。经过几年的培训工作，培训学院进一步明确了工作性质和工作定位，建成了向社会提供优质教育资源的平台，通过规范的教育服务，不断促进人文社会科学向社会生产力的转化。

二、各类培训

（一）中央和国家机关司局级干部选学培训

2011 年，培训学院按照学校党委组织部要求，承担了中央和国家机关司局级干部选学工作。全年共举办了 9 个专题班，10 个讲座，学员 1 426 名。

（二）高端培训项目

2011 年高端培训共开新班、论坛和讲座 237 个，企业内部培训和 MBA 研修班 68 个，干部培训班 159 个，论坛、讲座 10 个，服务对象 9 963 人次。

为中央组织部、中央直属机关事务管理局、北京市委组织部、云南省委组织部、山东省委组织部、武汉市委组织部、重庆市委组织部、昆明市委组织部、中山市委组织部、庆阳市委组织部、云南省财政厅、河北省财政厅、广西壮族自治区教育厅、内蒙古自治区统计局、乌鲁木齐市委宣传部、武汉市人事局、石家庄市教育局、上海市妇联等单位提供干部培训。为中国航天集团、百丽集团、中国建设银行、交通银行、光大银行、中国银行、徽商银行、中国农业发展银行、中煤集团、北京市邮政局、永煤集团等单位提供企业内训。

（三）国际合作项目

2011 年，国际合作项目对招生工作进行了调整，延续往届项目模式，分本、硕两个层次三大类项目进行招生，报考学生可以在美国、英国、澳大利亚、加拿大、新加坡、挪威和阿根廷七个国家的多所高校间选择经济、管理、商务、文学文化领域的数十个不同专业，同时扩大美国预科项目的招生规模，基本满足学生的多样性需求。2011 年，国际合作项目开设本科和硕士项目共 25 个，其中，学士项目合作院校 13 所，硕士项目合作院校 8 所，涉及 60 个不同的专业。美国预科项目成为学院合作项目新的增长点。2011 年，新招学生 275 人，结业 243 人，出国 206 人，出国率 84.8%，基本和去年持平。结业学生中，绝大部分获得了合作院校的录取通知书，其中经由学院提供途径获得签证的 204 人，获签率 100%，已分别前往英国伦敦大学皇家豪勒威学院、英国伦敦大学玛丽皇后学院、英国伦敦城市大学、英国威斯敏斯特大学、英国布鲁内尔大学、英国华威大学、澳大利亚国立大学、澳大利亚堪培拉大学、加拿大纽芬兰纪念大学、加拿大戴尔豪西大学、新西兰梅西大学继续深造。

承办了教育部留学服务中心引进的英国高等教育文凭项目，2011 年新招学生 853 人，2011 年结业学生 706 人。

（四）短训项目

2011 年各类短训项目稳步发展。成人高考考前辅导培训 1 910 人次，会计类培训 1 869 人次，共计培训 3 779 人次。

（五）艺术培训项目

2011 年艺术培训持续发展，专业教学和交流活动进一步完善。2011 年第三届中国人民大学中国画硕士课程研修班教学成果显著，先后有 35 人入选国家级展览，14 人获优秀奖。3 月 22 日由中国美协、民族促进会、中国人民大学主办，培训学院承办的“中国民族百花奖”美术展在民族宫正式展出。7 月，在汇贤大厦举办了“丹青天地”中国人民大学中国画硕士课程研修班毕业作品展，展出学员们毕业创作作品 150 余件，中国美协、国家画院等多家权威机构派代表参加并给予高度评价。9 月 5 日，第三期中国人民大学中国画专业硕士课程研修班正式开学，招收学员 80 名。11 月，中国人民大学画院正式成立，画院聘请孙奇峰、冯其庸先生为名誉院长，李宝林先生为院长，李湘教授为执行院长。11 月 15 日，由中国人民大学培训学院和奥林匹克博物馆联合举办的中国传统绘画展在瑞士洛桑开幕，画展为期两个月，2012 年 1 月画展圆满结束。

附录

2011 年培训项目统计

培训项目	人数（次）
企业培训、干部培训、MBA 研修班	9 963
国际合作学生（新生）	275
英国高等教育文凭项目（新生）	853
各类短期培训班	3 779
艺术培训	80

■ 实验室建设与仪器设备管理

一、概况

2011 年，实验室建设与设备管理处以《国家中长期教育改革和发展规划纲要（2010—2020 年）》的颁布和实施为契机，按照学校“十年腾飞”学科建设规划纲要目标和总体要求，结合学校实验室建设的实际情况，本着“优化资源配置，调整结构布局，突出学科优势”的原则，制定实验室建设“十二五”发展规划纲要，进一步明确未来实验室建设的总体思路。系统分析实验室建设现状和存在的问题，制定主要发展措施，并以此来指导和统领全校实验室建设。

2011 年，仪器设备购置与管理工作认真执行上级主管部门及学校有关的各项规章制度，在学校招投标工作领导小组的管理和监督下，以学校各单位的实际需求为主导，充分运用市场机制，加大采购预算的执行力度，规范采购程序，提高采购效率，较好地完成各类经费的设备购置工作。对固定资产管理系统进行了调整和改进，加强仪器设备的日常管理，做到仪器设备类固定资产的合理配置和有效使用。

二、实验室建设工作和成果

2011年，数据工程与知识工程教育部重点实验室顺利通过2011年度信息科学领域教育部重点实验室评估，此次验收通过标志着学校高端实验室建设取得较大进展，整体实验室建设水平获得一定的提升。

学校现已建成北京市示范中心3个，国家级示范中心2个。2011年，重点开展了法学实验实践教学示范中心和文科实验教学综合训练中心的建设工作并积极开展验收准备工作，进一步优化了信息技术综合实验室的实验环境和实验室资源配置。新闻传播实验教学中心认知神经科学—传播学实验室以及经济与管理实验教学中心的RFID卖场行为实验室，都在原有示范中心基础上进行了进一步的功能拓展。

截至2011年底，学校独立运作的实验室数量已达到104个，其中正在建设中的实验室有6个。实验课和实验教学项目基本上覆盖了学校全部本科学科发展方向。2010—2011学年全校开设的实验项目总数为221个，实验课时数达到10 320个学时，体现出学校实验与实践教学的发展和进步。学校打破院系行政管理体制，以实验室建设为纽带，学科建设为支撑，学院为基础，充分利用现代化技术手段，建立起能够适应创新型人才培养目标的多层次、多视角、多维度、多媒体开放共享的实验教学平台。

截至2011年底，实验室新增设备资产1 907台（件），总值2 794万元。用于实验室单价为500元及以上的在用设备资产总量为10 119台（件），总值14 950万元。

三、仪器设备购置与管理工作

（一）稳步推进设备购置工作

2011年，学校在政府采购过程严格按照国家的相关规定执行，并建立了完备的政府采购的执行规范和监督机制，积极响应国家支持民族品牌的发展和节能减排的号召。通过政府采购方式组织货物类购置总计13 213.1万元。其中，公开招标11 472.02万元，占采购金额的86.8%；询价购置566.58万元，占采购金额4.29%；竞争性谈判190.63万元，占采购金额的1.44%；单一来源谈判983.87万元、占采购金额的7.45%。2011年学校对计算机、服务器、空调、办公设备、数码产品等通用设备继续采取协议供货的方式组织购置。

（二）有序开展固定资产管理工作

2011年，固定资产管理在引入条形码管理系统的基础上，继续完善并不断升级，做好新增教学、科研、行政办公仪器设备、家具、图书、软件的报增、审核、调拨和报废工作。截至2011年底，仪器设备类固定资产（价值500元以上）共55 110台（件），仪器设备总值达到57 009万元。2011年仪器设备类固定资产报增7 851（台）件，总价为10 381万元，仪器设备增长率为19.6%。

中国人民大学2011年实验室情况一览表

<table>
<tr><th>学院名称</th><th colspan="2">实验室名称</th><th>实验室类别</th><th>建立时间（年份）</th><th>实验室地点</th><th>所属二级学科</th><th>备注</th></tr>
<tr><td>信息学院、信息资源管理学院</td><td colspan="2">数据工程与知识工程实验室</td><td>综合</td><td>2006</td><td>信息楼4～5层</td><td>计算机科学与技术</td><td>教育部重点实验室</td></tr>
<tr><td>文学院</td><td colspan="2">汉语语音实验室</td><td>科研</td><td>1989</td><td>人文楼1层125</td><td>汉语言</td><td></td></tr>
<tr><td rowspan="9">信息学院</td><td rowspan="6">信息技术综合实验室</td><td>ERP沙盘实战实验室</td><td>教学</td><td>2006</td><td>理工配楼2层205B，理工配楼2层206B，理工楼配楼2层207B，理工楼配楼2层208B</td><td>电气工程及其自动化</td><td rowspan="4">北京市实验教学示范中心</td></tr>
<tr><td>电工与电子实验室</td><td>教学</td><td>1999</td><td>信息楼1层128，信息楼129，理工配楼1层101</td><td>电气工程及其自动化</td></tr>
<tr><td>网络技术实验室</td><td>教学</td><td>1999</td><td>理工配楼2层205B，理工配楼2层206B，理工配楼2层207B，理工配楼2层208B</td><td>计算机科学与技术</td></tr>
<tr><td>嵌入式系统实验室</td><td>教学</td><td>2006</td><td>理工配楼2层201B</td><td>计算机科学与技术</td></tr>
<tr><td>多媒体技术实验室</td><td>教学</td><td>2006</td><td>理工配楼2层202B</td><td>计算机科学与技术</td><td></td></tr>
<tr><td>信息安全实验室</td><td>教学</td><td>2010</td><td>理工配楼2层203B，理工配楼2层204B，理工配楼2层207B</td><td>计算机科学与技术</td><td></td></tr>
<tr><td colspan="2">数据库与智能信息检索实验室</td><td>科研</td><td>2006</td><td>信息楼4～5层</td><td>计算机科学与技术</td><td></td></tr>
<tr><td colspan="2">网络与移动数据管理实验室</td><td>科研</td><td>2006</td><td>信息楼1层</td><td>计算机科学与技术</td><td></td></tr>
<tr><td colspan="2">数据仓库与商务智能实验室</td><td>科研</td><td>2006</td><td>信息楼4～5层</td><td>计算机科学与技术</td><td></td></tr>
<tr><td rowspan="2">经济学院</td><td rowspan="6">经济与管理示范教学中心</td><td>经济科学实验室</td><td>综合</td><td>1994</td><td>信息楼4层</td><td>经济学</td><td rowspan="6">国家级实验教学示范中心</td></tr>
<tr><td>经济组织与经济行为实验室</td><td>综合</td><td>2007</td><td>明德主楼5层508、510</td><td>经济学</td></tr>
<tr><td rowspan="4">商学院</td><td>CRM实验室</td><td>教学</td><td>2007</td><td rowspan="2">明德商学楼5层509</td><td>工商管理</td></tr>
<tr><td>ERP实验室</td><td>教学</td><td>2006</td><td>工商管理</td></tr>
<tr><td>“@Task”项目管理实验室</td><td>教学</td><td>2009</td><td rowspan="2">明德商学楼5层507</td><td>工商管理</td></tr>
<tr><td>工商管理综合实验室</td><td>教学</td><td>1996</td><td>工商管理</td></tr>
</table>

学院名称	实验室名称		实验室类别	建立时间（年份）	实验室地点	所属二级学科	备注
商学院	经济与管理示范教学中心	RFID 卖场行为实验室	科研	2010	北京市金四季购物中心 B1 层 HOLA（特力屋）、上海市龙之梦购物中心 5 楼黄中庭 HOLA（特力屋）	工商管理	国家级实验教学示范中心
统计学院		数据分析实验室	科研	1984	明德主楼 5 层 513	应用统计学	
		电话调查实验室	科研	2000	明德主楼 5 层 511	应用统计学	
		数据处理仿真研究实验室	科研	2006	明德主楼 5 层 513	应用统计学	
财政金融学院		金融管理与工程实验室	综合	1997	明德主楼 5 层 507、509	金融学	
		财税政策与管理实验室	综合	1997		财政学	
法学院	法学实验实践教学示范中心	法学院物证技术实验室	综合	1953	明德法学楼 6 层 603，7 层 701～705，710～711	诉讼法学	北京市实验教学示范中心
社会与人口学院	人类学实验室		教学	2006	科研楼 2 层 A202	劳动与社会管理	
	社工实验室		教学	2009	科研楼 2 层 A201	劳动与社会管理	
	社工实验室（苏州）		教学	2010	苏州研究院	劳动与社会管理	
	社会调查与统计分析实验室		教学	2007	科研楼 6 层 A610、611	劳动与社会管理	
国际关系学院	国政经济模拟联合国专业实验室		综合	2005	明德国际楼 4 层 408	国际政治	
新闻学院	新闻传播实验教学中心	新闻与广告摄影实验室	教学	1955	明德新闻楼 2 层 208～210，3 层 301～311，8 层 801～802	新闻学，广播电视新闻学，广告学，编辑出版学	国家级实验教学示范中心
		广播电视与多媒体出版实验室	教学				
		新闻采编与网络传播实验室	教学				
		思科网真演播室	教学				
		认知神经科学—传播学实验室	综合	2011			
艺术学院	创意媒体实验室		综合	2003	老教工食堂	戏剧影视美术设计	
外国语学院	文科实验教学综合训练中心	外语教学课件开发研究室	综合	2008	明德国际楼 3 层 310	外国语言文学	北京市实验教学示范中心
		外语网络教学实验中心	综合	2008	明德国际楼 3 层 310	外国语言文学	
		视频点播实验室	综合	2009	明德国际楼地下 1 层 B111	外国语言文学	
网络中心		文科实验中心网络教学平台	教学	2010	明德楼地下广场		
环境学院	环境学院实验分析中心	仪器分析实验室	科研	2006	理工楼 9 层	环境科学	
		环境信息实验室	科研			环境科学	
		环境监测实验室	科研			环境科学	
		生态学实验室	科研			生态学	
		微生物实验室	综合			生态学	

学院名称	实验室名称		实验室类别	建立时间（年份）	实验室地点	所属二级学科	备注
环境学院	环境学院实验分析中心	环境化学实验室	教学	2006	理工楼9层	环境科学	
		低碳水环境技术实验室	科研		求是楼后平房小院	环境科学	
		新能源实验室	科研			环境科学	
		环境经济试验室	教学			环境科学	
		西藏林芝野外基地	科研		西藏	生态学	
		黄山野外基地	综合		黄山	生态学	
		黑龙江七兴河国家级湿地保护区	科研		黑龙江七兴河	生态学	
理学院	化学实验教学中心	普通化学实验室	教学	2005	理工楼1、4层	普通化学	本科教学实验室
		分析化学实验室	教学			分析化学	
		有机化学实验室	教学			有机化学	
		物理化学实验室	教学			物理化学	
		仪器分析实验室	教学			分析	
		化工基础实验室	教学			无机化学	
	功能分子与材料动态结构实验室		综合	2006	理工楼1层	材料化学	
	材料化学实验室	自组装实验室	科研	2005	理工楼2～3层	材料化学	
		微纳器件实验室	科研				
		高分子材料实验室	科研				
		非均相催化实验室	科研				
		超临界流体技术实验室	科研				
		有机化学方法学实验室	科研				
		计算化学实验室	科研				
		有机碳材料实验室	科研				
		不对称合成实验室	科研				
		生物结构实验室	科研				
	凝聚态物性研究实验室		科研	2006	理工楼6层	凝聚态物理	
	材料物理实验室		科研	2010	理工楼6层	材料物理与化学	
	计算物理实验室		科研	2006	理工楼地下室	理论物理	
	物理实验中心	普通物理实验室	教学	2006	理工楼5层	物理学	本科教学实验室
		近代物理实验室	教学			物理学	
		电子学实验室	教学			应用物理	
		物理演示实验室	教学			物理学	

学院名称	实验室名称			实验室类别	建立时间（年份）	实验室地点	所属二级学科	备注
公共管理学院	公共管理实验中心	GIS 实验室		综合	2002	求是楼 3 层 322、324 和 4 层 424、425	土地资源管理	
		高绩效管理实验室		综合			行政管理	
		土地利用规划实验室		综合			土地资源管理	
		管理学实验室		综合			公共事业管理	
		课件制作及网络管理实验室		综合			计算机科学与技术	
	公共政策决策实验室							正在建设
信息资源管理学院	信息资源管理学院实验中心	档案管理实验室		综合	1952	人大信息楼 1 层 0110～0112	档案学	
		档案保护实验室	缩微摄影技术实验室	综合		人大信息楼 1 层 0101～0102		
			档案文献保护化学实验室	综合				
			档案修复实验室	综合				
			档案有害生物防治实验室	综合				
		元数据数据元与知识管理工作室	数据永久性存储与恢复技术超净化室	综合	2004	人大信息楼 1 层 0113		
			中国人民大学物证技术鉴定中心	综合	1952	人大信息楼 1 层 0114		
			数据永久性存储与恢复实验室	综合	2004	人大信息楼 2 层 0207		
		信息认录技术实验室		综合	2004	人大信息楼 2 层 0207		
		计算机应用实验室		综合	2004	人大信息楼 4 层 0409		
		web 开发室		综合	2004	人大信息楼 4 层 0413		
		文件处理与档案管理实验室		综合	2004	人大信息楼 4 层 0402～0406		
		电子文件系统测试中心		综合	2011	人大信息楼 5 层 0505、0507		
	信息分析实验室			综合	2011	人大信息楼 3 层 0315	信息分析	
	电子文件管理研究中心			综合	2011	人大信息楼 5 层 0510～0511	档案学	
农业与农村发展学院	农村调查与计量分析实验室			综合	2008	明德主楼 5 层 505	农村发展	
	乡村发展实验室			综合	2009	明德国际楼地下 1 层 B106	农村发展	
	农产品市场模拟实验室			综合	2005	明德主楼 5 层 506	农村发展	
劳动人事学院	劳动科学实验室							正在建设
心理学系	眼动实验室							正在建设
	虚拟现实实验室							正在建设
	脑电实验室							正在建设
	生物反馈实验室							正在建设

中国人民大学 2011 年固定资产分类汇总表

金额单位：元

大类号	资产类名	年初数	年初额	报增数	报增额	报减数	报减额	年末数	年末额
1	仪器仪表	4 159	77 328 750.69	752	15 352 085.87	106	1 159 577.49	4 805	91 521 259.07
2	机电设备	6 876	76 106 420.04	668	5 757 684	121	766 128.57	7 423	81 097 975.47
3	电子设备	30 924	288 056 007.9	5 785	65 464 447.49	800	6 984 898.23	35 909	346 535 557.2
4	印刷机械	438	8 049 439.07	41	1 095 380	20	256 105.3	459	8 888 713.77
5	卫生医疗器械	216	8 140 526.2	103	1 943 455	3	275 930	316	9 808 051.2
6	文体设备	1 767	5 622 735.53	84	1 443 142	5	22 340	1 846	7 043 537.53
7	标本模型	73	330 692	6	70 000	0	0	79	400 692
8	工具、量具和器皿	85	240 726.7	10	12 515	2	4 000	93	249 241.7
9	行政办公设备	3 339	11 407 463.05	260	1 021 568	84	713 929.3	3 515	11 715 101.75
10	被服装具	448	959 406.94	138	43 088.5	1	19 000	585	983 495.44
11	文物及陈列品	76	244 490	4	11 610 000	0	0	80	11 854 490
12	合计	48 401	476 486 658.12	7 851	103 813 365.86	1 142	10 201 908.89	55 110	570 098 115.13

注：以上数据不包括附属单位。

■ 图书馆

一、概况

中国人民大学图书馆由新馆、老馆两部分组成，馆舍总面积近 55 000 平方米，馆藏文献总量 4 140 000 余册。图书馆设有 13 个部室：馆长办公室、总务与规划部、借阅部、报刊部、采编部、咨询部、多媒体信息部、系统部、古籍特藏部、技术服务部、经管文献馆、国关分馆、人大文库工作部。设有 10 余个阅览区，阅览座位共计 3 000 余个。与 14 个国家和地区的图书馆建立了书刊交换关系，并接受来自世界 79 个机构赠送的书刊。本年度在职馆员 145 人。

本年度图书馆紧紧围绕“师生满意、业界一流”的目标，着力建设“特色人图、数字人图、专家人图”，在新馆建设、资源建设、服务与管理水平等方面都取得了长足进步。加强图书馆学研究，广泛开展国际交流。

2011 年 5 月初图书馆迁入新馆。10 月 20 日，“人图新馆启用暨高校图书馆管理与服务创新学术研讨会”在新馆举行，学校领导、北京市教委领导、清华、北大、同济等国内知名高校图书馆的同行共计百余人参加了会议，规模盛大。此次会议向全国同行展示了人图新馆的风采，扩大了人图的影响力，加深了与业界的交流与合作。

新馆投入使用后，人图在服务技术手段和服务内容等方面均有新的拓展。一是构建了自助服务体系，主要包括两大部分：RFID图书智能管理系统中的自助借还系统和联创图书馆自助服务系统。应用这些新技术新增的智能服务有：自助借还书、自助电子阅览室上机、自助打印复印扫描、自助缴纳超期罚款、自助预约研修小间。二是新增了研讨室、学习厢、IC空间、多功能会议室、人图展厅、艺图苑等，拓展了图书馆的服务内涵和外延。

自新图书馆投入使用以后，国际及港澳台代表团组及个人来我馆参观访问的次数成倍增长，达20余次。其中包括美国参联会主席迈克尔·马伦海军上将、美国康奈尔大学东亚图书馆馆长郑力人先生、康奈尔古籍保护部主任芭芭拉·伊登（Barbara Eden）女士、日本名古屋大学图书馆馆长松浦好治教授、台湾中正大学国际交流中心主任施惠玲教授、香港大学图书馆馆长彼得·希多克（Peter E. Sidorko）先生、台湾新竹“清华大学”图书馆馆长庄惠玲女士、美国耶鲁大学校友会访问团等。

二、文献信息资源建设

（一）文献采集整理量

2011年，共购进中文图书29 744种，80 069册；外文图书6 596种，7 475册；中文报刊1 550种，外文报刊773种。现有数据库359种，音像制品11 268件。收集本校学位论文电子版5 437篇、印刷版6 093册。接受捐赠图书11 016册，捐赠期刊2 116册。全年编目加工上架中文图书49 567种，118 134册；西文图书4 011种，5 081册；日文图书1 272种，1 834册。

（二）文献信息资源建设特色

按照丰富人图特藏的工作思路和大力推动文库建设的工作部署，图书馆继续加大了人大文库建设力度。2011年，共收到捐赠2 339种，2 860册图书。目前，人大文库图书已达到30 000余册，论文约6 000册。

三、文献信息服务

2011年，图书馆各阅览室接待读者1 300 000余人次，共借、还图书990 000余册，复印量近2 670 000余张，装订各类书刊杂志7 657册，制作论文18 000余本。

2011年，继续通过CALIS、CASHL、BALIS三个系统实现原文传递服务，文献传递发生量13 570篇。

为学校师生396人次提供了查收查引服务，提供收录引用报告326份；为学校14项博士点基金项目提供科技查新服务。

为本科生、研究生、留学生、培训学院的新生提供入馆培训45场，共计6 500余人次，组织参观新馆60场次；为各个院系读者举办图书馆资源与服务利用专题讲座46讲，合计925人次。

四、古籍、特藏收集整理

参加“CALIS高校古文献资源库三期”建设项目，提交古文献元数据31 273条，书影18 614幅。

2011年8月影印出版了《明崇祯本楚辞》，作为珍品与来访的贵宾馈赠交流。

五、教学、科研工作

完成本科生“人文社会科学信息检索”课程，共计6个班309人216个学时的教学任务。2011

年，共发表学术论文 19 篇，开展了 17 个馆内课题研究。

六、分馆建设和全校的资源共建

2011 年，深入院系组织 5 次外文专题书展，涉及经管、人文社科等精品图书。积极推进选书工作，广大师生共推荐外文图书 1 901 种。

科学研究

一、概况

2011 年是“十二五”开局之年，也是我国哲学社会科学繁荣发展的重要节点。在新机遇和新挑战的背景下，学校的科研工作继续保持良好的发展势头，获得了新的发展。

相比 2010 年，2011 年的科研项目立项数和经费稳步增长，全校共获得各类科研项目 1 454 项，总经费达到 22 268.74 万元，其中纵向项目经费首次突破 1 个亿。

在科研成果方面，学校 2010 年在 CSSCI 源期刊上以第一署名机构发文数达 2 294 篇，连续第七年保持全国高校第一；2010 年国际发文总数（第一作者或通讯作者）继续增长，其中 SCI、EI、SSCI、A&HCI 收录论文 391 篇。宋希仁教授等 6 人的专著入选国家哲学社会科学成果文库。2011 年，我校在《中国社会科学》杂志以第一作者署名发表学术论文 13 篇。《中国人民大学学报》荣获第二届中国出版政府奖的“期刊提名奖”。

我校学者关注国计民生，科研成果的咨政效果显著。2011 年，全国哲学社会科学规划办公室编辑的《成果要报》采用我校学者成果 9 篇，其中 5 篇获得中央及省部级以上领导批示或调阅。

学校的各类科研机构建设继续取得进展，在重要研究领域布局不断完善。学术活动方面，举办了第十五届中国资本市场论坛、中国人文社会科学论坛（2011）等一系列有重大影响的国际学术会议。

理工学科科研工作成绩喜人，在重大项目方面有所突破，获批承担“国家973计划”、“国家863计划”等一批重大项目。2011年，学校新成立了理工科建设处，加强理工科的建设和管理。

2011年，学校正式发布了新修订的科研考核办法及核心期刊目录。

二、科研机构

截至2011年年底，学校共有13个教育部普通高等学校人文社会科学重点研究基地，1个教育部重点实验室，1个教育部工程研究中心，3个北京市哲学社会科学研究基地，14个跨学院研究机构，147个院属科研机构。

（一）中国经济改革与发展研究院

中国经济改革与发展研究院成立于1996年1月，1999年5月重组为学校与国家发改委宏观经济研究院联合共建的经济研究机构。1999年12月被批准为“教育部人文社会科学百所重点研究基地”之一。现任学术委员会主任由纪宝成教授和国家发改委常务副主任朱之鑫教授共同担任。院长为中国人民大学副校长林岗教授和国家发改委宏观经济研究院常务副院长王一鸣研究员，常务副院长为刘元春教授和国家发改委宏观经济研究院副院长马晓河研究员。研究院下设经济形势分析与对策研究室、企业治理与结构优化研究室、财政货币政策研究室、产业与区域经济研究室等。现有专职研究人员18人，兼职研究人员17人。主要学术带头人有：林岗教授、黄泰岩教授、黄卫平教授、高德步教授、张宇教授、陈甬军教授、刘元春教授等。

（二）刑事法律科学研究中心

刑事法律科学研究中心成立于1988年10月，重新组建于1993年12月。现任主任为戴玉忠教授，名誉主任为高铭暄教授，专职顾问为王作富教授，执行主任为黄京平教授、陈卫东教授。中心下设中国刑法研究所、外国刑法研究所、国际刑法研究所、刑事程序法研究所、区际刑法研究所、犯罪和监狱学研究所、证据法研究所、刑事法律史研究所等子机构。中心现有专职研究人员14人，兼职研究人员30人。主要学术骨干有：高铭暄教授、王作富教授、戴玉忠教授、黄京平教授、陈卫东教授、刘明祥教授、冯军教授、朱文奇教授、何家弘教授、赵晓耕教授、谢望原教授、韩玉胜教授、张小虎教授等。

（三）伦理学与道德建设研究中心

伦理学与道德建设研究中心以1996年成立的道德科学院和1987年成立的伦理学研究所为基础，于1999年12月重新组建，现任主任为葛晨虹教授，常务副主任为龚群教授。下设伦理学理论研究所、中西伦理比较研究所、现实道德问题研究所、企业伦理研究所、经济伦理研究所和中国农村发展研究所。现有专职研究人员18人，兼职研究人员9人。主要学术骨干有：罗国杰教授、宋希仁教授、焦国成教授、夏伟东编审、龚群教授、葛晨虹教授、肖群忠教授、郝立新教授、安启念教授、刘建军教授、万俊人教授、廖申白教授、王小锡教授、樊和平教授等。

（四）佛教与宗教学理论研究所

佛教与宗教学理论研究所以1991年成立的宗教学研究所和1996年成立的基督教文化研究所为基础，于1999年12月重新组建，现任所长为方立天教授，执行所长为张风雷教授。下设佛教、宗教学理论、基督教、道教、当代宗教等研究室。现有专职研究人员15人，国内兼职研究人员10人，国外兼职研究人员3人。主要学术带头人有：方立天教授、何光沪教授、李秋零教授、杨慧林教授、张风雷教授、何建明教授、温金玉教授。

（五）清史研究所

清史研究所成立于1978年5月，重新组建于1999年6月，现任所长为黄兴涛教授。2005年以来，清史所为加强学科建设，根据各专业和研究方向的需要，进行了教研室的调整，下设中国古代史、中国近现代史、专门史、中外关系史、历史地理学、历史文献学等教研室。现有专职研究人员12人，兼职研究人员12人。主要学术带头人有：黄爱平教授、黄兴涛教授、张研教授、郭成康教授等。

（六）中国财政金融政策研究中心

中国财政金融政策研究中心成立于1999年，于2000年9月获批成为“教育部人文社会科学百所重点研究基地”之一，下设金融与证券研究所、财政与税收研究所、风险投资研究所、国际货币研究所等机构。中心现有专兼职研究员28人，国内客座研究员25人，国外客座研究员10人。这些研究员均来自财政部、中国社会科学院、国务院发展研究中心、北京大学、清华大学、中国人民大学、美国麻省理工学院、纽约大学、日本一桥大学等著名的学术研究机构。著名经济学家黄达教授和陈共教授担任研究中心名誉主任，中国国际金融学会副会长、中国人民大学校长陈雨露教授担任学术委员会主任，现任中心主任为汪昌云教授。

（七）民商事法律科学研究中心

民商事法律科学研究中心成立于1999年9月，现任主任为杨立新教授。中心下设民法研究所、商法研究所、知识产权研究所、婚姻家庭法研究所、劳动和社会保障法研究所、民事诉讼法研究所、跨国商事法律研究所、地产研究所、金融证券法研究所、建筑房地产法律实务研究所、典当研究所、侵权法研究所等。现有专职研究人员17人，客座研究员10人，兼职研究人员32人。主要学术带头人有：王利明教授、杨立新教授、刘春田教授、龙翼飞教授、张新宝教授、董安生教授、姚辉教授、林嘉教授、汤维建教授、黎建飞教授、叶林教授等。

（八）人口与发展研究中心

人口与发展研究中心于2000年1月在原中国人民大学人口研究所的基础上重新组建而成，2000年9月，中心被教育部正式确定为“教育部人文社会科学百所重点研究基地”之一，并且是国内唯一的人口学重点研究基地。中心现有专职研究人员11名，兼职研究人员7名。中心下设人口学与人口政策研究室、人口与可持续发展研究室、老龄研究室、健康实验室、电话调查室、人口学（老年学）数据库等。主要研究领域有：人口学理论与方法、中国人口问题与政策、老龄化与社会经济发展。主要学术带头人有：邬沧萍教授、翟振武教授、姚远教授、杜鹏教授、刘爽教授、段成荣教授。

（九）新闻与社会发展研究中心

新闻与社会发展研究中心成立于1986年10月，重新组建于1999年11月，2000年9月被批准为“教育部人文社会科学百所重点研究基地”之一，现任主任为郑保卫教授。下设新闻传播研究所、舆论研究所、媒介经济研究所。现有专职研究人员15人，兼职研究人员6人。主要学术带头人有：方汉奇教授、郑保卫教授、涂光晋教授、高钢教授、喻国明教授、陈力丹教授、蔡雯教授、杨保军教授、彭兰教授等。

（十）应用统计科学研究中心

应用统计科学研究中心成立于1988年，重新组建于1999年，第一任主任为赵彦云教授，现任主任为金勇进教授。下设统计调查与数据分析研究室、经济与社会统计研究室、风险管理与精算研究室。现有专职研究人员16人，兼职研究人员13人。主要学术带头人有：袁卫教授、吴喜之教授、赵彦云教授、易丹辉教授、金勇进教授等。

（十一）欧洲问题研究中心

欧洲问题研究中心成立于1994年9月，系原国际政治系和国际经济系联合成立的系属研究中心，1996年9月改建为校属研究中心，1999年12月进行了重新组建，现任主任为杨慧林教授。研究中心下设欧洲政体与政治、欧洲对外关系与对外政策、欧洲经济与货币联盟、欧洲社会政策、欧洲共同体法等5个研究室。现有专职研究人员13人，兼职研究人员31人。主要学术带头人有：杜厚文教授、宋新宁教授、黄卫平教授、方福前教授、彭刚教授、邹骥教授、夏建中教授等。

（十二）社会学理论与方法研究中心

社会学理论与方法研究中心成立于 1984 年 9 月，重新组建于 1999 年 6 月，现任主任为郑杭生教授。下设理论社会学研究室、社会学方法研究室（CGSS）、社会工作研究室和分支社会学研究室（法律社会学、经济社会学）。现有专职研究人员 10 人，兼职研究人员 8 人。主要学术带头人有：郑杭生教授、李路路教授、潘绥铭教授、洪大用教授、刘少杰教授、郭星华教授、李迎生教授、夏建中教授。

（十三）中国特色社会主义理论体系研究中心（原“三个代表”重要思想研究中心）

“三个代表”重要思想研究中心成立于 2002 年 11 月 29 日，2004 年 12 月被确认为教育部普通高等学校人文社会科学重点研究基地，2010 年经教育部批准更名为“中国特色社会主义理论体系研究中心”。现任主任为程天权教授，执行副主任为秦宣教授。下设马克思主义理论创新研究室、全面建设小康社会研究室和执政党建设研究室三个研究室。中心现有专兼职研究人员 32 人，其中校内专职研究人员 15 人，校内兼职研究人员 5 人，校外兼职研究人员 12 人。主要学术带头人有：程天权教授、王顺生教授、秦宣教授、郝立新教授、张雷声教授、吴潜涛教授等。

（十四）人文北京研究中心

人文北京研究中心成立于 2009 年 6 月 30 日，其前身为人文奥运研究中心，是中国人民大学在与北京市政府合作的基础上，组建的专门进行“人文北京”相关课题研究的校属跨学科研究机构，是北京市哲学社会科学重点研究基地。现任中心顾问为纪宝成教授、程天权教授，中心主任为冯惠玲教授，中心执行主任为郝立新教授、金元浦教授。主要学术带头人有：冯惠玲教授、郝立新教授等。中心研究团队现有研究人员 12 名，承担着与人文北京建设有关的各类跨学科课题研究项目。

（十五）马克思主义研究院

马克思主义研究院成立于 2006 年 12 月 21 日，主任为林岗教授，刘大椿教授任研究院首席专家，副主任为李景治教授、秦宣教授、张宇教授。现有研究人员 23 人。主要学术带头人有：林岗教授、刘大椿教授、秦宣教授、张宇教授、张雷声教授、张新教授、安启念教授、梁树发教授、吴潜涛教授、马俊峰教授、李景治教授、杨凤城教授。研究院是国内马克思主义理论研究的重要阵地之一。

（十六）北京社会建设研究院

北京社会建设研究院成立于 2008 年 4 月 18 日，由北京市委社工委与中国人民大学联合成立，主要研究北京社会发展过程中出现的各种问题，负责开展专项调查、承担科研课题、建立数据资料中心等工作。该研究院同时也是北京市社会建设研究基地。现任院长为纪宝成教授。学术带头人有：冯惠玲教授、翟振武教授等。研究院现下设研究一部、研究二部、研究三部。

（十七）数据工程与知识工程教育部重点实验室

数据工程与知识工程教育部重点实验室于 2005 年 12 月经教育部批复开始筹建，2008 年 10 月经教育部专家组验收通过，正式开放运行。实验室主任为杜小勇教授，副主任为赵国俊教授。中国科学院数学研究所陆汝钤院士为学术委员会主任，信息学院王珊教授为学术委员会常务副主任。实验室现有核心专家 9 人，专职研究人员 8 人，兼职研究人员 28 人。主要学术带头人有：王珊教授、周晓方教授、冯惠玲教授、杜小勇教授、赵国俊教授、孟小峰教授、陈红教授、石文昌教授、安小米教授等。

三、学术刊物

中国人民大学现有学术期刊 12 种，复印报刊资料系列刊 121 种，文摘卡系列刊 14 种，报刊资料索引系列刊 8 种。

（一）《中国人民大学学报》

1987 年 1 月创刊，双月刊，是哲学社会科学综合性刊物。曾两次获得我国期刊界的最高奖——

中国期刊奖，并于2004年首批进入“教育部高校哲学社会科学名刊工程”，2009年入选中国期刊协会、中国出版科学研究所组织评选的“新中国60年有影响力的期刊”。主要栏目：专题研究、经济学研究、哲学研究、应用伦理学研究、科技与社会、社会学研究、宗教学研究、管理学研究、政治学研究、法学研究、文学研究、历史学研究、当代学术思潮评介等。主编为段忠桥教授。

（二）《教学与研究》

1953年5月创刊，月刊，是教育部委托中国人民大学主办的理论刊物。主要栏目：当代中国社会发展研究、教学与研究论坛、马克思主义与现时代、前沿问题、学术评论、研究述评、当代世界经济与政治、西方思潮评介、近现代中国社会研究、思想政治教育研究、教学难点解析、教材·教学·教改等。其中，“当代中国社会发展研究”入选“教育部高等学校哲学社会科学学报名栏”。《教学与研究》被新闻出版总署评为中国期刊方阵“双效期刊”，是全国中文核心期刊、中国人文社会科学核心期刊。主编为齐鹏飞教授。

（三）《经济理论与经济管理》

1981年1月创刊，月刊，中国人民大学主办，教育部主管，是中文核心期刊、中国人文社会科学核心期刊、经济学理论专业核心期刊、CSSCI来源期刊，并被国家级各类科研基金确定为科研成果发表认定期刊。主要栏目：理论探索、学术前沿、经济热点、公共经济、金融研究、产业经济、区域经济、“三农”研究、工商管理、国际经济、动态与综述等。主编为方福前教授。

（四）《档案学通讯》

1983年1月创刊，双月刊，是档案学研究和档案专业教育的学术性刊物。主要栏目：档案学理论与档案管理、经济科技档案管理、档案现代化管理、档案资源开发利用、档案保护、研究生论坛、档案教育。杂志社社长为冯惠玲教授，主编为胡鸿杰教授。

（五）《国际新闻界》

1961年4月创刊，月刊，中国人民大学主办，教育部主管。研究范围涉及新闻学、传播学领域，探讨大众传播业界、广电、编辑出版、广告、公共关系和传媒经济的各种理论与实践的问题，探讨网络信息传播、传播科技的各种现象和问题，以及与传播相关的跨学科领域的研究。主要栏目：本期话题、环球视窗、网络时代、传播论坛、媒介经济、比较研究、新闻教育、实务探讨、名人名作、公关广告、传播史话、学术动态、百草园等。杂志社社长为高钢教授，主编为陈力丹教授。

（六）《法学家》

1992年4月创刊，双月刊。主要栏目：法学研究综述、法学专论、三大讲坛、本期视点、法制改革、法学争鸣与评论、域外法学、青年法苑、司法官谈法治、法学教育、外国法述评、法学信息等。主编为史际春教授。

（七）《人口研究》

1977年创刊，双月刊。主要栏目：人口与发展论坛、人口与社会、老龄问题研究、人口调查与分析、人口流迁、人口资源与环境研究、社会医学、计划生育研究、世界人口、少数民族人口、数字人口等。主编为翟振武教授。

（八）《清史研究》

1992年3月创刊，季刊，是清史研究方面的学术性、资料性和信息性刊物。主要刊载清史理论和清代政治、经济、社会、军事、民族、宗教、外交、人物、文化、学术思想等方面的学术论文等，并报道国内外清史研究动态。主编为祁美琴教授。

（九）《中国人民大学教育学刊》

2011年3月创刊，季刊，为教育性理论期刊，注重学术性、理论性、政策性研究，并以论文的学术质量为唯一标准。目前设有专题研究、高等教育研究、基础教育研究、教育基本理论四大栏目。主要发表反映国内外教育发展的重要理论、重要政策和实践问题的学术论文、调查实验报告、政策报告；对特定时期国内外教育理论研究进行回顾、总结和前瞻的原创性研究成果；有学术品位的教育经典和教育新书评论等。主编为秦惠民教授，执行主编为胡娟教授、李立国教授。

（十）《情报资料工作》

1980年创刊，双月刊，是中国社会科学情报学会学报，是全国中文核心期刊，全国图书馆学情报学核心期刊。主要栏目：理论探索、信息化与网络化建设、信息资源建设与管理、数字图书馆论坛、事业改革与发展、信息需求与服务等。主编为孟捷教授。

（十一）《政治经济学评论》

2010年创刊，季刊，该刊致力于推进马克思主义政治经济学的中国化和时代化，发展具有中国特色、中国风格、中国气派和时代特点的经济学理论；反映国内外政治经济学的最新成果，探讨中国经济和世界经济中的重大现实问题，推动对中国经验、中国道路和中国模式的理论研究；提倡兼容并包，鼓励思想创新；促进国内外经济学界的对话、交流与合作，推动中国的政治经济学走向世界。主编为张宇教授。

（十二）《国学学刊》

2009年3月创刊，季刊，该刊定位于大专院校和科研机构文史哲等相关专业教师学生、研究人员，以及中国传统文化关注爱好者，以研究中华民族的传统文化为宗旨，以经史子集和新出国学资料为研究对象，倡导百花齐放、百家争鸣的精神，为海内外国学研究者传播学术资讯、切磋学术心得、展示学术成果、贡献学术理念提供一个广阔的学术平台。主要栏目：国学与文化、经学研究、国史研究、思想史研究、国文研究。主编为冯其庸教授，执行主编为黄朴民教授。

四、科研项目和科研经费

2011年度，全校共获得各类科研项目1 454项，经费22 268.74万元，比去年增加1 651.6万元，同比增幅为8.01%。纵向项目经费首次突破1个亿。其中纵向项目和校内项目共计807项，立项经费11 468.78万元，占经费总数的51.50%；横向项目647项，到账经费10 799.96万元（含往年立项今年到款），占总数的48.50%。

以下为纵向项目的分类别简况。

国家社科基金项目69项，经费1 760万元，其中重大项目10项共770万元，重点项目14项共350万元，一般项目21项共315万元，青年项目16项共240万元，后期资助项目6项共48万元，特别委托项目2项共37万元；国家科技重大专项课题3项共1 469万元；国家自然科学各类项目共67项，经费3 329万元，并且管理学部首次同年获得2个重点项目。

教育部重大课题攻关项目（马克思主义工程）8项共400万元，教育部人文社会科学重点研究基地重大项目25项共500万元，教育部人文社科规划项目8项共71.8万元，青年项目22项共153万元，研究报告资助项目1项共5万元，专项任务项目1项共10万元，后期资助2项共21万元，委托项目2项共64万元。

北京市哲学社会科学规划重大项目2项共60万元，重点项目1项共8万元，一般项目8项共40万元，青年项目5项共9万元（其中2项为自筹）；北京市自然科学基金面上项目3项共27万元，预探索项目1项共4万元。

此外，还有全国教育科学规划国家青年基金项目1项10万元；教育部重点项目1项3万元，青年专项1项2万元；全国艺术科学规划一般项目2项共24万元，青年项目1项共10万元；高校古籍整理项目3项共15万元；北京市教育规划重点项目1项4万元；北京市社科联项目5项共16万元；教育部留学归国人员科研启动基金项目4项共11万元；北京市教委共建项目11项共267.38万元。

五、科研成果

2011年，中国人民大学教师出版专著192部，编著或教材230部，工具书或参考书5部，译著43部，发表论文3 870篇，向有关部门提交研究报告70篇。

（一）入选国家哲学社会科学成果文库成果介绍

1. 成果名称：马克思恩格斯道德哲学研究

作品类别：专著

作者：宋希仁

出版单位：中国社会科学出版社

出版时间：2012年3月

本书在系统梳理马克思、恩格斯全部伦理道德思想的基础上，把马克思、恩格斯的伦理道德思想归结为一种以历史唯物主义作基础的道德哲学思想体系，并把《资本论》的道德社会学研究和恩格斯对家庭伦理的道德人类学研究也提升为道德哲学研究。本书提出马克思、恩格斯关于伦理道德的思想是一种道德哲学思想，其道德哲学思想体系应归结为“关于自由及其秩序的思想”。他们汲取了人类创造的优秀思想文明成果，特别是西方伦理道德的思想、理论发展成果及德国道德哲学的传统。德国道德哲学的基石是自由意志，即“主体意志的自我规定”，而要突破这种道德哲学的思辨，就必须改变它的基础，建立在历史唯物主义基础上，同时把个人自由意志扩展到群体意志，这也正是马克思、恩格斯所面临的理解群众、动员群众的历史使命。

2. 成果名称：马克思经济学数学模型研究

作品类别：专著

作者：吴易风

出版单位：中国人民大学出版社

出版时间：2012年3月

本书按照马克思经济学的基本理论，力求建立起准确、系统、全面的马克思经济学的数学体系，并在马克思主义经济理论基础上解决经济现实问题，回答西方经济学对马克思经济学的挑战，反驳西方经济学对马克思经济学的责难。本成果的意义在于：第一，建立了比较系统而全面的马克思经济学的数学体系，用经济学语言和数学语言对马克思经济学加以表述。第二，运用数学方法对马克思经济学的基本理论加以证明，从数理逻辑的角度说明了马克思经济学的科学性。第三，通过将马克思经济理论数学化，提出了可用于分析现实经济矛盾的数学模型，为解决经济问题提供了有力的数量分析工具。

3. 成果名称：中国通货膨胀新机制研究

作品类别：专著

作者：刘元春

出版单位：中国人民大学出版社

出版时间：2012年3月

本书主要研究自21世纪以来，特别是2009—2011年中国通货膨胀的新特点、新机制和新治理模式，并通过协整、VAR、投入产出、CGE，以及模拟与校准等计量方法对于各种传导机制、各种调整模式以及政策效果进行定量测算，为政府决策和进一步理论研究打下基础。本书对目前价格波动、价格传递、价格冲击产生的影响进行了全面的实证和计量研究，一方面弥补了现有研究定量测算不足的缺陷，另一方面也为进一步认识目前通货膨胀的性质、来源以及发展的轨迹提供更为扎实的素材。本书中8章的内容已经在包括《经济研究》在内的学术期刊发表；为全国哲学社会科学规划办提供了

4 个“成果要报”，其中 2 个获得领导的批示；在《改革内参》、《新华内参》、《人民日报内参》发表了 3 篇文章，供决策层参考。

4. 成果名称：中国地方政府规模和结构优化研究

作品类别：专著

作者：郭庆旺

出版单位：中国人民大学出版社

出版时间：2012 年 3 月

本书运用政府治理理论和政府间财政关系理论构建我国地方政府规模与结构决定因素的基本理论框架，以地方政府激励约束机制、职能定位和行为模式转变为着眼点，从制度变迁的视角出发刻画我国地方政府规模与结构发展、变化的内在逻辑；从多视角出发，在全面系统评价我国地方政府规模和结构的基础上，提出我国地方政府规模和结构优化的调整方案，构建我国地方政府规模与结构优化的基本理论框架。

5. 成果名称：当代中国意识形态变迁

作品类别：专著

作者：刘少杰

出版单位：中央编译出版社

出版时间：2012 年 3 月

本书是教育部人文社会科学重大课题攻关项目——“政治意识形态安全与意识形态现代化的社会学分析”的最终成果。本书在国内首次对中国社会意识形态转型问题展开了论述。中国社会结构转型必然包含意识形态转型，因为意识形态是社会的基本构成之一，当经济体制和社会关系都发生了重大变化时，意识形态也一定要发生相应变化。承认中国社会意识形态发生了转型，不仅坚持了历史唯物主义社会存在决定社会意识的基本原理，而且也准确地概括了中国社会意识形态的深刻变化。本书一方面指出了中国意识形态问题的复杂性和西方意识形态对中国意识形态的冲击，另一方面也批评了夸大中国政治意识形态处于不安全状态的观点。本书论述的基本观点是：保证中国政治意识形态安全的根本，在于增强社会主义意识形态的整合能力和传播效度，争取社会成员更大程度的认同。

6. 成果名称：中国宪法学说史研究（上下卷）

作品类别：专著

作者：韩大元

出版单位：中国人民大学出版社

出版时间：2012 年 3 月

本书是对百余年来中国宪法研究成果的研究，全书以中国学人对宪法的系统化、体系化的理论、观点在历史上的发展变化情况为研究对象，运用历史分析、实证分析以及比较分析等方法，反映出中国宪法学说产生、发展及演变过程中的内在性与外在性、主体性与自主性、学术独立性与纯粹性、开放性与保守性、科学性与工具性、专业性与大众性等特点。本书填补了国内宪法学说史系统研究的空白，对于揭示中国宪法学的历史整体性、突出宪法学的“中国问题意识”、梳理宪法学说历史文献以及之后的学术创新都有重要价值。

（二）中国人民大学获第四届全国教育科学研究优秀成果奖简况

序号	成果名称	申报者	成果形式	出版/发表单位	颁奖单位	奖励等级
1	人生为一大事来	刘彭芝、周建华、崔潞、张莉莉、陈华、唐阳平	著作类	高等教育出版社	教育部	二等奖

序号	成果名称	申报者	成果形式	出版/发表单位	颁奖单位	奖励等级
2	现代心理健康教育——心理卫生问题对社会的影响及解决对策	俞国良、文书锋、董妍、侯瑞鹤、张雅明	著作类	人民教育出版社	教育部	二等奖
3	教育法学：原理规范与应用	申素平	著作类	教育科学出版社	教育部	三等奖

六、学术活动

2011年，中国人民大学举办各类学术研讨会共169次，其中国际会议70次，港澳台会议14次，全国性会议85次。兹介绍其中的部分重要学术会议：

（一）第十五届中国资本市场论坛

2011年1月8日，由中国人民大学金融与证券研究所（FSI）、中国证券报社、齐鲁证券有限公司和《资本市场》杂志社共同主办的第十五届（2011年度）中国资本市场论坛在中国人民大学逸夫会堂举行。本次论坛的主题是“中国创业板市场：成长与风险”。十届全国人大常委会副委员长成思危，中国证监会主席尚福林，春华资本集团创始人兼董事长胡祖六，深圳证券交易所副总裁周明，中国人民大学校长纪宝成、副校长冯惠玲等出席，全国人大、中央国家机关、著名高校、著名研究机构等的有关负责人和国内外著名专家学者及有关商业银行、保险公司、证券公司、资产管理公司、基金公司、证券公司的代表，上市公司及企业高管人员和80多家新闻媒体记者等500余人参加了此次论坛。

论坛分两个模块进行：模块一议题为“中国创业板市场：现状与未来”，模块二议题为“2011年中国资本市场：趋势与特征”。

（二）2010年第四季度中国就业形势季度分析会

2011年1月15日，中国人民大学中国就业研究所举办2010年第四季度中国就业形势季度分析会。国家发展和改革委员会就业和收入分配司胡德巧副司长，国家人力资源和社会保障部就业促进司尹建堃副司长，国家统计局相关部门及中国人民大学就业研究所、劳动人事学院相关领域的专家学者参会，与会学者就中国就业研究所对2010年第四季度中国就业形势和状况所作的分析和研究结论进行交流，并对今后深入开展就业形势季度分析进行了探讨。

（三）中国宏观经济论坛（2011年第一季度）

2011年2月26日，由中国人民大学经济研究所、东海证券有限责任公司、中国诚信信用管理有限公司主办，中国人民大学经济学院承办的“中国宏观经济论坛（2011年第一季度）”在逸夫会堂第一报告厅举行。东海证券研究所所长、人民大学经济研究所联席副所长朱戎博士，中国诚信信用管理有限公司副总裁、人民大学经济研究所联席副所长阎衍博士，中国人民大学副校长林岗出席，来自中国社会科学院、中国银行业协会、中国人民大学经济研究所及经济学院等宏观经济研究领域的专家和业界代表参加。会上，经济研究所课题组发布了研究报告《中国宏观经济形势分析与预测报告（2011年第一季度）——经济增长与民生目标冲突下的中国通货膨胀》。

（四）《中国法律发展报告·2010——中国立法60年》发布会暨学术研讨会

2011年2月26日，中国人民大学《中国法律发展报告·2010——中国立法60年》发布会暨学术研讨会在中国人民大学明德法学楼国际学术报告厅举行。出席发布会的有：全国人大常委会顾问、第十届全国人大法律委员会主任杨景宇，中国人民大学校长纪宝成，最高人民检察院副检察长孙谦，中国法学会副会长周成奎，第八和第九届全国人大常委会法工委副主任、中国法学会立法学研究会会长张春生，中国人民大学副校长兼副书记王利明，全国人大常委会法工委国家法室主任许安标，司法部法制宣传司司长肖义舜，北京市检察院副检察长甄贞，国家法官学院院长高憬宏，国家检察官学院院长石少侠等，来自北京大学、清华大学、中国社科院、中国政法大学、中央党校、北京航空航天大学等兄弟院校和科研机构的知名学者，以及新华社、中央电视台、《光明日报》、《法制日报》、《检察日报》、北京电视台、新浪网、正义网等新闻媒体的代表100余人参加。

《中国法律发展报告》由导论，全国人大及其常委会立法，国务院及其所属部委立法，各省、自治区、直辖市和较大的市立法，司法解释五部分组成。

（五）中国社会保障改革与发展战略研讨会

2011年2月28日至3月1日，以“中国社会保障改革与发展战略”为主题的中国社会保障30人论坛2011年年会在中国人民大学逸夫会堂第一报告厅举行，全国人大常委会副委员长华建敏，全国政协副主席张梅颖，人力资源和社会保障部副部长胡晓义，民政部副部长窦玉沛，财政部副部长王军，全国人大农委副主任、民盟中央副主席索丽生，甘肃省委常委、副省长刘永富，人民出版社总编辑辛广伟，中国人民大学校长纪宝成等出席。来自国家发改委、人力资源和社会保障部、民政部、财政部、国务院研究室、国务院法制办、中国社科院、中央党校、国家行政学院等部门和高等学校的专家学者参加了会议。

（六）中国经济社会发展智库第4届高层论坛

2011年3月2日，由中国经济社会发展智库理事会、中国社会科学院经济社会发展研究中心和中国人民大学马克思主义研究院共同主办的“住房理论与政策——中国经济社会发展智库第4届高层论坛”在中国人民大学举行。中国社科院副院长、学部委员李扬，中国人民大学副校长林岗，住房与建设部原副部长宋春华，全国人大代表、中国社科院马研院院长程恩富等出席论坛并演讲。本届论坛提出，要认真贯彻落实最近中央对住房问题的一系列调控政策，在住房领域建立“基础一主导”型双重调节机制，实行“以公租房为主体、以商品房和私租房为辅”的城市“新住房策论”，从根本上解决我国住房问题。通过政府主导，大力提供保障性住房，实现住房领域的公正公平，体现住房的民生性、公益性、政治性，让广大普通民众和弱势群体“住有所居”，实现“居者有其屋”，维护社会的稳定和谐。

（七）2011亚洲金融管理国际会议

2011年3月24—26日，中国人民大学财政金融学院、中国财政金融政策研究中心和欧洲金融管理学会（EFMA）联合举办了“2011亚洲金融管理国际会议”。中国人民大学常务副校长袁卫出席，来自加利福尼亚大学、纽约大学、杜伦大学、香港科技大学等高校和欧洲金融管理学会等单位的专家、学者就亚太金融学术问题进行了广泛讨论。本次会议旨在促进中欧学术交流，深化后金融危机时代对亚洲国家和地区金融问题的学术研究，探讨亚洲国家的资本市场、资产定价、公司金融、公司治理等金融领域以及全球一体化的前沿问题，以求推动亚太地区金融市场的发展。

（八）海量数据库管理企业面临的挑战——中韩数据库技术交流会

2011年3月26日，由中国人民大学信息学院主办，北京人大金仓信息技术股份有限公司、北京恩墨科技有限公司等企业协办的“海量数据库管理企业面临的挑战——中韩数据库技术交流会”在我校举行。来自中国数据库、韩国数据库、Oracle ACE、人大金仓、北京恩墨科技有限公司、教育部数据工程与知识工程重点实验室、中国人民大学信息学院及各企业的数据库管理技术人员（DBA）等参加，与会者就海量数据库的设计与应用、海量数据库架构设计与性能优化实践、国产数据库发展及应用实践，以及云数据管理技术与挑战进行了讨论。

（九）2011 CSBF两岸金融研讨会暨高峰论坛

“2011 CSBF两岸金融研讨会暨高峰论坛”于2011年3月26—27日在国家会议中心召开，论坛的主题为“‘十二五’规划期间两岸金融发展新趋势”。该论坛由中国人民大学农业与农村发展学院和台湾金融教育协会、台湾大学金融研究中心、北京大学金融与证券研究中心、东北财经大学金融学院、南开大学公司治理研究中心与清华大学公共管理学院共同举办，由中国农业银行、中国银联、元大证券、富邦金控、台湾证券商公会等多家金融机构合办。

（十）《复印报刊资料》(2010) 转载学术论文指数排名发布会

2011 年 3 月 29 日，中国人民大学人文社会科学学术成果评价研究中心正式发布了“2010 年度《复印报刊资料》转载学术论文指数排名”及《研究报告》。该排名根据人大《复印报刊资料》100 多种学术系列期刊在 2010 年度转载的学术论文数据，对我国人文社科学术期刊和教学科研机构进行了统计排名。包括：综合性学术期刊按系统排名、学术期刊按专业学科排名、教学科研机构排名、高等院校及其二级院所按学科排名。

自 2001 年起，每年 3 月份，《光明日报》以及近年增加的《中国新闻出版报》、千龙网、新华网、新浪网、中国高校人文社科网、中国人民大学网等媒体，都同时发布这个年度“转载排行榜”。该统计排名和研究报告提供了有价值的客观数据和信息，一定程度上反映了我国人文社科学术期刊阵营和学术研究机构的分类、布局、水平、变化和发展态势等状况。与往年相比，2010 年度的排名有两大变化：一是首次采用了“综合指数”排名；二是在按学科排名中，将学科分类由 13 个细化为 21 个。该排名共计 166 个排名表。

（十一）新中国外国法制史学科发展 60 年研讨会暨林榕年教授从教 60 年庆典

2011 年 4 月 9 日，中国人民大学举办了“新中国外国法制史学科发展 60 年研讨会暨林榕年教授从教 60 年庆典”，中国人民大学法律文化研究中心主任、全国外国法制史研究会副会长叶秋华，华东政法大学校长、全国外国法制史研究会会长何勤华，中国人民大学党委书记程天权，党委副书记兼副校长王利明等出席。来自全国外国法制史研究会的会长、副会长以及常务理事，北京大学、清华大学、华东政法大学、中国政法大学、复旦大学等全国高校的专家学者，以及林榕年教授的历届学生等近百人参加了庆典，并围绕“外国法制史学科回顾与展望”和“外国法制史学研究的现代价值”两个议题，对新中国外国法制史学科 60 年发展的风雨历程进行了回顾，畅谈了林榕年教授从教 60 年来对外国法制史学科作出的贡献，并对学科的未来发展进行了展望。

（十二）中国就业竞争指数发布会

2011 年 4 月 9 日，中国人民大学中国就业研究所正式向社会发布了中国就业竞争指数（简称 CIER 指数）。CIER 指数作为反映我国劳动力市场短期波动的指标具有对市场变动的敏感性，它与 CPI 指标和 GDP 增长率等重要经济指标表现出较高的相关性，可考虑利用其替代我国目前不具有市场敏感性的城镇登记失业率指标进行宏观经济的分析、解读与预测。2011 年第一季度 CIER 指数分析显示，金融危机对我国劳动力市场带来的负面影响已然过去，市场供求状况已恢复到危机前水平。

本次会议是自 2008 年年底金融危机以来，中国就业研究所在国家相关部门大力支持下，在连续举办九届就业形势季度分析会议之后，首次对社会公开发布由该所研发的 CIER 就业竞争指数体系。

（十三）2011 首届中国文化艺术策划论坛

2011 年 4 月 9 日，由中国人民大学艺术学院和中国人民大学文化艺术策划与推广研究所主办的“首届中国文化艺术策划论坛暨中国人民大学文化艺术策划与推广研究所成立发布会”在中国人民大学举行。100 余名在国内有影响力和号召力的文化艺术策划精英出席，围绕“文化艺术策划：引领中国文化产业新范式”这一主题展开研讨。

（十四）中美宏观经济圆桌论坛

2011 年 4 月 22 日，由中国人民大学经济研究所、美国哥伦比亚大学全球研究院主办的“中美宏观经济圆桌论坛”在位于纽约市的哥伦比亚大学校园内举行。来自中国人民大学经济研究所、美国哥伦比亚大学和美国政府部门、研究机构的 20 余位学者参加了论坛，就中国宏观经济走势及其对世界经济的影响、中美经贸关系等问题进行了深入探讨，来自哥伦比亚大学和美国相关研究机构的研究人员、研究生共 120 余人参会。

（十五）第二届亚洲政策论坛

2011 年 4 月 22 日，由中国人民大学和日本一桥大学联合主办、中国人民大学经济学院承办的“第二届亚洲政策论坛：东亚货币政策”在人民大学逸夫会堂举行，来自中国大陆、日本、韩国、中国香港和中国台湾的 20 余位学者参加了会议。本次论坛以“东亚货币政策”为主题，探讨交流了在全球步入后金融危机时代，东亚各国采取货币政策的策略及相应的影响。

（十六）首届律师学院论坛暨“律师与司法体制改革”研讨会

2011 年 4 月 24 日，中国人民大学法学院、中国人民大学律师学院、中国法学会民主与法制社、《方圆律政》杂志共同举办“首届律师学院论坛暨‘律师与司法体制改革’”研讨会。最高人民法院原常务副院长、一级大法官、中国人民大学律师学院名誉院长祝铭山，全国政协教科文卫体委员会副主任、最高人民检察院原常务副检察长、一级大检察官张耕，原全国律师协会会长、中国人民大学律师学院顾问委员会主任任继圣，中国人民大学党委副书记兼副校长王利明及来自全国人大、最高人民法院、最高人民检察院、公安部、司法部的有关领导，北京大学、清华大学等多所著名高等院校的知名教授，中华全国律师协会及其各地方律师协会会长、代表，知名律师事务所代表及新闻媒体的代表参加了会议，并围绕“成就与难题：我国司法改革的进程”、“建言与献策：律师参与司法改革的作用”、“规范与保障：司法改革对律师事业的促进”以及“律师继续教育与科学发展”等论题进行了研讨。

（十七）海峡两岸“中西哲学与文化多样性”学术会议暨“人大—辅仁大学”学术论坛

2011 年 5 月 4—5 日，由中国人民大学、辅仁大学、云南民族大学联合主办的“海峡两岸‘中西哲学与文化多样性’学术会议暨‘人大—辅仁大学’学术论坛”在云南昆明召开。来自台湾辅仁大学、中国人民大学、云南民族大学、云南师范大学、云南大学、昆明理工大学等高校的 50 余位学者参加并就“中西哲学与文化多样性”这一议题进行了研讨。

“人大—辅仁大学”学术论坛 1994 年创立，每年一届，采取双方轮流主办的方式，迄今已成功举办了 17 届，已经成为两校间持续进行学术交流的品牌工程。

（十八）“国家综合防灾减灾战略研究”首次专家研讨会

2011 年 5 月 11 日，“国家综合防灾减灾战略研究”首次专家研讨会在中国人民大学逸夫会堂第一会议室召开，会议标志着“国家综合防灾减灾战略研究”项目正式启动。来自我国自然科学界与社会科学界的专家学者针对我国灾害问题的严重性与灾害管理体制、机制等方面存在的缺陷进行了深入的剖析，对应当吸取的历史经验与教训进行了相应的总结，对国家综合防灾减灾战略的理念、原则等基本理论问题进行了探讨。会后，将成立三个课题组，分别承担这一战略研究的相关研究任务。

（十九）中国人文社科论坛 2011

2011 年 5 月 28 日，以“革命·建设·改革——中国共产党 90 年”为主题的中国人文社科论坛 2011 在中国人民大学逸夫会堂举行，中共中央政策研究室、中共中央文献研究室原主任、全国政协常委滕文生，中国人民大学校长纪宝成、副校长冯惠玲出席，来自理论界、学术界长期从事中共党史研究和当代中国问题研究的专家学者对中国共产党成立 90 年来历史发展的基本脉络、基本特征和基本经验，以及在未来发展中可能遇到的问题和挑战进行了深入研讨。这是中国人民大学为纪念中国共产党成立 90 周年而举办的一项重要学术活动。

（二十）中国国际问题论坛 2011：新兴国家崛起与中国对外战略

2011 年 5 月 28 日，由中国人民大学国际关系学院主办，全国高校国际政治研究会协办的“中国国际问题论坛 2011：新兴国家崛起与中国对外战略”在中国人民大学明德国际楼举行。来自中国人民大学、北京大学、复旦大学、清华大学、北京师范大学、中国社会科学院等近 20 家单位的 40 多位代表参加了论坛。论坛分“国际关系理论视野下的国家崛起”、“新兴国家崛起与全球治理”、“新兴国家崛起与国际体系”、“金砖国家间合作与对外战略”四个分论坛。与会代表认为，以金砖国家为代表的新兴国家崛起是国际关系的新现象，它在国际政治、国际经济等领域都提出了一系列新的课题，迫切需要学界展开深入细致的思考和研究。

（二十一）中美政府绩效管理学术报告会

2011年6月6日，由公共管理学院举办的“中美政府绩效管理学术报告会”在中国人民大学举行，中国人民大学副校长杨慧林、马里兰大学校长华莱士·D·陆道魁（Wallace D. Loh）出席，来自中国人民大学、监察部、农业部、国家行政学院、美国马里兰州等中美两国政府和教育界的专家学者参加了会议。报告会邀请了4位专家作主题报告：美国马里兰州现任州长马丁·奥马利（Martin O'Malley）先生的《马里兰州的绩效管理实践》、克林顿时期美国联邦政府社会保障部部长肯尼斯·斯蒂芬·安坡费尔（Kenneth Stephen Apfel）教授的《美国联邦政府的绩效管理》、监察部绩效管理监察室负责人陈雍同志的《中国加快推行政府绩效管理制度的背景、动因和行动》和公共管理学院方振邦教授的《中国政府绩效管理的新探索》。这些报告从理论、政策和实践层面分别对中美两国的政府绩效管理的设计思路和实践经验做了介绍，启发听众结合两国异同进行对比和思考。

（二十二）2011消费者研究学会亚太会议

2011年6月16—18日，2011消费者研究学会亚太会议在中国人民大学召开。本次会议由消费者研究学会主办，中国人民大学商学院承办，会议的主题是“Linking Cultures, Concepts & Continents”。来自美国耶鲁大学、亚利桑那大学、伊利诺伊大学、东北大学、北卡罗来纳州立大学、俄亥俄州立大学，加拿大约克大学、皇后大学、麦吉尔大学，澳大利亚悉尼大学、莫纳什大学、新南威尔士大学，香港中文大学、香港科技大学、香港城市大学，中国人民大学、清华大学、复旦大学和南开大学等国内外营销学界及相关学科的近170名知名学者参加了会议，共同探讨当前消费者研究领域的热点问题，分享最新的学术研究成果。

（二十三）残障与发展论坛（2011）

由中国人民大学残疾人事业发展研究院、中国残联研究室共同举办的“残障与发展论坛（2011）”6月20日在中国人民大学逸夫会议中心举行。中国人民大学党委副书记马俊杰出席，来自中国残联系统、中国社科院、中国劳动保障科学研究院、中国康复中心、中国安全生产研究院及中国人民大学、北京大学、北京师范大学、中央财经大学、国际劳工组织等机构的代表约100人出席了论坛。

本次论坛的主题为“国际视野下的残疾人事业”，共设主题报告会和“残疾人事业发展国际比较”、“欧美国家残疾人社会保障”、“亚洲国家或地区残疾人社会保障”三个专题论坛。

（二十四）中国共产党90年新闻实践与新闻思想研讨会暨全国新闻学研究会2011年中国新闻学学术年会

2011年6月27日，中国人民大学新闻学院、中国人民大学新闻与社会发展研究中心和全国新闻学研究会共同举办了“中国共产党90年新闻实践与新闻思想研讨会”。全国新闻学研究会“2011年中国新闻学学术年会”同时举行。全国人大财经委员会副主任委员、中央马克思主义理论研究与建设工程咨询委员会主任、原河南省委书记徐光春，中国人民大学校长纪宝成、副校长冯惠玲出席，来自全国新闻院校、研究机构和新闻媒体的120余位专家、学者参加了研讨会。

（二十五）“全球传播新格局”国际学术会议

2011年7月2日，由中国人民大学新闻学院和英国威斯敏斯特大学中国传媒中心联合举办的“全球传播新格局”国际学术会议在北京举行，来自中国、英国、美国、澳大利亚、加拿大、德国、芬兰等十多个国家及地区的高校和研究机构的80多位学者参加了会议。

（二十六）第四届临床评价方法与应用国际研讨会

2011年7月2日，由中国人民大学举办的第四届临床评价方法与应用国际研讨会在中国人民大学世纪馆召开。中国人民大学常务副校长袁卫、世界中医药学会联合会副秘书长黄建银等出席。来自美国联邦政府退伍军人事务部、美国哥伦比亚大学、美国华盛顿大学、国家中医药管理局、中国医药大学等机构的专家学者参加了会议。

（二十七）2011年第二季度两岸四地消费者信心指数暨中国大陆消费者民意调查发布会

2011年7月28日，2011年第二季度两岸四地消费者信心指数暨中国大陆消费者民意调查发布会在中国人民大学召开，会议的主题为“消费信心回稳揭示发展难题”。2011年第二季度两岸四地消费者信心指数总体上呈现出六大特点，即消费信心略降，结构差异呈现；GDP增速放缓，发展转型乐观；CPI持续走高，满意度低位徘徊；购房预期指数下滑，股票投资信心不足；就业前景堪忧，收入满意度下降；物价、房价影响消费信心，生活、就业显示发展隐忧。

此次会议由中国人民大学中国调查与数据中心主办，首都经贸大学统计学院、中央财经大学统计学院、香港城市大学管理科学系、澳门科技大学可持续发展研究所、台湾辅仁大学统计资讯系合办。

（二十八）方立天教授从教50周年学术研讨会

2011年9月17日，“锲而不舍金石可镂——纪念方立天教授从教50周年研讨会”在中国人民大学举行。国内外高校学者、宗教界人士共200多人齐聚一堂，回顾了方立天教授在半个世纪的岁月里秉承锲而不舍、金石可镂的精神，在教学和科研工作方面所取得的丰硕成绩，并探讨了这位中国哲学史家和宗教学家的学术成就和为师之道。

（二十九）中国人口科学前沿问题研究暨庆祝邬沧萍教授90寿辰从教60周年学术研讨会

2011年9月24日，中国人口科学前沿问题研究暨庆祝邬沧萍教授90寿辰从教60周年学术研讨会在中国人民大学逸夫会议中心举行。中共中央政治局常委、国务院副总理李克强发来贺信。全国政协、中国民主同盟中央委员会、国家人口和计划生育委员会、全国老龄工作委员会办公室、中国人口学会、中国老年学会等海内外100多家单位和个人致电祝贺。

全国政协副主席张梅颖，第九届全国人大常委会副委员长、中国人口学会名誉会长彭珮云，国家人口和计划生育委员会党组书记、主任李斌，国家人口和计划生育委员会副主任、中国人口学会常务副会长王培安，全国老龄工作委员会办公室党组书记、常务副主任陈传书，民盟中央副主席陈晓光，民建中央副主席、全国人大内务司法委员会副主任委员辜胜阻，中国老年学学会常务副会长赵宝华，中国人民大学党委书记程天权、副书记马俊杰，以及邬沧萍教授曾经的领导和同事，人口学界、老年学界的专家学者，邬沧萍教授的子女、朋友、学生等200余人参加了会议。

（三十）中美“综合社会调查（GSS）”学术研讨会

2011年11月9—10日，由中国人民大学中国调查与数据中心（NSRC）、美国芝加哥大学全国民意研究中心（NORC）、美国芝加哥大学北京中心共同举办的中美“综合社会调查（GSS）”学术研讨会在中国人民大学召开。来自美国芝加哥大学、中国人民大学、中国社会科学院、清华大学、北京大学等多家大学与科研机构的学者参加了研讨，本次研讨会旨在加强中美社会调查方法与技术的交流与合作。

会后，中国人民大学中国调查与数据中心与美国芝加哥大学全国民意研究中心进行了交流，并在协作建设调查数据库、中美两国合作比较研究、固定的人员交往等方面达成了合作意向。

（三十一）第三届文化创意产业与品牌城市国际论坛

2011年11月13—14日，以“文化科技融合与城市产业结构升级”为主题的第三届“文化创意产业与品牌城市”国际论坛在中国人民大学举行。本届论坛由中国人民大学与文化部文化产业司、环球时报社联合主办，中国人民大学文化科技园、文化创意产业研究中心承办，是第六届“中国北京国际文化创意产业博览会”的重要论坛峰会之一。中国人民大学党委书记程天权，文化部文化产业司司长刘玉珠、副司长吴江波，文博会组委会副秘书长、北京市委宣传部副部长张淼，北京市委宣传部副巡视员、北京市文化创意产业促进中心主任梅松，文博会组委会办公室副主任、北京市贸促会副会长储祥银，《环球时报》副总编吴杰等出席论坛。

开幕式上，中国人民大学文化创意产业研究中心向社会公开发布了“中国省市文化产业发展指数（2011）”。

（三十二）中国发展指数（RCDI）2011 发布会

2011 年 12 月 23 日，中国人民大学中国调查与数据中心（NSRC）向社会公开发布中国发展指数（RCDI 2011）主要结果，这是该中心第 6 次向社会公开发布指数编制结果。中国人民大学校长陈雨露、常务副校长袁卫出席发布会，来自美国世界资源研究所，国家行政学院，中国人民大学环境学院、经济学院、社会与人口学院等机构的专家学者就“经济结构的变化趋势分析：降速转轨的关键点”、“中国经济增长与环境保护”、“人口结构的区域差异及对经济发展的影响”、“社会不平等报告：来自 CGSS 的证明”、“德班世界气候大会报告”、“中国文化产业发展展望”等议题进行了深度分析与解读。

附录

党的十六大以来中国人民大学教授为中共中央政治局集体学习作辅导报告情况一览表

时间	会议	主题	主讲或发言人
2002 年 12 月 26 日	十六届中共中央政治局第 1 次集体学习	认真贯彻实施宪法和全面建设小康社会	法学院 许崇德教授
2003 年 3 月 28 日	十六届中共中央政治局第 3 次集体学习	世界就业发展趋势和我国就业政策研究	劳动人事学院 曾湘泉教授
2004 年 4 月 26 日	十六届中共中央政治局第 12 次集体学习	法制建设与完善社会主义市场经济体制	法学院 王利明教授
2005 年 5 月 31 日	十六届中共中央政治局第 22 次集体学习	经济全球化趋势与当前国际贸易发展	经济学院 黄卫平教授
2005 年 12 月 20 日	十六届中共中央政治局第 27 次集体学习	行政管理体制改革和完善经济法律制度	法学院 史际春教授
2007 年 3 月 23 日	十六届中共中央政治局第 40 次集体学习	制定和完善物权法的若干问题	法学院 王利明教授
2008 年 9 月 28 日	十七届中共中央政治局第 8 次集体学习	中国特色社会主义理论体系研究	马克思主义学院 秦宣教授
2009 年 6 月 29 日	十七届中共中央政治局第 14 次集体学习	积极推进党内民主建设	国际关系学院 李景治教授
2011 年 4 月 26 日	十七届中共中央政治局第 28 次集体学习	世界人口发展和全面做好新形势下我国人口工作	社会与人口学院 翟振武教授
2011 年 6 月 28 日	十七届中共中央政治局第 30 次集体学习	保持和发展党的先进性	马克思主义学院 杨凤城教授

中国人民大学跨学院研究机构一览表

序号	机构名称	成立时间	依托单位
1	清史研究所	2004 年 12 月 31 日	无
2	中国经济改革与发展研究院	2006 年 7 月 12 日	经济学院
3	国学研究院	2006 年 7 月 12 日	国学院
4	马克思主义研究院	2006 年 7 月 12 日	马克思主义学院
5	公共政策研究院	2006 年 7 月 12 日	公共管理学院
6	汉语国际推广研究所	2006 年 11 月 2 日	文学院
7	残疾人事业发展研究院	2007 年 6 月 13 日	劳动人事学院以及社会与人口学院等学院
8	国剧研究中心	2007 年 10 月 25 日	文学院（2008 年 12 月 31 日学校决定将国剧研究中心自国学院调整至文学院建设）
9	中国合作社研究院	2008 年 3 月 24 日	农村与农业发展学院
10	北京社会建设研究院	2008 年 4 月 27 日	社会与人口学院
11	中国调查与数据中心	2008 年 12 月 31 日	统计学院
12	可持续发展高等研究院	2008 年 12 月 31 日	农村与农业发展学院
13	宗教高等研究院	2009 年 3 月 17 日	哲学院、文学院、国学院
14	人文北京研究中心	2009 年 6 月 30 日	哲学院

中国人民大学院属科研机构一览表

序号	名　称	成立时间
哲学院		
1	美学与现代艺术研究所（原名为美学研究所）	1986/11/10
2	现代逻辑与科技哲学研究所（原名为现代逻辑与人工智能应用开发研究所）	1992/12/19
3	外国哲学研究所（原名为希腊哲学与欧洲古典哲学研究中心）	2002/05/28
4	马克思主义哲学与当代世界问题研究中心	2002/01/23
5	人文社会科学发展研究中心	2004/01/08
6	管理哲学研究中心	2007/01/05
7	国际中国哲学与比较哲学研究中心	2008/07/10
8	国际佛学研究中心	2010/11/24
文学院		
9	文艺思潮研究所	1987
10	比较文学研究所	1990
11	华人文化研究所	1993/12/02
12	基督教文化研究所	1996/01/09
历史学院		
13	史学理论研究所	1991
14	北方民族考古研究所	2004/12/23

序号	名　称	成立时间
15	清代皇家园林研究中心	2008/07/10
经济学院		
16	太平洋经济研究所	1987/03
17	运筹学与数量经济研究所	1988
18	风险资本与网络经济研究中心	2000/04/26
19	俄罗斯研究中心	2004/01/08
20	中国民营企业研究中心	2004/12/23
21	发展中国家经济研究中心	2007/01/04
22	产业经济与竞争政策研究中心	2007/01/04
23	比较政治经济学研究中心	2007/01/04
24	企业与组织理论研究中心	2008/07/10
25	微观数据与实证方法研究中心	2010/11/24
26	公共经济与治理研究中心	2010/11/24
财政金融学院		
27	投资与房地产研究中心	1992/09
28	金融与证券研究所	1996/11/20
29	投资研究所	1998/05/27
30	风险投资发展研究中心	1999/09/06
31	财税研究所	2000/01/14
32	金融与财税电子化研究所	2000/04/04
33	信托与基金研究所	2002/09/11
34	金融工程研究所	2008/07/10
35	国际货币研究所	2009/11/18
统计学院		
36	风险管理与精算研究中心	1996/07/05
37	调查技术研究所	1997/12/22
38	竞争力与评价研究中心	1998/12/21
39	概率论与数理统计研究所	2007/01/05
40	国民经济核算研究所	2007/01/05
41	统计咨询研究中心	2007/01/15
农业与农村发展学院		
42	农村发展研究所	1987/06
43	土地经济研究所	1988/01
44	乡镇企业发展研究所	1992/10
45	不动产研究中心	1994/12/28
46	西部开发中心	2000/04/29
47	中国农村金融研究所	2007/01/15
48	反贫困问题研究中心	2009/09/25
法学院		
49	台湾法律问题研究所	1989/02
50	经济法学研究中心（原名为金融法研究所）	1991
51	不动产法研究中心（原名为国际刑法研究所）	1993/10/27
52	中日比较法律文化研究中心	1994/09/05
53	犯罪与监狱学研究所	1994/09/05

序号	名　称	成立时间
54	法律文化研究中心（原名为比较法律文化研究中心）	2004/12/23
55	朝阳法学研究中心	2004/12/23
56	法律与全球化研究中心	2004/12/23
57	国际法研究所	2004/12/23
58	国际人道法研究中心	2004/12/23
59	婚姻家庭法研究所	2004/12/23
60	劳动法和社会保障法研究所	2004/12/23
61	诉讼制度与司法改革研究中心	2004/12/23
62	宪政与行政法治研究中心	2004/12/23
63	信息法研究中心	2004/12/23
64	诊所式法律教学与研究中心	2008/07/10
65	纠纷解决研究中心	2010/11/24
66	破产法研究中心	
马克思主义学院		
67	比较文明理论研究所	1991/05
68	台港澳研究中心	1993/11
69	思想政治教育研究所	1997/05/08
70	社会发展研究中心	1998/05/05
社会与人口学院		
71	心理科学研究中心	1987
72	社会调查中心	1990
73	女性研究中心	1994/02/22
74	性社会学研究所	1994/03/24
75	社会心理学研究所	1994/05/04
76	老年学研究所	1994/12/28
77	法律社会学研究所	1999/01/20
78	人类学研究所（原名为人类学民族学研究所）	2002/04/23
79	健康科学研究所	2004/01/08
80	基金会研究所	2007/01/15
81	环境社会学研究所	2009/04/13
国际关系学院		
82	国际事务研究所	1987
83	联合国研究中心	1994/01/07
84	政治思想文化研究所	1994/05/25
85	当代中国政党研究中心	2000/01/04
86	美国研究中心	2000/10/02
87	联合国教科文组织研究中心	2004/01/08
88	比较政治制度研究所	2007/01/05
89	国际能源战略研究中心	2007/01/05
90	廉政建设研究中心	2008/07/14
新闻学院		
91	舆论研究所	1986/10/01
92	现代广告研究中心	1993/11/28
93	传播媒介管理研究所	1995/09/04

序号	名　称	成立时间
94	视听传播研究中心	1996/09/19
95	危机传播管理研究中心	2006/09/05
96	新闻伦理与传媒法律研究所	2007/01/05
97	公共传播研究所	2008/07/10
98	网络舆情研究中心	2010/11/24
艺术学院		
99	东方艺术研究所	2004/12/23
100	文化艺术策划与推广研究所	2010/11/24
外国语学院		
101	澳大利亚研究中心	1999/05/20
102	德国研究中心	2000/10/08
103	日本人文社会科学研究中心	2002/01/10
信息学院		
104	数据工程与知识工程研究所	1987
商学院		
105	工业经济与管理科学研究所	1987
106	财务会计研究所	1992/02
107	市场调查所	1992/04/07
108	政策科学研究中心	1992/10
109	中国市场营销研究中心	1995/06/06
110	中小企业发展研究中心	1999/01/20
111	中国供应链战略管理研究中心（原名为中国医药物流研究中心）	2002/03/26
112	中国贝迩工商管理与可持续发展研究中心	2004/12/23
113	国民幸福（生活方式与产业经济）研究中心	2010/11/24
114	粮食产业研究中心	2010/11/24
公共管理学院		
115	政府管理与改革研究中心（原名为社会公共事务管理与发展研究中心）	1995/12/27
116	人力资源开发与管理研究中心	2000/02/25
117	商品储备与流通研究中心	2001/09/01
118	房地产信息中心	2002/05/15
119	领导科学研究中心	2002/12/27
120	危机管理研究中心	2004/12/23
121	土地规划研究中心	2006/09/05
122	公共管理定量分析研究所	2007/01/05
123	卫生医疗体制改革与发展研究中心	2007/01/15
124	土地政策与制度研究中心	2007/02/02
125	非营利组织研究所	2009/09/25
126	城乡发展规划与管理研究中心	2009/09/25
127	公共治理与和谐城市研究中心	2010/11/24
劳动人事学院		
128	组织行为学研究所	1988
129	劳动关系研究所	1991
130	人力资源开发与评价中心	1993/04/15
131	中国社会保障研究中心（原名为社会保障研究所）	1997/11/27

序号	名　称	成立时间
132	中国就业研究所	2004/01/08
信息资源管理学院		
133	电子政务研究中心	2004/01/08
继续教育学院		
134	休闲经济研究中心	2004/01/08
科研处		
135	韩国研究中心	1996/09/03
招生就业处		
136	大学生就业问题研究所	1996/04/26
国际交流处		
137	亚洲研究中心	2003/02/27
图书馆		
138	古籍整理研究所	1986/05
出版社		
139	教材研究与开发中心	1999/05/20
140	出版研究中心	2004/01/08
书报资料中心		
141	管理信息研究中心	1993
142	人文社会科学学术成果评价研究中心	2008/10/31
博物馆		
143	家书文化研究中心	2009/09/25
国际学院（苏州研究院）		
144	气候变化与低碳经济研究所	2009/09/06
可持续发展高等研究院		
145	历史与社会高等研究所	2009/09/25
文化科技园管委会办公室		
146	文化创意产业研究中心	2009/11/18
环境学院		
147	环境政策与环境规划研究所	2009/04/13

入选国家哲学社会科学成果文库的专著

课题名称	申请人	单位	入选年份
马克思、恩格斯道德哲学研究	宋希仁	哲学院	2011 年
马克思经济学数学模型研究	吴易风	经济学院	2011 年
中国通货膨胀的新特点、新机制、新政策与计量测算研究	刘元春	经济学院	2011 年
中国地方政府规模与结构优化研究	郭庆旺	财政金融学院	2011 年
新形势下意识形态变迁研究	刘少杰	社会与人口学院	2011 年
中国宪法学说史研究	韩大元	法学院	2011 年

2011年中国人民大学纵向科研项目一览表

序号	项目名称	负责人	所属单位
国家社会科学基金重大项目			
1	基于社会管理事务分类视角的基层政府社会管理体制机制创新研究	孙柏瑛	公共管理学院
2	中国孟学史	梁　涛	国学院
3	供应链视角下食品药品安全监管制度创新研究	王志刚	农业与农村发展学院
4	大国赶超经济与可持续发展背景下的内外需关系调整研究	马珑珑	商学院
5	CPI理论重建及编制方案改进的研究	杜子芳	统计学院
6	经济社会公共数据的空间统计样本数据开发及应用研究	赵彦云	统计学院
7	《全清戏曲》整理编纂及文献研究	朱万曙	文学院
8	康德往来书信全集译注	李秋零	哲学院
9	中国地方志佛教道教文献汇纂（1949年前）	何建明	哲学院
10	认知科学对当代哲学的挑战——心灵与认知哲学重大理论问题研究	刘晓力	哲学院
国家社会科学基金重点项目			
11	金融复杂系统的演化与控制研究	汪昌云	财政金融学院
12	中国特色知识产权理论体系研究	郭寿康	法学院
13	法律文明史	马小红	法学院
14	完善和发展中国特色社会主义法律体系的理论与实践问题研究	冯玉军	法学院
15	劳动基准法律问题研究	林　嘉	法学院
16	风险社会交通犯罪的刑法规制	谢望原	法学院
17	基于构建橄榄型分配格局目标的我国直接税体系建设研究	崔　军	公共管理学院
18	后金融危机时代我国参与国际货币体系改革与人民币国际化问题研究	保建云	国际关系学院
19	中国特色水利现代化发展模式与实现路径研究	沈大军	环境学院
20	处理“稳增长、调结构与管理好通胀预期关系”中的中国财政政策及财政管理模式研究	郭　杰	经济学院
21	我国经济结构调整的路径与梯次研究	方福前	经济学院
22	社会冲突治理与新中国信访制度的演进研究	冯仕政	社会与人口学院
23	网络舆情监测与引导机制研究	喻国明	新闻学院
24	中国佛教雕塑遗产调查与数字化保存整理研究	陈传席	艺术学院
国家社会科学基金一般项目			
25	社会主义核心价值观基本范畴研究	侯衍社	党委宣传部
26	逆周期金融宏观审慎管理法律问题研究	徐孟洲	法学院
27	党政领导干部民主测评的优化与完善研究	刘　昕	公共管理学院
28	基于土地发展权的农村居民点整理利益分配理论与实证研究	张占录	公共管理学院
29	集体劳动关系法律规制体系研究	常　凯	劳动人事学院
30	城市化进程中的农民工社会政策研究	韩克庆	劳动人事学院
31	近些年西方学者对马克思和恩格斯经济学文本的研究及评析	郑吉伟	马克思主义学院
32	马克思主义时代化研究	陶文昭	马克思主义学院
33	影响我国消费率偏低的心理因素及对策研究	江　林	商学院
34	新生代农民工创业与城市适应研究	郭星华	社会与人口学院

序号	项目名称	负责人	所属单位
35	金融社会学的历史、理论与现实研究	王水雄	社会与人口学院
36	西南民族村寨民众信仰的考察研究	黄剑波	社会与人口学院
37	中国环境保护支出核算体系研究	李静萍	统计学院
38	普查数据质量的事后抽查理论及其应用研究	金勇进	统计学院
39	伊格尔顿“非文学理论”著述中的文学思想	耿幼壮	文学院
40	汉语构式语法化的历时研究	龙国富	文学院
41	鲁迅俄文藏品与俄译本藏品研究	孙　郁	文学院
42	当代文学史资料长编	程光炜	文学院
43	新媒体在“茉莉花革命”中的作用机理研究	匡文波	新闻学院
44	档案社会化服务的理论基础与实践发展研究	黄霄羽	信息资源管理学院
45	中国古代哲学研究方法新探	宋志明	哲学院
国家社会科学基金青年项目			
46	明清健讼社会的法文化研究	尤陈俊	法学院
47	规制性规范的违反与侵权责任的构成研究	朱　虎	法学院
48	秘密侦查立法问题研究	程　雷	法学院
49	提高中国制造业中劳动者报酬所占比重的理论基础和途径研究	张　杰	经济学院
50	植入式广告的效果评测与定价体系研究	李　彪	经济学院
51	国家权利视域下民国首都南京的营造政治与现代想象（1927—1937）	董　佳	马克思主义学院
52	社会转型时期宪法与社会变迁关系的实证研究	秦　强	社会与人口学院
53	人口变动与收入不平等的关系研究	巫锡炜	社会与人口学院
54	人类学视角下的自助组织建构和志愿服务方法革新研究	富晓星	社会与人口学院
55	中国残疾人自助组织发展策略研究	何　欣	社会与人口学院
56	法国小说建构与绘画美学交汇史	刘海清	外国语学院
57	语块教学策略对提高学生会议口译能力的实证研究	王建华	外国语学院
58	晚年恩格斯重要著作的内在逻辑及其当代意义研究	臧峰宇	哲学院
59	当代整体论“整体与部分”思想的梳理与整合研究	刘劲杨	哲学院
60	亚里士多德实践哲学研究	刘　玮	哲学院
61	后结构主义美学理论研究	李科林	哲学院
国家社会科学基金后期资助项目			
62	欧洲私法的原则、定义和示范规则	高圣平	法学院
63	刑法各论专题研究	王作富	法学院
64	民法总则基本理论研究	姚　辉	法学院
65	定性社会研究方法	陆益龙	社会与人口学院
66	超验主义时代的旁观者：霍桑思想研究	代显梅	外国语学院
67	中国近现代哲学四论	宋志明	哲学院
国家社会科学基金特别委托项目			
68	西夏文献文物研究（特别委托项目子课题）	沈卫荣	国学院
69	概括提炼社会主义制度优越性研究	秦　宣	马克思主义学院
国家科技重大专项			
70	大型通用数据库管理系统与套件研发及产业化	陈　红	信息学院
71	非结构化数据管理系统	杜小勇	信息学院
72	纯 XML 数据库系统	孟小峰	信息学院
国家自然科学基金重大项目			
73	新型非常规超导材料的自旋动力学与超导微观机制的研究	卢仲毅	物理学系

序号	项目名称	负责人	所属单位
国家自然科学基金重点项目			
74	中国调查数据库建设	袁　卫	统计学院
75	我国信息资源产业发展政策及管理研究	冯惠玲	信息资源管理学院
国家自然科学基金重大研究计划培育项目			
76	运用金属—金属成键导向的自组装化学创造有机金属超分子功能新体系	于澍燕	化学系
77	铁基超导体中轨道自由度的理论研究——基于多轨道动力学平均场理论	卢仲毅	物理学系
国家自然科学基金面上项目			
78	后危机时代的通胀风险、通胀预期与货币政策互动机制研究	张成思	财政金融学院
79	大宗商品的金融化	汤　珂	财政金融学院
80	金融中的反问题及数值计算	许作良	附中
81	转型时期土地对宏观经济的影响及作用机制研究：理论框架、制度和资源约束及政策体系	丰　雷	公共管理学院
82	多维度住房保障边界的测度及动态调整机制研究	吕　萍	公共管理学院
83	和谐领导的结构、测量及其作用机制的研究	李超平	公共管理学院
84	镂空嵌段共聚物纳米球中金属纳米颗粒的图案化复合	金朝霞	化学系
85	微电极阵列的软刻蚀法制备及其应用研究	张美宁	化学系
86	离子液体应用过程中的长期稳定性研究	牟天成	化学系
87	影响聚合物光伏器件填充因子的结构与动力学因素研究	艾希成	化学系
88	紫色光合细菌捕光天线聚集态和环境因素对激发态动力学的影响	张建平	化学系
89	基于铁催化C—C键选择性活化的新方法学研究	李焕荣	化学系
90	社会监管力量与企业行为反应交互作用机理：理论与实证分析——以食品类企业为例	喻志军	继续教育学院
91	中国现有经济环境下工资集体协商的效应——基于行为经济学的研究	王湘红	经济学院
92	我国儿童健康状况与健康不平等的经济学分析	赵　忠	劳动人事学院
93	普惠型养老金的福利代际传递效应：基于新农保试点跟踪的政策效果分析	孟宏斌	农业与农村发展学院
94	管理会计工具在中国企业集团与子公司管理控制变革中的价值导向研究	孙茂竹	商学院
95	中国上市公司高管政治升迁的动因及升迁前后财务行为研究	许年行	商学院
96	市场化改革与资本结构动态调整	姜付秀	商学院
97	高绩效人力资源实践对企业和员工绩效的双向跨层影响机制研究	仲理峰	商学院
98	中国新能源汽车企业与商业生态系统的共生创新战略研究	黄江明	商学院
99	非对称信息下的供应链外包决策研究	吴江华	商学院
100	不确定环境下油田开发规划优化模型及决策研究	计小宇	商学院
101	带平衡约束的数学规划问题的应用理论研究	刘国山	商学院
102	自动情绪调节：学习困难青少年的认知特征、影响效应和教育干预	俞国良	社会与人口学院
103	可扩展的高效XML数据管理关键技术研究	陆嘉恒	数据工程与知识工程教育部重点实验室
104	社会保障预算管理研究	王晓军	统计学院
105	考虑风险相依的非寿险精算模型研究	孟生旺	统计学院
106	(Fe，Mn) As基材料的巡游和局域反铁磁性的非弹性光散射研究	张清明	物理学系
107	石墨烯量子输运的研究	张立源	物理学系
108	量子磁性体系的前沿理论研究	诺曼·布鲁斯	物理学系
109	共振价键理论及其在强关联电子体系中的应用	李　涛	物理学系

序号	项目名称	负责人	所属单位
110	密度矩阵重整化群方法的推广及其在强关联体系中的应用	王孝群	物理学系
111	动态污点分析中的隐式信息流分析方法研究	梁　彬	信息学院
112	高度可扩展的数据仓库数据编码方法及查询处理新技术研究	覃雄派	信息学院
113	概率数据库查询处理关键技术研究	覃　飙	信息学院
114	云计算环境下海量 RDF 数据管理系统核心技术研究	杜小勇	信息学院
115	黎曼流形上偏微分方程解的量子化问题	杨云雁	信息学院
国家自然科学基金青年项目			
116	收入分配失衡，内生经济波动与稳定性的税收政策：基于 CES 生产函数的分析	薛涧坡	财政金融学院
117	政治关联、外部融资约束与企业投资：基于地级市政府换届数据的研究	谭松涛	财政金融学院
118	关系营销视角下的我国大学校友捐赠行为理论与实证研究	张　伟	发展规划处
119	快速工业化过程中国家食品安全影响因素及监管制度研究	刘　鹏	公共管理学院
120	国际公共决策机制研究	刘　伟	公共管理学院
121	新双核配体化合物在固氮研究中的应用	曹　睿	化学系
122	纳米铁系材料处理氯酚类污染物的机理研究	程　荣	环境学院
123	产业结构变化和能源消费增长路径——基于多部门模型和跨国面板数据的研究	冯俊新	经济学院
124	快速城市化背景下城乡结合部经济空间特征、演化机理与调控——以北京为例	刘　玉	经济学院
125	中国背景下的共享式领导作用机制研究：以团队社会资本为中介	刘松博	劳动人事学院
126	职业决策风格量表的跨文化修订及效应检验：一个纵向比较研究	管延军	劳动人事学院
127	团队内工作投入的人际传导机制研究	王　桢	劳动人事学院
128	新型农村金融机构微型金融的效应评价与机制创新研究	朱乾宇	农业与农村发展学院
129	农产品零售价格波动的成因及影响	刘晓鸥	农业与农村发展学院
130	组织合法性对创业企业商业模式创新的影响机制研究	郭　海	商学院
131	情绪性权衡困难对消费者情绪及决策行为的影响机制研究	庞　隽	商学院
132	超离散可积系统及耦合可积系统的研究	王红艳	信息学院
133	局部倍测度空间上的函数空间与算子有界性	刘丽光	信息学院
134	基于社会资本与员工效能视角的企业社会责任对经营绩效的影响路径研究	徐尚昆	哲学院
国家自然科学基金主任基金项目			
135	主动城市化中的农地资本化与农民工市民化研究	孙建波	经济学院
136	食品安全管理的国际经验与借鉴研究	郑风田	农业与农村发展学院
137	我国食品安全监管机制与效率研究	曾寅初	农业与农村发展学院
138	中国人口发展趋势、经济社会影响与应对策略研究（总报告）	翟振武	社会与人口学院
139	科学基金数字文件管理创新发展路径研究	刘越男	信息资源管理学院
国家自然科学基金国际合作与交流项目			
140	公共管理与政策研究方法暑期研讨班	蓝志勇	公共管理学院
141	运营与供应链管理国际会议	姚建明	商学院
142	当代复合分位回归理论、方法研究	田茂再	统计学院
143	分形、图和距离空间上的分析及其应用	林　勇	信息学院
144	2011 年亚太地区互联网技术会议	杜小勇	信息学院
教育部人文社科重大课题攻关项目			
145	国际经济法学	余劲松	法学院

序号	项目名称	负责人	所属单位
146	知识产权法学	刘春田	法学院
147	民法学	王利明	法学院
148	刑事诉讼法学	陈卫东	法学院
149	人力资源管理	董克用	公共管理学院
150	人口资源与环境经济学	马　中	环境学院
151	世界经济史	高德步	经济学院
152	组织行为学	孙健敏	劳动人事学院
教育部人文社科重点研究基地重大项目			
153	我国金融风险管理和监管问题研究	陈忠阳	财政金融学院
154	中国税制改革中的风险问题研究	马海涛	财政金融学院
155	物权法重大问题研究	梅夏英	法学院
156	中国专利制度中的理论问题研究	郭　禾	法学院
157	跨国公司犯罪的法律控制问题研究	邵沙平	法学院
158	新的全球治理——全球治理的理论和实践在欧洲的演变与趋势	庞中英	国际关系学院
159	中国与欧盟的国家与地区创新体系比较研究	史世伟	国际关系学院
160	适宜技术、结构失衡与中国经济增长模式	刘凤良	经济学院
161	跨域“中等收入陷阱”的中国金融战略研究	方　芳	经济学院
162	百年清史研究学术史	戴　逸	历史学院
163	满文、满文文献与清史研究	乌云毕力格	国学院
164	全球金融危机与当代资本主义新变化研究	赵　汇	马克思主义学院
165	全球金融危机背景下的马克思主义时代化问题研究	王向明	马克思主义学院
166	第二代移民研究	段成荣	社会与人口学院
167	中国家庭变迁及其政策意义	李建民	社会与人口学院
168	中国城市初级生活圈的变迁与重构	潘绥铭	社会与人口学院
169	传统文化与现代法治	郭星华	社会与人口学院
170	我国中等收入群体现状及其变动的测度与研究	纪　宏	统计学院
171	流行病学中 APC 模型的识别问题研究	彭　非	统计学院
172	全球传播背景下的中国公共外交研究	钟　新	新闻学院
173	大众传媒在区域形象构建中的作用以及运行机制——基于重庆区域传播实践的研究	高　钢	新闻学院
174	印顺人间佛教思想研究	刘成有	哲学院
175	高延《中国宗教体系》翻译	黄海德	哲学院
176	中国古代政治伦理思想研究	焦国成	哲学院
177	中国民众日常生活伦理研究	肖群忠	哲学院
教育部人文社科后期资助项目			
178	历史比较语言学的先驱威廉·琼斯研究	陈满华	文学院
179	现代化视镜下中国公民道德探析	李　萍	哲学院
教育部人文社科规划项目			
180	基于微观数据的我国居民税负分布测算及调整政策研究	谢波峰	财政金融学院
181	关于“错法”及其纠正机制问题研究	史际春	法学院
182	现行宪法颁布 30 年实施状况研究	韩大元	法学院
183	激活我国商品房租赁市场沉淀房源、优化供给政策研究	叶剑平	公共管理学院
184	能源安全视角下的国际政治博弈及中国参与国际新能源合作的对策研究	陈小沁	国际关系学院

序号	项目名称	负责人	所属单位
185	基于成本控制的农产品流通体系建设研究	李先国	商学院
186	国民经济核算理论方法国际新进展及其对中国适用性研究	高敏雪	统计学院
187	我国手工造纸术综合性保护规划研究	张美芳	信息资源管理学院
教育部人文社科青年项目			
188	各层次养老保险管理机构最优管理策略问题研究	何　林	财政金融学院
189	康德法学思想研究及其对我国法治建构的启示	张　龑	法学院
190	财产法中的基本权利问题研究	张　翔	法学院
191	公私合作制与行政法改革	喻文光	法学院
192	行政审判中的法律适用方法研究	王　旭	法学院
193	城市边缘区村镇发展模式与土地利用政策协调机制研究——以武汉市为例	李　强	公共管理学院
194	世界遗产地旅游发展中的社区参与机制研究——以北京地区为例	苏明明	环境学院
195	迈过“中等收入陷阱”的水资源支撑问题研究	张培丽	经济学院
196	房地产市场调控与企业异质性——基于混合寡头模型的研究	叶光亮	经济学院
197	我国基本养老保险管理体制中的中央与地方关系研究	鲁　全	劳动人事学院
198	当代西方政党转型理论研究	陈　崎	马克思主义学院
199	农村新型金融组织功能定位及其可持续发展的影响因素研究	满明俊	农业与农村发展学院
200	转型经济下中国风险投资的投资后管理行为研究	袁蓉丽	商学院
201	消费者网络团购行为的统计建模研究	吕晓玲	统计学院
202	《汉书·艺文志》百年学案研究	徐建委	文学院
203	家庭微系统影响学业情绪的纵向研究	董　妍	心理学系
204	20世纪前期中国设计与美术的关系研究	王树良	新闻学院
205	中国大陆网络广告发展研究	黄　河	新闻学院
206	基于多主体的金融市场杠杆风险监管策略研究	孙彩虹	信息学院
207	汉字部首的语义模型研究	胡　鹤	信息学院
208	基于推荐的病毒营销用户影响研究	余　力	信息学院
209	价格机制与在线交易的关系机理：基于心理账户的研究	钱明辉	信息资源管理学院
教育部人文社科专项任务项目			
210	当代中国大学生理想信念教育研究	邱　吉	马克思主义学院
教育部人文社科研究报告资助项目			
211	中国知识产权发展报告	刘春田	法学院
教育部人文社科项目委托项目			
212	人文社科网建设经费	李永强	出版社
213	基本法有关教育规定的贯彻落实和实施情况	吴　鹏	公共管理学院
北京市哲学社会科学规划重大项目			
214	北京数字出版传媒研究	贺耀敏	经济学院
215	首都人口有序调控思路及对策研究	段成荣	社会与人口学院
北京市哲学社会科学规划重点项目			
216	近30年北京市青年流动人口社会融入变动趋势研究	杨菊华	社会与人口学院
北京市哲学社会科学规划一般项目			
217	志愿者组织社会动员与社会参与研究	魏　娜	公共管理学院
218	人文北京与社区公共空间建设	杨宏山	公共管理学院
219	北京建设高端人才聚集制度研究	林新奇	劳动人事学院
220	中共党史90年关于实现和维护国家统一的理论与实践及其基本经验研究	齐鹏飞	马克思主义学院

序号	项目名称	负责人	所属单位
221	信息化条件下的政党组织建设——国外经验与中国特色	陈　崎	马克思主义学院
222	基于产业升级视角的北京市汽车产业竞争能力研究	王保林	商学院
223	社会建设中的老龄工作模式研究	姜向群	社会与人口学院
224	北京市人口老龄化对社会保障长期可持续发展的影响研究	王晓军	统计学院
北京市哲学社会科学规划青年项目			
225	食品安全法实效性的双重保障	王贵松	法学院
226	北京市食品安全法律对策研究——以刑法为中心	李立众	国际学院
227	北京地区古城址现状调查与保护研究	刘新光	国学院
228	北京市新生代流动人口婚育特征及对策研究	宋月萍	社会与人口学院
229	八十年代文学的转折——以 1985 年为中心	杨庆祥	文学院
北京市自然科学基金面上项目			
230	北京企业以技术获取为目标的对外投资模式研究	王凤彬	商学院
231	面向云基础设施多租户服务的访问控制规则及其合成技术研究	石文昌	信息学院
232	北京科技创新能力评价研究	许　伟	信息学院
北京市自然科学基金预探索项目			
233	纳米铁协同膜分离技术控制水中病原微生物的研究	程　荣	环境学院
全国教育科学规划国家青年基金项目			
234	20 世纪 80 年代美国“学校大辩论”研究	陈露茜	发展规划处
全国教育科学规划教育部重点项目			
235	高中数学有效教学课例研究	周建华	附中
全国教育科学规划教育部青年专项课题			
236	青少年人格坚韧性对心理健康的作用机制	张登浩	心理学系
全国艺术科学规划一般项目			
237	文化产业公共服务平台建设标准与服务规范	牛维麟	公共管理学院
238	视觉性与视觉文化：理论、实践与批评	吴　琼	哲学院
全国艺术科学规划青年项目			
239	我国演艺产业发展与政策研究	曾繁文	科技园
高校古籍整理项目			
240	《清代燕都梨园史料》的增订、整理与研究	谷曙光	国学院
241	《新唐书·艺文志》考证	陈伟文	国学院
242	袁昶日记整理	黄爱平	清史所
北京市教育科学规划重点项目			
243	北京市内地新疆、西藏班发展管理现状的调研	陈立鹏	公共管理学院
北京市教育委员会共建项目			
244	向基础教育倾斜——新疆西藏内高班相关政策及管理制度与课程开发项目	张东辉	公共管理学院
245	科学研究与研究生培养共建项目——科研成果转化与产业化项目之二	王　汶	环境学院
246	科学研究与研究生培养共建项目——科研基地（马克思主义研究基地）	秦　宣	马克思主义学院
247	科学研究与研究生培养共建项目——科研成果转化与产业化项目之三	彭　翊	商学院
248	科学研究与研究生培养共建项目——科研基地（社会建设研究院）	翟振武	社会与人口学院
249	北京市社会养老服务体系研究	杜　鹏	社会与人口学院
250	北京高校新型后勤保障体系规划与建设研究——基于现代大学制度视角	陈一兵	统计学院
251	北京地区高校学生对基督教的理解及其思想碰撞	杨慧林	文学院
252	科学研究与研究生培养共建项目——科研成果转化与产业化项目之一	杜小勇	信息学院

序号	项目名称	负责人	所属单位
253	北京市电子政务系统建设研究	赵国俊	信息资源管理学院
254	科学研究与研究生培养共建项目——科研基地（人文北京研究基地）	郝立新	哲学院
北京市社科联项目			
255	提高劳动报酬在初次分配中的比重研究——基于北京市最低工资政策实施状况的调查	黄　伟	劳动人事学院
256	辽金燕京城复原研究	刘　未	历史学院
257	成本快速上升对京郊观光农业的影响研究	钟　真	农业与农村发展学院
258	北京人口老龄化研究	杜　鹏	社会与人口学院
259	北京市新媒体发展与社会管理创新研究	黄　河	社会与人口学院
教育部留学归国人员科研启动基金项目			
260	中国垄断行业的改革与政府监管研究——以俄罗斯为例	张永刚	公共管理学院
261	一般均衡框架下的中国FDI区位决定及其区域经济效应研究	文余源	经济学院
262	知识型：史学与法学的学科底层语法规则	张世明	清史所
263	我国城乡居民健康差异及其形成机理研究	齐亚强	社会与人口学院

中国人民大学教授考察团情况一览表（2005—2011年）

序号	团长	地点	时间	主要内容
1	冯惠玲	浙江杭州	2005年4月11日至13日	政府部门座谈、研究项目
2	袁　卫	湖北宜昌	2005年6月6日至9日	政府部门座谈、学术报告
3	牛维麟	广西南宁	2005年6月12日至15日	政府部门座谈、看望挂职干部
4	王新清	吉林长春	2005年7月9日至17日	政府部门座谈、学术报告、农村调研
5	纪宝成	新疆乌鲁木齐	2005年7月10日至19日	政府部门座谈、学术报告
6	程天权	西藏拉萨	2005年7月19日至27日	政府部门座谈、学术报告、硕士学位授予
7	王新清	福建三明	2005年8月21日	政府部门座谈、研究项目、合作协议
8	冯惠玲	黑龙江哈尔滨	2005年12月15日至17日	政府部门、企业座谈、研究项目
9	纪宝成	安徽安庆	2005年12月20日至22日	政府部门座谈、学术报告、合作协议
10	王新清	陕西延安	2006年9月21日至24日	学术报告、合作协议
11	冯惠玲	山东济宁	2007年1月10日至15日	政府部门座谈、研究项目
12	冯惠玲	山东寿光	2008年5月18日至20日	政府部门座谈、学术报告
13	冯惠玲	贵州遵义	2008年7月10日至14日	政府部门座谈、研究项目、农村调研
14	纪宝成	江西鹰潭	2008年7月21日至25日	政府部门座谈、学术报告、研究项目、合作协议
15	纪宝成	江苏扬州	2009年4月23日至24日	政府部门座谈、学术报告、合作协议
16	袁　卫	广西南宁	2009年6月30日至7月2日	政府部门座谈、学术报告
17	牛维麟	贵州毕节	2009年7月14日至17日	政府部门座谈、学术报告
18	牛维麟	内蒙古多伦县	2009年7月22日至24日	政府部门座谈、学术报告及文化科技园签署战略合作协议
19	牛维麟	安徽合肥	2009年8月12日至13日	政府部门座谈、学术报告
20	纪宝成	西藏拉萨	2009年8月21日至26日	政府部门座谈、合作备忘录
21	杨慧林	山西大同	2010年8月19日至21日	政府部门座谈、学术报告、研究项目、大型国企调研

序号	团长	地点	时间	主要内容
22	纪宝成	重庆	2010年10月11日至14日	政府部门座谈、学术报告、研究项目、区县企业调研
23	牛维麟	安徽滁州	2010年12月22日至24日	企业农村调研、学术报告、研究项目、合作协议
24	牛维麟	海南	2011年3月2日至5日	政府部门座谈、研究项目
25	冯惠玲	成都	2011年4月13日至16日	政府部门座谈、学术报告、区县企业调研
26	纪宝成	贵州	2011年7月25日至29日	政府部门座谈、学术报告、研究项目

中国人民大学教师在全国及北京市学术团体中兼职情况一览表

姓名	单位	学会名称	职务
罗国杰	哲学院	中国伦理学会	会长
宋志明	哲学院	中国哲学史学会	秘书长
陈先达	哲学院	全国历史唯物主义学会	会长
葛荣晋	哲学院	中国实学研究会	会长
		中华孔子学会	副会长
郭　湛	哲学院	中国辩证唯物主义研究会	副会长
夏甄陶	哲学院	中国辩证唯物主义研究会	副会长
		中国人学学会	副会长
张立文	哲学院	中国周易学会	副会长
冯　俊	哲学院	中华全国外国哲学史学会	理事长
		中国欧盟学会	副会长
		中国自然辩证法研究会	副理事长
		中国人权研究会	常务理事
焦国成	哲学院	中国伦理学会	秘书长
孙中原	哲学院	中国逻辑学会	副会长
		中国墨子学会	副会长
郝立新	哲学院	中国马克思主义哲学史学会 马克思恩格斯哲学分会	会长
陆贵山	文学院	全国马列文论研究会	副会长
		中国中外文艺理论学会	副会长
周忠厚	文学院	全国马列文论研究会	副会长
杨慧林	文学院	中国比较文学学会	副会长
金元浦	文学院	中国中外文艺理论学会	常务副会长
程光炜	文学院	中国闻一多研究会	副会长
成崇德	历史学院	中国蒙古史学会	会长
		国家清史编纂委员会	副主任
		北京历史学会	副会长
		中国历史学会	副秘书长
王子今	国学院	中国秦汉史研究会	会长
袁济喜	国学院	中国《文心雕龙》学会	副会长

姓名	单位	学会名称	职务
林　岗	经济学院	中国《资本论》研究会	会长
		北京经济学总会	会长
		中国教育审计学会	会长
刘凤良	经济学院	中华外国经济学说研究会	副秘书长
黄泰岩	经济学院	北京市企业文化建设协会	副会长
杜厚文	经济学院	中国世界经济学会	副会长
雷　达	经济学院	中国世界经济学会	副秘书长
吴易风	经济学院	中华外国经济学说研究会	会长
		全国马克思主义经济学说史学会	副会长
贺耀敏	经济学院	中国大学出版社协会	副理事长
方福前	经济学院	中华外国经济学说研究会	副会长
		北京外国经济学说研究会	会长
姚开建	经济学院	全国马克思主义经济学说史学会	秘书长
吴汉洪	经济学院	北京外国经济学说研究会	秘书长
黄　达	财政金融学院	中国金融学会	名誉会长
安体富	财政金融学院	中国财政学会	副会长
陈雨露	财政金融学院	中国金融学会	副秘书长、常务理事
		中国国际金融学会	副会长
袁　卫	统计学院	全国会计硕士（MPAcc）专业学位教育指导委员会	副主任
		中国统计学会	顾问
		中国统计教育学会	副会长
		中国统计教育学会高教分会	会长
		北京市统计学会	名誉会长
赵彦云	统计学院	中国国民经济核算研究会	副会长
		中国统计教育学会	副秘书长
		中国统计教育学会高教分会	秘书长
		北京统计学会	副秘书长
高敏雪	统计学院	中国会计学会环境会计工作委员会	副主任委员
金勇进	统计学院	中国商业统计学会	副会长
		中国商业统计学会市场调查与分析研究会	副会长
何晓群	统计学院	中国现场统计研究会	常务理事、副秘书长
易丹辉	统计学院	北京市统计学会	副会长
陈一兵	统计学院	北京高教学会后勤管理研究会	副理事长
唐　忠	农业与农村发展学院	中国农业经济学会	副秘书长
张象枢	农业与农村发展学院	中国农业经济学会	副会长
叶秋华	法学院	全国外国法制史研究会	副会长
		中国法学教育研究会	秘书长
孙国华	法学院	中国法学会	名誉理事
吕世伦	法学院	中国西方法学会法律思想史研究会	副会长
朱景文	法学院	中国法学会比较法学研究会	副会长
		中国法学会法理学研究会	副会长
王振东	法学院	中国法学会法律史分会老庄与传统中国法文化研究会	秘书长
许崇德	法学院	中国政治学会	副会长、常务理事
		中国法学会宪法学研究会	名誉会长
		香港法律研究会	副会长、秘书长

姓名	单位	学会名称	职务
韩大元	法学院	中国法学会宪法学研究会	会长
胡锦光	法学院	中国法学会宪法学研究会	副会长
		北京市法学会宪法学研究会	副会长、常务理事
杨建顺	法学院	中国法学会行政法学研究会	副会长
莫于川	法学院	中国法学会行政法学研究会	副会长
李元起	法学院	中国法学会宪法学研究会	副秘书长
高铭暄	法学院	国际刑法学协会	副主席
		国际刑法学协会中国分会	主席
		中国法学会刑法学研究会	名誉会长
		北京市法学会	名誉会长
力康泰	法学院	中国监狱学会	副会长
韩玉胜	法学院	中国监狱学会	副会长
黄京平	法学院	中国犯罪学会	常务理事、副秘书长
		中国青少年犯罪研究会	副会长
王利明	法学院	中国法学会民法学研究会	会长
		中国法学会法学教育研究会	副会长
		中国法学会审判理论研究会	副会长
龙翼飞	法学院	中国土地学会法律专业委员会	副主任
		中国法学会婚姻家庭法学研究会	副会长
		北京市法学会民商法研究会	副会长
		北京市法学会房地产研究会	副会长
杨大文	法学院	中国婚姻家庭研究会	副会长
		中国法学会婚姻家庭法学研究会	常务副会长
		北京市妇女法研究会	会长
赵中孚	法学院	中国民法学经济法学研究会	副会长
		北京市法学会	副会长
		北京市法学会民商法学研究会	会长
关　怀	法学院	北京市劳动法学会	会长
杨立新	法学院	中国法学会婚姻家庭法学研究会	副会长
		北京市消费者权益保护法学研究会	会长
林　嘉	法学院	北京市法学会劳动法和社会保障法研究会	副会长
		中国劳动法学研究会	副会长
叶　林	法学院	中国法学会商法学研究会	副会长
		北京市法学会民商法学研究会	副会长
姚　辉	法学院	中国法学会民法学研究会	副秘书长
邢海宝	法学院	中国法学会商法学研究会	副秘书长
刘春田	法学院	中国版权协会	副会长
		中华商标协会	常务理事、副秘书长
刘文华	法学院	北京市法学会经济法学研究会	会长
史际春	法学院	中国法学会经济法学研究会	副会长
张新宝	法学院	中国法学会民法学研究会	常务理事、秘书长
徐孟洲	法学院	中国财税法学会	副会长
		中国法学会经济法学研究会	副秘书长、常务理事
		中国商业法学会	副会长

姓名	单位	学会名称	职务
朱大旗	法学院	中国财税法学研究会	常务理事、副秘书长
		北京市金融财税法学研究会	常务理事、副秘书长
李艳芳	法学院	北京市法学会经济法学研究会	副秘书长
郭寿康	法学院	中国法学会中国世界贸易组织研究会	副会长
余劲松	法学院	中国国际经济法研究会	副会长
余民才	法学院	北京市国际法研究会	常务理事、副秘书长
陈卫东	法学院	中国法学会诉讼法学研究会	副会长
		北京市诉讼法学会	副会长
汤维建	法学院	中国法学会诉讼法学研究会	理事、副秘书长
何家弘	法学院	中国行为法学会	副会长
程天权	法学院	中国高校校报协会	理事长
庄福龄	马克思主义学院	中国马克思主义哲学史学会	名誉会长
梁树发	马克思主义学院	中国马克思主义哲学史学会	会长
秦　宣	马克思主义学院	中国科学社会主义学会	副会长
王顺生	马克思主义学院	北京市中共党史学会	监事长
		中国中共党史学会	副会长
		北京市中共党史学会	监事长
陈明显	马克思主义学院	全国近现代史料学会	副会长
翟振武	社会与人口学院	中国人口学会	常务副会长
		北京市人口学会	会长
段成荣	社会与人口学院	中国人口学会	副会长
邬沧萍	社会与人口学院	全国老龄协会专家组	组长
		中国老年学学会	名誉会长
杜　鹏	社会与人口学院	中国老年学学会	副会长
		北京市人口学会	副会长
郑杭生	社会与人口学院	中国社会学会	名誉会长
		北京市社会学学会	会长
		北京市社会科学学会联合会	副主席
		中国国情研究会	副会长
		中国家庭文化研究会	副会长
		中国青年志愿者协会	副会长
		中国文化交流与合作促进会	副理事长
		中华爱国主义教育研究会	副会长
		北京市决策学学会	副理事长
洪大用	社会与人口学院	中国社会学会	副秘书长
沙莲香	社会与人口学院	中国社会心理学会	副会长
庄孔韶	社会与人口学院	中国人类学与民族学研究会	副会长
李景治	国际关系学院	中国国际共运史学会	副会长
		北京市国际共运史学会	会长
		北京市政治学会	副会长
蒲国良	国际关系学院	北京市国际共运史学会	副会长、秘书长
陈　岳	国际关系学院	全国高校国际政治研究会	副理事长
李宝俊	国际关系学院	北京市高校国际政治研究会	常务副会长
金正昆	国际关系学院	中国公关礼仪研究会	副会长

姓名	单位	学会名称	职务
周淑真	国际关系学院	北京市统一战线理论研究会	副会长
时殷弘	国际关系学院	中华美国史学会	会长
金灿荣	国际关系学院	中国国际关系学会中青年专业委员会	副会长
程虎啸	国际关系学院	中国义和团研究会	副会长
方汉奇	新闻学院	中国新闻史学会	会长
谷长岭	新闻学院	中国新闻史学会	副会长、秘书长
何梓华	新闻学院	中国新闻教育学会	会长
涂光晋	新闻学院	中国新闻教育学会	秘书长、常务理事
李文华	环境学院	中国生态学会	理事长
张象枢	环境学院	中国农业经济学会	副理事长
杨昌举	环境学院	中国商品学会	副会长
傅绪哲	环境学院	中国商品学会	副会长、秘书长
王　珊	信息学院	中国计算机学会	副理事长
陈　禹	信息学院	中国信息经济学会	理事长
		全国高等院校教育技术协作委员会	副秘书长
魏权龄	信息学院	中国系统工程学会	常务理事、副秘书长
方美琪	信息学院	中国信息经济学会	副理事长、秘书长
龙永红	信息学院	全国经济数学与管理数学学会	副会长
宋远方	商学院	中国物流学会	副会长
刘凤军	商学院	中国市场学会	副秘书长
郭国庆	商学院	中国高校市场学研究会	副会长
徐二明	商学院	中国企业管理研究会	副理事长
		北京现代企业研究会	会长
李　平	商学院	中国工业经济研究与开发促进会	副理事长
邓荣霖	商学院	中国工业经济联合会	学术委员会副主任
纪宝成	商学院	中国市场学会	副会长
		中国商业经济学会	副会长
		中国高校市场学研究会	会长
		中国高校市场营销研究会	副会长
		全国高校商业经济教学研究会	会长
		中国教育发展战略研究会	副理事长
		中国公共管理硕士（MPA）专业学位教育指导委员会	副主任委员
		中国高等教育学会	副会长
		中国教育国际交流协会	副会长
		中韩友好协会	副会长
李金轩	商学院	中国商业高等教育学会	副会长
李占祥	商学院	北京现代企业研究会	名誉会长
吕一林	商学院	中国高校市场研究学会	秘书长
		中国商科高等教育学会	秘书长
黄国雄	商学院	中国商业经济学会	副会长
戴德明	商学院	中国会计学会	副会长
万　融	商学院	中国商品学会	会长

姓名	单位	学会名称	职务
董克用	公共管理学院	中国劳动学会	副会长
		中国行政学会	副会长
		中国人力资源开发研究会	常务理事、副秘书长
		中国人力资源开发研究会教学与实践分会	会长
		中国人力资源管理教学与实践研究会	会长
陈　璋	公共管理学院	中国投入产出学会	副理事长
刘成瑞	公共管理学院	中国宏观管理教育学会	会长
刘　瑞	公共管理学院	中国宏观管理教育学会	副会长
许光建	公共管理学院	全国高等院校物价教学研究会	副会长
刘希明	公共管理学院	全国高校社科信息资料研究会	副会长
侯景新	公共管理学院	全国经济地理研究会	秘书长
陈秀山	公共管理学院	全国经济地理研究会	理事长
		中国翻译家学会社科翻译委员会 区域经济学教学委员会	主任
孙久文	公共管理学院	中国区域科学学会区域经济委员会	副主任
张可云	公共管理学院	中国区域科学学会区域经济委员会	副主任
牛维麟	公共管理学院	中国高等教育学会	常务理事
		中国高等教育学会产学研合作教育分会	副会长
		北京高教学会办公室工作研究分会	理事长
		北京市高校党建研究会	副会长
张敦富	公共管理学院	中国投资环境学会	常务副理事长、秘书长
秦惠民	公共管理学院	中国教育学会教育政策与法律研究专业委员会	副理事长
		全国高等学校信息资料学会	名誉会长
叶剑平	公共管理学院	中国房地产估价师与经纪人学会	副会长
郑功成	劳动人事学院	中国社会保险学会	副会长
		中国劳动学会劳动科学教育分会	副会长
马俊杰	劳动人事学院	中国领导科学研究会	常务理事
		中国艺术教育促进会	常务理事
曾湘泉	劳动人事学院	中国劳动学会	副会长
		中国劳动学会劳动科学教育分会	会长
常　凯	劳动人事学院	中国人力资源开发研究会劳动关系分会	会长
冯惠玲	信息资源管理学院	中国档案学会	副理事长
		北京市档案学会	副理事长
张　践	继续教育学院	中国实学研究会	常务副会长
郑水泉	党委宣传部	中国高校校报协会	副理事长
沈德来	图书馆	北京高校图书馆期刊工作研究会	副理事长
孟庆彬	图书馆	北京高校图书馆声像工作研究会	秘书长
杨东梁	图书馆	北京地区高校图书情报工作委员会	副主任、秘书长
		中国老教协图书情报分会	理事长
武继山	图书馆	北京地区高校图书馆学会	副理事长
		中国老教协图书情报分会办公室	主任
		北京高校图书馆学会	秘书长
		北京高校情报资料研究会	理事长
梁守素	图书馆	北京高校图书馆学会	副秘书长

姓名	单位	学会名称	职务
胡　宁	图书馆	北京高校图书馆编目工作研究会	副理事长
李　伶	图书馆	北京高校文献检索与利用课教学研究会	副理事长
刘建良	图书馆	北京图书馆学会	副秘书长

2011年学校及各院系举办的学术活动一览表

序号	会议名称	会议类型	学科	举办时间
1	中国国际问题高级讲坛2011：国际体系转型与中国外交新态势	国内	国际关系	1月6日
2	第十五届中国资本市场论坛	国内	经济学	1月8日
3	“领导力开发与和谐社会建设”领导科学研究中心2011高峰论坛	国内	管理学	1月9日
4	“全球化与当代法律热点问题”学术研讨会	港澳台	法学	1月14日
5	“现代性与中国法之发生”跨学科工作坊第一期至第八期研讨会	国内	法学	1月15日
6	2010年第四季度中国就业形势季度分析会	国内	管理学	1月15日
7	中国宏观经济论坛（2011年第一季度）	国内	经济学	2月26日
8	《中国法律发展报告·2010——中国立法60年》发布会暨学术研讨会	国内	法学	2月26日
9	回顾与展望：媒体侵权责任法律适用研讨会	国内	法学	2月26日
10	中国社会保障改革与发展战略研讨会	国内	社会学	2月28日
11	中国经济社会发展智库第4届高层论坛	国内	经济学	3月2日
12	“家”：公法机构还是经济组织——中国家庭资本主义化的号角——“《婚姻法》解释（三）”断想研讨会	国内	法学	3月4日
13	第十一届北京环境法论坛暨低碳经济与合同能源管理国际学术研讨会	国际	法学	3月18日
14	全球化视角下的残疾人立法和权利维护：论残疾人权利公约的实施研讨会	国际	法学	3月18日
15	“日本大地震的全球经济影响”学术研讨会	国际	国际关系	3月19日
16	中国政府债务管理与资产价格风险研讨会	国际	管理学	3月19日
17	2011亚洲金融管理国际会议	国际	经济学	3月24日
18	海量数据库管理企业面临的挑战——中韩数据库技术交流会	国际	信息技术科学	3月26日
19	2011 CSBF两岸金融研讨会暨高峰论坛	港澳台	经济学	3月26日
20	《复印报刊资料》（2010）转载学术论文指数排名发布	国内	图书馆、情报、文献学	3月29日
21	公共治理与和谐城市学术论坛	国内	管理学	3月31日
22	民法典青年沙龙第一场——人格权法立法展望研讨会	国内	法学	4月1日
23	档案文献辨伪方法学术研讨会	国内	图书馆、情报、文献学	4月2日
24	构成要件论：从贝森到特拉伊宁研讨会	国内	法学	4月7日
25	2011首届中国文化艺术策划论坛	国内	艺术学	4月9日
26	新中国外国法制史学科发展60年研讨会暨林榕年教授从教60年庆典	国内	法学	4月9日

序号	会议名称	会议类型	学科	举办时间
27	中国就业竞争指数发布会	国内	管理学	4月9日
28	大规模侵权法律对策国际研讨会	国际	法学	4月9日
29	第十三届亚太地区 WEB 技术会议	国际	信息技术科学	4月18日
30	全球高等教育新趋势国际交流讲座	国际	图书馆、情报、文献学	4月20日
31	中韩法学的现状与未来研讨会	国际	法学	4月21日
32	中美宏观经济圆桌论坛	国际	经济学	4月22日
33	第二届亚洲政策论坛	国际	国际关系	4月22日
34	海峡两岸法律制度研讨会	港澳台	法学	4月22日
35	保障性住房为主的房地产投融资法律论坛研讨会	国内	法学	4月22日
36	第三届海峡两岸财经前沿问题学术研讨会	港澳台	经济学	4月23日
37	首届律师学院论坛暨“律师与司法体制改革”研讨会	国内	法学	4月24日
38	第三届全球决策剧场联盟研讨会	国际	管理学	4月25日
39	中华文化，今天再出发——五四研讨会	国内	国学	4月30日
40	海峡两岸“中西哲学与文化多样性”学术会议暨“人大—辅仁大学”学术论坛	港澳台	哲学	5月4日
41	第七届两岸四地公共管理学术研讨会	港澳台	管理学	5月7日
42	“自主治理、多中心与发展”学术研讨会	国际	管理学	5月8日
43	“互联网行业公平竞争与网络用户权益保护”研讨会	国内	法学	5月8日
44	“国家综合防灾减灾战略研究”首次专家研讨会	国内	管理学	5月11日
45	黄达—蒙代尔讲座：国外著名经济学家系列学术报告会	国际	经济学	5月17日
46	汉斯·凯尔森与东亚法文明——纪念汉斯·凯尔森诞辰130周年	国际	法学	5月25日
47	第三届中韩美战略对话	国际	国际关系	5月26日
48	计算机汉字字库及字体法律问题研讨会	国内	法学	5月28日
49	中国国际问题论坛2011：新兴国家崛起与中国对外战略	国内	国际关系	5月28日
50	中国人文社科论坛2011	国内	马克思主义	5月28日
51	第四届中国R语言会议（北京会场）	国内	统计学	5月28日
52	宏观鉴定的理论与实践	国际	图书馆、情报、文献学	6月1日
53	土地整治中生态景观建设专家座谈会	国内	管理学	6月2日
54	第四届 Five Star 金融论坛	国际	经济学	6月3日
55	“中国雇主—雇员匹配数据追踪调查”国际研讨会	国际	管理学	6月5日
56	中美政府绩效管理学术报告会	国际	管理学	6月6日
57	比较公共政策与政府创新	国际	管理学	6月8日
58	日本金融商品交易法——以法律结构和适用范围为中心研讨会	国际	法学	6月9日
59	刑法中的责任原则研讨会	国内	法学	6月10日
60	“路遥与八十年代文学的展开”国际学术研讨会	国际	文学	6月11日
61	2011消费者研究学会亚太会议	国际	经济学	6月16日
62	财产权与中国的发展变革国际学术研讨会	国际	法学	6月17日
63	民营企业融资创新法律研讨会	国内	法学	6月17日
64	信息分析与竞争情报理论方法创新	国内	图书馆、情报、文献学	6月17日
65	“财产权与中国发展变革”国际学术研讨会	国际	法学	6月17日
66	《行政强制法（草案）》中的法律问题研讨会	国内	法学	6月18日

序号	会议名称	会议类型	学科	举办时间
67	中国统筹城乡发展与规划国际会议	国际	管理学	6月18日
68	“利比亚危机：区域组织的作用”圆桌论坛	国际	国际关系	6月21日
69	残障与发展论坛（2011）	国际	社会学	6月22日
70	第二届“芝加哥大学—中国人民大学家庭和劳动经济学国际研讨会”	国际	经济学	6月24日
71	2011年海峡两岸民法论坛——第九届民法典学术研讨会	港澳台	法学	6月24日
72	海峡两岸法律文化研讨会	港澳台	法学	6月25日
73	让·莫内圆桌论坛：欧洲问题研究在中国	国际	国际关系	6月25日
74	公民参与司法与人民监督员制度专题研讨会	国内	法学	6月25日
75	中国共产党与中国法治研讨会	国内	法学	6月26日
76	中国人民大学法学院革命根据地法制研究所成立大会暨“革命根据地法制研究的当代价值”学术研讨会	国内	法学	6月26日
77	“两个证据规定”实施情况评估项目研讨会	国内	法学	6月26日
78	中国共产党90周年新闻实践与新闻思想研讨会暨全国新闻学研究会2011年中国新闻学学术年会	国内	新闻学	6月27日
79	“全球传播新格局”国际学术会议	国际	国际关系	7月2日
80	中国宏观经济论坛（2011年中期）	国际	经济学	7月2日
81	第四届临床评价方法与应用国际研讨会	国际	统计学	7月2日
82	气候变化法律问题海峡两岸学者研讨会	港澳台	法学	7月4日
83	第一届中法文化遗产法研讨会	国际	法学	7月4日
84	“社会抚养费制度的实践与走向”研讨会	国内	法学	7月5日
85	现代统计方法前沿研讨会	国内	统计学	7月5日
86	快速城镇化时期国土高效利用与房地产市场健康发展国际研讨会	国际	管理学	7月8日
87	“利比亚危机与北约和欧盟”圆桌论坛	国际	国际关系	7月9日
88	地域、民族、族群——关于人群区分的知识建构学术研讨会	国际	国学	7月13日
89	2011年第二季度中国就业形势季度分析会	国内	管理学	7月16日
90	2011年运营与供应链管理国际会议	国际	管理学	7月17日
91	第五届全国公共管理与政策研究方法暑期研讨会	国内	管理学	7月18日
92	2011年中国社会学年会“环境风险与社会转型”分论坛	国内	社会学	7月22日
93	公立医院改革、绩效与可持续发展高阶研讨会	国内	管理学	7月23日
94	“两岸和平研究”学术研讨会	港澳台	国际关系	7月27日
95	2011年第二季度两岸四地消费者信心指数暨中国大陆消费者民意调查发布会	港澳台	经济学	7月28日
96	第二次中国社会保障史学术研讨会	国内	社会学	7月30日
97	“反思与改革：高铁事故的法律审视”研讨会	国内	法学	7月31日
98	社会医疗保险付费制度改革研讨会	国内	管理学	8月1日
99	马克思主义中国化论坛·2011	国内	马克思主义	8月6日
100	2011中国奶业发展高峰论坛	国内	经济学	8月7日
101	2011中国社会发展高层论坛：社会管理与社会学的使命	国内	社会学	8月12日
102	第二届国际民法论坛暨东亚侵权法学会2011年年会	国际	法学	8月16日
103	媒体侵权责任法律适用研讨会	国内	法学	8月20日
104	应用数学和统计国际研讨会	国际	统计学	8月21日
105	“欧盟重新审议战略伙伴关系及其对中欧关系的影响”研讨会	国际	国际关系	8月27日
106	“以中国为方法，以世界为目的——沟口雄三的学术思想世界”国际学术研讨会	国际	历史学	9月8日

序号	会议名称	会议类型	学科	举办时间
107	2011 两岸硕博士生民法研讨会	港澳台	法学	9月16日
108	方立天教授从教 50 周年学术研讨会	国内	哲学	9月17日
109	“经学与史学”学术论坛	国内	国学	9月17日
110	中国宏观经济论坛（2011 年第三季度）	国内	经济学	9月23日
111	中国人口学前沿问题研究暨庆祝邬沧萍教授 90 寿辰从教 60 周年学术研讨会	国内	社会学	9月24日
112	东亚汉字法律用语的比较、英译与开发研讨会	国际	法学	9月25日
113	21 世纪的档案：创造数字记忆	国际	图书馆、情报、文献学	9月26日
114	中欧媒体侵权法律适用研讨会	国际	法学	9月26日
115	危机与变革中的欧洲与世界	国内	国际关系	9月28日
116	中国人民大学作家群赴韩研讨会	国际	文学	10月3日
117	《民事诉讼法》修改系列研讨会第五次会议	国内	法学	10月11日
118	辛亥革命以来的文化史料研讨会	国际	文学	10月15日
119	中国法律思想史专业委员会 2011 年年会暨“辛亥百年与法制变迁”学术研讨会	国内	法学	10月15日
120	技术创新与专利保护研讨会	国际	法学	10月17日
121	历史传统与现代发展——中俄法学圆桌会议	国际	法学	10月17日
122	中美数字时代档案管理研讨会	国际	图书馆、情报、文献学	10月20日
123	2011 中日韩图书情报论坛	国际	图书馆、情报、文献学	10月21日
124	协商与共进：集体劳动关系法律调整机制研讨会	港澳台	法学	10月21日
125	经典诠释与中国哲学史研究	国际	国学	10月22日
126	首届“法律与社会”高端论坛暨中国社会学会法律社会学专业委员会（筹）成立大会	国内	法学	10月22日
127	中国人民大学公共管理学院卫生政策和管理专业方向校友会成立大会暨公立医院绩效改革研讨会	国内	管理学	10月23日
128	2011 年全国博士生学术论坛——公共管理博士论坛	国内	管理学	10月23日
129	21 世纪公共管理教育：挑战、机遇与未来——中外著名公共管理学院院长国际研讨会	国际	管理学	10月23日
130	香港浸会大学国际作家与中国人民大学作家批评家研讨会	国际	文学	10月24日
131	物权法司法解释研讨会	国内	法学	10月25日
132	“2011 东亚未来倡议”学术研讨会	国际	国际关系	10月28日
133	责任保险在我国适用和发展研讨会暨产品安全责任保险论证会研讨会	国内	法学	10月29日
134	机遇与挑战：思想史视野下的出土文献研究国际学术研讨会	国际	国学	10月29日
135	“清代自然灾害数据库”和华林甫教授负责的“清史地图集与地理信息系统”立项论证会	国内	历史学	10月30日
136	全球化、信息化、网络化与中国经济社会变迁学术研讨会	国内	社会学	11月4日
137	社会管理意蕴中的公立医院改革——理论探索与实践创新	国内	管理学	11月5日
138	2011 第二届海峡两岸公法学论坛：基本权利的公法救济研讨会	港澳台	法学	11月5日
139	东亚合作论坛 2011：东北亚地区安全机制的构建	国际	国际关系	11月5日
140	中美“综合社会调查（GSS)”学术研讨会	国际	社会学	11月9日

序号	会议名称	会议类型	学科	举办时间
141	2011北京高校研究生考古学论坛	国内	历史学	11月12日
142	第三届"文化创意产业与品牌城市"国际论坛	国际	经济学	11月13日
143	国际环境应急管理经验交流暨全球阿佩尔（APELL）25周年纪念大会	国际	法学	11月15日
144	汶川地震与玉树地震救灾捐赠实践比较研究	国内	管理学	11月16日
145	中欧气候变化与社会生态运动比较国际研讨会	国际	法学	11月18日
146	第二届中国电子文件管理论坛	国内	图书馆、情报、文献学	11月22日
147	知识产权教材设计与教学方法研讨会	国际	法学	11月29日
148	汉学的典范转移与比较文学学术座谈会	国际	国学	11月30日
149	第五届临床医学研究中的统计学方法研讨会	国内	统计学	12月3日
150	新视野与新发展：法律社会学研究在中国研讨会	国内	法学	12月3日
151	2011中国·东北亚早期铁器时代考古国际学术研讨会	国际	历史学	12月9日
152	东亚民事法学会国际学术研讨会	国际	法学	12月9日
153	"战争在其新形势下对战争法的挑战"学术研讨会	国内	法学	12月10日
154	2011中国信息资源管理论坛	国内	图书馆、情报、文献学	12月10日
155	第三届亚洲著名大学法学院院长论坛研讨会	国际	法学	12月10日
156	人格权法立法国际研讨会	国际	法学	12月12日
157	还原历史　解读真相——北京电视台《档案》主创、主持人报告会	国内	图书馆、情报、文献学	12月14日
158	体育赛事节目法律问题研讨会	国内	法学	12月15日
159	2011中国知识管理论坛	国内	图书馆、情报、文献学	12月16日
160	胡华诞辰90周年纪念座谈会	国内	马克思主义	12月16日
161	第三届残疾人权益保障国际研讨会	国际	法学	12月17日
162	法学院举办刑罚改革研讨会	国内	法学	12月17日
163	近现代中外条约与中国国际法研讨会	国际	法学	12月18日
164	入世10年——WTO中国涉诉案件专题研讨会	国内	法学	12月23日
165	中国发展指数（RCDI）2011发布会	国内	经济学	12月23日
166	清史研究所第七届青年学者论坛	国内	历史学	12月24日
167	通过诠释的法律体系建设研讨学术会议	国内	法学	12月24日
168	诉讼法修改与证据制度完善研讨会	国内	法学	12月26日
169	"清史学科发展规划"暨"清史研究百年史"学术研讨会	国内	历史学	12月27日

发展规划

学科和事业发展规划

一、概况

2011年，学校规划工作继续前行，经过长时间讨论的“十年腾飞”学科建设规划纲要正式颁布，学校“十二五”规划也制定完成并正式颁布实施，学校规划体系日渐成熟。

学校拓展办学空间在2011年取得重大进展，学校规划部门与其他部门协作，向教育部、北京市上报多份重要请示和报告，提出在通州征地建设新校区，得到教育部和北京市有关部门的积极支持。

学校学科建设也不断有重要举措。一是正式组建中国人民大学教育学院，力图按照“高起点、高水平、重交叉”的原则大幅提升学校教育学科整体水平；二是学科特区建设有新的实质性举措，明确汉青经济与金融高级研究院是学校设立的“学科特区”，着力提升国际性，着力实现学校经济学科建设新的突破。

学校规划部门在统计信息工作方面也有新的提升，一是召开了1978年复校以来第一次全校性的统计工作会议；二是“中国人民大学事业发展数据平台”正式上线运行，使学校以统计、数据为基础的科学管理上升到了一个新的水平。

二、事业规划与发展战略研究

（一）“十二五”规划工作

接续2010年下半年的工作，在各学院、各部处规划基础上撰写学校“十二五”规划，2011年5月，经过处内多次讨论和修改，完成“十二五”规划（初稿）。2011年5—8月，“十二五”规划工作暂停，等待通州校区进展，2011年9月初，根据通州校区最新进展情况，学校要求“十二五”规划将通州校区纳入考虑，至2011年9月中旬，完成“十二五”规划（征求意见稿）。经过各部处、教代会等多轮征求意见并修改完成后上报学校，2011年10月，校长办公会、党委常委会审议通过“十二五”规划。2011年10月26日，《中国人民大学教育事业发展“十二五”规划》上报教育部，并在校内正式颁布。

（二）“通州校区”相关工作

2011年初，学校开始考虑拓展办学空间的新方案，在通州征地建设新校区成为备选方案之一，2011年4月，教育部鲁昕副部长来人大考察后，学校进一步加快了这方面的工作。

2011年5月初，学校向教育部上报《贯彻胡锦涛总书记重要讲话精神　把中国人民大学建成“人民满意、世界一流”大学工作方案》，其中正式提出了在通州征地建设新校区的方案。2011年5月9日，纪宝成校长与通州区委书记王云峰带领双方主要负责人和相关单位座谈，就合作意向和一些关键问题达成了一致意见。

2011年7月，根据教育部反馈意见，在大幅充实材料后向教育部上报《贯彻胡锦涛总书记重要讲话精神　把中国人民大学建成“人民满意、世界一流”大学工作方案的请示》，其中包含四份材料：《贯彻胡锦涛总书记重要讲话精神　把中国人民大学建成“人民满意、世界一流”大学工作方案》，《中国人民大学建设通州校区可行性研究报告》，《中国人民大学的全国第一》，《发挥学科优势　服务北京发展》。

经过与教育部相关部门的多次沟通，不断修改完善《中国人民大学建设通州校区可行性研究报告》，2011年11月1日，正式上报教育部《中国人民大学关于建设通州校区的请示》，附件为《中国人民大学关于建设通州校区的可行性研究报告》。

三、院系调整及学科发展规划工作

（一）院系新建和调整

1. 组建教育学院

为进一步提高学校教育学学科的整体水平，提升学科核心竞争力，经学校研究，决定在公共管理学院教育研究所和高等教育研究室的基础上以“高起点、高水平、重交叉”为原则组建中国人民大学教育学院（2010—2011学年校政字18号）。

2. 经济学院成立能源经济系

为进一步拓展经济学科优势领域，着力建设新兴学科和交叉学科，全面推进能源经济学专业的建设和发展，经学校研究，决定在经济学院成立能源经济系（2010—2011学年校政字32号）。

（二）“十年腾飞”学科规划纲要颁布

在征求校内各方意见和开展大量实证调研的基础上，2011年3月正式颁布《中国人民大学“十年腾飞”学科建设规划纲要（2010—2020年）》（2010—2011学年校政字14号）。为进一步凝聚力量，更好地落实“十年腾飞”学科规划，袁卫常务副校长和发展规划处胡娟处长分别代表学校为董事会、校友会、教代会成员和新晋中层干部作专题报告，详细解读了“十年腾飞”学科建设规划相关内容。

（三）调整与完善汉青经济与金融高级研究院体制

针对汉青经济与金融高级研究院发展中的体制、机制问题，学校在多方调研论证的基础上，颁布《关于调整、完善汉青经济与金融高级研究院体制的决定》（2011—2012 学年校政字 16 号），明确汉青经济与金融高级研究院是学校设立的“学科特区”，享有独立的人事、财务等权力，并承担相应义务，着力提升国际性，实现学校经济学科建设新的突破，在人才培养、科学研究和社会服务等方面积极探索体制机制创新。

四、统计信息管理工作

2011 年 5 月 31 日，中国人民大学统计工作会议在中国人民大学逸夫会议中心第二会议室隆重召开。纪宝成校长、袁卫常务副校长出席会议，校长助理刘向兵、查显友、郝立新，各学院（系），机关部、处及直属单位负责人和统计工作人员共 100 余人参加了会议。袁卫常务副校长主持会议。纪宝成校长、袁卫常务副校长会上发表了重要讲话，发展规划处处长胡娟、科研处处长杜鹏、法学院党委书记林嘉也就统计工作的开展分别作了大会交流。此次会议是中国人民大学自 1978 年复校以来的第一次关于统计工作的专门会议，是开创性、历史性的一次会议。统计工作会议的召开表明中国人民大学的科学管理水平在不断提高，科学发展的理念已经深入到学校工作的方方面面。

2011 年，学校规划部门完成了《中国人民大学统计报表（2010—2011 学年第二学期）》、《高等教育基层统计报表（2011—2012 学年初）》、《2011 年高等教育招生计划执行情况》、《境外来中国大陆工作专家调查表》、《信息化情况统计表》等一系列统计报表的调查、整理和上报工作，并在此基础上完成两次数据发布，即《中国人民大学 2010—2011 学年第二学期重要统计数据》（2010—2011 学年校办字 40 号）、《中国人民大学 2011—2012 学年第一学期重要统计数据》（2011—2012 学年校办字 11 号）。并基于 2010 年数据完成了《中国人民大学事业发展年度数据 2010》，展现了学校 2010 年事业发展状况。

为了科学、有效地组织学校统计工作，保障统计资料的真实性、准确性、完整性和及时性，发挥统计在学校管理和决策中的作用，学校制定颁布了《中国人民大学统计工作管理办法（试行）》（2010—2011 学年校政字 30 号）。

2011 年 5 月，事业发展数据平台正式登入数字人大信息平台，成为“数字人大”的重要组成部分，平台的建设取得突破性进展。平台具有数据填报、数据管理、数据展示等三大功能，内容涉及人才培养、师资队伍建设、学科建设、科学研究、国际交流、办学条件六个方面，覆盖近 300 个指标项，年数据量达 2 万条以上。数据平台的建设对于进一步推动学校统计工作信息化、提高办学效益分析、提升管理水平具有重要意义。

■ 校园规划与建设

一、概况

2011 年是学校 21 世纪以来掀起的第三轮基本建设高潮中极为重要的一年，学校在建工程 4 项，在建面积共计 8 万余平方米；拟建项目 5 项，拟建面积 20 万余平方米。完成了图书馆新馆竣工验收和交付使用工作；完成了国学馆、校医院、东北区基础设施改造工程合同内容，年底交付使用后极大改善了学校办学条件；推进了拟建工程的建设工作，完成了已竣工工程维保等有关工作。

二、在建及竣工项目情况

（一）图书馆新馆工程

图书馆新馆工程总建筑面积 44 620 平方米，于 2009 年 3 月 6 日开工建设。2011 年完成了图书馆新馆工程后期建设及竣工验收工作，先后完成了图书馆的外线及绿化、图书馆多媒体设备、家具等项的施工和安装工作，完成了精装修及各项设备的运行调试工作，保证了学校图书馆如期投入使用。2010 年 12 月 30 日，完成了工程主要验收项目，启动了图书馆搬迁工作，2011 年 5 月 3 日，图书馆正式投入使用。该工程荣获工程结构最高奖项——“结构长城杯”金奖。

（二）国学馆工程

国学馆工程总建筑面积为 28 516.91 平方米，于 2009 年 9 月 30 日开工建设。2011 年完成了消防、弱电等专业安装和调试，完成了地下车库交通设施、室外工程、室外景观和室内精装修等项目施工工作，完成了人防、消防、电气、水质、避雷等检测和竣工验收工作，于 2011 年 11 月 1 日举行了工程竣工落成典礼仪式。

（三）校医院工程

校医院工程总建筑面积为 10 170 平方米，于 2009 年 11 月 24 日开工建设。2011 年完成了消防、弱电等专业安装和调试，完成了室外工程和室内精装修等项目施工工作，完成了人防、消防、电气、水质、避雷等检测和竣工验收工作，于 2011 年 11 月 2 日举行了工程竣工落成典礼仪式。

（四）其他工作

完成了东北门安装改造方案设计、加工、选材、施工工作；进行了明德楼、汇贤楼、东风 2 楼、品园 6 楼的维保工作；完成了明德楼周边散水下沉修复和主楼、法学楼东侧入口的雨棚设计工作；解决了东风 2 楼有关结算争议和竣工结算的审核工作。

三、拟建项目情况

（一）锅炉房下沉改造工程

锅炉房工程总建筑面积 3 030 平方米，为全地下锅炉房，地下三层，地上局部一层。该项目已经取得教育部可行性研究报告批复，列入 2011 年度投资计划，取得规划许可证。

（二）东南区综合楼、东南区学生公寓、留学生宿舍三项工程

根据学校“十二五”建设规划，拟实施兴建东南区综合楼、东南区学生公寓、留学生宿舍三项工程。其中东南区综合楼规划总建筑面积 80 850 平方米，地上 21 层，地下 3 层；东南区学生公寓规划总建筑面积 29 920 平方米，地上 13 层，地下 3 层；留学生宿舍项目规划总建筑面积 30 600 平方米，地上 16 层，地下 2 层。

截止到 2011 年年底，完成了上述三项工程的概念设计工作，取得初步规划条件，取得项目建议书的批复。

（三）北校区建设工程

北校区规划建设约 99 000 平方米的学院楼楼群。截至 2011 年年底，完成了项目建议书编制。

（四）黄山教学科研综合基地

黄山教学科研综合基地拟建规模 28 190 平方米。其中：基地总建筑面积 10 690 平方米，景观与

生态农业示范区面积 17 500 平方米。2011 年确定了黄山基地项目建设组织架构和管理模式，委托设计单位完成了概念方案设计工作。

■ 专项资金管理

一、专项资金管理机构

专项资金管理办公室全面负责学校专项资金项目的管理，包括中央级普通高等学校教学科研仪器设备购置及房屋修缮项目（简称“修购专项”资金项目）、“十一五”“211 工程”建设项目、“985 工程”三期建设项目。2011 年度，在“重大项目—政策研究—制度建设”的工作主线下，项目办延续“985 工程”新一期建设思路，将专项资金管理与“十年腾飞”规划进一步紧密结合，突出中长期规划的指导作用，突出机制、体制改革创新，突出学院和教师的基础性作用。在此工作主线的指导下，项目办加强管理信息系统建设，初步实现“985 工程”、“211 工程”、“修购专项”三大项目信息化管理；继续加强调查研究，推动专项资金使用调查；继续推动以提升质量为核心的院系绩效管理，继续完善各项基础性工作。

二、“修购专项”资金项目管理

（一）项目申报评估工作

2011 年，学校共有 15 个“修购专项”资金项目获得教育部批复（名单见附录）。2011 年 1 月 4 日，教育部下达关于部属预算单位 2011 年预算的批复，人民大学 5 个申报项目被批准列入 2011 年度“修购专项”资金项目，总预算 1 000 万元。2011 年 7 月 1 日，教育部下达《关于追加 2011 年有关直属高校修购专项资金项目预算的通知》（教财司预函〔2011〕101 号），学校 10 个项目被列入 2011 年“修购专项”追加资金项目，总预算 3 000 万元。

2011 年 2 月 23 日，教育部财务司向学校下达《关于做好 2012 年直属高校修购项目预算编制及评审工作的通知》（教财司函〔2011〕60 号），对 2012 年度申报的项目进行评估。评估的主要内容包括申报项目是否符合规定的条件，项目立项的必要性、科学性和可行性，项目经费是否合理，项目申报材料是否齐全等。

2011 年 4 月 7 日，受财政部教科文司和教育部财务司的委托，北京国嘉联合会计师事务所对学校 2012 年申报的“修购专项”资金项目进行现场调研评估。共有 20 个项目参评，其中设备购置项目 15 个，房屋修缮项目 4 个，基础设施维修改造项目 1 个。

（二）“修购专项”资金项目日常管理

对 2008 至 2011 年已经批准的 40 个“修购专项”资金项目进行日常管理，包括组织实施项目的立项批复、细化论证、预算批复等前期工作，参与并监督项目单位的设备招投标、受理项目单位的调整变更申请等过程管理工作。

附录

中国人民大学2011年度“修购专项”资金项目（含追加）批复情况统计表

序号	项目名称
1	东风5楼、品园1楼整体大修改造
2	张自忠路3号院基础设施大修改造
3	购置家具、设备（家具）
4	本科生体质健康测试器材购置
5	“数字人大”电子校务应用系统升级维护
6	中国人民大学学生公寓维修粉刷
7	中国人民大学公共教学楼大修改造
8	中国人民大学老校医院大修改造
9	老体育馆大修改造
10	心理学系实验室用房装修
11	教学二、三楼教学设施改造
12	购置设备（家具）
13	邮件系统升级
14	“数字人大”电子校务系统升级维护
15	多媒体教学环境硬件更新升级及投影机备件购置

■“985工程”建设项目

一、概况

2011年，学校继续按照“985工程”2010—2020年总体规划和2010—2013年建设方案的部署，在教育部、财政部相关要求指导下，在“学科建设”、“拔尖创新人才培养”、“学术领军人物和创新团队建设”、“提升自主创新和社会服务能力”和“国际交流与合作”五个方面制定了详细的建设计划，并启动了这五个方面的具体建设任务。

截至2011年12月31日，中国人民大学“985工程”2010—2013年建设项目中央财政拨款累计到位45 000万元，其中2011年拨款25 000万元，包括学科建设经费5 025万元，拔尖创新人才培养经费 2 815 万元，学术领军人物和创新团队建设经费 9 790 万元，提升自主创新和社会服务能力经费 6 720 万元，国际合作与交流经费 650 万元。

二、项目管理及进展情况

（一）2011 年“985 工程”预算申报

2011 年 1 月，根据《关于编报 2011 年“985 工程”中央财政专项资金项目预算的通知》（教财司函〔2010〕297 号）文件要求，学校“985 工程”工作组组织项目单位按照《教育部　财政部关于加快推进世界一流大学和高水平大学建设的意见》（教重〔2010〕2 号）要求和《“985 工程”中央财政专项资金管理要求》的规定，根据学校“985 工程”总体规划（2010—2020 年）和改革方案，进行充分论证，完成学校 2011 年“985 工程”中央财政专项资金项目预算编报并形成《中国人民大学 2011 年“985 工程”预算》。

（二）2012 年“985 工程”预算评审

2011 年 10 月，根据《关于评审 2012 年“985 工程”中央财政专项资金项目预算的通知》（财教便函〔2011〕323 号）文件要求，学校相关部处负责人赴北京科技大学参加 2012 年“985 工程”中央财政专项资金项目预算评审，根据评审专家的建议，学校修改并完善了《中国人民大学“985 工程”2012 年预算》。

（三）“985 工程”2011 年预算启动及阶段性检查

2011 年 1—11 月，会同财务处根据校长办公会精神及相关校领导指示，在优先保证学科建设和人才培养、统筹兼顾公共项目及管理平台建设、促进新增重大项目、鼓励创新试点的原则下，拟定了学校“985 工程”2011 年预算分配方案。在此基础上，完成了“985 工程”2010 年、2011 年项目启动、预算审核、预算批复工作。同时，按照学校“985 工程”新一期建设思路，学校对各项目单位“985 工程”新一期建设情况进行了阶段性检查。

（四）“985 工程”社科基地总结材料撰写

2011 年 11 月至 12 月，根据《关于做好〈中国高校人文社会科学研究通鉴（2001—2010）〉稿件征集工作的通知》（教社科司函〔2011〕25 号）文件要求，从总体情况、主要成绩和经验、标志性研究成果、“十二五”建设思路等方面编写了学校“985”工程哲学社会科学创新基地总结报告。

■“211 工程”三期建设项目

一、概况

2011 年是学校“211 工程”三期建设的最后一年，学校一方面紧紧围绕《“211 工程”三期重点学科建设项目可行性研究报告》，及时启动“211 工程”2011 年预算，认真做好标志性成果孵化工作；另一方面，在“211 工程”三期中期检查的基础上，部署项目单位对“211 工程”三期建设的标志性成果进行总结梳理，确保专项资金的建设效益。

截至 2011 年 12 月 31 日，中国人民大学“211 工程”三期建设项目中央财政拨款累计到位 1 亿元，其中 2011 年拨款 1 400 万元，包括重点学科建设项目 1 045 万元，创新人才培养和队伍建设项目 355 万元。

二、项目管理及进展情况

（一）2011年“211工程”细化论证审核

2011年1月至10月，结合学校《“211工程”三期重点学科建设项目可行性研究报告》、《“211工程”三期创新人才培养和队伍建设计划》和各重点学科建设规划，对学校19个重点学科建设项目进行了细化论证审核，按时启动学校各建设项目，确保学校“211工程”专项资金建设任务如期完成。

（二）总结“211工程”三期标志性成果，迎接国家验收

2011年11月，学校在“211工程”三期中期检查的基础上，部署项目单位对“211工程”三期建设的标志性成果进行总结和梳理，并敦促项目单位认真对照《“211工程”三期重点学科建设项目可行性研究报告》和各年度细化论证报告，全面检查建设任务完成情况和资金使用效益情况，积极准备迎接教育部“211工程”三期验收。

■ 高等教育研究

一、科研项目与成果

2011年，高等教育研究室继续围绕国家和学校高等教育热点问题开展科研工作，获得新课题3项，其中，2项为国家级课题，“关系营销视角下的我国大学校友捐赠行为理论与实证研究”（国家自然科学基金青年项目，主持人张伟），“20世纪80年代美国‘学校大辩论’研究”（全国教育科学“十二五”规划课题，主持人陈露茜）；1项为校内课题，“中国大学评价”（学校教育管理科学研究基金特设项目，主持人胡娟），该课题连续进行了四次年度发布——“中国大学50强”排行榜，并持续在社会上产生广泛影响。此外，有6项在研课题，分别是“建设高等教育强国的体制机制创新研究”（中国高等教育学会委托课题，主持人纪宝成）、“哲学社会科学走出去战略研究”（教育部人文社科重大课题攻关项目，主持人袁卫）、“美国研究型大学竞争力形成机制分析及启示”（教育部人文社会科学青年基金项目，主持人胡娟）、“我国研究生教育规模结构与我国经济发展水平的适应性研究”（国家自然科学基金面上项目，主持人李立国）、“我国大学人文社会科学国际化策略研究”（教育部人文社会科学规划基金青年项目，主持人张伟）、“中央在京高校服务首都发展模式研究”（北京市教育科学“十一五”规划重点课题，主持人李立国）。

围绕教育热点和课题，高等教育研究室本年度在《中国高教研究》、《学位与研究生教育》、《清华大学教育研究》、《复旦教育论坛》、《浙江大学学报》（人文社会科学版）、《中国人民大学教育学刊》等核心学术期刊上发表了《省域视野下的我国研究生教育布局研究》、《文化自塑与文化自信——我国大学文化传承创新的当代使命》、《博士研究生教育的集聚效应研究》、《新自由主义对于高等教育的影响》、《研究视野中的高等教育十年——基于人大复印资料〈高等教育〉（1999—2009年）的统计与分析》、《研究型大学暑期学校：开放、国际、市场》、《著名大学校长与上市国企CEO的基本特征比较分析》、《大学跨学科研究系统建构及其对我国大学的启示》、《中国高校进入ESI前1%学科统计调查及对大陆高校学科建设的启示》、《美国“学校大辩论”的学术研究路径回顾》、《美国新保守主义公共教育议程的社会意识形态基础分析》等论文10余篇。出版专著1部，《市场经济条件下的中国大学公共性》（作者：胡莉芳）由人民日报出版社出版。

与中国人民大学中国调查与数据中心合作开展“中国高等教育长期追踪调查”(CHEPS)第一期“首都大学生成长跟踪调查”研究，已有初步研究结果。

二、政策研究和决策咨询

2011年，根据中央领导和教育部领导指示，受教育部直属高校工作司委托，高等教育研究室、学校发展规划处与直属高校工作司合作开展了中国高校进入ESI前1%学科情况调查研究工作，于7月和9月先后撰写完成《直属高校进入ESI前1%学科情况报告》、《中国高校进入ESI前1%学科情况报告》，经直属高校工作司上报教育部领导并中央领导，刘延东国务委员和袁贵仁部长对报告予以充分肯定并作出重要批示，报告所提建议已被相关部门采纳并加以落实。

2011年，高等教育研究室积极参与教育部中国人民大学教育发展与公共政策研究中心的筹建工作。2011年7月14日，教育部中国人民大学教育发展与公共政策研究中心在学校正式成立，教育部副部长鲁昕同志出席成立大会并与纪宝成校长签订共建协议。该中心是教育部发展规划司在全国高校设立的5个中心之一。目前，中心承接的6项委托课题已全面启动。

三、学术活动与交流

2011年，高等教育研究室学术活动与交流活跃。高等教育研究室派员陪同校领导访问了德国哥廷根大学、科隆大学，埃及开罗大学，澳门大学，香港大学等；出席第7届QS-APPLE年会；赴新加坡大学参加“东亚大学国际化与留学生流动”学术会议；赴新加坡大学东亚研究所参加“中新建交二十周年学术研讨会”，提交论文并发言；同时，高等教育研究室先后邀请美国著名的比较教育专家菲利普·G.阿尔特巴赫、美国加利福尼亚大学洛杉矶分校(UCLA)的罗伯特·罗兹教授为学校师生举办了专题报告和系列讲座。

四、其他工作

2011年是学校教育学科和高等教育研究室发展的重要一年。4月18日，学校正式发布《关于组建中国人民大学教育学院的决定》，在教育研究所和高教研究室的基础上组建教育学院。随后，高等教育研究室积极配合发展规划处、人事处等，参与教育学院组建与成立大会的筹备工作。11月1日，中国人民大学教育学院组建成立庆典隆重举行，鲁昕副部长出席了庆典仪式。教育学院的重新组建标志着学校的高等教育研究进入新的历史发展阶段。

2011年，高等教育研究室获中国高等教育学会“第三届全国优秀高等教育研究机构”荣誉称号。

2011年，高等教育研究室承担了中国人民大学高等教育学会、中国教育发展战略学会改革与发展规划专业委员会、教育部—中国人民大学“教育发展与公共政策研究中心”等机构秘书处的工作。本年度共组织中国人民大学教育管理科学研究基金项目3轮，择优评选出2010年度科研项目36项，其中重点项目9项，一般项目27项；2011年度科研项目28项，其中重点项目7项，一般项目20项，特设项目1项；2012年度科研项目27项，其中常设项目1项，重点项目11项，一般项目15项。

2011年，高等教育研究室在学校支持下创办了《中国人民大学教育学刊》(季刊)，共组织、编辑《中国人民大学教育学刊》4期；高等教育研究室与学校书报资料中心合作编辑复印报刊资料中心《高等教育》，出版12期；组织、编辑内部刊物《高等教育研究》1期。

附录

2011年度中国人民大学教育管理科学研究基金项目立项名单

序号	项目名称	所在单位	主持人	项目类型	项目批准号
1	中国大学评价	发展规划处	胡　娟	常设项目	10XND001
2	大学差异化发展研究	学校办公室	李家福	重点项目	11XND001
3	中国特色大学制度视域下的高校董事会建设研究	学校办公室	王　鹏	重点项目	11XND002
4	“微博时代”高校舆情监控与引导	学校办公室	贾铁英	重点项目	11XND003
5	中国人民大学学者群体特征、风骨研究	学校办公室	万　静	重点项目	11XND004
6	中外知名高校学刊与其收录文章作者的“同源性”比较研究	发展规划处	李　晶	重点项目	11XND005
7	中国人民大学本科生导师制的实施现状及对策研究	哲学院	张时坤	重点项目	11XND006
8	在校大学生网络信息消费实证研究	学校办公室	惠新宇	一般项目	11XNE001
9	高校物业管理科学模式研究	学校办公室	陈　姚	一般项目	11XNE002
10	学院（系）领导班子绩效考核评价体系研究	组织部	张晓辉	一般项目	11XNE003
11	高校党的领导体制机制建设的前瞻性研究——以完善现代大学制度和推进治理结构改革为背景	组织部	李　洁	一般项目	11XNE004
12	高校党务公开制度研究	组织部	李　铭	一般项目	11XNE005
13	纪宝成校长的治校理念及教育思想初探	监察处	石德才	一般项目	11XNE006
14	研究型大学资源投入与发展绩效的耦合机制研究	发展规划处	宋　鹭	一般项目	11XNE007
15	高校科研人员心理状况研究——以人民大学为例	科研处	田　洪	一般项目	11XNE008
16	文科为主型综合大学科技评价体系研究——以中国人民大学为例	科研处	李宇男	一般项目	11XNE009
17	基于核心竞争力分析模型的青年人才竞争力研究	人事处	徐　利	一般项目	11XNE010
18	高校教师职业倦怠问题与干预应对策略研究	人事处	杨慧丽	一般项目	11XNE011
19	建设世界一流大学进程中的资源配置策略研究	财务处	赵首辰	一般项目	11XNE012
20	高校“免疫”型内审制度有效性研究	审计处	杨维东	一般项目	11XNE013
21	中国教育基金会发展的路径选择	教育基金会	王鲁家	一般项目	11XNE014
22	考博还是就业：硕士毕业生毕业意愿及其影响因素分析	社会人口学院	宋　严	一般项目	11XNE015
23	社会公平与教育平等	外国语学院	李　荷	一般项目	11XNE016
24	从大学生视角看中国大学人才培养现状与改革方向——以中国人民大学在校和毕业大学生为例	公共管理学院	段　晖	一般项目	11XNE017
25	体育专业大学生领悟社会支持能力、应对策略与心理压力的结构方程模型研究	体育部	张　磊	一般项目	11XNE018
26	吸烟对大学生血管内皮功能影响的研究	校医院	王桂云	一般项目	11XNE019
27	医疗体操结合按摩手法对人大学生颈椎病疗效的影响	校医院	丁田机	一般项目	11XNE020
28	研究型大学多校区办学的理论框架与实证研究	发展规划处	赵玉麟	特设项目	11XNM003

对外交流与合作

按照科学发展观的要求，深入学习贯彻胡锦涛总书记考察中国人民大学重要讲话精神，全面落实《国家中长期教育改革和发展规划纲要(2010—2020年)》精神及《中国人民大学全面提升国际性规划纲要及实施细则》，在校领导的高度重视及各部门的共同努力下，2011年，学校全球合作伙伴网络更趋合理、学生国际交流项目及政策支持更趋完善，学校海外存在已成格局并将发挥其海外平台的作用，全英文硕士项目已发展到6个并已产生影响，中外合作办学有了新的发展，外国政要名人陆续访问学校并发表演讲，学校的国际知名度和影响力有了极大的提高。

一、概况

2011年，学校与哥廷根大学、开罗大学、斯坦陵布什大学、雅典大学、肯恩大学、明尼苏达大学、加州大学戴维斯分校、马里兰大学、罗格斯大学、阿塞拜疆巴库大学、吉尔吉斯斯坦比什凯克人文大学、墨西哥维拉克鲁斯大学、河内人文社会科学大学、意大利欧洲大学学院、韩国特许厅、爱丁堡大学、日内瓦大学、巴黎第一大学、阿姆斯特丹自由大学、中国台湾台北大学、中国台湾师范大学等21所大学签署校际交流协议；与斯德哥尔摩大学、科隆大学、卢森堡大学、阿姆斯特丹自由大学、蒋震工业慈善基金（香港）有限公司、香港城市大学6所大学和机构续签合作协议。截至2011年12月31日，学校共与境外216所高校签订了校际交流协议。

2011 年，全校出国及赴港澳台地区进行学术交流活动共计 2 509 人次，派出校级代表团 17 团次，先后访问了美国、加拿大、德国、匈牙利、法国、意大利、瑞士、希腊、哈萨克斯坦、吉尔吉斯斯坦、阿塞拜疆、埃及、坦桑尼亚等国的教育科研机构。接待国外高校副校长以上级别代表团来访 59 个；接待港澳台师生团组 1 200 人，成功承办 1 期“香港领袖生奖励计划：国情教育课程班”。学校全年主办或合办国际会议 21 次，聘请长期外籍专家及教师 50 人，邀请短期来华访问学者 215 人次，聘请客座教授 5 名，授予 1 人名誉教授称号，授予 1 人名誉博士称号。

2011 年，81 名教师获得学校国际会议资助，进一步推动中青年教师走向国际学术舞台，了解最新学术动态，加强与国际同行间的交流。本年度，学校组织干部赴新加坡国立大学培训，并继续组织落实“影子处长”海外培训项目，积极与海外名校谈判，将学校优秀干部派出学习，为提升管理干部的国际视野提供了保障。

为提升学生的国际竞争力，进一步开阔学生的国际视野，2011 年，学校设立学生国际交流“校长奖学金”项目，全额资助优秀学生赴海外学习。本年度，通过“校长奖学金”项目派出学生 27 人，通过校际长期学生交换项目派出学生 232 人，通过院际长期学生交换项目派出学生 140 人，通过国家公派项目派出学生 76 人，通过暑期国际交流项目派出学生 169 人。

截至 2011 年 12 月 30 日，学校参与共建了海外 13 家孔子学院，其中欧洲 6 家，美洲 5 家，非洲 1 家，亚洲 1 家。目前学校共有 12 名经验丰富的专职教师和 16 名志愿者在 12 家海外孔子学院任教，另有 17 名专职教师已回国。

二、主要工作

（一）学校国际知名度和影响力进一步提升

2011 年，外国政要和一流大学校长来访频繁，学校的国际知名度和影响力进一步提升。7 月、8 月，美军参联会主席迈克尔·马伦海军上将、玻利维亚总统艾玛·莫拉莱斯先后访问学校并发表演讲，突出显示了学校的国际知名度和影响力。

2011 年，学校在法国的影响力进一步扩大。5 月 31 日，法国驻华大使白林女士代表法国政府，向纪宝成校长授予法国教育棕榈勋章军官勋位徽章，表彰他为中法两国教育交流与合作作出的杰出贡献。11 月 14 日，马赛–普罗旺斯工商会向纪宝成校长颁发了“马赛–普罗旺斯工商会奖章”，充分肯定纪宝成校长为推动中法教育交流与合作所作出的努力。同日，法国蒙彼利埃第三大学（保罗·瓦莱里大学）授予纪宝成校长名誉博士学位，表彰纪校长在中法教育、教学和研究方面作出的突出贡献。

（二）学校全球合作伙伴网络更趋合理

2011 年，学校的海外合作伙伴院校达到 216 所。3 月，国际交流处按照“以我为主，为我所用”的原则，经过整理和筛选协议院校，最后形成了中国人民大学重点国际合作伙伴 40 个，分布世界五大洲，代表着世界主要文明，形成了学校的全球重点合作伙伴网络。

（三）校级团组出访形式更加多样有效

2011 年 11 月 8 日至 17 日，学校在欧洲举行“中国人民大学欧洲周”系列活动。此次活动是落实学校全面提升国际性战略规划的重要举措，代表团团长为纪宝成校长，师生代表共计 27 人。活动内容包括校长峰会、访问国际组织、宣讲学校对外合作战略和项目、学生民乐团演出、举行招待酒会等，地域范围包括瑞士、意大利和法国等三个重要的欧洲国家。

（四）以新思路、大手笔提升学生国际性

2011 年，学校高度重视学生的国际交流工作，在制度建设、资金支持、项目拓展方面取得了突破性的进展。3 月，学校召开专题办公会，研究大力推进学生国际交流、提升人才培养国际性事宜，并形成《提升学生国际性专题办公会会议纪要》。之后，学校设立学生国际交流“校长奖学金”项目，每年全额资助优秀学生赴国外知名高校学习。本年度，国际交流处利用多种机会，与国外院校积极谈判，增加学生长短期交流项目，截至 2011 年 12 月底，学校校际学生交换项目已达 58 个。在继续开拓重点地区学生项目的同时，引导学生到不同国家、不同地区、不同文化圈开展交流，拓展学生国际项目新模式新途径。

（五）学校海外存在已成格局

孔子学院是教授中国语言、传播中国文化、开展公众外交、促进文明对话的重要平台。学校高度重视孔子学院的建设与发展，2011 年 10 月 20 日，批准成立了中国人民大学孔子学院工作办公室，推动了孔子学院工作发展。2011 年 10 月 23 日至 31 日，学校举办首届孔子学院文化节，内容包括："孔子学院文化节"开幕式暨"中国人民大学孔子学院工作办公室"成立仪式、孔子学院工作政策宣讲会、孔子学院暨汉语国际推广工作成果展，全面介绍了学校海外孔子学院成果。同时，为落实好国家汉办开展"三巡"活动（巡演、巡讲、巡展）及纪宝成校长 2010 年出访非洲的会谈成果，学校于 2 月 12 日至 2 月 23 日由杨慧林副校长率学生民乐团访问津巴布韦大学孔子学院、内罗毕大学孔子学院和留尼汪大学孔子学院。访问期间，学校举行了三次学术讲座，并献上了精彩的民乐演出，扩大了学校在当地的影响力。

2011 年 11 月 8 日，瑞士第一所孔子学院，也是学校合作共建的第 13 所孔子学院——瑞士日内瓦大学孔子学院举行成立揭牌仪式，这是中瑞两国教育文化交流进入新阶段的重要标志。纪宝成校长率团出席揭牌仪式，国家汉办主任许琳女士专门发来贺信。学校艺术团民乐团先后于日内瓦大学孔子学院和日内瓦高等音乐学院进行了两场演出，庆祝孔子学院的成立。

截至 12 月 30 日，学校参与共建了海外 13 家孔子学院，其中欧洲 6 家，美洲 5 家，非洲 1 家，亚洲 1 家，均为其所在国的著名学府。在孔子学院的基础上，学校进一步加强了与孔子学院所在学校的学术联系，并不断拓展双方的合作范围，将海外孔子学院建设成为学校国际交流的海外平台，成为传播中国文化和进行当代中国研究的平台。

（六）人才引进力度加大

2011 年，经学校的持续努力和积极争取，国家外国专家局下拨学校 2011 年度外国文教专家聘请计划经费达 459 万元，比上一年度增加了 100 万元。人才引进分为五大类项目，分别是学科创新引智计划、引进海外高层次文教专家重点支持计划、海外名师项目、学校特色项目（暑期学校）、学校常规项目及其他。在外国专家局的支持与鼓励下，学校将面向海外，形成辐射，吸引一批有重要学术影响、年富力强的优秀海外学者来校任教或从事高水平合作研究。

（七）全英文硕士学位项目全面展开

为提升学校研究生教育国际性，学校设立 8 个"全英文硕士研究生"项目，按照国际惯例招生，全英文授课，以吸引高水平的外国来华留学生到学校攻读硕士学位，促进中西方文化的交流，扩大学校在国际上的学术影响。2011 年，学校有 6 个全英文硕士学位项目招生，包括当代中国研究、中国金融、中国经济、IMBA、IMPA、中国法学。截至 2011 年 12 月底，申请学校全英文硕士项目的外籍学生共 88 人，分别来自 39 个国家。中国哲学、中国国学英文硕士学位项目的招生目前正在筹划中。

（八）暑期学校已具有国际影响力

2011 年，学校积极通过各种途径宣传暑期学校，先后组织了面向协议院校、孔子学院、中国驻海外使领馆、国外驻华大使馆、学校海外校友的暑期学校宣传会。利用美国国际教育者协会 63 届年会及教育展、日常来访接待、团组出访等各种国际交流场合，并借助学校在海外 13 家孔子学院以及汉语推广研究所的交流平台，积极提高暑期学校海外招生力度。学校 2011 年暑期项目录取海外学生（含港澳台生）总数 400 人，其中包括国际小学期项目 319 人，法学院法国马赛三大项目 15 人，法学院美国印第安纳大学项目 25 人，美国亚利桑那州立大学项目 16 人，日本日中学院项目 16 人，美国弗吉尼亚州立联邦大学汉语短期班9人。

(九)与台湾地区高校交流工作全面铺开

学校长期重视与台湾地区高校的交流工作，在多年卓有成效工作的积累下，截至2011年12月，学校与台湾地区13所重点高校建立了合作伙伴关系，开展了学生交换项目。2011年，学校派出92人赴台湾11所高校交换学习，派出32人赴台湾高校参加暑期学校，接收来自台湾6所高校共计62名学生到学校交换学习。2011年，共有527名人民大学师生赴台湾进行各种交流。学校与台湾高校如火如荼的学生交换工作已然形成了你中有我，我中有你的交流格局。

(十)中外合作办学形成新的局面

自2010年始，学校利用苏州国际学院平台，并积极利用与法国的友好合作关系，探索中外合作办学新模式——“中法学院”。经过国际交流处多次与教育部的沟通与汇报，2011年5月24日，教育部国际合作与交流司徐永吉副巡视员专程到学校，就“中法学院”申办有关事宜进行调研座谈。经过努力，2011年“中法学院”项目有了新的进展，中外合作办学有望打开新局面。“中法学院”的成立是中外高水平联合办学新模式的探索，也是学校贯彻落实胡锦涛总书记重要指示的战略措施。“中法学院”不仅为人民大学培养国际化优秀人才，也承担法国乃至欧洲大量留学生的培养任务。2011年6月，学校理学院化学系也开始探索与香港浸会大学在联合培养学生方面的新模式。中外合作办学，不仅可以吸引优质教学资源，同时也可以输出学校的优质教学资源，在合作的基础上，实现双方互赢。

(十一)建章立制，谋求制度性和长远性发展

2011年，国际交流处除日常工作外，更加注重思考、总结、学习，将本处的发展与学校的发展结合起来，谋求制度性和长远性的发展。本年度，国际交流处推动学校在签署协议、学生国际交流奖学金、中法学院、留学生招生委员会、中国人民大学重点国际合作伙伴方面有了制度性的规定。主要表现为：推动学校印发了《中国人民大学与境外学术机构签署学术合作协议管理办法》，加强了签署协议的规范性；推动学校召开了提升学生国际性专题办公会，并拟订学生国际交流和来华留学生奖学金管理办法；推动学校进一步规范学生赴境外学习管理，拟定“中国人民大学涉外突发事件应急预案”；推动学校召开了中法学院调研专题会，积极促成中法学院的成立；推动学校成立中国人民大学留学生招生委员会，规范留学生招生管理工作；提交中国人民大学重点国际合作伙伴计划，划定了学校重点合作的全球40个伙伴；推动学校建立了孔子学院工作办公室，促进了孔子学院工作发展。

附录

2011年重要校级出访团组一览表

序号	校领导	出访时间	访问机构	团组成员
1	纪宝成	1.19—1.28	德国科隆大学、德国哥廷根大学、埃及苏伊士运河大学、埃及开罗大学	杨瑞龙、胡娟、黄朴民、任国强、张大淼
2		4.11—4.19	美国哈佛大学、明尼苏达大学、加州大学戴维斯分校、肯恩大学	郝立新、唐忠、林建荣、江晓丽、郑晓华、徐唯辛
3		9.18—9.27	吉尔吉斯斯坦比什凯克人文大学、哈萨克斯坦阿尔·法拉比国立大学、阿塞拜疆巴库大学	蔡荣生、洪大用、金灿荣、程鑫、陈方

序号	校领导	出访时间	访问机构	团组成员
4	纪宝成	11.8—11.19	瑞士日内瓦大学、意大利博洛尼亚大学，法国马赛商学院、蒙彼利埃第三大学、巴黎第四大学、巴黎第一大学和巴黎政治学院	刘向兵、郭庆旺、陈甬军、侯书栋、石佳友、徐艳、唐忠、李晰、杜尘程、丁莹、学生艺术团民乐团16人
5	程天权	3.27—4.5	西班牙马德里大学、西班牙巴塞罗那自治大学、希腊雅典大学	秦宣、韩大元、郭洪林、李家福、杜尘程
6		7.23—7.27	朝鲜金日成综合大学、朝鲜人民经济大学	黎玖高、杜鹏、曾湘泉、李贞实
7		8.29—9.1	蒙古国立大学	黎玖高、洪大用、杜鹏、曾湘泉、李贞实
8		12.10—12.19	加拿大英属哥伦比亚大学、西门菲莎大学，美国哥伦比亚大学、罗格斯大学、夏威夷大学	吴晓求、张勇先、王宏伟、唐忠、江晓丽（参加美国段）
9	牛维麟	3.13—3.22	南非斯坦陵布什大学、约翰内斯堡大学，坦桑尼亚达累斯萨拉姆大学	黎玖高、高德步、杜鹏、李轶群
10		11.10—11.14	台湾逢甲大学	张晓京、顾涛
11	冯惠玲	11.8—11.12	韩国东亚大学、蔚山大学	贺耀敏、孟超、刘叶华、郭晓明、李剑坤
12		11.26—12.5	美国乔治敦大学	刘越南、钱毅、张宁、夏天、任明
13	杨慧林	2.12—2.23	津巴布韦大学、中国驻津巴布韦大使馆、肯尼亚内罗毕大学、法属留尼汪圣但尼市政府	
14		6.13—6.15	雅典商务孔子学院	
15		6.15—6.20	匈牙利罗兰大学孔子学院	
16		10.26—10.29	英国：中英大学合作高峰论坛	
17		12.1—12.4	台湾辅仁大学	

2011年重要来访一览表

序号	国家/地区	职务	姓名
政要			
1	韩国	韩国驻华大使	柳佑益
2	西班牙	桑坦德集团总裁	埃米利奥·博廷（Emilio Botín）
3	西班牙	桑坦德银行大学联盟（Universia）首席执行官	加梅·巴耶斯·菲达（Jaume PAGÈS FITA）
4	美国	马里兰州州长	马丁·奥马利（Martin O'Malley）
5	美国	国际高校房屋管理协会执行主席	萨莉·塔思乐（Sallie Traxler）
6	美国	美军参联会主席海军上将	迈克尔·马伦（Mike Mullen）
7	玻利维亚	总统	艾玛·莫拉莱斯（Juan Evo Morales Ayma）
8	韩国	韩国高等教育财团事务总长	朴仁国
9	韩国	特许厅厅长	李秀元

序号	国家/地区	职务	姓名
高校领导			
	学校名称	职务	姓名
1	香港浸会大学	校长	陈新滋
2	芬兰拉普兰大学	校长	莫理（Mauri YLÄ-KOTOLA）
3	英国班戈大学	校长	约翰·休斯（John Hughes）
4	英国威斯敏斯特大学	校长	杰奥弗瑞·帕兹（Geoffrey Petts）
5	美国圣母大学	校长	托马斯·卜瑞士（Thomas G. Burish）
6	马来西亚南方学院	校长	祝家华
7	韩国高丽大学	校长	金炳喆
8	法国艾克斯—马赛三大	校长	马克·贝尼亚（Marc PENA）
9	斯里兰卡佩拉德尼亚大学	校长	阿坝亚空（S. B. S. Abayakoon）
10	日本爱知大学	校长	佐藤元彦
11	台湾台北大学	校长	侯崇文
12	墨西哥维拉克鲁斯大学	校长	劳尔·勒维罗
13	英国伦敦大学皇家豪勒威学院	校长	保罗·雷泽尔（Paul Layzell）
14	台湾东华大学	校长	黄文枢
15	泰国法政大学	校长	思默克·拉佩赫（Somkit Lertpaithoon）
16	台湾文化大学	校长	吴万益
17	台湾师范大学	校长	张国恩
18	新西兰梅西大学	校长	史蒂夫·莫哈瑞（Steve Maharey）
19	西班牙巴塞罗那自治大学	校长	安娜·莱波尔·阿莱西（Ana Ripoll Aracil）
20	越南河内人文社会科学大学	校长	阮文庆
21	台湾辅仁大学	校长	黎建球
22	美国天普大学	校长	安·哈特（Ann Hart）
23	欧洲学院院长	校长	保罗·德马雷特（Paul Demaret）
24	荷兰阿姆斯特丹自由大学	校长	R. M. 斯密特（R. M. Smit）

2011年与中国人民大学签订校际交流协议的境外院校一览表

序号	国家/地区	学校名称	签署时间
1	德国	德国哥廷根大学	1月19日
2	埃及	埃及开罗大学	1月27日
3	南非	南非斯坦陵布什大学	3月15日
4	希腊	希腊雅典大学	4月4日
5	美国	美国肯恩大学	4月11日
6	美国	美国明尼苏达大学	4月14日
7	美国	美国加州大学戴维斯分校	4月18日
8	中国台湾	台湾台北大学	5月4日
9	美国	美国马里兰大学	6月6日

序号	国家/地区	学校名称	签署时间
10	中国台湾	台湾师范大学	7月22日
11	吉尔吉斯斯坦	吉尔吉斯斯坦比什凯克人文大学	9月19日
12	阿塞拜疆	阿塞拜疆巴库大学	9月23日
13	墨西哥	墨西哥维拉克鲁斯大学	9月27日
14	越南	越南河内人文社会科学大学	10月13日
15	意大利	意大利欧洲大学学院	10月31日
16	韩国	韩国特许厅	11月3日
17	英国	英国爱丁堡大学	11月8日
18	瑞士	瑞士日内瓦大学	11月8日
19	法国	法国巴黎第一大学	11月16日
20	荷兰	荷兰阿姆斯特丹自由大学	11月24日
21	美国	美国罗格斯大学	12月17日

中国人民大学海外孔子学院一览表

（截至2011年12月31日）

序号	地区（数量）	孔子学院名称	国别	外方合作院校	成立时间
1	欧洲（6）	爱尔兰都柏林大学孔子学院	爱尔兰	都柏林大学	2006.9
2		芬兰赫尔辛基大学孔子学院	芬兰	赫尔辛基大学	2006.9
3		德国莱比锡大学孔子学院	德国	莱比锡大学	2007.10
4		丹麦哥本哈根商务孔子学院	丹麦	哥本哈根商学院	2007.11
5		意大利博洛尼亚大学孔子学院	意大利	博洛尼亚大学	2008.7
6		瑞士日内瓦孔子学院	瑞士	日内瓦大学	2010.12
7	美洲（5）	美国麻州大学（波士顿）孔子学院	美国	麻州大学（波士顿）	2006.3
8		哥斯达黎加大学孔子学院	哥斯达黎加	哥斯达黎加大学	2008.11
9		美国密歇根大学孔子学院	美国	密歇根大学	2009.6
10		美国哥伦比亚大学孔子学院	美国	哥伦比亚大学	2009.9
11		美国芝加哥大学孔子学院	美国	芝加哥大学	2009.9
12	非洲（1）	津巴布韦大学孔子学院	津巴布韦	津巴布韦大学	2006.8
13	亚洲（1）	以色列特拉维夫大学孔子学院	以色列	特拉维夫大学	2007.5

2011年与中国人民大学续签校际交流协议的境外院校/机构一览表

序号	国家/地区	学校/机构名称	首签时间/续签时间
1	瑞典	瑞典斯德哥尔摩大学	2004.09.22/2011.01.21
2	德国	德国科隆大学	2007.05.22/2011.01.21
3	卢森堡	卢森堡大学	2006.09.05/2011.06.09

序号	国家/地区	学校/机构名称	首签时间/续签时间
4	荷兰	荷兰阿姆斯特丹自由大学	2006.04.25/2011.11.24
5	中国香港	蒋震工业慈善基金（香港）有限公司	2006.9/2011.9
6	中国香港	香港城市大学	2004.3/2011.3

2011年中国人民大学通过校际交换生项目派出学生一览表

洲别	国家/地区	学校名称	派出长期交换生人数
欧洲	法国	巴黎政治学院	6
		巴黎十大	5
	德国	莱比锡大学	11
		图宾根大学	3
		哥廷根大学	5
	丹麦	哥本哈根商学院	5
		奥尔堡大学	1
		哥本哈根大学	2
	荷兰	蒂尔堡大学	2
		马斯特里赫特大学	1
	芬兰	赫尔辛基大学	2
		图尔库大学	1
		拉普兰大学	2
	匈牙利	卡尔文纽什大学	2
	英国	曼彻斯特大学	5
		伦敦国王学院	9
		华威大学	2
	西班牙	马德里卡洛斯三世大学	6
		巴塞罗那自治大学	5
	卢森堡	卢森堡大学	2
	瑞典	斯德哥尔摩大学	3
		林奈大学	2
	俄罗斯	圣彼得堡国立财经大学	1
美洲	加拿大	麦吉尔大学	2
		惠灵顿维多利亚大学	2
	美国	麻州大学波士顿分校	4
亚洲	韩国	高丽大学	8
		庆北大学	3
		首尔国立大学	3
		梨花女子大学	1
	日本	早稻田大学	1
		明治大学	2
		埼玉大学	1

洲别	国家/地区	学校名称	派出长期交换生人数
亚洲	日本	神户大学	2
		龙谷大学	2
		九州产业大学	1
		庆应义塾大学	2
		一桥大学	2
	中国香港	香港大学	10
		香港城市大学	5
		香港岭南大学	2
	中国台湾	台湾大学	4
		台湾政治大学	10
		台湾“清华大学”	4
		台湾辅仁大学	25
		逢甲大学	18
		台湾东吴大学	4
		台湾铭传大学	10
		台湾文化大学	6
		高雄师范大学	3
		台湾中正大学	10
		文藻外语学院	2
总计			232

2011年中国人民大学通过国家公派项目派出学生一览表

项目名称	派出人数
国家建设高水平大学公派研究生项目	63
大学生赴英国实习项目	3
中法欧洲法项目	7
新闻专业硕士研究生赴海外实习项目	2
俄罗斯政府单方奖学金项目	1
总计	76

2011年中国人民大学通过暑期境外项目派出学生一览表

项目名称	派出人数
英国伦敦国王学院	20
法国高等商学院暑期学校项目	4
法国巴黎十大暑期学校项目	10

项目名称	派出人数
芬兰赫尔辛基暑期学校项目	20
美国耶鲁大学暑期学校项目	20
美国乔治敦大学暑期学校项目	17
美国哥伦比亚大学暑期学校项目	13
美国哥伦比亚大学中国青年发展项目	14
美国加州大学戴维斯分校暑期学校项目	17
台湾东吴大学暑期学校项目	4
台湾文化大学暑期学校项目	23
台湾文藻外语学院	5
香港新纪元行政管理考察计划	2
总计	169

2011年中国人民大学通过“校长奖学金项目”派出学生一览表

学校名称	派出人数
美国加州大学戴维斯分校	19
澳大利亚麦考瑞大学	8
总计	27

2011年中国人民大学聘请客座教授一览表

姓名	国别	职称职务	授予日期
小山泰（YASUSHI KOYAMA）	日本	关西学院大学研究生院教授	2011.5
黄少华	美国	美国印第安纳大学教授	2011.5
刘科成	英国	英国雷丁大学教授	2011.6
张苹	英国	美国雪城大学信息学院教授	2011.6
兰德尔·爱德华兹（R. Randle Edwards）	美国	美国哥伦比亚大学教授	2011.11

2011年中国人民大学授予名誉教授称号人员一览表

授予人姓名	国籍/地区	时任职务、职称	授予日期
梁爱诗	中国香港	香港律政司原司长，全国人大常委会香港特别行政区基本法委员会副主任	2011.6

2011年中国人民大学授予名誉博士称号人员一览表

授予人姓名	国籍	时任职务、职称	授予日期
艾玛·莫拉莱斯	玻利维亚	总统	2011.8

2011年中国人民大学因公短期出国/境人员统计表

单位：人次

合计	访问考察	合作研究	国际会议	短期讲学	学生交流	其他
2 147	550	127	120	19	601	730

2011年中国人民大学因公长期出国/境人员统计表

单位：人次

合计	（高级）访问学者	讲学	学生留学
362	12	0	350

2011年中国人民大学主要国际会议汇总表

序号	会议名称	主办单位	举办日期
1	2011年亚太地区互联网技术会议	信息学院	4.18—4.20
2	全球传播新格局国际研讨会	新闻学院	5.8
3	中美社会福利体制比较研讨会	劳动人事学院	5.28—5.29
4	中法文化遗产法研讨会	法学院	7.4—7.5
5	中国人民大学—伦敦国王学院双边学术研讨会	商学院	7.14—7.15
6	发展中国家可持续发展比较研究国际学术研讨会	农业与农村发展学院	7.16—7.17
7	统筹城乡发展与规划国际中国规划学会年会	公共管理学院	6.18—6.19
8	2011年运营与供应链管理国际会议	商学院	7.17—7.19
9	第四届临床评价方法与应用国际研讨会	统计学院	7.2—7.3
10	应用数学与统计国际学术会议	信息学院	8.21—8.22
11	亚太管理杂志特刊会议	商学院	7.8—7.9
12	2011年消费者研究学会亚太会议	商学院	6.16—6.18
13	国际协作与日本学研究国际研讨会	外语学院	10.15—10.16

序号	会议名称	主办单位	举办日期
14	集体劳动争议法律规制国际经验比较研讨会	法学院	11.5—11.6
15	量子输运和纳米电子模拟国际研讨会	物理系	8.10—8.19
16	中日韩图书馆学情报学学术研讨会	信息资源管理学院	10.21—10.22
17	东亚合作研讨会2011：东北亚安全保障体系的构建国际会议	国际关系学院	11.5—11.6
18	2011东北亚早期铁器时代聚落考古国际研讨会	历史学院	12.9—12.10
19	第三届亚洲著名大学法学院院长会议暨全球化背景下亚洲法学教育的合作与交流研讨会	法学院	12.10—12.11
20	国际儒学论坛2011	哲学院	12.3—12.4
21	亚洲流通与零售学会年度会议	商学院	11.25—11.27

2011年中国人民大学国际会议资助汇总表

序号	受助人姓名	所在学院	参加会议	会议时间	提交论文题目
1	庞晓鹏	农业与农村发展学院	亚洲研究、亚洲学者第70届年会（美国）	3.31—4.3	亚洲研究
2	何　青	财政金融学院	西部经济学年会太平洋地区第9次年会（澳大利亚）	4.26—4.29	中国经济的波动：基于省级数据的研究
3	刘　鹏	公共管理学院	美国公共管理2011年年会（美国）	3.11—3.20	从游离型控制到嵌入型治理：中国社会组织监管体制的政策创新
4	孔祥智	农业与农村发展学院	农村中国和全球联系会议（丹麦）	4.7—4.10	农村中国和全球联系
5	吕亚荣	农业与农村发展学院	农村中国和全球联系会议（丹麦）	4.7—4.10	农村中国和全球联系
6	谭淑豪	农业与农村发展学院	农村中国和全球联系会议（丹麦）	4.7—4.10	农村中国和全球联系
7	马俊峰	哲学院	第37届哲学价值探索会议（美国）	4.14—4.16	自由与平等：形式的与实质的矛盾及其解决
8	郑　国	公共管理学院	第2届中国城市转型和城市规划国际研讨会（英国）	5.27—5.28	边缘城市的北京范例研究
9	吴　健	环境学院	2011全球系统治理国际会议（美国）	5.17—5.20	全球系统治理
10	陈满华	苏州国际学院	第4届再研究教学国际会议（新加坡）	5.30—6.1	汉英双宾语动词比较研究
11	刘晓龙	财政金融学院	2011欧洲房地产年会（荷兰）	6.16—6.18	房地产研究
12	李　荷	外国语学院	“跨文化与批判教育——迥异还是和谐?”国际会议（瑞典）	4.14—4.17	跨文化与批判教育
13	杨　志	苏州国际学院	对资本主义危机的回应——超越新自由主义国际会议（美国）	5.27—5.29	气候变化与低碳经济、绿色经济、循环经济之辨析
14	覃雄派	信息学院	第9届并行与分布处理及应用国际研讨会（韩国）	5.26—5.28	并行与分布处理及应用

序号	受助人姓名	所在学院	参加会议	会议时间	提交论文题目
15	姚永玲	经济学院	第12届国际城市规划和城市管理计算机应用大会（加拿大）	7.5—7.8	交通行为与郊区化过程中的居住区选择——来自北京的证据
16	单智勇	信息学院	自治计算国际会议（德国）	6.14—6.18	在提交操作系统级虚拟机时自动清除恶意代码的影响
17	陈　晨	文学院	汉语教材与教学新资源国际研讨会（美国）	5.19—5.22	对美汉语教材编写与学生语篇表达能力的建构
18	龚　群	哲学院	人的价值：当代的挑战国际会议（罗马尼亚）	6.2—6.7	论社会事实与三重价值的内在关系
19	刘　桃	数据工程与知识工程教育部重点实验室	第25届国际人工智能大会（美国）	8.7—8.11	给予多级样本的半监督文本分类
20	董正存	苏州国际学院	第3届亚太地区国际汉语教学协会年会（新加坡）	6.22—6.26	真实性原则与对外汉语口语教材编写
21	孙彩虹	信息学院	第15届亚太信息系统会议（澳大利亚）	7.7—7.11	亚太信息系统
22	韩　松	经济学院	中国留欧经济学会第22届年会（爱尔兰）	7.14—7.15	中国留欧经济学
23	苏中兴	劳动人事学院	美国管理学会年会（美国）	8.12—8.16	管理学
24	张　慧	社会与人口学院	中心与边缘：人类学视野国际研讨会（英国）	6.26—6.28	人类学视野
25	杨孟辉	信息资源管理学院	第5届FTRA多媒体普适工程国际会议（希腊）	6.28—6.30	FTRA多媒体普适工程
26	徐　园	外国语学院	日本漫画学会第11届大会（日本）	7.2—7.4	日本战前报纸连载儿童漫画的研究
27	孟向京	社会与人口学院	减灾和社区与城市的可持续发展（斯里兰卡）	7.19—7.21	影响三江源生态移民安居的因素分析
28	朱鑫东	商学院	2011年澳新会计与金融年会（澳大利亚）	7.3—7.5	客户重要性与审计意见：国际证据
29	徐承伟	文学院	第2届“华语作为第二语言教学”暨第9届“东南亚华语教学”研讨会（新加坡）	9.14	轻松而有成就感——评《发展汉语中级阅读教材》新版
30	韩瑞敏	化学系	第16届国际类胡萝卜素大会（波兰）	7.17—7.22	B-胡萝卜素与活性氧自由基的快速自由基反应动力学
31	郑保卫	新闻学院	第4届公关与广告国际论坛（美国）	8.23—8.26	后危机时代世界媒体格局变化与中国新闻传播定位
32	宋继文	商学院	美国管理学会2011年年会（美国）	8.12—8.16	道德领导对创造力与绩效的影响
33	周　禹	商学院	美国管理学会2011年年会（美国）	8.12—8.16	中国情境下人力资源管理模式的多元化结构研究
34	王大庆	历史学院	第9届历史学国际会议：从古代到现代（希腊）	8.1—8.4	论赛会与古希腊的赛会精神
35	聂辉华	经济学院	纪念Grossman和Hart文章发表25周年专题研讨会（比利时）	6.24—6.26	敲竹杠、产权与声誉

序号	受助人姓名	所在学院	参加会议	会议时间	提交论文题目
36	管延军	劳动人事院	美国管理学会 2011 年年会（美国）	8.12—8.16	中国员工的职业成功观：质化和量化研究基础上的量表开发
37	龚亚珍	环境学院	第 18 届欧洲环境和资源经济学家年会（意大利）	6.29—7.2	欧洲环境和资源
38	张　治	文学院	第 2 届“华语作为第二语言教学”暨第 9 届“东南亚华语教学”研讨会（新加坡）	9.14	面向对外汉语教学的同意应答语研究
39	江　林	商学院	美国市场营销协会夏季年会（美国）	8.5—8.7	顾客忠诚计划有效吗？顾客—公司—致性的作用
40	徐正源	国际关系学院	新世纪印度在亚洲的建设性作用（印度）	8.17—8.21	中印的崛起与亚洲的地区秩序
41	刘晓力	哲学院	第 14 届逻辑学、方法论与科学哲学大会（法国）	7.19—7.26	表征与行动——精华涉身认知背景下的一种表征理论
42	王玉君	社会与人口学院	第 106 届美国社会学年会（美国）	8.19—8.23	为什么人们族际通婚：以亚裔美国人的婚姻同化的多层分析为例
43	李欢欢	心理学系	第 119 届美国心理学学术年会（美国）	8.4—8.7	创伤后应激障碍的情感麻木相关症状：孤独感与温暖寻求——来自具身化研究的证据
44	周文霞	劳动人事院	美国管理学会 2011 年年会（美国）	8.12—8.16	中国员工的职业成功观：质化和量化研究基础上的量表开发
45	吕　萍	公共管理学院	亚洲房地产学会年会（韩国）	7.11—7.14	基于区域差异的中国农民工住房政策研究
46	余华义	公共管理学院	亚洲房地产学会年会（韩国）	7.11—7.14	中国主要城市的房地产泡沫究竟有多大
47	张正峰	公共管理学院	亚洲房地产学会年会（韩国）	7.11—7.14	土地整治可持续性的标准与评价
48	张　昕	公共管理学院	第 1 届全球中华管理研究年会（新加坡）	8.10—8.11	转型中国的制度变迁轨迹
49	莫嘉琳	外国语学院	2011 电子学习国际会议（美国）	10.17—10.21	电子学习
50	孙建敏	心理学系	美国管理学会 2011 年年会（美国）	8.12—8.16	变革型领导与公民行为：核心自我评价的作用
51	杨彩霞	外国语学院	国际译联第 19 届翻译大会（美国）	8.1—8.4	中国文学翻译培训：问题与策略
52	刚建华	财政金融学院	第 43 届货币研究和宏观金融国际年会（英国）	9.15—9.17	货币研究和宏观金融
53	宋　常	商学院	JSM 统计联合会议	7.30—8.4	统计方法在银行风险管理中的作用
54	严　平	公共管理学院	第 59 届日本 PTA 全国研究大会（日本）	8.26—8.27	现代学校制度中家长委员会建设研究：中国的理论与实践
55	叶光亮	汉青经济与金融高级研究院	加拿大法律与经济学会 2011 年会（加拿大）	9.23—9.24	局部价格歧视下的序贯进入和兼并
56	陈　浩	马克思主义学院	全球化时代的多元文化共生 2011 年会（日本）	10.12—10.17	个体与社会关系理论视域下的早期马克思研究
57	张　磊	公共管理学院	美国规划院校联合会年会（美国）	10.13—10.16	公共参与对开发控制的影响

序号	受助人姓名	所在学院	参加会议	会议时间	提交论文题目
58	陈跃国	数据工程与知识工程教育部重点实验室	美国计算机协会信息与知识管理第20届年会（英国）	10.24—10.28	大规模离散数据流关联连续管理
59	杨万东	学术期刊社	创新管理、信息和生产国际研讨会（日本）	10.8—10.10	管理创新的实质：民本化管理
60	黄　波	农业与农村发展学院	东亚农业合作与农产品国际贸易：中日韩农业经济国际学术研讨会	10.27—10.30	京津风沙源治理工程生态保护价值的CVM评价
61	钟　真	农业与农村发展学院	东亚农业合作与农产品国际贸易：中日韩农业经济国际学术研讨会	10.27—10.30	中间商对生鲜乳供应链的影响研究
62	王雨濛	农业与农村发展学院	东亚农业合作与农产品国际贸易：中日韩农业经济国际学术研讨会	10.27—10.30	中国耕地资源管制效率及其变化分析
63	何　军	信息学院	美国计算机协会信息与知识管理第20届年会（英国）	10.24—10.28	Online Monitoring of Massive Correlated Discrete Streams
64	张　慧	社会与人口学院	美国人类学会第110届年会（加拿大）	11.16—11.20	"Rationalising" Windfall Wealth: Luck, Fate and Auspiciousness
65	毛学峰	农业与农村发展学院	东亚农业合作与农产品国际贸易：中日韩农业经济国际学术研讨会	10.27—10.30	中国2004年以来的粮食收购政策有效性实证分析
66	涂永红	财政金融学院	第10届亚太经济论坛国际学术会议（伊朗）	10.18—10.20	来自东盟区域内外的FDI技术溢出效益分析
67	陈甬军	国际学院	美国华人人文社科教授协会第17届国际年会（美国）	10.28—10.30	中国城市化的新阶段与新任务
68	吴江华	商学院	运筹与管理科学学会年会（美国）	11.13—11.16	电子商务环境下的价格随机化促销决策模型
69	杨　东	法学院	第3届东亚破产重组国际研讨会（日本）	10.28—10.31	中国并购法制的现状和课题
70	徐佳宾	商学院	国际商务学会2011年年会（美国）	10.20—10.22	基于生产服务创新的国际商务新变化
71	杜焕芳	法学院	东亚（中日韩）国际私法专家会议（日本）	12.3—12.4	中国新国际私法中的管辖权与法律选择
72	聂敏里	哲学院	第3届国际前苏格拉底大会（墨西哥）	1.9—1.13	前苏格拉底哲学和中国古代哲学比较的几个方面
73	吴翌琳	统计学院	欧盟中国CO-REACH国际研讨会（荷兰）	11.28—11.29	就业增长、出口、创新与技术前沿面：基于中国国有企业不同属性的分析
74	高金伍	信息学院	第11届国际电子商务会议（泰国曼谷）	11.29—12.2	不确定双矩阵对策
75	乌云毕力格	国学院	日本蒙古学秋季大会（日本）	11.19	顺治十二年（公元1654年）以前的北喀尔喀扎萨克问题
76	王秋月	信息学院	INEX2011（德国）	12.12—12.14	INEX2011数据中心式评价小组的总结报告

管理工作

行政管理工作

一、概况

21 世纪以来，中国人民大学“十年基础”、“固本强基、重塑形象”的阶段性目标已圆满实现，2011 年是“十年腾飞”、建设“人民满意、世界一流”大学新阶段的关键之年。学校行政综合管理部门继续围绕学校创建“人民满意、世界一流”大学的战略目标和中心工作，继续高举“发展、创新、和谐”的旗帜，积极发扬顽强拼搏精神和良好精神风貌，充分发挥学校领导班子的参谋助手、学校的信息枢纽、部门院系工作的综合协调、各项工作的督促落实及对内对外、对上对下服务的职能，继续着力建设“充满活力，充满智慧，规范、高效、成熟的学习型、服务型办公室”，为推动全校建立“校令畅通、反应灵敏、运转规范、运作高效、服务优良”的管理体系作出了新的贡献。

二、信息工作

2011 年，学校办公室继续积极发挥信息枢纽作用，做好常规刊物的编写工作，以信息刊物为内宣手段，做好学校事业发展的宣传工作，积极发挥《情况反映》、《每周信息》、《工作简报》的宣传作用，通过上报教育部、面向兄弟高校和全校师生的《每周信息》、《工作简报》等公开信息渠道，积极宣传学校事业发展情况，及时向上级部门、兄弟高校和全校师生汇报学校各项工作所取得的新成绩、新进展。通过进一步理顺信息工作机制，有效协调宣传部门、安全保卫部门、学生管理部门、网络管理部门之间的关系，努力拓宽信息渠道，明确校内信息编写、采集、宣传和监管等环节的责任制度，强化信息枢纽作用，畅通校内信息报送渠道，在美军参联会主席迈克尔·马伦海军上将访问人民大学等重大活动和任务中，保证重要信息及时上报、重大活动及时宣传、重点问题及时解决。

2011 年，共编发《信息快报》63 期（约 20 万字）、《每周信息》36 期（约 24 万字）、《情况反映》约 185 期、《工作简报》16 期，制作各类演示文稿 30 余次，并完成 2 万余条信息记录的数据库录入，为领导决策、下情上达、相互沟通、推进有关职能部门和院系工作提供了有力支持。

2011 年，学校办公室进一步认真贯彻落实《高等学校信息公开办法》和《中国人民大学信息公开办法》，维护信息公开网站的运行，按照《中国人民大学信息公开目录》及时更新相关信息，主动公开各类信息 1 500 余条，通过受理有效信息公开申请 14 件，并认真接受信息公开的电话申请和电子邮件申请，依据相关规章办法在规定期限内予以回复。

在各类资料编辑、汇编方面，学校办公室编辑《中国人民大学大事记（2011）》9 万余字，编辑《北京教育年鉴》（中国人民大学部分）2 万余字，起草重要汇报材料 10 篇，重要工作总结 12 篇，重要讲话稿及讲话参考资料 100 余篇，文件和会议纪要近 200 篇，上报重要文件 200 余篇，印发各类文件近 200 件，起草贺信、感谢信、唁电、总结、计划、会议材料、学校有关情况介绍等 400 多篇（封），审核各类活动讲话稿、有关文稿近 100 篇。

2011 版《年鉴》编辑工作继续采用模板方式，压缩编写审稿周期，提高编辑质量，并对部分内容作了适当调整。

三、综合协调工作

2011 年，各种彰显学校实力的高层次活动不断在学校举行，学校办公室继续发挥协调、保证、规范和参谋作用，综合协调、积极配合有关部门开展工作，做到日常协调规范有序，紧急协调及时有效，有力保障了学校重要工作和重大活动的顺利开展。

在重要工作的推进落实方面，配合深入开展创先争优活动、全面提升国际性、推动“十年腾飞”，完成协调中共中央政治局常委、中纪委书记贺国强考察中国人民大学等重大工作任务，学校办公室立足大局，服务基层，充分发挥了综合协调、积极推进的作用。

在各类重大活动组织管理方面，参与、协调了中共中央政治局常委、中纪委书记贺国强考察中国人民大学，玻利维亚总统莫拉莱斯访问中国人民大学，美军参联会主席迈克尔·马伦上将访问中国人民大学，中国人民大学第二届董事会成立大会暨第一次全体会议，纪宝成校长获授法国教育棕榈勋章仪式，团队对口支援西藏民族学院工作协议签字仪式等大型活动。

在突发事件的处理方面，学校办公室从容、有效地加以应对，积极向上级报送动态信息，并及时调配人力，为确保学校在应对各种突发事件中秩序井然作出了贡献。2011 年，总值班室在夜间和节假日共接传上级重要来电、传真 800 余件次，安排紧急会议 20 余次，通知有关人员、接待来访和来电咨询数百次。加强了在元旦、春节、“五一”、“十一”等假期和“两会”期间的值班工作，保证了全校工作的顺利进行。

四、规范管理工作

2011 年，学校办公室组织召开校长办公会 13 次，专题办公会 54 次，党委全委会 1 次，党委常委会（含扩大会）13 次，书记办公会 1 次；接收并处理已登记文件 4 100 余件，其中校内来文 2 200 余件，校外来文 1 900 余件；共核发各类文件 523 件，接收并处理包括突发急件在内的各类公文急件

300 余件；承担学校其他部门大量的材料印制工作；办理出国政审 1 361 人次。

2011 年行政综合管理部门继续积极推进全校规范管理工作：

（一）继续推进公文处理规范管理服务工作。通过加强全程控制，提高管理和服务水平

进一步强化“事前审核”，严把“入口关”。继续加强收文审核，对于不规范公文，通过多种方式提示；落实不合格公文退文制度和公文提醒制度，通过多种方式，加强沟通，确保公文流转准确、高效；规范公文报送程序，采取多种方式，努力避免越级行文、直送领导等行为，减少“回头文”和“补登文”。进一步做好“事中跟办”，确保“不掉队”。规范公文急件办理；实行按专题处理公文；抓好会签环节；做好文件核发工作；加强公文督办，以督办促落实。进一步强化“事后反馈”，确保“不遗留”。做到及时办结、及时反馈和答复。继续用好数字人大 OA 公文处理系统、教育部电子政务平台和北京市教委文件传输平台三大系统，推进公文处理 OA 工作持续向前发展。通过继续与网络中心沟通，多方面推动完善数字人大 OA 公文系统；更新公文管理员队伍名单。

（二）继续推进规章制度规范管理工作

2011 年，整理正式印发的规章制度 36 件，为继续编印新版规章制度汇编做准备，努力建立长效工作机制。继续完善和宣传数字人大 OA 系统规章制度查询利用等工作。

五、校史工作

2011 年，在校史编纂工作委员会的指导和相关部门的支持下，学校办公室（校史研究室）紧密围绕学校中心工作，发挥校史“存史、咨政、育人”的功能，进一步创新工作形式，丰富工作内容，在校史研究和宣传两方面取得了较大的进展。

积极创新校史研究形式。校史研究室于 2010—2011 学年第二学期首次开设全校校史选修课，将校史研究的最新成果运用到教书育人的实践中，并于 2011—2012 学年第一学期连续开设，共计讲课 31 次，选课学生 80 人，课程得到学生们的一致好评，也得到校领导的高度评价；4 月 15 日，学校召开校史上首次院史工作会议，介绍近年来学校校史研究工作所取得的成绩、进展情况和学院开展院史、学科发展史研究的情况，交流开展院史工作的经验，并就如何做好院史工作提出要求；校史研究项目于 2011 年首次纳入学校总体科研项目管理，与教育管理科学基金项目同期组织、同期评审、同期开展，4 项校史研究项目通过评审。

加强规划，保障特色工作和基础工作稳步推进。根据学校“十二五”发展规划，经多次修改，征求意见，制定《中国人民大学校史研究规划纲要（2011—2015 年）》，以学校文件形式印发全校，着重就未来五年的主要任务和实施保障作出重要安排和部署，为校史研究工作的开展提供了制度保障；继续开展口述史工作，采访资深教授、知名校友多人，编辑自述材料约 40 万字；继续推动《中国人民大学志》有关工作的开展，《研究生教育志》经过数轮修改，即将编印，《本（专）科教育志》完成新一轮修改，《人物志》进行了新一轮的编辑工作。

加强校史宣传普及和研究性论文发表工作。在学校公告屏新增“校史上的今天”栏目，栏目内容为 1937 年陕北公学建校以来学校历史上的大事、要事；为校报“求是园名家自述”专栏供稿，刊登缩编后的名家自述；为新生开学典礼、“人大使者家乡行”及新入职人员培训活动作校史知识讲座；编发《中国人民大学校史研究通讯》5 期（约 6 万字）800 余份；发表校史研究论文 3 篇，较好地起到了有效运用校史成果、广泛传播校史知识的作用。

继续完善内部学习和外部交流机制，不断提高业务水平。加强与兄弟高校相关部门的交流学习；积极为校内外各单位提供资料查询、校史咨询等服务，先后协助河北电视台、辽宁省委宣传部等单位拍摄专题纪录片，为发展规划处、学术期刊社、中国警察网等校内外单位提供了资料查询服务，还接待延安大学校史办、陕西旬邑旅游文化局等有关同志来访，交流有关校史问题。

六、董事会工作

2011 年 3 月 9 日，中国人民大学举行第二届董事会成立大会，通过了《中国人民大学董事会章程》，106 位新任董事成为第二届董事会成员。布赫、许嘉璐、项怀诚、高强、顾海良、刘海藩、唐双宁、李希凡等出席会议。时任中国人民大学校长、董事会董事长纪宝成致辞。本次会议总结了第一届董事会在学校教育改革创新、加强与社会各界的联系、加强民主办学和依法治校、推动学校办学治理结构优化改革等方面积累的经验，以及为促进学校事业发展做出的成绩。同时，董事会不断加强内部建设，通过组织董事参加座谈会、咨询会，参加学校学术会议及大型活动等多种形式，广泛听取董事对学校发展的意见建议，积极宣传学校发展建设情况，广泛介绍董事会相关政策，扩大学校以及董事会的社会影响力。

2011 年，董事会新增协议捐款 11 笔，金额为人民币 3 850 万元，已到账 2 050 万元。先后新聘任 21 位董事（含 7 位名誉董事，2 位常务董事，12 位董事）。截至 2011 年 12 月 31 日，董事会共有 114 位董事及董事单位。

■ 人事工作

一、概况

2011 年，学校人事工作围绕“人民满意、世界一流”的办学目标，紧抓队伍建设，把引进高层次人才和教师队伍建设放在工作首位，继续深化人事制度改革，努力探索新形势下人事管理的模式和机制，为学校的学科建设、教学、科研工作提供有效的人力资源支持，在制度建设、队伍建设、专业技术职务评聘与岗位聘用、考核管理、高层次人才工作、薪酬福利、教职工培训、博士后管理、内部治理结构、信息化建设等方面取得了明显成效。

二、教职工基本情况

（一）在职人员情况

截至 12 月 31 日，学校在职教工共计 4 406 人（包括附属中学、附属小学），比 2010 年实际减少 78 人，其中专业技术人员 3 348 人，管理人员 791 人，工勤人员 267 人。

（二）增员情况

截至 12 月 31 日，学校在职人员新增 277 人。

（三）减员情况

截至 12 月 31 日，学校在职人员减少 267 人。

三、制度建设

（一）研究制定人事制度系列文件

制定《中国人民大学双聘教师管理暂行办法》，就双聘教师岗位设置、应聘基本条件、兼聘岗位职责、聘期、聘用程序等事项以及双聘教师人事管理、岗位考核、岗位酬金等问题作出了详细的规定，进一步创新教师管理模式，整合优化内部学术资源，加强学科队伍建设。

（二）规范选留毕业生和优秀人才调入工作

根据《中国人民大学聘用应届毕业生管理办法》和《教师选聘工作实施细则》，进一步规范教师选聘工作。注重新兴学科、重点学科及紧缺岗位的教师补充，加大引进海外优秀博士的力度。严格考核标准，健全审批程序，充分发挥专家学者在选聘教师中的作用，确保选聘质量。创新选聘讲师工作机制，聘请相关学科专家进行审核评议并投票表决；对应聘副高级及以上职务者，继续坚持校外同行专家评审制度。

本年度选聘教师106人，其中毕业生52人（含附中20人、附小3人）。选聘教师中正高级职务13人（其中1人同时为海归博士），副高级职务6人（其中1人同时为海归博士），海外优秀博士20人。另有24人正在办理调入手续（其中海归博士12人）。

为调整管理职员、教师以外专业技术队伍和结构，更好地为教学、科研服务，2011年新选留毕业生47人，6人为博士研究生学历，41人为硕士研究生学历。

（三）加快用人制度的完善和创新

2011年，人事部门对聘用合同进行了修改与完善，并继续对新入校人员全部实行聘用合同管理，与2011年新聘用的99名应届毕业生签订了人事代理合同。同时，进一步探索教师聘用中专职与兼职、固定与流动、短期聘任与长期聘任相结合的用人模式，增加用人形式的多样性，加大聘任名誉教授、聘任客座教授工作力度，2011年共聘任名誉教授1人，客座教授4人。

四、人才工作

（一）国家、北京市人才项目进展顺利，人才培养与引进工作取得重大成就

1. 国家“千人计划”项目

组织完成了第七批“千人计划”项目申报，汉青经济与金融高级研究院推荐的美国斯坦福大学洪瀚教授和加州理工大学沈孟超教授入选，学校“千人计划”项目入选者已有7位；组织完成了第二批“青年千人计划”项目申报，化学系推荐的美国芝加哥大学博士后研究员杜文斌、德州大学奥斯汀分校博士后研究员龚汉元和物理学系推荐的纽约州立大学石溪分校研究助理张立源入选，学校“青年千人计划”项目入选者已有4位；组织完成了首批“青年拔尖人才”项目申报，截至2011年年底已有12位候选人通过教育部评审。

2. 教育部项目

组织开展了2011年度“长江学者”项目申报，经各单位积极推荐和学校专家委员会审定，共推荐55位候选人（其中特聘教授38位）上报教育部；进一步做好新世纪优秀人才项目的申报和管理，组织完成了2011年度“新世纪优秀人才（海外人才）”项目申报，经学校推荐，最终入选4位。

3. 国家外国专家局有关项目

组织完成了2011年度“111”学科创新引智基地项目申报，学校推荐的“数据工程与知识工程”创新引智基地入选；新推荐加拿大女王大学罗宾·鲍德威教授等4人为首批高端外国专家项目候选人、美国堪萨斯大学唐纳德·沃斯特教授等6人为海外高层次文教专家重点支持计划候选人、英国格拉斯哥大学贾斯帕教授为海外名师候选人、暑期学校为学校特色项目候选项目，截至2011年年底，上述项目正在评审过程中；同时，完成了外专项目优秀成果推荐工作，将暑期学校和金融管理与金融工程创新引智基地两个项目作为优秀成果上报外专局。

4. 北京市人才项目

组织完成了2011年度北京市优秀人才支持计划项目申报，社会人口学院刘谦副教授等2人入选；组织完成了北京市优秀人才执行情况总结上报和意见反馈工作，并推荐信息学院李翠萍等5人为项目执行典型，上报北京市委组织部。

（二）“985”、“211”会聚人才效应得到体现

1. 通过“985”人才引进项目，不断会聚拔尖创新人才

2011年，按照“巩固优势、加强基础、发展新兴、改善弱势”的学科发展思路，结合“985”人

才工程项目，有针对性地开展人才队伍建设工作。其中新组建的教育学院就引进了 3 位高层次人才全职来校工作。同时，学校还积极利用“985”工程、“211”工程等资源，通过中国人民大学讲座教授等人才项目，加大人才聘用力度，本年度共聘请 16 位“中国人民大学讲座教授”。

2. 引进海外人才工作初见成效

《中国人民大学引进海外人才暂行规定》（2009—2010 学年校政字 25 号）颁布实施以来，学校制定实施细则、明确工作机制、规范办理程序，稳步推进各项人才引进工作。截至 2011 年年底，学校共与 32 名海外人才签订聘用合同或洽谈工作条件。引进的海外人才主要分布在关键学科和亟须提升国际性的学科领域，对于提升学校教师队伍国际性，会聚拔尖人才，构建创新团队，积聚后备力量，实现关键学科、关键领域的突破创新具有重要意义。

（三）完成人才的待遇配套等工作，对人才队伍建设的促进作用得以不断发挥

1. 国家“千人计划”入选者工作进展顺利。目前已有 5 位入选者来校工作，在教学、科研、人才培养等领域发挥了积极作用。

2. 中国人民大学特聘教授、讲座教授项目取得新进展。聘期内的“特聘教授”在校工作开展顺利；2010 年度入选的 10 位讲座教授已签署合同并分批次来校工作，取得了较好的效果。

3. 引进人才的相关待遇得到兑现。根据聘用合同，为学校引进的高层次人才发放薪酬，落实科研启动经费等配套待遇。

五、教职工培训

（一）国际培训

1. 教师派出及回国报到工作。2011 年办理出国手续并实际派出的教师共 37 名，其中由国家留学基金委全额或配套资助的教师 26 名，由教育部新世纪优秀人才计划及国家汉办资助的教师 4 名，通过校际交流、校内全额资助等项目资助或个人联系纳入公派的教师 7 名。此外，全年共有 52 名派出教师完成了海外研修计划办理回国报到手续。

2. 教师出国遴选工作。2011 年学校进一步加大与国家留学基金管理委员会的合作力度，全年共有 24 名教师入选“教师国际培训支持计划”项目，获得国家留学基金委 1∶1 配套资助资格。

3. 学科国际前沿培训。通过组织实施“学科国际前沿教师培训”项目，邀请海外学者为学校教师开展学术国际前沿培训，2011 年共组织 39 场次培训，参加培训教师达 800 余人次。

（二）岗位业务技能培训

1. 新职工入职培训。为便于新入校教师及党政教辅人员尽快熟悉和融入学校的教学、科研及管理环境，学校相关部门为 2011 年新入校教职工及近三年来入校的新教师举办为期一周的入职培训，共计 160 余人参加。

2. 教师岗前培训。2011 年共组织 58 名教师参加北京市教师高等教育岗前培训项目，并取得合格证。

3. 教师英语培训。为实现学校师资队伍建设的战略规划，加速提高教师队伍的国际化水平，学校继续组织师资英语培训班，全年共有 31 名教师参加培训。同时，学校还组织了第 7 期国家公派英语培训班，共有 42 名教师达到国家公派英语合格标准，确保教师派出工作顺利进行。

4. 管理职员英语培训。为落实学校全面提升国际性行动计划，提高管理干部的外语应用能力和国际交流能力，学校举办第 5、6 期管理干部外语培训班，共 51 名干部参训。

六、专业技术职务评聘与岗位聘用工作

教师职务评聘和岗位聘用工作继续坚持以学科建设为导向，重视薄弱学科队伍建设；高度重视教

学与人才培养工作，继续完善科研评价机制；进一步规范同行专家评审工作，实行双向匿名评审和回避制度；进一步健全评聘组织，专家组成更多考虑均衡学科分布，适当提高校外同行专家在评审组织中的比例；对部分学科选聘的具有突出专业特长、取得较高成就，但缺乏学校现行职务评聘及岗位聘用条件所要求的教学和科研经历的特殊人才设置过渡期。2011 年教师职务评聘工作继续坚持重岗位、重水平、重贡献的指导思想，坚持总量控制及结构比例控制的原则。学校教师岗位聘用委员会共评聘通过校本部各级职务教师 163 人（教授 39 人、副教授 58 人、讲师 63 人、助教 3 人），其中，校外应聘的教授 12 人，副教授 6 人；中小学各级教师 46 人，其中，中学高级 13 人，中学一级 17 人，中学二级 14 人，小学一级教师 2 人。

2011 年教师以外专业技术人员评审中，经过学校评审共通过 47 人，其中 24 人（含转系列 3 人）为高级专业技术人员。

根据国家关于事业单位实行岗位聘用制度的有关文件和精神，学校继续实行岗位聘用制度，2011 年组织实施了第五次岗位聘用工作。

2011 年学校教师岗位聘用委员会审议通过各级教师岗位 319 人，其中教授二级 13 人，教授三级 18 人，教授四级 36 人，副教授一级 38 人，副教授二级 24 人，副教授三级 58；通过中小学教师岗位及教师以外专业技术岗位 84 人，其中中学高级教师二级岗位 8 人，中学高级教师三级岗位 13 人。

根据事业单位实行岗位聘用制度的有关精神和校长办公会决定，启动中国人民大学一级岗位教授和一级荣誉教授增补工作。学院共向学校推荐一级岗位教授候选人 19 人、一级荣誉教授候选人 14 人。目前已完成对候选人材料的审查，并召开了资格审查小组会，后续工作将根据学校要求进行。

2011 年学校通过教师以外专业技术岗位聘用的有 107 人，其中聘用到教师以外专业技术岗位六级岗及以上岗位的有 12 人，占人员总数的 11%。2011 年通过管理职员岗位聘用的有 118 人，其中聘用到管理职员六级岗及以上的有 25 人，占人员总数的 21%。2011 年通过工勤技能岗位聘用的有 7 人。

七、考核工作

2010—2011 学年学校共有 1 450 名教师参加年度教学考核，其中 917 人超额完成教学工作任务，占参加考核教师总数的 63.2%；8 人年度考核不合格，占参加考核教师总数的 0.55%，教师队伍工作自觉性和积极性明显提高。

2011 年 6 月，全校进行管理职员、教师以外专业技术人员年度业绩考核，校本部参加年度考核的人员总数为 866 人（不含世纪明德物业公司、文化科技园、印刷厂、后勤集团、出版社、书报中心、附中、附小），其中考核等级为优秀的 145 人，良好的 690 人，合格的 29 人，告诫的 1 人，不合格的 1 人。

八、薪酬、福利和离退休工作

（一）根据国家文件，规范退休人员津贴补贴。2011 年 3 月，学校根据人社部发〔2011〕2 号《关于规范在京中央事业单位退休人员津贴补贴的通知》的精神，参考高等教育学会薪酬管理研究分会的实施意见，结合学校的实际情况，完成了全校退休人员津贴补贴的规范工作，并补发了自 2010 年 1 月起的差额。

（二）根据国家文件，调整离休人员津贴补贴。2011 年 3 月，根据教人司〔2011〕38 号《关于转发中共中央纪委等六部门〈关于调整在京中央事业单位离休人员补贴标准的通知〉的通知》，学校调整了离休人员津贴补贴，并补发自2010年1月起的差额，将国家和学校对离休人员的关心落到实处。

（三）深化收入分配制度改革，保障广大教职工生活待遇。2011年6月，学校决定适当调整在职人员校内生活补贴标准，并于2011年7月正式实施。

（四）提出非事业编制聘用人员（非教师岗）薪酬待遇方案，规范非事业编制人员薪酬管理。2011年10月，学校规范了非事业编制聘用人员薪酬标准，并建立了正常的薪酬调整机制，保障非事业编制聘用人员生活待遇。

（五）持续完成教职工福利工作，为教职工排忧解难。子女医疗统筹全年共支出205 108元；教职工体检全年共支出386 500元；为26名教职员工发放困难补助33 000元；为58名去世教职工家属发放丧葬费和抚恤金。

2011年，学校共有102位教职工办理退休手续，截至2011年年底，共有离退休教职工2 574人，其中离休干部465人。

九、教职工出国（境）

2011年，学校共有1 003人次公派出国（境），赴港澳130人次。为37名教师长期出国办理政审手续，涉及14个学院（系）。从派出教师所在学院（系）的分布情况看，派出人员较多的学院有法学院、商学院、公共管理学院、经济学院等。

十、博士后工作

（一）博士后进、出站情况

2011年学校共招收博士后研究人员88人，其中一、二、六类博士后合计57人，企业博士后31人，分别进入20个院系的15个博士后科研流动站从事研究工作。全年共为42名博士后办理了出站手续。

（二）博士后流动站情况

截至2011年年底，经国家人事部、全国博士后管理委员会批准，学校已相继设立了应用经济学、工商管理、理论经济学、法学、社会学、哲学、历史学、中国语言文学、政治学、新闻传播学、计算机科学与技术、农林经济管理、公共管理及图书、情报与档案管理学及马克思主义理论共15个博士后科研流动站，涵盖104个博士学位授予点。

按照全国博士后管理委员会的要求，学校组织2007年新设立的马克思主义理论博士后流动站接受评估。

（三）企业博士后工作

2011年，学校与泛华建设集团有限公司、华夏银行股份有限公司、中国银河证券股份有限公司、石药集团有限公司、中国浦东干部学院、电子工业出版社等6家单位新签订合作协议，全年共联合招收31名企业博士后研究人员。截至2011年年底，与学校签署合作协议联合招收博士后研究人员的单位已经达到58家。

（四）博士后科学基金申请情况

第四十九批中国博士后科学基金申请中，全校共34人申请，11人获得博士后科学基金资助，获奖比例为32%，共获资助经费33万元。

第五十批中国博士后科学基金申请中，全校共34人申请，7人获得博士后科学基金资助，获奖比例为21%，共获资助经费21万元。

第四批中国博士后科学基金特别资助工作中，学校按比例共推荐17人，有10人获资助，共获资助经费100万元，获资助人数和资助额度再创新高。

附录

中国人民大学2011年教职工增员情况表

	类　别
增员的系列分布	教学科研96人
	党政教辅66人
	中小学、幼教27人
	工勤人员0人
	博士后研究人员88人
增员的学历分布	获博士学位103人
	获硕士学位73人
	获本科学历13人
	获专科学历0人
	专科以下学历0人
增员的来源分布	聘用毕业生99人
	其中：外校52人
	博士38人
	硕士61人
	调入90人
	博士后研究人员88人
增员中的人才分布	海外归国29人
	博士后10人

注："增员的学历分布"中不含博士后研究人员。

中国人民大学2011年在职教职工减员情况表

	类　别
减员的类别分布	离退休112人
	调出校外149人
	辞职、辞退、自动离职0人
	在职死亡6人

中国人民大学博士后流动站名单

流动站（一级学科）	所含二级学科	所在学院	
0101 哲学☆☆（19980619）★★（20070820）	010101 马克思主义哲学★	哲学院	马克思主义学院
	010102 中国哲学	哲学院	国学院
	010103 外国哲学	哲学院	
	010104 逻辑学	哲学院	
	010105 伦理学★	哲学院	
	010106 美学	哲学院	
	010107 宗教学★	哲学院	
	010108 科学技术哲学	哲学院	
	010120 管理哲学	哲学院	

流动站（一级学科）	所含二级学科	所在学院	
0201 理论经济学☆☆（19980619）★★（20070820）	020101 政治经济学★	经济学院	马克思主义学院
	020102 经济思想史	经济学院	
	020103 经济史	经济学院	
	020104 西方经济学★	经济学院	
	020105 世界经济	经济学院	国际关系学院
	020106 人口、资源与环境经济学★	环境学院	社会与人口学院
	020120 网络经济学	经济学院	
	020121 企业经济学	经济学院	
0202 应用经济学☆☆（19990610）★★（20070820）	020201 国民经济学★	经济学院	
	020202 区域经济学★	公共管理学院	
	020203 财政学★	财政金融学院	
	020204 金融学★	财政金融学院	
	020205 产业经济学★	商学院	
	020206 国际贸易学	经济学院	商学院
	020207 劳动经济学★	劳动人事学院	公共管理学院
	020208 统计学★	统计学院	
	020209 数量经济学	经济学院	
	020220 金融工程	财政金融学院	
	020222 保险学	财政金融学院	
	020224 流通经济学	商学院	
	020225 风险管理与精算学	统计学院	
	020226 城市经济学	公共管理学院	
	020228 风险投资	财政金融学院	
0301 法学☆☆（20030701）★★（20070820）	030101 法学理论★	法学院	
	030102 法律史	法学院	
	030103 宪法学与行政法学★	法学院	
	030104 刑法学★	法学院	
	030105 民商法学★	法学院	
	030106 诉讼法学	法学院	
	030107 经济法学	法学院	
	030108 环境与资源保护法学	法学院	
	030109 国际法学	法学院	
	030120 知识产权法	法学院	
0302 政治学☆☆（20001229）▲▲（20080423）	030201 政治学理论	国际关系学院	
	030202 中外政治制度	国际关系学院	信息资源管理学院
	030203 科学社会主义与国际共产主义运动	国际关系学院	马克思主义学院
	030204 中共党史 ★	马克思主义学院	
	030206 国际政治★	国际关系学院	
	030207 国际关系	国际关系学院	
	030208 外交学	国际关系学院	
	030220 中国政治	国际关系学院	
	030221 中国特色社会主义理论	马克思主义学院	

流动站（一级学科）	所含二级学科	所在学院	
0303 社会学☆☆（20001229）★★（20070820）	030301 社会学★	社会与人口学院	
	030302 人口学★	社会与人口学院	
	030303 人类学	社会与人口学院	
	030320 老年学	社会与人口学院	
	030322 社会心理学（应用心理学）	社会与人口学院	
0501 中国语言文学☆☆（20060125）	050101 文艺学★	文学院	
	050102 语言学及应用语言学	文学院	
	050103 汉语言文字学	文学院	
	050104 中国古典文献学	文学院	
	050105 中国古代文学	文学院	国学院
	050106 中国现当代文学	文学院	
	050108 比较文学与世界文学▲	文学院	
0503 新闻传播学☆☆（20001229）★★（20070820）	050301 新闻学★	新闻学院	
	050302 传播学★	新闻学院	
	050320 传媒经济学	新闻学院	
0601 历史学☆☆（20001229）▲▲（20080423）	060101 史学理论及史学史	历史学院	
	060102 考古学及博物馆学	历史学院	
	060103 历史地理学	历史学院	
	060104 历史文献学	历史学院	
	060105 专门史	历史学院	国学院
	060106 中国古代史★	历史学院	国学院
	060107 中国近现代史★	历史学院	
	060108 世界史	历史学院	
	060120 当代中国史	马克思主义学院	
0812 计算机科学与技术☆（20060125）	081201 计算机系统机构	信息学院	
	081202 计算机软件与理论	信息学院	
	081203 计算机应用技术▲	信息学院	
1202 工商管理☆☆（20001229）★★（20070820）	120201 会计学★	商学院	
	120202 企业管理★	商学院	
	120203 旅游管理	商学院	
	120204 技术经济及管理	商学院	农业与农村发展学院
	120220 人力资源管理	劳动人事学院	
	120221 市场营销管理	商学院	
	120222 财务管理	商学院	
1203 农林经济管理☆☆（20001229）	120301 农业经济管理★	农业与农村发展学院	
	120302 林业经济管理	农业与农村发展学院	
	120321 农村发展	农业与农村发展学院	

流动站（一级学科）	所含二级学科	所在学院	
1204 公共管理☆☆（20000701）	120401 行政管理★	公共管理学院	
	120403 教育经济与管理▲	公共管理学院	
	120404 社会保障	劳动人事学院	公共管理学院
	120405 土地资源管理▲	公共管理学院	
	120421 公共组织与人力资源	公共管理学院	
	120422 公共财政管理	公共管理学院	
	120424 可持续发展管理	农业与农村发展学院	
1205 图书馆、情报与档案管理☆☆（20060125）	120501 图书馆学	信息资源管理学院	
	120502 情报学▲	信息资源管理学院	
	120503 档案学★	信息资源管理学院	
	120520 信息资源管理	信息资源管理学院	
0305 马克思主义理论☆☆（20070820）★★（20070820）	030501 马克思主义基本原理★	马克思主义学院	
	030502 马克思主义发展史	马克思主义学院	
	030503 马克思主义中国化研究	马克思主义学院	
	030504 国外马克思主义研究	马克思主义学院	
	030505 思想政治教育★	马克思主义学院	
	030506 中国近现代史基本问题研究	马克思主义学院	

注：加“☆☆”的一级学科表示该一级学科具有博士学位授予权；加“☆”的一级学科表示该一级学科具有硕士学位授予权；加“★★”的一级学科为国家重点一级学科；加“★”的专业为国家重点二级学科；加“▲▲”的一级学科为北京市重点一级学科；加“▲”的专业为北京市重点二级学科。

■ 学生工作

一、概况

2011年，学校学生工作部门坚持以邓小平理论和“三个代表”重要思想为指导，深入贯彻科学发展观，全面落实胡锦涛总书记、温家宝总理在“全国教育工作会议”上的讲话精神以及《国家中长期教育改革和发展规划纲要（2011—2020年）》各项要求，以“一切为了学生”为根本，从“人民满意、世界一流”的办学目标出发，立足学校核心工作，服务学生成长成才，稳步提高学校本科生源质量，多手段并举促进学生就业，注重在校生学籍管理及思想政治教育，构建和谐校园文化，加强内部队伍建设，通过科学调研、创新理念、开辟路径、完善机制，不断反思与总结工作经验，有效增强工作的针对性和实效性，逐步形成了“以学生为本”、务实、高效、特色、人性的学生工作新格局。

二、思想政治教育工作

（一）新生入学导航教育，主题鲜明，形式多样

调查显示，学校“90后”本科生普遍有着较高的自我预期以及独立决策和自我保护意识，为此，学校提出了“坚持学校示范与学院特色、大型报告与精致化工作坊相结合，以党员骨干为核心，学校搭台学生唱戏”的2011级新生入学教育工作思路，依托学校、学院、公寓、网络四个平台，分为大规模集中教育（入学第一周）和小规模专题教育（9—11月）两个阶段，围绕“引领、适应、融入和

发展”四个主题设计开展了十余个新生入学适应与辅导项目。

2011年，学生工作部（处）在9月份集中教育阶段，特邀请校党委书记程天权教授，校长助理、办公室主任刘向兵，发展规划处处长胡娟为全体新生作生动的校情校史报告，使2011级新生领悟大学精神，了解大学生活。在入学第一周还邀请了招就处、教务处、校团委、外国语学院、校医院等部门负责人围绕“职业生涯规划”、“大学专业设置与课程学习”、“社团与校园文化生活”、“大学英语学习方法”等主题举办了学习生活适应专题讲座，以帮助2011级新生顺利开启大学新生活。同时，心理健康教育与咨询中心通过开设心理健康通识课，新生主题心理健康讲座，大学心理适应团体活动等方式，帮助新生在心理方面更快地适应大学生活。为满足新生的个性化需求，举行了以“学习适应、实践开拓、跨文化交流、提高演讲能力”为主题的新生入学适应工作坊，聘请“毕业十星”担任新生入学教育特约辅导员，与新生们分享大学学习和生活的经历和体验；邀请新东方特约讲师传授演讲技巧和经验。

2011年，学生工作部（处）充分利用网络平台，首次开通了“新生入学导航网”、QQ咨询、“新生i问”BBS和微博互动平台，以及新生手机热线，并与人人网上颇受学生欢迎的“师兄师姐指导团”合作，为新生提供最全面、最细致、最周到的资讯查询。

为坚定理想信念，学生工作部（处）以庆祝建党90周年和党员“创先争优”第三阶段活动为契机，首次开展了“红船领航”——新生党员先进性熔铸计划，全面强化新生党员的思想政治教育。为在校园内营造浓厚的爱国主义氛围，学生工作部（处）在武警国防生选培办的支持下，于2011年10—12月期间的每周一和重要纪念日举行“当国歌响起的时候”升国旗活动。

（二）抓“三班”、促“三基”，凸显成效

2011年，学生工作部门以“爱国爱校、遵纪守法好，发奋成才、学习风气好，团结友爱、同学感情好，活动丰富、综合素质好，组织得力、骨干示范好”的“五好”标准为基准大力开展班级活动，力促“五好”班集体建设；通过加大奖励力度、扩大奖励范围、改进评选程序、强化激励机制，完善北京市、学校、学院三级先进班集体评选活动；联合校团委举办中国人民大学2011级本科生学生骨干领导力训练营，对2011级本科班级的169名班干部进行了系统培训；与美国国际教育服务机构合作，组织“明德领袖生培训计划”，促进学生骨干对外交流；修订改版《班主任工作手册》，完善班主任绩效考核机制；在优秀班主任评选中增加学生网上投票、述评交流会公开评选环节，增强了评选的民主性，促进经验交流与总结，“以评促建”成效显著。

2011年，学校国际关系学院2009级本科3班参与北京市首批高校“我的班级我的家”学习型班集体创建示范活动，获得“十佳示范班集体”荣誉称号，展示了人大学子良好的精神风貌。学生工作部（处）由于精心组织、周密部署，获得优秀组织奖。

2011年，学生工作部门共组织班主任、辅导员培训3场，总计660余人次；向645名班主任发放津贴34.94万元；评选出“十佳班主任”10名、“十佳班主任”提名奖获得者9名、优秀班主任153名，发放奖金22.7万元；校级先进班集体150个，推荐其中11个最优秀的班级为北京市先进班集体，发放奖金30万元。

（三）积极推进住宿辅导和社区建设工作，创建平安温馨文明公寓

2011年，学生工作部（处）初步建立具有人大特色的住宿辅导与社区建设工作模式，努力提高公寓学生成长辅导和生活服务水平，努力做好规范学生行为管理、提供生活成长服务、举办文化活动、进行朋辈互助、开展深度辅导等工作。学生工作部（处）与相关部门一道修订学生公寓管理办法，完善学生公寓管理委员会机构设置，推动学生公寓管理与服务工作形成合力。

2011年，学生工作部全力建设公寓辅导员和公寓学生自我管理委员会队伍。2011年共招聘兼职公寓辅导员近70人，成立社区辅导员工作组，搭建管理梯队，改革运行机制。自管会以建设特色公寓和社区文化、维护公寓同学正当权益和社区良好环境与秩序为目标，以促进同学自我管理、服务和

成长为宗旨，共有近300名同学活跃其中。

2011年，继续做好9个本科学生公寓辅导员工作室和5个活动室的建设工作，为每个工作室配置50余种修身励志、心灵成长、时政理论等类型的图书，订阅《南方周末》、《新周刊》、《心理月刊》等报刊，并开放供本楼同学借阅；配置羽毛球、足球等体育器材和针线包、工具箱等物品方便同学使用。开辟2间成长辅导室（“朋辈小屋”）和2间学习室供学生使用。

继续开展文明宿舍督察和评选工作。共评选2010—2011学年文明宿舍53个，评选“雷霆行动”优秀宿舍514个。2011年12月，学校品园1楼、品园3楼、品园6楼和知行1楼四栋学生公寓通过北京市高校标准化公寓达标验收。

2011年，自管会和公寓辅导员努力打造内容丰富多彩、同学喜闻乐见的文化活动。已经在各个社区广泛开展的活动有：社区迎新、毕业季、“同心衣慰”旧衣物书籍回收等服务类活动，女生节、端午节、中秋节、万圣节、光棍节、感恩节、新年等节日欢庆类活动，摄影作品征集比赛、宿舍美化、宿舍生活专题讲座、健康专题讲座等生活类活动，“大学ING”——成长分享会、大学生活热点沙龙等拓展类活动。

2011年，学生工作部推动建立“公寓事务恳谈会”工作机制，促进学校与学生沟通、交流。完善公寓辅导员工作室值班制度和夜间紧急事宜联系与报告制度，规范平安信息报告和突发事件处理机制，要求每位辅导员联系约200名同学，并以宿舍为单位进行深度访谈，全方位、多渠道关注和关心学生，扎实建设平安和谐公寓和社区。

（四）完善辅导员队伍管理

学生工作部门完善辅导员电子履历档案，加强辅导员队伍建设，并积极贯彻落实北京市政策，加强对学生的“深度辅导”工作，为110名（218人次）专职辅导员发放岗位津贴。学生工作部门继续发挥研究生管理助理岗位和勤工助学岗位的优势，选拔聘任143名院系学生工作辅导员、170名班级辅导员、74名学生兼职公寓辅导员，进一步加强学生思想政治教育工作，并推荐10名优秀辅导员参加北京市高校辅导员专业化培训，推荐1名优秀辅导员参评教育部“2011全国高校辅导员年度人物评选”。学校还派出2名处级辅导员赴美国、澳大利亚进行为期3个月的交流学习，2名处级辅导员参加2011年中国人民大学管理干部赴国外培训考察团。2011年，全校共评选出31名优秀专职辅导员、108名优秀学生兼职辅导员。

（五）毕业教育创新形式，打造完美“毕业季”

2011年，学生工作部（处）按照活跃基层、部门联动、全员参与、学生主体的工作原则，努力打造“毕业季”工作品牌，逐步形成了以理想信念、毕业适应、经验传承和情感交融为主要内容，学校各有关部门全程参与，各学院根据学院工作特色分别开展，班团联动，学生“毕业季”志愿者自主策划、组织的毕业教育模式。

理想信念模块，包括毕业宣誓系列、“国旗在召唤”升国旗仪式和诚信教育月等3个主题活动。毕业宣誓系列活动又分为誓词讨论、横幅签名、宣誓报名、毕业典礼现场赠送誓词纪念册和现场宣誓等5个环节；“国旗在召唤”升国旗活动在4—6月的每周一及“五四”青年节举行，意在通过感受升旗仪式的庄严之美，激发毕业生建功立业报效祖国的爱国情怀。而诚信教育月则以贷款毕业生签订还款协议为契机，通过开展“诚信与人生”讲座、诚信宣言、诚信签名、“企业诚信文化体验”参观以及“受助毕业生联谊”等活动增强毕业生诚信和感恩意识。

毕业适应模块，包括毕业心理减压和职业适应两个项目。通过举办“感悟·适应·规划”户外心理活动、“求职心态调适”讲座和宣传品发放等舒解毕业生压力。由就业指导中心策划开展的职业适应活动，包括“学生职业发展沙龙”、“创业之星”大赛和“毕业生座谈”等，旨在提升毕业生创业和就业能力。

经验传承模块，包括旧书回收、留言与祝福和“毕业十星”评选等3大活动。“青春接力棒”旧书回收活动将毕业生的闲置图书回流给未来新生；毕业留言与祝福又分为“情系一家”——给未来“新房客”留封信和“亲情祝愿”——祝福卡留言与祝福两项活动；“毕业十星”旨在表彰在学习、学术、实践、挑战、自强、诚信等方面表现出色的毕业生，并邀请其担任新生入学教育特约辅导员，是将毕业教育与入学教育有效结合的教育设计。

情感交融模块，包括毕业校园游、毕业纪念赠礼、毕业大戏和体育联谊赛等 4 个部分。“校园记忆”——毕业校园游活动，由毕业生投票选出 12 个最难忘的校园景点，开展重游校园加盖景点纪念邮戳的活动，在回顾中增强对母校的归属感。由毕业纪念衫、毕业徽章、毕业誓词纪念册等组成的毕业纪念赠礼为毕业生留下的是一个生动的人大，一个打上了他们生活印记的母校。由“一生有你”毕业晚会、“青春华尔兹”毕业舞会和“青春光影”电影放映等活动组成的毕业文化盛宴，令毕业生在离校前夕放松身心、感受温暖。而传统品牌活动“白羽惜别”羽毛球团体赛和以毕业生为主体的篮球、足球比赛更充当了师生情感交流的桥梁。

2011 年的毕业宣誓活动，有超过 30 个班级党团支部的近千人报名，2 000 多人在毕业誓词横幅上签名，逾 3 000 人在毕业典礼现场领取誓词纪念册并参与宣誓；6 000 余人参与留言与祝福；1.2 万人次参与“毕业十星”投票。

（六）依托基层，发挥学生主体作用，全面推进形势与政策学习

进一步强化形势与政策教育，通过新生党员先进性熔铸计划、举办升国旗主题活动、开设国情责任课以及开展讲座等多种形式，以新生为基础，以学院为依托，积极发挥学生主体作用，对学生进行爱国主义教育和国情教育。

2011 年 10 月，学生工作部（处）启动首次“红船领航”——新生党员先进性熔铸计划，突出“熟悉、聆听、阅读、实践”四个特色主题，全校 308 名本科新生党员在 51 名由高年级学生党员骨干担任的辅导员的带领下，分为 17 个小组创造性开展团队破冰熔炼、党建原典学习、红色主题参观、学习先进事迹、观看主旋律电影、党性提升工作坊、红色 1+1 结对交流服务，以及帮助身边同学等一系列先进性熔铸活动。

2011 年，学生工作部在 2010 年开设“当代中国国情与青年的历史责任”系列课程的良好基础上，着眼于大学生实际，有力整合名师资源，与老教授协会开展密切、深入的合作，继续开设“当代中国国情与青年的历史责任”系列选修课程，有效地提升了形势与政策教育的针对性与实效性。通过开展“从北非街头政治看全球危机”讲座、俄罗斯宇航员帕达尔卡讲座、“十二五”时期首都发展总体战略和政策取向报告会、学习《北京日报》评论员文章的活动和参观国博《复兴之路》基本陈列活动、杨善洲同志先进事迹报告会、纪念建党 90 周年“永远跟党走”系列活动，帮助学生认识当下形势，激发他们的责任感和使命感。

（七）规范学生事务管理，全面服务学生所需

2011 年，学生工作部门不断完善管理机制，创新工作路径，全面做好公派出国政审、研究生入学政审等各项工作。按学校规定，办理学生公派出国（境）政审共 412 人、硕士研究生入学政审 3 521人，博士研究生 812 人。

另外，学生工作部门按规定程序做好学生违纪处理工作，共处分 31 名违纪学生，批评教育学生 50 人次。发放《学在北京》、《爱的透视窗——大学生情感故事》、《大学生安全自护自救知识手册》、《大学生应急救护手册》，帮助同学提高自我管理、自我保护能力。协同做好学生突发事件的处理工作。

三、心理健康教育与咨询

（一）开设心理健康教育通识课

在教务处开展的 2010—2011 学年春季学期本科课堂教学质量评教工作中，学校心理健康教育与

咨询中心（以下简称“中心”）三位教师胡邓、侯瑞鹤、周莉讲授的心理健康通识课分别获得了99.29分、94.66分、92.08分的好成绩，共有15个教学班2 471名本科生（含留学生）修读了该课程。此外，共有392名本科生选修中心开设的5门选修课，分别是：参与“自助旅行与心理素质教育”150人，参与“情感心理学”150人，参与“自我探索与人际关系”52人，参与“朋辈心理辅导”40人（两学期各20人）。

（二）持之以恒做好日常心理咨询服务，加速推动咨询工作规范化进程

2011年，心理咨询室共接待了前来咨询的同学1 021人次。为了更好地为同学提供服务，中心保证每周开放15次（每天上午、下午和晚上），每次至少3小时的咨询时间。在暑期学校（国际小学期）期间，中心也坚持为留校的学生服务。

在全体咨询师的不断努力下，中心着重提高了咨询的数字化程度，在预约登记、咨询记录、评估分类标准和咨询档案四个方面均进行了数字化处理，建立了规范的数据库。

（三）开展新生心理普查，积极做好新生心理适应辅导

除了开设心理健康通识课，中心还采取三项措施做好新生入学心理适应辅导工作。一是在2011级新生报到时，发放《心声》报等心理健康宣传品。二是在9月至11月期间，因时制宜地给部分学院（包括苏州研究院）安排了新生心理健康专题讲座。三是首次举办了团体适应工作坊，帮助有需要的新生适应大学生活，并了解其心理需求。

此外，为了解2011级新生心理健康状况水平与心理特点，尽早筛查出存在较严重心理障碍的学生，预防自杀或伤害他人等危机事件的发生，中心在10—11月期间开展了新生心理健康普查工作，并对其中可能有一定问题倾向的136名同学进行了约谈甄别。

（四）承办全市高校心理健康月活动开幕式，圆满完成“5·25心理健康月”活动

4月7日，北京市2011年“5·25心理健康月”在学校举行了开幕式。教育部思政司、市教工委、团市委领导以及北京市各高校主管校领导、学工部长、心理咨询中心主任、学生代表等200余人参加了开幕式。中国人民大学、首都师范大学和北京科技大学三所高校在会上就心理健康教育工作理念、方法、内容和成果等方面的工作进行了交流与分享。

2011年，中心进一步加强与理学院的合作，把第三届“心里乐翻天”心理健康知识比赛推广到全校。该活动旨在以娱乐、趣味的方式面向同学们普及心理健康知识，以达到宣传和引导的作用，同时提高大学生的心理健康意识，积极地关注自己的心理健康。

（五）顺利通过北京市教工委的评估督导

2011年11月23日，北京市委教育工委副书记王民忠率北京高校心理素质教育工作专项督导组一行9人来到学校，开展了心理素质教育工作专项督导评估。专家组对学校不断改进心理咨询工作条件，丰富心理咨询手段给予了高度肯定。

（六）推进学生成长与发展服务体系建设，实现精致化辅导，专业化服务

2011年，中心重点建设了法学院、信息学院、信息资源管理学院和新闻学院等4个学院的发展辅导室，形成了学院发展辅导室的标准化建设方案。在公寓的成长辅导室平台建设方面，11月下旬启用的“朋辈小屋”是在公寓社区就近为同学提供半专业化的朋辈心理咨询服务的场所，包括面向男生服务的品园3楼“朋辈小屋”和面向女生服务的品园6楼“朋辈小屋”。朋辈咨询师每晚提供4个小时的朋辈咨询，同时开通了两部热线电话，为同学提供电话心理咨询服务。此外，中心还重点建设了音乐治疗室和沙盘游戏室各1间。

（七）深入推进斯坦福大学“桥”——朋辈辅导项目，合作提升朋辈心理咨询服务专业化水平

2011年2月，中心正式启动了朋辈咨询员培训计划。中心邀请外籍教师为朋辈辅导员指导，借鉴斯坦福大学朋辈心理辅导的培养模式对18名由中心助教和心理系本科生组成的朋辈心理咨询学员进行双语教学。自9月以来，中心已经为第一期朋辈心理咨询学员开设了高级课程，并且对他们所学

的操作技能进行了一对一的评估。与此同时，第二期 18 名同学也已接受初级课程内容的学习和实际操作技巧的训练。

四、学籍管理工作

2011 年，学籍管理部门办理学籍变动及备案手续总计 2 464 人次，其中休学 101 人、退学 54 人、复学 60 人、恢复学籍 147 人、转专业 158 人、保留学籍 151 人、大类分流专业1 262人、放弃入学资格 291 人、保留入学资格 60 人、恢复入学资格 56 人、其他（死亡、改名、改身份证号等）124 人。学生学籍管理工作顺利进行。学校 7 288 条 2011 级新生数据顺利通过教育部平台审核。

2011 年两个学期的学生电子注册率分别为 97.95%和 91.54%。

2011 年寒暑假期间，组织 48 名学生赴美国高校进行交流，参观访问了美国加州大学洛杉矶分校、斯坦福大学等著名高校。接待香港城市大学、香港岭南大学、香港理工大学、台湾大学、台湾政治大学、台湾辅仁大学、台湾逢甲大学等高校来校学习的交换学生 67 人。

五、奖励与资助工作

（一）国家助学贷款

2011 年，学校有 315 名家庭经济困难学生新申请国家助学贷款，贷款合同金额达 462.27 万元。其中，生源地国家助学贷款人数为 130 人，贷款金额 77.6 万元（一年申请额）；校园地国家助学贷款人数为 185 人，贷款金额 384.67 万元。为了做好 235 名贷款毕业生的还款服务工作，学校通过发放还款手册和组织培训会的方式，方便学生了解国家助学贷款还款的相关政策，其中，根据西部就业政策规定，学校为 13 名赴西部就业的同学代偿 50%的国家助学贷款 5.6 万元，为 7 名去西部基层就业的学生办理学费补偿和国家助学贷款国家代偿 11.5 万元，并每年跟踪调查该生在职在岗情况。2011 年，学校应征入伍的学生有 11 名，退役复学的学生有 6 名，申请代偿国家助学贷款及资助学费共计 16 名（有 1 名学生在读期间免缴学费），申请补偿代偿资助额共计 165 450 元。

2011 年，协助完成 829 名国家助学贷款学生的学费缓缴和电子注册。同时，在续签借据工作中重视和加强对学生的诚信教育、感恩教育，将学生资助工作与思想政治教育工作良好结合起来。此外，结合毕业教育，继续推行中国人民大学“诚信教育月”系列活动，由学生工作部（处）主办、自强社承办的“诚信伴我行”活动在学生中反响强烈，效果良好。

（二）奖学金

2011 年，学校共评选出荣誉类、学习类和专项类三大类个人奖项，合计 24 个项目，同时评选出集体奖项 4 大项。从奖励情况来看，2011 年共评选出获奖学生 9 532 人（次），其中，各类奖学金 6 724 人（次）、优秀研究生荣誉称号 1 479 人、三好学生荣誉称号 1 329 人；评选出获奖集体 215 个（优秀班集体 147 个，标兵社团 5 个，优秀社团 10 个，文明宿舍 53 个）；合计奖励金额超过 1 010 万元。法学院谢飘等 10 名同学荣获吴玉章奖学金，马克思主义学院韩晓青荣获宝钢优秀学生特等奖，这是中国人民大学连续第五年荣获该奖项。

2011 年，学校组织召开中国人民大学学生奖励与“三班建设”表彰大会，对全校的获奖个人和集体进行集中表彰，并制作中国人民大学学生奖励工作视频专题片。举行西班牙桑坦德银行开放日活动暨桑坦德奖学金颁奖仪式，使在校学生近距离了解西班牙文化。同时，邀请资助单位和个人到学校参与颁奖活动，包括信善奖助学金、光华奖学金、三星奖学金颁奖会等。在宣传方面，学校重新修订了《中国人民大学学生奖励与资助手册》和《中国人民大学学生奖励工作手册》，专门制作了中国人民大学 2011 年获奖学生光荣榜，在学生工作部（处）网站、学校橱窗及《中国人民大学校报》、《青年人大》等校内媒体对获奖的优秀学生典型进行宣传报道。

2011 年，学校还评选出优秀毕业生 1 111 人，其中，市级优秀毕业生 145 人，校级优秀毕业生 488 人，院级优秀毕业生 478 人，并为市级和校级优秀毕业生设计制作了优秀毕业生纪念品。此外，学校还为 2011 届全体毕业生制作了毕业纪念衫，并在学生中进行了毕业纪念衫的创意征集活动。

（三）助学金

2011 年，在全校开展了两次家庭经济困难学生认定工作。学校举办并参加了 2 次助学金颁奖会，2 次受助学生座谈会，1 次受助毕业生联谊会，1 次西藏籍学生藏历年联欢活动，1 次新疆籍少数民族学生节日聚会。学校获助学生代表分别参加了教育部曾宪梓奖学金颁奖会、兴大助学金颁奖会、河南超越助学金颁奖会及友邦助学金颁奖会等。2011 年，兴大助学金获助学生参加了由兴大基金会组织的暑期爱国主义教育及社会实践活动；雁行人大助学金获助学生参加了由雁行基金会组织的赴贫困山区中小学支教等活动。

2011 年，学校共有 1 623 名同学获得了国家助学金，资助额度为 465.6 万元。学校为 1 715 名经济困难学生发放伙食及专项补助金 47.61 万元，为来自新疆的家庭经济困难学生发放节日补助 6.16 万元。社会捐资在学校设立助学金 11 项，共资助 488 名家庭经济困难学生，资助金额 134 万余元。

（四）困难补助

2011 年，学校共为 1 677 人次发放困难补助 48.8 万元；共为 18 名学生（包括孤残、因公牺牲、烈士子女等）减免学费 9.618 万元；为 767 人次家庭经济困难学生发放了羽绒服、自行车、电话卡等学习生活用品，共计金额 15.5 万元；为 583 名学生办理 4.664 万元保险。2011 年，学校继续举行“爱在中秋”贫困生联欢晚会，在寒假留校学生中开展系列文体联欢活动和新春团拜活动，学校师生共同欢度佳节。

（五）贷学金

2011 年，学校在新生入学“绿色通道”现场向 85 名家庭经济困难的新生发放了 17 万元的奖励性贷学金。此外，为方便贫困学生积极参与暑期国际小学期的活动，学校继续推进针对暑期国际小学期的奖励性贷学金项目。2011 年，共为 56 名贫困学生发放奖励性贷学金 10.7 万元，极大地缓解了学生的经济压力。

为培养青年学生的自立、自强意识，提高学生的社会责任感和诚信度，鼓励学生参与国际交流，提升国际视野，2011 年，学校为 156 名学生发放心平贷学金，发放金额达 659.8 万元。其中，申请心平留学贷学金的有 33 人，申请金额为 537.5 万元；申请心平自立贷学金的有 123 人，申请金额为 122.3 万元。

（六）校内勤工助学

2011 年，学校继续加大校内勤工助学资金投入，充分发挥校内勤工助学在资助家庭经济困难学生、锻炼学生技能、培养学生自立自强意识方面的重要作用。本年度，学校继续组织策划“人大使者家乡行”和“爱心回馈报他人”——院系团体勤工助学活动，将“主题性”教育活动融入勤工助学活动，增强资助效果，实现资助育人的目标。2011 年，学校为在校本科学生提供了 700 多个勤工助学岗位，为 2 764 人次发放 64.8 万元的勤工助学酬金。本年度，学校还组织了两期“人大使者家乡行”活动，参加同学 200 多人次，编辑两本《中国人民大学“人大使者家乡行”活动资料汇编》；学校在 6 个学院中实施中国人民大学“院系团队勤工助学”。

（七）家庭经济困难学生培养

家庭经济困难学生培养是学校学生资助工作的重要内容。2011 年，学校在不断丰富发展物质资助体系的基础上，还通过依托项目培养、心理帮扶、情感交流等途径，借助家庭经济困难学生自强社，努力为学校家庭经济困难学生打造成长、发展平台。学校现已形成较为完善的家庭经济困难学生成长发展项目体系，老生新生结对交流项目从新生入学绿色通道家庭经济困难学生入学帮扶开始，到“爱在中秋”晚会、“师兄师姐经验谈”专题讲座，充分体现了学校、老生对新入学家庭经济困难学生的关心。“励志成才看世界”项目为新入学的家庭经济困难学生提供了开眼看世界和动手从事社会公益志愿服务活动的机会。“家庭经济困难学生素质提升计划”通过计算机讲座培训、英语口语培训、社会知名人士讲座及各种专项技能培训努力提升学校家庭经济困难学生综合素质。此外，学校还依托自强社为学校家庭经济困难学生营造和谐之“家”，通过加大社团组织建设为学生提供情感交流平台。

本年度，学校继续为少数民族学生的成长发展提供支持，学校领导高度重视此项工作，程天权书记、马俊杰副书记参加了“2011年度藏历新年庆祝活动”。同时，学校还通过数学手拉手专项辅导、藏语互助学习课等形式为藏族学生提供学业帮扶，并支持藏族学生开展体育、文体活动。学校还通过“2011年度穆斯林古尔邦节庆祝活动”等支持新疆少数民族学生开展活动。

（八）社会实践平台

学校积极拓展家庭经济困难学生社会实践平台，为家庭经济困难学生开阔视野、提升技能、增长才干创造途径。首先，学校通过创新资助工作方式，为学生提供了“人大使者家乡行”、“励志成才看世界”、“爱心回馈报他人”——院系团体勤工助学等实践项目。其次，学校还与中国青少年发展基金会、中国扶贫基金会和其他高等学校开展合作，为学校贫困学生参与社会实践和高等学校之间家庭经济困难学生的交流合作赢得机会。截至2011年底，已组织数百人次参与中国青少年发展基金会的“希望工程激励行动”项目和中国扶贫基金会的“新长城”项目，涵盖10多个子项目：“爱心传递，与梦齐飞”、“耐克爱超越”、“激励行动公益计划”、“激励行动·BC计划”、“爱心包裹”、“爱心宿舍”等。

六、国防教育工作

党委人民武装部圆满完成了2011年的征兵组织工作，充分发挥基层和学生社团力量，开展多次定向越野竞赛和参军入伍同学先进事迹宣传活动，效果良好，6名学生光荣入伍。大学生整体素质高、作风好，入伍后的表现赢得了部队一致认可，多名同学在服役期间立功受奖，为学校赢得了荣誉。学校被评为“海淀区2011年冬季征兵工作先进单位”。军事理论课、5名退役复学学生安置等工作也有序完成。2011年，武装部共为退役复学学生发放国防奖学金1.8万元。

学校于2011年8月25日至9月5日开展了2010级本科学生军训工作。实际参训人数（不含国防生）为2 565名（其中港澳台生13人），参训率为98%。承训基地为北京昌平盛华人才培训中心，承训部队为中国人民大学解放军66325部队。军训团编为三营十七连施训。此外，117名国防生于7月16日至30日进行了军训。本次军训按照“安全第一、严格管理，以人为本、科学施训”的工作要求组织实施。全体参训同学顽强拼搏、刻苦训练，全体军训教官严格施训、科学施训，全体带队老师关爱学生、细致工作，各项后勤保障工作及时周到、体贴入微。军训工作取得了圆满成功。本次军训工作创造了诸多的第一次：近年来第一次在8月开展军训工作；第一次有退伍老兵参与军训组织工作，并独立策划指挥训练科目；第一次加入“反恐战术”特色科目训练；第一次将消防疏散演练融入军训之中；第一次安排艺术团同学组成艺术小分队下基层连队慰问演出。此外，军训团为63位过生日的同学赠送长寿面和寿桃，为40名穆斯林同学庆祝开斋节，编印《迷彩青春》13期，总计近20万字，进行军训广播近50个小时。

七、就业工作

2011 年，学校毕业生总人数 6 480 人（就业工作学生数据均不含港澳台侨学生、留学生），总体落实率为 97.62%，其中本科生（含第二学士学位生）落实率 96.12%，研究生落实率 98.62%（截至 2011 年 8 月 31 日）。

（一）毕业本科生（含第二学士学位生）就业情况

2011 年，学校共有本科和第二学士学位毕业生 2 579 人。其中，就业 930 人（占 36.06%）；攻读硕士研究生 968 人（占 37.53%）；出国留学 581 人（占 22.53%）；北京生源待分配、京外生源回生源地二次分配的毕业生共 100 人（占毕业生总数的 3.88 %）。

2011 届已落实就业去向的 930 名毕业本科生（含第二学士学位生）中，到党政机关就业 157 人（占 16.9%）；科研教学单位 5 人（占 0.5%）；其他事业单位 57 人（占 6.1%）；国有企业 264 人（占 28.4 %）；"三资"企业 113 人（占 12.2%）；其他企业 203 人（占 21.8%）；参军 81 人（占 8.7%）；自主创业 12 人，自由职业 38 人（合计占 5.4%）。

（二）毕业研究生就业情况

2011 年，学校共有硕士和博士毕业生 3 901 人，其中就业 3 601 人（占 92.31 %）；攻读博士研究生 142 人（占 3.64%）；出国留学 104 人（占 2.67%）；北京生源待分配、京外生源回生源地二次分配的毕业生共 54 人（占 1.38%）。

2011 届已落实就业去向的 3 601 名毕业研究生中，到党政机关就业 530 人（占 14.72%）；科研教学单位 84 人（占 2.33%）；其他事业单位 829 人（占 23.02%）；国有企业 1 504 人（占 41.77 %）；"三资"企业 159 人（占 4.42 %）；其他企业 465 人（占 12.91%）；参军 15 人（占 0.42%）；自主创业 3 人，自由职业 12 人（合计占 0.42%）。

附录

中国人民大学 2011 年本科专业招生计划

学院名称	专业名称	分流专业	计划数
法学院	法学		145
	法学（国防生）		30
新闻学院	新闻传播学类	新闻学、广播电视新闻学、广告学、传播学	146
	新闻学（国防生）		30
外国语学院	德语		30
	俄语		16
	法语		28
	日语		30
	英语		60
哲学院	哲学类	哲学、宗教学、伦理学	40
	哲学（国防生）		25

学院名称	专业名称	分流专业	计划数
文学院	中国语言文学类	汉语言文学、汉语言	60
历史学院	历史学		33
国学院	人文科学试验班（国学）		40
国际关系学院	国际政治	国际政治、外交学、政治学与行政学	140
信息资源管理学院	档案学		25
	信息管理与信息系统（政务信息管理）		40
	信息管理与信息系统（政务信息管理）（国防生）		30
信息学院	理科试验班（信息与数学）	计算机科学与技术、数学与应用数学、信息管理与信息系统、信息安全	185
商学院	工商管理类	工商管理、市场营销、财务管理、会计学	221
	管理科学		35
	贸易经济（含国际商务）	贸易经济、贸易经济（国际商务）	75
公共管理学院	公共管理类	行政管理、土地资源管理、城市管理	70
劳动人事学院	劳动与社会保障		30
	劳动与社会保障（劳动关系）		25
	人力资源管理		85
环境学院	公共事业管理（环境经济与管理）		45
	环境科学		30
财政金融学院	财政学		30
	金融学		170
	金融工程		30
	信用管理		25
	保险		30
	税务		25
	金融学（中法实验班）		60
社会与人口学院	社会学类	社会学、社会工作、公共事业管理（人口与社会管理）	91
经济学院	国际经济与贸易		95
	国民经济管理		50
	经济学		90
统计学院	统计学（含风险管理与精算）	统计学、统计学（风险管理与精算）	80
理学院	化学		35
	物理学（含材料物理）	物理学、材料物理	55
	应用心理学		20
农业与农村发展学院	农业经济管理类	农林经济管理、农村区域发展	50
马克思主义学院	中国革命史与中国共产党党史		20
艺术学院	艺术类（美术）	绘画（油画）、绘画（中国书画）、艺术设计（平面设计）、艺术设计（景观建筑）、艺术设计（动画）、美术学（艺术管理与策划）	84
	音乐表演		26
二学位	知识产权法		25
	金融学		20
合计			2 860

中国人民大学2011年各省（市、区）录取分数、招生计划和录取人数

省份	录取总数		提前批（国防生）				提前批（外语类）				一批							
			文科		理科		文科		理科		计划数		文科			理科		
	文	理	调档线	录取线	调档线	录取线	调档线	录取线	调档线	录取线	文	理	最高	最低	平均	最高	最低	平均
北京	181	145					637	628	652	632	90	84	646	606	628	662	610	638
天津	35	28					623	604			23	21	639	603	625	674	642	661
河北	68	48	570	577	581	581	639	639	631	634	22	20	636	623	630	689	676	683
山西	43	39	560	564							22	20	636	592	603	666	636	647
内蒙古	30	23	524	524	571	571					17	15	606	559	585	653	602	635
辽宁	85	81	555	569			619	619	647	647	26	25	626	610	618	673	651	663
吉林	61	47	593	593	612	613					29	26	634	614	625	679	658	670
黑龙江	70	63			597	597	639	640			22	20	643	611	628	681	660	668
上海	24	19					541	541			15	13	549	525	538	547	511	532
江苏	54	55					378	378	380	380	32	30	394	380	385	404	389	396
浙江	66	62	—	—	600	618	647	647	654	655	38	37	668	648	659	694	666	681
安徽	47	43	595	595	536	536	610	612			29	28	630	619	622	669	647	656
福建	46	43					633	629			32	31	647	617	637	687	663	674
江西	36	37					587	587	621	616	31	27	609	599	603	652	635	641
山东	91	81	616	616	581	581	640	640			36	35	659	644	653	681	664	672

省份	录取总数		提前批（国防生）				提前批（外语类）				一批							
			文科		理科		文科		理科		计划数		文科			理科		
	文	理	调档线	录取线	调档线	录取线	调档线	录取线	调档线	录取线	文	理	最高	最低	平均	最高	最低	平均
河　南	64	60	598	598	632	621	624	624			36	34	641	628	633	675	645	665
湖　北	77	79	559（指挥） 553（技术）	559（指挥） 580（技术）	607（指挥） 581（技术）	612（指挥） 581（技术）					39	38	623	598	610	675	652	666
湖　南	54	58	614（指挥） 607（技术）	614（指挥） 597（技术）	627（指挥） 642（技术）	613（指挥） 627（技术）					37	36	655	623	642	677	646	665
广　东	62	48									35	34	655	626	648	663	629	651
广　西	23	19									20	17	616	594	603	652	604	630
海　南	12	8									10	7	860	829	841	855	810	823
重　庆	48	44					640	640	641	644	35	32	659	631	647	669	622	648
四　川	53	56	567	567	577	577	602	597			35	33	618	588	606	645	609	629
贵　州	21	16									20	15	617	583	599	633	592	606
云　南	33	28	522	522	574	574					25	21	617	573	595	655	613	631
西　藏	8	4									2	2	548	425	487	609	459	534
陕　西	43	36	602	602	598	598					26	25	644	634	638	690	671	678
甘　肃	17	20	518	518	556	540					14	12	590	562	579	633	582	619
青　海	2	1									2	1	551	545	548	588	588	588
宁　夏	7	9									6	6	606	579	593	626	594	614
新　疆	34	19	584	590	513	533					16	12	622	600	611	662	640	648
港澳台	39	20									15	15	589	469	514	602	508	550

注：调档线含考生政策性加分，录取线为实考分。

中国人民大学2011年度在校学生分学院、类别、年级人数统计表

	合计	博士生				硕士生				本科生					二学位		
		共计	09级	10级	11级	共计	09级	10级	11级	共计	08级	09级	10级	11级	共计	2010	2011
合计	22 354	3 298	1 598	864	836	7 820	961	3 384	3 475	11 159	2 736	2 769	2 790	2 864	77	40	37
财政金融学院	2 293	277	160	62	55	595	33	273	289	1 382	331	308	391	352	39	20	19
法学院	2 546	569	283	146	140	1 197	282	462	453	742	185	193	188	176	38	20	18
公共管理学院	1 161	197	84	55	58	602	45	264	293	362	93	99	70	100			
国际关系学院	919	146	68	41	37	218	10	104	104	555	126	148	138	143			
国学院	284	39	18	11	10	74	10	29	35	171	41	39	44	47			
环境学院	450	41	24	8	9	142	30	45	67	267	61	63	73	70			
经济学院	1 934	405	199	109	97	527	32	229	266	1 002	239	238	238	287			
劳动人事学院	926	103	45	29	29	255	6	119	130	568	138	141	151	138			
理学院	581	46	9	14	23	155	26	47	82	380	65	104	102	109			
历史学院	377	103	55	21	27	150	49	47	54	124	37	32	28	27			
马克思主义学院	376	154	66	50	38	130	6	61	63	92	16	25	19	32			
农业与农村发展学院	554	76	32	20	24	278	12	164	102	200	49	55	49	47			
商学院	3 064	359	182	92	85	1 316	51	646	619	1 389	385	361	316	327			
社会与人口学院	814	135	67	35	33	321	1	163	157	358	92	89	87	90			
统计学院	595	79	33	22	24	175	17	75	83	341	89	91	83	78			
外国语学院	831					226	69	72	85	605	164	144	148	149			
文学院	893	111	53	30	28	472	106	197	169	310	90	99	63	58			
新闻学院	1 034	106	47	29	30	258	6	121	131	670	161	153	179	177			
信息学院	1 026	63	36	13	14	306	86	119	101	657	148	150	175	184			
信息资源管理学院	478	57	28	13	16	137	2	67	68	284	65	62	77	80			
艺术学院	527					86	24	24	38	441	98	101	110	132			
哲学院	691	232	109	64	59	200	58	56	86	259	63	74	61	61			

中国人民大学2011年学生奖助学金类别及额度

名称	金额（元/人）	人数	设立者
吴玉章奖学金	8 000	10	学校
吴玉章提名奖	—	14	学校
科研创新奖学金	3 000	30	学校
学习优秀奖学金	1 000～10 000	2 707	学校
优秀研究生荣誉称号	—	1 479	学校
三好学生荣誉称号	—	1 329	学校
国学基础奖学金	2 000	234	学校
基础学科奖学金	500～800	208	学校
校级优秀学生干部奖学金	500～1 000	611	学校
优秀班干部奖学金	500～1 000	445	学校
文体优秀奖学金	500～2 000	203	学校
社会工作与志愿服务奖学金	200～400	1 484	学校
爱心奖学金	200	342	学校
国家奖学金	8 000	156	教育部
国家励志奖学金	5 000	363	教育部
港澳及华侨学生奖学金	3 000～9 000	59	教育部
台湾学生奖学金	3 000～9 000	20	教育部
宝钢奖学金	5 000～10 000	10	宝钢教育基金会
蒋震奖学金	10 000	20	蒋震工业慈善基金（香港）有限公司
三星奖学金	5 000～7 000	18	三星（中国）投资有限公司
中国农业银行励志成长奖学金	5 000	100	中国农业银行
平安励志奖学金	1 000～5 000	65	中国平安保险（集团）股份有限公司
中国石油奖学金	8 000	30	中国石油天然气集团有限公司
费孝通奖学金	5 000	11	费孝通教育基金会
海航·慈航精英学子奖学金	8 000	5	海南航空股份有限公司
香港信善奖学金	3 000～4 000	65	香港道教信善玄宫慈善基金会
新华都奖学金	3 000	20	新华都基金会
东方毅奖学金	2 000～3 000	20	未来建设集团有限公司
时尚奖学金	2 000～3 000	20	时尚杂志社
华为奖学金	5 000～6 000	8	深圳华为技术公司
聚芳奖学金	2 000	20	丹京华尔服装有限公司
光华奖学金	1 000～1 500	205	光华教育基金会
国家助学金	2 000～3 000	1 623	教育部
曾宪梓优秀大学生奖学金	3 600	50	曾宪梓基金会
雁行人大助学金	3 200	30	雁行基金
香港信善助学金	2 000～4 000	114	香港道教信善玄宫慈善基金会
中海油助学金	3 000	25	宋庆龄基金会
友邦助学金	3 000	10	友邦保险
立邦助学金	3 000	15	立邦基金、学校基金会
河南超越助学金	6 000	35	河南超越救助基金会
兴大助学金	4 000	17	北京兴大助学基金会
博时关爱助学金	5 000	10	博时基金会
恒大助学金	1 500	150	中国扶贫基金会
新疆少数民族助学金	300～1 500	41	新疆维吾尔自治区学生办公室

中国人民大学2011年主要奖学金获奖名单

奖励名称	奖励等级	获奖名单
吴玉章奖学金	校级	姚思宇、谢飘、李晓伟、姜希伦、郭琦、张婷婷、杨凡、曾毅、胥琳佳、王震10人
吴玉章提名奖	校级	庞有明、龚倩、杨晓晓、张辉、李雅婷、李松、吴振媛、佘智禄、商月、杨程、杨琴、李培挺、陈福中、于文豪14人
宝钢奖学金	部级	芦哲、马千惠、王菲菲、刘北溟、顾应钦、高立、陈力、韩晓青（特等）、王晶、沈江平10人
三好学生	校级	2008级财政金融学院周倩等1 329人
校级优秀学生干部奖学金	一等	2010级环境学院杨连炯等73人
	二等	2010级理学院李夏曦等197人
	三等	2010级历史学院张翼等341人
科研创新奖学金	校级	曾微、陈雷、刘为萍、郝英明、韩晓青、郑力文、杨光、李广、张维、盛超、李培挺、谢飘、贺佐琪、刘北溟、李如冰、沈宁、杨巍、杨晓帆、黄继承、张雅丹、何天、马涛、方明月、雷洋、芦哲、龚倩、王晶、张乾友、刘世强、崔建华30人
基础学科奖学金	一等	2008级马克思主义学院张湘忆等7人
	二等	2011级哲学院李文玉等201人
国学基础奖学金	校级	2010级国学院李文璐等234人
优秀研究生荣誉称号	校级	2010级国际学院吴美玲等1 479人
学习优秀奖学金	特等	2008级法学院周雪等37人
	一等	2009级劳动人事学院刘海洋等502人
	二等	2009级外国语学院宋丹等881人
	三等	2008级艺术学院战盈彤等1 287人
优秀班干部奖学金	一等	2009级统计学院蒋笑婷等55人
	二等	2009级环境学院刘佳等132人
	三等	2010级信息资源管理学院马雪静等258人
文体优秀奖学金	特等	2010级艺术学院杨帆等2人
	一等	2009级文学院丁爱花等63人
	二等	2010级农业与农村发展学院李墨等138人
社会工作与志愿服务奖学金	一等	2010级商学院何俊男等466人
	二等	2009级信息学院周凯等1 018人
爱心奖学金	校级	2009级经济学院葛旺成等342人
国家奖学金	国家级	2008级公共管理学院符丽丽等156人
国家励志奖学金	国家级	2010级新闻学院史一棋等363人
蒋震奖学金		2010级法学院高原等20人
东方毅奖学金	一等	2010级马克思主义学院张雷等9人
	二等	2009级马克思主义学院柳丽等11人
平安励志奖学金	一等	2008级信息学院邢哲等10人
	二等	2009级历史学院马晓兵等25人
	三等	2009级法学院刘通等30人
中国农业银行励志成长奖学金	校级	2010级理学院熊炜权等100人
光华奖学金	校级	2009级外国语学院周航等60人

奖励名称	奖励等级	获奖名单
三星奖学金	校级	2008 级经济学院王丹娜等 15 人
海航・慈航精英学子奖学金	校级	2008 级法学院谢飘等 5 人
华为奖学金	校级	2008 级劳动人事学院王扬等 2 人
香港信善奖学金	校级	2010 级统计学院胡潇惟等 60 人
中国石油奖学金	校级	2008 级文学院韩欣桐等 30 人
新华都奖学金	校级	2009 级劳动人事学院白乐等 20 人
时尚奖学金	校级	2010 级新闻学院王芳菲等 7 人
费孝通奖学金	校级	2008 级社会与人口学院崔爽等 11 人
台湾学生奖学金	一等	2009 级新闻学院马正恺等 5 人
	二等	2010 级法学院卢子扬等 7 人
	三等	2010 级国际关系学院李婉霖等 8 人
港澳及华侨学生奖学金	一等	2008 级财政金融学院廖晓泾等 11 人
	二等	2008 级经济学院陈丽华等 19 人
	三等	2010 级商学院朱杰聪等 29 人

中国人民大学 2010—2011 学年先进班集体名单

所在学院	获 奖 班 级
哲学院	2008 级普通本科班
	2009 级本科国防班
	2010 级普通本科班
	2010 级国防本科班
文学院	2008 级基地本科班
	2009 级本科国防班
	2009 级基地本科班
	2010 级基地本科班
历史学院	2008 级本科班
	2010 级本科班
	2010 级硕士班
	2010 级博士班
国学院	2009 级人文科学试验班本科班
	2010 级人文科学试验班本科班
经济学院	2008 级国民经济管理本科班
	2008 级经济学数学实验本科班
	2009 级国际经济与贸易本科一班
	2009 级国际经济与贸易本科二班
	2009 级国民经济管理本科班
	2009 级经济学基地本科班
	2010 级经济学基地本科班
	2010 级经济学数学双学位实验本科班
	2010 级区域与城市经济学硕士班
	2010 级国际经济与贸易本科二班
	2010 级国民经济管理本科班
	2010 级国际经济与贸易本科一班

所在学院	获　奖　班　级
财政金融学院	2008 级金融实验本科班
	2008 级保险班
	2008 级金融一班
	2008 级金融三班
	2008 级税务班
	2009 级金融二班
	2009 级金融四班
	2009 级财税实验本科班
	2009 级金融实验本科班
	2010 级金融本科二班
	2010 级金融本科三班
	2010 级信用管理班
	2010 级金融实验本科班
	2010 级金融硕士三班
统计学院	2008 级本科班
	2009 级本科班
	2010 级本科班
	2010 级硕士班
农业与农村发展学院	2010 级硕士三班
	2010 级本科二班
	2010 级硕士五班
	2010 级博士班
法学院	2008 级国防本科班
	2008 级本科一班
	2008 级本科二班
	2008 级本科三班
	2009 级本科二班
	2009 级本科一班
	2009 级本科三班
	2009 级工商管理—法学实验本科班
	2009 级国防本科班
	2010 级本科二班
	2010 级本科三班
	2010 级工商管理—法学实验本科班
	2010 级国防本科班
	2010 级知识产权双学士班
	2010 级经济法学硕士班
	2010 级宪法学与行政法学硕士班
	2010 级刑法学硕士研究生班
	2010 级法理学博士班
马克思主义学院	2009 级本科班
	2010 级硕士一班
	2010 级硕士二班

所在学院	获 奖 班 级
社会与人口学院	2008 级公共事业管理班
	2009 级公共事业管理班
	2010 级社会学硕士班
	2008 级社会学班
国际关系学院	2008 级政治学与行政学本科班
	2008 级外交本科班
	2010 级国政本科二班
	2010 级国政本科三班
	2010 级硕士一班
	2010 级博士班
新闻学院	2008 级数字媒体本科班
	2008 级摄影本科班
	2009 级新闻本科一班
	2009 级新闻本科二班
	2009 级广播电视新闻本科班
	2010 级广播电视新闻硕士班
	2010 级国际新闻硕士班
	2010 级传播传媒硕士班
艺术学院	2009 级音乐本科班
	2010 级平面设计本科班
	2010 级中国书画本科班
	2010 级动画本科班
外国语学院	2009 级英语本科二班
	2009 级日语本科班
	2009 级法语本科班
	2010 级日语本科班
	2010 级法语本科班
环境学院	2008 级公共事业管理本科班
	2010 级公共事业管理本科班
	2009 级三年硕士班
	2010 级两年硕士班
信息学院	2008 级计算机本科二班
	2009 级理科试验班本科六班
	2009 级理科试验班本科四班
	2009 级理科试验班本科一班
	2009 级理科试验班本科三班
	2010 级理科试验班本科六班
	2010 级理科试验班本科四班
	2010 级理科试验班本科二班
理学院	2010 级化学班
	2010 级物理班
	2010 级心理班

所在学院	获 奖 班 级
商学院	2008 级会计本科三班
	2009 级商法实验本科班
	2009 级管理科学本科班
	2009 级财务管理本科班
	2009 级会计本科一班
	2009 级会计本科二班
	2009 级会计本科三班
	2010 级硕士企业管理一班
	2010 级贸易经济本科一班
	2010 级贸易经济本科二班
	2010 级工商管理本科三班
	2010 级工商管理本科四班
	2010 级工商管理本科五班
	2010 级商英实验本科班
	2010 级商法实验本科班
	2010 级管理科学本科九班
	2010 级财务管理硕士班
	2010 级 IMBA 班
公共管理学院	2008 级本科行政管理一班
	2008 级土管本科班
	2008 级行管本科二班
	2009 级城管本科班
	2009 级行管本科二班
	2010 级行政管理博士班
	2010 级人力所硕士班
	2010 级 MPA 班
	2010 级公共组织与人力资源博士班
劳动人事学院	2009 级人力资源管理本科一班
	2009 级劳动关系本科班
	2009 级人力资源管理本科二班
	2010 级人力资源管理本科一班
	2010 级劳动与社会保障本科班
	2010 级劳动关系硕士班
信息资源管理学院	2009 级政务二班
	2010 级国防班
	2009 级档案本科班
国际学院（苏州研究院）	2010 级中法本科实验班
	2010 级社会工作硕士二班
	2010 级会计硕士班

2010—2011 学年“十佳班主任”、优秀班主任名单

十佳班主任名单

姓名	所在学院	班级
杨澜洁	哲学院	2009 级国防班
边　策	统计学院	2009 级统计本科班
徐正源	国际关系学院	2010 级国际关系一班
钟　新	新闻学院	2010 级国际新闻班
葛　勇	艺术学院	2009 级艺术设计系本科班
徐　园	外国语学院	2010 级日语班
安树民	环境学院	2008 级公共事业管理班
柯媛元	信息学院	2010 级理科实验班四班
何春娟	理学院	2009 级物理和材料物理班
鲁　全	劳动人事学院	2010 级劳动和社会保障本科班

“十佳班主任”提名奖名单

姓名	所在学院	班级
杨　贺	文学院	2010 级基地本科班
杨继东	经济学院	2010 级经济学班
李凤云	财政金融学院	2008 级金融学实验班
黄　波	农业与农村发展学院	2010 级硕士三班
杨　东	法学院	2007 级经济法硕士班
沈尤佳	马克思主义学院	2010 级硕士一班
宋月萍	社会与人口学院	2008 级公共事业管理班
赵　晶	商学院	2010 级企业管理硕士一班
段　晖	公共管理学院	2008 级行政管理本科班

优秀班主任名单（153 人）

所在学院	姓　名
哲学院	张时坤　杨澜洁　于竞游　李科林
文学院	杨　贺　杨庆祥　黄彦菲　朱冠明　张作宾
历史学院	张林虎　伍婷婷　曹刚华　朱　浒
国学院	李建强　梁海燕
经济学院	杨继东　李健美　范志勇　王宝奎　程　华　刘小鲁　门淑莲 韩　松　冯俊新　王孝松　赵　峰　赵　勇
财政金融学院	李凤云　郭　栋　储著斌　丁大鹏　朱　岩　刚健华　刘　芳 胡　波　薛涧坡　韩　宇　路君平　宋双江　贾俊雪　宋　科
统计学院	边　策　张景肖　王　星
农业与农村发展学院	黄　波　刘晓鸥　李江华　陈卫平　董筱丹　朱乾宇　高　佳

所在学院	姓名
法学院	杨东 付立庆 李立众 乔鹏 姚海放 高仰光 竺效 徐阳光 邢姝 程雷 喻文光 尤陈俊 朱虎 王莹 张龑 周兴华 任宪伟
马克思主义学院	沈尤佳 李铭 董佳
社会与人口学院	宋月萍 巫锡炜 郭静 廖菲
国际关系学院	徐正源 周大计 成晓河 邱静 李庆四 朱凤余 史小宁
新闻学院	钟新 何文静 翁昌寿 高贵武 丁汉青 方洁 黄河 韩晓宁
艺术学院	葛勇 周源 陈浩波 王卫兵
外国语学院	徐园 王建华 谷天婺 来炯 张晏 陈方 赵岩
环境学院	安树民 张磊 石磊 龚亚珍
信息学院	柯媛元 许伟 李亚平 谢红 杨刚 孟岩
理学院	何春娟 吕蓉 韦庆旺 籍建葶
商学院	赵晶 郭海 何军鸣 姜永森 蔺永慧 李升平 苏畅 刘洪霞 赵晶晶 姜明 姚岳 陈君 赵燕霞 张红灵 黄微 曾琪 郭雯 况伟大
公共管理学院	段晖 张磊 张占录 吴鹏 谷昆鹏 李传军 孙玉栋 刘颖 钟卫
劳动人事学院	鲁全 黄伟 李莹 葛玉好 孙一兵 罗琼 韩玥
信息资源管理学院	梁继红 褚峻 王立清
国际学院（苏州研究院）	刘亚丽

2010—2011学年"优秀辅导员"、"优秀学生兼职辅导员"名单

优秀辅导员名单（31人，按姓氏拼音排序）

姓名	学院（部门）	姓名	学院（部门）
毕明阳	校团委	莫海兵	招生就业处
别敏	艺术学院	彭黎	马克思主义学院
曹文华	法学院	唐传英	农业与农村发展学院
陈庆花	学生工作部	王宝奎	经济学院
陈宇	外国语学院	王林英	文学院
方玉萍	历史学院	吴莹	商学院
付一	招生就业处	邢姝	法学院
谷昆鹏	公共管理学院	徐建萍	统计学院
侯瑞鹤	学生工作部	杨殊	国际学院（苏州研究院）
纪红波	信息资源管理学院	臧虹	理学院
江洪	财政金融学院	张国富	信息学院
金霞	商学院	张鹏举	哲学院
李路夷	环境学院	张茹	社会与人口学院
李铭	党委组织部	张妍	国际关系学院
刘慧卓	劳动人事学院	张正	国学院
罗建晖	新闻学院		

优秀学生兼职辅导员名单（108人）

学　院	姓　名
哲学院	刘　姗　李　翠　王少兵　山　姗　王　玮
文学院	翁　童　白　岚　邢　华　张　剑　孙　杰
历史学院	江　维　唐　帅　汤丽云　安宾宾　陈　鹏
国学院	邢　鹏　米　鑫　刘玉叶
经济学院	崔尔南　刘平芳　赵伟茗　崔子超　王汉儒　方盈赢　魏紫瑜
财政金融学院	薛学超　徐思远　吴莎莎　陈应声　陈希颖　安　欣　刘克飞
统计学院	蒋安华　魏　瑶
农业与农村发展学院	李双伟　唐熠坤　曲囡囡
法学院	王　磊　李　溯　赖镇城　魏杰彪　颜　卉　戚　雯　王雁雄　尹婷婷　程　颖　徐晶晶
马克思主义学院	渠　爽　左　思
社会与人口学院	黄丹凤　谢立黎　王娅郦
国际关系学院	龙　宇　骆　骁　李　昕
新闻学院	张媛媛　刘　刚　周卷施　李　齐　闫乃之
艺术学院	刘　慧　王亮阳　王　璟　杨　杰
外国语学院	冯　娅　沈　力　李　欢　周卓斌　赵　松
环境学院	周汗青　郑　霁　吴雅玲　郭美瑜
信息学院	李慧玲　文　洁　尚　啸　宋少华　丁文英
理学院	曹　凯　查道安
商学院	张　玲　田佳禾　郭如心　靳　莉　张雅丹　何　诚　贾淼磊　白海静　关　一
公共管理学院	江顺海　康　龙　宋　磊　刘文婧　吕　品　江　文　王　敏　程广浩
劳动人事学院	徐　璨　白雪芹　陈　园　桂　琰　杜长宇
信息资源管理学院	范维晨　徐　杨
国际学院（苏州研究院）	凌　炬　何　璇　杨舒涵　陈娴静

中国人民大学2011届毕业生分院系人数统计表

学院名称	总数	本科生（含第二学士学位）	硕士研究生	博士研究生
财政金融学院	671	330	289	52
法学院	760	191	429	140
公共管理学院	343	83	222	38
国际关系学院	258	119	108	31
国学院	82	39	29	14
环境学院	127	64	55	8
经济学院	579	246	223	110
劳动人事学院	286	132	130	24
理学院	98	63	35	0

学院名称	总数	本科生（含第二学士学位）	硕士研究生	博士研究生
历史学院	107	31	45	31
马克思主义学院	120	17	62	41
农业与农村发展学院	235	49	164	22
商学院	1 010	351	570	89
社会与人口学院	184	72	68	44
统计学院	179	71	82	26
外国语学院	221	147	74	0
文学院	257	86	143	28
新闻学院	306	139	145	22
信息学院	228	142	76	10
信息资源管理学院	131	58	61	12
艺术学院	114	97	17	0
哲学院	184	52	62	70
总人数	6 480	2 579	3 089	812

中国人民大学2011届毕业生落实情况表

学历	总人数	就业				升学		出国		二（待）分	
		签约人数	比例	灵活就业	比例	人数	比例	人数	比例	人数	比例
本科（含第二学士学位）	2 579	679	26.33%	251	9.73%	968	37.53%	581	22.53%	100	3.88%
硕士研究生	3 089	2 618	84.75%	190	6.15%	142	4.60%	97	3.14%	42	1.36%
博士研究生	812	779	95.94%	14	1.72%			7	0.86%	12	1.48%
合计	6 480	4 076	62.90%	455	7.02%	1 110	17.13%	685	10.57%	154	2.38%

中国人民大学2011届毕业生就业地区分布情况表

学历	就业人数	重点城市								西部地区		其他省市	
		北京		深圳		广州		上海					
		人数	比例	人数	比例	人数	比例	人数	比例	人数	比例	人数	比例
本科生（含第二学士学位）	930	365	39.25%	20	2.15%	41	4.41%	21	2.26%	134	14.41%	349	37.53%
硕士研究生	2 808	1 595	56.80%	86	3.06%	61	2.17%	101	3.60%	191	6.80%	774	27.56%
博士研究生	793	424	53.47%	9	1.13%	10	1.26%	9	1.13%	87	10.97%	254	32.03%
总计	4 531	2 384	52.62%	115	2.54%	112	2.47%	131	2.89%	412	9.09%	1377	30.39%

中国人民大学2011届毕业生就业单位性质统计表

学历	总计	党政机关		北京“村官”和服务北京基层		科研教学单位		其他事业单位		国有企业		“三资”企业		其他企业		部队		自由职业、自主创业	
		人数	比例	人数	比例	人数	比例	人数	比例	人数	比例	人数	比例	人数	比例	人数	比例	人数	比例
本科生（含第二学士学位）	930	157	16.9%	3	0.3%	2	0.2%	57	6.1%	264	28.4%	113	12.2%	203	21.8%	81	8.7%	50	5.4%
硕士研究生	2 808	424	15.1%	45	1.6%	127	4.5%	254	9.0%	1 355	48.3%	154	5.5%	426	15.2%	10	0.4%	13	0.5%
博士研究生	793	106	13.4%	39	4.9%	387	48.8%	61	7.7%	149	18.8%	5	0.6%	39	4.9%	5	0.6%	2	0.3%
总计	4 531	687	15.2%	87	1.9%	516	11.4%	372	8.2%	1768	39.0%	272	6.0%	668	14.7%	96	2.1%	65	1.4%

中国人民大学2011届毕业生就业供需情况表

学历	需求数量	学生数量	供需比
本科（含第二学士学位）	23 588	2 579	1∶9.1
硕士研究生	37 429	3 089	1∶12.1
博士研究生	19 478	812	1∶24.0
合计	80 495	6 480	1∶12.4

注：就业工作数据均不含港澳台侨学生、留学生。

■ 资产管理工作

一、概况

2011年，资产与后勤管理部门继续按照“五四三二一”全新资产与后勤管理体系，有效开展拓展学校办学空间工作，进一步加强房地产管理，不断优化资源配置，提高服务质量，同时积极配合学校重点工作，协调解决相关问题。

二、拓展办学空间工作

（一）通州新校区选址工作

为进一步解决办学空间不足的问题，学校积极开展通州新校区选址工作。通过实地查看等方式，做好相关基础资料的准备工作，为校领导的决策提供依据。同时，积极与教育部和北京市政府相关部门沟通，着力推动新校区选址工作的顺利进行。2011年10月底，学校正式向教育部报送《中国人民大学关于建设通州校区的可行性研究报告》。2011年12月3日，陈雨露校长考察通州，推动通州新校区立项筹备工作。

（二）青年教职工住宅用地选址工作

学校积极与北京市政府及市外联办、市住房城乡建设委员会沟通，汇报学校拓展办学空间和青年教师住房用地问题，得到北京市政府的支持。学校重点就多个用地选址方案的可行性与北京市住建委等有关部门进行研究。

（三）首都师范大学海淀校区土地及校舍移交工作

学校继续推进首都师范大学海淀校区土地校舍实物移交工作，起草并报请学校向首都师范大学正式发送律师函，敦促其履行资产移交协议；与北京市教委、首都师范大学积极协调，推动实物移交工作尽快完成；实地查看该院内教学楼、学生宿舍楼等楼宇现状，为实物移交及规划利用工作提供基础数据和资料准备。2011年11月，学校与首都师范大学达成于2012年年底前完成实物移交的共识。

（四）苏州校区资产回购工作

学校与苏州工业园区管委会于2011年5月签订了《代建资产移交协议》，并已向教育部递交报告呈请批准学校设立苏州校区和申请进行资产回购工作。

（五）大华衬衫厂、拈花寺和黄山学术交流中心相关工作

学校积极与市政府及市外联办、市国资委、市财政局等有关部门沟通，推进大华衬衫厂搬迁相关工作。

学校积极与北京市佛教协会、北京市宗教局等有关单位沟通，推进拈花寺腾退相关工作。

学校积极与黄山区有关部门沟通，办理原黄山学术交流中心土地、房屋资产移交手续及资产处置相关事宜。

三、房地产管理工作

（一）教学、科研、行政办公用房管理工作

2011 年度，图书馆新馆、国学馆、新校医院相继落成投入使用。为合理利用上述新建楼宇的房屋资源，学校结合各用房单位实际情况进行房屋分配管理，确保图书馆新馆按期顺利投入使用，以及教育学院揭牌典礼和校医院竣工典礼的顺利举行。

学校根据教学、科研、行政办公用房现状，结合目前在建工程及未来校园整体规划，在充分分析各单位用房现状、学科发展前景、人员编制规划的基础上，编制《中国人民大学教学、科研、行政办公用房"十二五"规划》。

学校为提高明德楼空间使用效率，充分利用楼内现有公共资源，将明德楼内尚未利用的公共空间改造为博士工作室，并按照学校教学科研行政办公用房管理相关规定分配给相关学院使用。

2011 年新建图书馆投入使用，为做好相关物业管理工作，根据 2010 年学校新建建筑物业管理工作面向社会公开招投标选取的结果，学校与北京世纪明德物业管理有限公司完成了新建图书馆物业管理交接工作。

（二）报销教职工物业供暖费、住房补贴，落实房改售房等相关工作

2011 年，学校为 2 700 多户校外购房职工办理物业费供暖费报销工作，本年度累计支付物业费供暖费 850 余万元。为校外产权房住户集中支付物业供暖费。为煤改电及其他校外产权房住户办理物业供暖费支付手续 200 人次。

学校按国家有关规定发放 2 200 余名无房职工按月补贴和向职务职级晋升人员发放国家差额补贴 3 098.16 万元左右，处理校内职工住宅调整及遗留问题，审核因特殊情况未参加集体报销人员的时雨园契税补贴申请材料。

完成志新村 31 号楼两部老旧电梯更换工作。为时雨园住户开具金源购物中心地下车位租赁证明 100 余人次。

（三）周转房管理工作

2011 年，学校起草了《中国人民大学周转房管理办法》草案，该办法已于 2011 年 6 月 7 日在 2010—2011 学年第 14 次校长办公会上讨论通过，并于 2011 年 6 月 30 日印发执行。

2011 年，学校共为 50 余名引进人才办理了入住手续；为学期末退宿的 175 位进修（访学）教师办理了退宿手续；为学期末退宿的 19 位博士后办理了退宿手续；为新进站的 30 位博士后办理了住宿手续。

（四）加强人防设施管理

2011 年，完成学校人防数据库建设工作。根据中央国家机关人防办和教育部人防办文件精神，为规范人防工程和普通地下室的管理和使用，学校对人防设施进行了多媒体资料采集、电子图纸制作、安全巡查等工作，建设学校人防数据库。

完成中央国家机关人防数据库综合应用系统普通地下室分类数据核补完善工作。根据中央国家机关人防办公室《关于核补完善中央国家机关人防数据库综合应用系统普通地下室分系统数据的通知》文件精神，学校开展中央国家机关人防数据库综合应用系统普通地下室分类数据核补完善工作，填报新增普通地下室基础数据表。

附录

2011 年房屋、土地、教职工住宅汇总表

2011 年房屋基本情况汇总表（按用途划分）

房屋用途	房屋名称	面积（平方米）
一、教学及辅助用房		189 375
教室	求是楼（教室）	52 469
	公共教学一楼	
	公共教学二楼	
	公共教学三楼	
	教学 5 楼	
	信息楼（教室）	
	明德楼（教室）	
图书馆	图书馆（西馆）	42 106
	图书馆（东馆）	
	求是楼（资料室）	
	明德楼（资料室）	
	信息楼（资料室）	
	人文楼（资料室）	
	知行六楼（资料室）	
	理工楼及配楼（资料室）	
	科研楼 A 座（资料室）	
实验室及附属用房	艺术学院（原职工食堂）	60 087
	理工楼及其配楼	
	游泳馆及附属用房（教学 6 楼）	
	求是楼（实验室）	
	信息楼（实验室）	
	明德楼（实验室）	
	明德楼（教师工作室）	
	人文楼（教师工作室）	
	求是楼（教师工作室）	
	科研楼 A 座（教师工作室）	
	理工楼及配楼（教师工作室）	
	信息楼（教师工作室）	
	知行六楼（教师工作室）	
	艺术学院（工字楼）	
体育馆	世纪馆	21 024
	体育馆	
	风雨操场	
	附小操场	

房屋用途	房屋名称	面积（平方米）
会堂	八百人大教室（第三会议室）	13 689
	八百人大教室	
	逸夫会堂	
	明德堂	
二、行政办公用房	科研楼 A 座	81 567
	科研楼 B 座	
	人文楼	
	知行六楼（办公）	
	教学 6 楼（办公）	
	理工楼及配楼（办公）	
	国际文化交流中心（办公）	
	信息楼（办公）	
	求是楼（办公）	
	贤进楼（办公）	
	明德楼（办公）	
三、生活用房		560 511
学生宿舍	西北区学生公寓 A 栋	201 532
	东风 1 楼（留学生楼）	
	东风 4 楼（东风 1 楼）	
	东风 5 楼（学 3 楼）	
	东风 6 楼（学 2 楼）	
	东风 7 楼（学 1 楼）	
	红 1 楼	
	红 2 楼	
	红 3 楼	
	留学生 2 楼（二招）	
	留学生 3 楼（老干部楼）	
	培训 1 楼	
	品园 1 楼（学 9 楼）	
	品园 2 楼（学 8 楼）	
	品园 3 楼（研 1 楼）	
	品园 4 楼（研 2 楼）	
	品园 5 楼（研 3 楼）	
	学生公寓 B～E 栋	
	国际文化交流中心	
	品园 6 楼	
学生食堂	东区食堂	23 854
	西区食堂	
	中区食堂	
	西北区食堂	
	京港连线茶餐厅	
	集天小吃（南区食堂）	
	留学生餐厅	
	韩国餐厅	
	南区食堂（八百碗）	
教工集体宿舍	青年公寓	20 000
教工食堂	无	0

房屋用途	房屋名称	面积（平方米）
生活福利及其他附属用房	兴发大厦	315 125
	校内生活福利配套用房	
	张自忠路“铁1号”生活福利配套用房	
	清华东路成教院生活福利配套用房	
	北戴河生活福利配套用房	
	文化大厦	
	黄山生活福利配套用房	
	校外产权住宅	
四、教工住宅	静园1～22号楼	124 656
	林园1～4、12号楼	
	宜园1～3、5号楼	
合计		956 109

注：房屋面积不含法律手续划转后的首都师范大学海淀校区校舍面积17 716.6平方米，不含已置换的黄山学术交流中心校舍面积4 513.21平方米。

2011年土地资源基本情况汇总表
（按区片划分）

区　　片	面积（平方米）
校本部（中关村大街59号）	604 003.00
老校区（张自忠路3号）	43 334.00
东四十条109号	4 462.00
志新村31、38号楼	702.90
清华东路甲7号	8 582.00
二里庄1号楼	696.90
芙蓉里7号楼	427.50
塔院迎春园11号楼	470.20
知春里小区13号楼	20.00
北戴河学术交流中心	6 867.00
黄山环境经济教学科研基地	52 586.26
北校区（海淀区通慧寺1号院）	35 577.06
合计	757 728.82

■ 财务与审计工作

☞ 财务工作

一、概况

2011年，学校财务管理工作以全面落实《国家中长期教育改革和发展规划纲要（2010—2020年）》和深入贯彻落实科学发展观为核心，以保障高素质、高层次、多样化、创新型人才培养为根本任务，以

“加强保障、促进创新、提高效益、规范管理、提升服务”为目标，紧紧围绕学校办学理念和创建“人民满意、世界一流”的总体战略目标，牢固树立为学科建设服务、为教学科研服务、为师生员工服务的理念，坚持扩大财源，依法理财，保障学校经济运行平稳有序，财务状况良好，经济实力不断增强，学校可动用资金连续增长。同时，加大学院经费使用自主权，通过财务信息化建设减轻报销压力、优化财务管理，在“开源、节流、效益、服务”等关键环节上下工夫，提高财务管理质量和财务服务水平。

二、年度收支及预算执行情况

2011 年度学校收入总额 278 099 万元，支出总额 221 101 万元。总收入中，中央财政拨款 137 835 万元，占 49.56%；事业收入 96 805 万元，占 34.81%；其他收入 41 853 万元，占 15.05%；附属单位缴款 1 565 万元，占 0.56%；上级补助收入 41 万元，占 0.02%。总支出中，基本支出 125 798 万元，占 56.90%，项目支出 95 303 万元，占 43.10%。

2011 年度收入预算总批复 215 731 万元（含“985 工程”、“211 工程”、修购专项、基本建设等），实际收入 278 099 万元，比预算批复增加 62 368 万元，主要是获得的中央专项资金的增加；支出预算总批复 215 731 万元（含“985 工程”、“211 工程”、修购专项、基本建设等），实际支出 221 101 万元，比预算增加 5 370 万元，主要是行政事业类项目支出的增加。

2011 年学校基本建设实际到位投资 9 546 万元，实际完成投资 109 341 万元（含支出以前年度结转资金）。

三、财务状况专题分析

（一）年末财务状况分析

2011 年年末，学校资产总额 715 210 万元，比 2010 年增加 132 548 万元，增长 22.75%。其中，流动资产年末余额 334 065 万元，比 2010 年增加 75 669 万元，增长 29.28%；固定资产年末余额 327 368 万元，比 2010 年增加 12 475 万元，增长 3.96%，其中主要包括大学本级净增一般设备、专用设备和仪器仪表共计 9 738 万元，文物和陈列品增加 1 070 万元，图书增加 1 415 万元；财政应返还额度比 2010 年减少 3 149 万元；对外投资年末余额 53 777 万元。

2011 年年末负债总额 44 700 万元，比 2010 年增加 9 969 万元，增长 28.70%，其中应付账款增加 5 266 万元、暂存款增加 5 322 万元、应缴款减少 619 万元。2011 年年末净资产总额 670 510 万元，比 2010 年增加 122 579 万元，增长 22.37%，主要原因是事业基金增加 102 420 万元，固定基金增加 12 475 万元，专项结转增加 7 171 万元。专项结转年末余额 50 589 万元。

2011 年年末基本建设占用资金和基本建设来源资金均为 77 206 万元。

（二）年度收支情况分析

1. 年度收入情况总体分析

2011 年度学校获得财政拨款 137 835 万元，比 2010 年增加 23 377 万元，增长 20.42%，主要因 2011 年本科、研究生综合定额调整，中央高校捐赠收入财政配比增加，“985 工程”拨款等增加。事业收入 96 805 万元，比 2010 年增加 8 911 万元，增长 10.14%。附属单位上缴收入 1 565 万元，比 2010 年减少 1 063 万元。上级补助收入 41 万元，比 2010 年减少 337 万元。其他收入 41 853 万元，比 2010 年增加 9 910 万元，增加 31.02%。

2. 年度支出情况总体分析

2011 年度基本支出 125 798 万元，比 2010 年增加 12 457 万元，增长 10.99%，主要原因是商品和服务支出以及对个人和家庭补助支出增加。项目支出 95 303 万元，比 2010 年增加 12 980 万元，增长15.77%。

四、财务管理

（一）全面推进财务管理信息化和网络化建设

在优化财务核算模式、提升会计信息质量、创新财务管理理念、实行财务信息公开等多方面的探索中，中国人民大学财务部门率先研发并全面实行网络报销系统。

该系统的业务功能是以“网络报销”为主体，以学校校园网“数字人大系统”、工商银行“银校互联网银系统”、互联网同步传输工具“ODI系统”、财务专用软件系统四大系统为依托，在符合现有财经制度的前提下，以信息化、电子化为手段，实现业务办理简单化、单据填写规范化、业务审批流程化、财务制单自动化、付款方式电子化的一种新型财务报销模式。

该系统形成了以非接触式报销为主要报销方式的动态管理系统，突破了互联网与财务内网数据无法连接的瓶颈，使得校园网数据、银行网银系统数据等外网数据与财务的内网数据能够顺利对接。教职工可以在任何地点、任何时间进行网络填报、预约投单。其成效表现在：第一，实现了零现金流转，节省了人员，确保了资金安全；第二，实现了不见面报销和相关业务办理（如科研项目立项、结项工作），解决了财务业务受办公时间和空间限制的问题，缓解了排队等候时间长的难题，节约了师生员工办理财务手续的时间，在校内受到广泛欢迎；第三，实现了信息共享，有利于解决财务信息不对称和财务公开信息不足的问题，显著提高了财务信息质量和财务工作效率。2011年全年网络报销资金超过3亿元，网银发放近6.5万笔。

（二）合理安排资金，保障学校发展的重大需求

2011年，学校将财政部、教育部补拨的生均综合定额经费，优先用于解决学校发展关键领域和薄弱环节的资金缺口，积极支持实施重大项目，改善了公共教学基本保障条件。通过加强财务管理、统筹安排资金、推进绩效考评，学校获得了综合财务能力建设绩效奖励。同时，积极采取“绿色通道”等多种措施完善学生资助体系，截至2011年年末，学校全日制学历教育学生欠缴学费或培养费不到应缴学费的1%，创造了历史新低。

（三）统筹安排各类资金，推动学校“985工程”等专项资金预算执行进度

为增强国家专项资金预算执行的时效性和均衡性，学校下发《关于进一步加快“985工程”等国家专项资金执行进度的通知》，要求各项目单位应高度重视此项工作，建立健全岗位责任制度，将责任落实到岗，任务落实到人，确保国家专项资金按进度执行。同时，采取多种形式积极配合学院业务开展，截至2011年年底，学校项目资金执行情况较2010年有较大改善，项目结转资金继续减少。

（四）继续建立健全财务管理制度

为进一步简化和完善财务报销流程、统一报销标准、规范报销行为、方便全校教职员工了解财务报销程序及报销要求，学校对各类经费的使用范围进行了分类整理，并发布了《关于使用财务报销提示的通知》、《关于旧版发票停止使用的通知》、《关于长期聘用人员工资及社会保险费发放的通知》，转发了《北京市国家税务局关于实施普通发票简并票种统一式样工作的通知》和《关于印发〈全国普通发票简并票种统一式样工作实施方案〉的通知》。制定《财务处定期存款业务管理规定》，加强定期存款管理，规范定期存款办理程序，保障了学校资金安全。

（五）完善财务信息公开工作

按照“以公开为原则，以不公开为例外”的要求，遵循公正、公平、便民的原则，财务信息公开作为深化高校校务公开、促进高校依法治校、提高高校管理水平的手段之一，将进一步提高教育工作透明度，保障师生员工和社会公众的知情权、参与权、表达权和监督权，为全面提升高等教育人才培养质量奠定坚实的基础。目前，涉及财务信息的数据已采取多种形式予以公开。

☞ 审计工作

一、概况

2011年，审计工作以经济责任审计和基建修缮工程审计为工作重点，全年共完成各类审计项目（不包括科研审签）125项，审计资金总额226 767万元。

二、主要工作

（一）基建、修缮工程结算审计

1. 基建、修缮工程结算审计工作。

2011年度审计处完成送审的基建、修缮工程结算审计项目共计109项，其中基建、修缮工程结算审计项目33项，附中修缮改造工程结算审计项目30项，小型修缮工程审签项目46项。送审总金额为12 470.01万元，审定总金额11 958.88万元，审减额511.13万元，平均审减率4.1%。

2. 大中型基建工程全过程审计工作。

随着国学馆、校医院工程在2011年10月竣工，审计处对工程的跟踪审计工作也基本完成。2011年度各项工程的全过程审计工作开展实施情况如下：

（1）审核各工程总包施工及专业分包工程的预付款及每月工程进度款计19份，累计审定付款金额3 367万元。

（2）审核招标文件、合同文件15份，编制审核标底7份。参加校内招标的工程或暂估价材料设备的开标、评标的监标，并收集招投标资料、开评标记录。累计出具清标意见12份，暂估价材料设备询价及审核确定综合单价74项。

（3）对洽商变更工程量特别是室外管线、道路工程的工程量及时与相关各方进行现场实测、确认。对重大设计变更提供建议与意见。

（4）对施工过程中施工单位提出的费用索赔事项出具审核意见。

（二）经济责任审计及其他项目审计

1. 接受党委组织部委托，完成领导干部经济责任审计7项，审计资金总额合计74 046.82万元，提出审计建议15条。

2. 接受校财务处委托，完成对二级单位的年度财务收支审计3项，审计资金总额合计36 883.04万元，提出审计建议11条。

3. 接受商学院的委托，对其财务内部控制进行审计，在充分肯定学院财务及固定资产管理工作成功经验与做法的基础上，提出4条审计建议。

4. 接受附中委托，外聘会计师事务所对附中及与其具有各种关联关系的17个单位进行以查错防弊、防范风险、促进提高管理水平为目的的专项审计及年度报表审计，审计资金总计10亿余元。

5. 接受中国人民大学基金会理事会委托，对其原秘书长彭和平同志进行离任经济责任审计。

6. 积极、主动与产业管理处、校属企业、会计师事务所等协调，妥善处理校属企业2010年度审计中出现的各类问题，督促有关校属企业根据会计师事务所出具的管理建议书进行整改，并向审计处和产业管理处提交整改情况的书面回复。2011年11月对2011年度校属企业审计工作进行了安排。

7. 根据中共中央办公厅及教育部的相关文件，改进过去对领导干部经济责任审计工作中与上述文件要求（规定）不符的审计工作程序，完善审计内容，推动学校经济责任审计工作深入发展。

8. 起草了学校物资采购管理内部控制审计实施办法，并向财务处、实验室建设与设备管理处征求意见。

9. 配合纪委（监察处）在查处有关案件中提供专业服务。

（三）其他工作情况

2011 年，完成科研审签共 136 项，总计金额 1 932.38 万元。完成了银行对账单审签工作。通过对预算执行和决算审计工作的相关行业法规进行详细梳理，明确工作目标，在此基础上起草了《中国人民大学预算执行和决算审计规定》和《中国人民大学预算执行和决算审计实施细则》两个文件（草稿）。

■ 后勤工作

一、概况

2011 年，是后勤集团“十二五”事业发展的开局之年，也是后勤集团揭牌十周年。后勤集团紧紧围绕学校建成“人民满意、世界一流”大学的办学目标，巩固十年改革发展成果，全面推进和落实“人事工作年”，深入贯彻“保安全、保稳定、保运行”的工作方针，持续提升保障能力、服务质量与管理水平，学生食堂安全稳定运行，学生公寓、教学楼标准化建设取得突破性成绩，确保了学校各项教学科研行政事业的顺利开展。

二、后勤社会化改革

（一）圆满完成第四轮全员岗位竞聘工作

后勤集团按照“专业化运作、行业化管理”的指导思想，坚持适当“合并、重组、压缩”的原则，于 2011 年 3 月进行了组织机构调整。机构调整后，集团下设行政部、财务部、人事部、营运部四个职能部门，下设餐饮管理部、物业管理部、国内公寓部、国际公寓部、酒店管理部、经营拓展部六大业务部门和中国人民大学幼儿园一个直接管理单位。通过调整，达到了精简中间环节、提高岗位效能、实现扁平化和高效管理的工作目标。

在机构调整的同时，集团还进行了第四轮全员岗位竞聘工作。通过采用“分级竞聘”、与学校干部职级聘任和工人技术岗位聘任相结合、与岗位考核挂钩等创新性的岗位竞聘方式方法，进一步优化了后勤队伍结构，为集团全面推进队伍建设奠定基础。通过竞聘，加快了年轻干部和业务骨干的培养，促进了队伍梯队建设，同时通过保留职级待遇、科学设岗、创新岗位聘任等方式维护了老职工特别是即将退休职工的切身利益，实现了岗位轮换和新老交替，也实现了人事工作和队伍建设的和谐发展。

（二）配合学校做好老校区管理机构调整工作

2011 年 1 月 5 日，学校成立中国人民大学老校区综合管理办公室，挂靠后勤集团。后勤集团物业管理部城内服务中心成建制划归该办公室。

三、后勤经营管理和服务保障工作

（一）圆满完成学校重点工作和重大活动的后勤保障服务工作

1. 完成美军参谋长联席会议主席迈克尔·马伦上将、玻利维亚总统艾玛·莫拉莱斯来访的接待工作。

2. 圆满完成韩国高丽大学校长来访接待工作。

3. 圆满完成津巴布韦总统夫人短期学习接待工作。

4. 圆满完成“中国人民大学·日本一桥大学”共同论坛的服务保障工作。

5. 圆满完成美国亚利桑那州立大学、美国芝加哥大学、非洲教育官员等学习班的服务接待工作。

6. 圆满完成北京市朝阳区教育委员会与中国人民大学后勤集团合作办园签约仪式。

7. 圆满完成人大代表校友团和87级校友返校的服务保障工作。

8. 圆满完成海淀区第十五届人大代表换届选举组织工作。

9. 圆满完成2011年院长与分党委书记工作会的服务保障工作。

10. 圆满完成建党90周年系列庆祝活动服务保障工作。

11. 圆满举行后勤集团揭牌运行十周年总结表彰会。

12. 圆满完成2011年第三届暑期学校（国际小学期）的各项住宿、餐饮、教学服务等后勤保障服务工作。

（二）后勤集团综合管理水平持续提升

1. 规范管理、细化流程，推进行政管理工作标准化、规范化、制度化进程。加强发文管理，力求发文“零差错”，共印发集团文件50份，后集办字文件8份；加强印章管理，严格执行签章登记管理，共办理签章登记515次；切实履行首问负责制，为来访人员提供周到、细致的服务；做好文件的收发登记、流转、催办、督促、检查工作，发放文件1 051份，签转集团部门签报301份，签转集团签报66份，办理承办142份，办理传阅文件525份；全年共整理各类会议、领导讲话等录音约7.3万字，起草会议纪要、通知等集团文件28份。

2. 深度挖掘、专题策划，巩固质量、提高内涵，打造全方位的后勤信息宣传平台。加速信息更新，提升刊物质量，不断拓宽宣传渠道，开辟后勤手机报和短信群发平台，出刊1期，节日安全提醒3则；2011年《工作通讯》共出刊34期，《集团简讯》和《宣传橱窗》各出刊6期；积极外投宣传稿件，审核处理稿件156篇，有选择性地向学校投递66篇，向后勤行业组织投递78篇；集团网站头条新闻更新27篇，集团动态更新85篇；及时回复与处理总经理信箱、集团公共邮箱中各项意见建议80余封；接待、处理和承办各类信访工作50余件；在日常工作中对BBS“后勤意见与建议”版块随时予以关注，全年在版面上发布、回复帖子180余条。

3. 规范财务预、决算管理，发挥监督管理职能。做好集团2010年财务决算及直属单位年度财务工作；编制2011年度目标考核；做好各项期末财务核算工作，全年共编制财务会计报告近300份，各中心损益表和收支分析1 000余份；加强财务管理规章制度建设，印发《后勤集团物资采购管理办法》；发挥财务监督和控制作用，切实履行会计监督职能；认真办理学校相关财务事宜，协调集团外部各类财务关系；加强财务队伍建设，全面推进工作开展。

4. 理顺管理流程，构建和谐劳动关系，为集团把好用人关。完成学校重大活动及其他临时性任务；加强制度建设，建立完善人事制度体系，拟定和补充《集团员工年休假管理办法》、《后勤集团技术岗位和特种设备作业人员职业证书年审费用报销管理办法》、《后勤集团外来人口基本信息管理规定》、《后勤集团员工培训管理办法》等制度；进一步加强后勤集团员工队伍建设，编写《后勤集团队伍建设规划及具体实施方案》、《后勤集团用工成本分析》；完善集团各部门目标考核责任制，加强全员岗位和薪酬管理；加强集团员工培训，注重培训实效，努力提高管理干部和青年员工队伍素质；加强用工管理，规范农民工社会保险，完善工作程序，构建和谐、稳定的劳动关系。

5. 按照“保安全、保稳定、保运行”的指导思想，筑牢后勤保障系统安全防护网。后勤集团明确提出将安全工作定为2011年的核心工作任务。3月1日，后勤集团成立安全工作领导小组，全面领导和统筹集团范围内安全管理工作。领导小组下设10个安全工作专门小组，具体负责集团财务及资产安全、生产及设施设备安全、食品安全、公共卫生安全、消防安全、交通安全、财产安全（防盗）、涉外安全、幼儿园安全、政治及廉政安全工作。3 月 29 日，印发《后勤集团 2011 年安全工作要点》，明确了五项工作要点：一是加强员工的安全教育，提高全员安全意识；二是建立安全风险防范控制责任制，有效控制安全风险；三是认真检查及时消除安全隐患；四是建立健全安全防范和应急制度，全面落实安全防范措施；五是强化安全工作检查与考核。

集团所属各单位按照集团安全工作总体要求，采取系列措施提高管辖范围的安全防范系数：营运部编制《2011 年后勤集团安全生产、安全防火责任书》，在学校重大活动时期组织对后勤各领域的安全隐患进行“地毯式”排查；依据消防安全“四个能力”建设要求，全面、准确地落实消防知识技能培训和消防标志张贴工作；餐饮管理部妥善应对物价波动、开展安全互查、注重舆论引导；物业管理部逐级签订安全责任书、建立三级巡检制度；国内公寓部刊出安全主题展板、完善公寓消防档案、推进公寓门禁系统建设工程；国际公寓部加强外围环境安全治理，加装禁止停车标志和安全墩；酒店管理部加强设施设备安全、运输服务安全工作；经营拓展部坚持执行“安全日志、每周安全抽检、月度安全大检查”制度；幼儿园注重完善安全管理制度、强化安全责任小组职责，全力维护园区安全保卫工作。

2011 年夏季，气候异常，暴雨大风天气不断，学校多处楼房出现不同程度渗透，多棵树木受损。面对自然灾害，后勤集团严阵以待，按照集团突发事件应急预案，及时做好防汛防雷工作。集团所属各单位时刻检查所辖楼宇的排水、漏雨情况，报修的同时组织员工第一时间进行初期排水，并及时关闭门窗，备齐沙袋等防汛物资。物业管理部校园服务中心所有绿化员工随时做好倒树与枯枝死杈的快速处理工作，特别对危树、死树进行了先期伐除和“摘帽”，保障校内行人及车辆安全。

6. 抓好生产运营，规范经济合同，抓好员工住宿管理与服务。2011 年后勤集团继续加强各类合同管理，完善经济合同签订、审批管理流程，审核签订各类经济合同 221 份；加大对工程的监督检查力度，严把工程进度、施工管理、监理、竣工验收等环节的质量关；改善集团员工宿舍条件，做好员工宿舍调整、管理和服务工作。

（三）餐饮服务工作

1. 多措并举，保障学生食堂饭菜价格基本稳定。开展专项巡查，加强学生食堂菜品价格、质量的监管；利用高校联采和“农校对接”渠道，开展原材料集中采购，减少中间环节，节约采购成本，从而缓解物价上涨；积极落实物价补贴，缓解学生食堂办伙压力；提高机械化程度，加强节能举措，降低生产成本；通过优化人员配置、提高工作效率，努力控制人力成本。

2. 围绕集团安全工作核心，全力保障校园餐饮安全稳定。通过开展自查、互查、迎接检查，强化餐饮从业人员的食品安全意识，保障餐饮公共卫生安全；强化食品追溯，监控添加剂使用，签订食品安全承诺书，严厉打击不法行为；继续加强“四个能力”建设，保障食堂消防安全；分析餐卡系统运行现状，更新餐卡系统，保障系统运行安全；积极应对停水、食盐抢购荒等各类紧急事件，保障餐饮有序运行；投保餐饮业经营者责任险，合理规避风险，积极分担公共安全责任。

3. 落实集团“人事工作年”的指示精神，全面加强餐饮队伍建设。加强餐饮业务干部的培养，选拔食堂一线业务人才；制定《餐饮管理部 2011 年业务培训计划》，深入开展业务技能培训法制教育、消防安全、卫生知识、检验检疫和库房知识等相关培训，提高员工综合素质。

4. 圆满完成各类大中型维修改造工程。利用暑假，改造北区食堂老旧设施设备及环境；完成中区食堂 1 层主食间至知味苑下水管道改造重建和天然气管道改造、灶具维修工程；对东、西区食堂硬件设施进行维修改造；完成南区食堂快餐厅（八百碗）和西区食堂快餐厅（京港）的装修改造工程；为改善住宿环境，对留学生食堂第一餐厅员工宿舍进行改造。

5. 做好文化建设改造工作，展现人大餐饮文化风采。传承经典，编印《中国人民大学学生食堂菜谱选编》；以“硬件设施维修改造、增设标识标志、提升管理服务、美化餐厅环境”为宗旨，带动东、西、北区食堂及清真餐厅文化建设。

6. 多管齐下，狠抓学生食堂服务质量。9月16日，制定、下发了《关于进一步加强学生食堂服务工作的意见》，对餐厅服务工作进行指导、监管。

（四）校园物业管理与服务

1. 创新管理体制、有序开展工作，教学楼标准化建设迈上新台阶。12月28日，学校公共教学1、2、3楼顺利通过验收，成为全国首家标准化教学楼。为做好创建工作，部门精心准备、高度重视，全程参与到工程的协调、监管、技术支持、工程衔接等具体工作中；制定达标任务表，逐步落实标准管理规范，对文件档案进行收集、整理，力求各项资料准备到位。

2. 管理体制不断细化与完善，管理规范顺畅可行。继续深入执行制度完善与标准化服务工作，在部门内部实行无纸化办公、月考评制度、三级巡检制度、每周例会等一系列管理措施，加强内部沟通，理顺各业务范畴。

3. 加大节能减排力度，争创新型校园。节能办公室累计查抄、核算家属楼，学生宿舍，商户及一、二级水电表6 600余块；完成暑期1 816间宿舍的输电、指标电发放工作；与各用暖单位和部分住户重新签订《供暖协议书》，完成学生公寓楼用电的统一管理；配合学校用能管理平台建设，完成了对全校水、电计量点的统计工作；抓好节能宣传教育工作，强化节能管理，提倡全校节约意识。

4. 教学科研保障有力，配合教学科研做好服务工作。全年教室使用105 875课时，14 268 089人次；收发室全年投递报纸70余万份，发送普通信件200万件，挂号邮件10万余件，杂志4万余册，发送进口机要邮件1万余件，发送学校文件、简报、通知5万余份，批退信件10万件，查询信件5万件，翻译外文信件20万件，录入及上传网络服务信息平台邮件信息3万余条；打印室打印试卷5 100版，为院系送答题纸180捆；电话室累计完成电话维修、移机187部，新装52部。

5. 积极投入校园环境建设，打造物业服务新亮点。完成东大门的翻新、求是园景观喷泉及庭院灯的改造工程，并推广使用竹篱围挡；做好校园环境的治理与美化，全年修剪草坪13次，折合约127万平方米；出动洒水车浇灌绿植900余次，浇灌2 700余吨；完成全校4 500余株花灌木、木本花卉的修剪，为校内7棵古树进行特殊养护；修道路两侧绿篱、色带4 400余延米；防治"美国白蛾"等病虫害的传播，喷洒药液900余吨；全年累计清运各种垃圾和落叶7 300余吨。

6. 不畏艰苦，做好修缮服务工作。圆满完成西区开水房、商贸平房改扩建，食堂及静园区下水维修改造工作，配合做好小型工程电气、水暖安装，学生宿舍及品园3、4楼改造维修，青年公寓粉刷，知行1～5楼区、品园1楼值班室不锈钢隔断等多项施工任务，累计完成校园内178项土建零修工作。

7. 电力保障能力稳步提高，增强抗风险能力。完成学生宿舍楼、教学楼、办公区等重要工区的电力设施改造工程50余项；为电梯（79台）保养1 776次，大型急修400次，更换钢丝绳1 680米、钢带960米、限速绳960米、控制板25块，全部电梯的年检合格率为100%。

8. 抢时完成供暖检修，做好水暖运行保障。执行24小时负责人带班职守的运行模式，在静园5楼自备井、西区自备井井房顶部加接2层；对静园5楼出砂自备井进行了成像、续井管及洗井等作业；升级辖区10处二次供水给水泵房设备，更换生活水泵23台；对静园20楼等6栋楼宇进行进户暖气改造。

（五）国内学生宿舍管理与服务

1. 按照"以评促管、以评促改、以评促建"的指导思想争创学生公寓标准化。2011年12月12日，品园1楼、品园3楼、品园6楼和知行1楼顺利通过标准化检查验收，成为北京市标准化学生公寓。以标准化创建工作推动各项工作开展：积极协调、加强合作，推动学生公寓齐抓共管格局初步形成；收集文件、汇总修订，印制《中国人民大学学生公寓管理制度汇编》；加大投入，力争提高和改善学生住宿环境；丰富学生公寓管理办法；开辟公寓楼内自习室，为学生提供学习场所。

2. 强化管理、执行制度、加强监督、组织培训、增强技防，多项措施提高学生住宿安全系数。

营造部门安全工作氛围，定期检查，提高员工安全意识；强化消防培训，采用新的培训形式，以全体员工为对象，提高员工安全实操能力；安保组全面落实安全检查制度，逐步完善消防档案；认真做好消防试水及知行公寓楼防排烟系统检测，累计更换灭火器 1 932 个。

3. 以规范管理和服务为切入点，从软件条件及硬件设施两方面改善提高学生住宿环境，提高服务水平。加强对值班员工作的监督和检查。以学生为本，建立长效机制，畅通沟通渠道；更换部分博士毕业生、红楼毕业生宿舍家具，并协调做好换锁工作；为毕业生办理行李托运 1 500 余件，为新生提供行李免费运送及寒暑期火车票订购服务；规范学生公寓楼周边环境管理，促进公寓楼整体环境改善提升；完成毕业生离校、暑期工作和迎新工作；积极应对青年员工离职，明确定位楼长岗位目标人群，及时补充人员，保证学生公寓楼管理和服务工作正常运转。

4. 协调资产与后勤管理处、校园建设管理处、施工方等相关部门，落实东风 6 楼、7 楼，品园 1 楼大修改造工程遗留及品园 6 楼后期维保问题。

（六）国际学生宿舍管理与服务

1. 提升涉外接待水平和能力，圆满完成学校、集团重大活动、各项接待任务，展示学校涉外后勤服务团队良好精神风貌和优质服务保障水平。完成津巴布韦总统夫人短期学习用房保障、韩国高丽大学校长参观等涉外接待任务；圆满完成暑期学校（国际小学期）住宿接待保障工作；顺利完成美国亚利桑那州立大学、芝加哥大学、弗吉尼亚州立大学等 10 个批次的短期外籍团队住宿接待任务；积极协助各院系完成短期培训团队接待任务，努力做到社会效益和经济效益最大化；加强校际间外事服务沟通交流，为涉外公寓管理改革创新和提升管理水平与服务质量奠定了基础。

2. 理顺内部机制，着力提升国际公寓服务保障能力。积极整合、挖掘并扩充接待资源，累计接待 2011 年留学生新生 39 人和老生 60 余人入住；调整员工薪酬制度，推动各部门业务合并，实现各类资源集中共享、优化配置；完善管理规章制度，理顺工作流程、工作标准和工作要求，如制定、试行《2011 年国际公寓部培训计划》、《国际公寓部派遣及劳务协议员工薪酬制度》、《员工绩效考核标准》，举办“微笑服务评比”活动等；确保所辖楼宇各项设备设施的正常运转，完成各项零修 4 966 次；贯彻落实“育人为本”的工作原则，联合留学生办公室加强留学生思想教育及住宿行为管理。

（七）接待经营性资源开发与管理

1. 2011 年，汇贤大厦累计接待各类团体 200 余个，接待中外宾客 84 030 人次，提供客房服务 63 673（间）天；运输服务中心配合学校做好重大活动的用车任务，全年共执行各类车辆运输服务任务 6 000 余次，安全行驶 35 万余公里；北戴河学术交流中心共接待各类团体 26 批次，为 1 820 余人次提供了客房服务、会务服务及餐饮服务，实现经营收入 116.46 万元。

2. 合理制定营销策略，不断提高客房资源出租率。积极参加“高校假日联盟”和“周边酒店联盟”行业活动，加强行业交流，汲取先进营销经验；不断拓宽营销渠道，努力丰富客源结构，培养忠诚型客户。

3. 高度重视，常抓不懈，确保酒店管理部各项安全工作。在消防安全问题上，部门积极开展消防培训会，实行“走动式”管理模式，开展安全隐患排查工作，全年处置 387 起安全隐患，完成感烟探测器清洗 1 680 个，检测消防喷淋泵和消火栓泵 96 台次；做好 300 间客房设备设施维修工作，全年完成 5 170 余项维修任务；积极做好防汛工作，及时处理汇贤大厦客房区接连出现的漏水现象。

4. 改造硬件设施，改善服务环境，全面提升接待服务质量。完成汇贤大厦多功能厅灯光音响设备的更换和改造，完成汇贤大厦 A 座屋面防水改造工程。

5. 深入推动文化建设工作，不断提升接待服务内涵。在汇贤大厦所有洗手间和电梯间内悬挂具有资源介绍功能的广告牌，统一更换带有人民大学标识和“汇贤大厦”字样的防撞贴，提升了酒店管理部的接待服务工作内涵。

（八）商贸经营性资源开发与利用

精简物流配送流程，确保校园商店商品质量，加强联营商户管理，营造商贸市场和谐稳定。在保证饮用水、方便面等大宗商品和专卖商品维持统一配送的基础上，将其他商品要货权下放至商店，减少中间环节、节省和降低商品流通时间与流通成本；大力开展文化建设，更新校园商户公益广告牌、更换知行区“大学生生活服务区”服务指南、将书报亭原顶部广告灯箱更换为具有人大特色的顶部装饰等，增加校园人文气息，提升后勤服务内涵；通过召开联营商户座谈会、开展安全检查、促进积极有效沟通，营造和谐稳定的校园商贸环境；积极协调处理 33 名员工档案存储问题，为员工解决后顾之忧。

四、专项改造与维修工作

2011 年完成多项专项改造与维修工作，共投入校舍设施等修缮改造约计 5 400 万元，其中“修购专项”项目 2 694 万元、“985”修缮经费 1 500 万元以及学校自筹约 1 200 万元。

（一）公共教学楼修缮改造

2011 年暑期完成了公共教学二楼、公共教学三楼、公共教学五楼、求是楼等教学楼修缮改造工作。涉及 154 个教室、38 个卫生间，总建筑面积 20 000 平方米。主要对教室、楼道进行粉刷，增加吊顶，对强弱电及教室灯光进行改造，对卫生间、开水间进行全新改造，对公共教学三楼暖气进行全面更换。

（二）学生宿舍修缮粉刷

为了让新生有一个更干净整洁的居住环境，2011 年暑期完成了红 1、2 楼，东风 4、5 楼，品园 2、3、4 楼，知行 1、2、3、4、5 楼，宜园 3 楼，家属区等约 1 800 间学生宿舍的修缮工作，总建筑面积 80 000 平方米。主要是对所涉及的宿舍墙面、楼道进行粉刷，对门窗暖气进行油漆，维修开关面板，更换卫生洁具及卫生间部分墙地砖，更换部分塑钢窗等。

（三）明德楼公共空间利用改造

为高效利用明德楼公共空间，营造良好学术氛围，2011 年暑假对明德楼 18 个，共约 1 400 平方米的公共空间进行了装修改造。在前期对明德楼公共空间使用状况进行摸底排查的基础上，借鉴其他单位公共空间改造利用情况，确定“按照明德楼室内整体装饰装修风格，尽量不破坏原结构”的原则，通过玻璃幕墙围挡出独立空间作为博士生工作室，并配备桌椅，既充分提高空间使用效率，又确保美观、大气，进一步改善博士研究生的学习环境。

（四）体育运动设施改造

2011 年 12 月完成了原人大附小操场一个标准足球场与两个五人制足球场的改造工作，重新铺设人造草坪、增加灯光及更新围网；完成了品园 6 楼北侧排球地套篮球场地改造，增加了灯光、围网及篮球板；完成了世纪馆地下篮球场地木地板改造，并增加了通风设施。

（五）全校楼宇屋面防水排查与翻新

2011 年 6、7 月份雨水多，多幢楼宇出现不同程度的渗漏，利用暑期对学校楼宇进行了全面排查。完成了明德主楼、法学楼、新闻楼、商学楼、国际楼等明德楼群屋面防水翻新；完成了科研楼 A、B 座，逸夫会议中心以及居委会楼宇屋面防水翻新；完成了品园 5 楼，知行 6、7 楼等学生宿舍屋面防水翻新。

（六）老校区、拈花寺抢修修缮

对老校区基础设施进行大修改造，完成了小红楼加固，红 2、3 楼屋面防水，灰二楼屋顶换瓦；完成了灰一楼规划改造国家文物局立项批复，并邀请古建专家对灰一楼修缮进行咨询论证；根据北京文物局要求，对抢修拈花寺倒塌的南倒座两间平房和被大火烧毁的西配殿进行招标工作。

（七）其他重大修缮改造

完成了图书馆西馆（档案馆、博物馆、艺术学院用房）装修改造设计和招标工作；完成了物理系

“光电功能材料”实验室设计和招标工作；完成了公共政策实验室设计和招标前期工作；完成了博士后公寓20套及引进人才12套房屋修缮粉刷；完成了理工楼及配楼电力、卫生间改造；完成了全校消防中控室联网改造。

五、节能管理工作

（一）起草并修改《中国人民大学能源管理办法》

2011年，学校起草并修改《中国人民大学能源管理办法》。《中国人民大学能源管理办法》共分十一章，对学校能源使用作出了具体管理规定，并制订了奖惩措施。

（二）编写“十二五”期间学校水、电、暖节能改造项目计划书

2011年，编写“十二五”期间学校水、电、暖节能改造项目计划书。对学校“十二五”期间的水、电、暖等方面的节能改造制订了分年度的详细计划，并概算了资金需求。

1. 加强能源数据采集分析，积极构建节能监测平台。相继完成学校2005—2011年水、电、燃气等能耗数据统计分析工作，完成全校二级水表普查工作，正式启动校园地下管线动态信息计算机管理平台建设工作，在6栋学生公寓楼推行智能远传用电管理系统，投资近10万元建成校园地下管线计算机管理测试系统。

2. 应用节能减排高新技术，提高校园能源使用效率。学校在知行区增建开水房、品园6楼男部浴室投入使用40套智能水控系统，年节水率约37.5%；配合学校将教学楼、办公楼、实验楼等5万多只40瓦灯具更换为28瓦节能灯管，年节电率约20%；淘汰3台800kVA高能耗变压器（至此学校在用变压器全部更新为节能型变压器），大大提高了电网供电效率；完成供暖自动控制系统建设；将“一勺池”约300吨池水用于附近绿地浇灌，年节水量约2 000吨。

3. 深入开展技术调研，全力拓展节能空间。学校在路灯系统推广应用无极灯和电力载波隔灯控制技术，据测算，年耗电水平将下降50%左右；在东区浴室、留学生公寓1号楼浴室试装节水型喷头，从试验效果看，年节水率在20%左右；开展知行区浴室采用空气源热泵新型能源的可行性研究和调研工作；积极推动太阳能光伏发电技术在学校应用。

（三）参与全国高校节能管理先进院校评比并获奖

2011年，学校向全国高校节能联盟提交学校2010年度节能管理相关材料，并申报节能管理先进院校，荣获“2010年度全国高校节能管理先进单位”称号。

六、后勤管理工作

（一）校园综合治理工作

根据校园综合治理协调专题会议有关指示精神，为加强管理、营造良好校园环境，结合学校实际，经与海淀区和学校相关职能部门协商，学校草拟了《中国人民大学校园综合治理方案（讨论稿）》。按照治理方案计划，学校组织相关职能部门分组织推进、重点攻坚和巩固完善三个阶段对校园环境进行了综合治理，治理内容包括游商、游贩、流动人口、出租房、无证经营、家属区私搭乱建等，本次校园环境综合治理工作成效显著。

（二）卫生间免费提供手纸工作

2011年，学校在公共教学二楼、公共教学三楼、公共教学五楼、求是楼西侧、科研楼B座和明德主楼办公区域开展卫生间免费提供手纸试点工作。

（三）校园控烟工作

根据《北京市公共场所禁止吸烟范围若干规定》和教育部、卫生部《关于进一步加强学校控烟工

作的意见》有关文件精神，为营造良好控烟氛围，推动无烟校园创建工作，学校成立中国人民大学控烟工作领导小组，统筹校园控烟工作。

2011—2012学年第二次校长办公会对学校控烟相关工作进行了研究布置，学校草拟了《关于成立中国人民大学控烟工作领导小组的决定》、《中国人民大学控烟工作领导小组成员建议名单》和《中国人民大学控烟管理办法》。内容包括：第一，发布《关于成立中国人民大学控烟工作领导小组的决定》；第二，控烟工作领导小组召开专题办公会议，审议通过《中国人民大学公共场所禁烟管理办法》；第三，正式启动无烟学校建设工作。

2011年12月13日至20日，北京市爱卫会、北京市教委和北京市卫生局组成联合检查小组，开展全市普通高校控烟工作效果评估检查工作。学校在本次评估工作中取得了较好的成绩，在59所高校中获得第八名。

（四）校园植被补植和绿化整体规划工作

近年来，学校基础设施建设取得飞跃性发展，但与之配套的绿化工作却相对滞后，为加强校园绿化美化工作，为学校“十年腾飞”计划营造良好校园环境，学校按照《北京高校标准化物业服务——校园环境标准（试行)》有关验收标准对校园植被现状进行实地勘察。经统计，校园内需更新和补植的植被面积约为3 200平方米。结合此情况，学校聘请相关园林专家对校园绿化布局进行整体设计，向社会公开招标专业绿化公司，逐步实施绿化方案。

（五）人大社区管理工作

2011年，人大社区居委会充分发挥党组织的核心作用，通过宣传健康知识、关爱弱势群体等方式进一步促进和谐社区的建设工作。同时以文化为载体，不断创新工作思想，加强流动人口管理，促进社区平安发展。积极发挥社区服务功能，做好海淀区第十五届人大代表换届选举工作。

七、幼儿园工作

（一）教学工作推进有力，办学质量节节攀高。通过开展“阳光体育”、“大带小”、“兔八哥”故事会等活动，从多种渠道增强幼儿体能、提高幼儿生活和学习能力；开展“师带徒”、“半日活动观摩”等职业培训活动，为教师搭建交流展示平台，提升自身教育能力，改进教育方法，实现个性化发展。

（二）顺利完成年度招生工作，全力以赴解决幼儿“入园难”问题，累计录取138名幼儿；全力践行“服务为先”的工作精神，帮助幼儿克服分离焦虑；开展家长培训会、家长工作会，在为家长分担解忧等方面开拓思路；继续做好卫生保健、营养膳食等后勤保障工作。

（三）安全工作扎实稳妥，责任意识铭记在心。调整了幼儿接送制度、接送卡配发及使用规定、开水房使用规定，不断完善制度；重新划分安全责任小组的职、权、责，确保安全工作无死角。

（四）2011年12月27日，经学校批准，后勤集团代表学校与朝阳区教委签署合作协议，共同开办中国人民大学朝阳幼儿园。朝阳幼儿园将与人大附中朝阳学校一道，致力于发扬人大精神，让优质的教育资源惠及朝阳区民众，同时也将大大提升中国人民大学幼教事业的品牌效应。

■ 安全保卫和医疗保障工作

一、概况

2011年，学校国家安全小组荣获北京市国家安全工作领导小组办公室颁发的“首都国家安全工作先进集体”；学校被北京市公安局海淀分局评为“海淀区高校安全保卫工作先进单位”，被海淀区交通安全委员会评为“海淀区交通安全先进单位”；学校保卫处荣获北京市公安局“集体嘉奖”荣誉称号。保卫处11位同志分别获得中国人民大学优秀党员、首都国家安全工作先进个人、北京市消防先进个人、北京市交通安全先进个人、北京市公安局个人三等功、北京市公安局个人嘉奖、高校安全保卫工作先进个人等11项荣誉。

校医院被北京市海淀区评为“2010年结核病控制工作先进单位”；荣获“海淀区首届高校校医防控结核病健康教育教学比赛”决赛二等奖，“海淀区第二届社区医务人员岗位练兵大赛”一等奖，“北京市社区医务人员岗位练兵大赛”第一名，“阳光社区慢病管理学院2011学年毕业典礼暨知识技能竞赛全国总决赛”第一名，“2011全科医生训练营暨北京市社区卫生糖尿病专题岗位练兵大赛”一等奖，“社区卫生糖尿病专题岗位练兵全国总决赛”三等奖；医院荣获“颂歌献给党”中国人民大学师生演唱会最佳表现力奖和最佳组织奖；获“中国人民大学2011年度安全稳定综合治理工作先进集体”。医院党总支荣获2011年度“中国人民大学先进基层党组织”荣誉称号。校医院11位同志分别获得中国人民大学先进个人、中国人民大学安全保卫先进个人、中国人民大学优秀党员、优秀党务工作者、优秀党支部书记、北京市委九三学社优秀社务干部、校级优秀工会工作者、校工会工会积极分子等个人荣誉。

二、治安、消防、交通安全等工作

（一）治安工作

2011年，保卫处继续狠抓治安管理和治安长效机制建设，坚持校园治安情势分析研究制度，校园治安案件数量稳中有降，校园治安成果得以巩固。

2011年，共接报各类治安案件125起，比2010年减少2起，下降了1.6%；共查破各类案件21起，查破率16.8%，抓获各类违法犯罪嫌疑人52人；共接报处警电话520个，比2010年减少180个，同比下降25.7%。

2011年，学校投资97万余元，对监控中心机房的全部设备进行了升级更新，保障了监控中心机房设备的有效运行。投资14.7万元，为东风5楼安装摄像头40个。

（二）消防工作

2011年，严格贯彻落实新版《北京市消防条例》，继续以消防安全“四个能力”建设为抓手，着力提高全校消防安全“四个能力”建设水平，并取得可喜成效。主要体现在以下几个方面：

消除火灾隐患能力方面。全年共组织各类检查48次，并起草了《关于进一步完善校园消防基础设施的建议》。通过相关部门的努力，落实隐患整改措施31项。

组织扑救初期火灾隐患能力方面。全年火情火险数量大幅减少，共发生2起火情，均被及时扑灭，未构成火灾。与2010年相比减少了5起，下降了71.43%，是近5年最少的一年，充分反映出“四个能力”建设的成果。

组织疏散逃生能力方面。今年共组织学生进行了3次大规模逃生疏散演练，提高了学生的逃生自救能力。

组织宣传消防教育能力方面。全年共组织消防培训22次，参加培训累计超过10 000人次，其中学生占70%。

（三）交通安全工作

2011年，学校继续开展校园交通安全综合治理活动，以新图书馆地下车库投入使用为契机，着力对东区校园交通状况进行治理，维持了校园的正常秩序。在公共教学一楼东侧、公共教学一楼和公共教学二楼之间、求是楼西北侧3个路口安装隔离桩，扩大了教学区封闭范围；在林园路中心摆放隔离栏杆，解决了林园长期占道停车问题；在求是园周边摆放隔离桩，解决了求是园周边乱停车问题。

2011年，投资14万余元，进一步完善校园交通设施，合理规划交通路线，充分利用交通设施，确保校园交通良好秩序，全年未发生任何交通事故。

2011年，为整治校园内摩托车、电动车造成的安全隐患，专门制定了《关于开展非法摩托车、电动车整治行动的通知》(〔2010—2011〕校办字41号)。根据文件要求，开展了专项整治行动，共清理了60余辆非法摩托车、电动车。

围绕全国"两会"等重大活动，逐级落实责任制，签订交通安全责任书130余份。

(四) 其他工作

1. 集体户籍和流动人口基本信息管理工作

2011年，办理2011级新生户籍迁入5 618人。其中博士433人，硕士2 657人，本科2 528人；共办理2011届毕业生户籍迁出4 627人。截至2011年年底，学校历年滞留学生户籍累计为1 297人。

截至2011年年底，《中国人民大学流动人口基本信息总台账》上共有流动人口6 258人，其中体制内流动人口2 065人，体制外流动人口4 193人。2011年，协助派出所办理外来人员《暂住证》543人次。

2. 安全法制宣传教育

2011年，向新生发放《大学生安全手册》100余册。以日常安全教育宣传工作为重点，将安全宣传教育列入大学生社会实践内容，先后在教室、学生宿舍、食堂等处张贴、发放安全提示共计2 000余张；向各院系发放《关于学生因交友不慎引发的几起安全问题的通报》；在校园巡查和接待报案中，抓住个案机会进行安全教育，使一般教育和特殊教育相互结合，互为补充。

3. 安全保卫服务工作

2011年完成国家领导人、重要外宾来校的三级以上警卫工作8次；为学校及各单位举办的大型活动提供安全保卫服务242次，共出动安保人员3 235人次。

4. 维护稳定及校园环境综合管理工作

2011年，学校与部处、院系、直附属单位分别签订了三类《安全稳定任务书》67份。

2011年，学校加大校园环境综合治理力度，兜售盒饭的混乱现象得到根本改善，教学区跳舞、健身等活动明显减少，校园秩序明显好转。全年共清理校园张贴或散发小广告1 441人次，没收广告10 438份，清理拾荒人员1 304人次，登记学生社团室外活动126次，登记检查出入校园人员2 616人次，阻止无关人员入校25 909人次，进出校园机动车登记20 226辆次，查处无证三轮车30 036辆次。

5. 保安队伍培训工作

2011年，继续2010年实行的保安服务费支付方式，全年共为学校节省经费24万余元。保卫处修改了《保安中队考勤与服务费结算办法》等制度，建立了由保卫处分管副处长定期主持召开保安中队队务会和保安队员培训制度，保安管理进一步制度化、规范化。2011年，学校保安中队获北京市保安服务总公司文安分公司集体嘉奖。

三、医疗保障工作

(一) 明确医院发展方向和发展目标

2011年2月和9月分别召开医院新学年工作会，讨论并制定了医院新学期的工作重点及工作计划，制定了《中国人民大学医院发展规划》。

(二) 推进医院建设工作

1. 逐步建立了能上能下干部用人机制，每学年召开医院科级干部工作研讨会，医院工作呈现出新的气象。

2. 加强人才队伍建设。一方面加强引进人才工作，另一方面对现有的人才进行培养。2011 年，医院共引进正式在编人员 7 人，制订了培训计划，包括长期进修计划、短期培训计划、请外院专家授课计划等。

3. 完善医院制度化建设。医院在继续推行绩效考核的基础上，重点加强了日常考核及学期末考核的力度。

4. 继续推动医院硬件及信息化建设。2011 年，医院购入医疗仪器设备 59 件，硬件建设共计投入 324 710 元；卫生局配送设备 2 件；建设医院网站，畅通交流平台。当前新网站正在改版，新网站将更关注医疗业务、公共服务等内容，进一步加强与师生之间的信息沟通。

5. 以绩效考核为手段，进一步提高医院的服务质量和效率。

6. 建立院外监督机制。为加强与师生员工交流，2011 年 3 月 30 日召开学生代表座谈会，2011 年 12 月 29 日召开院外监督员座谈会。

7. 全面推动新医院建设工作。2011 年 11 月 2 日，中国人民大学医院新址落成。

（三）加强医院业务管理

1. 拓展业务范围，开展特色服务。在引进人才的基础上，医院不断拓展业务。开展了激光治疗以及冷冻治疗、口腔修复、复杂牙拔除等服务，并增添了多项检验项目。同时通过外聘中医专家、心理专家等竭力满足师生员工医疗需求。2011 年 11 月，经学校批准，医院向卫生局申请办理业务增项。

2. 注重开展业务培训。通过实施“请进来”培训指导和“走出去”学习培训，开展业务竞赛和岗位练兵，在医院逐渐形成了精进医术、钻研业务的氛围。

3. 强化医疗质量管理。医院质量控制科定期组织召开医疗质量管理会议，每月进行医疗质量和各科室医院感染等检查，并下达反馈意见书。

4. 加强医院科研工作。制定了《中国人民大学医院关于对论文、科研及竞赛、先进类项目奖励办法》。当前，医院职工承担或参与国家 863 课题 1 项，省部级课题 1 项，校级课题 2 项；2011 年 9 月，医院作为宣武医院卫生部脑卒中筛查与防治基地协作单位，共同完成部分课题。

5. 医院各项业务工作情况。

本年度医院门急诊量 159 724 人次，出诊服务 7 759 人次。

社区医疗部：完成门诊内科 63 213 人次，外科 27 430 人次，中医科 18 394 人次，口腔科 7 853 人次，眼科 7 762 人次，耳鼻喉科 8 158 人次，皮肤科 7 696 人次，针灸 3 549 人次，妇科 3 941 人次，急诊 4 230 人次，传染科 737 人次，各类保健 35 次。

社区护理部：共完成了静脉输液 3 878 人次，静脉抽血 4 319 人次，肌肉及皮下注射 6 300 人次，出诊 122 人次。配合公共卫生部顺利完成了全校的教职工、研究生复试、新生以及毕业生的体检工作。体检期间完成静脉抽血 20 820 人次，心电图 8 033 人次，配合妇科完成妇科超声 1 700 人次，妇科检查 1 375 人次。

公共卫生部：共完成体检 21 691 人次，疫苗注射 20 070 人次，健康教育讲座 60 次，妇幼保健工作服务 921 人次。

功能支持部：报销医疗门诊费用 12 962 人次，金额 1 552 万元；住院审核 1 255 人次，金额 2 230 万元。放射科大型体检胸透 20 803 人次，门诊摄片 3 900 人次，门诊胸腹透 3 900 余人次，洗片 5 100 余张，消化道造影 14 人次（126 张），诊断报告 7 114 份，诊断符合率达到 90%以上。接受各类专项检测近 30 次。检验科学生体检人数达到 16 000 余人，职工体检人数达到 4 000 余人，门诊生化9 000 余人次、临检常规检测达到 5 万余人次。药剂科调配处方 13 534 705.88 元，处方量 177 396 张。

6. 积极参与海淀区、北京市、全国医务人员岗位练兵大赛，获得多项荣誉。

2011 年 3 月 23 日，获“海淀区首届高校校医防控结核病健康教育教学比赛”决赛二等奖。

2011年7月26日，获“海淀区第二届社区医务人员岗位练兵大赛”一等奖。

2011年10月25日，获“北京市社区医务人员岗位练兵大赛”第一名。

2011年10月28日，获“阳光社区慢病管理学院2011学年毕业典礼暨知识技能竞赛全国总决赛”第一名。

2011年11月18日，获“2011全科医生训练营暨北京市社区卫生糖尿病专题岗位练兵大赛”一等奖。

2011年12月2日，获“社区卫生糖尿病专题岗位练兵全国总决赛”三等奖。

（四）重视公共卫生服务

1.“健康人大行动计划”顺利推行，健康档案全面覆盖。医院成立了以院长担任组长的领导小组，由院长助理张冬梅全面负责，并组建慢病管理科，由具有丰富慢病管理经验的董华副主任医师担任科长，全面推进医院的家庭医生式服务、契约式服务、知己管理、健康教育进社区、健康教育进学院等活动，并先后与商学院、经济学院、法学院、新闻学院完成了家庭式医生服务的签约，共签订家庭式医生服务协议书34份。管理慢性病患者580人。医院为学校师生员工建立了电子健康档案，建档率达98%。

2. 健康教育亮点突出。开展大学生健康教育课程16个专题；医院通过外请专家、院内业务骨干等多种方式，为师生居民、社区居民开展健康讲座19次；开展新生爱问网上咨询活动和新生心理访谈活动，促进健康宣传；医院在高血压日、脑卒中日、糖尿病日、健康生活方式日、艾滋病日等开展特色专题健康咨询；服务进院系、进社区；积极承办卫生部、北京市、海淀区卫生局等组织的多项健康教育活动，助力宣传健康生活方式。

3. 体检工作认真细致。完成了16 419人次的学生体检及4 569人次的教职工体检。共查处恶性肿瘤11例，并针对体检过程中发现的教职工健康问题开展了一系列针对性的干预活动。

4. 慢性病管理积极主动。

4种慢性病患病人数明细表

高血压病	943人
糖尿病	273人
冠心病	236人
脑血管病	216人

4种慢性病管理情况统计表

疾病	管理人数	管理率（%）	规范管理人数	规范管理率（%）	控制达标人数	控制率（%）
高血压病	466	49.42	460	98.71	440	94.42
糖尿病	171	62.64	165	96.49	144	84.21
冠心病	40	16.95	40	100		
脑血管病	33	15.28	32	96.97		

5. 传染病管理扎实规范。组织结核密接人员宣传讲座2次，2011级本科新生PPD试验2 701人次，接种率超过95%；检出强阳性287人次，对强阳性者进行健康教育讲座一次，授众270人次，拍胸片280人次，拍片率98%，预防性服药25人。传染病管理及上报111人次，注射疫苗20 070针次。

6. 各类保健工作任务圆满完成。

（五）注重提升医院服务质量

一方面，通过职业精神培训，强化职工服务意识，提升医院服务品质。另一方面，积极探索有效措施，促进医院服务质量的提升。2011年9月实行口腔科预约挂号、中午及双休日开诊；2011年1月，提高公费医疗门诊报销比例。

■ 档案馆、校史馆和博物馆工作

一、概况

档案馆档案资源分为陕北公学、华北联合大学、北方大学、华北大学、中央财经学院和山西大学财经学院、中国人民大学等6个全宗，馆藏文书和科技档案94 066卷，人事档案28 744卷，照片档案23 110张和缩微平片936张、缩微卷片3 888米、光盘档案678张以及其他类型和载体的档案材料。

二、档案管理和利用

2011年，收集文书、科技类档案6 777卷，收集人物档案112件，照片档案132张，磁盘光盘56张。接收教职工档案187卷，学生档案6 375卷，转出人事档案6 586卷，补充人事档案材料75 496件。

2011年，档案馆增设学生档案证明办理中心。认证学历学位证书、成绩单24 197份，接待毕业生1 472人次；接待在读生3 205人次，认证在读证明、成绩单45 663份。合计总人数4 677人次，认证69 860份。回复学位与研究生教育发展中心及就业中心学历及学籍认证查询170件。提供利用文书、科技档案3 831卷，利用人数1 845人次，复印档案文件6 493份。提供人事档案1 644卷次。

本年度共录入、导入档案管理系统数据33 466条。目前，档案数据库存储条目数据量为122.3GB。

2011年12月20日，中国人民大学档案馆与杜克大学图书馆正式签署了关于西德尼·D.甘博摄影历史照片项目合作备忘录，双方将就西德尼·D.甘博照片中英文数据库的共建共享和2013年在中国人民大学举办甘博摄影作品展览以及举办西德尼·D.甘博国际学术研讨会等事宜进行合作。

三、博物馆工作

2011年，征集实物股票及相关票证物品1 000余种，共计价值588万元（来自上海2004年的股票博物馆）；购得“文革”时期实物（镜、瓷盘等）共664件，填补了一个新领域收藏的空白；征集家书583封，证书、照片、图书等58份。

完成西域文书（含木牍）等550余件、西域货币（金、银、铜币）1 500余枚的整理编目工作，完成实物股票编目工作。

校史展、文物展、家书展、沈鹏书法艺术展全年共接待各界来宾97批1 770余人。其中，接待的重要领导和来宾包括：教育部副部长杜占元、国家行政学院第三十六期中青年干部培训班、武汉市委组织部领导、香港城市大学国情教育研修班、台湾东华大学艺术团、泰国法政大学、马来西亚南方学院代表团、丹麦NSG学校师生等。

在《中国档案报》、《民间文化论坛》等报刊发表《红色家书中的九十年》（上、下）、《民间家书的抢救性征集与编研实践》等家书研究文章6篇；编辑出版了庆祝建党90周年重点图书《红色家书背后的故事》一书，《中国新闻出版报》多次介绍，《人民日报》、《光明日报》、《中华读书报》等予以推介，2011 年 7 月 31 日《焦点访谈》重点报道；纪念辛亥革命 100 周年活动中，在《人民日报（海外版）》和《北京档案》等报刊发表文章，宣传我馆所藏家书资料。组织启动“陈独秀等人致胡适信札”研究工作。

“文化遗产日”期间，家书研究中心获得由中国文物保护基金会颁发的“第四届薪火相传——中国文化遗产保护年度贡献奖”；2011 年 11 月，出席“辛亥风云与任氏四杰大型文献图片展和纪念任鸿隽先生逝世五十周年座谈会”，提交论文《任鸿年之死与“二次革命”的若干记忆》并发言。

附录

2011 年中国人民大学档案馆馆藏档案和档案利用情况统计表

类名	目次		单位	基本数据
馆藏档案	全宗		个	6
	案卷		卷	94 066
	案卷排架长度		米	1 864
	照片档案		张	23 110
	光盘		张	678
本年度进馆			卷	6 777
本年度档案利用情况	总计		卷次	3 831
	利用目的	编史修志	卷次	494
		工作查考	卷次	710
		学术研究	卷次	200
		其他	卷次	2 427
本年利用资料			册次	
本年复印档案、资料			份	6 493

注：此表统计数据不含人事档案。

■ 网络信息管理工作

一、概况

根据《“数字人大”建设工程规划（2010—2013）》，继续夯实网络基础平台建设，推动“数字人大”电子校务系统建设向纵深发展，提高多媒体教学服务水平。在此基础上，将工作重心逐步转移至通过进一步规范管理和提高服务水平，为全校师生的教学、科研和管理活动提供更多、更便捷的信息化服务。

2011 年 8 月，学校正式通过 GB/T24405.1—20091/ISO/IEC20000—1：2005 服务管理体系国际标准（以下简称 ISO20000）认证，成为大陆首家通过该认证的教育机构。

2011 年 12 月，学校被中国教育和科研计算机网华北地区网络中心评为高校招生网络安全申通工程先进单位；网络与教育技术中心被教育部科技发展中心评选为教育信息化先进单位。

全年接待全国各地共计 21 所高校来校考察信息化建设。

二、常规工作

1. 截至 2011 年 12 月 31 日，综合服务台全年共计受理用户各类服务需求电话 68 240 次，处理网上申报事件 4 003 件。用户现场故障处理 1 273 次。用户抽样回访 172 次。

2. 经学校相关部门及主管校领导同意，于 3 月开始对校园网认证计费新旧系统进行逐步切换。4 月 1 日，新的计费系统正式运行，同时，启用新的上网资费政策。新的计费系统运行后，做到了有线和无线界面统一、教工和学生上网全面认证。10 月，用户缴费改为实时到账，更加方便用户使用。

3. 新建博客网站“人大校园网快报”，及时发布校园网动态消息和用户使用指南，听取用户对校园网运行的意见和建议。

4. 寒假期间更换公共教学二楼、三楼和明德楼教室内教师用台式计算机 200 余台，解决了旧有电脑因购置年限长导致运行速度慢、经常死机的问题。

5. 暑假期间，配合学校对公共教学二楼、三楼和求是楼进行装修，将上述教学楼内共 130 间教室内的教学设备在装修前进行了拆除，在装修完成后赶在开学前全部恢复，保证了新学期教学工作的顺利开展。

6. 研究制定摒弃中控、改用计算机控制多媒体教学设备的方案，以解决现用中控设备老化，但因型号已停产，造成维护维修困难的难题。

7. 全年完成新闻拍摄任务 193 次，其中全程新闻录像 170 次，制作网络新闻 2 条，刻光盘资料 300 张，录制党课 10 次 30 学时，录制通识课 14 次 42 学时，录制体育课 5 次 5 学时，录制人事处培训 64 小时。同时，做好所有视频资料的保存工作，所有资料均以电脑存储、原带和刻制 DVD 光盘三种形式保存。

8. 做好信息安全等级保护工作：

（1）确定国家信息安全等级保护三级系统的建设整改和等级测评的规划工作，完成《中国人民大学“数字人大”系统差距分析和整改方案》和《中国人民大学“数字人大”信息安全等级保护建设工作计划安排》，完成部分整改工作。

（2）12 月 8 日，通过公安部门对信息安全等级保护三级系统的专项监督检查。

（3）建立学校网站群安全监测环境，每周定时对校内的网站系统进行安全监测，及时通报监测结果。

9. 制作完成《中国人民大学信息化建设机构与业务图解》，该图册以图形化的方式诠释了学校信息化建设的组织机构、归口管理和承建单位网络与教育技术中心各科室的业务职能、主要业务系统功能、服务流程、ISO20000 和 IT 资产管理体系结构。

三、“数字人大”建设

1. 对新建图书馆、校医院和国学馆的有线和无线网络建设进行规划设计和开通调试，保障新图书馆在 5 月份如期投入运行。

2. 新一期无线校园网工程上半年基本建设完成，并于 4 月 8 日举行了开通仪式。新建无线校园网覆盖了全校所有办公和教学楼宇以及主要室外空地，部署无线接入点（AP）总计 1 092 个。正式开通运行后，使用人数稳步上升，最高同时在线人数接近 4 000 人。

3. 国家科技支撑计划可信任互联网试验网项目中国人民大学子课题，进行了 sava（真实源地址验证系统部署）、iNetBoss（综合网络管理）系统部署、77 台接入交换机版本升级和 savi（真实源地址验证配置），完成项目决算报告，撰写完成项目验收报告、技术报告，项目目前已进入总体验收阶段。

4. 拟对学校邮件系统进行升级，已完成先期准备工作，有待正式上线。

5. VPN（虚拟专用网络）系统解决校内资源远程访问，连通苏州校区和主校区校园网。当前用户数量 6 万多人，可访问资源 3 852 个，月登录人数 1 万人，最热门资源的月访问量 500 万次以上，最活跃用户月均访问约 600 次。

6. 设计开发了校内统一身份管理平台（电子身份认证中心），规范了校内各类临时人员的电子身份管理及上网和校园卡办理流程等。

7. “数字人大”电子校务系统的开发、维护和完善。

全年共新增及修改模块 180 多个，其中新增功能点 379 个，修改原有功能点 433 个。

服务与支持学校多项重大业务的完成，主要包括：学生电子注册，每学期注册学生近 2 万人；大规模学生选课，每学期学生网上选课信息上万条，同时设计了成绩单、成绩统计、学分统计和教学数据等报表 47 张，利于本科教务管理；全国大学英语四、六级考试管理，实现了网上报名、资格审查和校园卡缴费等功能，上线后第一学期通过校园卡完成报名缴费的学生达 4 023 人；本科生保送研究生；人事职称评定及岗位聘用；组织部干部考核等。

完成多个新应用系统的开发，主要包括：暑期小学期管理系统，学籍变动管理系统，财务网络报销系统，发展规划处项目管理系统，发展规划处高基报表数据库，全国大学英语四、六级报名筛选管理系统，排课管理系统和 BB（网络教学平台）与教务数据交换系统等。

8. 2011 年度校园卡管理中心累计发卡 20 822 张；累计消费流水 51 480 571.82 元，同比增长 5.8%。

■ 校友工作

一、概况

2011 年，校友工作以服务学校中心工作为重点，创新服务校友活动，调动校友捐赠支持母校积极性，校友返校活动规模和效果再创新高，海内外校友会建设取得重大进展。通过改版校友杂志等传统媒体及创办电子刊物、微博等新媒体，促进广大校友与母校的互动和交流，增强了广大校友的凝聚力。

二、主要工作

（一）支持学校发展

1. 联合招生就业处、文化科技园，推动“中国人民大学学生创业中心”建设，举办“天九儒商”杯中国人民大学第三届学生“创业之星”大赛，邀请知名校友裘国根、张斌分别出任总决赛评委和主持人，大赛当晚邀请裘国根校友主讲“人大校友大讲堂”并达成亿元捐赠支持母校学科建设意向。此外，还协助裘国根等校友企业家返校招聘应届毕业生，为在校生创造更多就业机会。

2. 联系协调商学院邓荣霖教授的硕博学生捐资1 000万港币成立邓荣霖企业管理研究基金会，基金用于资助中国人民大学的老师和学生开展企业管理学术研究项目，以及支持企业管理研究领域的重要学术会议召开、论文发表及专著出版。学校校友会与商学院联合举办“公司研究与现代企业制度理论学术研讨会暨庆祝邓荣霖教授从教五十周年座谈会”，有助于推动商学院企业管理学科的发展，同时这也是学校校友工作的创新和尝试，探索以导师为纽带凝聚硕博研究生校友，感恩导师与感恩回报母校、学院并举。

3. 校友会两年来多次联络、宣传叶澄海校友，促成其今年决定出资1 500万元人民币设立中国人民大学教育基金会专项基金“澄海国际研究基金”，支持中国人民大学国际关系学院的学科建设、师资队伍、人才培养、科学研究和国际交流等。

4. 协调张磊校友继续支持人大学生暑期赴耶鲁大学研修项目，张磊校友签约出资1 000万元与中国人民大学联合成立高礼研究院并已启动百名高礼英才培养计划。2011年暑期又有20位人大在校生前往耶鲁大学交流学习，并且以良好的表现得到耶鲁大学的高度评价。

5. 继续推动学院和地方校友会或校友单位的合作办学，促成中国化工集团和劳动人事学院数百万元的培训合作项目。

6. 动员1981级校友为学校图书馆捐赠百幅名人画像。

（二）开展校友活动

1. 3月9日，配合校办组织“全国两会校友返校活动”，近30位全国两会校友返校。

2. 6月18日，福特班校友会成功举办首届年会并选举产生新一届会长，近50位海内外校友出席大会。

3. 6月26日，举办1997级本科毕业10周年返校活动，首次将本科毕业10周年返校活动纳入校友返校活动系列。

4. 6月和11月，分别举办两次“我们约会吧”人大青年校友交友活动，搭建青年校友交流平台。

5. 9月16日，组织举办陕公联大老校友敬老祝寿会，本年度共有60余位老校友参加活动。

6. 9月29日，协助蒋含宇校友在民族文化宫举办“人民领袖毛泽东——蒋含宇彭淑清夫妇红色收藏展”。

7. 10月5日，协调组织1987级本科毕业20周年返校活动，近千位1987级校友返校参加隆重的纪念大会，活动规模再创新高。毕业20周年返校活动在校友办的支持与协调下，已成为最具影响力的校友品牌活动。

8. 10月15日，组织1981级本科入学30周年校友返校活动。

9. 10月30日，举办1981届研究生校友毕业30周年返校活动。

10. 12月17日，举办1991届研究生校友毕业20周年返校活动。

11. 邀请知名校友裘国根、谢磊等先后返校主讲“人大校友大讲堂”并联络采访李山泉等知名校友。

12. 继续举行“燕山论坛”、“浦江金融论坛”、“江山论坛”活动，作为金融投资领域精英校友沟通交流平台，颇有社会影响力。

（三）推动地方校友会建设

1. 2011年，共有新疆、内蒙古、宁夏、安徽四地校友会取得政府正式注册批复。另外，湖南校友会、江西校友会、河北校友会在积极申请获批。以上省级校友会成立之后，国内仅剩辽宁（大连校友会以联谊会形式开展活动）、吉林、黑龙江、青海、贵州和西藏等地尚未成立校友会组织。

2. 本年度校友办派人前往河北、深圳、江西、广西、上海等地，参加校友会年会或校友交流活动，指导、推动地方校友会工作。

3. 策划、联络、推动学校教授考察团赴海南调研，了解海南文化产业和校友企业的发展状况，并为其“十二五”时期文化改革发展规划和文化创意产业建言献策，服务校友和服务社会完美结合。

4. 学习国外著名高校的校友工作先进经验，加强与海外校友的联络，积极推动成立海外校友会(新设4家)，积极宣传母校，提升学校国际性。

(1) 2011年6月25日至8月6日，郭海鹰主任在带队参加2011年耶鲁大学暑期学校项目期间，先后到耶鲁大学和斯坦福大学调研校友工作，了解世界一流大学的校友工作体制和筹款机制，加紧收集世界一流大学的人大校友信息，看望了以段永平和刘昕校友夫妇为代表的众多人大海外校友，共同交流和探讨加强海外校友工作，推动人大海外校友组织的组建、完善和强化，先后筹备成立波士顿校友会及耶鲁大学、斯坦福大学人大校友会，发挥海外校友在学校全面提升国际化水平中的战略作用。此外，还促成耶鲁大学校友会7月21日组织在京参加世界校友峰会的百名全球精英校友访问人大并与部分在京人大校友互动交流，推动两校交流。

(2) 宋莉芳副主任在澳大利亚进修期间，积极联络在澳人大校友，促成澳大利亚校友会的成立。10月30日，中国人民大学澳大利亚校友会在墨尔本召开大会，宣告正式成立。

(3) 5月12日，中国人民大学欧洲校友会主办的《人大法律时评》在《欧洲时报》及其网站正式开栏。中国人民大学党委书记程天权、法学院院长韩大元，驻法使馆教育处公参朱小玉以及全国律协副会长吕红兵纷纷发信祝贺。

(四) 校友工作基础建设

1. 5月20日，首届中国人民大学校友工作交流研讨会举行，来自学校各院系、相关部处及地方校友会近百人参加会议，研讨学校校友工作思路和对策，深入讨论如何进一步做好人大校友工作、如何建立校友工作的校院二级管理模式等问题。会议为校友工作落实学校“十二五”规划理清了思路，打下了基础。

2. 本年度《校友》杂志共出版4期(第19～22期)。《校友》杂志正以精美的排版、丰富厚重的内容，成为海内外校友喜闻乐见、在国内高校中处于顶尖水平的校友刊物。《校友》杂志改版后对于联络凝聚校友、推动校友活动、丰富校友数据库、整合校友资源、提升学校影响力的正面影响已经逐步凸显。

3. 1月，创办《人大传声》电子刊(PDF格式)，通过电子邮件定期发送给5万多位校友，今年共发送12期；10月还开通了《人大传声》的iPad版，这是国内高校首个利用苹果App Store平台发送校友信息的尝试，目前已推出3期。

4. 1月，“中国人民大学校友会”官方微博在新浪获得正式认证并上线，短时间内就引起巨大反响，目前关注者已近3万人，在国内重点高校中排名第一。通过新浪微博平台，校友会将学校信息第一时间传递给校友，并组织、引导校友进行有益的话题讨论，还通过微博发布青年校友联谊等交流活动通知，取得良好效果。

5. 人大校友网站和人大校友数据库建于2007年，2011年校友办与网络与教育技术中心联合调研考察了国内部分高校后，现已启动了校友网站和数据库的更新改版工作。

6. 通过院系协助和网络征集，在毕业前夕确认主要就业地区联络人和每个毕业班联络人，收集汇总主要就业地区毕业生联络方式，以便地方校友会在第一时间与新校友取得联系。

7. 校友办工作人员的学习研究能力得到加强提升。继2010年课题《中国人民大学校友对学校人才培养效果的评价调查报告》完成发布并受到一致好评后，又有4项课题分别入选2011年度中国人民大学教育管理科学研究基金的重点项目、普通项目。

8. 解决了校友办内设科室和增加科级职数问题，上半年学校核准设立综合办公室、联络服务部，有助于校友工作的分工推进、深入开展。

教育基金会工作

一、概况

2011 年，教育基金会在理事长、主管校领导和各院系、部处的大力支持下，在制度建设、财务管理、募集捐款等方面顺利完成了预期目标。

2011 年基金会严格按照国务院颁布的《基金会管理条例》和基金会章程规定的“筹集、接受、管理捐赠资金，促进学校教育、科研事业发展”的宗旨，紧紧围绕学校“十二五”规划和办学宗旨，积极配合各部处、院系，努力拓宽筹资渠道，加强与海内外的广泛联系。在募集捐赠资金，奖励优秀学生和优秀教师，资助贫困学生，资助教师科学研究、出国深造，开展国际学术交流活动，支持学校校园建设等方面做了大量工作。为促进学校教育、科研事业发展，改善学校办学条件作出了积极的贡献。中国人民大学教育基金会已成为北京市民政局所辖的规模较大、管理规范、影响广泛的高校基金会之一。

2011 年 3 月，按照国家民政部要求，基金会通过了 2010 年财务审计以及北京市民政局组织的 2010 年年检。

2011 年，基金会接受社会各界捐赠款共计 9 300 多万元。用于学校建设、学科发展、奖励资助、科学研究、国际交流等公益活动共计 7 500 多万元。

二、捐赠工作

1 月 5 日，内蒙古嘉烨煤业有限责任公司创业煤矿捐赠 10 万元人民币，设立“中澳文化教育交流”项目，用于中国人民大学外国语学院澳大利亚研究中心文化交流活动。

1 月 18 日，深圳信立泰药业董事长叶澄海先生捐赠 600 万元人民币，设立“澄海国际研究基金”，支持中国人民大学国际关系学院学科建设，支持师资队伍建设、人才培养、科学研究和国际交流活动。

1 月 25 日，深圳市华商世纪企业管理顾问有限公司捐赠 180 万元人民币，用于中国人民大学国学院学科建设，改善办学条件。设立“奖学、奖教金”，奖励优秀学生和优秀教师。

1 月 31 日，东海证券有限责任公司捐赠 110 万元人民币，设立“中国宏观经济分析与预测报告发展基金”，资助中国人民大学经济研究所从事宏观经济研究分析。

2 月 24 日，福建天安房地产有限公司董事长缪希富先生捐赠 100 万元人民币，成立“中国人民大学粮食产业研究中心”，推动中国人民大学及其商学院在粮食经济领域的教学与研究。

2 月 24 日，北京人本幸福科技文化有限公司董事长张高兴先生捐赠 100 万元人民币，设立“中国人民大学国民幸福（生活方式和产业经济）研究中心专项基金”，支持中国人民大学商学院在以提高国民幸福感为出发点的居民生活消费方式及相对应领域的教学与研究。

3 月 7 日，北京倍肯恒业科技发展有限责任公司捐赠 100 万元人民币，支持学校事业发展。重点支持学校艺术团建设、学生工作部大学生心理健康教育、毕业生就业指导和文学院的建设与发展。

3 月 9 日，上海证大投资发展有限公司捐赠 100 万元人民币，支持学校事业发展。

5 月 18 日，段永平、刘昕校友为学校募集捐赠的 2 600 万元人民币到账，继续用于设立“心平基金”，支持中国人民大学教育事业发展。

5月23日，东阳集团有限公司捐赠100万元人民币，设立“公共治理研究基金”，用于中国人民大学公共治理与法制建设的科学研究。

5月27日，北京杰出华商创业服务中心捐赠100万元人民币，支持高校创新型人才培养，推动以创业带动就业，赞助中国人民大学“创业之星”大赛活动的举办。

5月30日，大庆富裕正洁寺捐赠200万元人民币，设立“中国人民大学国际佛学研究基金”，用于中国人民大学国际佛学研究中心的建设，开展国际佛学的研究。

6月29日，苏宁电器股份有限公司捐赠200万元人民币，用于支持中国人民大学法学院学科建设、师资队伍建设和人才培养。

7月14日，上海重阳投资有限公司捐赠100万元人民币，设立“中国人民大学校友工作基金”，用于支持中国人民大学校友工作、校友活动的开展，资助《校友》杂志的出版。

8月24日，中企投资集团捐赠200万元人民币，用于支持中国人民大学法学院学科建设和事业发展。

9月7日，北京京东世纪贸易有限公司捐赠100万元人民币，设立“中国人民大学法学院京东法学教育基金”，用于中国人民大学法学院学科建设、师资队伍建设、学生国际化培养。

9月7日，心平公益基金会再次捐赠的646万元人民币到账，继续用于设立“心平基金”，支持中国人民大学教育事业发展。

9月7日，北京中燃华融投资有限公司捐赠100万元人民币，用于支持中国人民大学附属小学的基础建设和教育事业发展。

9月28日，张磊先生捐赠300 600美元，作为设立“中国人民大学高礼研究院”的启动资金。

10月12日，褚英先生捐赠100万元人民币，设立“后勤管理发展基金”，用于中国人民大学后勤管理人员培训、队伍建设，开展科研学术交流活动。

10月25日，凌国强先生捐赠150万元人民币，用于中国人民大学律师学院的发展建设，培养西部律师人才。

11月2日，融信（福建）投资集团有限公司捐赠200万元人民币，分别设立“中国人民大学本科人才培养奖励基金”、“公共治理研究基金”，用于奖励本科生开展自主创新研究和优秀本科教学管理者，资助中国人民大学公共治理研究团队的科学研究。

12月5日，北京华夏理想证章有限公司捐赠120万元人民币，用于支持“完善中国特色现代大学制度，完善治理结构改革试点”相关课题的研究；支持中国人民大学校史研究工作。

12月21日，陈立忠先生捐赠100万元人民币，用于中国人民大学国际货币领域的前沿研究，推动中国人民大学金融学科发展。

12月22日，崔文立先生捐赠100万元人民币，继续支持中国人民大学国际货币领域的前沿研究。

12月23日，黄达教授将北京市刘鸿儒金融教育基金会颁发的“中国金融学科终身成就奖”奖金100万元人民币捐赠给中国人民大学教育基金会，用于中国人民大学金融学科建设，推动中国人民大学金融学科发展。

12月31日，沈阳职业技术学院软件学院捐赠100万元人民币，设立“大学生就业指导基金”，用于中国人民大学学生就业指导和培养工作，提高毕业生就业能力。

三、公益活动

2011年，基金会设立的“睿信老教师关爱基金”救助学校身患重大疾病的离退休老教师40人次，资助金额40.3万元；“关爱师生基金”救助因病及突发事件致困的师生员工46人，救助金额24.4万元；“立邦优秀贫困学生奖励基金”奖励、资助学生45人，金额10.5万元；“国际留学基金”

资助 15 名在校优秀学生参加暑期出国培训。

2011 年，基金会为全校各院系、部处审核、申请“等额配比基金”共三批 88 份，申请金额 5 170.95万元；为在校学生审核、申请“心平贷学金”共两批 155 人，申请金额 639.8 万元。

四、其他工作

2011 年 5 月 19 日，基金会召开了第二届理事会第二次会议，增补名誉理事 12 人：叶澄海、叶宇翔、姬建国、张高兴、缪希富、李兆廷、陈建龙、姚世平、毛振华、朱科敏、郭林生、张磊。

2011 年 9 月 27 日，基金会召开了第二届理事会第三次会议，会议表决通过查显友为基金会秘书长，林建荣、郭海鹰为基金会副秘书长。

2011 年 5 月 13 日，段永平、刘昕校友委托北京师范大学社会公益研究中心对学校“心平贷学金”使用状况进行评估。该中心对“心平贷学金”的申请条件、申请额度和发放程序进行了全方位考察，并通过与贷款学生的广泛交流，了解贷学金的实际使用效果。经过全面考核与评估，对基金会“心平贷学金”的执行情况和实施效果给予了高度评价。

为提升基金会公信力，体现基金会公益性捐赠资金管理、使用的公开化、透明化，树立基金会良好形象，在细化专项基金管理办法、完善项目管理制度的基础上，基金会加强了专项基金、大额捐赠项目的执行和宣传力度，加强了在公益项目执行过程中的监管。对院系负责执行的项目，采取服务与监督并重的模式。加强基金会的服务意识，通过项目捐赠的前期指导，中期通告，后期汇报，实现项目实施的监督管理。

2011 年，基金会配合学校财务处申报财政配比 8 785 万元。

附录

2011 年社会捐赠大额汇总表

单位：人民币（元）

序号	捐赠方	捐赠项目	金额
1	内蒙古嘉烨煤业有限责任公司创业煤矿	外语学院中澳文化教育交流	100 000.00
2	北京经济研修学院	信息学院萨师煊精英基金	100 000.00
3	深圳嘉泰诚科技有限公司（叶澄海）	国际关系学院研究发展建设	6 000 000.00
4	东海证券有限责任公司	经济学院宏观分析与预测发展	1 100 000.00
5	泰康人寿保险股份有限公司	财政金融学院奖学金	100 000.00
6	深圳华商世纪企业管理顾问有限公司	国学院学科建设	1 800 000.00
7	北京倍肯恒业科技实业公司	学校事业发展建设	1 000 000.00
8	北京人本幸福科技文化有限公司	商学院国民幸福研究中心	1 000 000.00
9	太平人寿保险有限公司	中国社会保障 30 人论坛	100 000.00
10	义县石油白土有限责任公司	体育部“振宇基金”	300 000.00
11	呼和浩特清水河县刘胡梁煤炭有限公司	商学院对外交流奖学金	100 000.00
12	上海证大投资发展有限公司	学校事业发展	1 000 000.00

序号	捐赠方	捐赠项目	金额
13	上海睿信投资管理有限公司	老教师关爱基金	500 000.00
14	饶贵民	孔子学院海外儒藏基金	100 000.00
15	湖南兴盛矿业集团有限公司	经济学院国际商务发展研究	500 000.00
16	天津知识森林岛投资发展北京投资咨询分公司	环境学院低碳经济	100 000.00
17	福信集团有限公司	经济学院宋涛教授研究基金	500 000.00
18	香港道教信善玄宫基金会	信善奖学金	668 305.00
19	吉林省隆泰实业有限公司	经济学院发展研究中心建设	500 000.00
20	北京盈科律师事务所	律师学院教育交流	100 000.00
21	福建天安房地产有限公司	商学院粮食产业研究	1 000 000.00
22	北京佐佑人力资源顾问有限公司	公共管理学院人力资源研究	100 000.00
23	青海天象投资实业有限公司	艺术学院人物肖像创作研究	500 000.00
24	无锡市苏丰纺织有限公司	商学院 EMBA 校友工作	100 000.00
25	饶贵民	孔子研究院中华气学研究	100 000.00
26	北京杰出华商创业服务中心	“创业之星”大赛	1 000 000.00
27	段永平、刘昕募集捐赠	心平基金	26 005 200.00
28	东阳集团有限公司	公共治理研究	1 000 000.00
29	大庆市华峻房地产开发有限公司	佛教所国际佛学研究基金	1 000 000.00
30	凤凰城房地产开发集团有限公司	发展建设基金	100 000.00
31	大庆富裕正洁寺	佛教所国际佛学研究基金	1 000 000.00
32	郑晓华	国际书法教育基金	310 000.00
33	美国国际科技教育服务机构	文学院基督教所	149 459.83
34	内蒙古蒙西高新技术集团有限公司	外语学院澳大利亚文化研究	100 000.00
35	中安国际旅行社	艺术学院国际书法教育基金	690 000.00
36	新百丽鞋业（深圳）有限公司	培训学院发展建设	100 000.00
37	苏宁电器股份有限公司	法学院学科建设	2 000 000.00
38	北京盈科律师事务所	法学院国际交流奖学金	200 000.00
39	刘畅	九七财金助困	140 000.00
40	上海重阳投资有限公司	人大校友工作建设	1 000 000.00
41	北京兰草大峡谷广告有限公司	国学院学科建设	150 000.00
42	胡国权	商学院新院址建设	100 000.00
43	上海高洁信息科技有限公司	商学院发展基金	150 000.00
44	北京爱马社汽车维修服务有限公司	商学院 CMPM 项目	100 000.00
45	深圳市中璟投资发展有限公司	国关学院比较政治与国家发展研究基金	1 000 000.00
46	北京金陵华新投资管理有限公司	金陵华软基金	100 000.00
47	中企投资集团（北京卓识华贸服装商城）	法学院学科建设	2 000 000.00
48	心平公益基金会	心平基金	6 460 100.00
49	长城保险经纪有限公司	法学院研究基金	300 000.00
50	中国国际金融有限公司	汉青研究院夏令营活动	200 000.00
51	董安生	虞恒商法奖学金	100 000.00
52	义县石油白土有限责任公司	经济学院高鸿业基金	200 000.00
53	北京京东世纪贸易有限公司	法学院学科师资队伍助学金	1 000 000.00
54	郑英之	法学院学科建设	200 000.00
55	张磊	高礼研究院启动资金	1 915 423.20
56	安徽广印堂制药有限公司	商学院 CMPM 专项	100 000.00
57	EMBA 校友	商学院新院址建设基金	470 000.00
58	褚英	后勤管理发展基金	1 000 000.00

序号	捐赠方	捐赠项目	金额
59	日本国际交流基金会	外语国际与日本研讨会	133 438.98
60	凌国强	律师学院学员培训	1 500 000.00
61	日本国际交流基金会	国际关系学院东亚研究	130 299.88
62	江苏天福房地产开发有限公司	徐悲鸿艺术研究院书画写生创作基金	400 000.00
63	北京天香园置业发展有限公司	哲学院校友学术研究	100 000.00
64	融信（福建）投资集团有限公司	公共治理研究、本科人才培养奖励基金	2 000 000.00
65	桑坦德银行	奖学金	458 787.25
66	桑坦德银行	奖学金	459 505.00
67	北京中邦财富国际文化交流中心	哲学院人才培养与教学	100 000.00
68	南都公益基金会	公共管理学院非营利组织研究所建设基金	200 000.00
69	重庆市华岩文教基金会	哲学院学术基金	100 000.00
70	北京第四空间投资发展公司	环境学院政府职能定位研究	200 000.00
71	中国石油天然气集团公司	中石油奖学金	240 000.00
72	中国青少年发展基金会	欧莱雅西部助学金	130 000.00
73	天津市华正岩土工程有限公司	文学院国际文学诗歌交流	100 000.00
74	宝钢教育基金会	宝钢教育奖	196 100.00
75	曾宪梓	助残研究基金	996 107.40
76	中旭建筑审计有限责任公司	图书馆资源采购	100 000.00
77	陈立忠	国际货币领域的前沿研究	1 000 000.00
78	崔文立	国际货币领域的前沿研究	1 000 000.00
79	江苏银行北京分行	经济学金融学人才培养奖助金	200 000.00
80	北京经济研修学院	信息学院科研教学人才培养	300 000.00
81	北京市刘鸿儒金融教育基金会	财金学院学科建设	1 000 000.00
82	北京华夏理想证章有限公司	教育体制改革和校史研究	1 200 000.00
83	沈阳职业技术学院软件学院	就业指导中心建设	1 000 000.00
	以上小计		81 052 726.54
	其他社会捐赠		12 104 572.79
	合计		93 157 299.33

注：捐献方单位名称为汇款单位名称。

校办产业

一、概况

2011年，学校继续以资产经营管理委员会、产业管理处和人大资产经营管理公司（即人大世纪科技发展有限公司）为管理主体，以“推动落实‘十二五’期间产业发展规划要点，进一步确立以‘文化资本’为纽带的产业管理体制；继续建立和完善各项规章制度，提升产业规范化管理水平，实现国有经营性资产的安全增值；加强科研成果转化的基础性研究工作，举办人文社会科学科研成果转化国际研讨会”为工作重点，开展产业管理各项工作，共向学校上缴8 980.28万元①。

二、校办产业管理工作

（一）日常管理工作

2011年，进一步加强经营性资产的规范化管理和风险防范，督促人大资产经营管理公司和各全资子公司完善管理制度和管理体系；完成学校

① 本数据含2011年度校属企业上缴到学校和人大资产经营管理公司的2010年度利润及文化大厦、兴发大厦、汇贤大厦上缴学校的2010年度租金。

2010年度中央企业国有资本收益及2012年度中央国有资本经营预算的申报工作；充分发挥刊物的舆论导向作用，尝试对《产业发展动态》和《产业发展参考》做了改版，在做好信息沟通、政策咨询的同时，利用宣传工作引导校属企业向规范化、市场化方向发展；梳理关于中国高科股权处置的国家政策及工作程序；继续办理持有CHINAEDU股权出售变现的准备工作；进一步加强了与国际应用科技开发协作网、香港浸会大学的联系与合作，与香港浸会大学共同举办了“知识创造与价值——人文社会科学科研成果转化研讨会”，并以此为契机同英国艺术与人文研究协会、英国文化资本交流中心及英国金斯顿大学建立起沟通与联系，与国际应用科技开发协作网秘书处（香港理工大学）的深入合作也在探讨中。

（二）校办产业改制工作

2011年，学校继续推进产业规范化建设工作，进一步形成以资本为纽带的产业管理体制，完成了中国人民大学出版社有限公司资产划转后人大资产经营管理公司的增资工作，人大资产经营管理公司注册资本由5 500万元增至53 200万元。截至2011年年底，人大资产经营管理公司投资企业中50%为文化智力类企业，约占总投资额的97%，学校以“文化资本”为纽带的投资管理体制初步形成。

响应国家文化产业大发展和新闻报刊行业数字化转型的部署和安排，积极参与并加快推进“国家学术数字出版平台”建设，充分整合运用学校人文社会科学学科优势和资源，以新视野、新事业、新团队、新体制为建设思路，探索引进市场机制和运作方式，由书报资料中心、人大资产经营管理公司和北京人大文化科技园建设发展有限公司分别出资1 000万元、800万元和200万元，共同设立人文社会科学学术数字出版机构——人大数媒科技（北京）有限公司（2011年12月9日经工商注册正式成立），公司注册资本2 000万元；由人大资产经营管理公司出资设立全资子公司黄山市黄山区世纪太平文化科技有限公司（2011年9月23日经工商注册正式成立），公司注册资本200万元。

附录

中国人民大学校办产业名录[①]

（截至2011年12月31日）

人大世纪科技发展有限公司（中国人民大学出版社有限公司、北京人大文化科技园建设发展有限公司、北京世纪明德物业管理有限公司、北京世纪方兴商贸发展有限公司、苏州世纪明德文化科技园有限公司、黄山市黄山区世纪太平文化科技有限公司）

中国人民大学书报资料中心（事业法人企业化管理）

■ 出版社

一、概况

2011年，中国人民大学出版社坚定地把科学发展作为第一要务，优化出书结构，提高发展质量，

① 本名录的统计口径从今年起调整为学校直接投资的全资企业（含企业化管理的事业单位）及人大世纪科技发展有限公司（人大资产经营管理公司）投资的全资子公司。中国人民大学出版社印刷厂为非法人企业，不再列入统计范围。

转变增长方式，各项经济指标呈现较好的发展态势。2011 年图书印制码洋 8.3 亿元，同比增长 11%，总印数 2 209.28 万册，同比增长 7%。出版图书品种达到 2 988 种，同比增长 8%，其中新书 1 733 种，同比增长 6%；重印书 1 255 种，同比增长 12%。2011 年发货码洋 8.1 亿元，同比增长 12%；全年销售收入（回款）3.82 亿元，同比增长 9%；2011 年实现利润 6 000 万元，2011 年年末全社资产总额为 63 233 万元，与 2010 年的 61 813 万元相比，资产总额增长率为 2%。到 2011 年年底全社从业职工 505 人，其中编辑技术人员 209 人，具有高级职称人员 41 人，具有中级职称人员 124 人。

2011 年，出版社获得了多项国家级图书大奖。出版社出版的《郑成思版权文集》（共 3 卷）荣获第二届中国出版政府奖图书奖，贺耀敏社长荣获第二届中国出版政府奖优秀出版人物奖，《饶宗颐二十世纪学术文集》（14 卷 20 册）荣获第二届中国出版政府奖印刷复制奖提名奖，《中国人民大学学报》荣获第二届中国出版政府奖期刊奖提名奖。出版社出版的《民法典体系研究》（王利明著）、《社会互构论：世界眼光下的中国特色社会学理论的新探索——当代中国“个人与社会关系研究”》（郑杭生著）、《中国通货膨胀成因的研究》（刘元春著）三种图书入选第三届“三个一百”原创图书出版工程。

二、选题策划工作

2011 年，中国人民大学出版社继续秉承“出教材学术精品，育人文社科英才”的出版理念，在选题策划工作中贯彻落实科学发展观，继续实施“精品战略”，坚持“以教材精品为核心、以学术精品和大众精品为两翼”的选题策划战略，以推动中国人文社会科学高等教育和学术繁荣为己任，出版了一批能产生广泛社会影响的优秀的教材精品和学术精品，努力打造中国人文社科出版领域的第一品牌。

做好 2011 年选题计划的落实及重大选题备案工作，2011 年出版图书品种达到 2 988 种，上报选题计划 4 141 种；做好北京市社科出版基金资助项目、国家哲学社科成果文库和国家社科基金后期资助项目的申报出版工作，2011 年出版国家哲学社科成果文库 9 种，出版国家社科基金后期资助项目 17 种。出版社的“中国近代思想家文库”、“中国审判案例要览”丛书入选 2011 年新闻出版总署“十二五”规划 400 种精品项目。2011 年人大社“中国审判案例要览”和“萧公权文集”两个项目获得国家出版基金资助 400 万元。

三、管理改革工作

1. 2011 年 10 月，中国共产党召开了十七届六中全会，通过《关于深化文化体制改革　推动社会主义文化大发展大繁荣若干重大问题的决定》，将文化建设提高到了前所未有的战略高度，新闻出版业获得了巨大的发展机遇和空间。2011 年也是我国出版业全面完成转企改制之后，执行落实新闻出版业“十二五”规划承前启后的关键之年。2011 年出版社坚持正确的办社宗旨和出版方向，贯彻落实科学发展观，深入学习十七届六中全会精神，始终不渝地加强出版社的品牌建设，进一步提升出版社的传统优势、时代特色和品牌影响力，出版了一批颇有影响的理论著作、学术著作、优秀教材和大众图书。

（1）为庆祝建党 90 周年，倾力打造红色阅读，倾情讴歌时代精神，出版了一系列红色经典作品，彰显“红色出版、理论出版”的品牌优势。

（2）紧紧围绕学校的教学与科研，围绕学校的学术影响力与理论辐射力，出版了一系列有社会影响力的理论著作、学术著作和艺术精品。

（3）继续做好已有经济、管理、法律经典系列丛书的更新完善工作，积极推出新的人文社科优势品牌系列，进一步加强出版社人文社科领域“学术沃土，思想摇篮”的出版优势和出版特色。

（4）做好重要教材修订改版工作，积极提升教学支持和教研服务能力，不断开拓新的教材出版领域，加强和巩固人文社会科学教材出版中心的出版地位。

（5）进一步探索大众读物、畅销书的策划和营销体系，结合出版社自身的出版特色和出版优势，在大众图书的策划和销售市场取得了不俗的成绩。

2. 学校党委常委会于 2011 年 11 月 4 日讨论通过了出版社成立组建北京人大数字科技有限公司的请示。出版社电纸书、手机出版等数字出版新业态取得一定成效，教学资源库、专题数据库进一步充实完善。

出版社系统整理了图书数字资源，目前共收集排版文件 10 600 种，入库排版文件 9 600 种，未处理排版文件约 1 000 种；入库 PDF 文件约 3 000 种；通过整理出版科上传图书封面文件夹，入库封面 3 600 种；转换 ceb 电子书约 8 200 种，转换可供电子书商店使用的 cebx 电子书 6 160 种。目前，出版社已经与方正阿帕比、中国知网等数字图书馆，中国移动手机阅读基地等电信运营商，中文在线、盛大文学等内容运营商，汉王、e 人 e 本等移动终端进行了合作尝试，取得了较好的经济效益。比如，手机阅读方面，中国人民大学出版社是较早进入中国移动手机阅读基地的出版社之一，随着合作图书品种的增加和运营的精细化，销售收入逐步增长，目前月收入级别在 10 万元以上，并且还有较大增长空间。

自 2008 年启动教材配套资源库建设工作以来，经过几年的建设，出版社教材资源库已经初具规模，截至 2010 年年底共有配套网络资源 1 616 种，这些数字资源涵盖了案例教学、配套资源、数据资料库、习题集等方面。2011 年，我们按照“优质教材配备优质资源”的原则，把教材资源库建设成更新修订及时、下载交互便捷、紧跟教学改革、提供个性服务的数字平台，为出版社几十万教研会员提供开放式教学资源库服务。2011 年还新推出了一系列涉及大众文化类、专业培训类、青少年教育类、生活类和文艺类的音像产品，取得了较好的社会影响和效益，音像网络立体化出版取得一定成绩。

3. 加强制度化建设，修订更新了财务管理制度和出版管理制度。

4. 发行公司继续加强渠道建设与管理，保障出版物发行顺畅，科学发货，确保回款安全。市场部加强了对重点教材的培训力度，稳步提高教材的市场占有率。

四、对外合作和版权贸易工作

出版社 2011 年全年输出版权 156 种，引进版权 310 种。出版社荣获“2011 中国版权年会特别贡献奖”。贺耀敏社长被评选为“2011 中国版权产业风云人物”。2011 年 12 月，由于出版社在“十一五”期间的“走出去”工作取得了优秀成绩，新闻出版总署授予出版社“新闻出版走出去先进单位”称号。

2011 年 4 月 6 日，麦格希教育出版集团新任总裁罗伯特・贝哈斯先生、国际部总裁格瑞普女士一行来到出版社，就双方的数字出版、按需定制、平台合作等事宜举行了会谈，王利明副书记兼副校长出席会议并致辞。

4 月 7 日，CBI（中国图书对外推广计划）工作小组第七次工作会议在杭州召开，出版社 2010 年输出版权（不含港澳台繁体字版）共 114 项，在“中国图书对外推广网”上上传版权信息 200 余条，向《中国新书》双月刊提供新闻稿件和版权信息数百条，获得单体出版社综合排名第一。

5 月 27 日，由东亚大学东北亚经济研究所和中国人民出版社联合举办的车骁涉等教授的新书《东北亚的和谐与共生》韩文版首发式在韩国首尔举行。出版社徐莉副总编应邀参加了该书的首发式并代表出版社致辞。

8 月 29 日，由国务院新闻办公室和新闻出版总署主办，“中国图书对外推广计划”工作小组办公室、中国人民大学出版社和剑桥大学出版社承办的“中国图书对外推广计划”外国专家座谈会在京举行。国务院新闻办公室副主任王仲伟等相关领导出席了座谈会，向外国专家颁发了聘书。同时举办了主题为“数字出版的商业模式”的论坛，与会专家和嘉宾围绕这一主题发表了精彩演讲，进行了深入探讨。

11 月 4 日，波兰哥白尼大学校长和马尔沙维克出版社代表团访问中国人民大学出版社，马尔沙维克出版社与中国人民大学出版社举行了版权合作签约仪式，表示希望共同推动两国文化交流和图书出版业的蓬勃发展。

五、其他重要事项

1. 2011年5月5日，第三届中华优秀出版物图书奖在京颁奖，中国人民大学出版社出版的《马克思主义经济学与西方经济学比较研究》(3卷) 荣获第三届中华优秀出版物图书奖，《饶宗颐二十世纪学术文集》(14卷20册) 获得第三届中华优秀出版物图书奖提名奖。

2. 中国人民大学出版社荣获"'十一五'国家重点出版规划出版工作先进单位"称号。2011年5月25日上午，新闻出版总署在京召开了总结"十一五"国家重点出版规划总结表彰暨部署"十二五"国家重点出版规划工作会议。会议对在"十一五"国家重点出版规划完成过程中表现突出的单位给予了表彰，中国人民大学出版社荣获"'十一五'国家重点出版规划出版工作先进单位"称号，贺耀敏社长代表出版社出席会议并领取了奖牌。

3. 2011年12月，新闻出版总署授予出版社"新闻出版走出去先进单位"称号。出版社在"十一五"期间的"走出去"工作取得了令人瞩目的成绩。2006年出版社向海外输出版权43种，2007年60种，2008年71种，在"中国图书对外推广计划"成员单位中位列单体出版社第一名；2009年突破百种，排名第二；2010年再次以百余种的数量，在"中国图书对外推广计划"成员单位中获得综合排名第一的殊荣。12月22—23日，新闻出版总署在京举行全国新闻出版走出去工作会议，会议表彰了《大中华文库》出版工程暨新闻出版走出去先进单位。出版社荣获"新闻出版走出去先进单位"称号。23日下午，在人民大会堂举行了隆重的表彰大会，出版社社长贺耀敏、副社长孟超代表出版社参会并领奖。

4. 11月，出版社出版了范曾先生《法乳传灯》大型画册，并于12月9日在全国政协礼堂金厅举行了"构建社会和谐促进文化繁荣暨范曾《法乳传灯》画册出版座谈会"。全国政协副主席、统战部部长杜青林，全国政协副主席张梅颖，第九届、第十届全国人大常委会副委员长何鲁丽及中宣部、文化部、新闻出版总署等相关部门领导出席了会议，来自文化界、学术界和宗教界的众多专家学者出席活动。学校党委书记程天权出席了会议，会议由陈雨露校长主持。

5. 人大出版社五种图书荣获输出版、引进版优秀图书奖。2011年9月5日，第十届（2010年度）输出版、引进版优秀图书评选活动结果在京揭晓，出版社出版的《中国经济体制改革重大事件》(上、下)、《毛泽东诗词》荣获2010年度输出版优秀图书奖，《毛泽东传》(名著珍藏版)、《我与中国》、《博弈论》荣获2010年度引进版社科类优秀图书奖。

6. 出版社获中国人民大学2010年度宣传思想工作先进集体。2011年3月23日下午，中国人民大学2011年宣传思想工作会议在逸夫会议中心第二会议室隆重举行。出版社党委书记李永强出席会议并领取了证书，这是出版社连续第三年获得学校宣传思想工作先进集体称号。

7. 11月8日至12日，应韩国东亚大学等单位邀请，学校副校长冯惠玲率出版社社长贺耀敏、副社长孟超等一行六人，前往韩国釜山、蔚山、首尔访问。代表团参观访问了东亚大学、蔚山大学、现代汽车集团总部和现代重工基地、金大中图书馆、韩国国史编撰委员会、韩国出版协会，大力拓展了出版社国际合作业务，积极推动出版社优秀学术图书"走出去"工作，与韩国出版界、学术界展开多层次、全方位的学术文化交流，共同探讨中韩两国的出版业发展现状和未来趋势对策。

8. 10月18日，原国家版权局副局长、现中国版权协会理事长、中华商标协会副会长沈仁干率版权协会工作人员一行，莅临出版社调研指导工作。根据北京市版权局的统计，人大社近年来版权引进图书的数量总体保持在北京和全国出版社的前三名之内，从2006年至2011年，出版社签订版权输出合同累计近600种。

9. 学校于2011年1月经公开竞聘，任命李开龙为出版社副社长。

10. 参加国内外大型书展情况。2011年1月8日至11日，在北京国际展览中心参加2011年北京图书订货会；1月23日至31日，贺耀敏社长带队参加在埃及首都开罗举办的第43届开罗国际书展，并参加中国主宾国活动；4月10日至18日，时任总编辑周蔚华带队参加伦敦书展；5月22日至31日，刘志副总编辑兼副社长带队参加美国BEA书展，并拜访麦克米兰出版公司进行业务交流；5月27日至30日，参加在黑龙江哈尔滨举办的第二十一届全国书市（全国图书交易博览会）；6月14日至20日，出版社版权部和编辑部人员参加2011年韩国首尔国际图书博览会；7月17日至26日，出版社版权部和编辑、发行人员参加香港书展；7月21日，李永强书记出席香港书展“第一届大中华流行图书研讨会”活动，并作“国内电子书发展之挑战与机遇”主题演讲；8月7日至16日，李永强书记带队参加澳大利亚和新西兰中文图书展；8月31日至9月3日，参加第十八届北京国际图书博览会；9月21日至30日，出版社编辑部和发行人员赴台参加第十二届祖国大陆图书展览暨第六届两岸杰出出版专业人才研讨会；10月11日至20日，出版社编辑部人员参加第63届法兰克福国际书展；11月8日至12日，在冯惠玲副校长带领下，出版社代表团对韩国东亚大学和韩国出版协会进行了友好访问；11月15日至19日，在浙江宁波市参加第24届全国大学出版社图书订货会。

附录

2011年度获奖图书目录（注：只汇总省、部级以上奖项）

序号	奖项名称	作品名称	出版时间	作者
1	第二届中国出版政府奖	郑成思版权文集	2008年4月	沈仁干
2	第三届“三个一百”原创图书出版工程	社会互构论：世界眼光下的中国特色社会学理论的新探索——当代中国“个人与社会关系研究”	2010年3月	郑杭生
3	第三届“三个一百”原创图书出版工程	民法典体系研究	2008年9月	王利明
4	第三届“三个一百”原创图书出版工程	中国通货膨胀成因的研究	2008年11月	刘元春
5	国家哲学社会科学成果文库	国家哲学社会科学成果文库概要（2010）	2011年3月	全国哲学社会科学规划办公室
6	国家哲学社会科学成果文库	人口转变与老年贫困	2011年3月	杨菊华
7	国家哲学社会科学成果文库	公益征收法研究	2011年3月	房绍坤
8	国家哲学社会科学成果文库	侵权责任法研究	2011年2月	王利明
9	国家哲学社会科学成果文库	社区矫正比较研究	2011年3月	吴宗宪
10	国家哲学社会科学成果文库	明代佛教方志研究	2011年3月	曹刚华
11	国家哲学社会科学成果文库	中国和平发展与构建和谐世界研究	2011年3月	李景治
12	国家哲学社会科学成果文库	中国宏观经济分析的理论体系	2011年3月	郑超愚
13	国家哲学社会科学成果文库	土地承包经营权流转法律制度研究	2011年3月	丁关良
14	国家社科基金后期资助项目	非国际性武装冲突的国际人道法适用问题	2011年10月	王祥山
15	国家社科基金后期资助项目	监事会治理的有效性研究	2011年7月	王世权

序号	奖项名称	作品名称	出版时间	作者
16	国家社科基金后期资助项目	组织理论——理性、自然与开放系统的视角	2011 年 5 月	［美］W. 理查德·斯科特
17	浙江省高校科研成果奖（三等奖）	物权法视野下的林权法律制度	2010 年 5 月	周伯煌
18	浙江省第十六届哲学社会科学优秀成果奖（三等奖）	物权法视野下的林权法律制度	2010 年 5 月	周伯煌
19	四川省第十四次社会科学优秀成果奖（三等奖）	侵权责任分担论——侵权损害赔偿责任数人分担的一般理论	2009 年 12 月	王　竹
20	湖北省社会科学优秀成果奖（一等奖）	近代中国商会、行会及商团新论	2008 年 9 月	朱　英
21	2011 年上海普通高校优秀教材（二等奖）	国际投资法	2008 年 5 月	孙南申
22	2011 年上海普通高校优秀教材（二等奖）	竞争法学	2009 年 7 月	王先林
23	2011 年上海普通高校优秀教材（二等奖）	知识产权法教程（第二版）	2009 年 7 月	王　迁
24	2011 年上海普通高校优秀教材（二等奖）	国际商法	2010 年 8 月	陈晶莹　邓　旭
25	2011 年上海普通高校优秀教材（二等奖）	组织行为学	2010 年 3 月	胡君辰
26	2011 年上海普通高校优秀教材（二等奖）	大学英语翻译教程（第二版）	2007 年 12 月	刘龙根　胡开宝
27	2011 年吉林省高等学校优秀教材（二等奖）	电子政府概论（第二版）	2010 年 6 月	张锐昕
28	河南省教育厅信息技术成果奖（二等奖）	SQL Server 2005 数据库案例教程	2010 年 11 月	尹毅峰
29	江苏省 2011 年度优秀教材奖	实用经济法	2010 年 10 月	东　升

■ 书报资料中心

一、概况

在学校领导和相关部门的大力支持下，2011 年书报资料中心（以下简称“中心”）各项工作顺利开展，其中最重大的突破是贯彻落实国家文化产业大发展大繁荣的战略部署，把握数字化转型重大发展机遇，努力推动学校决策，成立了人大数媒科技（北京）有限公司，全力推进国家学术数字出版平台——“学者在线”项目建设。同时认真落实中心年度工作计划，对内进一步深化改革、强化管理，提高工作质量与效益；对外继续维护中心学术品牌形象、提升影响力，各项工作取得显著进展。

2011 年，全年编辑出版各类期刊 148 种，共计 1 569 期，与上年同期基本持平；编辑总页码 15.23 万页，比上年同期增长 0.52%；编辑年度索引 25.96 万条，比上年同期增长 8.18%；总印量为 834.57 万册，比上年同期下降 2.78%；总发行量为 813.51 万册，比上年同期下降 4.87%。

2011 年，营业总收入 6 124.04 万元，比上年增长 5.45%。纸本期刊收入 3 976.15 万元，与上年基本持平；电子产品收入 1 122.6 万元，比上年增长 24.84%，其他业务收入 1 025.29 万元，比上年增长 11.07%。

2011 年，中心资产总额 9 252.75 万元，总码洋 9 826.48 万元，年销售收入 5 098.75 万元，利润总额 601.83 万元，上缴税金 803.28 万元，以各种形式上缴学校 1 077.34 万元。

2011 年，中心在职职工总数 238 人，其中，事业编制在职职工为 68 人，占在职职工总数的 28.6%，合同编制在职职工人数 170 人，占在职职工总数的 71.4%。高级职称人员 20 人，其中正高 4 人，副高 16 人。

二、管理工作

2011 年，中心进一步加强内部管理，健全工作机制，完善工作流程，相继实行薪酬体系、内部经营管理体制等改革，保障了各项工作顺利开展。

（一）综合管理

充分发挥中心办公会、主任办公会、总编辑办公会等民主决策工作机制，增强中心领导层决策科学性、透明性和民主性。强化预算管理，重视成本核算，增强科学测算、节约成本的现代企业管理意识，确保各项业务规范运营。继续完善档案管理、制度汇编、资产管理等工作。全面推进办公自动化系统运营，提升信息化办公效率。

（二）人事管理

2011 年，根据事业发展需要，学校调整充实了中心领导班子，任命了新的总编辑、一位副总编和两位副主任，新的领导班子齐心协力，共同推进中心事业的发展。积极引进高素质人才，完善队伍建设，根据中心实际工作需求招聘人才，涉及数字出版、生产管理、编辑、人力资源等多个岗位，新进员工 28 人，其中事业编制 5 人。

（三）业务管理

贯彻“全流程质量管理”的理念，强化质量管理部门的职能，完善按出错率统计月报进行考核和奖惩的机制。成立期刊内容审查工作委员会，构建由期刊审查委员会与质量管理部共同组成的期刊质量综合管理监督体系，促进中心刊物质量全面提升。

加强部门协调力度，完善编辑部门与生产经营部门定期沟通机制，重新核定印刷工价，及时发现和解决编辑、出版和发行过程中的障碍和问题。

增强版权服务意识，完善作者俱乐部工作。2011 年，俱乐部新发展会员 3 966 名，其中 A 类会员 2 557 名，B 类会员 1 409 名。

三、期刊编辑出版

（一）合理调整期刊结构，适应学科和市场发展需要

结合中心“十二五”期刊发展规划，贯彻“分类管理、分类经营”方针，明确学术刊和商业刊的定位，合理调整期刊结构。2011 年，中心策划变更两本复印报刊资料系列刊为《新闻春秋》和《公共管理与政策评论》原发期刊，向国家主管部门提出申请并获得了批准。2011 年，中心 148 种期刊顺利通过北京市新闻出版局年检。

（二）建立期刊审查制度，完善期刊质量监督体系

为确保中心出版的各类期刊的内容质量与编校质量，4 月，中心成立了期刊内容审查工作委员会，制定了《书报资料中心特约审稿编辑管理办法（试行）》，构建由期刊审查委员会与质量管理部共同组成的期刊质量管理监督体系。

期刊内容审查委员会的特约审稿编辑从中心各部门选任，以总编室为协调管理部门，确保刊物的学术质量优良、政治导向正确、形式规范、经营合法，稳步推进期刊审查工作制度化、规范化、程序化。质量管理部在从录入到出版的流程上保证刊物的编校出版质量。有效强化了合作期刊、独立项目

组期刊审查意识，期刊质量和编校水平得到显著提升。

（三）迎接建党 90 周年，出版系列宣传刊物

2011 年，中心开展了以纪念建党 90 周年为主题的宣传实践系列活动，出版了《中国共产党》、《毛泽东思想》等建党 90 周年纪念专辑，同时在《马克思列宁主义研究》、《中国特色社会主义》、《中国政治》等十余种期刊上设置了纪念建党 90 周年专题栏目。

四、网络化和数字化建设

（一）数据库产品获“第二届中国出版政府奖”

3 月 18 日，中心编辑出版的“复印报刊资料”系列数据库荣获“第二届中国出版政府奖”（音像电子网络奖）。该奖项是国家设立的新闻出版行业最高奖项，全国仅有 7 种网络出版物获此殊荣。

（二）作为一把手工程，“学者在线”稳步推进

3 月，中心依据新闻出版总署要求，修改完成《国家学术论文数字化发布平台项目可行性研究报告》。

4 月 21 日，“国家学术论文数字化发布平台——学者在线”被明确写入国家新闻出版总署编制的《新闻出版业“十二五”时期发展规划》，并将作为“新闻出版精品生产工程”的四个重大项目之一给予重点支持。

5 月 15 日，中心正式获得新闻出版总署关于“国家学术数字出版平台——学者在线”批准为新闻出版改革发展项目库入库项目的通知。

（三）人大数媒科技（北京）有限公司设立

11 月 29 日，学校正式决定成立人大数媒科技（北京）有限公司（2011—2012 学年校政字 13 号），由中心与人大世纪科技发展有限公司、北京人大文化科技园建设发展有限公司三家共同出资 2 000万元。该公司将大力推进“学者在线”这一国家级学术数字出版平台的建设和运营工作，打造中国最具活力和成长性的专业数字出版传媒企业。这是中心数字化转型的重大举措，也是中国人民大学在学术出版领域的战略布局。12 月 9 日，人大数媒科技（北京）有限公司注册成立。

（四）第一本数字学术期刊——《新闻春秋》发布

5 月，中心与中国新闻史学会合作创办的首本数字学术期刊《新闻春秋》实现纸刊和数字刊同步发布。这是中心以“全媒体、超链接、即时互动”为指导，探索数字学术期刊新媒体形态的重大成果，获得了国家新闻出版总署报刊司、中宣部出版局领导及新闻传播学界专家的高度评价。

五、学术评价研究

（一）建立人文社科论文质量评估指标体系

学术评价研究中心按照“分类评估、同类比较”、“同行评议为主、文献计量为补充”的原则，研制出了《人文社科论文质量评估指标体系》，并在中心编辑实践中应用。这种符合人文社会科学研究规律的成果评价模式，引起了同行的普遍关注和高度肯定。未来该体系将依托书报资料中心“学者在线”项目和编辑流程数字化改造工程，进一步完善和推广，逐渐建立具有“人大”特色的人文社科成果评价体系。

（二）完善“复印报刊资料”转载排名工作

3 月，“复印报刊资料”（2010）转载学术论文指数排名正式发布，中国人民大学人文社会科学学术成果评价研究中心进一步完善转载排名方式，首次采用了“综合指数”排名。该统计排名和研究报告反映了我国人文社科学术期刊阵营和学术研究机构的分类、布局、水平、变化和发展态势等状况，

受到了学术期刊界、教学科研单位和广大人文社会科学工作者的高度关注。

六、经营销售工作

整合各种营销手段，开发新客户与保持现有市场份额并举，规范产品定价体系，建立客户服务管理体系，基本确保了纸本期刊收入的稳定，电子产品大幅度增长。对内调整营销组织架构和销售区域，优化岗位设置，降低人员成本，进一步完善营销策略和考核办法，落实营销个人权责制，充分调动人员积极性。对外进一步加强营销开发力度，丰富营销宣传内容和形式，提高市场占有率和产品影响力。

七、相关重要活动

3 月 31 日，中心主任盛希贵出席中国人民大学国家版权贸易基地举办的第十六期“版权人沙龙”，并作“移动终端设备推动学术信息服务走向全媒体化、个性化、人性化”主题演讲，介绍了中心“学者在线”项目的设计理念和发展规划。

4 月 15 日，中心召开“学者在线”公司体制设计专家论证会，学校有关领导以及万方数据股份有限公司、天闻数媒公司等知名企业的相关专家出席并积极建言献策。

4 月 18 日，中心下属的书资教育培训中心举办“沈阳市优秀中青年干部公共管理高级研修班”开学典礼。

5 月 14 日至 15 日，中心《中国共产党》杂志与中共杭州市委党校联合主办“纪念中国共产党成立 90 周年党建理论创新研讨会”。此次研讨会的宗旨是庆祝中国共产党成立 90 周年，深入总结党的光辉历史、宝贵经验，加强党建理论创新研究，促进党建学者之间的交流，推动党建期刊的创新与发展。

6 月 8 日，为迎接建党 90 周年，中心教工合唱团表演的彝族民歌《赶圩归来啊哩哩》在“颂歌献给党——中国人民大学师生演唱会”获得最佳创意表演奖和最佳组织奖。

6 月 26 日至 27 日，中心事业发展部与江苏乐知教育机构共同主办的“中小学生家庭教育专题讲座”在江苏省连云港市举行。

7 月 5 日，中心对全体编辑开展“编辑流程数字化改造的思路与设想”专题业务培训。

8 月 6 日至 9 日，中心《精神文明导刊》杂志与中共吉林省延吉市委宣传部、延吉市文明办联合举办“提高公民素质，创建文明城市——第八届中华文明论坛”。

8 月 11 日至 12 日，中心召开“全国首届教育期刊改革与发展高峰论坛”，首次给原发刊颁发“重要转载来源刊”证书。中心充分发挥桥梁纽带作用，为不同类型的教育期刊搭建了一个广阔的对话和交流平台。

9 月 7 日，中心《精神文明导刊》杂志编辑与北京市房山区文明办在房山区举行精神文明创建工作座谈会。

9 月 27 日至 30 日，中心参加中国社会科学情报学会第七次全国会员代表大会暨 2011 年学术研讨会。中心主任盛希贵当选为常务理事，总编辑高自龙当选为常务理事、副理事长。

11 月，明德阅读广场正式投入使用。该广场位于中国人民大学明德商学楼和明德主楼一层及地下一层，占地约 1 000 平方米，充分依托中心 148 种人文社科期刊资源，为广大师生营造良好的阅读氛围，提供优质的文化休闲服务，对提升中心学术影响力、塑造品牌凝聚力具有积极意义。

12 月 10 日，中心同《光明日报》、《学术月刊》联合召开 2011 年度“中国十大学术热点评选”专家研讨会，评选出“中国十大学术热点”，打造“年度中国十大学术热点”品牌，并在《光明日报》

等媒体发布。

12 月 15 日，国家新闻出版总署综合业务司孙明司长一行 6 人莅临中心，就中心“十二五”期刊发展规划和期刊出版管理工作展开调研，对中心数字化转型工作给予肯定和具体指示。

12 月 22 日，中国人民大学人文社会科学学术成果评价研究中心与中国社科院文献计量研究与科学评价研究中心召开“人文社会科学成果综合评价理论与实践”座谈会，会议决定双方将在评价研究数据交换共享、评价指标体系应用检验以及学术评价领域科研课题的申报等方面深入合作。

附录

2011 年《复印报刊资料》系列部分期刊变更表

序号	原专题代号	原刊名	原刊期	现专题代号	新刊名	新刊期
1	D424	台、港、澳研究	月刊	—	—	双月刊
2	S7	报刊资料索引（科技管理、生态环境、出版分册）	年刊	暂无	公共管理与政策评论（原发刊）	季刊
3	X5	中国报刊经济信息总汇（经济政策信息）	半月刊	暂无	新闻春秋（原发刊）	季刊

■ 文化科技园

一、概况

中国人民大学文化科技园（以下简称“人大文化科技园”）2004 年成立运营，依托中国人民大学的学科优势，率先建立文化科技园区，开始了文化创意产业基地建设及人文社科成果转化的探索之路。园区在文化创意产业园区建设领域开创了四项“第一”：全国第一家以文化创意为主题的特色大学科技园；全国第一家专门服务文化创意企业的留学人员创业园；全国第一家国家版权贸易基地；全国唯一依托大学建设的文化产业示范基地。

2011 年，园区获得科技部火炬计划、北京市科委孵化基地补贴、中关村科技园区管委会“留创园创新创业人才特区”、“大学科技园及孵化器专项支持资金”、海淀园管委会“促进科技企业孵化器发展专项资金”等各级相关专管政府部门扶持资金 360 余万元。

大学科技园建设取得显著成就。据不完全统计：2011 年园区企业总收入达到 200 亿元，上缴税收总额超过 9.2 亿元；11 月，园区被中国高校校办产业协会评为“2011 中国高校企业产学研结合典型案例”；12 月，“文化创意产业与品牌城市国际论坛”被人民网评为年度最具影响力论坛第三名，位于博鳌亚洲论坛和青岛蓝色经济论坛之后。

二、企业孵化机制与公共服务平台建设

基于对文化产品生产、流通、交易的文化创意产业全产业链的深入研究，园区建立了以“创业孵化＋创业投资＋创业导师”为核心的综合孵化服务体系，在此基础上打造了企业全程量化评价跟踪服务体系、特色关系资源网络体系、产业聚集三位一体的创新型孵化机制。

截至2011年12月，人大文化科技园累计入园企业271家，累计孵化企业163家，其中留创企业111家，一般孵化企业28家，大学生创业企业24家。目前在园企业155家，在园孵化企业65家，其中留创企业40家，一般孵化企业10家，大学生创业企业15家。2011年度新入园留创企业15家。园区现有建筑面积67 000平方米，其中孵化面积18 600平方米。在园企业获得的自主知识产权数量超过300项。

目前在园留创企业、文化创意类企业占园区企业总数的85%，分布于数字出版、动漫游戏、云计算等多个新兴文化行业；在版权领域有培生教育出版集团、Taylor & Francis等全球出版15强的企业入驻。2011年，园区华锐风电科技有限公司在上交所成功上市；园区极晨智道信息技术有限公司入选“中国留学人员创业园百家最具成长性创业企业”，并入选“瞪羚计划”企业、中关村“金种子工程”。

2011年内，人大文化科技园以企业全程跟踪服务为基础，通过针对全园企业的基础服务体系建设和针对孵化企业的孵化服务体系建设，完善文化创意特色服务体系。至年底，园区全年组织企业参加国际文博会、国际书展3次，为企业组织投资推介会3次，为企业提供创业培训24次，举办创业者沙龙、版权人沙龙12次。

2011年12月，文化部文化产业司发函至中国人民大学科技园，同意其联合有关单位发起成立“国家文化产业示范基地联盟”，文化部文化产业司将担任该联盟的指导单位。

三、国家版权贸易基地建设

在国家版权局支持下，中国人民大学文化科技园抓住文化创意产业领域的核心价值资源，建立了全国第一家国家版权贸易基地。

基地承担国家版权局组织的《中国版权年鉴》编辑工作，并开创性地举办了首届版权大拍卖活动，举办了首届全国校园原创音乐大赛，组建了中关村版权争议调解中心。继续推动中关村版权联盟工作，联盟成员增加至72家。

截止到2011年年底，网站注册用户数达到16 000多个，遍布全球30多个国家和地区，综合访问量突破10万；网站总挂牌额超过15亿元人民币。

四、创意产业技术研究院工作体系建设

2011年内，人大文化科技园完成中国人民大学创意产业技术研究院工作体系建设，推进LED照明设备、学者在线、水处理系统、版权资产评估等产业化项目落地。至年底，LED项目中试线建设启动，“学者在线”项目的公司注册基本完成，水处理系统项目进入产业化阶段，版权资产评估项目进入产业化运营阶段。

五、文化创意产业研究中心工作

2011年11月10—13日，人大文化科技园与文化部文化产业司共同主办了第三届“文化创意产

业与品牌城市”国际论坛，围绕“文化与科技融合推进文化创意产业发展”这一话题开展了一系列主题演讲，中国人民大学文化创意产业研究中心向社会公开发布了“中国省市文化产业发展指数(2011)”。本届论坛引起了学界、业界和社会的广泛关注，吸引了包括《人民日报》、人民网在内的众多知名媒体的争相报道，在2011年度“最受关注十大论坛”评选中荣膺第三名，与“博鳌亚洲论坛2011年年会”和“2011中国·青岛蓝色经济发展国际高峰论坛”一起赢得了五星的最高关注度。

六、其他重要活动

（一）参展第七届深圳文博会

2011年5月13—16日，人大文化科技园组团参加第七届深圳（国际）文化产业博览交易会。园区在深圳会展中心二号馆搭建36平方米展台，集中展示了“人大文化科技园”、“国家版权贸易基地”、“人大文化创意产业研究中心”、“文化创意产业特色孵化器”等园区核心业务内容。展会上，推介了文化产业发展规划、文化产业投融资、文化创意产业与品牌城市国际论坛等项目。展会期间，人大科技园与苏州市金阊区招商中心、河南郑州市金水区政府、中共辽宁本溪市委宣传部等十余家单位达成初步合作意向。在文博会上，人大科技园还获得文博会组委会颁发的“优秀展示奖”。

（二）第三届学生“创业之星”大赛

2011年6月2日，由人大招生就业处、文化科技园、校友工作办公室、中国天使创业孵化工程组委会和天九儒商投资集团联合主办的“天九儒商”杯中国人民大学第三届学生“创业之星”大赛总决赛暨颁奖典礼在人大逸夫会议中心举行。中国人民大学副校长杨慧林出席并致辞，中央电视台体育频道张斌主持大会。大赛于4月份开始，经过创业指导培训、创业计划书评估、初赛、复赛等环节，在27支参赛队伍中最终选拔出10支优胜队伍挺进总决赛，并获得了优先进驻文化科技园学生创业园享受“零成本”孵化的机会。其中，“六亩地网上水果店”获得“创业之星”奖，创业启动资金人民币2万元；“中小企业知识产权和风险防范”等3支队伍获得“最具创业潜能奖”，创业启动资金人民币5万元；安家有限责任公司获得“最具成长价值奖”，创业启动资金人民币15万元。

（三）2011人大文化科技园黑马企业融资路演与产业沙龙

2011年6月14日，人大文化科技园在文化大厦11层会议室举办园区企业投融资培训讲座暨2011人大文化科技园黑马企业融资路演与产业沙龙活动。人大文化科技园副总经理王国成、青阳天使投资创始合伙人苏禹烈、达晨创投高级投资经理李永林、联想乐基金高级投资经理张谦、蓝驰创投投资总监曹魏及园区的13家企业代表出席。苏禹烈和李永林作为资深投资人分别进行了主题演讲，与会人员就融资、产业发展等问题展开了研讨。在“6＋9”融资路演中，来自园区的安普莱软件、博洛密网络、君之路动漫和麦哲科技等4家企业进行了路演比赛。路演后，投资人就关心的问题进行了针对性的提问与指导交流。与会代表表示，活动切合企业创业路上的实际需要，不仅为他们提供了与投资方直接对话展示的机会，更使其对所处行业及企业未来的运营发展有了进一步的认识和思考。

（四）三三会人大留创园专场

2011年9月21日，由中关村示范区留学人员创业服务总部主办，人大留学人员创业园承办，中关村留学人员创业园协会协办的“中关村留学人员企业精品项目推介会（三三会）人大留创园专场”在人大文化科技园文化大厦举行。中关村管委会人才处、海淀创业园等各留创园领导及银河创新资本管理有限公司、国泰创业投资基金等30余家投资机构，10余家媒体，留学创业人员等150余人出席活动。推介会由人大文化科技园副总经理王国成主持。推介的项目主要包括文化创意、电子信息等新兴产业，共有10家企业获得路演资格。其中，重点推介企业4家，分别是北京君之路动漫科技有限公司、北京英创启智数字出版技术有限公司、梦幻世界科技（北京）有限公司、北京中生奥普寡肽技术研究所。10家企业的负责人就项目进行了介绍，投资机构负责人就市场推广、财务计划、技术地位等提出了针对性问题。企业推介结束后，景林投资基金合伙人石宏点评了各企业在推介环节的表现，并就推介演讲技巧提出了建议和指导。

（五）举办人文社会科学科研成果转化国际研讨会

2011 年 10 月 14 日，由中国人民大学和香港浸会大学共同主办，人大文化科技园、人大资产经营管理公司和香港浸会大学知识转移处承办的人文社会科学科研成果转化（知识转移）国际研讨会在中国人民大学举办。研讨会的主题是“知识创造与价值”。科技部高技术中心处长姜念云，人大科研成果转化与产业促进办公室主任关伟，英国艺术及人文研究协会知识转移部主管苏珊·阿莫，香港浸会大学知识转移处主管陈庆忠等 16 位上级领导和专家学者出席研讨会并发表讲话。姜念云在开幕式致辞中指出，这是首次由中国内地、中国香港、英国两国三地就知识转移大课题中的人文艺术领域与文化产业进行讨论和交流的国际研讨会，具有重要的启示意义。中国人民大学和香港浸会大学都是以人文社会科学为主的著名学府，而英国则是最早开展人文社科领域知识转移的国家之一，本次研讨会必将硕果累累并产生深远影响，进而促进中国在人文社科领域成果转化的创新发展。

党建和思想政治工作

■ 综合工作

一、概况

2011年，学校党建与思想政治工作坚持以邓小平理论和“三个代表”重要思想为指导，全面贯彻党的十七大和十七届三中、四中、五中、六中全会精神，继续深入学习胡锦涛总书记考察中国人民大学“九·九”重要讲话和在清华大学建校100周年大会上的讲话精神，紧紧围绕学校创建“人民满意，世界一流”大学的奋斗目标和学校党委的中心工作，党委综合工作部门以开展创先争优活动和纪念中国共产党成立90周年为契机，推进学校党建工作取得了新的发展。

二、领导班子思想政治建设和理论学习

2011年，学校党委坚持把思想理论建设放在首位，着力提高领导班子的马克思主义理论水平和政策水平，在重大问题上头脑清醒、立场坚定，在各种思潮涌动中始终高举马克思主义旗帜，弘扬社会主义核心价值体系。

领导班子坚持党委中心组理论学习制度，2011年4月24日召开党委理论学习中心组（扩大）会议，集体收看清华大学建校100周年庆祝大会

电视直播；2011年7月5日召开党委理论学习中心组（扩大）会议，认真学习胡锦涛总书记“七一”重要讲话精神，并进行深入探讨；2011年10月25日召开党委理论学习中心组（扩大）会议，认真贯彻十七届六中全会精神，并邀请相关专家进行解读。

领导班子坚持民主生活会制度，针对群众反映的问题，开展批评与自我批评，着力解决存在的问题。此外，校领导还先后在《人民日报》、《光明日报》、《求是》等报刊杂志上发表了多篇理论文章，在社会上产生了重要影响。

三、民主办学和依法治校

2011年，学校“民主办学，依法治校”工作继续扎实推进。法律事务室积极为学校的重大活动和重要工作提供法律咨询，有效防范和化解了各种法律风险，切实维护了学校的合法权益。2011年，法律事务室共处理各种法律事务26件（次）。其中，协调诉讼案件办理或代表学校出庭应诉7次，审查学校重要合同5件，为校内各单位提供法律咨询服务10次，办理其他法律事务4件。同时，学校坚持“发展是第一要务，稳定是第一责任”的思路，将信访工作作为一项关系全局的基础性工作，进一步建立健全信访工作的长效机制，完善学校信访工作网络。信访办公室全年接待信访群众、接听信访电话、接收信函、电子邮件共计787件（次），初信初访办结率为86%；安排校领导接待日活动6次；注重对信访工作规律和特点的研究与总结，定期对各类信访信息加以汇总、分类，并在此基础上编印了4期《信访工作季报》。

四、安全稳定工作

2011年，学校及时处理、有效应对了各类突发事件，维护了校园安全稳定和校园秩序。全年共报送《情况反映》185期，及时与教育部、北京市委教育工委、市教委和海淀区等有关部门沟通信息。

学校办公室（党委办公室）、党委宣传部、学工部、保卫部和各单位党政领导、学生骨干等，发挥了了解和掌握师生思想动态主渠道和生力军的作用。2011年，学校办公室共向上级部门报送有关信息材料200余份（件）；2011年党委宣传部编印内部刊物《思想理论动态》8期，共计20万余字。完成了《北京高校哲学社会科学理论动态》的每月上报工作。党委学生工作部每周撰写学生思想动态周报，每学期进行一次大规模的学生思想状态调查；保卫部通过各种渠道密切关注学生对敏感和热点问题的反映，并协助有关单位妥善处理。

五、其他工作

2011年，保密工作办公室继续坚持做好机要文件的收发、传阅工作及学校毕业论文的保密审核工作；主动开展保密工作宣传教育，加强重点保密部门的监督管理；配合相关部门进行保密检查；定期监控网络，保证涉密内容不上网、不泄密。

■ 组织工作

一、概况

2011年，学校组织工作继续以马克思列宁主义、毛泽东思想、邓小平理论和“三个代表”重要思想为指导，贯彻落实科学发展观，加强党的执政能力建设、党的先进性建设与和谐校园建设，围绕中心，服务大局，以开展创先争优活动为工作重点，认真做好干部、组织、党员发展和党校等各项工作，为学校的改革和发展及各项工作的开展提供强有力的思想保证、政治保证和组织保证。

二、干部工作

截至2011年年底，全校共有处级中层干部312名，平均年龄46.3岁，其中正处级123人，平均年龄49.9岁，副处级189人，平均年龄43.9岁；男性干部233人，占74.7%，女性干部79人，占25.3%；党员干部279人，占89.4%，非党干部33人，占10.6%；双肩挑干部163人，占52.2%，专职干部149人，占47.8%。中层干部中具有博士学位的159人，占51%；具有硕士学位（研究生学历）的85人，占27.2%；具有大学学历的62人，占19.9%；具有大专及以下学历的6人，占1.9%。中层干部中具有副高级以上职称的240人，占76.9%；具有中级和以下职称的72人，占23.1%。

干部基本情况统计表

（截至2011年12月31日）

	总人数	男		女		专职		兼职	
		人数	比例（%）	人数	比例（%）	人数	比例（%）	人数	比例（%）
正处级	123	97	78.9	26	21.1	41	33.3	82	66.7
副处级	189	136	72	53	28	108	57.1	81	42.9
总数	312	233	74.7	79	25.3	149	47.8	163	52.2

干部学历情况统计表

（截至2011年12月31日）

	总人数	博士		硕士（研究生学历）		大学		大专及以下	
		人数	比例（%）	人数	比例（%）	人数	比例（%）	人数	比例（%）
正处级	123	71	57.7	28	22.8	22	17.9	2	1.6
副处级	189	88	46.6	57	30.1	40	21.2	4	2.1
总数	312	159	51	85	27.2	62	19.9	6	1.9

干部职称情况统计表

（截至2011年12月31日）

	总人数	正高级		副高级		中级及以下	
		人数	比例（%）	人数	比例（%）	人数	比例（%）
正处级	123	85	69.1	29	23.6	9	7.3
副处级	189	61	32.3	65	34.4	63	33.3
总人数	312	146	46.8	94	30.1	72	23.1

干部年龄情况统计表

（截至2011年12月31日）

	总人数	55岁及以上		51～54岁		46～50岁		41～45岁		36～40岁		35岁及以下	
		人数	比例（%）	人数	比例（%）	人数	比例（%）	人数	比例（%）	人数	比例（%）	人数	比例（%）
正处级	123	37	30.1	20	16.3	37	30.1	20	16.3	8	6.5	1	0.8
副处级	189	18	9.5	23	12.2	49	25.9	33	17.5	29	15.3	37	19.6
总数	312	55	17.6	43	13.8	86	27.6	53	16.9	37	11.9	38	12.2

（一）领导班子建设和机构设置工作

2011年，围绕学校中心工作，进一步完善了机构和院系设置。成立了理工学科建设处、科研机构管理办公室（在科研处重点研究基地管理办公室基础上成立）、国际学院（苏州研究院）学生事务部（副处级建制）、孔子学院工作办公室（挂靠国际交流处）、教育学院。成立了教育学院党总支；批准培训学院、体育部设置了党总支，取消了原直属党支部设置。

2011年全年，共有附属中学党委、文学院党委、历史学院党委、统计学院党委、信息学院党委、后勤集团党委、校医院党总支、财政金融学院党委、环境学院党委等9个基层组完成了换届工作。另有公共管理学院、社会与人口学院完成了行政领导班子换届工作。

（二）干部选拔任用工作

全年共召开有关人事问题的党委常委会7次，任免干部110人次，其中新提任的处级干部37人，校内轮岗、交流处级干部14人。向外输出处级干部4人。

2011年，开展了校内公开选拔监察处、科研处、资产与后勤管理处副处长工作，经资格审查，共有35人符合任职条件参加了面试会。根据面试成绩，对7人进行考察，并形成考察材料，报学校党委常委会讨论决定任命人选。

（三）干部考核工作

1. 学校领导班子和领导干部2011年度考核

2011年年底，根据教育部的部署，组织了不同层面的征求意见座谈会和述职大会，顺利完成了学校领导班子和领导干部2011年度考核工作。

2. 中层干部学年考核

2011年6月，组织了2010—2011学年度中层干部考核。288名处级干部（含调研员）接受了群众测评打分。

（四）干部教育培训工作

1. 根据上级调训要求，经学校批准，推荐了副校级干部徐志宏参加2011高校领导海外培训项目，推荐党委组织部部长高德步参加中组部中央和国家机关干部人事处长业务培训班，教务处处长洪大用、科研处处长杜鹏参加国家教育行政学院第三十五、三十六期高校中青年干部培训班。

2. 推荐了党委组织部副部长青格勒图参加中管高校党委组织部基层组织建设专题培训班，学生部（处）副部（处）长白连永参加北京高校优秀年轻处级干部培训班。

3. 继续与人事处、国际交流处联合组织管理干部海外培训，确定了拟于2013年派出参加“影子处长”项目的6名人选，推荐了4名干部参加国家留学基金委2012年“高等教育行政管理人员出国研修项目”。2011年10月中旬，选派了22名中层干部和后备干部赴新加坡、香港参加为期10天的海外培训。

4. 2011年5月至7月初，举办了新上岗处级干部培训班，共有新上岗处级干部33人参加。培训班邀请了学校领导、部分部处和学院负责人以及专家学者到课堂为学员授课、交流。7月初组织学员到井冈山干部学院接受了为期五天的“红色”主题教育。

（五）干部挂职锻炼工作

2011年，推荐了4名教师参加江苏省“科技镇长团”活动到江苏省挂职锻炼。同时根据“市校协议”推荐了10名博士研究生、1名博士后到安徽滁州、安庆、合肥以及广西南宁挂职；推荐了5名硕士研究生和博士研究生参加南宁“毕业生实习项目”；推荐了14名博士研究生到北京市海淀区、东城区挂职。根据个人和挂职单位意见，经学校批准，为在西安挂职的第十一批博士团成员张余文和在西藏大学挂职的援藏干部补利军办理了延长挂职时间的手续。

2011年，根据教育部第七批援疆干部计划，经协商，选派信息资源管理学院侯卫真教授到新疆财经大学援教。同时根据上级计划和学校安排，分别接待了来自新疆高校的挂职干部2人和来自河南理工大学的挂职干部2人。

（六）干部输送工作

2011年，积极向北京市推荐输送优秀“80后”干部到北京市乡镇街道任职，共有罗圣华、刘洋、乔昆、阿勒泰·塞肯、赵建峰、陈达、李亚娟、郭锡山等8人被选调出校担任副处级职务。协助国家发展改革委员会、民政部人事司、教育部国际司、新疆阿克苏地委组织部等部门完成了对学校有关选调人员的考察工作。经学校领导同意，学校出版社总编辑周蔚华调民政部工作。

（七）完成中层干部人事档案整理、迎检工作

以中组部检查中管单位干部档案为契机，经校领导批准，组织部与人事处、档案馆合作共同对全校中层干部人事档案进行了整理和补充。共整理档案303份，补充干部学历、学位、工资、任免等材料1 501份，对全校中层干部的“三龄一历”（年龄、工龄、党龄以及学历）进行了重新核认。同时，按照分类准确、编排有序、目录清楚、装订整齐的标准严把质量关。已于2011年4月顺利通过中组部的检查验收。

三、深入开展创先争优活动

2011年是中国共产党成立90周年，是“十二五”开局之年，也是中国人民大学实施“十年腾飞”战略、创建“人民满意、世界一流”大学的关键一年。学校继续围绕“创先争优促发展、十年腾飞跻一流”的活动载体，深入开展以“提高办学质量促发展、服务人民群众树形象”为主题的为民服务创先争优活动，着力在推动事业发展、服务师生员工、加强基层组织、促进校园和谐等方面取得新的进展。12月7日，北京市委教育工委副书记、北京市政府教育督导室主任、北京教育系统深入开展创先争优活动领导小组副组长线联平同志参加学校创先争优工作交流会，对学校创先争优工作进行了点评，予以较高评价。

1. 继续围绕学校改革发展创先争优

创先争优活动取得成效的根本在于将活动安排与学校中心工作紧密结合。在学校党委的统一指导下，各级党组织理清思路，找准方向，明确将推进学校的事业发展作为开展创先争优活动的根本目标，通过开展创先争优活动调动各级组织和全体党员的积极性和创造性，通过多种形式组织广大党员和师生开展主题活动，认真学习胡锦涛总书记“七一”讲话，学习胡锦涛总书记在清华大学百年校庆和2010年9月9日考察中国人民大学的重要讲话精神，使广大党员和师生员工进一步理清思路、坚定信念，弘扬党的优良传统，践行党的宗旨，立足学校“立学为民、治学报国”的办学理念，努力为推动学校科学发展贡献力量。深刻体现了教育育人、管理育人、服务育人的工作思路，突出了开展创先争优活动的时效性和实践特色。

在明确目标的基础上，学校积极组织、广泛动员、加强指导，紧抓工作落实。通过召开动员部署会布置第三阶段工作，通过认真制定《实施方案》推进分类指导，通过加强指导和监督协助各级党组织有序开展各项活动。全校上下思想进一步统一，人心进一步凝聚，各项事业进一步发展。

2. 继续围绕服务人才培养创先争优

立德树人是高校的根本任务。学校创先争优活动，始终坚持教育育人、管理育人、服务育人的思路，认真思考学校在人才培养工作中的不足，积极听取广大师生的意见，在加强教学和人才培养质量等方面取得了明显效果。

同时，通过制定周密细致的《实施方案》并加强分类指导，各分党委、党总支在创先争优活动中深入开展了“提高办学质量促发展”、“服务人民群众树形象”活动，开展了“公开承诺”活动，向群众做承诺，为群众办好事、干实事；认真开展了“领导点评”工作，分党委、党总支领导深入各基层组织，扎实点评党员在创先争优活动中的业绩和不足，使师生党员振奋了精神，鼓舞了干劲，有力推

动了学校发展。通过这两个环节，各级组织和广大党员的先进性落到了实处，作用得到进一步发挥，使创先争优活动真正成为群众满意工程。

3. 继续围绕贯彻落实《条例》创先争优

贯彻落实《中国共产党普通高等学校基层组织工作条例》是今后一段时期学校党组织的一项重要任务。学校党委在创先争优活动中，通过理论中心组学习、领导干部专题培训、为北京市《条例》实施意见征求基层意见等形式，组织广大党员干部认真学习《条例》精神。同时，学校将贯彻落实《条例》和加强教师党支部建设的意见、加强党务公开、提高组织工作群众满意度水平等文件和精神结合起来，进一步加强和改进了学校的党建工作。为更好落实《条例》学习工作，在创先争优第三阶段《实施方案》中，学校对各分党委、党总支贯彻《条例》工作提出了明确要求，着力在理顺学院一级党组织工作机制、健全和完善党政联席会议制度、优化基层党组织设置、加强基层党组织带头人队伍建设、创新基层党组织工作内容和活动方式等方面求得突破，结合专题调研与交流取得了一些经验和成效。

4. 继续围绕加强理论研究创先争优

学校在创先争优活动中，特别注意发挥中国人民大学的理论高地优势，加强了创先争优活动的理论研究和理论武装。在创先争优活动理论研究中形成了一系列优秀成果，有力推动了学校党组织的建设。积极完成了中央交付的创先争优理论研究任务，2011 年有 2 篇文章入选中央创先争优理论研讨交流会；重视日常工作经验的积累和提炼，承担了“高校党的领导体制机制建设的前瞻性研究——以完善现代大学制度和推进治理结构改革为背景”北京高校党建研究会重点课题；此外，积极调动全校开展理论研究的积极性，本学期以开展创先争优理论研究为主题，启动了 2011 年党建课题申报立项工作，以项目形式向全校公开征集创先争优和党建方面的研究课题近 30 项。

四、基层党组织建设

截至 2011 年年底，学校共设学院级分党委 27 个、党总支 8 个、党支部 614 个，其中，本科生党支部 100 个，研究生党支部 241 个，教职工党支部 193 个，离退休党支部 80 个。

学校党委认真贯彻执行《入党联系人工作职责》、《发展党员工作流程》、《预备党员教育考察和办理转正手续流程》、《党务秘书工作职责》等文件，严格按照《发展党员工作流程》、《“七一”表彰工作流程》、《预备党员教育考察和办理转正手续流程》等工作流程开展工作，监督检查新版《预备党员考察表》和《申请入党的积极分子考察登记表》的使用情况，不断推进学校党建工作的科学化、规范化、制度化。

继续深入开展红色“1+1”主题教育活动。把引导大学生到基层就业的主题与创先争优活动密切结合，不断探索大学生党员教育和学生党支部活动的新形式。2011 年学校共有 10 个党支部提交申请，其中 4 个党支部的活动符合上级机关的要求，相关支部的活动材料和图片经推荐在北京市委教育工作委员会网站“宣教之窗”展出。

继续开展帮扶慰问困难党员和困难群众工作，认真落实《关于建立帮扶困难党员和困难群众工作制度的意见》。元旦至春节期间，10 位校领导均以个人名义或者跟随院系安排参与帮扶慰问活动，推动相关工作顺利开展。全校 52 个职能部门和教学单位的党组织领导干部积极组织，热情走访慰问优秀党员、老党员（包括老教授、老领导）、困难党员共计 220 余次，涉及 500 余人，慰问金额达到 35 万元。此外，为切实加强困难党员帮扶工作，从 2010 年起学校党委每年从党费预算中列支专项资金补助困难党员，2011 年党费预算中补助困难党员共计 10 万元。在 2011 年“七一”前后及 2012 年春节前，通过基层申报、审核汇总了 20 名困难党员，学校全体校领导均代表学校开展了走访慰问，送去了学校的关怀和慰问金。

2011 年，完成教育部人文社会科学研究重大课题《现代高校党组织的新使命——高校党组织在和谐校园建设中发挥作用的理论与实践研究》的出版工作。论文《大学生入党动机教育的有效途径研究》在《北京教育》（高教版）上发表。

五、党员队伍建设

截至 2011 年 12 月 31 日，学校共有正式组织关系的党员 12 132 名，其中，正式党员 10 585 人，占党员总数的 87.25%，预备党员 1 547 人，占党员总数的 12.75%；女性党员 6 551 人，占党员总数的 54%。少数民族党员 633 人，占党员总数的 5.22%。全校全年共发展党员 1 319 名，其中，在职教工 28 名（含工人 3 名），学生 1 291 名。

从党员的职业（身份）构成看，全校在职教工党员 2 351 人，占全校在岗职工的 48.79%（其中，教师党员 1 060 名，占教师总数的 62.60%；干部党员 671 名，占干部总数的 58.60%；专业技术人员党员 249 名，占专业技术人员总数的 36.5%；工人党员 41 名，占工人总数的 4.50%；附中附小教职工党员 330 人，占附中附小教职工总数的 50.06%），离退休党员 1 604 名，占全校离退休职工总数的 69.20%，学生党员 8 171 名，占全校学生总数的 36.9%（其中，研究生党员 5 688 名，占研究生总数的 53.1%；本科生党员 2 483 名，占本科生总数的 21.6%），其他党员 6 人，属于毕业未就业的学生党员。

全校党员年龄分布情况为：35 岁及以下党员 8 939 名（其中在岗教职工 861 名），36 岁至 45 岁党员 796 名（其中在岗教职工 698 名），46 岁到 54 岁党员 579 名（其中在岗教职工 559 名），55 岁到 59 岁党员 406 名（其中在岗教职工 199 名），60 岁及以上党员 1 412 名（其中在岗教职工 34 名）。

全校党员的学历分布情况为（已取得的最高学历）：研究生学历党员 3 257 名，大学本科学历党员 5 614 名，大学专科学历党员 363 名，中专学历党员 93 名，高中学历党员 2 688 名，初中及以下学历党员 117 名。

2011 年，学校继续认真落实中共北京市委教育工委“把本科生作为学生中发展党员的重点”，“一年级个别发展，二、三年级重点发展，四年级继续发展但不突击发展”的工作要求，继续贯彻中央“坚持标准，严格程序，主动工作，积极培养”的工作方针，优化党员队伍结构和分布，稳步推进发展党员工作，实现保证质量与壮大队伍相统一的总目标，为构建和谐校园提供充足的人力资源和人才支持。学校党委认真落实发展党员的工作制度和工作计划，确保发展工作的质量，坚持做好“公示制”，全面实施“票决制”，同时在“共青团推优”、“征求意见”、“日常考察”等工作环节严格监督检查，贯彻执行发展党员工作中的民主监督制度，保证发展党员的质量；坚持把提高入党积极分子和发展对象的思想政治素质放在首位，不断强化培养教育工作；认真落实发展党员的工作制度和工作计划，确保发展工作的质量。2011 年共发展党员 1 319 人。其中，本科生党员 797 人，研究生党员 494 人，教职工党员 28 人（含工人党员 3 人）。预备党员转正 1 234 人。到 2011 年年底，全校共有申请入党人员 6 039 名，入党积极分子 3 849 名，发展对象 1 022 名。

全年共完成接转党员组织关系 5 286 人，其中转入党员组织关系 2 180 名，转出党员组织关系 3 106名。

六、评优表彰

4 月上旬，学校党委下发《关于评选表彰优秀共产党员和先进基层党组织的通知》（人大校党字〔2011〕14 号），对 2011 年党内表彰工作进行部署。经评审委员会初步评审，学校党委审查通过，最终评选出校级优秀共产党员 44 名，先进基层党组织 36 个，并于 6 月 27 日在学校庆祝中国共产党成立 90 周年表彰大会上予以表彰，同时，会上为 50～60 年党龄党员代表颁发了证书和纪念奖牌。

七、党校工作

2011 年，学校党校共举办“学校党校第 17 期学生发展对象培训班”等各类培训班 8 期，总共培训学员 2 821 人。其中，3—4 月，举办学校党校第 17 期学生发展对象培训班暨第 24 期教工入党积极分子培训班，培训学生发展对象 790 人，教工入党积极分子 39 人。3—6 月，举办迎接建党 90 周年党史名家讲坛第三期至第八期，每次参加人员 400 人。4 月，举办学校党校兼职教师聘任仪式，在全校范围内聘任了 21 位领导和专家学者作为党校的兼职教师。8 月，举办第 17 期党务秘书培训班，培训 35 人。10 月至 11 月，举办学校党校第 18 期学生发展对象培训班暨第 25 期教工入党积极分子培训班，培训学生发展对象 761 人，教工入党积极分子 13 人。12 月，举办第二期教工党支部书记培训班，培训 41 人。12 月，刘向兵研究员的“关于党性与党性修养的思考”、杨凤城教授的“中国共产党与马克思主义中国化的历史进程”获得了北京高校入党积极分子“精品一课”，学校党校获得了北京高校党校“精品一课”评选活动的优秀组织奖。12 月，在北京高校党校协作组 2011 年年会上，学校党校当选第九届北京高校党校协作组副组长单位。12 月，召开学校承担 2012 年中央和国家机关司局级干部选学工作布置会，进行课程设计和工作安排，遴选出 10 个专题班和 10 门讲座代表学校进入中组部选学课程目录。

附录

中国人民大学荣获 2011 年北京市高校优秀共产党员、优秀党务工作者、先进基层党组织名单

一、北京市高校优秀共产党员（3 名）

李秋零　　中国人民大学哲学院教授
沈民鸣　　中国人民大学经济学院副教授
王树光　　中国人民大学公共管理学院 2009 级硕士研究生

二、北京市高校优秀党务工作者（1 名）

张晓京　　中国人民大学党委学生工作部部长

三、北京市高校先进基层党组织（1 个）

中国人民大学法学院民商法教研室党支部

中国人民大学荣获 2011 年北京市优秀共产党员名单

王树光　　中国人民大学公共管理学院 2009 级硕士研究生

2011年中国人民大学优秀共产党员、先进基层党组织名单

优秀共产党员（44名）

哲学院	张志伟	
文学院	王贵元	
历史学院	孙　喆	
国学院	张明东	
经济学院	韩玉军	
财政金融学院	李　芹	张文春
统计学院	杨　光	
农业与农村发展学院	崔海兴	
法学院	徐孟洲	邵　明
马克思主义学院	母稷祥	
社会与人口学院	李路路	
国际关系学院	张　妍	
新闻学院	郑保卫	
艺术学院	程　兰	
外国语学院	陈世丹	
环境学院	王学军	
信息学院	石文昌	
理学院	夏天龙	
商学院	宋　华	刘　凡
公共管理学院	马天航	
劳动人事学院	孙一兵	
信息资源管理学院	安小米	
继续教育学院	王俊崴	
培训学院	李红杭	
体育部	张　岩	
图书馆	叶雪冬	
校医院	果　雯	
后勤集团	黎玖高	
出版社	沈小农	
书报资料中心	蔺海莹	
人大附中	刘彭芝	
国际学院	陈甬军	
学校办公室	刘振声	
研究生院	李　霞	
科研处	关晓斌	
学生处	邓　晖	
资产与后勤管理处	林建荣	

保卫处	李京生
审计处	曾　彤
离退休处	靳振英
网管中心	李　勤

先进基层党组织（36个）

哲学院党委
统计学院党委
法学院党委
新闻学院党委
外国语学院党委
商学院党委
培训学院党总支
校医院党总支
出版社党委
离退休党委
国际学院（苏州研究院）党委
文学院语言党支部
历史学院2009级硕士班党支部
国学院2008、2009、2010级本科生联合党支部
经济学院政治经济学教研室支部
财政金融学院2009级本科党支部
农业与农村发展学院2010级博士班党支部
马克思主义学院行政党支部
社会与人口学院2009级社会学硕士党支部
国际关系学院外交学系党支部
艺术学院教工第二党支部
环境学院2009级三年硕党支部
信息学院2008级本科信息与数学联合党支部
理学院2009、2010级本科生联合党支部
公共管理学院城市规划与管理系党支部
劳动人事学院2008级党支部
信息资源管理学院本科党支部
继续教育学院工商教研室党支部
图书馆办公室党支部
酒店管理部党支部
书报资料中心第五党支部
人大附中高中部党支部
人事处党支部
学生处党支部
发展规划处党支部
校园建设管理处党支部

2011 年中国人民大学党校培训班一览表

培训班名称	举办时间	培训人数（人）
学校党校第 17 期学生发展对象培训班	3—4 月	790
学校党校第 24 期教工入党积极分子培训班	3—4 月	39
新上岗处级干部培训班	5—7 月	33
第 17 期党务秘书培训班	8 月	35
管理干部赴新加坡培训考察团	10 月	22
学校党校第 18 期学生发展对象培训班	10—11 月	761
学校党校第 25 期教工入党积极分子培训班	10—11 月	13
第二期教工党支部书记培训班	12 月	41
迎接建党 90 周年党史名家讲坛第三期	3 月	400
迎接建党 90 周年党史名家讲坛第四期	3 月	400
迎接建党 90 周年党史名家讲坛第五期	4 月	400
迎接建党 90 周年党史名家讲坛第六期	5 月	400
迎接建党 90 周年党史名家讲坛第七期	5 月	400
迎接建党 90 周年党史名家讲坛第八期	6 月	400

■ 宣传工作

一、概况

2011 年，宣传思想工作高举中国特色社会主义伟大旗帜，以邓小平理论和“三个代表”重要思想为指导，深入贯彻落实科学发展观，牢固坚持正确的思想舆论导向，紧紧围绕学校中心工作，以理论宣传和新闻宣传为重点，大力加强对内对外宣传，为学校启动实施“十年腾飞”目标、创建“人民满意、世界一流”大学营造了良好的舆论环境和氛围。在中国校友会网发布的“2011 中国最受媒体关注大学排行榜”中，学校以 229 000 篇报道的数量继续蝉联第三位，仅次于北京大学和清华大学。

在理论宣传方面，本年度理论宣传工作紧密结合国内外重大理论热点和学科前沿问题，依托学校雄厚的学科力量和突出的理论优势，积极主动地完成了教职员工的理论学习、研究和宣传工作。在新闻宣传方面，坚持围绕中心，服务大局，大力宣传学校在学科建设、校园建设、人才培养、国际交流等方面所取得的显著成就，充分展示了学校的良好形象。

同时，进一步加强了宣传工作制度和阵地建设，拓宽宣传渠道，落实宣传报道、会务安排等有关任务；加强校园 BBS 引导和管理工作，加大对校园 BBS 的监督、管理和引导；进一步规范标语宣传品的审批工作，为营造良好的校园文化氛围奠定基础；配合校园东北区建设，做好新建楼宇的有线电视网络建设。加大对校内有线电视网络的巡查力度，发现隐患，及时整改。进一步加强与媒体协作关系，发展新的媒体合作伙伴；进一步重视与社会媒体合作策划论坛、专栏、专题访谈等，取得良好效果。

二、理论宣传工作

（一）深入推进理论学习与宣传

1. 深入学习党的十七大和十七届六中全会精神。先后制定并下发了《中国人民大学2011—2012学年第一学期宣传思想工作要点》、《中国人民大学党委理论学习中心组2011—2012学年第一学期学习计划》；购买了《十七届六中全会辅导读本》、《从怎么看到怎么办：理论热点面对面2011》等十余种重要的理论读物，并下发给教职工作为学习参考资料。组织报告会、理论研讨会和座谈会多次。其中比较重要的有：举办了2011年度理论专家座谈会、理论媒体联谊会；承办了由中宣部、中央文明办、教育部、共青团中央举办的“全国道德模范首都高校巡讲”报告会；筹办了由教育部思想政治工作司、中国教育报刊社举办的“60后与90后的对话——大学生经济生活变化”论坛。

2. 以迎接建党90周年为契机，深入扎实开展理论宣传与研究工作。承办了教育部思想政治工作司、中国大学生在线举办的纪念建党90周年红色征文活动，与中央文献研究室、湖南刘少奇纪念馆共同举办了“刘少奇与中国共产党”巡回展览首展式。参与筹备了以学习贯彻胡锦涛总书记“七一”重要讲话精神为主题的党委理论中心组扩大会议。与中国特色社会主义理论体系研究中心、中国人民大学出版社联合开展了面向全校师生的“纪念中国共产党成立90周年”理论文章征集活动，编辑出版了《使命与探索——中国人民大学纪念建党90周年文集》。承担了“高扬马克思主义旗帜——中国人民大学与马克思主义在中国的传播与普及”大型展览制作工作。

（二）完成多项重要调研课题和写作任务

1. 按照上级部门要求，组织或参与多项调研工作。根据中宣部、教育部、北京市委宣传部、北京市委教育工委要求，先后撰写了《中国人民大学教师对温家宝总理政府工作报告反响情况汇报》、《中国人民大学教师对胡锦涛总书记在清华大学建校一百周年大会重要讲话情况汇报》、《中国人民大学2011年春季教师思想动态调查报告》、《中国人民大学2011年秋季教师思想动态调查报告》、《中国人民大学师生对党的十七届六中全会的反响情况汇报》、《中国人民大学“六五”普法规划》等汇报材料及文件。按照教育部的要求，组织了中国人民大学2011年教师春季、秋季思想状况座谈，开展了三次教师思想动态滚动调查。完成了北京市学习型党组织示范点的申报工作。

2. 围绕理论热点，参与部分重要调研报告和课题的调研、撰写工作。参与“理论创新与学习型党组织建设”、“文化在创新城市管理中的作用”、“高校学习型党组织建设的理论与实践研究”、“大学文化建设视阈中的高校党建工作”等重要课题的申报、研究、撰写及结项工作。以“任达轩”的署名在《北京教育（德育版）》发表理论热点文章8篇。

3. 组织了其他一些重要工作。开展了第五届北京市中青年社科理论人才“百人工程”学者论坛征文征集工作，并组织学校理论专家参加论坛，完成了北京市“四个一批”人才、“百人工程学者”的申报工作等；编印内部刊物《思想理论动态》8期，共计20万余字。该刊物得到了学校领导和理论专家们的一致肯定。按照市委教工委要求，完成了《北京高校哲学社会科学理论动态》每月上报工作，得到了市委教育工委的充分肯定。

三、新闻宣传工作

（一）对外宣传报道

在做好常规报道的同时，党委宣传部围绕学校中心工作和改革发展的要求，以学校新闻网为平台，充分利用校内外各种媒体资源，采取新闻发布会、专题采访等形式，全方位、多角度展示中国人民大学的新成就。主要包括：第十一届中国人文社会科学论坛、中国人民大学校园无线网络启用、纪宝成校长荣获法国教育棕榈勋章勋位、暑期学校（国际小学期）、美国参谋长联席主席马伦上将访问中国人民大学、玻利维亚总统被授予荣誉博士学位、纪念胡锦涛总书记视察中国人民大学一周年、贺国强视察中国人民大学等。

1. 第十一届中国人文社会科学论坛的宣传

2011年5月28日，以“革命·建设·改革——中国共产党90年”为主题的中国人文社科论坛2011在中国人民大学逸夫会堂举行，理论界、学术界长期从事中共党史研究和当代中国问题研究的专家学者会聚一堂，对中国共产党成立90年来历史发展的基本脉络、基本特征和基本经验，以及在未来发展中所可能遇到的问题和挑战进行深入研讨。这是中国人民大学为纪念中国共产党成立90周年而举办的一项重要学术活动。党委宣传部邀请了《人民日报》、《光明日报》、《中国教育报》、中国新闻社、新浪网、《法制日报》等主流媒体记者前来报道，取得了良好的效果。人大新闻网在第一时间刊发了相关报道，千龙网、网易等网络媒体纷纷转载。

2. 中国人民大学校园无线网络启用典礼的宣传

2011年4月8日，中国人民大学校园无线网络启用典礼暨中国移动北京公司构建无线校园新生活启动仪式在中国人民大学逸夫会堂举行。此次启用典礼标志着中国人民大学校园无线网络三期工程全面完成并投入使用。中国人民大学已成为目前首都无线网络覆盖最密集、体系最完善的高校之一。首都30余所高校的信息化负责人和中国人民大学300余名师生代表共同见证了中国人民大学信息化建设中的一个历史时刻。

党委宣传部配合学校网管中心对启用典礼进行全程采访、摄影，并邀请了新华社、《人民日报》、《光明日报》、《中国青年报》、《中国教育报》、中国新闻社、中国教育电视台等媒体前来报道。

3. 纪宝成校长荣获法国教育棕榈勋章勋位的宣传

2011年5月31日，法国驻华大使白林女士代表法国政府，向中国人民大学校长纪宝成教授授予法国教育棕榈勋章军官勋位徽章，表彰他为中法两国教育交流与合作作出的杰出贡献。纪宝成校长此次获授的法国教育棕榈勋章，分骑士、军官、统帅三级勋位。该勋章由拿破仑于1808年设立，主要颁给世界范围内为法国文化、科技和艺术的发展和传播作出杰出贡献的外国人士。该勋章自1866年起授予中国人，至今有30余名中国人获得。获授者多数是从事法国语言文学教育或在法国留学、工作的杰出人士，纪宝成校长是法语界之外为数较少的获授者，也是近十年来首次获授军官勋位的人士。

党委宣传部参与了此次受勋活动的全程报道，包括起草新闻稿、全程采访、摄影，并邀请了《光明日报》、《中国教育报》、香港《大公报》的记者前来观礼、报道。人大新闻网在第一时间刊发了相关报道，新浪、新民网、千龙网、网易等网络媒体纷纷转载，以“纪宝成校长获颁法国教育勋章”为题进行报道。

4. 暑期学校（国际小学期）的宣传

2011年学校第三次举办国际小学期。今年暑期学校在课程类型上比去年更丰富，课程数量增加了近一倍。为配合此项工作的顺利开展，党委宣传部在国际小学期举办的前期、中期、后期都策划、安排了宣传报道，不仅在人大新闻网刊发相关报道，还与新华社、《人民日报》、《北京日报》、《北京青年报》、《京华时报》等媒体沟通，邀请记者前来采访报道。

5. 美军参联会主席迈克尔·马伦海军上将访问人民大学的宣传

2011年7月10日，美军参联会主席迈克尔·马伦海军上将访问中国人民大学，与学校师生交流并发表题为《合作安全与亚洲地区稳定》的演讲。

党委宣传部参与了马伦上将来访活动的前期筹备与大量现场工作，包括组织师生餐叙会，安排全程采访、摄影，热情接待《人民日报》、新华社、《中国教育报》、中国新闻社、凤凰卫视、《南方都市报》等随访媒体记者。人大新闻网在第一时间刊发相关报道，新浪、凤凰网等网络媒体纷纷以“马伦人大发表演讲”为题进行报道。

6. 玻利维亚总统莫拉莱斯名誉博士学位授予仪式的宣传

2011年8月11日，玻利维亚总统莫拉莱斯访问中国人民大学，接受学校授予名誉博士学位并发表演讲。

党委宣传部参与了学位授予仪式的全程摄影、报道工作，并邀请了新华社、《人民日报》、《光明日报》、《经济日报》、《中国青年报》、中国新闻社、《中国教育报》、《科技日报》、香港《文汇报》、香港《大公报》、中国教育电视台、凤凰卫视、新浪网等20余家媒体前来报道。人大新闻网在第一时间刊发相关报道，网易、搜狐等网络媒体纷纷转载，取得了较好的宣传效果。

7. 教育学院成立的宣传

2011年11月1日，中国人民大学教育学院组建成立大会在逸夫会堂第一报告厅隆重举行。党委宣传部参与了教育学院成立大会的前期筹备与现场工作，包括安排会议采访、摄影，提前与《光明日报》记者接洽，推出教育学院成立专版。并邀请《人民日报》、新华社、中央电视台、《光明日报》、中国新闻社、《中国日报》、《中国教育报》、中国教育电视台、《中国青年报》、《北京青年报》、香港《文汇报》、香港《大公报》、新浪网、搜狐网、凤凰网等近20家媒体记者与会报道。

人大新闻网在第一时间刊发相关报道，《人民日报》、新华社、《光明日报》、《中国教育报》纷纷以"中国人民大学组建成立教育学院打造'高起点、高水平、重交叉'的教育学科"、"人大成立教育学院"、"人大教育学院请来校长做教授"为题进行报道。

8. 中国人民大学哲学院成立55周年的宣传

2011年哲学院迎来了建院（系）55周年，开展了院庆系列活动，党委宣传部大力支持、配合，协助进行宣传工作，取得了不错的效果。作为目前国内规模最大、人数最多、教授最多、学科配备最齐全、人才培养体系最完善的哲学院系，中国人民大学哲学院是国内哲学学科教学、科研和培养高级人才的重镇。在庆祝大会举办之前，新闻网就刊发了院庆相关报道，为院庆营造了较好的校园氛围。11月11日庆祝大会当天，宣传部邀请《人民日报》、新华社、《光明日报》、中新社、《中国青年报》、《中国教育报》等媒体记者到会采访报道。媒体纷纷以"中国人民大学哲学院（系）庆祝成立五十五周年"为题进行报道，人民网制作专题网页并对庆祝大会进行网络直播。

9. 贺国强考察中国人民大学的宣传

2011年11月7日，中共中央政治局常委、中央纪委书记贺国强同志亲临中国人民大学考察，就加强高校反腐倡廉建设进行调研，亲切看望学校师生员工。党委宣传部参与了贺国强考察活动的采访、拍摄工作。人大新闻网当天就刊发了贺国强同志考察中国人民大学的相关报道。贺国强同志考察中国人民大学一事还引起社会媒体的广泛关注。新华社、中央电视台《新闻联播》、《人民日报》、《光明日报》、新华网等媒体先后播发报道。

（二）校内宣传工作

截至2011年12月14日，在百度上搜索到本年度关于中国人民大学的新闻约215 000篇（含重复报道）。本年度共拍摄图片113 209张，新闻网采编新闻3 860篇，广播台编播节目270小时。制作"2011年两会"、"著名经济学家、教育家宋涛逝世"2个专题网页。编印完成《传媒人大》（2010—2011），制作"2011年两会中国人民大学代表、委员新闻报道"、"中国人民大学与重庆市政府签署合作协议"2期新闻专辑。制作《胡锦涛总书记考察人民大学》、《2010年两会专题》两个专题网页。联系和接待中央电视台、新华社、《人民日报》、《光明日报》、《中国教育报》等30余家媒体的记者近400人次。中国人民大学以2011全年229 000篇的新闻报道量位居"2011中国最受媒体关注大学排行榜"第三位。

2011年校报编辑部切实完成采访、编辑、出版、发行等各项任务，实现质和量的突破。《中国人民大学》校报编辑部全年共采写稿件近200篇，编辑出版校报39期，处理各类文字近200万字。编辑部采访报道了贺国强同志在中国人民大学考察高校改革发展与反腐倡廉建设、美军参联会主席马伦访问中国人民大学、玻利维亚总统莫拉莱斯访问中国人民大学、中国人民大学庆祝建党90周年、学校部署教育体制改革人才培养试点工作等重大活动，撰写了《重温历史践行使命——中国人民大学"党史名家讲坛"探索创先争优新路径》、《人大经济研究所与美国哥伦比亚大学在纽约联合举办"中美宏观经济圆桌论坛"》、《中国人民大学组建成立教育学院打造"高起点、高水平、重交叉"的教育学科》、《中国人民大学哲学院（系）庆祝成立55周年》等一系列重要稿件。

在原有基础上校报继续推进版面创新，聚焦热点推出专刊、专版、专栏。本年度推出“校园观察：坚持改革发展开创十年腾飞新局面”、“校园观察——走进教学科研第一线”、“师说新语”、“诸子争鸣”、“校园点将台”、“园丁故事汇”、“学工风尚”、“求是园名家自述”、“名家沙龙”、“校友记”等专栏。为庆祝建党90周年，策划制作建党90周年纪念特刊，并开展“忆往昔峥嵘岁月——大学生与老党员对话”主题采访活动，推出系列专访。与学校创先争优活动领导小组办公室共同策划，开设“身边的事教育身边的人”栏目，刊发基层优秀共产党员专访。结合学校东北区建设，与图书馆合作，策划、采写、制作了“看新图”特刊。通过开设专刊、专版、专栏，较为深入地反映了学校发展建设中的重点、热点，得到了师生的关注和好评。

同时校报编辑部加强策划，加大人才培养、教学科研和院系工作的宣传力度。一版“校园观察”栏目连续推出《做人做事做学问——汉青经济与金融高级研究院人才培养见特色》、《这里是我们的家——汉青研究院培育特色文化助力人才培养》、《风景这边独好——中国人民大学群众体育运动重传统创特色》、《在迈向世界一流的征途上加速——中国人民大学竞技体育发展纪实》、《在中国课堂说明中国道路——中国人民大学连续十一年承办援外人力资源开发合作项目》、《面向世界一流：持续强力稳健发展——中国人民大学统计学科在创新中实现飞跃》、《传承责任平台——财政金融学院打造“人大风格”学术团队》、《让文学与大学生握手》、《轻舟已过万重山——中国人民大学外语教育跨越式发展纪实》、《大平台创出大品牌——中国宏观经济论坛以特色发展带动学术团队建设》等通讯报道，获得学校和院系、专家的好评，部分稿件在《人民日报》、《光明日报》、《中国教育报》、《科技日报》、中国新闻社等发表或被引用。

（三）加强与主流媒体交流合作

2011年5月6日，中国人民大学2011年新闻宣传工作研讨会暨媒体联谊会于景明园宾馆成功举办，取得了较好的效果。研讨会进一步加强了与在京新闻媒体、理论刊物有关负责人，教科文卫专线记者的交流合作，进一步提高学校新闻宣传和理论研究工作的水平，进一步为学校实施“十年腾飞”规划、加快建设“人民满意、世界一流”大学营造了更为良好的舆论氛围和社会环境。

（四）改进和加强新闻网工作

党委宣传部进一步改进新闻网值班编辑制度、新闻网编辑规范、数码照片档案管理办法（草案）等一系列工作制度。2011年宣传工作在丰富和充实视频新闻工作方面取得一定进展，党委宣传部和网络教育与技术中心、新闻学院多次研究做好学校视频节目工作。2011年制作了“2010年中国人民大学大事回顾”、“纪宝成校长荣获法国教育棕榈勋章军官勋位徽章”、“人大学子‘永远跟党走’主题展示活动举行”等视频新闻。

附录

中国人民大学2011年宣传思想工作先进集体和先进个人名单

先进集体名单

（共21个，排名不分先后）

学校办公室	党委组织部	纪委办公室
教务处	人事处	党委学生工作部
招生就业处	校友工作办公室	经济学院

法学院	哲学院	马克思主义学院
新闻学院	商学院	教育学院
国际学院（苏州研究院）	后勤集团	出版社
书报资料中心	校医院	人大附中

先进个人名单

（教职工 22 人）

贾铁英（学校办公室）	李　铭（党委组织部）
曹辉林（校园建设管理处）	石佳友（国际交流处）
冯诗松（资产与后勤管理处）	袁　璨（审计处）
詹宏毅（高等教育研究室）	殷春梅（校工会）
方蔚伟（校团委）	杨澜洁（哲学院）
黄彦菲（文学院）	王宏伟（财政金融学院）
路　磊（法学院）	徐建萍（统计学院）
杨德山（马克思主义学院）	李佳伟（国际关系学院）
刘　佳（新闻学院）	谷昆鹏（公共管理学院）
刘国伟（心理学系）	孙　权（图书馆）
裴　晟（后勤集团）	翟文忠（学术期刊社）

（学生 10 人）

朱佳琪（经济学院）	陆　琼（环境学院）
马　涛（经济学院）	张　丽（哲学院）
席　芮（信息资源管理学院）	王　铭（新闻学院）
王　开（商学院）	高　通（法学院）
白　哲（校报记者团）	江　颖（农业与农村发展学院）

2011 年中国人民大学入选北京市社科理论人才“百人工程”学者名单

韩东晖（哲学院）　　刘元春（经济学院）

■ 统战工作

一、概况

2011 年，按照中央统战部、市委统战部和北京市教育工委的工作部署，学校统战部在《北京市委统战部 2011 年工作要点》有关精神指导下，紧密结合学校中心工作，注重加强民主党派的思想及组织建设，培养和造就一支高素质党外代表人士队伍，在制度建设、党外代表人士培养、理论研究、专项治理等方面取得了很大成效。

二、各级人大代表和政协委员工作

完成第九届海淀政协委员遴选工作。遴选前，统战部召开了经济学院、国学院、哲学院、财金学院、公管学院、商学院、信息学院等院系分党委书记会议，要求相关学院推荐人选。经由学校推荐或由民主党派、社会团体推荐协商产生的北京市海淀区第九届委员会委员名单中，学校有 11 人当选，名单如下：

徐唯辛	教授	艺术学院执行院长	致公党
汪昌云	教授	财金学院	民盟
沈卫荣	教授	国学院副院长	无党派
彭　翊	教授	文化科技园管委会办公室主任	九三学社
殷　强	副教授	新闻学院	民进
刘小惠	中学高级教师	人大附中党委书记兼副校长	中共
张丽华	教授	劳动人事学院	民建
张秀智	副教授	公共管理学院	民革
彭丽红	副教授	经济学院	民盟
程　鑫	副研究员	国际交流处副处长	致公党
赵春海	小学高级教师	人大附小体育教研组组长	无党派

至 2011 年年底，学校有 36 位全国、北京市和海淀区人大代表、政协委员，其中全国人大代表 5 人，全国政协委员 5 人；北京市人大代表 5 人，北京市政协委员 7 人；海淀区人大代表 3 人，海淀区政协委员 11 人。其中民主党派成员、无党派人士 22 人。全国人大常委 1 人；各专委会 6 人：程天权（全国政协教科文卫体委员会委员、秘书长）、赵启正（全国政协外事委员会主任）、孙萍（全国政协外事委员会委员）、王利明（全国人大法律委员会委员）、郑功成（全国人大常委、内务司法委员会委员）、戴玉忠（全国人大内务司法委员会委员）。北京市人大、政协常委、专委会委员 4 人：史际春（北京市人大常委、法制委员会委员）、汤维建（北京市人大常委、内务司法委员会委员）、周淑真（北京市政协常委、文史与学习委员会副主任）、张惟英（北京市政协常委）。

国务院参事 2 人：刘彭芝、时殷弘。

“两会”期间，学校人大代表、政协委员立足于专业知识和社会调研，以关心民生、反映民意为出发点，积极建言献策，受到了广泛关注。他们先后接受了人民网、新华网、《半月谈》、《中国日报》、《人民政协报》、《中国教育报》、《北京青年报》、美国《华尔街日报》等中外媒体的采访。

三、各民主党派基层组织建设及侨联工作

协助各民主党派积极开展组织活动，做好组织发展工作。2011 年，民盟发展新党员 2 人，农工党发展新党员 1 人，九三学社发展新党员 2 人。

注重民主党派组织建设和思想建设，选派党外人士参加上级统战部门组织的培训、调研及社会考察活动，不断提高党外人士的理论水平和参政议政能力。3 月，选派 1 位无党派正处级干部参加北京高校党外代表人士培训班，并去大别山地区进行考察。5 月，选派 3 位同志参加海淀区民主党派中青年干部培训班。9 月，选派 1 位民主党派成员参加中央社会主义学院党外知识分子信息员培训班。

协助民盟、民建、九三学社人大委员会或支部顺利完成换届工作，保证了民主党派各支部工作的长期稳定。

充分发挥留学归来教师在学校民主政治建设中的作用。发挥他们在教学、科研、人才培养、学科

建设、知识创新中的作用。积极推荐侨界代表人士，为侨界人士搭建平台，发挥其学科优势，为首都建设服务。2011 年向北京市侨办推荐代表人士 5 名。推荐“北京市侨联特聘专家”候选人 2 名。

7 月，学校侨联主席陈一兵副校长受聘任海淀区侨联第六届委员会顾问。

学校侨联积极配合市侨联开展各项活动并获得表彰。6 月，参加北京市侨联布置的“市侨联庆祝中国共产党建党 90 周年文艺演出大会”，承担大会采访、拍摄任务；7 月、8 月，协助海淀区侨联成功举办纪念辛亥革命 100 周年活动，筹备北京市归国华侨联合会与中国人民大学共同举办的辛亥革命摄影展览、布置展览；11 月，参加市侨联举办的“社会主义文化大发展大繁荣研讨会”。学校侨联获得首都新侨乡文化节最佳组织奖。学校侨联副主席殷强获得第五届首都新侨乡文化节合唱专场——千人大联唱组织工作先进个人奖。

四、推进党外代表人士队伍建设

在党外人士队伍建设中，坚持积极培养，重点关注。在政治安排上，不断充实和强化党外人士队伍的建设。2011 年有 12 位党外代表人士被推荐为全国和北京市后备人选，推举人选参加北京市统战部及市教工委统群处组织的党外代表人士培训班。

配合北京市委统战部完成海淀区委统战部民主党派换届工作，向各级人大、政协、民主党派各级领导班子举荐党外优秀人才。2011 年，在海淀区民主党派换届工作中，汤维建教授当选为民革海淀区主任委员、殷强副教授当选为民进海淀区副主任委员、陈小沁副教授当选民革石景山区工委委员、张秀智副教授当选民革海淀区工委委员、季冬生副教授当选农工海淀区委委员、李艳芳教授当选民建海淀区委委员。

党外代表人士挂职和实职安排。民盟成员郑功成教授挂职担任北京汽车集团有限公司副总经理；民革成员法学院汤维建教授挂职最高人民检察院民事行政监督厅副厅长；无党派代表人士法学院冯军教授挂职担任密云检察院副检察长。

五、学校民主党派和无党派人士建言献策获多项表彰

1 月，北京市检察局致函学校党委，表彰民盟彭丽红同志在担任北京市政府第七批特约检查员期间，认真履行检察工作职责，积极参与北京市党风廉政建设和反腐败工作，在民主评议、建言献策等方面发挥了重要的作用。

2 月，九三学社北京市委发来感谢信，感谢李海彬同志积极参与九三学社北京市委理论研究工作，其撰写的《九三学社树立和践行社会主义核心价值体系的内涵与外延》获九三学社理论研究与社史研究暨纪念建社 65 周年理论研究研讨会征文一等奖并作大会发言。

3 月，在“农工党海淀区委 2006—2010 年度表彰先进集体和优秀党员”的决定中，学校周荣、徐立进被评为优秀党员。

3 月，中国致公党北京市委员会授予朱青凤同志社会服务工作“先进工作者”荣誉称号。

9 月，民建海淀区委授予中国人民大学民建支部先进支部一等奖，邹正方获先进个人一等奖。

六、理论研究工作

7 月，由中国统一战线理论研究会政党理论北京研究基地、北京市委统战部、中国人民大学当代中国政党研究中心与中央社会主义学院等单位共同举办，召开“当代中国政党制度的回顾与展望”学术研讨会。参会人员 100 余人，收集并精选论文，会后出版论文集。

此外，统战部周淑真部长在“首都统一战线各界人士纪念建党90周年”大会、中纪委和监察部在北京召开的部分专家学者座谈会上发言，在中央组织部、中央统战部在浦东干部学院举办的党外代表人士培训班，香港国民教育中心所举办的国民教育培训班上作专题讲座。

七、其他工作

紧密结合国家重大决策和方针，结合社会的发展状况，及时将党外人士的意见建议报送上级有关部门，2011年上报信息40余篇。

组织民主党派和无党派人士结合专业，积极建言献策，对此，中央统战部对学校统战部提出表彰。中国人民大学统战部被评为“党外知识分子建言献策信息工作先进单位”。

学校有8位党外人士担任中央统战部信息联络员，2011年推荐1人参加党外知识分子信息联络员培训班。

在宗教专项治理工作中，中国人民大学是重点单位，任务重。作为一项长期工作，统战部付出了巨大的努力，并取得了显著的成效。

附录

2011年中国人民大学全国人大代表、政协委员议案提案一览表

	姓名	议案提案
全国人大代表	纪宝成	关于建立并使用统一规范的区域发展水平评价体系的建议 关于尽快全面修订著作权法的建议 关于立即启动调整生育政策的建议 关于修订学位条例的建议 关于着力构建中国新型的财产税税收体系的建议 关于建立城市内部收入差距治理与城乡差距治理并重的新型治理模式的建议
	王利明	关于制定《社会救助法》的议案 关于制定《民法总则》的议案
	郑功成	关于尽快制定出台《军人保险法》的议案
	郭国庆	关于完善国家督学制度的建议 关于加强国家营销教育的建议
	戴玉忠	无
全国政协委员	程天权	关于碳减排问题的提案 关于解决青年教师住房问题的提案
	赵启正	无
	汤维建	创新监督司法机制，充分发挥人民代表大会及其常委会的监督职能 关于建立具有中国特色的陪审团制度的提案 关于完善人民监督员制度的提案 关于单独制定“强制执行法”的提案 关于实行三审终审制的提案
	徐庆平	切实加强贫困地区学校音体美教育的提案
	孙　萍	无

2011年中国人民大学北京市人大代表、政协委员议案提案一览表

	姓名	议案提案
北京市人大代表	史际春	端正认识，优化并加强城市管理 公交便利化，从小处做起
	刘彭芝	关于北京市统一建立中小学垃圾分类回收机制的议案 关于对弱势群体进行乳腺癌、宫颈癌普查的议案 关于充分利用“国家基础教育资源共建共享联盟”的议案 关于建立中小学生创新能力培养实践基地的议案 关于将中小学安全教育制度化、规范化的议案 关于北京市制定统一措施抑制学生近视和肥胖的议案 关于建立家庭教育和咨询中心的议案 关于北京市中小学校设校车的议案
	庄毓敏	关于肖家河地区综合环境治理问题的议案
	汤维建	关于国家赔偿法的提案 关于制定《个人破产法》的提案 关于制定《司法建议法》的提案 关于制定《司法解释法》的提案 关于制定《中华人民共和国人民检察院监督法》的提案 关于制定我国《特殊教育法》的提案
	张风雷	关于加快中关村人才特区建设的建议
北京市政协委员	牛维麟	无
	周淑真	关于禁止在密云县建立大型狩猎场和猎杀野生动物的提案 关于台湾籍教师在大陆高校任教待遇问题的提案
	张惟英	关于加强出租房屋管理的建议 关于取消以35厘米高为限养标准的规定，确保全市所有宠物犬纳入法规管理范围的建议
	袁济喜	关于促进首都高校大学生就业的建议
	邹正方	关于北京市应该尽快解决适龄儿童入园难问题的建议 关于北京市应该尽快制定加快培育和发展战略性新兴产业总体规划纲要的建议 关于拆除回龙观鑫地市场，严格按照规划建设回龙观体育公园的建议 关于加快地铁建设速度，缓解交通拥堵的建议 关于解决回龙观地区一些业主圈占公共绿地问题的建议 关于优化公交线路、改善回龙观交通状况的建议 关于北京市应该尽快实施公车改革的建议 关于北京市应该在五环内取消农贸市场的建议 关于调整回龙观城铁公交站，实现公交零距离接驳的建议 关于加快在回龙观小区成立业委会的提案 关于切实落实北京市教育发展规划，在回龙观地区实施“名校办分校”工程、促进回龙观教育质量提高的建议 关于在北京市的餐饮娱乐场所实现酒牌制度的建议
	季冬生	关于重视私装地桩、地锁现象背后的社会问题的建议
	张成福	无

2011年中国人民大学各民主党派组织机构情况

党派	委员会	支部（支社）	成员数	备注
中国国民党革命委员会		1	16	联合支部
中国民主同盟	1	5	108	联合支部
中国民主建国会		1	20	联合支部
中国民主促进会		1	17	联合支部
中国农工民主党		1	21	
中国致公党		1	9	
九三学社		1	29	
总计	1	11	220	

2011年中国人民大学民主党派成员在其党内任职情况

类　别	所在党派	姓　名
全国（4人）	民盟中央委员（常委）	郑功成
	民盟中央委员	郭国庆
	民革中央委员	张惟英
	民革中央委员（常委）	汤维建
北京市（7人）	民盟北京市委委员（常委）	郭国庆
	民盟北京市委委员	彭丽红
	民革北京市委副主任委员	汤维建
	民革北京市委委员	张惟英
	民建北京市委委员	刘太刚
	民进北京市委委员	殷　强
	农工北京市委委员	季冬生
海淀区（5人）	民建海淀区委委员	李艳芳
	民革海淀区工委主委	汤维建
	民革海淀区工委委员	张秀智
	农工海淀区委委员	季冬生
	民进海淀区委副主委	殷　强
石景山区1人	民革石景山区工委委员	陈小沁

■ 纪检监察工作

一、概况

2011年，学校纪检监察部门结合学校中心工作，认真贯彻落实党的十七大和十七届中央纪委第六次全会精神及上级有关会议精神和工作部署；深入推进廉政风险防控管理工作；推动党风廉政建设责任制工作全面落实；紧密结合学校特点和反腐倡廉新形势，加强党员干部监督考核工作；积极探索廉政文化建设的新形式；进一步加强对重点领域的监督工作；不断加强纪检监察干部队伍自身建设。

二、党风廉政建设

（一）廉政风险防控管理工作

按照《中国人民大学关于全面推进廉政风险防范管理工作的实施方案》总体安排，2011 年上半年，学校继续在哲学院、文学院等 27 个单位开展全面推进廉政风险防控管理工作。通过三个阶段的工作，学校廉政风险防控管理工作已经覆盖全校所有单位。5 月底各单位全部提交本单位廉政风险防控管理工作方案、工作领导小组名单、自查报告和全部《岗位风险分析和防控措施表》。

5 月 23 日至 6 月 23 日，组织检查组对各单位开展廉政风险防控管理工作情况进行集中检查考核，并将《2011 年党风廉政建设责任制检查工作总结》以校党委文件形式印发全校。通过开展自查和迎接检查，为建立具有学校特色的预防和惩治腐败长效机制奠定了较为坚实的基础。

（二）落实党风廉政建设责任制工作

2011 年初，学校党委印发《中国人民大学 2011 年党风廉政建设和反腐败工作主要任务分工》，明确各有关单位的工作职责和要求。同时印发《中国人民大学 2011 年纪检监察工作要点》，对学校党风廉政建设工作提出具体部署和安排。

4 月 20 日，学校召开 2011 年党风廉政建设工作会议，校党委书记程天权出席并在讲话中强调领导干部要重视制度建设、树立责任意识、积极发挥表率作用。会上下发了《中国人民大学各单位“三重一大”事项集体讨论记录本》。

9 月 22 日，教育部专项检查组对学校贯彻落实《关于实行党风廉政建设责任制的规定》和《廉政准则》情况进行了检查。检查组充分肯定了学校在党风廉政建设方面所取得的成效，并高度评价了近年来学校在党风廉政建设工作中所进行的探索和创新，认为“中国人民大学党风廉政建设规范、到位”。

12 月 6 日至 28 日，协助党委对各单位 2011 年度党风廉政建设责任制落实情况进行检查，全校各单位按要求进行自查，组织工作组重点抽查人事处等 12 个单位。按照北京市教育工委、市教委的要求，认真做好党风廉政建设责任制的自查工作，并向北京市教育纪工委上报自查情况。

（三）宣传教育工作

5 月 24 日至 6 月 24 日，集中组织开展“中国人民大学 2011 年党风廉政建设宣传教育月活动”，期间举办了以“严格遵守廉政准则，自觉增强廉洁意识”为题的主题党课，组织了中层干部进行廉洁自律知识测试，通过印发系列专刊、简报和发放《党员领导干部廉洁自律笔记本》对全校党员干部进行示范教育和警示教育。

组织党员干部赴国家博物馆参观“复兴之路”大型图片展，赴世纪坛参观廉洁抗震救灾图片展，协调校团委推荐师生参加“正气歌——教育部廉洁教育情境朗诵主题晚会”，并在全校组织了廉政公益广告创意征集活动，积极推荐作品参加北京市纪委评比活动并获奖。

纪委办公室还充分利用新入校教职工培训、重点单位专题讲座等契机，开展多次党风廉政专题教育活动。

11 月 7 日，中共中央政治局常委、中央纪委书记贺国强同志就加强高校反腐倡廉建设来学校进行专题调研。在实地考察了学校改革发展情况并认真听取了校党委和纪委的工作汇报后，贺国强同志对学校的历史传统、办学特色、改革发展成就给予高度评价，对学校在反腐倡廉工作中作出的成绩和进行的探索给予充分肯定，并提出殷切希望。校党委在贺国强同志考察学校当天召开专题座谈会，学校各部门也认真学习贯彻贺国强同志在学校的重要讲话精神。11 月 10 日，贺国强同志在北京大学出席了部分高校反腐倡廉建设座谈会并发表重要讲话。会后，学校领导班子和纪委全会分别通过召开座谈等形式，及时组织开展了不同层次的学习活动，认真学习、及时贯彻落实贺国强同志讲话精神。

12月，学校被正式确立为北京市第一批廉政文化创建活动联系点。学校制定并印发了《中国人民大学关于落实和推进廉政文化创建活动联系点工作的意见》，健全了联系点的组织领导机构，确定了工作目标和重点，提出了建立年度计划、实行定期报告、强化信息反馈和严格考核考评制度等具体制度设计。

（四）规章制度完善工作

2011年，学校党委重新修订了《中国人民大学"三重一大"制度规定》和《中国人民大学党风廉政建设责任制实施细则》，并正式印发《中国人民大学关于加强党员领导干部兼职管理的暂行规定》、《关于加强招生工作廉政建设的若干规定》等文件。

组织编印了《党纪政纪条规汇编（七）》；针对近年来作为廉政风险防控重点领域的招生工作，编印了《中国人民大学招生工作廉洁手册》。

（五）领导干部廉洁自律工作

落实新上岗干部廉政谈话制度，对35位新上任的副处级以上领导干部进行廉政谈话，并签订廉政勤政承诺书。加强对领导干部选拔任用及考核工作的监督，为审计处提供审计建议、为党委组织部出具领导干部任前征求意见函、为派出干部出具廉政鉴定等，累计近50人次。

三、纠风和执法监察工作

（一）加大对党员领导干部的监督考核

2011年，按照上级要求，先后两次进行了全校中层领导干部以上兼职情况登记和统计，完成全校中层领导干部"不违规兼职"的承诺书签订工作，并开展了全校中层领导干部兼职情况自查工作。

2011年3月，会同党委组织部完成了领导干部报告个人有关事项的统计工作，以领导干部个人有关事项报告制度为重点，有侧重、有目的地加强对领导干部的管理监督。12月，以学校党委的名义印发《关于组织召开2011年领导班子专题民主生活会的通知》，督促各单位认真组织召开领导班子专题民主生活会。

（二）开展对各类招生考试和录取工作的监察

对文艺特长生、体育特长生、自主招生、艺术类招生、普通本科招生、留学生本科招生、硕士研究生招生、博士研究生招生以及免试推荐研究生等各类招生考试工作开展监察检查。

（三）治理教育乱收费工作

多次组织召开治理教育收费工作联席会议，就治理工作作出具体部署，并会同学校治理教育乱收费工作联席会议办公室有关单位负责人到附属小学、附属幼儿园等进行检查。同时督促相关单位与学校主管领导签订了治理教育收费工作责任书，上报开展自查自纠工作情况的报告。

（四）开展对基建工程和物资设备采购等项目招投标的监察

全年共参与各类招投标监察80次，招投标小组会议16次。进一步健全和规范了基建（修缮）工程和物资设备采购招投标的监管制度。

四、信访信息和查办案件工作

2011年，共受理信访举报49件次（实名举报25件次，占51%），与2010年同期相比减少13件次。截至2011年12月31日，已办结47件，正在办理2件，办结率为95.9%，其中3件为初核件。通过"信访动态反映"和信访监督联席会议制度，及时沟通信息，反映问题，为学校领导决策提供参考。

2011年，参加了2011年度北京市案件质量检查互查工作，对清华大学的两个案件进行案件质量检查。

五、其他工作

积极协助上级有关部门开展有关工作。2011年5月，受北京市教育纪工委委托，牵头组织编写了《高等学校教职工廉洁教育知识读本》，全书9万余字，将于2012年春季出版。6月12日至13日，承办2011年教育部直属高校案件查办协作工作联席会议。11月24日，承办北京市教育系统纪检监察信访专题工作培训会。

积极开展课题调研。5月和10月，先后参加了教育部直属高校纪委第五片组会议并提交论文，主题分别为《高校领导干部和教职工的廉洁教育现状和对策》、《"三重一大"和兼职管理办法的修订》。向北京纪检监察学会上报论文《高等学校建立健全防止利益冲突体制机制问题研究》，向中央纪委法规室上报征文《对反腐倡廉党内法规与国家法律衔接问题的思考》，向北京教育纪检监察工作研究会上报论文《"公开、公信、公平"——从信息公开出发探讨自主招生领域廉政风险防范管理的理论基础》，向北京市教育纪工委上报《再论高校廉政风险防范管理——从定义出发进行的理论探讨》。

充实专职纪检监察干部，完成人员调动和新老交替工作。加强纪检监察干部队伍建设，组织专职纪检监察干部参加各种报告会、培训讲座及内部理论业务学习，不断提升综合素质和业务能力。

■ 工会与教代会工作

一、概况

2011年是中国共产党建党90周年，是"十二五"规划的开局年，也是学校新发展的关键年。一年来，教代会、工会在学校党委的领导下，在市总工会、市教育工会的指导下，凝聚全校教职员工之力，紧密围绕学校中心任务，扎实开展各项工作，努力探索工会开展工作的新方式、发挥作用的新途径、开拓工会工作的新局面。

二、教代会工作

1月7日上午，中国人民大学2011年新年报告会召开。学校领导在报告会上向教代会代表、全体教职员工报告工作。当日下午，教代会13个代表团中有12个代表团就纪宝成校长的报告进行分团讨论。教代会代表就报告形成讨论意见汇总后，提交教代会主席团、工会委员联席（扩大）会议审议，由相关职能部门负责人进行答复、汇报和落实。

3月17日上午，教代会提案审查处理工作委员会召开六届四次会议，会上对2011年各位教代会代表提交的38份提案和建议进行了民主讨论，并按照《中国人民大学教职工代表大会提案工作暂行办法》的相关规定做了合理的处理。12份提案作为建议处理；26份提案作为立案处理，其中6份并案处理，10份作为重点提案。

5月24日下午，中国人民大学2011年教代会专门工作会议召开。教代会主席团成员、教代会各代表团团长、工会委员等参会。财务处处长查显友报告学校2010年财务决算情况和2011年财务预算情况；校务委员会委员、发展规划处处长、高等教育研究室主任胡娟报告学校"十年腾飞"发展规划；全国总工会执行委员、校教代会主席团副主席洪玫报告学校教代会三年来提案及答复工作情况；林嘉教授就教代会五个专门工作委员会的具体工作作了汇报。

9月23日上午，常务副校长袁卫主持召开中国人民大学教育事业发展“十二五”规划征求教职工代表意见座谈会。与会代表就提升国际性、学科建设、人才培养等方面提出具体的意见和建议。

在学校党委直接领导下，学校的教代会工作从组织建设、制度建设、工作形式等方面得到了学校各职能部门、各院系领导和广大教职工代表的大力支持和高度重视，对推进学校民主管理民主监督工作、改进各职能部门的工作起到了重要的作用。

三、校园文化建设和文体社团工作

2011年是建党90周年，校工会以此为主题，积极筹划举办各类内容丰富、形式多样的体育群众活动，向党的生日献礼。

3月2日，中国人民大学举行庆“三八国际妇女节”校园健身一日游；

4月27日，中国人民大学教职工第五十二届运动会顺利开展；

5月12日，中国人民大学“白羽惜别”大型师生羽毛球赛举行；

6月8日，“颂歌献给党”中国人民大学师生演唱会成功举办；

6月29日，“庆祝建党90周年”中国人民大学教职工书法摄影展成功展出；

10月22日，青龙峡自然风景区秋季登山活动顺利开展。

此外，学校工会还举办了“公管学院”杯第三届游泳友谊赛、第三届中国人民大学“艺术学院杯”教职工足球联赛、中国人民大学2011“公管杯”羽毛球十强赛等多项文体活动。

四、妇女、计划生育及职工互助保险工作

工会贯彻“组织起来，切实维权”的工作方针，全面参与学校工作，落实“以职工为本、主动依法科学维权”的中国特色社会主义工会维权观。在实际工作中，结合“党政所需、职工所急、工会所能”，探索三者之间的最佳结合点和切入点，把各项工作落到实处。

通过丰富多彩、形式多样、富有特色的活动，按照积极探索、分步实施、稳步推进的原则，分阶段、有步骤地做好非事业编制教职工入会工作，扩大工会工作覆盖面和影响力。

建立和完善科学有效的利益协调、诉求表达、权益保障机制，将维权机制建设与构建和谐劳动人事关系结合起来，发挥人事劳动争议调解委员会的作用，将矛盾化解在基层，构建和谐劳动关系。

继续推进建设教职工健康立体保障体系。大力推动办理“京卡·互助卡”工作，深入实施送温暖工程，积极走访慰问重疾重困职工、劳模；探索完善工会帮扶工作的长效机制，增强教职工抵御意外风险的能力，关心维护教职工健康权；2011年新入保险96人，《在职女职工特殊疾病险》366人次，433份，金额15 588元；《在职职工意外伤害险》496人次，12 896元；《在职职工子女意外伤害险》183人次，215份，金额10 750元；《在职职工重大疾病险》31人次，34份，金额3 060元，总计金额42 294元。发放“关爱师生基金”补助24人次，总金额78 000元整。

五、师德建设工作

工会联合学校其他职能部门，开展适应学校实际情况的职业技能培训、教学竞赛和岗位创新活动，提高教职工业务素质和育人能力，举办青年教师教学教法的交流培训，增强教职工的归属感和认同感，为青年教师提高业务能力和创新能力搭建交流和快速成长的平台。

4月22日，中国人民大学第六届青年教师教学基本功比赛举行。经选拔，法学院高仰光、公共管理学院唐钧、商学院蒋晶、财政金融学院张成思、外国语学院江晓丽5位教师代表学校参加北京高校第七届青年教师教学基本功比赛。

5月17—19日，北京高校第七届青年教师教学基本功比赛举行。学校5位青年教师发挥出色，为学校赢得了一等奖、最佳演示奖、最受学生欢迎奖等7项大奖。此外，学校出色完成了上级交付的文科组比赛的承办工作任务，荣获特殊贡献奖。

5月5日，中国人民大学2011年“五一”国际劳动节表彰大会召开，116名荣获2010年度中国人民大学先进工作者的教职工受到隆重表彰。

9月10日，中国人民大学举行第27个“教师节”庆祝表彰会。程天权书记宣布8组获奖名单：第六届高等学校教学名师奖（国家级）新闻学院教授张征；第七届北京市高等学校教学名师奖（北京市级）3人；2010年度市普教系统“首都教育先锋号”标兵集体附属小学头脑风暴教育中心；2010年度市普教系统“首都教育先锋号”标兵个人、附属小学校长郑瑞芳；北京市高校第七届青年教师教学基本功比赛获奖者6人；2010年宝钢优秀教师奖4人；2011年中国人民大学“十大教学标兵”；2011年中国人民大学教学优秀奖18人。

六、组织宣传和其他工作

宣传信息工作不断加强，各分会风采得到了充分展示，学校工会也积极向市教育工会通报工作，投稿数量稳居前十；校工会女教职工委员会和校计划生育委员会组织各分会计生委员、妇女委员赴江西南昌等地学习考察；财务工作的收支管理更加规范完善；与其他兄弟院校的交流不断深入。

6月，北京市教育工会下发了关于“全国模范职工之家”复查验收的通知。学校党委多次召开专题会议，讨论部署相关工作，学校党委常委会专门听取了学校工会工作报告，并颁布实施《中共中国人民大学委员会关于加强和改进工会工作的意见》、《中国人民大学校工会建设职工之家工作考核标准（试行）》等文件。

11月9日，海淀区第十五届人大代表换届选举中国人民大学选区选举工作圆满完成。全校24 078名选民经民主投票，选举出人大选区三位代表：孔祥智、何平、张金玺。

12月12日下午，“全国模范职工之家”复查验收组专家组来学校实地考察验收。专家组对学校的“全国模范职工之家”工作给予了高度的评价，在肯定成绩的同时，也指出了工作中的不足和今后的努力方向，学校顺利通过此次复查验收。

获得的主要荣誉：

集体类：

1. 中国人民大学校工会顺利通过“全国模范职工之家”复查验收，并荣获“优秀建设单位”称号；
2. 中国人民大学校工会荣获北京市教育工会2011年度工会工作先进单位称号；
3. 学校办公室、学校暑期项目办公室获得“北京市教育先锋”先进集体荣誉称号；
4. 附属小学头脑风暴教育中心荣获2010年度市普教系统“首都教育先锋号”标兵集体；
5. 中国人民大学校工会获得北京市教育工会第七届青年教师教学基本功比赛“特殊贡献奖”。

个人类：

1. 附属小学郑瑞芳校长获得北京市总工会2011年“首都劳动奖章”；
2. 历史学院孙家洲教授获得“北京市教育先锋”教书育人标兵荣誉称号；
3. 商学院荆新教授获得“北京市教育先锋”教书育人先进个人荣誉称号；
4. 人事处杨慧丽老师获得“北京市教育先锋”管理育人先进个人荣誉称号；

5. 附属小学郑瑞芳校长获得2010年度市普教系统“首都教育先锋”个人；
6. 外国语学院江晓丽教授获得第七届北京青年教师教学基本功比赛文史类一等奖；
7. 财政金融学院张成思教授获得第七届北京青年教师教学基本功比赛理工组二等奖；
8. 法学院高仰光副教授获得第七届北京青年教师教学基本功比赛文史类二等奖；
9. 公共管理学院唐钧教授获得第七届北京青年教师教学基本功比赛文史类二等奖；
10. 商学院蒋晶老师获得第七届北京青年教师教学基本功比赛文史类三等奖；
11. 外国语学院田育英教授获得第七届北京青年教师教学基本功比赛优秀指导教师称号；
12. 外国语学院江晓丽教授获得第七届北京青年教师教学基本功比赛最佳演示奖；
13. 外国语学院江晓丽教授获得第七届北京青年教师教学基本功比赛最受学生欢迎奖；
14. 余浩获得北京市教育工会“工会工作贡献奖”。

■ 共青团工作

一、概况

2011年，校团委在学校领导和上级共青团组织的领导下，以科学发展观为统领，认真学习贯彻胡锦涛总书记考察中国人民大学重要讲话精神，紧密围绕学校“十年腾飞”的工作大局和提升国际性的发展战略，继续深化共青团四项基本职能，加强大学生思想政治教育工作，大力加强基层组织和干部队伍建设，扎实开展团的宣传思想工作，实施学生课外学术工作战略，完善学生社会实践工作体系，推进学生艺术教育和文化交流，完善团学骨干和学生组织培养体系，紧密围绕学校中心工作和学生成长成才需要，以“三基”、“三班”的学生工作思路和“学生工作学生做”的理念为指导，积极探索新形势下青年工作的“变”与“不变”，在组织青年、引导青年、服务青年、发展青年等方面开展了大量有益探索，各项工作迈上了新的台阶。

校团委以庆祝中国共产党成立90周年为契机，举办“我与祖国共奋进”形势政策宣讲会、“人大代表人大行”系列讲座、“永远跟党走”学生纪念建党90周年主题展示活动，覆盖学生万余人次，精心组织“颂歌献给党”中国人民大学大型师生演唱会，共有28支队伍、1 018人参加演唱会，营造了庆祝建党90周年的热烈气氛，激发了广大学生在积极奋进的校园氛围中“治学报国”的热情。在北京市“达标创优”竞赛中，1人获北京市优秀共青团员、1个支部获“五四红旗团支部”；在首都“先锋杯”“争先创优”评选工作中，有23个支部获首都“先锋杯”优秀团支部、23人获优秀基层团干部、23人获优秀团员；法学院王轶教授获北京市“五四”青年奖章。在2011年第六届“挑战杯”首都大学生课外学术科技作品竞赛中，学校共获得两个特等奖、五个一等奖、四个二等奖和三个三等奖，再次捧得优胜杯。在第十二届“挑战杯”全国大学生课外学术科技作品竞赛中，学校荣获高校优秀组织奖，选送的五篇优秀作品取得了两个一等奖和三个三等奖的好成绩，其中，理学院学生范海龙的《石墨烯/壳聚糖复合材料的制备、机械性能及生物相容性的研究》是学校学生首次获得理工类作品一等奖，取得了历史性的突破。在2011年度首都大学生暑期社会实践评比中，学校再次获得“首都大学生暑期社会实践先进单位”称号，“社会实践优秀团队”、“优秀成果”和“先进个人”三个奖项的获奖总量连续第二年位居北京各高校首位。

二、组织建设

2011 年，校团委继续以“党建带团建”为基本思路深化共青团组织建设，指导各学院分团委推进团的思想政治建设、组织建设、干部队伍培养、活动阵地建设和外部环境建设等工作，为组织发展提供动力与支持。在全校团员青年和团支部范围内开展的共青团系统“创先争优”暨 2011 年度团员教育评议活动中，评选产生校级、院级优秀团支部 175 个，校级优秀团干部 711 名，校级优秀团员 1 561名；评选产生了 23 个首都“先锋杯”优秀团支部、23 名优秀基层团干部、23 名优秀团员。同时，校团委加强干部队伍建设，助力团学干部发展成长，继续加大团干部推荐培养力度。2011 年，学校共有 4 名专职团干部（校团委 2 名、基层分团委 2 名）参加首都高校 80 后年轻干部基层选任项目，分赴北京市朝阳区、海淀区、昌平区的四个乡镇、街道任副处级实职干部；学校先后推荐 1 名校团委干部赴北京市昌平团区委、推荐 1 名学院分团委书记赴银监会团委挂职锻炼，推动了中国人民大学共青团整体工作水平的提高。

5 月 18 日，中国人民大学 2011 年高阶团校开学典礼暨首场报告会在学生活动中心多功能厅举行，校党委书记程天权出席开学典礼并为本期高阶团校作首场主题报告。2011 年高阶团校共有来自校学生会、研究生会等 7 个学生组织及全校 22 个学院分团委、学生会的学生骨干共 72 人参加学习培训，开展了主题讲座、团队建设、工作交流、技能培训、社会调研等丰富多彩的教学活动，全面提升学生骨干的思想政治素质和学习实践能力。10 月 23 日，中国人民大学 2011 年新生团校开学典礼在学生活动中心多功能厅隆重举行，校党委副书记马俊杰出席典礼并讲话。2011 年新生团校共有来自全校 22 个学院 91 个团支部的 180 名本科新生骨干参加，共开 38 个学时的教学课程，历时近 2 个月，重点加强了新生骨干领导力的培训与培养，通过相关活动帮助新生骨干更好地了解党史国情、校史校情，正确认识社会问题，同时提高了他们开展班级活动、团支部活动的能力，主题鲜明，形式活泼，赢得了广泛好评。

三、宣传工作

2011 年，校团委以“创先争优”活动为契机，继续推进思想理论建设。针对青年学生思想行为特征的变化，校团委在上级团组织的统筹下组织各学院分团委、学生组织广泛调研、集中总结，编写《大学生思想引导大纲》，为思想引导工作的正确开展提供指南；巩固团委机关报《青年人大》、人大青年网等传统阵地，出版《青年人大》19 期共 476 版，在报道学生们喜闻乐见的事件的同时，着重加强对正面典型的宣传报道，以学生身边鲜活的事例形成示范效应，营造健康积极的氛围。与招生就业处合作，出版《就业指导报》，协助党委宣传部做好天地人大 BBS 的监管工作。

2011 年，校团委积极学习、适应、利用新媒体技术，通过微博、飞信、网络社区等新途径开展工作，校团委以组织或工作项目名义建立了 5 个微博账号、10 个网络社区主页、16 个飞信群，全面辅助工作开展，将影响力渗透到青年学生中去；校团委指导《青年人大》报社不断拓展《青人手机报》业务，发展为飞信日报和彩信周报的立体体系，覆盖人数提升至 5 000 人以上。校团委报送学校办公室、党委宣传部新闻信息近 200 条，其中，30 余条消息被人大电子信息屏使用，118 条消息被人大新闻网使用；中国人民大学被北京团市委设为为数不多的基层信息直报点之一，报送团中央、团市委和相关外界媒体稿件 200 余篇，累计 100 余条新闻被各类媒体采用，以良好的信息报送确保宣传渠道的通畅。编辑发行《团委工作信息》39 期，编排印发《学生活动简报汇编》6 期近 15 万字，发布人大青年网新闻消息 419 条，制作 5 期学生活动宣传栏，有效利用了既有宣传平台，第一时间发布团学新闻动态，保证了“对内交流、对外宣传”的效果。

四、课外学术活动

2011 年，学校学生课外学术工作紧紧围绕共青团“思想引领、成长服务”的战略任务，以“科技创新、学术育人”为指导目标，遵循“贴近学生，贴近基层”的工作方针，注重学生课外学术工作的国际化、信息化、专业化，努力完善立足学术前沿、注重基础建设、服务全校学生的学生课外学术科研创新体系，取得了突出的工作成绩和丰富的育人成果。

校团委充分利用并继续完善学生课外学术信息系统，覆盖作品的申报、初审、评分、审核以及公示等各个环节，为“创新杯”竞赛组织开展提供强大技术支持。第十三届“创新杯”竞赛新增了“社会类”，项目设置更加科学；加强了对理工类作品的鼓励，30 余篇理工类作品在数量和质量上都较往届大幅提高；专家阵容更加强大，并实现了与全国挑战杯竞赛评委接轨。科学合理的规划和制度是比赛质量和学生参与的重要保证，今年的比赛共收到来自全校 22 个学院的 330 余篇学术类作品及 50 余篇创业类作品，共计一千余名学生参加比赛，较上年有明显增长，学生课外学术氛围日趋浓厚。

在 2011 年第六届“挑战杯”首都大学生课外学术科技作品竞赛中，学校共获得 2 个特等奖、5 个一等奖、4 个二等奖和 3 个三等奖，再次捧得优胜杯，延续了中国人民大学在首都挑战杯的传统优势地位。在大连举行的第十二届“挑战杯”全国大学生课外学术科技作品竞赛中，学校荣获高校优秀组织奖，选送的 5 篇优秀作品取得了 2 个一等奖和 3 个三等奖的好成绩，其中，理学院学生范海龙的《石墨烯/壳聚糖复合材料的制备、机械性能及生物相容性的研究》是学校学生首次获得理工类作品一等奖，取得了历史性的突破，体现了学校理工类学科建设和人才培养的新成果，也体现了学生课外学术活动组织体系的进一步丰富和完善。

五、社会实践

2011 年，校团委利用学生社会实践平台，积极组织学生开展社会实践调研，深入基层、深入社会，“向实践学习，向人民群众学习”。校团委在继续设立“关注社会民生”、“建言公共服务”、“思考教育发展”、“考察文化变迁”、“聚焦城乡经济”、“探究企业管理”等六大类项目的基础上，特别设立了“追忆建党伟业”类项目，鼓励同学们通过社会实践、社会观察，全面了解中国共产党诞生以来的风雨历程，坚定理想信念，丰富知识体系。

在项目体系不断拓展、管理体系日趋完善的基础上，2011 年，学校学生参与社会实践活动的规模更大、范围更广、成果更多、影响更深远，共有 581 支团队、4 545 名学生赴全国 34 个省（自治区、直辖市和特别行政区）以及美国、英国、俄罗斯等海外地区开展社会实践活动，实现了“四个全覆盖”：一是“地域全覆盖”，已经覆盖全国各地，并拓展到海外地区；二是“学院全覆盖”，包括国际学院在内的全校各院系均有学生参与；三是“学生全覆盖”，不仅在学历层次上覆盖了本科生、硕士研究生和博士研究生，而且新设国际交流项目，吸纳了港澳台学生、留学生和短期学习交流的国际学生参与；四是“时间全覆盖”，不仅继续落实寒暑假社会实践，而且设立基层建设项目、纵向规划项目，使学生在学期中也有机会参与社会实践活动。学生社会实践“人大模式”迈上新台阶。2011 年 12 月 9 日，中国人民大学学生社会实践工作总结表彰大会在逸夫会议中心第一报告厅举行。大会全面总结了 2011 年度学校学生社会实践工作，并对本年度社会实践活动中具有突出表现的团队及个人予以表彰，陈雨露校长出席大会并作重要讲话。

2011 年，中国人民大学再次被评为“首都大学生暑期社会实践先进单位”，“社会实践优秀团队”、“优秀成果”和“先进个人”三个奖项的获奖总量连续第二年位居北京各高校首位。5 位同志获得“2011 年度首都大学生暑期社会实践先进工作者”称号，10 名同学被评为“2011 年度首都大学生暑期社会实践先进个人”，“中国人民大学团购消费者权益保护调研团队”等 12 支团队被授予“2011 年度首都大学生暑期社会实践优秀团队”称号。尤其值得一提的是，学校学生社会实践调研报告《山东省青州市土地规模化经营对粮食增产的影响》等102项成果被评为“2011年度首都大学生暑期社会实践优秀成果”，占全市939项成果的近1/9，远超其他高校。

六、校园文化

校团委以服务学校育人目标为根本原则，以满足学生需求为根本要求，以提升学生素质为根本目的，以校园文化活动为根本载体，脚踏实地努力构建健康积极和谐有序的校园文化育人氛围。

2011年，校团委组织各类文化活动50余场，包括校团委主办的“永远跟党走”2011“五四”文化艺术节、“一生有你”毕业生晚会、“中国人民大学之歌”迎新晚会、第二十五届“一二·九”学生合唱音乐节等，参与人数达2万余人次。校团委注重发挥基层团学组织的积极性，将大型校园文化活动的承办权下放至学院层面，大力支持学院自有的品牌性文化活动，使基层校园文化建设更加活跃，得到了较大发展。

2011年“五四”文化艺术节以“永远跟党走”为主题，紧扣主旋律，为建党90周年献礼。艺术节共设有主持人比赛、诗歌朗诵比赛、音乐素质比赛、舞蹈艺术比赛、小品及曲艺综合类比赛、情景剧比赛等6个传统单项比赛，并增加纪念中国共产党建党90周年诗歌征文比赛。在5月6日举行的“永远跟党走”中国人民大学2011“五四”文化艺术节颁奖典礼上，纪宝成校长为获奖代表颁奖，并深情寄语广大青年学子，党委副书记马俊杰出席。

在庆祝建党90周年之际，校团委精心组织了“颂歌献给党”中国人民大学大型师生演唱会，共有28支队伍、1 018人参加演唱会，全校师生员工以不同年代、不同时期的爱国歌曲歌颂了党在革命、建设、改革和发展过程中的丰功伟绩，营造了庆祝建党90周年的热烈气氛。同时，“党在我心中”校园红歌传唱活动紧紧抓住爱党、爱国、爱校的主题，在全校22个学院的团支部、班集体中通过学红歌、唱红歌、诵红诗等形式大力推广了爱国主义教育和革命传统教育。

2011年，学生艺术团继续响应学校提出的“加强‘三班’建设”、“将高雅艺术真正普及和深入到同学们中去”的号召，进行了“艺术骨干进班级”活动的展演。学生艺术团各分团在明德堂、学生活动中心等举办十多场专场演出，累计观众逾万人，让广大同学不出校门就能欣赏到高雅艺术。5月24日，“颂歌献给党”中国人民大学学生艺术团合唱团专场演出在国家大剧院隆重举行，校领导纪宝成、杨慧林亲临现场观看同学们的精彩演出。

2011年10月，在“第三届全国大学生艺术展演”北京地区选拔活动中，学校学生艺术团民族乐团、合唱团、舞蹈团凭借精湛的技艺和出色的临场发挥，晋级2012年在杭州举行的全国大学生艺术展演活动。学生艺术团话剧团在第三届北京大学生戏剧节中获得最佳导演奖、优秀男演员奖和最佳组织奖三项大奖，在第二届“国际易卜生戏剧节”上获得特等奖、最佳导演奖、最佳男主角三项国际大奖，并应邀作为唯一高校话剧团于明年赴挪威进行全国巡演。

2011年，学生艺术团积极走出校园，走向海外。年初，民族乐团赴非洲津巴布韦、肯尼亚、留尼汪等地孔子学院开展中国传统文化交流活动；6月初，合唱团、舞蹈团赴台湾与逢甲大学进行艺术交流；11月16日，中国人民大学艺术团民乐团在巴黎法国国立艺术史研究院（INHA）主音乐厅（Grand Auditorium）成功举行了中国民乐专场音乐会。

七、学生社团

2011年，校团委坚持“管理、服务、协调、监督”的指导方针，引导学生社团完善自身管理，加强社团建设，并以学生社团联合会为平台促进社团文化繁荣，引领社团文化迈向新的台阶。

学校现有学生社团119个，其中涵盖了学术、实践、公益、体育、文娱五大类型。除举办常规社团活动之外，各社团还在内容、形式等多方面进行改革与创新，使社团活动逐渐趋向全方位和多元化。2011年，通过举办内部策划大赛、会长论坛等活动，促进学生社团间相互交流、取长补短；通过完善管理制度，对《中国人民大学学生社团管理章程》中不适应现状或者不成熟的地方，尤其是财务和社团活动管理办法部分进行改进，进一步规范社团活动和财务行为；通过“百团大战”、“萌之韵”文艺会演等品牌活动为学生社团提供展现自我的机会，在展示与竞争中不断凝练学生社团文化的核心价值，进而丰富校园文化的多样性。

2011年11月30日，第七届“萌之韵”文艺会演在明德堂举行。“萌之韵”晚会以“梦的狂想曲”为主题，以“梦幻华尔兹”、“魅力探戈舞”、“激情摇滚乐”作为三个篇章。“萌之韵”晚会从不同角度展现了人大校园的社团文化，也使更多同学深入了解了社团文化的内涵。

八、志愿者工作

2011年，学校各类青年志愿服务项目共招募志愿者总数22 821人次。其中，校青年志愿者协会11 572人次，各学院青年志愿者协会10 217人次，各公益类学生社团1 032人次。青年志愿者覆盖了全校大部分本科学生。全年共开展志愿服务项目202个，其中校青协94个、院青协96个、各公益类学生社团12个，体现了青年志愿服务在大学生群体中的吸引力和感召力，显示了中国人民大学学生对志愿服务活动的参与热情。

2011年，在以“山崩地裂”、“情系汶川”、“重建家园”、“涅槃新生”为主题的纪念汶川地震三周年图片展等大型活动中，志愿活动、志愿精神得到集中、广泛的宣传；“青春健康十二载、传递关爱满校园”、“相约毕业季，爱心永流传”、“长辛店问题青少年学校支教”等品牌活动继续开拓“高原之上有高峰”的志愿工作局面，有效推动了校园文明建设。2011年，中国人民大学青年志愿者协会玉渊潭服务站获首都大学生城市发展服务计划“示范服务站”授牌。

2011年8月，经过招募、选拔等多个环节，学校13名志愿者成功入选深圳第26届世界大学生夏季运动会北京市志愿者代表团。在京期间，志愿者们参加了为期三天的集中培训，并于8月6日抵达深圳参加赛会志愿服务工作。在服务期间，学校志愿者承担观众、运动员引导工作，志愿服务时间达1 352小时，他们所表现出的无私奉献、勇于担当的精神得到了组委会、运动员、观众以及其他学校志愿者的一致好评。学校志愿者创造了大运会深外志愿者的多项纪录：志愿者人数第一、志愿者服务人次第一、志愿者服务时数第一。

九、学生会和研究生会工作

（一）学生会

2011年4月20日，中国人民大学第二十九届学生会在学生活动中心报告厅召开第七次全体委员会议。会议选举了以2008级法学院本科生张辉为主席的第二十九届学生会第二任常务委员会。2011年，学生会坚持思想引领，积极组织学习胡锦涛总书记考察中国人民大学重要讲话精神，开展校史校情知识竞赛；践行“三班”、“三基”工作思路，不断加强服务同学职能；坚持制作空课表，并研发手机版空课表；继续运行失物招领平台，并不断完善信息发布方式；初步试运行“爱心雨衣”项目；不断完善迎新接站、毕业生服务工作，为广大同学提供切实有效的服务。学生会组织了包括“人大代表人大行”活动在内的多场学术讲座，举办了“浩荡弦歌”活动季系列主题活动。通过内部大练兵活动、“锐意先锋”工作创意大赛、内部体育比赛等活动提升组织的战斗力、凝聚力和创造力；建立完善干事考评制度，为科学合理的人事选拔提供依据；认真修订学生会《工作手册》，推动组织运行科学化、规范化。

2011年，学生会举办“永远跟党走”学生纪念建党90周年主题展示活动，发动14个学院的基层班集体、团支部参与组织，共 1 500 余名同学参与活动，以宣传展板、知识问答、朗诵表演、趣味游戏、现场宣讲等形式加深学生对党的光辉历程的了解；动员各学院分团委、学生组织、学生社团开展主题团日、知识竞赛、经典诵读等形式的 40 余项主题教育活动，覆盖学生万余人次。学生会继续通过举办辩论赛、"你的舞台"校园歌手大赛、服饰文化节、健美操大赛等各种形式的文化活动，为学生培养思辨能力、发挥文体特长、提升审美情操等各方面需求搭建平台。

（二）研究生会

2011 年 6 月 10 日，中国人民大学第十四次研究生代表大会在逸夫会议中心第一报告厅召开。会议审议并通过了中国人民大学第十三届研究生委员会工作报告，选举产生了中国人民大学第十四届研究生委员会，通过了新修改的研究生会章程。校党委书记程天权出席大会并代表学校党委对同学们的成长成才提出了希望。

研究生会继续发挥研究生学术特长，开展"研究生学术文化节"、"明德论坛"等品牌活动，为全校在校生提供了近距离接触学界大师、政界军界领导的机会。同时，研究生会还举办了研究生会工作研讨会、深入学习贯彻胡锦涛总书记考察讲话精神座谈会等旨在提高自身思想政治素质和工作能力的活动。

2011 年 4 月至 6 月，校研究生会成功主办第五届"学术新星"评选活动，在全校范围内倡导学术研究、奖励优秀学术作品，以"精英意识，平民情怀，笃行实事求是，倡导知行合一的学术新风"为宗旨，秉承"公开、公正、公平"的原则，选出了一批具有潜质的学术人才，带动了学校整体学术氛围的提升。

十、社会勤工助学工作

2011 年，校团委整合勤工助学资源，帮助困难同学寻找勤工助学机会，提升广大同学职场素质和就业能力。举办模拟面试大赛、"名企励志行"等活动为同学们提供实践锻炼平台；开展兼职信息服务，全面提供勤工俭学信息；坚持开展并优化大学生家教服务，逐步形成了一套"严格选拔、专业培训、广泛宣传、热忱服务、全天候值班、全方位跟踪"的家教服务模式，为解决困难同学生活难题积极创造更好条件，同时也在校园内倡导了艰苦朴素、勤奋刻苦的良好风尚。勤工助学服务中心共为人大学生提供各类家教、兼职岗位 1 068 个（其中各类家教岗位 92 个，兼职岗位 976 个）。举办家教论坛、"学长的火炬"、"非常 6+1"模拟面试大赛、文化衫大赛、"人大·泥好"软陶泥设计制作大赛等学生活动。全年共举办 9 个定期常规活动，合计 42 场，包括 8 场"跳蚤市场"活动、7 场主题书市活动、6 场"名企励志行"活动、3 场兼职招聘会及 18 场便利学生服务活动；5 个大型品牌活动重点体现"服务"的理念。此外，为了加强勤工品牌化、规范化，勤工手机报、勤工网站、勤工人人网公共主页、勤工月刊等多条宣传渠道陆续开通，广受好评。

附录

中国人民大学参加第六届"挑战杯"首都大学生课外学术科技作品竞赛获奖情况一览表

作品名称	等级	作者
城市居民家庭投资理财行为研究——以股票、房产投资为例	特等奖	王百强、华天姿

作品名称	等级	作者
房地产价格是否已纳入我国货币规则	特等奖	周　怿
营销模式的革命：网络团购的法律分析——以消费者权益保护为中心的思考	一等奖	徐斯筠、王晓栋、刘晓旭、郑金鹏
后“三鹿时代”生鲜乳收购站监管模式的新思路——以西安市“政府—企业—收购站”模式为例	一等奖	熊诗岚、马星龙、吴炜鹏、解　玥、王　东
重庆地票交易制度调研报告	一等奖	谢　飘、贺佐琪、李如冰、刘北溟、沈　宁
“撤点并校”背景下小学寄宿制对农村贫困家庭经济状况的影响及对策分析——基于山西临县的实证调查	一等奖	喻　希、王辉耀、亓昕怡、刘一弘
分类指导统筹管理：流动人口基本医疗保障发展之道	一等奖	张浣珺、周庆誉、唐　恬、陈　效、赵　冉
让逝者安息，让生者安心——宁波市全国首例“经济适用墓”政策研究	二等奖	吴凯杰、王夷骁、李奕赫、黄泽宇、陈　涛
流动的花朵，游走于城市边缘——北京市外来务工人员随迁子女在校教育现状调查	二等奖	樊　勇、曹阳丽、闫伟伟、王　腾、田静霆
石墨烯/壳聚糖复合材料的制备、机械性能及生物相容性的研究	二等奖	范海龙
网络团购的新型交易模式研究	二等奖	马千惠、邢　洋、王　宁、吴佳蔚、徐亦凡
区域金融协作与黄河金三角一体化发展问题研究——基于三门峡、运城、渭南、临汾四地的调查	三等奖	程俊秀、孙晨正、范龙轩、安少平、张　杰、宋彦琾
商业地产与保障性住房结合建设模式的探究	三等奖	卢松安、王雪莹、吴　彤、唐　赛、谢　清
中国社会企业宣传及融资之路探究——基于中外对比的实证研究	三等奖	陶婷婷、卢星屹、李筱希

中国人民大学参加第十二届“挑战杯”全国大学生课外学术科技作品竞赛获奖情况一览表

作品名称	等级	作者
重庆地票交易制度调研报告	一等奖	谢　飘、贺佐琪、李如冰、刘北溟、沈　宁
石墨烯/壳聚糖复合材料的制备、机械性能及生物相容性的研究	一等奖	范海龙
城市居民家庭投资理财行为研究——以股票、房产投资为例	三等奖	王百强、华天姿
分类指导统筹管理：流动人口基本医疗保障发展之道	三等奖	张浣珺、周庆誉、唐　恬、陈　效、赵　冉
后“三鹿时代”生鲜乳收购站监管模式的新思路——以西安市“政府—企业—收购站”模式为例	三等奖	熊诗岚、马星龙、吴炜鹏、解　玥、王　东

人　物

■ 中国共产党全国代表大会代表、全国人大代表和政协委员

全国人大代表

第十一届　郑功成(常委)　纪宝成　王利明　郭国庆　戴玉忠

全国政协委员

第十一届　程天权　徐庆平　汤维建　孙　萍　赵启正

■ 中国共产党北京市代表大会代表、北京市人大代表和政协委员

中国共产党北京市代表大会代表

第十届　程天权　伊志宏　陈　红

北京市人大代表

第十三届　史际春（常委）　汤维建（常委）　刘彭芝　庄毓敏　张风雷

北京市政协委员

第十一届　周淑真（常委）　张惟英（常委）　牛维麟　袁济喜　邹正方　季冬生　张成福

■ 民主党派中央委员、北京市委委员

民盟中央第十届中央委员会常委	郑功成
民盟中央第十届中央委员会委员	郭国庆
民革中央第十一届中央委员会常委	汤维建
民革中央第十一届中央委员会委员	张惟英
民盟北京市第十届委员会常委	郭国庆
民盟北京市第十届委员会委员	彭丽红
民革北京市第十三届委员会副主任委员	汤维建
民革北京市第十三届委员会委员	张惟英
民建北京市第九届委员会委员	刘太刚
民进北京市第十三届委员会委员	殷　强
农工北京市第十一届委员会委员	季冬生

■ 国务院学位委员会委员

纪宝成

■ 国务院学位委员会第六届学科评议组成员

（以姓氏笔画为序）

王子今　王利明　冯惠玲　纪宝成　吴晓求　张成福　张　法　张雷声　陈力丹
林　岗　袁　卫　徐二明　黄嘉树　韩大元　焦国成　温铁军　翟振武

■ 北京市学位委员会委员

林　岗

■ 北京市学位委员会第二届学科评议组成员

王利明　刘大椿　杨瑞龙　杨慧林　吴晓求　徐二明　秦　宣　秦惠民　黄朴民

■ 第二届教育部社会科学委员会委员

顾　问：	黄　达
副主任：	罗国杰（哲学）
	曾宪义（法学）
委　员：	
马克思主义理论学部：	张雷声（马克思主义基本原理）
哲学学部：	陈先达（马克思主义哲学史、召集人）
	方立天（佛教哲学、中国哲学史）
	罗国杰（伦理学）
	郭　湛（马克思主义哲学）
语言文学、新闻传播学和艺术学学部：	郑保卫（新闻学）
经济学学部：	杜厚文（世界经济）
	袁　卫（统计学）
法学学部：	曾宪义（法律史）
	王利明（民商法）
	余劲松（国际经济法）
政治学、社会学和民族学学部：	郑杭生（社会学）
管理学学部：	纪宝成（商业经济管理）
	冯惠玲（档案学）

■ 第五届教育部科学技术委员会委员

王　珊

■ 教育部社会科学委员会学风建设委员会委员

秦惠民（秘书长）　　顾海兵

■ 中央“马克思主义理论研究和建设工程”成员

（截至 2011 年 12 月 31 日）

马克思主义哲学教材编写课题组：

罗国杰　　陈先达

社会学教材编写课题组：

郑杭生（首席专家）　　洪大用（首席专家）

法学教材编写课题组：
许崇德（首席专家）　朱景文
史学教材编写课题组：
李文海（首席专家）　戴　逸　徐兆仁
新闻学概论（教材）：
何梓华（首席专家）　成　美　郑保卫
文学教材编写课题组：
陆贵山
马克思主义政治经济学教材编写课题组：
纪宝成（首席专家）　张　宇（首席专家）　林　岗　张雷声　卫兴华　吴易风
科学社会主义教材编写课题组：
许征帆　刘建军
高校思想政治理论课教学大纲和教材编写课题组——马克思主义基本原理组：
许征帆（首席专家）　刘建军（首席专家）
高校思想政治理论课教学大纲和教材编写课题组——毛泽东思想、邓小平理论和“三个代表”重要思想概论组：
秦　宣（首席专家）
高校思想政治理论课教学大纲和教材编写课题组——中国近现代史纲要组：
王顺生
高校思想政治理论课教学大纲和教材编写课题组——思想道德修养与法律基础组：
罗国杰（首席专家）　吴潜涛（首席专家）　王　易（首席专家）
马克思主义哲学史：
庄福龄（首席专家）　梁树发
西方政治思想史：
王乐理
当代国际政治（中共中央宣传部）：
李景治（首席专家）　陈　岳　叶卫平　李世安
世界经济概论：
杜厚文（首席专家）　关雪凌
西方经济学：
吴易风（首席专家）　吴汉洪　刘凤良
宪法学：
许崇德（首席专家）　韩大元（首席专家）　胡锦光
当代中国政治制度（中共中央宣传部）：
杨光斌
中国共产党史（中共中央宣传部）：
杨凤城
西方社会学理论评析：
刘少杰（首席专家）
伦理学：
焦国成（首席专家）　葛晨虹

中国政治思想史：
宋少鹏
中国哲学史：
彭永捷
西方哲学史：
张志伟
马克思主义经济学说史：
姚开建　孟　捷　张　旭
马克思主义发展史：
张雷声　张　新
《资本论》导读：
林　岗（首席专家）　邱海平　杨　志
中国文化概论：
陈先达　张　法
马克思主义哲学经典著作导读（中国社会科学院）：
郝立新（首席专家）
世界现代史：
李世安（首席专家）
马克思主义史学经典著作导读：
李文海（首席专家）　王顺生

第五届吴玉章基金委员会名单

名誉主任：李　鹏　宋　平
主任委员：袁宝华
副主任委员：（以姓氏笔画为序）
冯惠玲　纪宝成　冷　溶　邵华泽　赵启正　袁贵仁　黄　达　程天权
蔡　武　雒树刚
委　员：（以姓氏笔画为序）
马绍孟　王传纶　王利明　王宗伯　方汉奇　叶　朗　冯其庸　冯惠玲
邬沧萍　刘大椿　刘向兵　齐世荣　许征帆　纪宝成　杜厚文　杜　鹏
李文海　杨　光　杨瑞龙　吴树青　吴晓求　冷　溶　闵维方　张文显
邵华泽　罗国杰　郑杭生　赵启正　胡明扬　查显友　洪银兴　贺耀敏
秦　宣　秦惠民　袁宝华　袁贵仁　顾明远　顾海良　黄　达　黄朴民
曹明新　程天权　程恩富　傅璇琮　曾宪义　温铁军　谢维和　蔡　武
雒树刚　戴　逸
秘书长：冯惠玲（兼）
副秘书长：刘向兵　杜　鹏
司　库：查显友

第八届北京市人民政府专家顾问团

组　长：袁　卫
联络人：刘向兵
专　家：
吴晓求　杨瑞龙　王琪延　刘文华　王利明　刘曼红　董克用　何家弘
王　珊　史际春　唐　忠　孙久文

中国人民大学荣誉教授

哲学院：
萧　前　罗国杰　黄顺基　夏甄陶
历史学院：
戴　逸　王思治
经济学院：
宋　涛　吴大琨　卫兴华　高鸿业　胡　钧
财政金融学院：
黄　达　王传纶　周升业　陈　共
农业与农村发展学院：
周　诚　严瑞珍
法学院：
高铭暄　许崇德　孙国华　王作富
马克思主义学院：
许征帆　庄福龄　何　沁　彭　明　刘佩弦　彦　奇　林茂生
社会与人口学院：
邬沧萍
国际关系学院：
高　放
新闻学院：
方汉奇　蓝鸿文　甘惜分
商学院：
李占祥
公共管理学院：
钟契夫

中国人民大学首批荣誉一级教授

（以姓氏笔画为序）

卫兴华	王传纶	方汉奇	甘惜分	邬沧萍	罗国杰	夏甄陶	高　放
高铭暄							

注：2009年5月20日，学校印发《关于授予卫兴华等9人中国人民大学首批荣誉一级教授称号的决定》（2008—2009学年校政字19号）。

中国人民大学首批一级教授

（以姓氏笔画为序）

方立天	刘大椿	纪宝成	李文海	吴易风	宋　涛	张立文	陈先达
周新城	郑杭生	胡乃武	黄　达	曾宪义	戴　逸		

注：2009年5月20日，学校印发《关于聘任中国人民大学首批一级教授的决定》（2008—2009学年校政字20号）。

2011年中国人民大学教授

（以聘任年月为序，包括党政、教辅正高职，截至2011年12月31日）

哲学院：

张立文	方立天	陈先达	刘大椿	郭　湛	冯　俊	段忠桥	安启念
宋志明	焦国成	李秋零	张　法	王鸿生	郝立新	王旭晓	马俊峰
张志伟	龚　群	向世陵	李　燕	陈慕泽	张风雷	葛晨虹	肖群忠
欧阳谦	何光沪	温金玉	刘敬鲁	牛宏宝	干春松	何建明	彭永捷
李　萍	刘晓力	韩东晖	张文喜	罗安宪	杨武金	王伯鲁	彭新武
吴　琼							

文学院：

程光炜	金元浦	杨慧林	李炳海	许　鹏	李　泉	贺　阳	冷成金
王贵元	卢铁澎	罗青松	劲　松	李　今	王家新	马俊杰	张永青
耿幼壮	刘小枫	孙　毅	阎连科	梁　坤	陈满华	曾艳兵	高旭东
朱万曙	徐正英	王　昕	刘震云				

历史学院：

徐兆仁	孙家洲	徐　浩	王皖强	牛润珍	郭双林	孟广林	魏　坚
马克锋	刘后滨	包伟民	许海云	韩树峰	吕学明		

清史所：

戴　逸	李文海	黄爱平	成崇德	陈　桦	何　瑜	黄兴涛	刘凤云
杨念群	张世明	华林甫	夏明方	祁美琴	张永江		

（注：成崇德于2011年8月退休）

国学院：

黄克剑	袁济喜	詹杭伦	黄朴民	诸葛忆兵	杨庆中	沈卫荣	乌云毕力格
王子今	梁　涛	孟宪实					

经济学院：

宋　涛	吴易风	胡乃武	黄泰岩	黄卫平	顾海兵	林　岗	杨瑞龙
陈　建	叶卫平	方福前	贺耀敏	高德步	彭　刚	韩小明	刘　瑞
孙久文	张　宇	吴汉洪	姚开建	陈享光	雷　达	李义平	赵国庆
于同申	刘凤良	陈勇勤	郑超愚	韩玉军	陈　璋	关雪凌	方竹兰
邱海平	孟　捷	杨　志	关　权	卢　荻	周业安	刘元春	贾根良
方　芳	李军林	王晋斌	张可云	侯景新	黄　隽	郭　杰	陈彦斌
陶　然	杨其静	杨天宇					

财政金融学院：

黄　达	吴晓求	郭庆旺	梁　晶	任淮秀	陈雨露	朱　青	赵锡军
林清泉	庄毓敏	张　杰	吴晶妹	汪昌云	何　平	刘振亚	瞿　强
岳树民	关　伟	王小龙	岳希明	涂永红	陈忠阳	张成思	张顺明
郑志刚							

法学院：

曾宪义	王利明	刘春田	朱景文	龙翼飞	何家弘	史际春	赵秀文
徐孟洲	陈卫东	韩大元	黄京平	胡锦光	董安生	叶秋华	朱力宇
叶　林	杨建顺	谢望原	吴宏伟	周　珂	赵晓耕	郭　禾	杨立新
林　嘉	姚　辉	范　愉	汤维建	莫于川	朱文奇	余劲松	邵沙平
王欣新	冯　军	王云霞	史彤彪	张新宝	马小红	李艳芳	黎建飞
张志铭	张小虎	刘明祥	田宏杰	王　轶	尹　立	刘俊海	朱大旗
肖中华	冯玉军	韩立余	徐青森	肖建国	朱　岩		

马克思主义学院：

周新城	梁树发	王　东	张雷声	秦　宣	刘建军	齐鹏飞	徐志宏
杨凤城	张　新	赵　汇	程天权	吴美华	黄继锋	陶文昭	张云飞
萧延中	杨德山	何虎生	王　易	辛　逸			

社会与人口学院：

郑杭生	翟振武	潘绥铭	李路路	林克雷	夏建中	杜　鹏	于显洋
李迎生	穆光宗	段成荣	洪大用	郭星华	刘　爽	俞国良	刘精明
刘少杰	陈　卫	杨菊华	郝大海	姜向群	赵旭东		

国际关系学院：

黄嘉树	宋新宁	陈　岳	张　鸣	李宝俊	金正昆	周淑真	张惟英
时殷弘	陈新明	金灿荣	杨光斌	刘青建	王续添	蒲国良	查道炯
闫润鱼	庞中英	黄大慧	李庆四	任剑涛	保建云	王英津	郭春生

新闻学院：

喻国明　涂光晋　蔡　雯　周建明　倪　宁　郑保卫　周小普　盛希贵
陈立丹　高　钢　彭　兰　陈　绚　匡文波　杨保军　张　征　钟　新
赵　赜　王润泽　刘小燕

艺术学院：

郑晓华　徐庆平　洪　涛　徐唯辛　闫　平　祝东平　陈传席　王克举
赵　方　黄华三　丁　方　刘维维

外国语学院：

钱晓蕙　张卫平　成同社　张勇先　田育英　袁　妮　陈世丹　于素秋
任国强　吴红云　刁克利　赵蕾莲　贾国栋　王建平　郭　军　李铭敬
张　威　张　意　代显梅　朱　源
（注：袁妮于 2011 年 8 月退休）

环境学院：

马　中　邹　骥　马忠玉　曾凡刚　宋国君　张景来　王洪臣　沈大军
曾贤刚　张光明

信息学院：

王　珊　朱来义　杜小勇　陈　红　孟小峰　林　勇　龙永红　张伦传
张庆彩　杨小平　李德英　左美云　石文昌　梁　循　李翠平

教育部数据工程与知识工程重点实验室

周晓方

理学院：

物理学系：王孝群　李　涛　胡　辉　赵铁松　王善才　卢仲毅　刘玉良
张清明　于伟强　王　雷　鲍　威　陈根富　朱传界　魏建华
曹永革　张　芃　李茂枝
化　学　系：郭志新　于澍燕　艾希成　张建平　林　隽　曹廷炳　李志平
徐立进　金朝霞
心理学系：雷　雱

商学院：

郭国庆　徐二明　戴德明　包　政　黄卫伟　荆　新　耿建新　王利平
马珑珑　王化成　李　平　徐　泓　王凤彬　于富生　林　钢　宋远方
刘凤军　纪宝成　李　焰　吕一林　伊志宏　陈　冠　宋　常　杨　杜
谷克鉴　赵　苹　江　林　张瑞君　成　栋　刘国山　秦志华　孙茂竹
宋　华　吕景胜　王亚星　徐经长　毛基业　刘晓梅　章　凯　蔡荣生
陈甬军　王晓东　赵西卜　周庭锐　王宝林　刘向东　姜付秀　刘　刚
王刊良　曹　伟　况伟大　Kenneth Andrew Kim

公共管理学院：

朱立言　董克用　陈秀山　许光建　张成福　张康之　杨　健　叶剑平
毛寿龙　秦惠民　叶裕民　严金明　吴春波　吕　萍　魏　娜　孙柏瑛
李绍光　康晓光　谢　明　方振邦　李　珍　刘　昕　黄燕芬　蓝志勇
刘太刚　孙玉栋　王虎峰　张占录
（注：朱立言于 2011 年 8 月退休）

劳动人事学院：

曾湘泉　彭剑锋　郑功成　姚裕群　孙健敏　潘锦棠　常　凯　仇雨临
程延园　张丽华　周文霞　杨伟国　林新奇　赵　忠　石　伟　易定红
唐　鑛

（注：姚裕群于2011年8月退休）

信息资源管理学院：

冯惠玲　赵国俊　张辑哲　胡鸿杰　周晓英　卢小宾　王　健　王英玮
安小米　张　斌　侯卫真　索传军

统计学院：

袁　卫　赵彦云　易丹辉　何晓群　金勇进　高敏雪　张　波　王晓军
彭　非　孟生旺　杜子芳　田茂再

农业与农村发展学院：

唐　忠　孔祥智　郑风田　马九杰　曾寅初　温铁军　汪三贵　张利庠
刘金龙　王志刚　周　立　朱信凯　Reardon Thomas Anthony

教育学院

牛维麟　申素平　李立国

继续教育学院：

陈兴滨　张　践　王琪延　顾宗连　缪代文　王国元　刘利兰

培训学院：

李　湘　刘京建

图书馆：

宋平生　武继山　王广中

（注：宋平生于2011年8月退休，王广中于2011年2月退休）

档案馆：

张世林

后勤集团：

黎玖高

出版社：

周蔚华　沈小农　刘　志　王克方　孟　超　司马兰　费晓琳　李艳辉
王爱玲　刘　晶　潘　宇　马学亮　杨宗元

（注：王爱玲于2011年8月退休，李艳辉于2011年10月调出，周蔚华于2011年12月调出）

书报资料中心：

高自龙　宣小红　王立君

学术期刊社：

杨万东　武京闽　林　坚　李淑英

人大文化科技园建设发展有限公司：

彭　翊

学校办公室

刘向兵　李家福

党委宣传部：

郑水泉　侯衍社

研究生院：

马小侠

（注：马小侠于2011年2月退休）

发展规划处：

胡　娟

学生处：

张晓京

财务处：

查显友

教育基金会：

彭和平

资产与后勤管理处：

林建荣

审计处：

赵永奎

附属中学：

刘彭芝

■ 2011年逝世人员名单

2011年逝世人员名单（离休）

（以逝世时间先后为序）

单位	姓名	性别	出生年月	参加工作时间	逝世日期
资产与后勤管理处	何夷平	男	1915.02	1945.07	2011.01.05
外国语学院	才　达	男	1925.10	1949.04	2011.02.28
法学院	肖永义	男	1931.10	1947.04	2011.03.28
经济学院	郑　健	男	1925.12	1949.01	2011.04.11
图书馆	何淑英	女	1922.03	1948.11	2011.04.14
保卫处	徐文斌	男	1927.12	1945.11	2011.04.15
学校办公室	崔睢寰	男	1930.12	1949.03	2011.04.20
马克思主义学院	刘佩弦	男	1922.02	1946.03	2011.06.13
文学院	胡明扬	男	1925.05	1949.05	2011.06.24
后勤集团	刘之护	男	1933.06	1948.07	2011.07.09
国际关系学院	王朴安	男	1923.02	1949.02	2011.07.26
校医院	包润芳	女	1931.02	1948.05	2011.07.27
文学院	温强一	男	1924.07	1947.09	2011.08.24
法学院	曹重三	男	1925.01	1949.05	2011.09.25
后勤集团	梁桂荣	女	1929.11	1945.06	2011.09.27
纪委	徐　庆	男	1930.11	1948.12	2011.10.16
社会与人口学院	张　凡	男	1926.10	1948.11	2011.10.29
商学院	马时进	男	1931.10	1949.04	2011.12.23

2011 年逝世人员（退休）

（以逝世时间先后为序）

单位	姓名	性别	出生年月	参加工作时间	逝世日期
附中	梁显寿	男	1937.04	1959.08	2011.01.28
马克思主义学院	黄文安	男	1929.08	1949.11	2011.02.17
统计学院	周复恭	男	1921.05	1950.08	2011.02.19
历史学院	吴玉清	女	1943.12	1968.07	2011.04.04
化学系	孙 青	女	1959.07	1983.02	2011.04.30
商学院	韩 荣	男	1928.03	1952.08	2011.05.20
环境学院	王庆玉	男	1926.09	1950.09	2011.06.25
外语学院	陈邦俊	男	1926.02	1952.07	2011.07.17
继续教育学院	周继忠	男	1934.05	1953.10	2011.07.17
新闻学院	郑超然	男	1937.01	1952.07	2011.08.11
附中	张淑贤	女	1942.02	1966.07	2011.08.17
新闻学院	蓝鸿文	男	1929.04	1950.01	2011.10.12
离退休工作处	孙铁林	男	1933.01	1951.01	2011.10.23
环境学院	姜汝涛	男	1923.07	1953.08	2011.11.01
继续教育学院	刘孔昭	男	1938.01	1960.08	2011.11.06
后勤集团	张家福	男	1936.04	1955.07	2011.11.11
信息学院	袁荫棠	女	1938.10	1963.08	2011.11.20
法学院	章尚锦	男	1926.12	1955.08	2011.12.02
产业管理处	宫士湘	男	1930.03	1949.10	2011.12.23

说明：表中列出的是副教授、副处级以上逝世人员。

附属学校

■ 附属中学

一、概况

2011 年，中国人民大学附属中学占地面积 94 557 平方米，建筑面积 95 995 平方米，体育场（馆）面积 22 760 平方米。图书馆藏书 15 万册。普通教室 130 个，专用教室 30 个，实验室 21 个。教职工 417 人，其中，具有正高级职称 8 人、副高级职称 212 人、中级职称 132 人；专任教师 326 人，包括特级教师 33 人、北京市学科教学带头人 5 人、市级骨干教师 15 人。开设教学班 124 个，其中，初中班 58 个、高中班 66 个。在校生 5 018 人（含外籍学生），其中，初中 2 419 人、高中 2 599 人。高中录取分数线 548 分（海淀区）。学校网址：www. rdfz. cn。

二、学校建设

2011 年，人大附中充分发挥党组织的核心作用，规范教学管理制度，促进学校内涵式发展；加强校本培训，搭建高端平台，建设高素质教师队伍；坚持以人为本的管理思想，充分调动全校教职员工积极性和创造性；提升科技教育水平，培养学生创新意识和实践能力；为具有体育、艺术及各类特长的学生搭建发展的平台；积极履行社会责任，让更多学生享受优质教育；大力拓展国际交流，提升学校办学的国际化水平。

1. 学校获“教育科研特殊贡献奖”和“教育部课题研究先进单位”

1月4日至6日，中国中学科研联合体第19届年会暨“提高课堂教学实效性研究”课题结题会在北京国宾大酒店举行，受刘彭芝校长的委托，人大附中肖远骑副校长出席了会议。与会代表于1月5日下午来到人大附中参观考察，鉴于人大附中优异的办学成果，大会组委会授予人大附中“教育科研特殊贡献奖”和“教育部课题研究先进单位”。

2. 学校国际部被评为北京市“2010年外国留学生管理工作先进单位”

1月6日，北京市公安局出入境管理总队召开了2010年外国留学生管理工作总结表彰会，中国人民大学附属中学国际部荣获“2010年外国留学生管理工作先进单位”称号，并在被表彰的北京市中小学中名列第一。

3. 深入探索拔尖创新人才早期培养的途径

2011年，人大附中以贯彻《国家中长期教育改革和发展规划纲要（2010—2020年）》精神为宗旨，在拔尖创新人才早期培养方面进行全方位探索，取得了新的进展。1月22日，人大附中“拔尖创新人才早期培养报告会”在学校综合楼报告厅举行，刘彭芝校长全面介绍了人大附中拔尖创新人才早期培养的探索和实践。来自教育部、北京市教委、海淀区政府、海淀区教委以及其他相关单位的领导，中科院、中国社会科学院及其他研究机构的专家学者，各大新闻媒体，北京市部分中、小学校长，幼儿园园长以及人大附中的干部教师共500多人出席了会议。作为国家拔尖创新人才培养项目的承担者，人大附中“早培班”的教育改革旨在趟路子，把选拔的超常儿童培养成为中国未来的杰出人才。

10月20—22日，由国务院参事室、国家教育咨询委员会（创新人才组）、创新人才教育研究会联合主办，人大附中承办的“创新人才培养工作座谈会”在北京友谊宾馆召开。国务院参事室主任陈进玉，教育部副部长李卫红，中科院院士、国家教育咨询委员会创新人才组组长、科技部原部长徐冠华，国家教育咨询委员会秘书长、中央教科所所长袁振国分别致辞。出席会议的还有国务院参事，国家教育咨询委员会委员，创新人才教育研究会以及国家创新人才培养模式改革项目的高校、中学代表，两院资深院士，上海普教系统卓越校长基地校长学员及其他中小学校长、幼儿园园长代表等100余人。会议的主旨在于贯彻落实《国家中长期教育改革和发展规划纲要（2010—2020年）》精神，总结一年来教育部批准的创新人才培养项目试点的经验，为参与试点学校提供一个相互交流合作的平台，为深化教育体制改革建言献策。

4. 刘彭芝校长作为中国的唯一校长代表参加了全球G20校长峰会

4月1—6日期间，刘彭芝校长作为中国的唯一校长代表参加了全球G20校长峰会。本次为第六届峰会，由瑞士日内瓦国际学校主办。此峰会自2006年开始，第一届由英国伊顿公学、惠灵顿公学主办，第二届由南非学校主办，第三届由约旦国王学校主办，第四届由美国哈佛西湖学校主办，第五届由澳大利亚国王学校主办。本届峰会共有来自13个国家和地区的共20所各国顶级学校校长参加，探讨基础教育领域共同最感兴趣的话题。

5. “三高”模式开创体育后备人才培养新路

人大附中“三高”体育训练基地是教育创新的产物。经过20多年“体教结合”的探索，形成了上联大学、下联小学，不同年龄梯段的球队。人大附中足球队和国际象棋队多次在国际、国内各类大赛中获奖，并有数百人考入清华、北大、人大、北京理工大学等高校。今年，“三高”基地喜获比赛与学习双丰收。2011年7月，“三高”足球队在第十一届全国中学生运动会上荣获男子足球冠军；国际象棋队在第十九届“李成智”杯全国国际象棋冠军赛中获男子甲组冠军。在今年的中考、高考中，“三高”基地的学员也取得了出色的成绩。

4月28日下午，国务院参事——郭瑞、刘彭芝、谢军、徐锭明、袁隐、张抗抗、张立平、张彦通等一行来到人大附中“三高”基地进行调研。各位参事首先通过短片了解了人大附中“三高”基地的情况，并听取了“三高”基地主任李连江、全国中学生棋类协会副主席谢军等关于足球和棋类后备人才培养的介绍，以及“三高”基地的领导、教师、教练在教学、管理、训练等方面的汇报，对人大附中“三高”基地体教结合的培养模式给予了高度评价。

为探索和实践我国学校足球“大、中、小学一条龙”训练体系的新途径，为学生搭建高水平足球人才培养平台，10 月 26 日，人大附中与中国人民大学签订了共建足球队协议书。共建协议为期 8 年。在协议期内，中国人民大学将与附属中学足球训练基地联合培养运动员学生，把文化课学习和足球训练纳入整体计划，并从中挑选出符合要求的足球队队员，通过高考择优录取，进入中国人民大学学习和深造，使学生的“道德品质、文化素质、运动水平”得到全面发展。

6. 施逸萌同学荣获英特尔科学与工程大赛一等奖

5 月 14 日，2011 年英特尔科学与工程大赛评奖结果在美国洛杉矶揭晓，人大附中施逸萌同学获一等奖，同时获得美国物理教师协会、美国专利商标协会、美国联合技术公司颁发的 3 个专项奖，并获得一颗小行星的命名权，这个成绩打破了北京选手在英特尔大赛上从未获得过一等奖的纪录。

7. “落实《纲要》精神，全面推进素质教育——走进人大附中”活动在学校举行

6 月 11 日，市委教育工委、区教委、市政府教育督导室主办，海淀区教育工委、区教委、区政府教育督导室协办，人大附中承办的“落实《纲要》精神，全面推进素质教育——走进人大附中”活动在人大附中综合楼四层报告厅举行。教育部部长袁贵仁，国务院参事室主任陈进玉，全国人大常委会副秘书长李连宁，教育部副部长刘利民，北京市委常委、教育工委书记赵凤桐出席。袁贵仁部长对北京市积极探索推进素质教育的新途径、新办法表示肯定，他要求北京教育系统大胆改革实验，扎实推进素质教育，坚持育人为本，德育为先，大力推进教学内容和方式的变革，深入探索培养创新人才，创新管理体制和工作机制，营造支持素质教育的良好环境。

当日下午，“落实《纲要》精神，全面推进素质教育——走进人大附中”高峰论坛在人大附中高中楼会议室举行。高峰论坛由北京市教委副主任罗洁主持，来自教育界、文化界、经济界、新闻界等不同领域的专家和学者近 100 人参加了高峰论坛。

8. 刘彭芝校长率 80 名校长学员赴美研修

7 月 19 日至 8 月 1 日，作为“中美人文交流计划”的首个项目，刘彭芝校长率领“中国基础教育卓越校长、卓越教师培养基地”的 80 名校长学员赴美研修培训，历时 14 天。这些学员分别来自北京、河南、新疆、宁夏、湖北、山西、广西、浙江、天津、吉林、云南、甘肃等 12 个省市。学员们先后参观了美国顶尖的公立高中、私立高中，并在哈佛大学举办了“中美基础教育高峰论坛”，在麻州大学举办了校长领导力培训，在美国教育部聆听了有关美国基础教育尤其是精英教育的报告。

9. 加强校本培训，搭建高端平台，建设高素质教师队伍

2011 年 8 月，人大附中继续举办寒暑假教师培训及科研年会，深入研究课程改革和创新人才培养的模式。年会有以下内容：(1) 从诺贝尔获奖科学家的成长历程看创新型人才的培养；(2) 人大附中数学与科学骨干教师赴美培训考察汇报；(3) 双卓基地校长团赴美考察汇报。会议期间以学科教研组为单位，就课程建设、深化课堂教学改革、走班制教学的实施与管理、提升教师教学基本功等方面进行了深入研讨。

依托人大附中在世界各地的友好学校，教师出国培训项目已从单纯的语言培训发展为进入英、美顶尖高中进行学科与教学系统的整合，使培训更具创新意义和实践效能。2011 年 7—8 月，教学副校长王海玲带领人大附中骨干教师团队赴美国，先在麻州大学进行 2 周的美国教育政策和文化以及英语语言培训，之后前往伊利诺伊理科高中进行为期 1 周的学科培训。伊利诺伊理科高中各科学科带头人和人大附中教师团队进行了一对一的辅导和教学演示，使教师们受益匪浅。

本学年针对新招聘的老师，学校制定了人大附中青年教师教学能力培养方案，在青年教师中开展

以“拜一位名师，读一本好书，分析一章（单元）教材，撰写一个教育教学案例，上一堂汇报课，命制一套试卷，参加一项课题研究，撰写一篇文章，开设一门选修课，指导一类研学课题”为主要内容的活动，对青年教师教学能力的发展提高作出了明确具体的要求。

10. “NBA 关怀行动”走进人大附中

7 月 28 日，“NBA 关怀行动”来到人大附中，NBA 著名的“关键先生”罗伯特·霍里与人大附中篮球队的小球员们在体育馆进行了两个小时的互动活动。其中包括训练观摩、技战术训练指导、NBA 训练方法教授等。

11. 2011 哈佛 AUSCR 中美学生领袖峰会在人大附中举行

8 月 14—22 日，哈佛大学中美国际交流协作机构（HAUSCR）同时在上海中学和人大附中召开第六届“2011 哈佛中美学生领袖峰会”（Harvard College AUSCR Summit for Young Leaders in China 2011）。300 多名经过严格选拔的高中生应邀参加在人大附中校园内举办的峰会。峰会以培养中国学生的“学术能力，创业精神，领袖气质，公民意识”为主旨，通过哈佛大学日常课程模拟等内容来帮助学生挖掘自身潜能、提高学术能力、塑造领袖气质。

12. 郭弘烨、冯路同学在 2011JA 国际商业挑战赛中夺得冠军

8 月，人大附中学生郭弘烨、冯路在 2011JA 全球商业挑战赛中夺得冠军，从全世界 38 个国家的 531 支 16～22 岁的高中、大学参赛队伍中脱颖而出，这也是中国参加该项赛事以来夺得的第一个世界总冠军。

13. 市委书记刘淇视察人大附中

9 月 10 日，在第 27 个教师节来临之际，市委书记刘淇来到人大附中看望慰问师生员工，并代表市委市政府向广大教师和教育工作者致以节日的问候。刘淇和教育部党组副书记、副部长杜玉波，市领导李士祥、赵凤桐、洪峰，中国人民大学校长纪宝成、党委书记程天权一同观看了欢庆 2011 年教师节人大附中素质教育部分成果展示表演。刘淇表示，人大附中坚持以人为本，努力创造适合每个学生发展的教育，是全面开展素质教育的典型。祝愿人大附中越办越好，为国家的建设发展培养出更多优秀人才和骨干力量，为建设创新型国家、创新型城市作出更大的贡献。

14. 承办中小学骨干教师研修项目

11 月 6 日，人大附中“国培计划”高中数学班开班，刘彭芝校长主讲第一课，来自全国 13 个省的 100 名中学数学教师听课“当学生”。这是人大附中继承担 2010 年“国培计划”中小学生骨干教师研修项目后，再次投标获得教育部审批通过的项目。人大附中是 25 所中标院校中唯一一所中学。人大附中高中数学班培训内容包括帮助这 100 名中学数学教师全面了解国内外数学教师专业发展的特点和趋势、明确高中数学教师专业化发展的有效模式和方法、深入了解高中数学课程的基本理论和主要内容、掌握高中数学有效课堂教学方法、研究教育教学规律和研究学生的基本方法与策略，以及人大附中的数学教育实践与创新等。

15. 美国 72 名中小学校长来访

11 月 10 日，国家汉办“汉语桥——美国中小学校长访华之旅：新发展”一行 72 名校长来人大附中交流访问。他们观看了人大附中的视频介绍，欣赏了人大附中交响乐团、舞蹈团、武术队、健美操队的专场演出，并与刘彭芝校长等进行了座谈。人大附中学生用流利的英语与校长们进行了自由的交流，赢得了他们的由衷赞叹。

16. 人大附中与丰台区教委合作办学

12 月 16 日，丰台区教委与人大附中签订合作办学协议，人大附中入驻丰台河西王佐镇青龙湖地区。根据协议，人大附中将在丰台王佐镇青龙湖国际文化会都内建设学校，总占地约 800 亩：一是公办性质的人大附中丰台学校，包括小学、初中和高中，预计招生规模达 3 000 人；二是人大附中丰台国际学校，包括初中和高中，将面向国内、国际招生，国际学校的高中将以中英、中美合作项目为

主；三是人大附中慈善学校。丰台区教委主任冯晓光表示，此举对改变丰台河西地区优质教育资源相对偏少的局面、满足广大群众“上好学”的愿望具有重要意义，对于促进丰台教育优质均衡发展、整体提升丰台教育品质具有重大推动作用。

17. 高考成绩再创辉煌

2011 年高考，人大附中分校伊思昭与人大附中梁思齐分获北京市文理状元，施沁汝获理科榜眼。人大附中国际部 18 名参加中国高校考试的考生有 14 人分别被北大、清华、人大录取，另有 2 名学生被美国宾夕法尼亚大学和美国加州大学洛杉矶分校录取。

18. 开展帮扶助教活动

人大附中朝阳学校于 2011 年 9 月落成并正式开学，人大附中优质教育资源的影响力进一步扩大；人大附中为二分校引进了肇基“愉快数学”研究项目，聘请“肇基数学”发明人张肇基先生指导二分校数学教学、科研工作，大幅度提高了二分校学生的数学成绩；与毕节地区民族中学缔结友好学校，在干部挂职锻炼、教师培训、学生结对、接纳“留学生”等方面进行交流与合作。

19. 2011 年国内外重要交流活动总结

国务院教科文卫司、中教科、国务院参事室、市委书记刘淇、国家教育咨询委员会及海淀区教委等领导先后来人大附中调研和视察；人大附中迎接了来自美国、韩国、日本、新加坡、西班牙、丹麦、波兰以及我国香港和台湾地区的 40 多个教育团体 1 000 多人来访；刘彭芝校长率 80 名校长学员进行了为期 14 天的赴美研修，并与美国多所名校洽谈合作事宜，创办国际学校；与丰台区、延庆县等地确定合作办学事宜；承办了多次国内外高水平的教育研讨、交流会，注重拔尖创新人才的早期培养工作；接待了来自我国上海、天津、重庆、新疆、山西、陕西、贵州、广西、邢台、成都、宁波、无锡、深圳、广州等地的 20 多个教育考察团 400 多人次的参观考察工作。

三、各类成绩

1. 人大附中学生陈麟、靳兆融在第 52 届国际数学奥林匹克竞赛中双双摘得金牌，这是人大附中数学竞赛史上的又一次历史性突破；

2. 人大附中高一 14 班范浩强在泰国巴提亚举办的第 23 届国际信息学奥林匹克竞赛中荣获金牌，实现了人大附中在国际信息学竞赛中金牌零的突破；

3. 人大附中李子赫、谢亚晴在第 31 届安捷伦北京青少年科技创新大赛中获“市长奖”，张天一获“市长提名奖”，人大附中学生参与的十余个科技创新项目分获一等奖、二等奖；

4. 人大附中马元翔、张峻、刘健飞、吕天元（分校）获“第十一届北京市青少年机器人竞赛”高中 VEX 机器人工程挑战赛一等奖第一名；

5. 人大附中“早培班”学生赵敏行获国际跳棋 64 格男子 13 岁组第一名；

6. 人大附中“早培班”学生赵敏行、欧阳铭晖、王天洋在第十六届华罗庚金杯少年数学总决赛中获一金二银；

7. 人大附中“早培班”雄鹰队在 2011 年国际青少年科技实践大赛中获得总成绩金奖，三名学生获得专项金奖；

8. 第 63 届德国纽伦堡国际发明展评奖揭晓，人大附中四名学生的三项作品分别获得金、银和绿式环保专项奖；

9. 人大附中足球队获第 11 届全国中学生运动会男足冠军，初中队在第一届全国中学生初中（U16）足球比赛中夺冠；

10. 人大附中桥牌队获第六届“高教杯”首都高校迎新春桥牌赛冠军、2011 全国中学生赛高中组亚军、全国青年桥牌锦标赛（25 岁以下）季军、太亚桥牌锦标赛亚军；

11. 人大附中天文社在2011年全国中学生天文奥林匹克竞赛决赛中获二金、一银、二铜；

12. 人大附中健美操队在“名将杯”全国健美操联赛中，获得混合双人操第一名，甲组、乙组三人操第二名，六人操第二名，女子单人操第一名两人、第二名两人。

■ 附属小学

一、主要工作

2011年2月15日至17日，学校召开“减负增效提高课堂教学实效性”中层干部培训会。

3月29日，校长助理、德育主任白文利老师带领学校五年级部分师生到手拉手打工子弟学校“树仁学校”进行参观交流，传递附小人的爱心。

4月18日，北京市教育工委副书记、市督导室线联平主任，北京市教委基教处杨志成处长，市政府督学马鸿韬教授及海淀教工委张卫光书记到学校进行课堂教学观摩，王丽霞的语文课、张爱英的英语课受到领导们的一致好评。

4月27日，北京市科技教育示范校评审团的各位专家，在海淀区教委、科协、海淀区少年宫等部门有关同志的陪同下，对学校科技教育工作进行了全面的检查、验收。

5月6日，科技部、教育部重大研究课题“中小学创新人才的区域培养机制研究”教师培训会在学校召开。学校于2010年受邀成为该课题的子课题承担学校，并于2011年4月被授予“项目实验学校”称号。课题负责单位——海淀区教师进修学校的罗滨校长亲自到会，对学校开展课题研究以来的工作给予了充分肯定和高度评价。

5月11日，海淀区领导对学校资源教室建设进行评估认证，评估专家通过听取报告、参观校园，对学校资源教室工作作出了高度评价。

5月24日，北京市学生金帆艺术团专家组到学校评审，专家评委对学校彩虹艺术中心的整体工作给予了充分的肯定和高度的评价。

5月29日，开展“我的节日我做主”——人大附小庆六一“小妙会”活动，家长、学生近9 000人参与了特色美食区、爱心义卖区、才艺展示区、娱乐游艺区的活动，活动义卖5万余元收入全部捐献给希望工程的贫困学生，被7家媒体报道。

6月至8月，人大附小校舍进行全面抗震加固，历时3个月完成加固任务并进行校园文化建设，在如此短的时间内创下了一个奇迹。

8月31日，中央电视台著名节目主持人白岩松为全体教师进行了“幸福是门课”的讲座。老师们与白岩松进行关于幸福的对话，在彼此的对话中享受着作为附小教师的幸福。

10月16日，为促进义务教育均衡发展，由人大附小发起，七所学校参与成立了“七彩教育同盟”，这是优质资源辐射的新举措。北京市委张建明秘书长宣布“七彩教育同盟”正式启动，海淀区教工委书记张卫光发言，评价“七校联盟又创造了一个新的苹果”。会议聘请人大附中刘彭芝校长、中国关工委教育研究院夏秋蓉副院长作为顾问。中央电视台新闻频道、《中国教育报》、《中国教师报》、《北京晨报》、《现代教育报》等多家媒体对此次活动进行了报道。

11月7日，北京市委常委、教工委书记赵凤桐到学校调研。学校成为赵书记到海淀区任职后视察的第一所小学。视察后赵凤桐书记三次提到“人大附小不小”，对附小近年来的工作给予充分肯定。人民大学党委副书记马俊杰，海淀区委常委、区委办公室主任刘鸿，海淀区副区长付首清，海淀区教工委书记张卫光、教委主任孙鹏、小教科科长吴瑾等领导陪同。

12 月 15 日，“北京市三级课程整体建设研讨会”在学校召开，会上郑瑞芳校长作了题为“创造适合师生成长的七彩课程”的发言。学校教师向来自全市各区县的领导、教师 300 多人，展示了具有校本课程创新模式的 9 节公开课，同时对全校 146 门学生选修课进行了教学展示及学生作品成果交换。耳目一新的课程形式，集团作战的展示方式，师生精彩的课堂生成，给北京市校本课程建设带来了新的思考、新的引领，受到与会领导高度评价。

2011 年，学校依然为学生安排了许多有特色的社会实践活动。一年级师生到顺义七彩蝶园举行“我与小树共成长”入队植树亲子活动；二、三、四年级分别参观了南宫地热科普园、大兴污水处理厂、中国科技馆新馆；五年级去三十八军军训；六年级去上海进行毕业旅行等。

学校组织退休教师于 2011 年 4 月 6 日、7 日两天踏青、赏春，到草莓基地采摘；9 月 22 日去蟹岛钓螃蟹；12 月 30 日，郑瑞芳校长向退休教师汇报了一年工作，并去武青会议中心举行新年慰问活动。丰富多彩的活动充分体现了学校对退休教师的人文关怀。

二、主要成绩

2011 年，学校受邀在市、区大会上作典型发言共 8 次，分别是：全国节能减排大会“打造绿色、节能、数字化、人文的生态科技校园”、北京市七年一次的课改总结大会“七彩的课程成就孩子七彩的梦想”、北京市减负工作会“立足学生发展减负促学生多元快乐成长”、北京基础教育国际研讨会“多彩的工作中心成就学生梦想”、北京市三级课程研讨会“创造适合师生成长的七彩课程”、北京市随班就读校长论坛“每个孩子都重要”、海淀区教委与新加坡教育部圆桌会议“创建师生幸福成长的理想校园”、海淀区五年一次的教师培训总结大会“让教师培训成为一件幸福的事”。

2011 年，附小荣获“国家级教育体制改革试点项目基础教育课程教材改革试验”项目学校、北京市教育先锋号、北京市中小学教育科研先进学校、北京市基础教育课程建设先进单位、北京市基础教育学生综合素质评价工作先进单位、北京市校本课程先进校、北京市学生金帆京昆艺术团、北京市金鹏科技奖等多项荣誉。

2011 年，学校共接待国外教育团体 200 多人到校参观交流，国内专家、同行 1 400 多人到校参观学习。

2011 年，附小共有教师 283 人次在全国、市、区比赛中获奖。郑瑞芳校长荣获“北京市总工会 2011 年首都劳动奖章”、“北京市教育先锋教书育人先进个人”及北京市“金粉笔——创新校长奖”。

2011 年，附小共有学生 1 009 人次在世界、全国、市、区比赛中获奖。附小学生获 2011 年世界头脑奥林匹克大赛第二名，2011—2012 年 DI 创新思维中国区总决赛一等奖，第十五届全国少儿戏曲小梅花金奖，浩沙杯 2011 年第十届全国万人健美操大众锻炼标准大赛北京分区赛少儿一级、三级、四级、五级四个团体一等奖，浩沙杯 2011 年第十届全国万人健美操大众锻炼标准大赛总决赛最佳团队奖，浩沙杯 2011 年第十届全国万人健美操大众锻炼标准大赛总决赛少儿一级、三级、四级、五级、团体决赛五个第一名。

2011 年，附小学生获中小学生游泳比赛小学组团体总分第一名、绿色北京——2011 年北京市教育系统节能减排知识大赛团体赛（小学组）一等奖、2010—2011 年度全国青少年校园足球联赛（北京赛区）小学乙组第一名。

2011 年，中央电视台、北京电视台、《中国教育报》、《中国教师报》、《北京晨报》、《现代教育报》等媒体报道了人大附小七彩教育同盟启动仪式、人大附小课程整体建设研讨会、庆祝六一“小妙会”、珍爱生命主题大队会、附小水娃游泳队、附小足球队等活动。

附　录

附录一　中国人民大学2011年大事记

1月5日，党委书记程天权主持召开中共中国人民大学第十三届委员会第44次常委会议，传达第十九次全国高校党建工作会议精神，研究学校纪念建党90周年活动总体思路，通过人事任免事项。

1月5日，中国战略文化促进会成立大会在京举行，全国政协副主席郑万通、中国人民大学校长纪宝成等出席。在第一届会员代表大会上，郑万通副主席当选为会长，纪宝成校长被聘为高级顾问。

1月5日，学校举行法律顾问新春联谊会，袁卫常务副校长出席。

1月5日，韩国东亚大学代表团访问学校，王利明副书记兼副校长会见。

1月6日，学校召开第三届校务委员会第十三次会议暨新年茶话会，校领导纪宝成、程天权、袁卫、牛维麟、马俊杰等出席。

1月6日，校领导纪宝成、程天权、牛维麟向北京市委副书记、教育工委书记王安顺汇报有关工作情况，市委教育工委副书记唐立军等出席汇报会。

1月6日，纪宝成校长、杨慧林副校长会见中央社会主义学院党组书记、第一副院长叶小文。

1月6日，香港浸会大学校长陈新滋率团访问学校，纪宝成校长、杨慧林副校长会见。

1月6日，学校召开环境学院学科规划论证会，袁卫常务副校长出席。

1月6日，学校举行2010年度学生工作研讨会，马俊杰副书记出席。

1月7日，学校举行新年报告会，纪宝成校长作报告，程天权书记主持。校领导袁卫、牛维麟、林岗、冯惠玲、马俊杰、陈一兵、王利明、杨慧林、薛涴白出席报告会，校党委委员、纪委委员、中层以上干部、教代会主席团成员、民主党派代表、在职和离退休教职工代表及学生代表参加。

1月7日，学校召开计算机学科规划论证会，纪宝成校长、袁卫常务副校长出席。

1月7日，学校教代会举行2011年年会并分组讨论新年报告会校长报告，马俊杰副书记出席。

1月7日，学校举行2010年香港信善奖助学金签约暨颁奖仪式，马俊杰副书记出席。

1月8日，学校召开企业理论与实践暨邓荣霖从教50周年座谈会，全国人大常委、财经委员会委员陈佳贵，学校领导纪宝成、林岗，原副校长杜厚文等出席，袁宝华老校长发来贺信。

1月8日，学校举行第十五届中国资本市场论坛，纪宝成校长、冯惠玲副校长出席。

1月8日，学校举行国际关系学院院友会成立大会，袁卫常务副校长出席。

1月8日，学校前总务处处长何夷平同志遗体告别仪式在八宝山革命公墓举行，陈一兵副校长出席。

1月9日，程天权书记出席中关村科学城项目进展情况汇报会。

1月9日，学校举行2011江山论坛暨金融EMBA大讲堂，马俊杰副书记出席。

1月9日，学校举行贾平凹长篇小说《古炉》研讨会，马俊杰副书记出席。

1月9日，学校举行领导科学研究中心2011高峰论坛——领导力开发与和谐社会建设，马俊杰副书记出席。

1月9日至10日，学校举行2010年工会工作总结表彰会，马俊杰副书记出席。

1月10日，法国马赛商学院院长Bernard Belletante一行访问学校，纪宝成校长、王利明副书记兼副校长会见。

1月10日，程天权书记出席第十七届中央纪委第六次全体会议。

1月10日，韩国高丽大学代表团访问学校，冯惠玲副校长会见。

1月10日，学校召开国防生工作总结表彰大会，马俊杰副书记出席。

1月10日，美国奥斯汀大学法学院院长率团访问学校，王利明副书记兼副校长会见。

1月11日，学校召开第七届校学位评定委员会第十三次全体会议，校领导纪宝成、袁卫、林岗、冯惠玲、王利明、杨慧林等出席。

1月11日，《光明日报》刊出《2010年度中国十大学术热点》，文中列举了2010年学术领域的十大热点问题，并对相关学者观点进行了链接。学校四篇文章位列其中，分别为：纪宝成校长、胡娟的《关于高等学校学术权力的几点思考》，洪大用的《中国低碳社会建设初论》，郝立新参与撰写的《架起科学理论与人民大众的桥梁，推进马克思主义中国化、时代化、大众化——理论界专家学者谈当代中国马克思主义大众化新途径》，梁树发的《马克思恩格斯关系研究方法辨析》。

1月11日，纪宝成校长会见合生创展集团有限公司主席朱孟依。

1月12日，学校召开2011年科研工作会议，纪宝成校长、冯惠玲副校长出席。

1月12日，学校召开归侨侨眷新春座谈会，校党委书记程天权，副校长、校侨联主席陈一兵，国务院侨办副司长王萍，北京市侨联副主席马坚、彭骖等出席座谈会，学校归侨侨眷代表、留学回国学者代表20余人参加，与会代表围绕学校发展建设、促进国际交流合作等议题进行了讨论。

1月12日，程天权书记出席中组部、教育部联合召开的创先争优理论研讨推进会。

1月12日，国家自然科学基金委员会管理科学部三处处长杨烈勋来学校听取中国调查与数据中心工作汇报，袁卫常务副校长、冯惠玲副校长出席汇报会。

1月12日，学校举行2011年国家社会科学基金项目、国家自然科学基金项目申报动员培训会议，冯惠玲副校长出席。

1月12日，国务院办公厅发布《关于开展国家教育体制改革试点的通知》，学校被选为“完善教学质量标准，探索通识教育新模式，建立开放式、立体化的实践教学体系，加强创新创业教育”和“推动建立健全大学章程，完善高等学校内部治理结构”的试点单位。

1月13日，学校举行领导班子民主生活会，校领导纪宝成、程天权、袁卫、牛维麟、林岗、冯惠玲、马俊杰、陈一兵、王利明、杨慧林、薛浣白等出席。

1月13日，学校举行领导班子年终考核述职会，校领导纪宝成、程天权、袁卫、牛维麟、林岗、冯惠玲、马俊杰、陈一兵、王利明、杨慧林、薛浣白等出席。

1月13日，学校举行推进马克思主义理论学科工作研讨会，程天权书记出席。

1月14日至16日，袁卫常务副校长率团赴三亚考察。期间，袁卫常务副校长会见三亚市常务副市长吴岩峻，并就重新启动在三亚合作办学相关问题进行会谈。

1月15日，纪宝成校长、冯惠玲副校长会见国务院三峡工程建设委员会办公室主任聂卫国、副主任卢纯。

1月16日，教育部社科委新闻传播学“十二五”战略规划工作会议在学校召开，学部召集人、原山东大学校长曾繁仁教授，学校校长纪宝成，学校新闻学院院长赵启正及教育部社科司、学校新闻与社会发展研究中心相关负责人出席开幕式。

1月17日，纪宝成校长主持召开2010—2011学年第8次校长办公会，听取深圳研究院工作汇报，听取发展规划处关于学校统计工作的汇报，通报并研究新图书馆家具、设备等经费预算有关事宜，决定成立中国人民大学画院，决定成立公共政策实验室，研究理工学科建设处、高等教育研究院和理工科建设等相关问题，研究学校与海南省三亚市的有关合作问题，研究寒假期间学校有关工作，强调要确保寒假期间学校安全稳定。

1月17日至30日，袁卫常务副校长率中国调查与数据中心代表团先后访问美国芝加哥大学全国民意研究中心（NORC)、密歇根大学社会科学研究院、北卡罗来纳州立大学高级分析研究中心、SAS公司和加州大学尔湾分校，以推进学校中国调查与数据中心同美国相关研究机构的交流与合作，探索跨学科、跨院系研究机构的发展模式。在美期间，袁卫常务副校长还访问了加州大学埃尔文分校，看望了学校在芝加哥大学和密歇根大学孔子学院工作的全体教师。

1月17日至18日，杨慧林副校长出席教育部本科学科调整委员会成立大会暨第一次委员会会议。

1月18日，学校召开2011年新春团拜会，校领导纪宝成、程天权、牛维麟、林岗、冯惠玲、马俊杰、陈一兵、王利明、杨慧林、薛浣白等出席，校长助理、各学院（系）负责人、机关各部处及直属单位负责人参加。

1月18日，纪宝成校长到学校办公室、党委组织部、党委宣传部、党委统战部、纪委、工会、审计处等机关部处，亲切看望各部门工作人员，并向大家致以新年祝福，学校办公室、党委宣传部负责人陪同看望。

1月18日，由新华网主办的“大国教育之声”2010新华教育论坛召开。纪宝成校长和人大附中校长刘彭芝入选2010新华网育人奖。纪宝成校长于2010年11月27日在学校召开的全国高等学校文化素质教育开展15周年纪念大会上的讲话：“大学是探求高深学问、追求真理、关注人类命运的崇高学术殿堂。但在市场经济的冲击下，在‘走出象牙塔’的口号声中，实用主义在相当程度上遮蔽了大学精神的光芒。”入选由新华网发布的《2010中国教育年度声音》。学校网络教育学院（网上人大）获社会满意度最高远程教育学院奖。

1月18日，程天权书记出席全国政协教科文卫体委员会全体委员会议。

1月18日，学校举行2010年优秀财务工作者表彰会，冯惠玲副校长出席。

1月20日至27日，纪宝成校长率团先后访问德国哥廷根大学、科隆大学和埃及开罗大学，并分别与德国两所高校签订校际合作协议，与开罗大学签署合作意向书。

1月20日，国务院任命周慕冰校友为中国银行业监督管理委员会副主席。周慕冰，1985年9月至1988年7月就读于中国人民大学财政金融系货币银行学专业，获经济学博士学位。

1月21日，中国共产党优秀党员，著名法学家、杰出法学教育家、中国人民大学一级教授、法学院名誉院长、博士研究生导师曾宪义教授遗体告别仪式在八宝山革命公墓举行。校党委书记程天权，原校长黄达、李文海，常务副书记牛维麟，副校长林岗、冯惠玲、陈一兵，副校长兼副书记王利明，原副校长杜厚文等参加了遗体告别仪式。曾宪义教授因病医治无效，于2011年1月15日上午10时45分在北京逝世，享年75岁。1月17日，学校举行曾宪义教授追思会，纪宝成校长、王利明副书记兼副校长出席。

1月21日，2011年第3期国家发改委《改革内参》刊登学校农业与农村发展学院教师周立、姜志强的文章《制度性草原生态恶化》。

1月24日，中宣部出版局副局长刘建生一行前来学校书报资料中心调研数字出版事业，牛维麟常务副书记出席座谈会，中宣部出版局和书报资料中心有关负责人参加。

1月25日，由中国法学会组织评选的第六届“全国十大杰出青年法学家”揭晓并在人民大会堂举行颁奖仪式，学校法学院王轶教授获评该奖。

1月29日，在2011年新春佳节即将到来之际，校领导纪宝成、程天权、牛维麟、林岗、冯惠玲、马俊杰、陈一兵、王利明、杨慧林、薛浣白来到老校长袁宝华、黄达家看望慰问，向老领导拜年并送上新春祝福。

1月30日，纪宝成校长会见来访的全国政协委员、中华能源基金会总裁何志平先生一行，双方就中华能源基金会与国学院合作创办《国学新视野》杂志等相关事宜进行商谈，并就总体性合作方案达成一致。会见前，何志平先生一行还访问参观了国学院。

1月31日，学校举行2011年师生春节团拜会，校领导纪宝成、程天权、马俊杰出席，学校办公室、党委宣传部、学生处、校团委、后勤集团等相关部门负责人和院系教师代表，近300名春节留校本科生、研究生和留学生参加。

1月31日，纪宝成校长看望并慰问学校一级教授、国家清史编纂委员会主任戴逸教授，致以新春祝福。双方还就清史研究文献馆的发展思路进行了深入交谈。

1月31日，纪宝成校长前往学校老校区看望并慰问老校区综合管理办公室工作人员。

2月1日，在第七届亚洲冬季运动会男子短道速滑500米决赛中，新闻学院2010级本科生梁文豪夺得冠军。梁文豪为中国短道速滑队现役运动员，短道速滑500米世界锦标赛冠军，2010年9月被录取为学校本科生。

2月2日，农历除夕之夜，“欢声笑语看春晚，喜气洋洋度新年”——中国人民大学2011年春节留校学生看春晚活动在学生活动中心东厅举行，马俊杰副书记与20余名留校学生一起联欢并观看中央电视台2011年春节联欢晚会，党委学生工作部、校团委负责人参加。

2月12日至13日，纪宝成校长、袁卫常务副校长参加《中华人民共和国学位条例》实施三十周年纪念大会暨国务院学位委员会第二十八次会议，纪宝成校长作重要发言。

2月12日至23日，杨慧林副校长率代表团赴津巴布韦大学孔子学院、内罗毕大学孔子学院和留尼汪大学孔子学院开展“三巡”（巡演、巡讲、巡展）活动。

2月14日，程天权书记参加全国党的建设研究会第五次会员代表大会。会前，胡锦涛、习近平、贺国强等中央领导同志会见全体与会代表。

2月15日，中国共产党优秀党员，久经考验的忠诚的共产主义战士，新中国马克思主义政治经济学重要奠基人，我国卓越的经济学家、杰出的教育家，中国人民大学一级教授、博士研究生导师宋涛教授遗体告别仪式在八宝山革命公墓举行。校领导纪宝成、程天权、袁卫、牛维麟、林岗、冯惠玲、马俊杰、陈一兵、王利明，老领导袁宝华、黄达、李文海、杜厚文、杨德福参加宋涛教授遗体告别仪式。宋涛教授因病医治无效，于2011年2月9日凌晨3时在北京逝世，享年97岁。下午，宋涛教授追思会在明德楼举行，学校校领导纪宝成、程天权、袁卫、林岗以及刘海藩、洪银兴、刘伟等参加并发言，表达对宋涛教授的深切怀念和无尽哀思。来自经济学界和各兄弟院校的学者、校部机关代表和经济学院部分师生代表以及宋涛教授生前亲友学生100余人参加。

2月15日，中山大学原校长黄达人教授访问学校，纪宝成校长会见。

2月16日，学校与芝加哥大学北京中心在文化大厦联合举办了“2011年伙伴高校驻京代表新春招待会”。来自美国哥伦比亚大学、康奈尔大学、明尼苏达大学，英国华威大学，德国科隆大学，日本一桥大学，俄罗斯圣彼得堡国立财经大学，香港浸会大学以及福特基金会、盖茨基金会等20多所伙伴高校及国外机构驻京代表出席招待会。

2月17日，学校举行2010—2011学年第二学期党政联席会，校领导纪宝成、程天权、袁卫、牛维麟、林岗、马俊杰、陈一兵、王利明等出席。

2月17日，纪宝成校长前往学校艺术类考生考试现场检查工作。

2月17日，国务院决定聘任学校国际关系学院教授时殷弘为国务院参事，聘期五年；聘任历史学院教授戴逸为中央文史研究馆馆员。

2月18日，学校举行2010—2011学年第二学期工作部署会，校领导纪宝成、程天权、袁卫、牛维麟、林岗、马俊杰、陈一兵、王利明，人大附中校长刘彭芝等出席。

2月19日，程天权书记参加在中央党校举行的省部级主要领导干部专题研讨班。胡锦涛总书记在开班式上发表重要讲话。

2月19日，学校与清华大学、上海交通大学、中国科学技术大学、西安交通大学、南京大学、浙江大学等高校合作进行的“高水平大学自主选拔学业能力测试”（简称AAA测试）在全国30个省、自治区、直辖市（除西藏、台湾、香港、澳门外）的33个考点举行。考试科目为：阅读与写作、数学、自然科学（理科考生）、人文与社会（文科考生）。

2月21日，纪宝成校长出席清华大学建校一百周年专题座谈会并发言。

2月22日，袁卫常务副校长会见国家统计局党组成员、副局长、总统计师李强，讨论学校成立中国政府统计研究院等问题。

2月22日，王利明副书记兼副校长出席新世纪优秀人才支持计划评审会。

2月23日，学校召开新学期分党委书记会议，校领导纪宝成、程天权、牛维麟、马俊杰、王利明等出席。

2月23日，学校校史选修课正式开课，王利明副书记兼副校长作第一讲“鉴古而知今彰往而察来——谈学习校史的意义”。

2月24日，纪宝成校长看望著名红学家、学校国学院名誉院长冯其庸先生。

2月25日，纪宝成校长参加全国哲学社会科学规划领导小组办公室召开的国家社科基金学科评审组组长座谈会。

2月25日，程天权书记出席在京举行的贯彻落实国务院关于中关村“1+6”政策和规划纲要动员大会。中共中央政治局委员、北京市委书记刘淇，中共中央政治局委员、国务委员刘延东，全国政协副主席、科技部部长万钢等出席会议。

2月25日至27日，学校组织了2011年艺术类音乐表演专业招生考试。招生方向包括钢琴、声乐、弦乐、管乐和古琴等，招生计划为30人，共有300多名来自全国各地的考生参加角逐。

2月26日，学校举行中国法律发展报告发布会，纪宝成校长、王利明副书记兼副校长出席。

2月26日，中国教育电视台《中国教育报道》栏目报道学校师生学习贯彻胡锦涛总书记在中央政治局第二十六次集体学习时对教育工作发表的重要讲话，并对程天权书记进行了采访。

2月26日，学校举行中国宏观经济论坛（2011年第一季度），林岗副校长出席。

2月28日，校领导纪宝成、程天权、袁卫、牛维麟、林岗、冯惠玲、马俊杰、陈一兵、杨慧林、薛浣白参观在明德主楼一楼大厅举行的校园置换成果展。

2月28日，纪宝成校长出席主题为"中国社会保障改革与发展战略研讨会"的中国社会保障30人论坛2011年年会。全国人大常委会副委员长华建敏、全国政协副主席张梅颖出席。

2月28日，牛维麟常务副书记前往国家版权局，就中国人民大学国家版权贸易基地"十二五"规划等进行工作汇报。新闻出版总署副署长、国家版权局副局长阎晓宏会见了牛维麟常务副书记一行。

3月1日，党委书记程天权主持召开中共中国人民大学第十三届委员会第45次常委会议，传达中共北京市委近期有关会议精神，通过人事任免事项。

3月1日，纪宝成校长主持召开2010—2011学年第9次校长办公会，讨论并原则通过《中国人民大学董事会章程》（修订）和第二届董事会成员名单，通报并讨论学校重点国际合作伙伴方案，再次明确确定重点国际合作伙伴的原则，听取资产与后勤管理处、校园建设管理处关于"十二五"期间校园建设规划的汇报，并研究有关问题等。

3月1日，纪宝成校长主持召开专题会议，研究学校开展社会建设科研项目事宜，冯惠玲副校长出席会议。

3月2日至5日，牛维麟常务副书记率教授考察团赴海南省考察。

3月2日，经济学院举办宋涛教授追思会，林岗副校长出席。

3月2日，学校举行住房理论与政策——中国经济社会发展智库第4届高层论坛，林岗副校长出席。

3月2日，学校举行2010—2011学年第二学期本科教学工作会议，杨慧林副校长出席。

3月2日，英国杜伦大学副校长塞斯·库宁教授一行访问我校，杨慧林副校长会见。

3月3日，美国财政部分管亚洲事务的副部长助理罗伯特·博纳先生访问学校经济学院，就当前宏观经济和中美经贸关系等问题与经济学院学者进行研讨。

3月4日，英国格拉斯哥大学代表团莉萨·巴兰坦（Lisa Ballantyne）教授一行访问我校，杨慧林副校长会见。

3月7日，"永远跟党走"人大代表人大行系列活动暨第22期明德论坛在学校举行，全国人大常委、农业与农村委员会副主任委员、原兰州军区司令员李乾元上将应邀作题为"西进战略"的报告。会前，马俊杰副书记会见了李乾元上将。

3月7日至13日，学校商学院代表团应邀赴丹麦哥本哈根商学院和阿尔胡斯大学商学院进行访问。

3月8日，国家自然科学基金委员会化学科学部常务副主任梁文平访问我校，冯惠玲副校长会见，并与对方就国际和国内科学基金申请的相关事宜进行商谈。

3月8日，文学院举行"学科国际前沿教师培训"系列讲座第一讲"大臣及大臣之道——王船山史论、经解对政治实践之思考"，杨慧林副校长出席并会见主讲人：香港中文大学出版社执行编辑谢茂松博士。

3月8日，哥斯达黎加大学新闻传播学院院长卡罗莱纳·卡拉索（Carolina Carazo）访问学校新闻学院。卡罗莱纳·卡拉索教授此次来学校进行为期6个月的访学，期间为学校新闻学院的学生授课。

3月9日，学校举行2011年"'两会'校友母校行"活动，全国人大财经委员会副主任委员徐光春、中共中央统战部常务副部长朱维群、中国社会科学院副院长朱佳木、河北省农业厅厅长赵国岭、北京市人民检察院副检察长甄贞、云南省高校工委书记罗崇敏、中国天主教爱国会副主席兼秘书长刘元龙、北京市海淀区人民法院副院长宋鱼水等25位全国人大代表和全国政协委员返校，校领导纪宝成、程天权、马俊杰、王利明与返校校友会面并陪同参观校园。

3月9日，学校召开第二届董事会成立大会暨第一次全体会议，并举行第二届董事会捐赠暨董事聘任仪式。第八届、第九届全国人大常委会副委员长布赫，第九届、第十届全国人大常委会副委员长许嘉璐，第十一届全国人大财经委副主任高强，财政部原部长项怀诚，教育部党组成员、国家教育行政学院院长顾海良，北京市教委副主任付志峰等领导、各界董事，校领导纪宝成、袁卫、牛维麟、林岗、冯惠玲、马俊杰等出席。

3月9日，学校举行2011年"'两会'校友母校行"活动暨第二届董事会成立大会联欢晚宴，校领导纪宝成、程天权、袁卫、牛维麟、冯惠玲、马俊杰、陈一兵、王利明、杨慧林、薛浣白出席。

3月9日，学校举行"高雅艺术进校园"活动，校领导纪宝成、程天权、冯惠玲、马俊杰和出席第二届董事会成立大会的部分董事、返校"两会"校友代表共同观看由表演艺术家韩再芬主演的黄梅戏《徽州女人》。

3月10日，瑞士卢塞恩大学代表团访问学校法学院，双方就合作事项深入交流。

3月11日，北京市委教育工委副书记、市教委主任姜沛民来学校调研，校领导纪宝成、袁卫、牛维麟及有关部门负责人出席座谈会。

3月11日，国家自然科学基金委员会计划局局长孟宪平来学校物理学系调研，纪宝成校长、冯惠玲副校长出席座谈会。

3月11日，北京市援疆和田指挥部委托课题"北京市援疆干部队伍建设、管理与开发研究"签约仪式暨项目启动会在学校举行，北京市政府副秘书长、北京市援疆和田指挥部总指挥刘剑，学校常务副校长袁卫出席。

3月11日，"永远跟党走"人大代表人大行系列活动之"我与祖国共奋进"形势政策宣讲会在学校举行，十一届全国人大代表邓中翰、刘庆峰，十一届全国政协委员陈凯、严望佳等出席。会前，马俊杰副书记会见了出席会议的嘉宾。

3月11日，芬兰拉普兰大学校长毛瑞·伊拉克特拉（Mauri Yla Kotola）一行访问学校，杨慧林副校长会见。

3月12日，由中华能源基金委员会与学校国学院联合创办的《国学新视野》（春季号）首刊新闻发布会在北京举行。会议签署了《〈国学新视野〉学术集刊战略合作备忘录》，纪宝成校长出席会议并发表题为"深植文化的沃土，见证国学的春天"的讲话。原香港特别行政区政府民政事务局局长、中华能源基金委员会常务副主席、秘书长何志平，全国政协常委、原港澳台侨委员会副主任陈佐洱，学校副校长杨慧林，著名学者袁行霈、冯其庸、汤一介等出席发布会。

3月13日至22日，牛维麟常务副书记率团赴非洲，先后访问南非斯坦陵布什大学、约翰内斯堡大学和坦桑尼亚达累斯萨拉姆大学。

3月13日，由学校商学院承办的江苏省科技企业家投融资策略与资本运营高级研修班第三期举行开学典礼，江苏省委组织部副部长赵永贤、学校副校长杨慧林出席。

3月14日，英国威斯敏斯特大学校长杰奥弗瑞·帕兹（Geoffrey Petts）率团访问学校，陈一兵副校长会见。

3月14日，澳大利亚人文科学院代表团访问学校，杨慧林副校长会见。

3月14日，英国班戈大学校长约翰·休斯（John Hughes）率团访问学校，杨慧林副校长会见。

3月15日，美国俄亥俄州立大学副校长威廉·布鲁斯坦（William Brustein）一行访问学校，杨慧林副校长会见。

3月16日，学校举行2011年“两会”精神报告会，纪宝成校长、程天权书记作报告，王利明副书记兼副校长、郑功成、徐庆平、汤维建作简要报告。

3月17日，中美交流基金会特别顾问曾庆忠访问学校，杨慧林副校长会见。

3月18日，学校举行第十届全国统计科研优秀成果奖颁奖暨共建中国人民大学政府统计研究院签字及揭牌仪式，国家统计局党组书记、局长马建堂，教育部党组成员、国家教育行政学院院长顾海良，校领导纪宝成、袁卫、陈一兵出席。

3月18日，国务院学位委员会、教育部、人力资源和社会保障部联合召开全国金融等专业学位研究生教育指导委员会成立大会。纪宝成校长继续担任第三届全国公共管理（MPA）专业学位研究生教育指导委员会第一副主任委员，公共管理学院院长董克用被聘为秘书长，公共管理教指委秘书处继续设在学校。

3月18日，“书香中国——第二届中国出版政府奖颁奖典礼”举行，学校书报资料中心编辑出版的“复印报刊资料”系列数据库等20种作品获得“音像电子网络奖”，其中网络出版物7种。

3月20日，纪宝成校长、冯惠玲副校长会见中宣部副部长王晓晖、全国哲学社会科学规划办公室主任佘志远。

3月22日，纪宝成校长出席学校参与承办的“民族百花奖”中国各民族美术作品展开幕式并剪彩。

3月23日，党委书记程天权主持召开中共中国人民大学第十三届委员会第46次常委会议，同意成立中国人民大学理工学科建设处，同意组建中国人民大学教育学院。

3月23日，纪宝成校长主持召开2010—2011学年第10次校长办公会，听取研究生院关于提高研究生培养质量的工作汇报，研究如何采取有效措施解决工作中存在的问题，研究食品系、表演艺术系、公共卫生管理系筹建问题，同意筹建食品系、公共卫生管理系，研究理学院、数学系、教育学专业等有关学科发展问题。

3月23日，纪宝成校长、林岗副校长会见来学校入职的著名作家刘震云。

3月23日，学校召开2011年宣传思想工作会议，程天权书记、王利明副书记兼副校长出席。

3月23日，马来西亚马来亚大学代表团访问学校，杨慧林副校长会见。

3月23日，学校举行“文学与社会”第五届文学节开幕式暨温儒敏教授讲座“大学传统与大学文化”，杨慧林副校长出席。

3月23日，学校举行首届大学生职业生涯规划大赛启动仪式，杨慧林副校长出席。

3月24日至26日，杨慧林副校长赴海南参加国家汉办举办的全国汉语国际推广基地工作会议。

3月25日，财政金融学院参与举办2011年亚洲金融管理国际会议，袁卫常务副校长出席开幕式。

3月25日，学校举行外国语学院法语专业成立10周年庆祝会，薛淀白副校长出席。

3月25日，由学校法学院诉讼制度与司法改革研究中心承办的中英警察与非法证据排除规则论坛在学校举行。

3月26日，学校举行“大学生创新实验计划”2009项目结项答辩会，共计158个项目（含国家级、市级和校级）参加结项答辩。

3月27日，学校举行2011年中央和国家机关司局级干部选学开班仪式，冯惠玲副校长出席。

3月28日至4月4日，程天权书记率团先后访问了西班牙马德里大学、巴塞罗那自治大学和希腊雅典大学，并代表学校与雅典大学签订校际合作框架协议。期间，程天权书记访问了西班牙桑坦德银行，分别会见了我国驻西班牙和驻希腊大使馆相关人员。

3月28日，学校举行2010级公共管理硕士（MPA）开学典礼，牛维麟常务副书记出席。

3 月 28 日，学校举行北京市局级干部领导力提升专题研讨班开学典礼，牛维麟常务副书记出席。

3 月 28 日，学校博物馆举行陈独秀致胡适信札研究课题启动会，冯惠玲副校长出席。

3 月 28 日，美国圣母大学代表团访问学校，杨慧林副校长会见。

3 月 29 日，教育部体卫艺司司长杨贵仁来学校调研，出席学校高水平运动队建设研讨会。牛维麟常务副书记、马俊杰副书记出席研讨会。

3 月 29 日，杨慧林副校长率团访问江苏省扬州市，会见扬州市委常委、组织部部长丁纯。期间，杨慧林副校长还看望了任职扬州"村官"的学校 2010 届毕业生孙霞、巫杰。

3 月 29 日，日本富山大学教授代表团访问学校公共管理学院公共财政研究所并参加学术研讨会。

3 月 29 日，学校举行第十七届"五四"文化艺术节"持名天下"主持人比赛决赛。

3 月 30 日，韩国驻华大使柳佑益率团访问学校并作演讲。演讲开始前，袁卫常务副校长会见柳佑益先生。

3 月 30 日，国家文物局局长单霁翔受聘为学校文学院兼职教授，杨慧林副校长出席聘任仪式。

3 月 30 日至 4 月 7 日，学校国际学院（苏州研究院）代表团先后访问了法国鲁昂商学院、蒙彼利埃三大、马赛商学院、索邦·巴黎第四大学等四所大学。

3 月 31 日，纪宝成校长在南京会见江苏省委副书记朱善璐，双方就加强省校合作事宜交换了意见。南京市市长、学校校友季建业参加会见。纪宝成校长还应邀到南京财经大学作题为"深化高等教育改革的若干问题"的专题报告。期间，纪宝成校长会见了江苏省委常委、组织部部长石泰峰。

3 月 31 日，袁卫常务副校长主持召开学校承担的国家教育体制改革试点项目"完善中国特色现代大学制度，完善治理结构改革试点"项目启动会。

3 月 31 日，学校召开爱心互助金管理委员会扩大会议，马俊杰副书记出席。

3 月，国务院学位委员会下发通知，公布 2010 年审核增列博士和硕士学位授权一级学科的结果，学校获得外国语言文学、数学、计算机科学与技术等 3 个博士学位授权一级学科，心理学、物理学、化学、地理学、环境科学与技术、食品科学与技术、公共卫生与预防医学等 7 个硕士学位授权一级学科。另外，因我国现行研究生学科专业目录"管理科学与工程"下没有二级学科，被默认为学校已具有管理科学与工程硕士学位授权一级学科。

3 月，教育部办公厅确定并公布了马克思主义理论研究和建设工程教育部第三批重点编写教材 32 个课题组首席专家和主要成员名单，学校共有 55 位学者入选。

3 月，教育部思政司公布第四届全国高校百佳网站评选结果。学校网站中国人民大学主页获"全国高校百佳网站"和"学习实践科学发展观活动优秀专题网站特别奖"两个奖项。

3 月，学校图书馆参与的"百万册数字图书馆的多媒体技术和智能服务系统"项目获国家科学技术进步奖二等奖。

3 月，学校文化大厦被北京市住房和城乡建设委员会评定为 2010 年度"北京市物业管理示范大厦"。

3 月，中国校友会网与《21 世纪人才报》公布了"2011 中国最受媒体关注大学排行榜"，中国人民大学以 229 000 篇的媒体报道总量位居第三。在排行榜中位居前十的高校分别是北京大学、清华大学、中国人民大学、复旦大学、浙江大学、中山大学、中央财经大学、武汉大学、北京师范大学和南京大学。

3 月，中央政治局委员、北京市委书记刘淇同志对中国人民大学人文北京研究中心研究成果——"从奥运城市到世界城市"做出重要批示，认为该成果"阐述了奥运城市、三大理念、世界城市之间的逻辑关系，对'十二五'的发展有推动作用"。

4 月 1 日，牛维麟常务副书记调研学校环境学院低碳水环境技术实验室。

4月1日，学校举行霍英东教育基金会2011年高等院校青年教师基金及青年教师奖候选人筛选评审会，冯惠玲副校长出席。

4月2日，教育部办公厅来函《关于表扬2010年度报送信息先进单位、先进个人的通报》，学校获评2010年度向教育部报送信息先进单位，贾铁英同志获评2010年度向教育部报送信息先进个人。

4月6日，学校举行校党校兼职教师聘任仪式，校领导程天权、牛维麟、马俊杰、王利明出席。

4月6日，学校举行第六届青年教师教学基本功比赛初赛，马俊杰副书记、杨慧林副校长到比赛现场看望参赛教师。

4月6日，麦格希教育集团新任总裁罗伯特·贝哈斯一行访问我校，王利明副书记兼副校长会见。

4月6日，杨慧林副校长到文学院调研本科生培养和人文学科发展等相关问题。

4月6日至11日，经济学院代表团先后访问美国哥伦比亚大学和佛罗里达国际大学，并与佛罗里达国际大学签署合作协议。

4月7日，学校召开目录外二级学科、交叉学科自主设置和博士研究生招生工作会议，袁卫常务副校长出席。

4月7日，北京高校心理素质教育工作会暨2011年首都大学生心理健康节在学校举行。教育部思政司司长杨振斌、市委教育工委常务副书记刘建、市委教育工委副书记王民忠、市教委副主任付志峰、团市委副书记刘震、学校党委副书记马俊杰等出席开幕式。

4月7日，德国慕尼黑工业大学第一常务副校长孟立秋访问学校，杨慧林副校长会见。

4月7日，“乐·缘之夜”中国人民大学学生艺术团交响乐团与德国慕尼黑工业大学交响乐团交流音乐会在学校举行。

4月8日，党委书记程天权主持召开中共中国人民大学第十三届委员会第47次常委会议，讨论通过2010年学校财务收支分析及2011年学校预算编制情况报告，同意学校参与中关村生命科学园公寓项目合作，同时学校向人大世纪发展有限公司追加投资，用于此项目的资金保障。

4月8日，纪宝成校长主持召开2010—2011学年第11次校长办公会，审议并原则通过2011—2012学年校历，研究国际学院（苏州研究院）有关发展问题，决定“延伸办学”与“自主招生”相结合，在该院成立实体化教学研究机构，2012年开始招生，原则通过《中国人民大学校内电子身份管理办法（试行）》。

4月8日，学校校园无线网络启用典礼暨中国移动北京公司构建无线校园新生活启动仪式举行，纪宝成校长、王利明副书记兼副校长出席。

4月8日，学校召开国家教育体制改革人才培养试点项目工作部署会议，林岗副校长和杨慧林副校长分别作为“改革经济管理类创新人才培养模式”和“人文基础学科拔尖人才实验计划”的项目负责人出席并讲话。

4月8日，学校商学院与台湾大学管理学院在北京举行合作框架协议签字暨合作开发企业案例启动仪式。

4月8日，英国雷丁大学亨利商学院代表团访问学校信息学院。

4月9日，西班牙桑坦德银行集团总裁埃米利奥·博廷一行访问中国人民大学，纪宝成校长、马俊杰副书记会见。会见前，马俊杰副书记陪同博廷先生一行参观商学院。

4月9日，学校中国就业研究所正式发布了中国就业竞争指数（简称CIER指数）。2011年CIER指数的变动反映出金融危机对我国劳动力市场带来的负面影响已经过去，市场供求状况已恢复到危机前水平。

4月9日，艺术学院举办首届中国文化艺术策划论坛暨中国人民大学文化艺术策划与推广研究所成立发布会，100余名国内有影响力和号召力的文化艺术策划精英出席，围绕“文化艺术策划：引领中国文化产业新范式”进行交流。

4月10日，中央政治局委员、国务院副总理王岐山看望学校戴逸教授，纪宝成校长陪同。

4月10日，新中国外国法制史学科发展60年研讨会暨林榕年教授从教60年庆典在学校举行，程天权书记、王利明副书记兼副校长出席。

4月10日，中东北非局势与中国对外战略研讨会暨中国人民大学中国对外战略研究中心成立会议在中国人民大学举办，来自中央外办、外交部、中联部、国家发改委、中国进出口银行、国家开发银行、国务院发展研究中心、国防大学、北京大学、清华大学等单位、研究机构和高校的专家学者参加。

4月11日至19日，纪宝成校长率团访问美国哈佛大学、明尼苏达大学、加州大学戴维斯分校和肯恩大学，并在旧金山专程看望了旅美校友段永平和刘昕夫妇。期间，学校分别与明尼苏达大学、加州大学戴维斯分校和肯恩大学签署学生交流协议。

4月11日，杨慧林副校长会见来学校授课的美国惠顿大学哲学系主任杰伊·伍德（Jay Wood）。

4月12日，学校举行第五届学术新星评选活动启动仪式，袁卫常务副校长出席。

4月12日至14日，牛维麟常务副书记率团赴安徽开展招生宣传工作并与学校在合肥挂职博士研究生进行座谈。期间，牛维麟常务副书记出席了在凤阳小岗村大包干纪念馆举行的“中国人民大学教育基地”挂牌仪式。

4月13日，由学校和洛克菲勒基金会、哈佛大学费正清中国研究中心联合举办的“中国形象——流通中的肖像”展览研讨会及开幕酒会在美国哈佛大学举行，纪宝成校长出席。

4月13日至16日，冯惠玲副校长率教授考察团赴成都考察调研。期间，冯惠玲副校长会见成都市委常委、宣传部部长何华章。

4月13日，学校举行第六届青年教师教学基本功比赛复赛，马俊杰副书记、杨慧林副校长出席。

4月13日，学校举行2011年“五四”文化艺术节小品及曲艺综合类比赛决赛，马俊杰副书记出席。

4月13日，芬兰赫尔辛基大学法学院代表团访问学校法学院。

4月13日，英国金融培训机构Lafferty集团主席迈克尔·拉弗蒂（Michael Lafferty）一行访问学校财政金融学院。

4月14日至17日，袁卫常务副校长赴四川开展招生宣传工作并出席教育部社科委员会议。

4月14日，学校举办首届相声艺术大会，马俊杰副书记出席。

4月14日，马来西亚南方代表团访问学校，杨慧林副校长会见。

4月14日，学校举行本科生国际化培养调研学生座谈会，杨慧林副校长出席。

4月14日，澳大利亚墨尔本大学文学院代表团访问学校公共管理学院。

4月14日，比利时布鲁塞尔自由大学代表团访问学校外国语学院。

4月15日，学校召开首次院史工作会议，王利明副书记兼副校长出席。

4月15日，《人民日报》、《光明日报》分别刊登题为《新聘任国务院参事、中央文史研究馆馆员聘书颁发仪式举行》和《温家宝向新聘任国务院参事、中央文史研究馆馆员颁发聘书并同参事、馆员座谈》的文章，报道中共中央政治局常委、国务院总理温家宝14日上午在中南海向学校教授时殷弘等8位新任国务院参事和学校教授戴逸等5位新任中央文史研究馆馆员颁发聘书，并同参事、馆员座谈。中央文史研究馆馆员、学校教授方立天参加座谈并发言。

4月15日，学校2010—2011学年学生男子足球甲级联赛决赛举行，法学院、国际关系学院、劳动人事学院分别获冠、亚、季军。

4月16日，程天权书记赴武汉出席由教育部高等学校社会科学发展研究中心参与主办的高校“创先争优”活动理论与实践高层论坛。

4月16日，由学校环境政策与环境规划研究所、统计学院参与举办的中国城市能效评估研究报告发布会暨中国城市能效碳效数据库开通仪式在学校举行，牛维麟常务副书记出席。

4月16日，美国密歇根大学常务副教务长兰斯特·孟茨（Lester Monts）一行访问学校，杨慧林副校长会见。

4月18日至19日，中国人民大学中国经济改革与发展研究院扬州基地揭牌仪式在扬州举行，林岗副校长出席。

4月18日，学校举行本科生国际化培养调研座谈会，杨慧林副校长出席。

4月18日至20日，由清华大学和学校联合承办的第13届亚太地区Web技术会议在北京举行。

4月19日，德国法兰克福大学法学院代表团访问学校法学院。

4月19日，学校法学院与青海省高级人民法院合作协议签署仪式在学校举行，青海省高级人民法院党组书记、院长董开军出席签约协议。

4月20日，学校召开2011年党风廉政建设工作会，校领导程天权、牛维麟、林岗出席。

4月20日，学校举行2011年教职工运动会，马俊杰副书记到赛场观看比赛。

4月20日，比利时布鲁塞尔自由大学（法语）代表团访问学校，杨慧林副校长会见。

4月20日，乔治·华盛顿大学商学院院长顾道格教授（Prof. Doug Guthrie）一行访问学校国际学院（苏州研究院）。

4月21日，学校举行新疆、西藏少数民族学生座谈会，程天权书记、马俊杰副书记出席。

4月21日，学校聘任东海证券有限公司董事长朱科敏为学校董事会常务董事，袁卫常务副校长出席聘任仪式。

4月21日，韩国汉阳大学经济金融学院代表团访问学校，林岗副校长会见。

4月21日，美国国际商学院联合会AACSB国际认证专家访问学校，杨慧林副校长会见。

4月22日，教育部副部长鲁昕到学校考察工作。鲁昕副部长一行参观了学校新图书馆，并听取纪宝成校长关于学校发展的专题汇报。校领导程天权、袁卫、牛维麟出席汇报会。

4月22日，法国艾克斯—马赛三大校长Marc PENA一行访问学校，纪宝成校长会见。

4月22日，韩国高丽大学新任校长金炳喆访问学校，纪宝成校长会见。

4月22日，学校举行赵启正教授公共外交理念推广研讨会暨《公共外交与跨文化交流》新书发布会，程天权书记、冯惠玲副校长出席。

4月22日，俄罗斯圣彼得堡国立财经大学科研事务副校长卡利克·亚历山大（Karlik Alexander）一行访问学校，袁卫常务副校长会见。

4月22日，由日本一桥大学和学校联合举办的“第二届亚洲政策论坛：东亚货币政策”在学校举行，袁卫常务副校长出席开幕式。

4月22日，学校举行第52届田径运动会，校领导牛维麟、马俊杰、陈一兵出席开幕式。

4月23日，学校召开“人大版《中国历史文献学》教材暨历史文献学学科建设研讨会”，冯惠玲副校长出席。

4月23日，中国人民大学高礼研究院揭牌仪式在北京中山公园举行，冯惠玲副校长出席。

4月23日，学校举办2011年校园开放日暨本科招生咨询会，马俊杰副书记到咨询会现场检查工作。

4月24日至26日，纪宝成校长作为唯一的中国大学校长参加在杭州举行的“东北亚名人会”第六次会议，并主持了全体会议。

4月24日，学校党委理论学习中心组举行扩大会议，集体收看清华大学建校100周年庆祝大会电视直播。程天权书记主持会议，校领导冯惠玲、陈一兵、王利明、杨慧林出席。

4月24日，牛维麟常务副书记会见沿海地产投资（中国）有限公司副总裁孙贵翔。

4月24日，首届律师学院论坛暨“律师与司法体制改革”研讨会在学校举行，王利明副书记兼副校长出席。

4 月 25 日，由学校参与主办的全球决策剧场联盟第三次研讨会在学校举行，程天权书记出席。

4 月 25 日，斯里兰卡佩拉德尼亚大学校长阿巴亚空（S B S A bayakoon）一行访问学校，袁卫常务副校长会见。

4 月 25 日，学校举行北京市领导干部城乡经济协调发展专题研讨班开学典礼，牛维麟常务副书记出席。

4 月 25 日，南非开普敦大学法学院院长施魏克哈德（PJ. Schwikkard）率团访问学校法学院并签署中国人民大学法学院——南非开普敦大学法学院合作协议。

4 月 26 日，美国圣母大学国际事务副校长倪克博士（Dr. Nicholas Entrikin）率团访问学校，杨慧林副校长会见。

4 月 26 日，中共中央政治局就世界人口发展和全面做好新形势下我国人口工作进行第二十八次集体学习，中共中央总书记胡锦涛主持学习并发表重要讲话。学校社会与人口学院翟振武教授应邀讲解人口问题。

4 月 26 日至 29 日，学校财政金融学院代表团应台湾逢甲大学两岸租税研究中心邀请，赴台参加两岸租税论坛学术交流活动。

4 月 27 日至 30 日，纪宝成校长先后访问江西财经大学、井冈山大学和中国井冈山干部学院。访问期间，纪宝成校长分别为江西财经大学党委中心组第四次集体学习扩大会议和井冈山大学师生作报告。

4 月 29 日，劳动人事学院与加拿大蒙特利尔大学产业关系学院正式签署学院合作协议。双方同意在学生交换、教师交换和学术研究等方面开展合作。

4 月，最高人民法院在学校设立最高人民法院知识产权司法保护研究基地，双方将通过重大课题研究、信息资料交流、培训研讨工作等多种形式，为基地开展研究工作提供条件。

5 月 2 日至 6 日，由学校信息学院承办的第二十三届国际信息学奥林匹克选拔赛暨精英赛（CTSC2011）在学校举办。

5 月 3 日，日本爱知大学校长佐藤元彦率团访问学校，纪宝成校长会见。

5 月 3 日，1996 年诺贝尔物理学奖得主、美国康奈尔大学物理系罗伯特·理查森（Robert C. Richardson）教授访问学校并作学术报告。报告会前，杨慧林副校长会见了罗伯特·理查森教授及其夫人。

5 月 4 日，学校举行第六届青年教师教学基本功比赛模拟赛，杨慧林副校长出席。

5 月 4 日，学校举行学生纪念“五四”运动九十二周年升旗仪式。

5 月 4 日至 5 日，由台湾辅仁大学、云南民族大学和学校联合主办的“海峡两岸‘中西哲学与文化多样性’学术会议暨‘人大—辅仁大学’学术论坛”在云南昆明召开。

5 月 5 日，纪宝成校长主持召开 2010—2011 学年第 12 次校长办公会，研究实施拓展办学空间等学校发展重大决策，研究并确定 2011 年暑期院长工作会议主题，通报生命科技园项目、中法学院招生等有关工作进展情况，研究理工学科建设处、教育基金会、本科教学改革有关事宜。

5 月 5 日，学校举行 2011 年“五一”表彰大会，116 名教职工获评 2010 年先进工作者。校领导纪宝成、程天权、牛维麟、林岗、冯惠玲、马俊杰、陈一兵、王利明、杨慧林出席表彰大会并向获奖代表颁奖。

5 月 5 日，第三届全国公共管理硕士（MPA）专业学位研究生教育指导委员会在学校召开第一次主任委员工作会议。教指委主任委员、国家公务员局党组书记、副局长杨士秋，副主任委员、学校校长纪宝成出席。

5月6日，学校举行“永远跟党走”2011年“五四”文化艺术节颁奖典礼，纪宝成校长、马俊杰副书记出席。

5月6日，农业部党组书记、部长韩长赋到学校农业与农村发展学院检查工作，并作题为“关于正确把握和处理新阶段工农与城乡关系的几个问题”的学术报告。报告会前，纪宝成校长会见了韩长赋部长一行。

5月6日至7日，学校举行2011年科学研究基金评审会，冯惠玲副校长、杨慧林副校长出席。

5月6日，学校举行“国际化学年在人大”系列之前沿论坛，南开大学化学学院程津培院士应邀作题为“离子液中的平衡酸度”的学术报告。报告开始前，冯惠玲副校长会见了程津培院士。

5月6日至8日，学校举行第九届经济学院羽阳杯“白羽惜别”羽毛球团体赛，马俊杰副书记出席开幕式。

5月6日，北京市委教育工委检查团到学校检查安全防火工作，陈一兵副校长会见检查团一行。

5月6日，学校召开2011年新闻宣传工作研讨会，王利明副书记兼副校长出席。来自30余家新闻媒体和理论刊物的近50位领导、记者、编辑应邀参会。

5月6日，美国麻省州立大学波士顿分校文学院代表团访问学校，并与外国语学院签署学生交流交换合作协议。杨慧林副校长会见来访代表团成员。

5月8日，2009年诺贝尔经济学奖得主、美国印第安纳大学埃莉诺·奥斯特罗姆（Elinor Ostrom）教授访问学校公共政策研究院并作学术报告。报告会前，纪宝成校长、马俊杰副书记会见了埃莉诺·奥斯特罗姆教授。

5月8日，反垄断法高峰论坛暨互联网行业公平竞争与网络用户权益保护研讨会在学校召开，王利明副书记兼副校长出席。

5月8日，宁夏回族自治区人民检察院检察长王雁飞一行访问学校法学院，王利明副书记兼副校长会见。

5月9日，纪宝成校长、冯惠玲副校长会见国家文物局党组书记、局长单霁翔，双方就博物馆建设、文物征集等问题交换了意见。

5月9日，学校举行艺术学院毕业生作品展，杨慧林副校长前往观看。

5月10日，乌克兰国家与全球战略中心研究员、乌克兰总统外事顾问安德鲁·菲亚尔卡（Andrew Fialka）和国务院发展研究中心欧亚社会发展研究所常务副所长孙昌洪教授等一行访问学校经济学院。

5月11日，学校举行“大学生创新实验计划”2009项目结项表彰暨2011项目立项申报信息发布会，程天权书记出席。

5月11日，学校举行“学习党史、坚定信念”第四届国情知识竞赛决赛暨颁奖仪式，程天权书记出席。

5月11日，学校第18期新上岗处级干部培训班举行开班仪式及首场讲座，牛维麟常务副书记出席。

5月11日至13日，陈一兵副校长赴安徽合肥出席2011年高校后勤改革座谈会暨中国高等教育学会后勤管理分会十届二次理事会。

5月11日，“国家综合防灾减灾战略研究”首次专家研讨会在学校召开，来自我国自然科学界与社会科学界的专家学者围绕国家综合防灾减灾的理念、原则、战略目标和国家防灾减灾投入机制优化等主题进行了研讨。

5月11日，美国罗格斯—新泽西州立大学副校长凯梅尔·W.道金斯（Kemel W. Dawkins）率团访问商学院。

5月11日，学校举办“永远跟党走”学生纪念中国共产党建党90周年主题展示活动。

5月12日，袁卫常务副校长出席北京市高教学会研究生教育研究会会员大会暨2010年学术年会。

5月13日，程天权书记主持召开中共中国人民大学第十三届委员会第48次常委会议，对学校拓展办学空间有关事宜作出决策，通过人事任免事项。

5月13日，纪宝成校长主持召开2010—2011学年第13次校长办公会，原则通过《关于对〈中国人民大学管理职员岗位设置与聘用管理办法〉的几点说明》、《中国人民大学工勤技能岗位设置与聘用管理办法》。

5月13日，纪宝成校长、冯惠玲副校长看望冯其庸先生。

5月13日，纪宝成校长、杨慧林副校长观看学校艺术学院教师马玉婷“髹形”漆艺作品展。

5月13日，澳大利亚驻华大使芮捷锐在澳大利亚大使馆举行仪式，介绍学校澳大利亚研究中心近期出版的《澳大利亚研究纪念文集》和译作《澳大利亚与亚洲》。

5月13日至16日，学校文化科技园组团参加第七届深圳（国际）文化产业博览会交易会。本届文博会上，学校文化科技园是唯一参展的大学科技园，文化创意产业研究中心是唯一参展的文化产业学术研究机构，并获得了文博会组委会颁发的“优秀展示奖”。

5月15日，学校与苏州工业园区管委会在国际学院（苏州研究院）签订代建资产移交协议，苏州工业园区管委会主任杨知评，园区工委副书记杜建华，学校领导纪宝成、牛维麟、王利明等出席。

5月15日，学校男子甲组网球代表队在2011年首都高校网球团体赛中夺得冠军，这是学校学生在北京高校网球比赛中首次夺冠。

5月16日，马俊杰副书记会见来学校作讲座的美国哈佛大学东亚系王德威教授。

5月16日，学校原校长黄达教授因在创建和发展中国金融学科中作出的卓越贡献，荣获首届“中国金融学科终身成就奖”。“中国金融学科终身成就奖”由刘鸿儒金融教育基金会设立，其目的是表彰中国金融学人在创建和发展中国金融学科中作出的卓越贡献。该奖项每年评选一次，获奖人数为1至2名，奖金为人民币100万元。

5月16日，由校团委主办的“颂歌献给党”庆祝建党90周年学生艺术团演出季正式开幕，首场活动“难忘的过往”交响乐团毕业专场演出在明德堂举行。

5月17日，北京高校第七届青年教师教学基本功比赛在学校举行，杨慧林副校长到比赛现场看望工作人员。

5月17日，学校学生艺术团民族乐团举行“颂歌献给党”——庆祝建党90周年学生艺术团演出季之“乐融盛世”民族乐团专场音乐会，杨慧林副校长出席。

5月18日，学校召开目录外二级学科、交叉学科自主设置与调整研讨会，同时对学校学位授权点对应调整工作进行部署安排，校领导纪宝成、袁卫、冯惠玲出席。

5月18日，纪宝成校长被聘为国务院参事室特约研究员，国务院参事室主任陈进玉向纪宝成校长颁发了聘书。

5月18日，学校2011年高阶团校开学，程天权书记出席开学典礼并作首场报告。

5月18日，由学校国际学院（苏州研究院）参与主办的第二届国际能源热点问题论坛暨《中国低碳经济年度发展报告（2011）》新书发布会在京举行，程天权书记出席。

5月18日，墨西哥维拉克鲁斯大学校长劳尔·勒维罗（Raul Arias Lovillo）一行访问学校，杨慧林副校长会见。

5月18日，学校举行“中建地产”首届大学生职业生涯规划大赛决赛暨颁奖典礼，杨慧林副校长出席。

5月18日，由国家商务部主办、学校承办、联合国最不发达国家办公室参与合作的“发展中国家贸易便利化研修班”开班仪式在学校举行。

5月18日，中国住房和城乡建设部副部长仇保兴应邀来学校公共管理学院，为学院师生作题为“新型城镇化——从概念到行动”的专题讲座。

5月19日，纪宝成校长到新闻学院调研指导工作。

5月19日，学校召开教育基金会理事会，校领导程天权、牛维麟、冯惠玲出席。

5月19日，海南省委宣传部常务副部长张松林一行来学校调研文化科技园建设发展情况，程天权书记会见。

5月19日，首都机场股份有限公司党群干部培训基地揭牌仪式在学校举行，程天权书记出席。

5月19日，教育部发展规划司来学校就“十二五”基本建设规划进行预调研，牛维麟常务副书记出席座谈会。

5月20日至23日，校领导林岗、冯惠玲、王利明出席2011年度国家社科基金项目评审工作会议。

5月20日至21日，陈一兵副校长赴重庆出席“两江讲坛”暨“区域经济与公共管理课程研修班”开学典礼，并与两江新区签署合作协议。

5月20日，由国家发改委就业和收入分配司与学校劳动人事学院联合主办的“中国农村劳动力转移就业发展战略研究成果研讨会”在北京举行。

5月21日，杨慧林副校长、新闻学院赵启正院长会见来我国访问的欧盟前主席、意大利前总理罗马诺·普罗迪。

5月22日，学校举行《中国共产党通史》出版座谈会，程天权书记出席。

5月23日，香港城市大学法律专业学生国情教育课程班在学校开班，杨慧林副校长出席开班仪式。

5月23日，英国伦敦大学皇家豪勒威学院校长保罗·雷泽尔教授率团访问学校，杨慧林副校长会见。

5月23日，美国哥伦比亚大学社会工作学院院长珍妮特·C.高村（Jeanette C. Takamura）教授访问学校劳动人事学院，双方正式签署合作备忘录。

5月24日，教育部国际合作与交流司徐永吉副巡视员一行来学校就中法学院成立事宜进行调研，校领导纪宝成、王利明、杨慧林会见。

5月24日，学校学生艺术团合唱团专场演出“颂歌献给党”在国家大剧院举行，纪宝成校长、杨慧林副校长出席。此次演出是2011年国家大剧院北京青少年艺术周暨北京市第十四届学生艺术节优秀节目展示中唯一一场高校专场演出。

5月24日，美国密歇根大学管乐团音乐会在学校举行，杨慧林副校长出席。

5月25日至26日，纪宝成校长一行赴湖北考察。25日，纪宝成校长访问襄樊学院并为学院中层干部和教师代表作专题报告。26日，纪宝成校长会见鄂州市委书记范锐平、代市长韩进等。

5月25日，由奥地利驻华大使馆和学校法学院共同主办的“汉斯·凯尔森与东亚法文明”研讨会在学校举行，程天权书记出席。

5月25日，牛维麟常务副书记、陈一兵副校长会见沿海地产投资（中国）有限公司副总裁孙贵翔，就生命科学园项目下一步合作进行商谈。

5月25日，《光明日报》刊登2010年度《国家哲学社会科学成果文库》入选作品表彰决定和入选作品名单。经过专家评审、社会公示、全国哲学社会科学规划领导小组批准，共有62部作品入选2010年度《国家哲学社会科学成果文库》。其中，学校有6部作品入选，是入选作品最多的高校。6部作品分别为：王利明副书记兼副校长的《侵权责任法研究》，经济学院郑超愚教授的《中国宏观经济分析的理论体系》，国际关系学院李景治教授的《中国和平发展与构建和谐世界研究》，国际关系学院杨光斌教授的《政治变迁中的国家与制度》，清史研究所曹刚华讲师的《明代佛教方志研究》，社会与人口学院杨菊华教授的《人口转变与老年贫困》。

5月26日，“刘少奇与中国共产党”巡回展览首展式在学校举行，中国人民解放军总后勤部政委刘源，中央文献研究室副主任、中国中共文献研究会副会长陈晋，教育部党组成员、副部长李卫红，刘少奇同志女儿刘爱琴，周恩来同志侄女周秉德，陈云同志女儿陈伟华，学校党委书记程天权，党委副书记兼副校长王利明等出席首展式。

5月26日，杨慧林副校长看望学校哲学院方立天教授和文学院胡明扬教授。

5月26日，台湾大学政治学系师生代表团访问学校国际关系学院。

5月26日至31日，应俄罗斯联邦政府下属立法与比较法研究院邀请，法学院代表团参加了以“变革世界中的国家”为主题的第六届国际青年法学家大会暨“中俄宪法与比较法国际论坛”法律圆桌会议。

5月27日，学校举行国务院学位委员会应用经济学学科评议组关于委托中国人民大学编写“应用经济学一级学科博士、硕士研究生培养基本要求”的讨论会，袁卫常务副校长出席。

5月27日，自然辩证法与科学发展高阶研讨会在学校举行，林岗副校长出席。

5月27日，中国人民大学劳动人事学院—罗格斯大学社会工作学院合作项目签字仪式暨学科交流见面会在学校举行。

5月28日，中国人文社科论坛2011在学校举行，论坛主题为“革命·建设·改革——中国共产党90年”。中共中央政策研究室、中共中央文献研究室原主任、全国政协常委滕文生出席论坛开幕式。纪宝成校长出席并作题为“实事求是是党的生命线”的主题报告，冯惠玲副校长主持大会开幕式及主论坛。

5月28日，学校劳动人事学院与美国罗格斯大学社会工作学院联合举办的“中美社会福利体制：比较与创新”研讨会在学校举行，王利明副书记兼副校长出席。

5月28日，由学校国际关系学院主办、全国高校国际政治研究会协办的“中国国际问题论坛2011：新兴国家崛起与中国对外战略”在学校举行。

5月29日，第三届北京外国留学生汉语之星大赛决赛在中央民族大学举行，留学生斯拉瓦（乌克兰）、阮氏玲（越南）代表学校参加决赛并获评“十大汉语之星”。杨慧林副校长应邀出席。

5月29日至6月3日，学校代表团赴加拿大参加国际教育工作者协会第63届年会和教育展。

5月30日，学校举行马克思主义基础学科建设座谈会，校领导纪宝成、袁卫、林岗、冯惠玲出席。一级教授吴易风、陈先达、胡乃武，各相关学院、机关部处和出版社、各期刊负责人等参加座谈会并发言。

5月30日，黑龙江大庆富裕正洁寺与学校签署合作协议，共同创办“中国人民大学国际佛学研究中心”，杨慧林副校长出席签约仪式。

5月31日，学校召开全校统计工作会议，纪宝成校长、袁卫常务副校长出席。

5月31日，法国驻华大使白林女士代表法国政府在法国驻华大使馆，向纪宝成校长授予法国教育棕榈勋章军官勋位徽章，表彰他为中法两国教育交流与合作作出的杰出贡献。中国国家行政学院副院长周文彰，学校校领导冯惠玲、杨慧林出席授勋仪式。

5月31日，第二期教育部直属高校中青年校级领导干部专题研修班学员来学校考察交流，马俊杰副书记出席相关活动。

5月，学校公共管理学院二年级硕士研究生王树光同学，获评北京市2011年优秀共产党员。他是百名受表彰者中唯一一名在校大学生。

6月1日，中国金融学科终身成就奖颁奖典礼暨首届中国金融学科发展论坛在学校举行，黄达教授获首届中国金融学科终身成就奖。国务委员、国务院秘书长马凯为黄达教授获奖专致贺信，中国人民银行行长周小川、教育部副部长郝平为黄达教授颁奖。刘鸿儒金融教育基金会名誉理事长刘鸿儒，全国人大财经委副主任委员吴晓灵，中国社科院副院长李扬，中国银监会副主席周慕冰，学校领导纪宝成、袁卫出席。

6月1日，学校召开2011年管理干部专题报告会，纪宝成校长出席并作专题报告，冯惠玲副校长主持报告会。

6月1日，纪宝成校长、杨慧林副校长向教育部副部长郝平汇报中法学院相关事宜。

6月1日，学校举行吴玉章学术讲座暨信息论坛李国杰院士专场，冯惠玲副校长出席。

6月1日，学校举行学生社会实践辅导员聘任暨中国人民大学学生社会实践服务中心成立仪式。

6月2日，泰国法政大学代表团访问学校，纪宝成校长、杨慧林副校长会见。

6月2日，学校召开研究生招生、培养、学位相关制度改革座谈会，袁卫常务副校长出席。

6月2日，学校举行2011年国际教育学院学生结业典礼，陈一兵副校长出席。

6月2日，学校举行第三届学生“创业之星”大赛总决赛暨颁奖典礼，杨慧林副校长出席。

6月2日，西班牙桑坦德银行大学联盟首席执行官加梅·巴耶斯·菲达（Jaume PAGÈS FITA）一行访问学校，杨慧林副校长会见。

6月2日，由国土资源部土地整理中心、《中国土地科学》编辑部和学校公共管理学院土地管理系联合主办的土地整治中生态景观建设专家座谈会在学校举行。

6月3日，学校举行2011年党风廉政建设宣传教育月主题党课，程天权书记出席并作报告，牛维麟常务副书记主持报告会。

6月3日，北京市社科规划办重大项目“人文北京行动计划研究”阶段性成果汇报暨专家意见征询座谈会在学校举行，冯惠玲副校长出席。

6月3日，学校召开2010—2011学年团学系统宣传工作总结表彰大会，马俊杰副书记出席。

6月3日，学校召开第十三届“创新杯”学生课外学术科技作品竞赛总结表彰大会，马俊杰副书记出席。

6月3日，学校举办“法律人才培养与21世纪系列法学核心课程教材修订工作”研讨会，王利明副书记兼副校长出席。

6月3日，学校召开2011年招生咨询宣传动员会，杨慧林副校长出席。

6月3日，汉青经济与金融高级研究院和财政金融学院举办第四届“Five Star·金融论坛”。

6月5日，学校举行“雇主—雇员匹配数据追踪调查”国际研讨会，冯惠玲副校长出席。

6月5日，法学院与美国印第安纳大学法学院联合举办主题为“公益服务与法学实践型教学”的第二届“国际法科学生论坛”。

6月6日，美国马里兰州州长马丁·奥马利（Martin O' Malley）率团访问学校，纪宝成校长、杨慧林副校长会见。期间，纪宝成校长与马里兰大学校长陆道逵（Wallace D. Loh）共同签署了《中国人民大学与马里兰大学合作协议》。

6月6日，韩国首尔大学亚洲研究中心代表团访问学校，杨慧林副校长会见。

6月6日，学校举办中美政府绩效管理学术报告会，杨慧林副校长出席。

6月6日，意大利威尼斯大学校长卡罗·卡拉罗（Carlo Carraro）访问学校，杨慧林副校长会见。

6月7日，纪宝成校长主持召开2010—2011学年第14次校长办公会，听取教务处关于本科教学改革思路的汇报，并决定成立教学委员会、教师发展中心、本科人才培养战略研究专家委员会，责成教务处进一步完善学生转专业、辅修、选课等有关复合型人才培养的制度规定，提请校长办公会讨论，进一步明确明德书院之内涵和职责，决定在教务处下设专门机构，加强对实验班的指导，通过《中国人民大学周转房管理办法（修订）》，通报学校颁布《中国人民大学统计工作管理办法（试行）》

有关事宜。

6月7日，由中国法学会法律信息部和学校法学院合办的中国人民大学法治信息研究中心成立，程天权书记出席成立仪式。

6月7日，由国家商务部主办、学校承办，与联合国最不发达国家办公室合作的“发展中国家贸易便利化研修班”结业仪式在学校举行，杨慧林副校长出席。

6月7日，学校“公共财政与公共政策”二级学科设置方案顺利通过专家评审。

6月7日至12日，学校学生艺术团应邀赴台湾逢甲大学交流演出。

6月8日，学校举行“颂歌献给党”师生演唱会，校领导纪宝成、程天权、牛维麟、马俊杰、王利明观看演出。

6月8日，“马克思主义中国化论坛2011”在学校举行，中共北京市委常委、市委宣传部部长、副市长鲁炜，学校党委书记程天权出席。

6月9日，学校化学系与北京市检验检疫局检验检疫技术中心签署合作协议，袁卫常务副校长出席签约仪式。

6月9日，英国雷丁大学副校长史蒂芬·米森（Steven Mithen）率团访问学校，杨慧林副校长会见。

6月11日，北京市“落实《纲要》精神，全面推进素质教育——走进人大附中”活动在学校附属中学举行，国务院参事室主任陈进玉，教育部部长袁贵仁，全国人大常委会副秘书长李连宁，教育部副部长刘利民，北京市委常委、教育工委书记赵凤桐，学校党委书记程天权，副校长杨慧林出席活动。

6月11日，学校排球队获2010—2011赛季全国大学生排球超级联赛季军。

6月11日至12日，美国哥伦比亚大学东亚系与学校文学院文艺思潮研究所在北京联合举办“路遥与八十年代文学的展开”国际学术研讨会。

6月13日，学校原马列主义发展史研究所所长、首批荣誉教授刘佩弦逝世，享年90岁。6月14日，纪宝成校长、程天权书记分别看望刘佩弦教授家属。6月13日，林岗副校长、马俊杰副书记分别看望刘佩弦教授家属。

6月13日，学校举行第七届学位评定委员会第十四次全体会议，校领导纪宝成、袁卫、林岗、冯惠玲、王利明出席。

6月13日，澳门中学班主任访问团访问学校，冯惠玲副校长会见。

6月13日，北京市海淀区城管监督指挥中心主任张泽根带队来学校现场办公，与学校共同研究解决校园环境综合治理有关工作，陈一兵副校长出席现场办公会。

6月13日，中共北京市委教育工作委员会公布“庆祝建党90周年巡回宣讲活动”获奖结果，学校党委宣传部获优秀组织奖、三名同学获优秀宣讲员二等奖。

6月14日，教育部副部长杜占元来学校考察并听取工作汇报，校领导纪宝成、袁卫、冯惠玲出席汇报会。

6月14日，国家自然科学基金委员会管理科学部专家来学校考察基础数据建设项目——中国调查数据库建设，袁卫常务副校长、冯惠玲副校长出席座谈会。

6月15日至20日，杨慧林副校长赴匈牙利参加2011年欧洲地区部分孔子学院工作座谈会。

6月16日，学校举行《中国社会舆情报告（2011）》蓝皮书发布会，袁卫常务副校长出席。

6月16日，学校举行中国人民大学学生发展成长辅导室挂牌及建设座谈会，马俊杰副书记出席。

6月16日，国际高校房屋管理协会执行主席萨莉·斯莱尔（Sallie Traxler）女士访问学校，陈一兵副校长会见。

6月16日，学校新闻学院与海航旅业控股集团战略合作签约仪式在北京举行，双方签署了《关于中国人民大学新闻学院与海航旅业控股集团建立战略合作伙伴关系的框架协议》。

6月16日，由中宣部、教育部、共青团中央、人民日报社指导，人民网、大学生杂志社共同主办的“2010中国大学生年度人物”评选活动颁奖典礼在北京交通大学举行。学校新闻学院澳门籍本科生谭霭琳获“2010中国大学生年度人物”提名奖，这是该活动举办以来首次有港澳台生获奖。

6月17日，学校举行2011消费者研究学会亚太会议，林岗副校长出席开幕式。

6月17日，学校举行财产权与中国的发展变革国际学术研讨会，王利明副书记兼副校长出席。

6月17日，全国哲学社会科学规划办公室公布了2011年度国家社会科学基金年度项目评审结果。2011年度获准国家社科基金年度项目立项的项目共有2 883个，学校获准立项的项目有44个，包括重点项目7项，一般项目21项，青年项目16项，立项数量居全国第五、高校第四。立项数量位列全国第一至第四的单位分别是中国社会科学院（61项）、复旦大学（52项）、北京大学（47项）、南京大学（46项）。学校申报总数160项，立项率为27.5%。

6月18日至19日，由学校参与主办的中国统筹城乡发展与规划学术会议在学校召开，袁卫常务副校长出席。

6月18日，王利明副书记兼副校长赴江苏出席苏州工业园区低碳发展研讨暨“苏州工业园区低碳经济发展现状、对策与规划”专家论证会。

6月20日，学校举行汉青研究院建院四周年成果展暨首届毕业典礼，纪宝成校长、冯惠玲副校长出席。

6月20日，台湾中国文化大学校长吴万益访问学校，袁卫常务副校长会见。

6月20日，由学校参与主办的残障与发展论坛（2011）在学校举行，马俊杰副书记出席。

6月20日，由中宣部、人力资源和社会保障部、中国文联共同主办的第三届全国中青年德艺双馨文艺工作者表彰大会在京召开。学校艺术学院常务副院长徐唯辛教授获本届“德艺双馨文艺工作者”称号。

6月21日，纪宝成校长主持召开2010—2011学年第15次校长办公会，重点研究并确定2011年暑期院长工作会的主题和主要议题，通报成立中国人民大学留学生招生委员会事宜，讨论通过调整生活补贴标准。

6月21日，学校举行2011年博士学位授予仪式，校领导纪宝成、袁卫、林岗、冯惠玲、王利明出席。

6月21日，袁卫常务副校长出席国务院学位委员会统计学学科评议组会议。

6月21日，美国密歇根大学法学院院长代表团访问学校，王利明副书记兼副校长会见。

6月22日，学校举行2011年毕业生代表座谈会，校领导纪宝成、程天权、马俊杰出席。

6月22日，学校举行2011年硕士学位授予仪式，校领导纪宝成、袁卫、林岗、王利明出席。

6月22日，学校举行三星奖学金颁奖仪式，马俊杰副书记出席。

6月22日，美国宾夕法尼亚大学法学院院长代表团访问学校，王利明副书记兼副校长会见。

6月22日，美国乔治城大学法学院院长代表团访问学校法学院。

6月22日，新闻出版总署在《光明日报》上公布了“庆祝中国共产党成立90周年重点出版物（80种）”名单。学校出版社有《中国共产党治国社会方略研究》、《中国共产党与马克思主义中国化》、《梁衡红色经典散文选》3项出版物入选，入选数量在全国出版社中居第4位（前三位分别为中共党史出版社、中央文献出版社和人民出版社，均有5项出版物入选），在全国高校出版社中居第1位。

6月23日，学校举行2011年学士学位授予仪式，校领导纪宝成、袁卫、林岗、冯惠玲出席。

6月23日，学校举行2011年专业硕士学位授予仪式，校领导袁卫、林岗、冯惠玲、王利明出席。

6月23日，在北京高校纪念中国共产党成立90周年表彰大会上，学校哲学院李秋零教授、经济学院退休教师沈民鸣、公共管理学院2009级硕士研究生王树光获“北京市高校共产党员”荣誉称号，党委学生工作部部长张晓京获“北京市高校优秀党务工作者”荣誉称号，法学院民商法教研室党支部荣获“北京市高校先进基层党组织”荣誉称号。

6月24日，新疆财经大学党委副书记乌斯满·达吾提一行到学校调研，袁卫常务副校长会见。

6月24日至26日，王利明副书记兼副校长赴贵州贵阳出席“2011海峡两岸民法论坛——第九届民法典学术研讨会”。

6月24日，学校召开2011年度中国人民大学教学优秀奖和宝钢教育基金优秀教师奖评审会，杨慧林副校长出席。

6月24日至25日，由美国芝加哥大学和学校联合主办的第二届“芝加哥大学—中国人民大学家庭和劳动经济学国际研讨会”在美国芝加哥大学举办。

6月25日，由中国法律史学会和学校法学院共同举办的海峡两岸法律文化研讨会在北京举行，冯惠玲副校长出席。

6月26日，学校举行2011届毕业生文艺晚会，校领导纪宝成、程天权、马俊杰出席。

6月26日，学校举行1997级本科生毕业十周年返校大会，纪宝成校长、马俊杰副书记出席。

6月26日，程天权书记参加教育部在京召开的全国高校纪念中国共产党成立90周年理论研讨会。学校有5篇文章入选研讨会论文，数量居全国高校首位。

6月26日，袁卫常务副校长、杨慧林副校长出席学校文学院胡明扬教授遗体告别仪式。胡明扬教授于6月22日在北京逝世，享年86岁。

6月27日，学校举行庆祝中国共产党成立90周年表彰大会，校领导纪宝成、程天权、袁卫、牛维麟、林岗、冯惠玲、马俊杰、陈一兵、王利明、杨慧林出席。

6月27日，学校举行2011届毕业典礼，校领导纪宝成、程天权、袁卫、牛维麟、林岗、冯惠玲、马俊杰、王利明、杨慧林出席。

6月27日，国家发改委社会发展司司长王威一行来学校就共建“国家社会发展研究院”进行调研，校领导纪宝成、林岗、冯惠玲会见王威一行并就有关事宜进行商谈。

6月27日，中国共产党90年新闻实践与新闻思想研讨会暨全国新闻学研究会2011年中国新闻学学术年会在学校召开，全国人大财经委员会副主任委员、中央马克思主义理论研究与建设工程咨询委员会主任、原河南省委书记徐光春，学校校领导纪宝成、冯惠玲，学校新闻与社会发展研究中心学术委员会主任方汉奇教授出席。

6月27日，印度尼西亚师范大学代表团访问学校，杨慧林副校长会见。

6月28日，党委书记程天权主持召开中共中国人民大学第十三届委员会第49次常委会议，通过人事任免事项。

6月28日，学校举行“群众性社会管理的杭州模式”研讨会，冯惠玲副校长出席。

6月29日，“七一”前夕，北京市教委主任姜沛民看望学校哲学院李秋零教授，牛维麟常务副书记陪同。纪宝成校长会见姜沛民主任。

6月29日，山东大学校长徐显明访问学校，纪宝成校长会见。

6月30日，学校举行2011届国防生毕业典礼，纪宝成校长与毕业生合影，马俊杰副书记出席毕业典礼。

6月30日，美国约翰·马歇尔法学院亚洲项目负责人李汪引兰教授访问学校，王利明副书记兼副校长会见。

6月，由学校博物馆家书文化研究中心组织编写的《红色家书背后的故事》出版发行。该书是新闻出版总署庆祝建党90周年重点图书，由学校和人民出版社领导共同组成编委会，袁宝华老校长作序。

6月，在新闻出版总署召开的“十一五”国家重点出版规划总结表彰暨部署“十二五”国家重点出版规划工作会议上，学校出版社获“‘十一五’国家重点出版规划出版工作先进单位”称号。学校出版社共有27项图书、音像、电子出版物入选“十二五”国家重点出版规划，数量居全国第四位。

7月1日至2日，中组部、中宣部、中央党校、中央文献研究室、中央党史研究室、教育部、中国社会科学院、解放军总政治部联合召开纪念中国共产党成立90周年理论研讨会，中共中央政治局常委李长春出席研讨会并作讲话，纪宝成校长参加。纪宝成校长的论文《以理论创新回应创新时代：论哲学社会科学的繁荣与创新》入选会议论文。

7月1日，学校举行中国人民大学师生集体收看中央纪念建党90周年大会暨学习座谈会，校领导牛维麟、林岗、冯惠玲、马俊杰、王利明出席，学校相关部门负责人和学生代表参加。

7月2日，学校举办第四届临床评价与应用方法国际研讨会，袁卫常务副校长出席并致辞，来自美国哥伦比亚大学、华盛顿大学、芝加哥大学，中国医药大学等学校的国内外学者参加。

7月2日，学校举办“中国宏观经济论坛（2011年中期）”，中国银行副行长王永利、学校副校长林岗出席并致辞，来自中银国际控股有限公司、中国社会科学院、国家发改委经济研究所等机构的专家学者参加并就2011年中国宏观经济运行的新特征、通货膨胀目标及汇率政策等问题进行交流。会上发布了《中国宏观经济形势分析与预测报告（2011年中期）——寻求增长目标与民生目标协同的中国宏观经济》。

7月2日，财政金融学院举办国际房地产金融讨论会，杨慧林副校长出席并致辞，来自美国加州大学伯克利分校、康奈尔大学，英国剑桥大学等高校的专家学者就房地产金融领域的现状、问题及前景进行交流。

7月2日至7月6日，澳门“品德与公民科骨干教师——《澳门基本法》”国情考察交流团来京访问交流，学校受教育部委托负责接待该团并安排相关活动。5日，杨慧林副校长宴请了交流团一行。

7月3日，学校艺术学院音乐系“北京室内乐团”举行室内乐专场音乐会，程天权书记以及部分兄弟院校领导出席。

7月3日，学校举行引进外国智力专题说明会，国家外国专家局文教司计划处的王嵩处长作讲座。会前，杨慧林副校长会见王嵩处长。

7月4日，学校举行2011年暑期学校（国际小学期）开学典礼，校领导袁卫、陈一兵、杨慧林出席，学校办公室、研究生院、教务处、科研处、人事处、国际交流处等部门负责人、各院系领导，部分暑期学校授课教师、全体参加暑期学校的外校学生、部分参加暑期学校的本校学生以及暑期学校志愿者参加。

7月5日，学校召开党委理论中心组扩大会议，学习胡锦涛总书记“七一”重要讲话精神，校领导纪宝成、程天权、袁卫、牛维麟、林岗、马俊杰、陈一兵、王利明出席，相关学院和部处负责人参加。

7月6日，学校波士顿校友会在美国波士顿成立，纪宝成校长致电波士顿校友会表示祝贺。

7月6日，学校召开第八次挂职干部座谈会，牛维麟常务副书记出席，相关部处、学院负责人，已结束挂职返校的干部代表和本批挂职干部30余人参加。

7月8日至9日，学校在北戴河学术交流中心召开2011年院长工作会，校领导纪宝成、程天权、袁卫、牛维麟、林岗、冯惠玲、王利明、杨慧林出席，校务委员会、学位评定委员会、教代会主席团代表和各院系、机关各部处及直附属单位负责人参加。纪宝成校长作题为“深化‘人民满意、世界一流’大学建设的战略思考”的主题报告。

7月10日，美军参联会主席迈克尔·马伦海军上将访问学校，与师生交流并发表题为“合作安全与亚洲地区稳定”的演讲。中国国防部外办主任钱少华少将，美军参联会战略计划和政策部部长雅各布中将，校领导纪宝成、冯惠玲、杨慧林等出席，学校师生代表、美国教师和美国留学生代表100余人参加。

7月10日至11日，学校在北戴河学术交流中心召开2011年分党委书记会，校领导程天权、牛维麟、马俊杰、王利明出席，党委各部门主要负责人，各分党委、党总支、直属党支部书记参加，会议由牛维麟常务副书记主持。

7月12日至18日，程天权书记应邀赴新疆维吾尔自治区，就加强学校与新疆维吾尔自治区，特别是与新疆财经大学的合作问题进行了专题调研考察。

7月12日，学校召开中国人民大学国家教育体制改革人才培养试点项目第二次工作会议，杨慧林副校长出席并讲话，哲学院、文学院、历史学院、经济学院、财政金融学院、商学院、公共管理学院、国学院以及教务处等单位的相关负责人参加。

7月13日，纪宝成校长主持召开2010—2011学年第16次校长办公会，研究汉青经济与金融高级研究院、中国经济改革与发展研究院、可持续发展高等研究院等跨学科研究机构的机制及人事问题，通报教育学院当前工作进展。

7月13日，学校举行2011年暑期学校（国际小学期）教师招待会，纪宝成校长、杨慧林副校长出席，来自70多所大学和研究机构的100多名暑期学校授课教师参加。

7月14日，教育部中国人民大学教育发展与公共政策研究中心成立仪式在学校新图书馆多功能厅举行，教育部副部长鲁昕，教育部政策法规司副司长郭戈、发展规划司司长谢焕忠、副司长陈锋、财务司副司长徐孝民、社科司副司长张东刚，国家发展改革委社会司副司长王凤玲，财政部教科文司副司长吴国生，清华大学副校长谢维和，北京大学副校长刘伟，对外经贸大学校长施建军，南开大学副校长佟家栋，腾讯公司副总裁马斌，校领导纪宝成、袁卫、冯惠玲等出席。

7月18日，美国洛杉矶城市联盟（Los Angeles Urban League）主席兼首席执行官布莱尔·泰勒（Blair Taylor）及金赛收藏（Kinsey Collection）创始人伯纳德·金赛（Bernard Kinsey）率团访问学校，杨慧林副校长会见并与对方就研究合作等相关事宜进行商谈。

7月19日至8月1日，由国务院参事、学校附属中学校长刘彭芝担任团长的“中国基础教育卓越校长、卓越教师培养基地”校长学员培训团赴美研修，该培训团是落实中美人文交流高层磋商机制框架下“500名大中小学校长和教师赴美研修计划”的首个项目。

7月20日，党委书记程天权主持召开中共中国人民大学第十三届委员会第50次常委会议，研究学校博物馆近期文物征集有关事宜，确定主要征集意向、征集原则及资金支持方式。

7月20日至21日，纪宝成校长作为特邀嘉宾列席中共重庆市委第三届九次全会。此次会议以“缩小三个差距、促进共同富裕”为主题，确定鼓励创业、实施户籍制度改革、增加农民财产性收入、关爱留守儿童和空巢老人、建设公租房、加强收入分配调节、实现人人享有基本社会保障等12项重大举措。

7月22日，台湾师范大学校长张国恩访问学校，纪宝成校长会见并与对方进行商谈。双方签署了学术合作交流协议书，根据协议，两校将在下一学期互派两名交换生。

7月23日至27日，程天权书记率团访问金日成综合大学和朝鲜人民经济大学，并拜访了中国驻朝鲜大使馆。

7月23日，旧金山校友会举行交流会，纪宝成校长致电表示祝贺。旧金山校友会于2008年9月成立。

7月23日，语言学家、语文教育家胡明扬教授追思会在学校举行，国家语委副主任、教育部语言文字信息管理司司长李宇明出席，杨慧林副校长致悼词，胡明扬先生的亲属、好友、同事、学生等参加。

7 月 25 日至 29 日，纪宝成校长率学校教授考察团赴贵州省考察交流。

7 月 25 日，学校举办“全国省会城市、计划单列市残联理事长和部分省级残联负责人专题培训班”开班仪式，中国残联副主席吕世明、学校副校长冯惠玲出席并讲话，来自全国各省会城市、计划单列市和部分省级残联相关负责人参加。

7 月 28 日，2011 年第二季度大陆及港澳台消费者信心指数暨中国大陆消费者民意调查发布会在学校召开，袁卫常务副校长出席并致辞，来自台湾辅仁大学、首都经贸大学等高校的专家学者参加，会上发布了 2011 年第二季度大陆消费者关于食品安全问题的民意调查结果。此次指数发布是 2008 年第四季度首次发布以来的第 11 次发布。

7 月 28 日，教育部专家组来学校苏州校区实地考察中法学院筹办情况，并参加中法学院筹办情况汇报会，王利明副书记兼副校长、杨慧林副校长陪同考察。

7 月 29 日，宜兴市委常委、中国宜兴环保科技工业园管委会主任朱旭峰一行访问学校，牛维麟常务副书记会见，介绍了学校教学科研情况及高起点建设理工科的发展思路，并与对方就扩大双方合作的相关事宜进行会谈。科研处、理工学科建设处、环境学院和文化科技园相关负责人参加。

7 月 29 日至 31 日，由学校哲学院和伦敦国王学院中国研究中心共同举办的“共识、文化与理性：‘中国—欧洲哲学与宗教国际研究中心’成立大会暨第一届会议”在学校召开，杨慧林副校长和国王学院中国研究中心主任姚新中教授出席。

7 月 31 日，法学院举行重大事件法律聚焦圆桌沙龙（第一期）“反思与改革：动车事故的法律审视”研讨会，来自宪法、行政法、刑法、民商法、经济法、诉讼法、证据法等专业领域的专家学者进行了深入讨论。

8 月 3 日，第二届汉语言文字学高级研讨班开班仪式在逸夫会议中心举行，国家语言文字工作委员会副主任、教育部语言文字信息管理司司长李宇明，学校副校长杨慧林，北京师范大学教授王宁等出席。汉语言文字学高级研讨班以汉语言文字学专业的研究生和高校青年教师为主要对象，聘请著名老专家和有成就的中年学者系统讲授有关课程或进行前沿性专题讲座。

8 月 5 日，扬州市广陵区区长陈曦一行访问学校，牛维麟常务副书记会见并介绍了学校文化科技园建设的相关情况，双方就开展合作的相关事宜进行商谈。

8 月 5 日，由中宣部理论局组织编写的《从怎么看到怎么办——理论热点面对面・2011》学习交流会在学校举行，中华全国供销合作总社财会部部长原梅生、中国社会科学院经济研究所副所长朱玲、中国教育科学研究院研究员储朝晖、学校党委副书记兼副校长王利明等出席，党委宣传部、党委学生工作部相关负责人和 30 余名大学生参加。

8 月 9 日，第六届国务院学位委员会理论经济学学科评议组会议在经济学院召开，教育部党组成员、国家教育行政学院院长顾海良，学校副校长林岗，复旦大学经济学院院长袁志刚，西南财经大学副校长刘灿等第六届国务院学位委员会理论经济学学科评议组成员参加，会议就编制理论经济学一级学科下授予博士、硕士学位和培养研究生的二级学科目录等问题进行了讨论。

8 月 11 日，学校在世纪馆北大厅举行玻利维亚总统莫拉莱斯中国人民大学名誉博士学位授予仪式，玻利维亚总统莫拉莱斯，学校校长、校学位评定委员会主席纪宝成，副校长、校学位评定委员会委员冯惠玲，外交部拉丁美洲和加勒比司副司长赵本堂，教育部国际司副司长沈阳等出席，学校办公室、研究生院、国际交流处等相关部门负责人和师生代表参加。

8 月 14 日至 15 日，纪宝成校长、程天权书记参加在广东省东莞市举行的教育部直属高校工作咨询委员会第 21 次全体会议。中共中央政治局委员、国务委员刘延东出席会议并讲话，来自教育部直属高校的咨询委员、其他部委和地方所属高校的特邀代表共 193 人参加会议。

8月15日至16日，学校电子文件管理研究中心在澳门举办以“电子文件与国家战略”为主题的研讨会，冯惠玲副校长出席并作报告，中央人民政府驻澳门联络办公室，澳门行政暨公职局、文化局、印务局、法律改革及国际法事务局等部门的相关负责人参加。

8月20日，团队对口支援西藏民族学院工作协调会在陕西咸阳召开，教育部、西藏自治区教育厅、支援团队各成员高校代表等出席，学校校长助理、学校办公室主任刘向兵受纪宝成校长、程天权书记和袁卫常务副校长的委派，代表学校参加会议。为进一步加深对口支援力度，教育部此次对口支援西藏民族学院采取新型团队模式，组建了以中国人民大学为组长单位，中山大学、厦门大学、华东师范大学、东南大学、北京外国语大学为成员单位的高校团队。

8月20日，第八届茅盾文学奖获奖作品揭晓，学校文学院刘震云教授的长篇小说《一句顶一万句》获奖。

8月21日至22日，由学校信息学院、清华大学数学科学中心和中科院晨兴数学中心主办的“2011应用数学与统计国际研讨会”在学校举行，著名数学家、菲尔兹奖得主、美国哈佛大学教授丘成桐，学校常务副校长袁卫出席，来自学校和哈佛大学、耶鲁大学、清华大学、中国科学院等高校和科研机构的国内外专家学者、师生近150人参加。

8月25日，第三届全国公共管理专业学位研究生（MPA）教育指导委员会2011年度工作会议在成都召开，教指委主任委员、人力资源和社会保障部副部长、国家公务员局党组书记杨士秋，副主任委员、学校校长纪宝成，中组部干部教育局局长孙学玉，清华大学公共管理学院院长薛澜等出席。

8月26日，学校2010级本科学生军训开营式在北京昌平盛华学生军训基地举行，马俊杰副书记出席，党委学生工作部及各学院相关负责人、参训学生参加。本次军训自8月25日开始，至9月5日结束，共有2 600余名同学参加。

8月29日至9月1日，程天权书记率团访问蒙古国立大学，并拜访了我国驻蒙古使馆。

8月31日，纪宝成校长、冯惠玲副校长看望学校国学院名誉院长、著名学者冯其庸先生，双方就国学馆建设、文物征集等事宜进行交流。

8月，学校学子在深圳举行的第26届世界大学生运动会上，以单人或组队的形式夺得7块金牌、1块铜牌。

9月2日，由中宣部理论局、中央电视台财经频道联合制作的大型理论专题片《从怎么看到怎么办——理论热点面对面·2011》光盘赠送仪式暨交流座谈会在学校举行，程天权书记出席。

9月2日，冯惠玲副校长出席北京市委召开的“北京文化大系研究工程”建设案专家论证会。

9月3日至5日，由韩国国立釜山大学主办，学校中国社会保障研究中心协办的第七届社会保障国际论坛在韩国釜山市举行。学校郑功成教授率中国社会保障学术代表团出席论坛并作主题报告。

9月5日，《解读苏南》首发式暨学术研讨会在学校举行，全国人大常委、农业与农村委员会副主任委员、中国农业经济学会会长尹成杰，学校党委书记程天权出席。该书由学校农业与农村发展学院院长温铁军教授主编。

9月6日，学校国际学院（苏州研究院）举行开学典礼，王利明副书记兼副校长出席。

9月7日，学校召开2011—2012学年第一学期全校工作部署会，校领导纪宝成、程天权、袁卫、牛维麟、林岗、冯惠玲、陈一兵、王利明、杨慧林出席。

9月7日，新西兰梅西大学校长史蒂夫·莫哈瑞（Steve Maharey）一行访问学校，纪宝成校长会见。

9月7日，日本同志社大学文化情报学部代表团访问学校，袁卫常务副校长会见。会见结束后，日本同志社大学文化情报学部与学校统计学院签署了学生交流协议。

9月8日，纪宝成校长看望著名马克思主义哲学家、学校一级教授陈先达。

9月8日，程天权书记看望著名哲学家、中央文史研究馆馆员、学校一级教授方立天。

9月8日，袁卫常务副校长检查新学期研究生教学情况，并先后到研究生新生报到现场检查工作和到学生公寓看望2011级研究生新生。

9月8日，学校举行书报资料中心“学者在线”项目工作会议，牛维麟常务副书记出席。

9月8日，杨慧林副校长检查新学期本科生教学情况。

9月8日，教育部召开第六届高等学校教学名师奖表彰大会，中共中央政治局委员、国务委员刘延东出席，教育部部长袁贵仁主持。会议表彰了来自全国92所高校的100位获奖名师，学校新闻学院张征教授获评教学名师奖。

9月9日，学校举行纪念胡锦涛总书记视察中国人民大学一周年座谈会，校领导纪宝成、程天权、袁卫、牛维麟、林岗、冯惠玲、马俊杰、陈一兵、杨慧林出席。30余位师生代表和学校相关部处负责人参加座谈会。

9月9日，学校举行教师节表彰大会，校领导纪宝成、程天权、袁卫、牛维麟、林岗、冯惠玲、马俊杰、陈一兵、杨慧林出席。受表彰教师代表、从教30年的教职工代表、校长助理、学校各职能部门负责人、学院负责人、教务秘书、教师与学生代表共400余人参加表彰大会。

9月9日，纪宝成校长、程天权书记分别前往迎新现场，看望本科新生和家长，并慰问参与迎新工作的师生员工。马俊杰副书记、杨慧林副校长陪同。

9月9日，学校举行欢庆2011年教师节人大附中素质教育部分成果展示，中共中央政治局委员、北京市委书记刘淇，教育部党组副书记、副部长杜玉波，学校校长纪宝成、党委书记程天权出席。

9月9日，纪宝成校长、杨慧林副校长会见香港中华能源基金委员会常务副主席、秘书长何志平，双方就合作开展中华传统文化的研究和传播工作进行商谈。

9月9日，纪宝成校长看望著名历史学家、中央文史研究馆馆员、学校一级教授戴逸。

9月9日，马俊杰副书记前往学校附属小学看望教师。

9月13日，学校举行2011级新生首场入学教育报告会，程天权书记出席并作报告。

9月13日，学校经济学院举行国际商务专业硕士开学典礼，林岗副校长出席。

9月13日，学校新学期校史选修课正式开课，王利明副书记兼副校长作第一讲。

9月13日，学校汉青经济与金融高级研究院举行“人文修养与道德情操”专题讲座第一讲，著名经济学家茅于轼作题为“经济学与人生”的讲座。

9月14日，学校举行2011—2012学年开学典礼，校领导纪宝成、程天权、袁卫、牛维麟、林岗、马俊杰、陈一兵、王利明、杨慧林，荣誉教授高放、高铭暄，学校董事会常务董事苏叔阳等出席。各学院（系）、机关部处负责人，2011级新生以及学生家长代表参加开学典礼。

9月14日，学校举行2011级博士研究生新生大会，纪宝成校长、袁卫常务副校长出席。

9月14日，纪宝成校长会见浙江省宁波市江北区委副书记郑进达。

9月14日，学校举行第六期爱国宗教界人士研修班开学典礼，程天权书记、杨慧林副校长出席。

9月14日，学校培训学院举行第四届中国画硕士课程研修班开学典礼，陈一兵副校长出席。

9月15日，纪宝成校长主持召开2011—2012学年第1次校长办公会，研究印刷厂文物古建有关问题，研究学校拓展办学空间工作有关问题，确定该项工作为本学期“重中之重”的重大任务，听取书报资料中心关于组建“学者在线”股份公司工作进展情况的汇报，研究八百人大教室改造、增加校内体育设施和文化景点等工作，决定加强校园秩序的管理。

9月15日，学校举行“中国人民大学之歌”2011级迎新晚会，校领导纪宝成、马俊杰、杨慧林出席。

9月15日，黑龙江省鸡西市委书记许兆君、市长朱德义，鸡西大学党委书记朱云武、校长于凯生等访问学校，纪宝成校长会见。

9 月 15 日，牛维麟常务副书记送学校党外代表人士、第十一届全国人大常务委员会委员、劳动人事学院教授郑功成挂职担任北京汽车集团有限公司副总经理。

9 月 15 日，学校国际教育学院举行开学典礼，陈一兵副校长出席。

9 月 15 日，德国法兰克福大学代表团访问学校，杨慧林副校长会见。

9 月 16 日，纪宝成校长与部分知名校友：国务院秘书长、国务委员马凯，农业部党组书记、部长韩长赋，全国政协经济委员会副主任陈锡文，国家税务总局党组书记、局长肖捷，国务院常务副秘书长尤权，国家质量监督检验检疫总局局长支树平，北京市副市长鲁炜，国务院研究室副主任宁吉喆，中国银行股份有限公司党委书记、董事长肖钢，中国农业银行股份有限公司党委书记、董事长项俊波等会谈。纪宝成校长通报了学校发展中的若干重大问题，校友们纷纷表示会大力支持。马俊杰副书记、有关部门负责人参加会谈。

9 月 16 日，学校举行陕公联大老校友祝寿会，马俊杰副书记出席。

9 月 16 日，加拿大卡普顿大学代表团访问学校，杨慧林副校长会见。

9 月 16 日，学校举行“新闻—法学”本科实验班开班仪式。该实验班学生从新闻学院与法学院的 2011 级本科生中选拔产生，大学期间同时学习新闻学与法学专业相关课程，通过四年学习、修满相应学分、考核合格后将授予新闻学院学生文学主修学位、法学副修学位，授予法学院学生法学主修学位、文学副修学位。

9 月 17 日，学校举行方立天教授从教 50 周年学术研讨会，著名哲学家、中央文史研究馆馆员、学校一级教授方立天，中央社会主义学院党组书记、第一副院长叶小文，国家宗教局局长王作安，中国佛教协会会长传印长老，学校党委书记程天权出席。

9 月 17 日，由学校劳动关系研究所举办的集体劳动争议的预防与治理研讨会在学校举行。

9 月 17 日至 18 日，由学校中国就业研究所（CIER）和德国劳动研究所（IZA）联合主办的中国劳动力市场：挑战与对策暨第三届 CIER/IZA 劳动经济学学术研讨会在学校举行。

9 月 18 日至 27 日，纪宝成校长率团先后访问吉尔吉斯斯坦的比什凯克人文大学、哈萨克斯坦的阿尔·法拉比国立大学和阿塞拜疆的巴库大学。

9 月 19 日，英国牛津大学法学院代表团访问学校，王利明副书记兼副校长会见。

9 月 20 日，学校举行澳大利亚国立大学远东历史系教授、学校客座教授吴缉华赠书接收仪式，林岗副校长出席。

9 月 20 日，全国哲学社会科学规划办公室副主任赵川东一行来学校，就设立国家哲学社会科学专题思想库进行调研，冯惠玲副校长出席座谈会。

9 月 20 日，2011 北京高校港澳台侨学生迎新联欢晚会在学校举行，杨慧林副校长出席。

9 月 20 日，学校勤工助学服务中心举行第八届“学长的火炬”书籍发放活动，向来自各学院的 2011 级新同学免费发放了近 1 000 本图书和杂志。

9 月 21 日，学校举行“文学世界与世界文学——皮托尔、阎连科、刘震云三人谈”，墨西哥著名作家塞尔吉奥·皮托尔（Sergio Pitol），我国著名作家、学校文学院教授阎连科、刘震云，校领导马俊杰、杨慧林出席。

9 月 22 日至 24 日，由学校经济学院主办的 2011 年第三季度中国宏观经济论坛在香港举行，林岗副校长出席开幕式。

9 月 22 日，教育部工作组来学校评估数据工程与知识工程教育部重点实验室，冯惠玲副校长出席座谈会。

9 月 22 日，新疆日报网刊登题为“中国人民大学公益科考队爱心暖新疆”的文章，报道 2011 年夏中国人民大学公益科考队赴新疆维吾尔自治区塔什库尔干塔吉克自治县，开展公益科考活动。科考队把爱心企业捐赠的物资带给当地小学，并进行课题调研。

9月23日，学校召开学校教育事业发展“十二五”规划教职工代表征求意见会，袁卫常务副校长出席。

9月23日，冯惠玲副校长出席2011年中国电子政务论坛并作主题报告。

9月23日，荷兰鹿特丹伊拉斯谟大学代理校长汉斯·多尔代（Hans de Doelder）一行访问学校，冯惠玲副校长会见。

9月23日，由学校刑事法律科学研究中心参与主办的“司法判例制度研讨会”在学校举行，国家法官学院副院长郝银钟、学校党委副书记兼副校长王利明出席。

9月23日，来自印度的大学代表团访问学校国际学院（苏州研究院）。

9月24日，中国人口科学前沿问题研究暨庆祝邬沧萍教授90寿辰从教60周年学术研讨会在学校举行。中共中央政治局常委、国务院副总理李克强发来贺信。全国政协副主席张梅颖，第九届全国人大常委会副委员长、中国人口学会名誉会长彭珮云，国家人口和计划生育委员会党组书记、主任李斌，国家人口和计划生育委员会副主任、中国人口学会常务副会长王培安，全国老龄工作委员会办公室党组书记、常务副主任陈传书，民盟中央副主席陈晓光，民建中央副主席、全国人大内务司法委员会副主任委员辜胜阻，中国老年学学会常务副会长赵宝华，我国著名人口学家、学校荣誉一级教授邬沧萍，学校校领导程天权、马俊杰出席。

9月24日，由学校中国社会保障研究中心参与主办的国家社会福利制度发展战略首次研讨会在全国人大会议中心举行，全国人大常委会副委员长华建敏、民政部副部长窦玉沛、学校常务副校长袁卫出席。

9月26日，西班牙巴塞罗那自治大学校长安娜·里波尔·阿瑞莎（Ana Ripoll Aracil）一行访问学校，程天权书记会见。

9月27日，学校召开深入开展“创先争优”活动第三阶段工作动员部署会暨新学期党委工作部署会，校领导程天权、牛维麟、马俊杰、王利明出席。

9月27日，墨西哥维拉克鲁斯大学校长劳尔·勒维罗（Raul Arias Lovillo）一行访问学校，杨慧林副校长会见。

9月27日，学校举行“相伴你我·情暖金秋”2011金秋新生联欢会。

9月28日，西藏民族学院党委书记、副院长赤来旺杰，党委副书记、副院长扎西次仁一行访问学校。校领导纪宝成、程天权、袁卫分别会见，并就加强两校对口支援等工作进行交流。

9月28日，纪宝成校长、程天权书记分别会见上海重阳投资有限公司董事长、学校1987级校友裘国根。

9月28日，纪宝成校长会见安徽财经大学党委书记姜利军和校长丁忠明。

9月28日，学校举行80岁离退休老同志祝寿会，林岗副校长出席。

9月28日，北京市教育工会2011年度全国（市级）模范职工之家复验工作会议在学校举行，马俊杰副书记出席。

9月28日，学校欧洲问题研究中心举行“危机与变革中的欧洲与世界”学术研讨会，杨慧林副校长出席开幕式。

9月30日，学校召开第七届学位评定委员会第十五次全体会议，校领导纪宝成、袁卫、林岗、冯惠玲、王利明、杨慧林出席。

9月30日，韩国高等教育财团新任事务总长朴仁国先生率团访问学校，纪宝成校长、杨慧林副校长会见了代表团一行。

9月，国家自然科学基金委员会公布了2011年度集中受理项目评审结果，学校共获59项资助，其中，重点项目2项，面上项目38项，青年科学基金项目19项，获资助总金额为2 691万元，资助总经费大幅超过去年（2010年同期为63项共1 960.9万元），且面上项目和青年项目获资助总金额首次超过 2 000 万元。

9 月，学校法学院新生、11 岁的云南籍学生许恒瑞到校报到，成为学校近 10 年来最年轻的生源。

9 月，在美国北科罗拉多大学举办的首届国际钢琴大师班钢琴比赛中，学校艺术学院音乐系常欣、纪蕊同学获青年组二等奖，张放获得优秀指导教师奖。

9 月，中共中央政治局委员、中央书记处书记、中央组织部部长李源潮同志专门致信戴逸教授，祝贺其 85 岁寿辰。

10 月 4 日至 7 日，马俊杰副书记赴韩国出席中韩文人大会以及“中国人民大学作家群文学研究”国际学术研讨会，并出席“韩国全国学生中文演讲比赛”开幕式。

10 月 5 日，学校举行 1987 级本科同学毕业 20 周年返校活动，纪宝成校长、王利明副书记兼副校长出席。

10 月 9 日，教育部副部长李卫红到学校国际学院（苏州研究院）考察工作，王利明副书记兼副校长陪同。

10 月 10 日，哥斯达黎加大学孔子学院代表团访问学校，纪宝成校长、杨慧林副校长会见。

10 月 11 日，党委书记程天权主持召开中共中国人民大学第十三届委员会第 51 次常委会议，同意在科研处和国际学院（苏州研究院）分别增设“科研机构管理办公室”和“学生事务部”两个内部机构，通过人事任免事项，对成立“学者在线”股份有限公司方案提出修改意见，同意学校资产经营管理公司人大世纪科技发展有限公司向北京人大文化科技园建设发展有限公司追加投资，同意学校博物馆提出的对一批古代青铜器征集入馆的请示，通报、研究海淀区人大代表换届选举有关工作。

10 月 12 日，学校举行中国人民大学画院暨首届中国画名家工作室成立仪式，校领导纪宝成、牛维麟、陈一兵出席。

10 月 12 日，扬州市市长谢正义一行访问学校，并代表扬州市人民政府与学校签署战略合作框架协议，纪宝成校长、牛维麟常务副书记出席签约仪式。签约前，牛维麟常务副书记陪同谢正义市长一行参观了学校文化大厦和图书馆新馆。

10 月 12 日，美国南加州大学代表团访问学校，冯惠玲副校长会见。

10 月 12 日，学校召开实验班人才培养工作座谈会，杨慧林副校长出席。

10 月 12 日，全国哲学社会科学规划办公室公布 2011 年度国家社科基金重大项目（第一批）立项名单，学校有 4 项项目入选，居全国高校第 2 位。武汉大学以 5 项项目居第 1 位。

10 月 13 日至 15 日，程天权书记赴上海出席 2011 年全国高校马克思主义理论学科博导论坛。

10 月 13 日，越南河内人文社会科学大学校长阮文庆一行访问学校，杨慧林副校长会见。

10 月 13 日，吉林省人文社科重点研究基地交流团一行 40 余人访问学校，双方就人文社科研究机构的发展和建设经验进行座谈。

10 月 14 日，学校艺术学院音乐系教师室内乐演奏小组应邀赴美国佐治亚州立大学演出并进行交流访问。

10 月 14 日至 17 日，学校商学院代表团赴美国先后访问康奈尔大学劳动人事学院、Johnson 管理学院和哥伦比亚大学商学院。

10 月 15 日至 16 日，第四届全国名校 EMBA 网球精英赛在北京举行，牛维麟常务副书记率学校代表队参赛并获季军。

10 月 15 日，台湾辅仁大学校长黎建球一行访问学校，杨慧林副校长会见。

10 月 15 日，学校举行“国际协作与日本学研究”——中国人民大学东亚日本文学文化国际研讨会，杨慧林副校长出席。

10 月 15 日，学校举行“辛亥革命以来的文化史料”研讨会，杨慧林副校长出席。

10月15日，学校举行“三十年感悟”1981级本科入学30周年返校活动。

10月15日，学校举行2011年“红船领航”——新生党员先进性熔铸计划启动仪式，来自22个学院的300余名新生党员和51名熔铸计划辅导员参加。

10月15日至16日，学校代表队获得国际大学生程序设计竞赛亚洲区上海预选赛银奖。

10月16日，学校原纪委副书记徐庆同志逝世。10月17日，牛维麟常务副书记看望徐庆同志家属。

10月16日，冯惠玲副校长参加学校新闻学院荣誉教授蓝鸿文遗体告别仪式。蓝鸿文教授因病于10月12日在北京逝世。

10月16日，学校举行第十一届“国际文化节”活动，杨慧林副校长出席开幕式。

10月17日，学校举行首都现代服务业发展专题研讨班开班仪式，牛维麟常务副书记出席。

10月17日，澳大利亚麦考瑞大学代表团访问学校，陈一兵副校长会见。

10月17日，学校举行2011年“外语文化节”开幕式，杨慧林副校长出席。

10月18日，党委书记程天权主持召开中共中国人民大学第十三届委员会第52次常委（扩大）会议，审议并通过《中国人民大学教育事业发展“十二五”规划》。

10月18日，纪宝成校长主持召开2011—2012学年第2次校长办公会，审议《中国人民大学教育事业发展“十二五”规划》，报请党委常委会审议通过，研究控烟工作领导小组成立工作，讨论通过《中国人民大学公共场所禁烟管理办法》，通报、研究新校区筹备立项工作，并部署下一阶段主要工作，通报首都师范大学海淀校区（三师）土地及校舍移交学校工作进展情况，研究“听课月”活动安排、学生处分等其他事宜。

10月18日，学校举行融信（福建）投资集团有限公司董事长欧宗洪捐赠暨董事聘任仪式，学校领导程天权、马俊杰出席。

10月18日，香港特别行政区终审法院首任首席法官李国能访问学校，程天权书记会见。

10月19日，2011年全国大学生读书节系列活动之中国出版集团公司“双推计划”书香校园活动在学校举行，马俊杰副书记出席。

10月20日，学校举行图书馆新馆启用暨高校图书馆管理与服务创新学术研讨会开幕式，纪宝成校长、林岗副校长出席。

10月20日，美国密歇根大学代表团访问学校，冯惠玲副校长会见。

10月20日，学校举行“高礼英才培养计划”首期实验班揭幕仪式，冯惠玲副校长出席。

10月21日，学校举行“国际文化节”闭幕式暨“与你相伴”大型留学生晚会，土耳其驻华大使Murat Salim Esenli，越南驻华大使馆公使阮荣光，教育部国际司副司长刘宝利，国家留学基金委秘书长刘京辉，学校副校长杨慧林出席。晚会开始前，纪宝成校长会见了出席晚会的部分嘉宾，杨慧林副校长陪同。

10月21日，美国北卡罗来纳大学夏洛特分校文理学院代表团访问学校，袁卫常务副校长会见。

10月21日，学校数据工程与知识工程教育部重点实验室通过教育部评估答辩，冯惠玲副校长参加答辩会。

10月21日，韩国江南大学校长尹信一率团访问学校，杨慧林副校长会见。

10月21日至22日，第二届南京国际大学生易卜生戏剧节在南京大学举行，学校话剧团获特等奖、最佳导演奖、最佳男主角奖，并受邀代表中国大学生于2012年5月赴挪威进行交流演出。

10月22日，学校举办2011年新生田径运动会，校领导纪宝成、牛维麟、杨慧林出席。

10月22日，学校举行2011商品流通高等论坛，纪宝成校长出席。

10月22日，首届“法律与社会”高端论坛暨中国社会学会法律社会学专业委员会（筹）成立大会在学校举行，程天权书记、王利明副书记兼副校长出席。

10 月 22 日，“60 后与 90 后的对话——大学生经济生活变化”论坛在学校举行，马俊杰副书记出席。

10 月 22 日，学校举行公共管理学院校友会成立大会，马俊杰副书记出席。

10 月 23 日，学校举行公共管理学院组建十周年庆典仪式暨“21 世纪公共管理教育：挑战、机遇与未来——中外著名公共管理学院院长国际研讨会”，国家行政学院常务副院长魏礼群，国家人力资源和社会保障部副部长杨士秋，国务院学位委员会办公室副主任郭新立，校领导纪宝成、牛维麟出席。

10 月 23 日，学校举行“首届孔子学院文化节”开幕式暨“中国人民大学孔子学院工作办公室”成立仪式，国家汉办主任、孔子学院总部总干事许琳，校领导纪宝成、杨慧林出席。仪式后，许琳参观学校国学馆和图书馆新馆，纪宝成校长陪同。

10 月 23 日，学校举行 2011 年新生团校开学典礼暨 2011 级本科生学生骨干领导力训练营开营式，马俊杰副书记出席。

10 月 23 日，学校举行北京市大学生人文知识竞赛校内选拔赛决赛，杨慧林副校长出席。

10 月 24 日，学校举行欧阳中石先生受聘中国人民大学兼职教授仪式暨国学论坛，纪宝成校长出席。

10 月 24 日，“2011 年全国博士研究生论坛——公共管理与公共政策创新”在学校举行，袁卫常务副校长出席开幕式。

10 月 24 日，学校举行“加强交通运输行业人才队伍建设深化干部人事制度改革”高级研修班开班仪式，牛维麟常务副书记出席。

10 月 24 日，冯惠玲副校长会见国际奥林匹克研究专家、瑞士洛桑大学公共管理学院杰-卢·查普利特（Jean-Loup Chappelet）教授。

10 月 24 日，学校举行 2011 年上海妇联系统专职干部高级研修班开学典礼，陈一兵副校长出席。

10 月 24 日，瑞士日内瓦高等音乐学院代表团访问学校，杨慧林副校长会见。

10 月 24 日，2011 年首都高校大学生网球联赛（单项赛）在学校举行。

10 月 25 日，学校党委理论学习中心组召开学习（扩大）会议，学习贯彻十七届六中全会精神。校领导纪宝成、程天权、袁卫、牛维麟、冯惠玲、马俊杰、陈一兵、杨慧林出席。

10 月 25 日，纪宝成校长看望黄达老校长。

10 月 25 日，学校举行“全球语境下的文学创作与翻译”研讨会，马俊杰副书记出席。

10 月 26 日，比利时布鲁塞尔自由大学代表团访问学校，袁卫常务副校长会见。

10 月 26 日，袁卫常务副校长会见美国波士顿学院国际高等教育中心主任、国际比较教育研究权威期刊《高等教育评论》主编菲利普·G. 阿特巴赫（Philip G. Altbach）教授。

10 月 26 日，学校与附属中学共建足球队签约仪式举行，牛维麟常务副书记、附属中学刘彭芝校长出席。

10 月 26 日，“中国人民大学—桑坦德银行桑坦德日暨国际合作项目颁奖仪式”在学校举行，马俊杰副书记出席。

10 月 26 日，法学院与中国国际经济贸易仲裁委员会合作协议签署仪式暨 2011 年度贸仲委国际商事仲裁论文奖学金颁发仪式在学校举行，王利明副书记兼副校长出席。

10 月 26 日至 29 日，杨慧林副校长赴英国出席中英大学合作高峰论坛。

10 月 27 日，马克思主义经典著作教学和研究工作座谈会在学校举行，冯惠玲副校长会见参会的教育部高等教育司副司长刘贵芹和社会科学文化司副司长徐维凡。

10 月 27 日，学校举办“云计算适逢大数据——IT 新纪元的技术展望与职业选择”讲座，冯惠玲副校长出席。

10月27日至30日，韩国首尔大学社会福利学科师生代表团访问学校。

10月28日，美国天普大学校长安·哈特（Ann Hart）一行访问学校，程天权书记、王利明副书记兼副校长会见。

10月28日，学校举行2011年北京地区网络新闻编辑培训班结业仪式，冯惠玲副校长出席。

10月28日，2011中关村版权联盟峰会暨中关村版权争议调解中心成立仪式在学校举行，王利明副书记兼副校长会见。

10月28日，法国马赛商学院院长一行访问学校，王利明副书记兼副校长会见。

10月29日，“亚洲的增长与风险管理”2011年中国人民大学、日本一桥大学共同论坛在学校举行，袁卫常务副校长出席。会前，纪宝成校长会见参加论坛的部分嘉宾。

10月29日，学校举行马克思主义文艺理论研讨暨陆贵山教授学术生涯50周年并文集出版座谈会，纪宝成校长、马俊杰副书记出席。

10月29日，“脑卒中筛查与防治走进医院、走进社区、走进乡村”暨“关注卒中——健康中国行”系列活动启动仪式在学校举行，卫生部副部长马晓伟，学校领导纪宝成、陈一兵出席。

10月29日，学校国学院举行“机遇与挑战——思想史视野下的出土文献研究”国际学术研讨会，纪宝成校长出席。

10月29日，程天权书记赴苏州研究院（国际学院）考察指导工作，并会见苏州市委常委、苏州工业园区工委书记马明龙，园区管委会主任杨知评，园区组织人事局局长夏芳，独墅湖高教区管理办公室主任叶峰等。王利明副书记兼副校长陪同考察和会见。

10月30日，学校举行1981届研究生毕业30周年返校座谈会，纪宝成校长、马俊杰副书记出席。

10月30日，由美国华人社会科学教授协会举办的首次华人教授优秀人文社科研究成果奖评选活动在美国哥伦比亚大学举行，由学校出版社出版、纪宝成校长作总序的30余卷《西方人文社科前沿述评》获评唯一的特别优秀成果奖；由商务出版社出版、学校国际学院陈甬军教授等著的《中国城市化道路新论》获评优秀成果奖。

10月30日，学校举办首届中国劳动科学博士研究生论坛，林岗副校长出席。

10月30日，由学校国际货币研究所举办的“货币金融圆桌会议·2011秋”在学校举行，本次会议的主题为“欧债危机及其对中国经济的影响”。

10月30日至31日，由学校中国社会保障研究中心与德国艾伯特基金会合作主办的“长期护理与老年保障国际研讨会”在学校举行。

10月31日，学校举行培训学院支持教育学院、国学院发展建设座谈会，纪宝成校长、袁卫常务副校长出席。

10月31日，学校与井冈山大学合作协议签约仪式和座谈会在学校举行，井冈山大学校长张泰城、副校长曾建平，学校领导纪宝成、袁卫出席签约仪式和相关活动。

10月31日，学校举行公开选拔副处级干部竞聘会，牛维麟常务副书记、陈一兵副校长出席。

10月，学校财政金融学院金融学—数学本科生张大印撰写的论文被SSCI核心期刊《经济学与金融年刊》（*Annals of Economics and Finance*）接受发表。

10月，由学校和法国谢阁兰基金会联合主办的2011年中法圆桌会议“全球化背景下法律的理解与适用”在法国巴黎举行，本次会议议题是以中法两国的法律实践来阐述全球化背景下法律的理解与适用。

11月1日，学校举行教育学院组建成立大会，教育部副部长鲁昕，教育部原副部长、中国高等教育学会会长周远清，中国教育学会会长顾明远，教育部相关司局领导，校领导纪宝成、程天权、袁卫、牛维麟、冯惠玲出席大会。成立大会当天还举办了“新时期中国教育学科发展”研讨会，袁卫常务副校长出席。

11月1日，学校举行国学馆竣工启用典礼，教育部副部长鲁昕，教育部相关司局领导，国学馆捐赠方代表、学校董事会副董事长、合生创展集团有限公司董事局主席朱孟依，校领导纪宝成、程天权、牛维麟、杨慧林出席。

11月2日，学校举行中国人民大学医院（新址）落成典礼，校领导纪宝成、牛维麟、马俊杰、陈一兵出席。

11月2日，学校举行外国语学院建院10周年庆祝大会，纪宝成校长、杨慧林副校长出席。

11月2日，纪宝成校长旁听经济学院邱海平教授讲授的全校经济学门类学术型研究生学科基础必修课“《资本论》选读”。

11月2日，袁卫常务副校长旁听文学院卢铁澎教授讲授的研究生公共课“中国传统文化与现代化”。

11月3日，韩国特许厅厅长李秀元一行访问学校，纪宝成校长、王利明副书记兼副校长会见。

11月3日，华南农业大学代表团来学校考察调研，王利明副书记兼副校长会见。

11月3日，由校团委、校研究生会主办的“践行腾飞学济天下”第二届研究生学术文化节在学校开幕。

11月4日，党委书记程天权主持召开中共中国人民大学第十三届委员会第53次常委会议，同意对2005年制定的《中国人民大学“三重一大”制度规定（试行）》做出修订并予正式印发，通过追加2011年财务预算事宜，通过学校出版社成立数字出版公司事宜，通过人事任免事项。

11月4日，新疆财经大学校长崔光莲、副校长姜锡明率团到学校考察交流，袁卫常务副校长出席座谈会。中午，纪宝成校长宴请了代表团一行。

11月4日，学校举办领导科学研究中心年度论坛——“文化发展与领导力开发”，马俊杰副书记出席。

11月4日，日本育樱会代表团访问学校，陈一兵副校长会见。

11月5日，学校举行环境学院建院10周年庆祝大会，纪宝成校长、牛维麟常务副书记出席。

11月5日，学校举行“2011第二届海峡两岸公法学论坛：基本权利的公法救济”开幕式，王利明副书记兼副校长出席。

11月5日至6日，由学校国际关系学院东亚研究中心主办的“东亚合作论坛2011：东北亚地区安全机制的构建”在学校举行。

11月5日至6日，由学校理论与方法研究中心、社会学系参与举办的“全球化、信息化、网络化与中国经济社会变迁学术研讨会”在北京举行。

11月7日上午，中共中央政治局常委、中央纪律检查委员会书记贺国强同志到学校考察，并出席反腐倡廉建设调研座谈会。中央书记处书记、中纪委副书记何勇，教育部党组书记、部长袁贵仁，中纪委常委、监察部副部长王伟，中纪委秘书长崔少鹏，教育部副部长杜玉波，中纪委驻教育部纪检组组长王立英，中纪委委员、中共北京市委常委、市纪委书记叶青纯，校领导纪宝成、程天权、袁卫、牛维麟、林岗、冯惠玲、马俊杰、陈一兵、王利明、杨慧林等陪同考察。下午，学校召开会议传达和学习贯彻贺国强同志重要讲话精神，校领导纪宝成、程天权、袁卫、牛维麟、冯惠玲、马俊杰、王利明、杨慧林出席，各分党委书记和部处及师生代表50余人参加会议。

11月8日至12日，冯惠玲副校长率学校出版社考察团赴韩国先后访问了东亚大学、蔚山大学。

11月7日，北京市委教育工委书记、海淀区委书记赵凤桐到学校附属小学考察调研，马俊杰副书记陪同。

11月7日，杨慧林副校长旁听文学院陈奇佳副教授讲授的本科课程“文学理论”。

11月8日，海淀区人大代表换届选举中国人民大学选区投票工作在学校举行，校领导纪宝成、程天权、袁卫、牛维麟、冯惠玲、马俊杰、陈一兵、王利明、杨慧林亲自或委托投票。

11月8日至9日，纪宝成校长率团访问瑞士日内瓦大学、世界贸易组织（WTO）总部、世界知识产权组织（WIPO）、联合国驻日内瓦办事处。

11月8日，英国爱丁堡大学代表团访问学校，杨慧林副校长会见。

11月9日，程天权书记旁听法学院冯军教授讲授的本科课程“刑法总论”。

11月9日，中美“综合社会调查（GSS）”学术研讨会在学校召开，袁卫常务副校长出席。

11月9日，学校举行“全民消防·生命至上”消防安全宣传活动，陈一兵副校长出席。

11月9日，杨慧林副校长会见芝加哥大学常务副校长戴维·格林尼（David A. Greene），并出席芝加哥大学孔子学院理事会会议。

11月9日，海淀区第十五届人大代表换届选举中国人民大学选区公开计票工作结束，孔祥智、何平、张金玺当选。

11月10日，纪宝成校长率团访问意大利博洛尼亚大学。

11月10日，学校举行伦理学理论与实践学术研讨会，杨慧林副校长出席。

11月10日，学校新闻学院与环球时报社签署战略合作协议。该协议包括奖助学金项目、实习就业项目、环球大讲堂、环球图片展、Global Times特色英语教程等。

11月11日，学校举行哲学院（系）成立55周年庆祝大会，中共中央委员、中央统战部常务副部长朱维群，中共十四届和十五届中央委员、人民日报社原社长、总编辑邵华泽，中共中央候补委员、中央社会主义学院党组书记兼第一副院长叶小文，原江苏省委常委、省政协副主席胡福明，中央党校原副校长杨春贵，国家行政学院副院长周文彰，中央编译局局长衣俊卿，学校领导程天权、马俊杰、杨慧林，学校原党委书记马绍孟、原副校长郑杭生，一级教授陈先达、张立文、刘大椿出席。

11月11日，学校法学院申报的“培养东亚地区具有法律、政治理念共识，能够推动东亚共同体法制形成与发展的人才”项目获“亚洲校园计划”中日韩三国评委会联审通过，成为该计划首批资助项目。

11月12日，学校召开2012年中国人民大学科学研究基金项目评审会议，冯惠玲副校长出席。

11月12日，由学校商学院和管理世界杂志社联合主办的“中国企业管理案例与理论构建研究论坛（2011）”暨“第五届中国人民大学管理论坛”在学校召开。本届论坛以“动态环境下的中国企业管理创新”为主题，来自国内外80余所院校的300多名专家、学者参加。

11月12日，由中国版权协会、北京市版权协会主办的2011中国版权年会暨第四届“中国版权产业奖”颁奖大会在北京举行，出版社荣获“2011中国版权年会特别贡献奖”，社长贺耀敏获评“2011中国版权产业风云人物”。

11月13日，第三届“文化创意产业与品牌城市”国际论坛在学校举行，程天权书记出席。在论坛上，学校文化创意产业研究中心发布了“中国省市文化产业发展指数（2011）”。

11月13日，袁卫常务副校长赴深圳出席学校深圳研究院2011年开学典礼暨学位授予仪式。

11月13日，杨慧林副校长出席学校艺术学院丁方教授的“元风景——丁方油画展”开幕式暨研讨会。

11月14日，纪宝成校长率团访问法国马赛商学院，马赛商学院校长伯纳德·佩尔唐（Bernard Belletante）会见并宴请纪宝成校长一行，我国驻马赛总领事宋炳林参加宴请。11月14日晚，蒙彼利埃第三大学（保罗·瓦莱里大学）举行仪式，授予纪宝成校长名誉博士学位。

11月14日，海南琼州学院党委副书记曹瑜率团来学校调研交流，马俊杰副书记会见。

11月14日，美国耶鲁大学管理学院代表团访问学校，杨慧林副校长会见。

11月14日，学校举行国际佛学研究中心成立典礼暨首届国际佛学论坛“经典翻译与宗教传播”，国家宗教局副局长蒋坚永、学校副校长杨慧林出席。

11月15日，学校与联合国环境规划署就共建环境应急管理法律政策研究院、加强公共机构化学品事故预防能力建设合作，签署谅解备忘录。联合国副秘书长兼联合国环境规划署（UNEP）执行主任阿齐姆·施泰纳，我国环境保护部副部长张力军，学校领导程天权、杨慧林等出席签约仪式。

11月15日，冯惠玲副校长旁听新闻学院李彪讲授的研究生课程“传媒产业发展研究”。

11月16日，纪宝成校长率团访问法国巴黎第一大学，并与巴黎第一大学校长克劳德·科利亚尔（Claude Colliard）共同签署两校合作备忘录。16日下午，纪宝成校长率团访问巴黎第四大学，巴黎第四大学校长乔治斯·莫利涅（Georges Molinie）会见并宴请纪宝成校长一行。16日晚，学校艺术团民乐团在巴黎法国国立艺术史研究院举行中国民乐专场音乐会，纪宝成校长等出席。17日上午，纪宝成校长率团访问巴黎政治学院，巴黎政治学院常务副校长弗朗西斯·弗里兰（Francis Verilland）会见纪宝成校长一行。17日下午，我国驻法国大使孔泉在大使官邸会见并宴请纪宝成校长一行。

11月16日，冯惠玲副校长旁听国际关系学院时殷弘教授讲授的研究生课程“中国千年政治经验：对《史记》的政治/战略解读”。

11月17日，学校举办第25期明德论坛，马俊杰副书记出席。

11月18日，学校与新东方教育科技集团合作协议签约仪式在学校举行，马俊杰副书记出席。

11月18日，王利明副书记兼副校长旁听法学院郑爱青副教授讲授的本科生课程“中外劳动法专题”。

11月18日，中国人民大学第七届“你的舞台”校园歌手大赛决赛在学校举行。

11月19日，学校举办2011年中国宏观经济论坛，林岗副校长出席。

11月19日，学校经济学院举行银行业院友联谊座谈会，院友代表、在校师生共150余人参加。

11月21日，学校召开2011年冬季学生公寓安全卫生管理“雷霆行动”暨北京市学生公寓标准化达标验收工作部署会，马俊杰副书记、陈一兵副校长出席。

11月21日，马俊杰副书记、杨慧林副校长会见芬兰籍友好人士、学校校友柯灵先生。

11月21日，瑞士联邦知识产权局副局长费利克斯·阿多尔（Felix Addor）访问学校法学院，并作主题为“The Importance of an Adequate Protection of Geographical Indications”的报告。

11月22日上午，黑龙江省鸡西市党政代表团访问学校，纪宝成校长和鸡西市委书记、市人大常委会主任许兆君，分别代表学校与鸡西市签署合作框架协议。鸡西市委常委、宣传部长于金才，市委常委、市委秘书长丛祥荣，鸡西大学校长于凯生，学校党委副书记马俊杰出席签约仪式。下午，学校举行许兆君同志兼职教授聘任仪式暨“绿色发展之路”专场报告会，马俊杰副书记为许兆君同志颁发兼职教授聘书。

11月22日，学校举办第二届中国电子文件管理论坛——“电子文件管理的制度建设”，冯惠玲副校长出席。

11月22日，欧洲学院代表团一行来校访问，杨慧林副校长宴请。

11月22日，“中国—印度经济合作回顾与展望”国际会议在学校国际学院（苏州研究院）召开。

11月23日，学校举行教师干部大会。会上，中共中央组织部副部长李智勇宣读了中共中央、国务院关于陈雨露同志、纪宝成同志职务任免的决定：批准陈雨露同志任中国人民大学校长（副部长级），免去纪宝成同志的中国人民大学校长职务。教育部部长、党组书记袁贵仁，北京市委常委、教育工委书记赵凤桐等出席大会。大会由校党委书记程天权主持。中共中央组织部干部三局局长喻云林、副局长赵凡，教育部人事司司长管培俊，北京市委组织部副部长闫成、市委教育工委常务副书记刘建，中国人民大学老校长黄达、李文海，全体在职校领导，校党委委员、纪委委员，各学院系、机关部处、直（附）属单位负责人，教育部人文社会科学重点研究基地负责人，跨院系研究机构负责人，在岗一级、二级教授和民主党派负责人等近400人参加会议。

11月23日，学校召开国家教育体制改革人才培养试点项目第三次工作会议，林岗副校长、杨慧林副校长分别作为“改革经济管理类创新人才培养模式”和“人文基础学科拔尖人才试验计划”的项目负责人出席会议。

11月23日，北京市委教育工委副书记王民忠率高校心理素质教育工作专项督导组来学校检查学生心理素质教育工作，马俊杰副书记出席汇报会。

11月23日，北京市属高等学校教师发展基地启动大会在清华大学举办，王利明副书记兼副校长出席。北京市教委分别在清华大学、北京大学、北京师范大学、北京外国语大学和中国人民大学等5所高校建立“北京市属高校教师发展基地”。

11月23日，学校学生心理咨询服务项目——“朋辈小屋”正式面向全体在校学生开放。

11月23日，中国人民大学全球化研究中心揭牌仪式暨“全球化背景下的机遇与挑战”在学校国际学院（苏州研究院）举行。

11月24日，荷兰阿姆斯特丹自由大学校长勒内·斯米特（René Smit）率团访问学校，袁卫常务副校长会见。双方续签学术合作协议，并新签学生交换协议。

11月24日，学校法学院与北京市检察院第二分院签署合作协议，王利明副书记兼副校长出席。

11月25日，学校召开2012年财务预算工作会议，冯惠玲副校长出席。

11月26日，学校举行“财金之夜·梦想飞扬”财政金融学院2011年师生文艺晚会，马俊杰副书记出席。

11月26日，由学校劳动人事学院主办的第五届劳动力市场工资价位调查研讨会——“薪酬变化的新趋势”在学校召开。

11月26日至27日，学校商学院与中国人力资源理论与实践联盟联合主办的“2011（第四届）中国人力资源管理年会”在学校召开，400多名专家学者参加。

11月28日，程天权书记、陈雨露校长看望袁宝华老校长。

11月28日，陈雨露校长先后看望张腾霄、黄达、戴逸、李文海、马绍孟等老领导老教授。

11月28日至12月2日，冯惠玲副校长应邀率团赴美国乔治敦大学考察。期间，代表团到美国联邦储备委员会、世界银行、美国文件与档案署以及美国审计总署进行电子文件管理的专题调研和交流。

11月28日，学校商学院顺利通过“国际高级管理培训大学联盟”审核，成为我国大陆公立大学商学院中，继清华大学经济管理学院后第二所获得“国际高级管理培训大学联盟”准会员资格的商学院。

11月29日，学校举行中澳数据工程与知识工程联合实验室揭牌仪式，袁卫常务副校长出席。国家“千人计划”入选者周晓方教授受聘为联合实验室主任。

11月29日，学校举行学生公寓消防应急疏散演习，陈一兵副校长观看演习全过程并讲话。

11月30日，党委书记程天权主持召开中共中国人民大学第十三届委员会第54次常委会议，学习中组部、教育部、北京市领导11月23日在全校教师干部大会上的重要讲话精神，研究学校近期工作，听取校工会工作汇报，讨论通过《中共中国人民大学委员会关于加强和改进工会工作的意见》，研究与高等教育出版社签订担保合同事宜，通过人事任免事项。

11月30日上午，西藏民族学院党委书记、院长刘洪顺访问学校，程天权书记、陈雨露校长分别会见。下午，袁卫常务副校长主持召开学校2011年对口支援高校师生座谈会，西藏民族学院党委书记、院长刘洪顺，新疆财经大学副校长艾光辉出席。

11月30日，学校召开“人大数媒科技（北京）有限公司”筹备会，牛维麟常务副书记出席。

11月30日，学校举行2011年光华奖学金颁奖仪式，马俊杰副书记出席。

11月30日，学校举行第14届“创新杯”学生课外学术科技作品竞赛启动仪式，马俊杰副书记出席。

11 月 30 日，学校举行“汉学的典范转移与比较文学”学术研讨会，杨慧林副校长出席。

11 月，在中国高等教育学会举办的 2012 年第三届全国优秀高等教育研究机构评选中，学校高等教育研究室获评第三届全国优秀高等教育研究机构。

12 月 1 日至 2 日，陈雨露校长先后看望了学校王传纶、邬沧萍、罗国杰、吴易风、张立文、周新城、方汉奇、卫兴华、陈先达、李震中、夏甄陶、刘大椿、胡乃武、高放、方立天等 15 名荣誉一级教授和一级教授。

12 月 1 日，由学校重大基础研究计划社会计算项目组和信息学院组织的社会计算项目启动暨研讨会在学校召开。

12 月 2 日，学校举行 2011 年迎老兵送新兵座谈会，校领导程天权、陈雨露、马俊杰出席。

12 月 2 日，在北京市委教育工委和北京高校党校协作组联合举办的第二届北京高校党校“精品一课”评选中，学校校长助理、学校办公室主任刘向兵主讲的“关于党性与党性修养的思考”和马克思主义学院副院长杨凤城主讲的“中国共产党与马克思主义中国化的历史进程”获评“精品一课”。学校党校获评优秀组织奖。

12 月 3 日，第八届国际儒学论坛——“儒家的修身处世之道”在学校举行，杨慧林副校长出席开幕式，200 余位中外学者参加论坛。

12 月 4 日，袁卫常务副校长到清华大学参加教育部召开的对口支援西部高校工作 10 周年总结大会。学校获评对口支援西部高校工作 10 周年典型经验集体，徐志宏、杨志、周建明获评对口支援西部高校工作 10 周年突出贡献个人。

12 月 5 日，陈雨露校长看望学校原副校长、一级教授郑杭生。

12 月 5 日，学校召开 2012 年暑期学校项目专题会议，袁卫常务副校长、杨慧林副校长出席。

12 月 5 日，马克思主义理论研究和建设工程重点编写教材《新闻学概论》推广使用情况座谈会在学校召开，杨慧林副校长出席。

12 月 6 日，由中国教育电视台（果实网）和学校主办的“开学第一讲”颁奖典礼在学校举行，陈雨露校长、中国教育电视台党委书记兼副台长黄百炼出席，原校长纪宝成被评为最有深度校长、获评最具特色校长奖。

12 月 7 日，学校召开信息报送工作会议暨学术热点研讨会，程天权书记、王利明副书记兼副校长出席。

12 月 7 日，台湾 6 所高校和云南大学代表团访问学校，考察学校信息化建设情况，牛维麟常务副书记出席交流会。

12 月 7 日，美国纽约州立大学布法罗分校代表团访问学校，杨慧林副校长会见。

12 月 7 日，美国圣母大学驻北京办事处一行访问学校，杨慧林副校长会见。

12 月 8 日，学校召开 2011 年学生就业工作座谈会，校领导程天权、陈雨露、杨慧林出席。

12 月 8 日，学校举办第 26 期明德论坛，中共中央对外联络部副部长于洪君主讲“当前国际形势热点问题解读——兼论中国外交大战略”。论坛开始前，程天权书记、马俊杰副书记会见了于洪君副部长。

12 月 8 日，学校举办第二届国民收入分配与企业总体薪酬制度高峰论坛，程天权书记出席。

12 月 8 日，学校召开数据工程与知识工程教育部重点实验室学术委员会工作会议，冯惠玲副校长出席。

12 月 8 日，学校召开中央和国家机关司局级干部选学工作部署会，冯惠玲副校长出席。

12 月 8 日，学校举行马克思主义理论研究和建设工程重点编写教材审稿会，杨慧林副校长出席。

12 月 9 日，由学校参与举办的“构建社会和谐促进文化繁荣暨范曾《法乳传灯》画册出版座谈会”在全国政协礼堂举行，全国政协副主席、中共中央统战部部长杜青林，全国政协副主席张梅颖，第九届、第十届全国人大常委会副委员长何鲁丽，学校领导程天权、陈雨露，原校长纪宝成，北京大学校长周其凤，中央社会主义学院党组书记、第一副院长叶小文，文化部副部长王文章，新闻出版总署副署长阎晓宏，著名画家范曾先生，中国佛教协会湛如法师，南通市委副书记陈斌，学校教授方立天出席。《法乳传灯——范曾所绘法乳堂十八高僧》大型画册由学校出版社出版。

12 月 9 日，学校举行团队对口支援西藏民族学院协议签字仪式，教育部党组成员、国家教育行政学院院长顾海良，西藏自治区政府副主席甲热·洛桑丹增，西藏民族学院党委书记刘洪顺、院长洛松德青，中山大学副校长徐安龙，厦门大学副校长邬大光，华东师范大学副校长陆靖，东南大学常务副校长胡敏强，北京外国语大学党委书记杨学义、党委副书记文君，学校领导程天权、陈雨露、袁卫出席。

12 月 9 日，学校召开 2011 年学生社会实践工作总结表彰大会，陈雨露校长、马俊杰副书记出席。

12 月 10 日至 19 日，程天权书记应邀率学校代表团访问加拿大英属哥伦比亚大学、西门菲莎大学和美国哥伦比亚大学、罗格斯大学、夏威夷大学，并与罗格斯大学签署两校框架合作协议和学生交流协议。访问期间，程天权书记率团拜会了我国驻温哥华总领事刘菲和驻纽约总领事孙国详。在温哥华期间，学校加拿大校友会举行晚宴欢迎程天权书记一行。

12 月 10 日，学校举行第三届亚洲著名大学法学院院长论坛暨中国人民大学亚太法学研究院成立仪式，陈雨露校长出席，王利明副书记兼副校长作主旨演讲。

12 月 10 日，学校举办“新兴 7 国比较研究”项目报告会，冯惠玲副校长出席。

12 月 11 日，学校举办第二十五届“一二·九”学生合唱音乐节，马俊杰副书记出席，来自全校的 21 支代表队参加。

12 月 12 日，北京市教育工会主席张青山率验收组对学校“全国模范职工之家”建设进行复查验收，校领导陈雨露、牛维麟、马俊杰出席汇报会。

12 月 12 日，学校举办第 19 届学生辩论赛决赛，马俊杰副书记出席。

12 月 12 日，杨慧林副校长主持召开教育部课题“教育发展与文化传承创新”座谈会。

12 月 12 日，北京市召开“北京市建设学习型党组织工作示范点和品牌活动授牌大会”。会上公布了 31 个“北京市建设学习型党组织工作示范点”和 30 项“北京市建设学习型党组织工作品牌活动”。学校党委获评“北京市建设学习型党组织工作示范点”，是获得此项荣誉的唯一一所在京部属高校。

12 月 13 日，陈雨露校长到明德主楼校部机关办公区，先后走访调研人事处、发展规划处、高教研究室、国际交流处、科研处、党委宣传部、党委统战部、党委组织部、审计处、纪委办公室（监察处）、校工会、学校办公室，并与工作人员交流。

12 月 13 日，北京奥运城市发展促进会一行到学校考察工作，冯惠玲副校长会见。

12 月 13 日，学校举行 2011 年香港信善奖助学金签约仪式，马俊杰副书记、香港信善基金会董事局主席陈观威出席。

12 月 14 日至 19 日，学校原校长纪宝成教授率团访问澳门和香港，受陈雨露校长委托，代表学校出席香港大学百年校庆系列活动。

12 月 14 日，学校举行“学生国际交流校长奖学金”项目启动仪式，校领导陈雨露、袁卫出席。

12 月 15 日，学校举行学习贯彻《教育部关于深入推进高等学校哲学社会科学繁荣发展的意见》座谈会，校领导陈雨露、冯惠玲、王利明出席。

12 月 16 日，学校与中共党史学会、中国党史人物研究会联合举办的“胡华同志诞辰 90 周年纪念座谈会”在学校召开，中共中央政治局委员、国务委员刘延东致信深切缅怀胡华同志，高度评价胡华同志的学术成就、崇高精神和革命风范。全国政协原副主席张怀西，中共中央党史研究室副主任李忠杰，中共中央文献研究室副主任李捷，中国社会科学院副院长朱佳木，中共中央党史研究室原副主任谷安林，校领导陈雨露、马俊杰、王利明出席座谈会。

12月16日，学校举行2011年中国人民大学承建孔子学院工作会议，陈雨露校长，国家汉办副主任、孔子学院总部副总干事王永利出席。

12月16日，学校举办“2011中国知识管理论坛”，冯惠玲副校长出席。

12月17日，“劳资冲突与合作：集体劳动争议处理与规制国际研讨会”在学校举行，中华全国总工会副主席张鸣起、学校副校长杨慧林出席。

12月17日，学校法学院与中国应用法学研究所签署合作协议。

12月17日，学校举行1991届研究生毕业20周年返校活动。

12月18日，宁夏中国人民大学校友会举行成立大会，陈雨露校长致信祝贺。

12月19日，学校召开党委全委会，校领导程天权、陈雨露、袁卫、牛维麟、林岗、冯惠玲、马俊杰、陈一兵、王利明出席。

12月19日，国家自然科学基金委员会一行来学校考察中国调查与数据中心建设情况，袁卫常务副校长、冯惠玲副校长出席座谈会。

12月19日，全国哲学社会科学规划办公室公布了三个批次的国家社科基金重大项目名单。学校获10项重大项目，总数位居全国第二。复旦大学以总数13项位居全国第一。

12月19日，由学校中国社会保障研究中心主办的中国慈善事业发展战略首次研讨会在全国人大会议中心举行，全国人大常委会副委员长华建敏出席会议。

12月20日，学校举行国务院反垄断委员会专家咨询组成立会议，王利明副书记兼副校长出席，并与学校经济学院吴汉洪教授、统计学院杜子芳教授一起受聘为专家咨询组成员。

12月20日，学校档案馆与美国杜克大学图书馆正式签署了关于西德尼·D.甘博摄影历史照片项目合作备忘录。

12月21日，党委书记程天权主持召开中共中国人民大学第十三届委员会第55次常委会议，讨论通过发放2011年在职人员年终奖和离退休人员年终慰问金方案，通报、研究近期学校有关工作。

12月21日，学校召开2011年优秀博士学位论文作者及其指导教师表彰大会，校领导程天权、陈雨露、袁卫出席。2011年，中国人民大学有2篇博士学位论文被评为2011年全国优秀博士学位论文，3篇博士学位论文被评为2011年全国优秀博士学位论文提名论文，2篇博士学位论文被评为2011年北京市优秀博士学位论文，19篇博士学位论文被评为2011年校级优秀博士学位论文。

12月21日，学校召开宋涛教授诞辰97周年纪念大会暨宋涛奖学金颁奖仪式，教育部党组成员、国家教育行政学院院长顾海良，校领导程天权、陈雨露、林岗出席。

12月21日，学校举行“香港领袖生奖励计划：国情教育课程班”开班仪式，杨慧林副校长出席。

12月22日，陈雨露校长到科研楼校部机关办公区，先后走访调研校园建设管理处、资产与后勤管理处、产业管理处、教育基金会、校友工作办公室、实验室建设与设备管理处、博物馆、教务处、研究生院、财务处，并与工作人员交流。

12月22日，陈雨露校长应邀到中央社会主义学院，祝贺其成立55周年，并与中央社会主义学院党组书记、第一副院长叶小文会谈。会谈后，举行了学校向中央社会主义学院捐赠图书仪式。

12月22日至23日，教育部中外联合办学专家组到学校国际学院（苏州研究院）实地考察中法学院筹办情况，陈一兵副校长、王利明副书记兼副校长出席汇报会。

12月22日，《光明日报》以整版篇幅刊登题为“繁荣高校哲学社会科学积极推进文化强国建设”

的文章，对12月15日学校召开的“中国人民大学学习贯彻《教育部关于深入推进高等学校哲学社会科学繁荣发展的意见》座谈会”进行报道，并摘登了与会专家学者的发言。

12月23日，学校举行专业学位研究生教育发展战略研究工作会议，程天权书记、袁卫常务副校长出席。

12月23日，第六期爱国宗教界人士研修班结业典礼在中央统战部举行，中共中央委员、中央统战部常务副部长朱维群，校领导程天权、杨慧林出席。

12月23日，学校举行法学院发展基金2011年工作报告暨新年答谢会，程天权书记出席。

12月23日，学校召开中国发展指数2011发布暨研讨会，陈雨露校长、袁卫常务副校长出席。

12月23日，学校召开2010—2011学年学生奖励暨“三班建设”表彰大会，陈雨露校长、马俊杰副书记出席。

12月23日，由中华全国青年联合会和学校主办的“共享成长——青联委员进校园”活动在学校举行，全国青联常委、全国人大代表、华威美林控股集团董事长汪宏坤出席。全国青联副主席、学校校长陈雨露，马俊杰副书记在活动前会见与会嘉宾。

12月23日，陈雨露校长先后看望学校荣誉一级教授甘惜分、高铭暄。

12月24日，学校举办《经济理论与经济管理》杂志创刊30周年座谈会，林岗副校长出席。

12月26日，学校举行2012年校部机关新年联欢会，校领导程天权、陈雨露、冯惠玲、马俊杰、杨慧林出席。

12月26日，陈雨露校长先后走访调研保卫处、网络与教育技术中心、校团委、党委学生工作部、招生就业处，并与工作人员交流。

12月26日，学校召开推进“985工程”专项审计工作会议，袁卫常务副校长、冯惠玲副校长出席。

12月28日，学校举行2012年新年报告会，校领导程天权、陈雨露、袁卫、林岗、冯惠玲、马俊杰、陈一兵、王利明、杨慧林出席。

12月28日，学校举行后勤集团揭牌10周年总结表彰会暨2012新年联欢会，校领导程天权、陈雨露、马俊杰、陈一兵出席。

12月28日，学校举行艺术学院2012年新年音乐会，校领导陈雨露、袁卫、杨慧林出席。

12月28日，北京市教委组织验收专家组来学校对教学楼标准化物业服务创建工作进行评估验收，陈一兵副校长、杨慧林副校长出席座谈会。经过评审，学校公共教学一、二、三楼全部达标，一次性通过评估验收，成为北京市首家通过标准化教学楼验收的高校。

12月28日，北京市朝阳区教育委员会与学校后勤集团合作办园签约仪式在学校朝阳幼儿园举行，陈一兵副校长、人大附中校长刘彭芝出席。

12月29日，学校召开党委全委会，校领导程天权、陈雨露、林岗、冯惠玲、马俊杰、陈一兵、杨慧林出席。

12月29日，陈雨露校长分别与学校青年教师和优秀学生代表座谈。

12月29日，中央电视台走基层记者代表来学校和学生们就“走基层、转作风、改文风”的采访经验进行座谈，马俊杰副书记出席座谈会。

12月30日，学校举行2012年中国人力资源管理新年报告会——“人才、人材、人裁、人财，开启人力资源管理新时代”，陈雨露校长出席。

12月30日，由学校与刘鸿儒金融教育基金会联合举办的“2011年‘中国金融学科终身成就奖’颁奖典礼暨中国金融学科发展论坛”在学校举行，著名经济学家、学校首批荣誉一级教授王传纶获此奖项。中国证监会首任主席刘鸿儒、中国证监会主席郭树清、中国社会科学院副院长李扬、学校校长陈雨露、中央财经大学校长王广谦、中国银联董事长苏宁、刘鸿儒金融教育基金会常务副理事长张志平，以及近百位国内金融学术界和政策部门的专家、学者出席颁奖典礼。

12 月 30 日，学校文化科技园与文化部文化产业司共同举办新春联欢会，文化部文化产业司刘玉珠司长、学校牛维麟常务副书记出席。

12 月 30 日，学校文学院举行 2012 年新年联欢会，杨慧林副校长出席。

12 月 31 日，程天权书记、陈雨露校长看望李文海老校长，送上新年祝福，并贺老校长 80 寿辰。

12 月 31 日，学校举行党风廉政建设责任制检查工作暨全面推进廉政风险防范管理工作启动会，校领导程天权、牛维麟、王利明等出席。

12 月，北京市教育委员会公布了 2011 年“北京高等教育精品教材”评审结果，共有 428 项教材入选。其中，学校有 22 项教材入选。

12 月，在 2011 年全国大学生数学建模竞赛中，学校有 90 多支队伍参赛，参赛规模创新高。其中，有 2 支队伍获全国一等奖，8 支队伍获全国二等奖。

附录二　2011年中国人民大学党发、校发文件目录

2011年人大校党字文件

人大校党字〔2011〕11号	关于印发《中国人民大学深入开展创先争优活动工作安排（2010—2011学年第二学期）》的通知
人大校党字〔2011〕16号	关于印发《中国人民大学2011年党风廉政建设和反腐败工作主要任务分工》的通知
人大校党字〔2011〕42号	中国人民大学关于贯彻落实《教育部关于进一步推进直属高校贯彻落实"三重一大"决策制度的意见》的实施办法
人大校党字〔2011〕43号	关于印发《中国人民大学深入开展创先争优活动第三阶段工作安排》的通知
人大校党字〔2011〕49号	关于印发《中国人民大学"三重一大"制度规定》的通知
人大校党字〔2011〕50号	关于印发《中国人民大学党风廉政建设责任制实施细则》的通知
人大校党字〔2011〕54号	关于转发陈雨露、纪宝成同志职务任免的通知
人大校党字〔2011〕55号	关于印发《中共中国人民大学委员会关于加强和改进工会工作的意见》的通知
人大校党字〔2011〕60号	关于印发《中国人民大学关于落实和推进廉政文化创建活动联系点工作的意见》的通知

2011年校政字文件

2010—2011学年校政字8号	关于印发《中国人民大学双聘教师管理暂行办法》的通知
2010—2011学年校政字9号	关于引导和鼓励学校2011届毕业生面向西部、面向基层就业的意见
2010—2011学年校政字10号	关于成立中国人民大学老校区综合管理办公室的决定
2010—2011学年校政字11号	关于印发《中国人民大学与境外学术机构签署学术合作协议管理办法》的通知
2010—2011学年校政字12号	关于成立中国人民大学画院的决定
2010—2011学年校政字13号	关于成立中国人民大学国家教育体制改革试点工作领导小组的决定
2010—2011学年校政字14号	关于印发《中国人民大学"十年腾飞"学科建设规划纲要》的通知
2010—2011学年校政字15号	关于成立中国人民大学政府统计研究院的决定

2010—2011 学年校政字 16 号	关于规范 2011 年教育收费工作的意见
2010—2011 学年校政字 17 号	关于印发《中国人民大学 2010—2011 学年第二学期工作计划要点》的通知
2010—2011 学年校政字 18 号	关于组建中国人民大学教育学院的决定
2010—2011 学年校政字 19 号	关于成立理工学科建设处的决定
2010—2011 学年校政字 20 号	关于成立中国人民大学公共政策实验室的决定
2010—2011 学年校政字 21 号	关于成立中国人民大学创意产业技术研究院的决定
2010—2011 学年校政字 22 号	关于成立国际学院（苏州研究院）金融与商务管理系的决定
2010—2011 学年校政字 23 号	关于《中国人民大学管理职员岗位设置与聘用管理办法》的几点说明
2010—2011 学年校政字 24 号	关于印发《中国人民大学工勤技能岗位设置与聘用管理办法》的通知
2010—2011 学年校政字 25 号	关于印发《中国人民大学校史研究规划纲要（2011—2015 年)》的通知
2010—2011 学年校政字 26 号	关于增加人大世纪科技发展有限公司注册资本金的决定
2010—2011 学年校政字 27 号	关于向人大世纪科技发展有限公司追加投资的决定
2010—2011 学年校政字 28 号	关于 2011 年继续教育学院成人高等学历教育招生计划的通知
2010—2011 学年校政字 29 号	关于加强招生工作廉政建设的若干规定
2010—2011 学年校政字 30 号	关于印发《中国人民大学统计工作管理办法（试行)》的通知
2010—2011 学年校政字 31 号	关于在学院层面成立学校承担的国家教育体制改革人才培养试点项目领导小组和工作小组的通知
2010—2011 学年校政字 32 号	关于经济学院成立能源经济系的决定
2010—2011 学年校政字 33 号	关于印发《中国人民大学周转房管理办法》的通知
2010—2011 学年校政字 34 号	关于成立中国人民大学留学生招生委员会的通知
2011—2012 学年校政字 1 号	关于印发《中国人民大学 2011—2012 学年第一学期工作计划要点》的通知
2011—2012 学年校政字 2 号	关于成立中国人民大学心理健康教育工作领导小组的决定
2011—2012 学年校政字 3 号	关于设立科研机构管理办公室的决定
2011—2012 学年校政字 4 号	关于国际学院（苏州研究院）增设学生事务部的决定
2011—2012 学年校政字 5 号	关于设立中国人民大学孔子学院工作办公室的决定
2011—2012 学年校政字 6 号	关于印发《增补中国人民大学一级岗位教授和荣誉一级教授实施方案》的通知
2011—2012 学年校政字 7 号	关于印发《中国人民大学教育事业发展“十二五”规划》的通知
2011—2012 学年校政字 8 号	关于同意人大世纪科技发展有限公司向北京人大文化科技园建设发展有限公司追加投资的批复
2011—2012 学年校政字 9 号	关于成立中国人民大学冯其庸学术艺术馆的决定
2011—2012 学年校政字 11 号	关于印发《中国人民大学国际学院（苏州研究院）周转房管理办法》的通知

2011—2012 学年校政字 12 号	关于印发《中国人民大学教师科研工作考核办法》的通知
2011—2012 学年校政字 13 号	关于成立人大数媒科技（北京）有限公司的决定
2011—2012 学年校政字 14 号	关于成立中国人民大学控烟工作领导小组的决定
2011—2012 学年校政字 15 号	关于印发《中国人民大学控烟管理办法》的通知
2011—2012 学年校政字 16 号	关于调整、完善汉青经济与金融高级研究院体制的决定

2011 年校长字文件

2010—2011 学年校长字 63 号	关于钱蓉任职的通知
2010—2011 学年校长字 64 号	关于杨志刚任职的通知
2010—2011 学年校长字 65 号	关于李开龙任职的通知
2010—2011 学年校长字 66 号	关于马胜利任职的通知
2010—2011 学年校长字 67 号	关于董克用等职务任免的通知
2010—2011 学年校长字 68 号	关于陈璞任职的通知
2010—2011 学年校长字 69 号	关于表彰 2010 年度安全稳定综合治理工作先进集体、先进个人的决定
2010—2011 学年校长字 75 号	关于宋东霞等职务任免的通知
2010—2011 学年校长字 79 号	关于高自龙、孟捷职务任免的通知
2010—2011 学年校长字 81 号	2010—2011 学年第一学期期末考试监考情况通报
2010—2011 学年校长字 96 号	关于表彰 2010 年度中国人民大学先进工作者的决定
2010—2011 学年校长字 98 号	关于王健任职的通知
2010—2011 学年校长字 99 号	关于庄毓敏享受正处级待遇的通知
2010—2011 学年校长字 100 号	关于郝中建、李海彬任职的通知
2010—2011 学年校长字 101 号	关于翟振武等职务任免的通知
2010—2011 学年校长字 102 号	关于吴健任职的通知
2010—2011 学年校长字 103 号	关于王孝群、沈健任职的通知
2010—2011 学年校长字 111 号	2010—2011 学年第二学期 1～13 周本科教学事故情况通报
2010—2011 学年校长字 115 号	关于张卯、孙华玲职务任免的通知
2010—2011 学年校长字 116 号	关于杨伟国、杨燕萍职务任免的通知
2010—2011 学年校长字 117 号	关于伍聪任职的通知
2010—2011 学年校长字 118 号	关于王飞、刘爱平职务任免的通知
2010—2011 学年校长字 119 号	关于盛希文任职的通知
2010—2011 学年校长字 120 号	关于齐鹏飞、梁树发职务任免的通知
2010—2011 学年校长字 121 号	关于郭洪林任职的通知
2010—2011 学年校长字 122 号	关于葛秀珍任职的通知
2010—2011 学年校长字 123 号	关于张华、朱天华任职的通知
2010—2011 学年校长字 124 号	关于李惠、吕小明职务任免的通知
2010—2011 学年校长字 125 号	关于徐唯辛职务名称变更的通知
2010—2011 学年校长字 126 号	关于黄朴民职务名称变更的通知
2010—2011 学年校长字 127 号	关于倪宁职务名称变更的通知

2010—2011 学年校长字 128 号	关于陈岳职务名称变更的通知
2010—2011 学年校长字 129 号	关于王孝群任职的通知
2011—2012 学年校长字 10 号	关于杨占武、雷达职务任免的通知
2011—2012 学年校长字 11 号	关于胡娟等任职的通知
2011—2012 学年校长字 12 号	关于刘春荣任职的通知
2011—2012 学年校长字 13 号	关于索传军任职的通知
2011—2012 学年校长字 40 号	关于石德才任职的通知
2011—2012 学年校长字 41 号	关于沃晓静等职务任免的通知
2011—2012 学年校长字 42 号	关于杨伟国、胡娟职务任免的通知
2011—2012 学年校长字 43 号	关于康琳任职的通知
2011—2012 学年校长字 45 号	关于刘晓梅、杨志职务任免的通知
2011—2012 学年校长字 46 号	关于刘元春、王晋斌任职的通知
2011—2012 学年校长字 49 号	关于梁敬芝任职的通知
2011—2012 学年校长字 51 号	关于表彰 2011 年本科招生工作先进集体和先进个人的决定
2011—2012 学年校长字 52 号	关于表彰 2011 年毕业生就业工作先进集体、先进个人的决定
2011—2012 学年校长字 53 号	关于批准 2011 年中国人民大学优秀博士学位论文的决定
2011—2012 学年校长字 57 号	关于陈璞任职的通知
2011—2012 学年校长字 58 号	关于孔然任职的通知
2011—2012 学年校长字 61 号	关于表彰 2010—2011 学年优秀辅导员、优秀学生兼职辅导员的决定
2011—2012 学年校长字 62 号	关于表彰 2010—2011 学年中国人民大学十佳班主任及提名奖和优秀班主任的决定
2011—2012 学年校长字 63 号	关于表彰 2010—2011 学年中国人民大学先进班集体的决定

2011 年校办字文件

2010—2011 学年校办字 27 号	关于国际交流处增设科级机构的通知
2010—2011 学年校办字 28 号	关于做好学校 2011 年毕业生就业工作的通知
2010—2011 学年校办字 29 号	关于做好 2011 年寒假及春节期间安全稳定工作的通知
2010—2011 学年校办字 30 号	关于调整学校非居民供热价格的通知
2010—2011 学年校办字 31 号	关于统计学院增设科级机构的通知
2010—2011 学年校办字 32 号	关于印发《中国人民大学“985 工程”专项资金管理办法实施细则》的通知
2010—2011 学年校办字 33 号	关于启动《中国人民大学年鉴》（2011 版）编纂工作的通知
2010—2011 学年校办字 34 号	关于评选 2010 年度“中国人民大学先进工作者”的通知
2010—2011 学年校办字 35 号	关于 2011 年清明、春假及“五一”劳动节放假安排的通知

2010—2011 学年校办字 36 号	关于执行北京市发展和改革委员会调整本市非居住区停车场白天收费标准的通知
2010—2011 学年校办字 37 号	继续教育学院西侧外墙火情通报
2010—2011 学年校办字 39 号	关于做好 2011 年春假及“五一”期间安全稳定工作的通知
2010—2011 学年校办字 40 号	关于印发《中国人民大学 2010—2011 学年第二学期重要统计数据》的通知
2010—2011 学年校办字 41 号	关于开展非法摩托车、电动车整治行动的通知
2010—2011 学年校办字 42 号	关于 2011 年端午节放假安排的通知
2010—2011 学年校办字 43 号	关于校友工作办公室成立科级机构的通知
2010—2011 学年校办字 44 号	关于调整中国人民大学汉语国际推广领导小组成员的决定
2010—2011 学年校办字 45 号	关于新闻学院增设科级机构的通知
2010—2011 学年校办字 46 号	关于 2011 年暑期学校（国际小学期）期间有关工作安排的通知
2010—2011 学年校办字 47 号	关于调整中国人民大学计划生育委员会委员组成人员名单的通知
2010—2011 学年校办字 48 号	关于 2010—2011 学年暑期放假的通知
2010—2011 学年校办字 49 号	关于做好 2011 年暑期学校（国际小学期）及暑假期间安全稳定工作的通知
2010—2011 学年校办字 50 号	关于理工学科建设处设立科级机构的通知
2010—2011 学年校办字 51 号	关于成立中国人民大学中国企业员工心理援助研究中心的决定
2010—2011 学年校办字 52 号	关于成立中国人民大学中国人力资本审计研究所的决定
2010—2011 学年校办字 53 号	关于成立中国人民大学绘画材料研究与修复工作室的决定
2010—2011 学年校办字 54 号	关于撤销部分院属科研机构的决定
2010—2011 学年校办字 55 号	关于成立中国人民大学国际并购与投资研究所的决定
2010—2011 学年校办字 56 号	关于成立中国人民大学低碳水环境技术研究中心的决定
2010—2011 学年校办字 57 号	关于成立中国人民大学全球化研究中心的决定
2010—2011 学年校办字 58 号	关于成立中国人民大学终身学习研究中心的决定
2010—2011 学年校办字 59 号	关于成立中国人民大学亚太法学研究院的决定
2010—2011 学年校办字 60 号	关于成立中国人民大学中国畜牧饲料产业研究中心的决定
2010—2011 学年校办字 61 号	关于成立中国人民大学教室管理委员会的通知
2011—2012 学年校办字 1 号	关于 2011 年中秋节、国庆节放假安排的通知
2011—2012 学年校办字 2 号	关于图书馆调整科级机构的通知
2011—2012 学年校办字 3 号	关于成立中国人民大学高礼研究院的决定
2011—2012 学年校办字 4 号	关于做好 2011 年国庆节期间安全稳定工作的通知
2011—2012 学年校办字 5 号	关于做好对外合作、对外培训及其他社会服务开展情况统计工作的通知
2011—2012 学年校办字 6 号	关于开展 2011 年“听课月”活动有关工作的通知
2011—2012 学年校办字 7 号	关于进一步加强校园交通管理工作的通知
2011—2012 学年校办字 8 号	关于提高博士研究生普通奖学金标准的通知
2011—2012 学年校办字 9 号	关于成立中国人民大学电子文件系统测试中心的决定

2011—2012 学年校办字 10 号	关于调整中国人民大学学生公寓管理委员会组成名单的通知
2011—2012 学年校办字 11 号	关于印发《中国人民大学 2011—2012 学年第一学期重要统计数据》的通知
2011—2012 学年校办字 12 号	关于教育学院设立科级机构的通知
2011—2012 学年校办字 13 号	关于国际关系学院增设科级机构的通知
2011—2012 学年校办字 14 号	关于印发《中国人民大学核心期刊目录（修订）》的通知
2011—2012 学年校办字 15 号	关于成立中国人民大学国家版权贸易基地建设办公室的通知
2011—2012 学年校办字 16 号	关于党委学生工作部（学生处）调整科级机构的通知
2011—2012 学年校办字 17 号	关于做好学校 2012 年毕业生就业工作的通知
2011—2012 学年校办字 18 号	关于印发《中国人民大学教学楼管理与使用规定》的通知
2011—2012 学年校办字 19 号	关于 2012 年元旦、寒假（含春节）放假安排的通知

2011 年校办人字文件

2010—2011 学年校办人字 17 号	关于印发《2010 年第四季度人事任免简报》的通知
2010—2011 学年校办人字 18 号	关于印发《2011 年第一季度人事任免简报》的通知
2011—2012 学年校办人字 1 号	关于印发《2011 年第二季度人事任免简报》的通知
2011—2012 学年校办人字 2 号	关于 2011 年代评教师职务结果的通知
2011—2012 学年校办人字 3 号	关于 2011 年代评教师职务结果的通知
2011—2012 学年校办人字 4 号	关于 2011 年代评教师职务结果的通知
2011—2012 学年校办人字 5 号	关于撤销谈火生、程乐松副教授职务的决定
2011—2012 学年校办人字 6 号	关于 2011 年教师职务评聘结果的通知
2011—2012 学年校办人字 7 号	关于 2011 年教师以外专业技术职务评聘结果的通知
2011—2012 学年校办人字 8 号	关于 2011 年教师以外专业技术职务代评结果的通知
2011—2012 学年校办人字 9 号	关于向泽选等同志专业技术职务评审结果的通知
2011—2012 学年校办人字 10 号	关于 2011 年教师岗位聘用结果的通知
2011—2012 学年校办人字 11 号	关于 2011 年教师以外专业技术岗位聘用结果的通知
2011—2012 学年校办人字 12 号	关于 2011 年管理职员岗位聘用结果的通知
2011—2012 学年校办人字 13 号	关于 2011 年工勤技能岗位聘用结果的通知
2011—2012 学年校办人字 14 号	关于印发《2011 年第三季度人事任免简报》的通知
2011—2012 学年校办人字 15 号	关于 2011 年中小学教师职务评聘结果的通知
2011—2012 学年校办人字 16 号	关于 2011 年附属中小学及幼儿园岗位聘用结果的通知
2011—2012 学年校办人字 17 号	关于印发《2011 年第四季度人事任免简报》的通知

2011 年校聘字文件

2011—2012 学年校聘字 1 号	关于纪宝成等职务聘任的通知
2011—2012 学年校聘字 2 号	关于冯其庸等职务聘任的通知
2011—2012 学年校聘字 3 号	关于刘元春职务聘任的通知

附录三　2011年报刊报道中国人民大学的部分文章目录索引

一、要闻

中国人民大学举行图书馆新馆竣工暨图书馆搬迁启动仪式　科学时报（京），2011/01/04，B2

中国人民大学图书馆新馆落成　中华建筑报（京），2011/01/08，10

曾宪义遗体告别仪式在京举行　周永康向家属表示慰问并送花圈　法制日报（京），2011/01/22，4

经济学家宋涛遗体告别　马凯送行　97岁教授曾参与中国人民大学筹建，主编《政治经济学教程》　新京报，2011/02/16，A10

“粉丝增长量”也能决定考分　法制晚报（京），2011/03/01，A15

市政府与中国人民大学签署战略合作协议　薄熙来李卫红纪宝成出席签字仪式　重庆日报，2011/03/09，A2

人大“试水”战略性新兴产业人才培养　科学时报（京），2011/03/14，B4

弘扬传统文化推动海内外文化交流与民间往来　《国学新视野》创刊海内外同步发行　中华读书报（京），2011/03/16，1

2010年度《复印报刊资料》转载学术论文指数排名　光明日报（京），2011/03/20，7

《国学新视野》正式创刊　北京晚报，2011/03/21，41

统计科研要与统计发展改革实践紧密结合　中国信息报（京），2011/03/21，1

统计科学：统计事业发展的强大动力　中国信息报（京），2011/03/21，1

中国统计学界的一件盛事——袁卫谈共建中国人民大学政府统计研究院　中国信息报（京），2011/03/22，1

我国设立应用统计专业学位　马建堂任全国应用统计专业学位研究生教育指导委员会主任委员　中国信息报（京），2011/03/22，1

程天权（中国人民大学党委书记）：教改应主动适应产业结构调整　光明日报（京），2011/04/08，2

人民大学率先启用校园无线网络　北京日报，2011/04/09，6

中国人民大学中国对外战略研究中心成立　人民日报（京），2011/04/11，3

纪宝成在“江苏大学发展论坛”上疾呼大学要坚守使命，育人是大学第一职责　科技日报（京），2011/04/12，7

中国人民大学党委书记程天权：高校创先争优要勇于创新不逃避现实　光明日报（京），2011/04/18，6

方立天教授中南海谈科学认识宗教　中国民族报（京），2011/04/19，1

中国人民大学发布《中国城市能源效率评估研究报告》首次建立中国地级城市能效标杆体系　科学时报（京），2011/04/20，B4

为庆祝中国人民大学律师学院一周年　首届律师学院

论坛在京举行 法制日报（京），2011/04/27，9
吹响建设世界一流大学的新号角 中国教育报（京），2011/04/28，3
胡锦涛在中共中央政治局第二十八次集体学习时强调 加强任务落实 不断开创人口工作新局面 为经济社会发展创造更加有利的人口环境 人民日报（京），2011/04/28，1
冲在实践最前沿——中国人民大学探索新闻人才培养改革调查 光明日报（京），2011/05/24，3
中国人民大学党委书记程天权：大学当是一个思想激荡的地方 人民政协报（京），2011/06/08，C1
在新形势下创新高校学生党建工作 中国教育报（京），2011/07/01，17
美军参联会主席马伦在中国人民大学发表演讲：中国的崛起并不意味着美国的衰落 南方都市报（广州），2011/07/01，A15
美军参联会主席马伦回答学生提问：美国无意将“美版民主”强加于他国 南方都市报（广州），2011/07/01，A15
文化传承创新应该破除制度性障碍 人民政协报（京），2011/07/06，C1
祖国最终选择那些选择祖国的人 光明日报（京），2011/07/09，4
把思想和行动统一到讲话精神上来——中国人民大学党委理论学习中心组扩大会议述要 人民日报（京），2011/07/13，7
人大国际小学期 立足本校，实现“在地”和“双向”国际化 新京报，2011/07/18，D8-D9
数千大学生暑期攻读“海外课程” 世界名校教授公开课开到北京 北京日报，2011/07/19，6
高校社科界深入学习胡锦涛总书记“七一”重要讲话精神笔谈 光明日报（京），2011/07/22，13
玻利维亚总统获人大学位 北京晨报，2011/08/12，A2
人民大学建6层校医院将惠及三义庙社区 新校医院居民看病能报销 法制晚报（京），2011/09/08，B2
纪念方立天教授从教50周年专题 中国民族报（京），2011/09/20，6
人生就是缘 中国民族报（京），2011/09/20，6
增强宗教的文化性 建设“文化宗教” 中国民族报（京），2011/09/20，6
勤者寿 仁者寿 张梅颖在中国人口科学前沿问题研究暨庆祝邬沧萍教授90寿辰从教60周年学术研讨会上致辞 中国人口报（京），2011/09/26，1
送别新闻采访学泰斗蓝鸿文 京华时报，2011/10/17，A14
中国人民大学画院成立 中国文化报（京），2011/10/17，6
校长推荐制纳入人大自主招生 明年起人大拟推“校长直通车计划”和“圆梦计划” 中学可主动申请推荐资格 北京青年报，2011/10/28，A13
人大自主招生将直招农村生 要求家中三代内无大学生的优秀应届高中生；通过面试后，高考过一批线即可被录取 新京报，2011/10/29，A9
人大自主招生新规：“三代之内无大学生” 甘肃日报（兰州），2011/10/31，8
人民大学回应“三代无大学生”质疑 北京青年报，2011/11/01，A13

人民大学解释“家中三代无大学生”标准三代为直系大学需统招 北京日报，2011/11/02，12
人大教育学院请来校长作教授 北京日报，2011/11/02，12
期待“圆梦计划”引发蝴蝶效应 中国改革报（京），2011/11/03，4
高端人才培养“磨刀不误砍柴工” 科学时报（京），2011/11/03，A6
新时期如何建设教育学科？
教育研究需要深度融合与创新 光明日报（京），2011/11/08，16
解答重大问题需要多学科视野 光明日报（京），2011/11/08，16
加强现实教育问题的决策性研究 光明日报（京），2011/11/08，16
思想观念改革是教育发展的先导 光明日报（京），2011/11/08，16
人大哲学院迎来55周年院庆 北京晨报，2011/11/13，A4
加强高校反腐倡廉建设　推进高等教育改革发展——部分高校反腐倡廉建设座谈会发言摘登 中国教育报（京），2011/11/17，6
以理论创新推进马克思主义理论建设 光明日报（京），2011/11/21，15
陈雨露接任中国人民大学校长　因年龄原因，纪宝成不再担任中国人民大学校长职务 城市晚报（长春），2011/11/24，A11
纪宝成首次回应“三代无大学生”招生政策，解释其制定初衷“这样的学生到人大，很可能是优秀学生” 城市晚报（长春），2011/11/24，A11
陈雨露出任人大校长　11年校长纪宝成退休 北京青年报，2011/11/24，A11
3所部属高校人事变动，北外校长调任人大　人大迎45岁校长 南方日报（广州），2011/11/24，A6
陈雨露接替纪宝成任人大校长成为31所副部级大学中最年轻的校长，而纪宝成恰为此前最年长的校长 南方都市报（广州），2011/11/24，A36
纪宝成卸任人大校长　陈雨露接棒 北京晨报，2011/11/24，A12
纪宝成卸任人民大学校长 新京报，2011/11/24，A8
45岁陈雨露任人民大学校长　此前任北外校长　原校长纪宝成退休 京华时报，2011/11/24，A10
“炮筒”校长什么都敢骂一骂 京华时报，2011/11/24，A10
“中国人民大学哲学院（系）成立55周年庆祝大会”提出——为繁荣发展哲学社会科学作出更大贡献 人民日报（京），2011/11/25，7
人大等6所高校对口支援西藏民院　甲热·洛桑丹增顾海良程天权陈雨露出席签字仪式 西藏日报（拉萨），2011/12/13，2
繁荣高校哲学社会科学　积极推进文化强国建设
①探索有中国特色的高校哲学社会科学繁荣发展之路 光明日报（京），2011/12/22，16
②以质量与创新为导向　完善科研评价机制 光明日报（京），2011/12/22，16
③当代中国哲学社会科学创新之路 光明日报（京），2011/12/22，16
④努力提升国际性和社会服务水平 光明日报（京），2011/12/22，16
⑤提高教学质量　大力培养创新型人才 光明日报（京），2011/12/22，16
⑥构建高水平学术平台 光明日报（京），2011/12/22，16
⑦加强调查数据库建设　服务科学研究与决策 光明日报（京），2011/12/22，16
“中国发展指数”关注经济和谐增长 中国社会科学报（京），2011/12/29，1

二、代表委员之声

全国人大法律委员会委员王利明说“释法”时代释放法律生命力　检察日报（京），2011/01/31，3
“我国社保制度走向定型、稳定和可持续发展阶段”——全国人大常委会委员、中国人民大学郑功成教授谈《社会保险法》　中国劳动保障报（京），2011/03/04，3
著名民法学家王利明关注乞讨儿童等弱势人群　建议制定社会救助法救助　资金“大头儿”政府拿　法制日报（京），2011/03/05，5
人民大学校长纪宝成代表建议放开二胎禁止三胎　北京晚报，2011/03/06，2
“自主招生变成抢生源大战”　新京报，2011/03/06，A15
纪宝成：希望允许一方为独生子女夫妇生二胎　北京日报，2011/03/07，2
人大代表、中国人民大学校长纪宝成：建议修订《学位条例》　中国教育报（京），2011/03/07，5
纪宝成：建议放开二胎禁三胎　北京青年报，2011/03/07，A4
“国学”能否成为学校必修课——两会代表、委员谈国学教育　中国文化报（京），2011/03/07，6
如何缩小贫富差距　纪宝成：建立资产实名制　北京晚报，2011/03/07，4
教育要为创新型人才提供良好平台——全国政协委员程天权访谈录　人民政协报（京），2011/03/07，B5
纪宝成倡征财产税　大公报（香港），2011/03/07，A6
人民大学副校长王利明：社会主义法律体系建设首先要强调其本土性　广州日报，2011/03/07，2
少数家庭掌握大量财富　人民大学校长纪宝成呼吁——大规模开征财产税正当时　北京晨报，2011/03/08，A6
纪宝成代表称“联考是一大进步”　新华每日电讯（京），2011/03/09，7
郑功成：改革养老金双轨制需立足现实　中国青年报（京），2011/03/09，T3
人民大学与重庆开展战略合作　加强人才培养交流、科研成果转化等合作　中国教育报（京），2011/03/09，1
人大代表与专家建言献策——如何更好促进大学生就业　中国教育报（京），2011/03/09，1
纪宝成代表对促进素质教育有帮助　北京晨报，2011/03/10，A7
全国人大法律委委员王利明代表讲述法律体系的五个细节之变　检察日报（京），2011/03/11，11
汤维建：为立法完善尽心竭力　人民法院报（京），2011/03/12，5
全国政协十一届四次会议召开记者会　政协委员谈贯彻落实教育规划纲要　中国教育报（京），2011/03/13，1
高等教育，尚需越过“两座山”——中国人民大学校长纪宝成代表谈高等教育改革　光明日报（京），2011/03/13，9
全国政协委员纵论实施“教育规划纲要”行政权力不能过多干涉学术　南方日报（广州），2011/03/13，1
6委员“评点”教育改革热点难点　新华每日电讯（京），2011/03/13，4
“三驾马车”“消费”领跑　光明日报（京），2011/03/15，5

民法通则关于总则的内容较简略　民法学家王利明呼吁　制定民法总则推进形成民法典　法制日报（京），2011/04/14，3
专访第十一届全国人大代表、全国人大法律委员会委员、中国人民大学副校长王利明　“普法，最需要普及的是法治精神”　检察日报（京），2011/12/05，5

三、学科与学术

田力普在中国人民大学出席国家知识产权战略实施情况报告会时表示　希望更多人才为知识产权事业添砖加瓦　中国知识产权报（京），2011/01/05，2
中国传统法律文化研究展望研讨会举行　法制日报（京），2011/01/05，9
知识无国界　交流零距离——美国统计科学代表团访问人大统计学院纪实　中国信息报（京），2011/01/06，6
2010 中国发展指数：亦喜亦忧　光明日报（京），2011/01/10，6
北京空气质量信息全国最公开　北京晚报，2011/01/20，18
2010 年中国经济研究热点分析　人民日报（京），2011/01/27，7
“全国十大杰出青年法学家”是怎么评选出来的　检察日报（京），2011/01/27，3
本届“十杰”评选结果呈现六大特点　检察日报（京），2011/01/27，3
相关产业协会、权利人代表及法学界专家学者共同签署《呼吁书》建议尽快启动全面修订《著作权法》　中国新闻出版报（京），2011/02/25，1
人民大学发布研究报告称今年将温和通胀，不存在恶性通胀基础“预计今年通胀率 4.5%”　新京报，2011/02/28，A19
人民大学研究报告预计今年通胀率 4.5%称“增长主义”导致通胀常态化　京华时报，2011/02/28，B44
《中国社会保障改革与发展战略》提出“三步走”，到本世纪 40 年代——迈向中国特色社会主义福利社会　中国财经报（京），2011/03/01，4
第九届 Jessup 国际法模拟法庭选拔赛落幕　法制日报（京），2011/03/02，9
中国人民大学“律师基础实务课程班”正式开课　法制日报（京），2011/03/02，9
张新宝教授担任《中国法学》第五任总编辑　法制日报（京），2011/03/02，9
中国立法发展 60 年报告会在京举行　国际商报（京），2011/03/02，13
经营微博纳入新闻专业课程　北京青年报，2011/03/02，A11
“国际化学年在人大”举行首场论坛　中国化工报（京），2011/03/15，4
走在中国民商法理论研究与立法的最前沿　中国教育报（京），2011/03/24，8
2010 人文社科学术论文指数研究报告发布　中国新闻出版报（京），2011/03/29，1
中英警察与非法证据排除规则论坛在京举行　法制日报（京），2011/03/30，9
法学家畅言把脉《中国法学》未来　法制日报（京），2011/03/30，9
“2010 年度《复印报刊资料》转载学术论文指数排名”发布　高校转载量人大排第一　新京报，2011/03/31，C13
中国就业竞争指数显示　我国就业形势越来越好　光明日报（京），2011/04/14，6
中国人民大学举办文化艺术策划论坛　文艺报（京），2011/04/15，1
中国人民大学成立中国对外战略研究中心　中国信息报（京），2011/04/18，6
十年磨一剑　铸就集大成——《中国荒政书集成》告

成出版　人民政协报（京），2011/04/18，C4
十年培育人文社会科学的“国家队”——高校人文社会科学重点研究基地巡礼（三）　中国教育报（京），2011/04/29，4
刘震云受聘人大文学院教授　开授的课程是《写作与讲座》暂不打算带研究生　北京青年报，2011/05/08，A5
中国人民大学研究新高温超导材料机理取得进展　科技日报（京），2011/05/19，7
九成市民认同北京安全　北京晨报，2011/05/19，A11
从家书看新中国社会变迁　人民日报（海外版）（京），2011/05/20，15
《中国低碳经济年度发展报告（2011）》出炉　中国石油报（京），2011/05/26，4
黄达荣获首届“中国金融学科终身成就奖”　第一财经日报（沪），2011/06/02/A3
黄达获首届中国金融学科终身成就奖　证券时报（京），2011/06/02，A2
周小川在出席首届“中国金融学科终身成就奖”颁奖典礼时表示应尽快采用宏观审慎性政策框架　金融时报（京），2011/06/02，1
黄达荣获首届“中国金融学科终身成就奖”　金融时报（京），2011/06/02，2
中国人民大学法治信息研究中心成立仪式暨首期“金杜—明德法治沙龙”在京举行　法制日报（京），2011/06/08，9
马克思主义中国化论坛举行　北京日报，2011/06/09，2
自然辩证法与科学发展高阶研讨会在京举行　现代教育报（京），2011/06/10，7
深入总结中国共产党90年的光辉历程　人民日报（京），2011/06/20，13
《2010年我国媒体舆论监督情况调查分析报告》发布　舆论监督日益成为反映民意化解矛盾重要途径　中国新闻出版报（京），2011/06/21，1
2010年我国媒体舆论监督情况调查分析报告　中国新闻出版报（京），2011/06/21，5
马克思主义中国化论坛在京举行——开创马克思主义中国化的新境界　中国教育报（京），2011/06/27，12
我党推进马克思主义中国化的经验与启示
①阐明“中国化”中的文化现象　北京日报，2011/06/27，17
②“中国化”研究的主题、热点与前沿　北京日报，2011/06/27，17
③三个“30年”，三次历史性飞跃　北京日报，2011/06/27，17
④怎样坚持科学的“理论武装”　北京日报，2011/06/27，17
⑤善于总结经验是我党成熟的一个重要标志　北京日报，2011/06/27，17
一条有益司法改革的破解之路　法制日报（京），2011/06/29，12
道法自然·人民美术论坛在中国人民大学举办　今日信息报（京），2011/06/29，B2
人民大学金融EMBA入沪　国际金融报（京），2011/06/30，3
中国共产党发展壮大的深层原因　中国教育报（京），2011/07/01，10
马克思主义中国化的伟大胜利　中国教育报（京），2011/07/01，10
“知识共享协议本地化”谨防水土不服　中国知识产权报（京），2011/07/15，8
聚焦“7·23”甬温线动车事故相关法律问题——人大法学院“高铁事故的法律审视”沙龙研讨会侧记　法制日报（京），2011/08/03，11
大力推进文化传承创新　光明日报（京），2011/08/11，7
积极推动残疾人事业发展——“残障与发展论坛（2011）”述要　人民日报（京），2011/08/19，7
专家学者在京热议《解读苏南》　中华读书报（京），2011/09/07，4
国家社会福利制度发展战略首次研讨会在京举行　中国社会报（京），2011/09/30，B1

“经学与史学”研讨会在中国人民大学召开 光明日报（京），2011/10/13，15
学界研讨辛亥革命以来文化史料 中华读书报（京），2011/10/26，2
北京文化产业发展实力拿第一 人民大学发布“中国省市文化产业发展指数”，四川首进前十 新京报，2011/11/14，A9
中国经济学前沿论坛举行 大众科技报（京），2011/11/18，A2
人民大学国学院在京举办中国智慧世纪论坛 国际商报（京），2011/11/19，C4
研究机构称明年经济增长仍超9% 中国人民大学发布经济预测报告称，房地产价格降幅近20%政策可能调整 新京报，2011/11/20，A6

四、人物聚焦

适合自己的就是最好的——访中国人民大学经济学院院长杨瑞龙 经济（京），2011（1）：32～34
曾宪义教授：师风垂范 弦歌不息 法制日报（京），2011/01/10，9
当代艺术家要以作品来反映和关注社会进程——访中国人民大学艺术学院常务副院长徐唯辛 中国文化报（京），2011/01/18，9
真情 真想 真干——记中国人民大学气候变化与低碳经济研究所负责人杨志 中国改革报（京），2011/01/21，9
中国法学会评选 第六届全国十大杰出青年法学家专题报道 法制日报（京），2011/01/26，10
传道释宪声 授业解法义 新京报，2011/01/30，A9
精心描绘我国社会保障战略蓝图——访“中国社会保障改革与发展战略研究”项目总负责人郑功成教授 人民日报（京），2011/02/24，7
务正学以言 无曲学以阿世 方立天：50载佛学人生 中国教育报（京），2011/04/04，3
纪宝成：警惕职能错位 坚守大学使命 科学时报（京），2011/04/12，B4
“外法史”教学与研究的奠基人——林榕年教授从教60年庆典侧记 法制日报（京），2011/05/18，9
以奉献扬青春——记北京市优秀共产党员、中国人民大学学生王树光 中国教育报（京），2011/05/23，1
黄达：金融学的中国故事 第一财经日报（沪），2011/06/03，A8
如何建设世界一流大学——访中国人民大学校长纪宝成 大学（学术版）（京），2011（6）：5～17
被选择不如率先选择——中国人民大学校长纪宝成谈中国高等教育“国际化道路” 光明日报（京），2011/06/21，13
著名语言学家胡明扬逝世 人大执教十载，最喜欢称呼“老师” 新京报，2011/06/24，A21
“我将坚持治学和直言”——学者时殷弘访谈 科学时报（京），2011/07/07，A2
人大新闻学教授最爱学生 新京报，2011/08/28，A10
反“客里空”，是每个新闻人的第一课——访中国人民大学新闻学院教授、执行院长倪宁 光明日报（京），2011/11/01，4

五、学生天地

人大法学院毕业生仅16%当律师　学生："不愿当律师缘于生存考虑"　律所："不愿接收新毕业大学生"　北京青年报，2011/04/25，A5
市民农园的"博士主人"　中国教育报（京），2011/05/25，1
给教职工健康多一道保障　中国人民大学工会正式启用爱心互助金电子管理系统　现代教育报（京），2011/05/30，6
人大录取22岁女博士研究生　北京青年报，2011/06/14，A13
美好人生始于合理规划——中国人民大学首届大学生职业生涯规划大赛纪实　中国教育报（京），2011/06/15，6
一位农村女大学生眼中的性别平等　中国人口报（京），2011/06/23，J2
大学生组队登玉珠峰　北京晚报，2011/08/04，12
《理论热点面对面2011》进高校　京华时报，2011/08/06，3
人大学子讨论《从怎么看到怎么办》话题涉及就业、物价、老龄化、看病难看病贵、"国进民退"等问题　新京报，2011/08/06，A8
11岁新生人民大学报到　为人大近十年来最小生源，由该校从云南省自主选拔录取　新京报，2011/09/10，A7
彭帅就读人民大学国学院　北京日报，2011/09/15，16
走进人大　警民同欢　北京晨报，2011/09/29，A20
魔术进校园　现场大揭秘　魔术师赴人民大学表演向爱好者传授经验技巧　北京晨报，2011/09/30，A34
"三三会"人大留创园专场成功举办　科学时报（京），2011/10/08，A4
11岁女童排异反应严重　急需AB型血小板　人大学生接力献血小板救病童　京华时报，2011/10/18，A14
11岁女孩患重病　手术后产生排异反应　人大学生献血　为其补充血小板　女孩父亲　鞠躬感谢献血者　法制晚报（京），2011/10/18，B5
人大足球队向职业联赛进发　北京日报，2011/10/27，16
国内高校首座国学场馆启用　科技日报（京），2011/11/15，7
人民大学放宽农村考生保送条件　网上报名截至12月1日，校方笔试范围不出高考大纲　新京报，2011/11/17，A10
人大校园"禁烟"商店香烟下架　校方倡议师生创建无烟校园，图书馆、食堂、宿舍均成控烟区　新京报，2011/12/14，A18
人民大学首办MSA研修班　香港商报，2011/12/15，A19
2011中国杰出人文社会科学家研究报告出炉　北大人大是"摇篮"——高考头名　首成杰出社会科学家　法制晚报（京），2011/12/21，A15
"非凡创想"青年创业创意大赛落幕　人大新闻学院大二学生获得本报提供的创业基金　北京晚报，2011/12/29，63

六、附中附小

2010《现代校长》周刊年度校长榜　郑瑞芳：回味本命年的幸福　中国教育报（京），2011/01/04，5

人大附中“早培班”亮相　院士教授任导师　全市招收小五生　北京晨报，2011/01/23，A3
人大附小学生对校门口拥堵进行调查　现代教育报（京），2011/01/24，5
人大附中：“天才”是怎样炼成的　校长刘彭芝称“奥数不是反革命”　中国青年报（京），2011/01/25，3
我们要不要“成全”刘彭芝　北京晨报，2011/02/17，D3
能力培养的新探索——中国人民大学附属中学创新人才培养模式调查　光明日报（京），2011/03/01，15
校长心里要装着更多孩子——访国务院参事、人大附中校长刘彭芝　中国教育报（京），2011/03/08，9
名校如何追求社会责任最大化——人大附中优质资源“帮扶”带动教育均衡发展的探索　中国教育报（京），2011/03/08，9
人大附中创新人才培养探索：让创新教育渗透校园的每个角落　人民政协报（京），2011/05/04，C1
中国人民大学附属中学：为拔尖学子提供成长土壤　现代教育报（京），2011/05/13，A6
中国学生参加全球最大规模最高等级青少年科学竞赛　北京女生获一等奖　将有一颗小行星以她的名字来命名　北京晚报，2011/05/17，13
“小诺贝尔奖”得主背后的“大实验”　光明日报（京），2011/05/20，6
“小妙会”庆六一一家三代卖烤肉　北京青年报，2011/05/30，A10
北京女生问鼎“小诺贝尔奖”之路　现代教育报（京），2011/06/01，5
来人大附中，感受素质教育　光明日报（京），2011/06/13，6
坚持公平　彰显特色　减负增效　科学评价　北京中小学将推广创新人才培养模式“人大附中模式”获业界广泛好评　现代教育报（京），2011/06/13，1
“截断众流，随波逐浪”刘彭芝提炼素质教育“八字”精髓　北京晨报，2011/06/16，D1
中国人民大学附属小学　工作中心成就孩子七彩梦想　现代教育报（京），2011/06/17，A2
人大附中再出理科状元　京华时报，2011/06/24，A9
理科头名：人大附中梁思齐现场秀意大利语　北京青年报，2011/06/24，A10
文科头名：人大附中分校伊思昭“留学”人大附中本部六年　北京青年报，2011/06/24，A10
人大附中学生　为机器人痴迷　设计起落架　使直升机在废墟上自由起降　获得专利“意外”上清华　法制晚报（京），2011/06/28，B5
从人大附中的高考奇迹说到素质教育　中国青年报（京），2011/06/29，6
人大附中学生获哈佛耶鲁全奖　北京晨报，2011/07/15，特 49
感受人大附中素质教育的成果与魅力——大情怀缘于教育自觉　人民日报（京），2011/09/02，18
刘淇到人大附中和实验一小看望慰问师生员工时勉励教育工作者　坚持以人为本提高教育质量　培养更多人才　北京日报，2011/09/10，1
中国足协请往这儿看：意外惊讶不是没孩子喜欢足球

基层教练员相当清贫 北京晚报，2011/10/14，29
承办国培项目　人大附中开班 北京青年报，2011/11/07，A10
人大附中丰台办三校　首次开办慈善学校　每年招收200名贫困生 北京晚报，2011/12/16，5
人大附小推出“七彩课程”多名教师跨学科同上一节课　小学首现“一个学生的选修课” 北京晨报，2011/12/22，D3

七、出版社、书报资料中心

传统出版单位改革要解决管理体制问题 光明日报（京），2011/01/11，4
人大社“通识读本丛书”又添新成员 中华读书报（京），2011/02/23，2
“图书中国现当代作家传”丛书具备四大特色 中华读书报（京），2011/02/23，2
《郑成思版权文集》中国知识产权研究的一座丰碑 中国新闻出版报（京），2011/03/18，B21
精编丹青留汗青《中国美术60年》获第二届中国出版政府奖印刷复制奖 中国图书商报（京），2011/03/18，14
贺耀敏：激情出版　快乐出版 中国新闻出版报（京），2011/03/18，B51
人大书报中心　数字出版匠心独具 中国新闻出版报（京），2011/03/18，B46
中国人民大学2010年度《复印报刊资料》转载学术论文指数排名出炉　《中国出版》论文转载数居百余种新闻传播期刊首位 中国新闻出版报（京），2011/04/01，2
人大社《传播学教程》销50万册再续奇迹 中国图书商报（京），2011/04/08，G2
《中国版权年鉴》2010年卷出版发行 中国新闻出版报（京），2011/04/11，1
中国人民大学出版社机制保障　共拓数字出版国际商机 中国图书商报（京），2011/04/12，5
“创新不是钱的问题，关键在于作者队伍的学术良知”《清代理学史》问世引发出版学风新话题 中华读书报（京），2011/04/20，1
赵启正新著《公共外交与跨文化交流》发布会举行 人民政协报（京），2011/04/23，A3
首届版权拍卖会总成交额达114.7万元 中国新闻出版报（京），2011/04/26，4
人大社“中国新视野系列丛书”中外联手合作出版走高端市场 中国图书商报（京），2011/04/26，6
学者赞许《鲁迅诗编年笺证》工夫扎实 中华读书报（京），2011/04/27，2
句子太长　学术著作被批翻译差 法制晚报（京），2011/04/27，A14
人大书报资料中心：靠数字化转型实现跨越发展 中国新闻出版报（京），2011/04/28，8
读梁衡红色经典忆往昔峥嵘岁月 科学时报（京），2011/05/05，B1
中华学术外译项目：传播中国文化的重要平台 光明日报（京），2011/05/11，13
人人都是“外交官” 科学时报（京），2011/05/12，B3
人大社新书“透视顾客心” 中国图书商报（京），2011/05/13，6
中国人民大学出版社“红色经典”献礼建党90周年 中国新闻出版报（京），2011/05/27，30
“视角独特，对国内研究法国哲学的学者有很大启发”哲学界探讨“拉康研究”新视角 中华读书报（京），2011/06/22，1
《红色家书背后的故事》展现共产党人心路历程 中华读书报（京），2011/06/29，2
百封红色家书首次公开发表 北京晚报，2011/06/29，2

《中国，你要警惕》预言20年后中国可望实现复兴和崛起　中华读书报（京），2011/07/27，2
《中国新闻传播史》出版　中国新闻出版报（京），2011/08/12，1
中国人民大学出版社："红色出版"受市场认可　中国图书商报（京），2011/08/19，8
《中国经验》丛书版权合作暨出版平台签约　中国新闻出版报（京），2011/09/01，3
30余作家或出版人做客搜狐直播间　中国新闻出版报（京），2011/09/05，3
人大社携手麦格劳—希尔推广"中国经验"　中国图书商报（京），2011/09/06，5
"中国经验"丛书版权合作暨出版平台签约仪式在京举行　科学时报（京），2011/09/06，A5
人大社与McGraw-Hill Education签署版权合作协议　中华读书报（京），2011/09/07，5
国内第一本"国际组织求职指导书"《做国际公务员》出版　新京报，2011/11/01，C15
国家版权交易网开通近一年　挂牌交易额超过15亿元　中国新闻出版报（京），2011/11/03，3
坚持学术追求　推进学科研究——访中国人民大学出版社社长贺耀敏　中国新闻出版报（京），2011/11/23，3
人大社出访韩国成果丰盈　中国图书商报（京），2011/11/29，6
范曾《法乳传灯》画册出版发行　中国新闻出版报（京），2011/12/12，1

图书在版编目（CIP）数据

中国人民大学年鉴（2012）/《中国人民大学年鉴》编辑委员会编. —北京：中国人民大学出版社，2012.12
ISBN 978-7-300-16668-1

Ⅰ.①中… Ⅱ.①中… Ⅲ.①中国人民大学-2012-年鉴 Ⅳ.①G649.281-54

中国版本图书馆 CIP 数据核字（2012）第 274431 号

中国人民大学年鉴（2012）
《中国人民大学年鉴》编辑委员会
Zhongguo Renmin Daxue Nianjian (2012)

出版发行	中国人民大学出版社		
社　　址	北京中关村大街 31 号	**邮政编码**	100080
电　　话	010－62511242（总编室）		010－62511398（质管部）
	010－82501766（邮购部）		010－62514148（门市部）
	010－62515195（发行公司）		010－62515275（盗版举报）
网　　址	http://www.crup.com.cn		
	http://www.ttrnet.com(人大教研网)		
经　　销	新华书店		
印　　刷	北京华联印刷有限公司		
规　　格	210 mm×285 mm　16 开本	**版　　次**	2013 年 1 月第 1 版
印　　张	32.5 插页 22	**印　　次**	2013 年 1 月第 1 次印刷
字　　数	985 000	**定　　价**	158.00 元

版权声明

编辑部地址： 北京市中关村大街59号
中国人民大学学校办公室
邮 政 编 码： 100872
电　　话： 86-10-62511084
传　　真： 86-10-62515263
电 子 信 箱： xxk@ruc.edu.cn